KB177926

데이비드 하비의

맑스 『자본』 강의

2

데이비드 하비의

맑스 『자본』 강의

2

데이비드 하비 지음 | **강신준** 옮김

창비

일러두기

1. 외국의 인명·지명은 현지 발음에 충실하게 우리말로 표기하고 괄호에 원어를 병기했다.

2. 저자가 괄호로 주를 달아놓은 경우 '―하비'라고 표시했다.

3. 옮긴이가 독자의 이해를 돕기 위해 주를 달아놓은 경우 '―옮긴이'라고 표시했다.

4. 인용문의 대괄호〔 〕는 옮긴이가 번역한 『자본』(도서출판 길 2010)의 표기를 따른 것이다.

5. 원서의 이탤릭체 강조를 이 번역서에서는 고딕체로 표시했다.

6. 원서는 이 책이 주로 인용하는 『자본』의 목차에 쓰인 "CHAPTER"와 원서의 목차에 쓰인 CHAPTER를 구분하지 않았으나, 이 번역서는 『자본』의 CHAPTER는 '장'으로 표기했고 원서의 CHAPTER는 '편'으로 표기했다. 아울러 "PART"는 '부'로, "SECTION"은 '절'로 표기했다.

7. 하비는 Penguin Books에서 발행한 영문판 『자본』을 저본으로 원전을 인용했으나, 이 책에서는 독자들이 한국어 번역본을 직접 대조할 수 있도록 MEW(Marx Engels Werke)판을 저본으로 삼았다. 이에 따라 원서와 번역서는 아래와 같은 차이가 있다.

   ① 약어는 MEW판에 따라 수정했다.

      예) 화폐 M(Money) → G(Geld)

   ② 인용문의 면수는 MEW판 면수를 따랐다. MEW판 면수는 옮긴이가 번역한 『자본』에 표기되어 있다. 예를 들어 MEW판 『자본』 제2권의 100면을 인용한 경우 (M2: 100)으로 표기한다.

   ③ 장·절 체제는 MEW판을 따라 번호를 매겼고 이를 목차와 본문에 반영했다.

   ④ 『자본』을 제외한 맑스의 다른 저작들의 면수는 하비의 표기를 그대로 따랐다.

사용된 원문의 설명

이 책에 사용된 원문은 아래와 같다.*

『자본』 제2권: K. Marx, *Capital, Volume II* (London: Penguin Books in association with *New Left Review*, translated by David Fernbach, 1978).

『자본』 제1권: K. Marx, *Capital, Volume I* (London: Penguin Books in association with *New Left Review*, translated by Ben Fowkes, 1976).

---

* 이 책의 번역에서 『자본』 제1권~제3권은 MEW(Marx Engels Werke)판을 저본으로 로 삼았다. 일러두기 참고.

『자본』제3권: K. Marx, *Capital, Volume III* (London: Penguin Books in association with *New Left Review*, translated by David Fernbach, 1981).

『경제학비판 요강』: K. Marx, *Grundrisse* (London: *New Left Review* and Penguin Books, translated by Martin Nicolaus, 1973).

『데이비드 하비의 맑스〈자본〉강의』(『강의』) 제1권은 강의를 글로 옮겨 쓰는 방식으로 작업했지만 제2권에서는 그러지 않았다. 나는『자본』제2권의 특수한 문제를 다루면서 종종 정규 강의에서 했던 이야기들로부터 벗어나곤 했다. 그래서『자본』전체에 대한 공부를 상당히 더 해야만 했다. 강의 전에 나는『자본』제2권과 제3권의 해당 본문에서 꽤 많은 주석들을 발췌해 모았고 강의가 끝난 다음에 이 주석들을 다시 손질하여 수정했다. 그렇게 만들어진 것이 이 책의 초고를 이루었다. 그런 다음『자본』의 본문을 다시 한번 읽고 수정과 해설을 추가했다. 맑스를 읽을 때 종종 일어나는 일이지만 반복해서 읽다보면 새로운 관점과 행간의 의미를 알아차리게 된다. 그래서 강의와 이 책 사이에는 서술방식은 물론 때때로 근본적인 해석상의 차이도 존재한다. 맑스를 해석하는 작업은 언제나 하나의 과정이자 미완성의 작업이며 바로 이 점이 맑스를 읽고 또 읽게 만드는 흥미로운 점이기도 하다.

『자본』제2권의 세미나에 참가했던 학생들과 유니온신학대학에서 내 강의를 성실하게 수강해준 학생들에게 감사를 표하고 싶다. 이들의 적절한 질문은 언제나 큰 도움이 됐고 크리스털 홀, 프리야

찬드레사카란, 웅코시 앤더슨, 크리스 카루소 등은 고맙게도 강의를 옮긴 글에 대한 검토를 도와주었다. 동영상 제작을 주도하고 내 웹사이트를 관리해준 크리스 카루소와 비디오를 전문적으로 편집해준 크리스 닛차에게도 깊은 감사를 드린다. 마지막으로 내 원고를 읽어주고 수정과 교정을 도와준 말리하 사프리에게도 감사를 드린다. 사프리는 이 책의 해석에 아무런 책임이 없음을 밝혀둔다.

차 례

서문

『자본』 제1권에 대한 『강의』와 마찬가지로 이 책의 목적도 "여러분이 『자본』을 읽도록 하는" 것이다. 여기에서도 나는 "맑스 자신의 문장"을 보태겠지만, 곧 알게 되듯이 이들 문장이 의미하는 바를 이해하기란 제2권의 경우 특히 어렵다. 그러나 일단 『자본』 제2권을 『자본』 제1권과 다름없이 주의 깊게 읽도록 여러분을 설득하고자 한다. 그것은 내가 생각하기에 반드시 해야만 하는 일이다.

『경제학비판 요강』 407면에서 맑스는 자본을 오로지 가치와 잉여가치의 "생산과 실현의 통일체"로만 이해할 수 있다고 분명하게 말했다. 이 말을 통해 맑스는 만일 여러분이 노동과정을 통해 생산한 물건을 시장에서 팔 수 없다면 그 물건의 생산에 들어간 노동은 가치를 갖지 않는다고 했다. 『자본』 제1권은 가치와 잉여가치의 생산과정과 동학에 주의를 집중하며 그 **실현조건**에서 나타나는 어려움은 모두 잠시 뒤로 밀쳐놓았다. 그래서 맑스는 사실상 시장이 항상 존재하고 생산된 모든 상품이 제 가치대로 판매될 수 있다고 가정한다.『자본』제2권은 이것과는 정반대 방향을 취하고 있다. 우려스럽고 불안정한 잉여가치의 실현과정이 세밀하게 분석되는 반면 잉여가치의 생산영역은 아무런 문제가 없는 것으로 가정되고 있다. 일반적으로는 불행한 경우이지만, 만일『자본』제1권만 열심히 공부하여 지나치게 강조하고 제2권은 무시하거나 부차적인 것으로 간주한다면 자본에 대한 맑스의 경제학적 이해를 기껏해야 절반만 아는 꼴이 될 것이다. 사실 제2권을 진지하게 이해하지 못할 경우 그 결과는 훨씬 나쁘다. 제1권에서 이야기한 것마저 충분히 이해하지 못하게 되는데, 왜냐하면『자본』제1권의 논의를 올바로 이해하기 위해서는 제2권과의 **변증법적인 관계** 속에서 파악해야 하기 때문이다.

생산과 실현의 통일성은 상품의 통일성과 마찬가지로 **모순적인 통일성**이다. 그것은 두개의 전혀 다른 경향 사이의 대립을 내포한다. 이런 모순적인 성격을 무시하는 것은 노동에 대한 언급 없이 자본을 이론화하거나, 남자에 대해서만 이야기하고 여자에 대해서는 까맣게 잊어버린 채로 성별을 이론화하려는 것과 마찬가지다. 공황이 수시로 발발하는 것은 바로 생산과 실현 사이의 모순에서 비롯한다. 맑스는 리카도(D. Ricardo)와 그의 학파들이 "진정한 근대적 공황, 즉 자본의 이런 모순이 사회와 생산 자체의 토대인 자본의 축적을 점차 위협하며 폭풍적인 형태로 방출하는 공황을 결코 이해하지 못했다"고 지적한다.(『경제학비판 요강』411면)

맑스는 제1권 제1장에서 이 점을 분명히 경고했다. 먼저 상품생산 분석에서 그는 사용가치의 문제를, 마치 이들 문제가 아무 관련이 없다는 듯이 ── 즉 "물적 존재의 다양한 용도를 발견해내는 일은 역사의 업적"이고 따라서 경제학의 범위를 넘어서는 일인 것처럼 ── 옆으로 밀쳐두었다. 그러나 그런 다음 "어떤 물적 존재도 사용대상이 되지 않고는 가치가 될 수 없다. 만일 어떤 물적 존재가 쓸모가 없다면 그것에 포함된 노동도 쓸모없는 것이고 또한 노동으로 인정되지도 않으며, 따라서 가치를 이루지도 못할 것이다"(M1: 55)라는 결론으로 나아간다. 실현되지 않으면 가치도 없다, 그리고 틀림없이 잉여가치도 없다. 제2권에서는 생산영역에서 잠재적으로 창출된 가치와 잉여가치가 시장에서의 교환을 통해 화폐형태로 실현되지 못할 수 있는 조건들을 연구한다.

잉여가치의 생산과 실현 조건 사이에 존재하는 깊은 모순에 대한 생각은 매우 중요하기 때문에 나는 이 모순이 현실에서 어떻게 작동하는지를 미리 보여주는 것이 현명한 일이라고 생각한다. 제1권에서 맑스는 자본이 잉여가치를 무한히 추구하는 것이 노동자들에게 어떤 의미인지에 집중했다. 이 문제를 가장 본격적으로 다루고 있는 제23장에서는 다수 노동자들의 상태가 계속 악화된다는 결론에 도달한다. 즉 "한쪽 극에서의 부의 축적은 동시에 반대편 극에서의 (즉 자신의 생산물을 자본으로 생산하는 계급 편에서의) 빈곤, 노동의 고통, 노예상태, 무지, 포악, 도덕적 타락의 축적이 된다".(M1: 675) 노동계급의 빈곤과 영락이 점점 증가한다는 이 생각은 자본에 대한 맑스주의적 해석의 오랜 전통처럼 알려져왔다. 그러나 이것은 아직

확정되지 않은 하나의 가정이다. 이 명제는 가치와 잉여가치가 시장에서 실현되는 데 **전혀 아무런 문제가 없다**고 가정한다. 즉 잉여가치가 지대, 이자, 상업이윤, 그리고 직접적 생산부문의 이윤 등으로 분배되는 방식과는 **아무런 관련이 없다**고 가정하고 있는 것이다.

그러나 제2권에서 우리는 다음과 같은 구절을 볼 수 있는데 이것은 제1권의 이야기와 전혀 다르다.

자본주의 생산양식의 모순: 노동자들은 상품 구매자로서 시장에서 중요한 위치를 차지한다. 그러나 그가 판매하는 상품[즉 노동력]에 대해서 자본주의 사회는 그것을 최저가격으로 낮추려는 경향이 있다. 또 하나의 심각한 모순: 자본주의 생산이 자신의 모든 잠재력을 정상적으로 발휘하는 시기는 곧 과잉생산의 시기라는 것이 규칙적으로 드러난다. 왜냐하면 생산의 잠재력은 더 많은 가치를 생산하고 동시에 실현할 수 있을 만큼은 결코 사용될 수 없기 때문이다. 그러나 상품의 판매[상품자본의 실현, 즉 잉여가치의 실현]는 사회 전체의 총소비 수요규모에 의해 제약을 받는 것이 아니라 한 사회의 총소비 가운데 대다수의 빈곤계층[또한 언제나 빈곤할 수밖에 없는 계층]의 수요규모에 의해 제약을 받는다. (M2: 318, 각주13)

요컨대 시장에서 총유효수요의 부족은 자본축적의 연속성에 대한 심각한 장애 요인으로 작용할 수 있으며 노동자계급의 소비는 유효수요의 중요한 구성요소를 이룬다. 그렇기 때문에 맑스는 제2권의 마지막 부분에서 (약간 마지못해하면서도) 노동자계급의 욕망과 필요의 증가에 따른 노동자계급의 수요가, 자본의 지속적인 축적을 가능하게 하는 "합리적 소비"의 형태를 달성하는 데 결정적으로 중요해진다고 이야기했다.

사회구성체로서 자본주의는 끊임없이 이 모순에 발목을 붙잡힌다. 자본주의는 잉여가치 생산을 위한 조건을 최대화하고, 그럼으로써 시장에서 잉여가치가 실현될 수 있는 잠재력을 위협한다. 또한 그것은 노동자들의 권한을 높여줌으로써 시장에서 강력한 유효수요를 유지하기도 하지만, 그럼으로써 생산에서 잉여가치를 창출할 수 있는 능력을 위협한다. 달리 말해 경제가『자본』제1권에 서술된 처방대로 잘 작동한다는 것은 곧 제2권의 관점에서는 자본주의가 장애에 부딪힌다는 것을 의미한다. 예를 들어 선진 자본주의 국가의 자본은 1945년~70년대 중반까지『자본』제2권의 (가치의 실현조건을 강조하는) 문제의식에 발맞추어 수요관리 입장을 취하는 경향을 보여왔지만, 점차 시간이 지나면서 (특히 노동자계급의 운동이 잘 조직되고 정치적 세력이 강력한 국가들에서) 잉여가치 생산의 어려움을 맞게 됐다. 그래서 1970년대 중반 이후 이들 국가의 자본은 (노동과 격렬한 싸움을 치른 후에)『자본』제1권의 처방에 맞추어 공급 중심의 입장을 취하는 쪽으로 방향을 바꾸었다. 즉 (실질임금을 인하하고, 노동자계급의 조직에 압박을 가하고, 전반적으로 노동자의 권한을 축소하는 방식으로) 잉여가치 생산을 위한 조건 확대를 강조했다. 1970년대 중반 이후부터 시작된, 오늘날 우리가 신자유주의적 반란이라고 부르는 것은 잉여가치 생산의 심각한 문제를 해결하긴 했으나 이번에는 다시 실현의 문제를 만들어내는 대가를 치렀으며 그것은 특히 1990년대 이후 심각하게 드러났다. 총유효수요 부족이라는 이 문제를 신용의 확대를 통해 은폐하려는 시도는 복잡한 과정을 거치며 결국 2008년의 공황으로 끝이 났다. 물론 이런 전반적인 설명은 사태를 지나치게 단순화한 것이긴 하지만 생산과 실현의 모순적인 통일성이 역사적으로 어떻게 드러나는지를 깔끔하게 보여주기도 한다. 그것은 또한 부르주아 경제학 이론의 변화를 통해서도 드러났다. 예를 들어 1960년대에는 케인스주의적인 수요관리가 경제사상을 지배한 반면 1980년대 이후에는 통화주의적인 공급중심 이론이 지배적이었다. 이들 역사를 『자본』 제1권과 제2권에 서술되고 있는 생산과 실현의 모순적인 통일성에 기초해 설명하는 것은 중요하다.

그러나 생산과 실현 사이의 모순을 완화하거나 심지어 효과적으로 관리할 수 있는 한가지 방법은 바로 신용에 의존하는 것이다. 왜냐하면 가치와 잉여가치의 생산과 실현 모두를 똑같이 지속할 수 있는 수단이 신용을 공급하는 방법 외에는 원칙적으로 존재하지 않기 때문이다. 이를 가장 잘 보여주는 사례는, 금융업자가 한편으로는 투기적인 조립식 주택을 건설하는 개발업자에게 대부를 해주고 다른 한편으로는 소비자가 그 주택을 구매할 수 있도록 모기지금융을 대부해주는 것이다. 물론 이것은 언제나 투기적인 거품을 쉽게 만들어낼 수 있는데, 2007~08년에 주로 미국과 에스빠냐, 아일랜드 등의 주택시장에서 일어났던 투기열풍이 바로 그런 것이다. 건축 부문에서 되풀이된 호황, 거품 그리고 공황의 오랜 역사는 자본의 역사에서 이런 종류의 현상을 잘 보여주고 있다. 그러나 신용제도의 개입은 때때로 건설적인 방향으로만 이루어지기도 하고, 불황기에 자본 축적을 지속하는 데 긍정적인 역할을 수행하기도 한다.

부분적으로 이런 이유 때문에 나는 신용제도와 함께 상업자본과 대부자본을 다룬 『자본』 제3권의 내용을 『자본』 제2권을 읽는 이 책에 포함하기로 결정했다. 이런 생각은 이론적으로도 의미가 있는데 왜냐하면 『자본』 제2권은 자본의 통합적인 세개의 순환(화폐자본·생산자본·상품자본)에 대한 연구에서 시작하기 때문이다. 그러나 맑스는 이들 순환과 그것들의 내적 관련을 순전히 기술적인 측면에서만, 즉 화폐·생산·상품이라는 각기 다른 세가지 형태의 자본을 책임지는 계급적 대리인을 고려하지 않은 채 다룬다. 물론 제1권에서는 생산자가 매우 중요하게 다루어지고 상인과 금융업자의 독특한 역할은 제3권에서만 다루어진다. 제3권에서 우리는 신용이 어떻게 온갖 종류의 비정상적이고 투기적인 광란을 불러일으키는 원천이 됐는지 — 그래서 왜 자본이 이런 미친 짓을 용인하는지에 대한 명백한 의문이 생기는데 특히 이것은 우리가 최근 경험한 종류의 대량의 가치파괴(2008년의 공황을 가리킨다 — 옮긴이)를 떠받치기 시작한 이후에 더욱 그러하다 — 에 대한 역사를 본다. 물론 맑스가 별도로 언급한 것은 아니지만 이 수수께끼에 대한 답은 바로 제2권에 있다. 맑스는 제2권 전체에 걸친 자신의 분석에서 신용을 체계적으로 제외하고 있다(이 점은 나를 포함한 많은 독자들이 갖는 불만의 원인이다). 그러나 제2권에서 보게 되겠지만 신용제도가 없을 경우 자본가는 고정자본의 유통, 순환주기의 차이, 작업기간과 유통기간 등의 문제를 해결하기 위해 점점 더 많은 자본을 축장(蓄藏, hoarding)하지 않으면 안 된다. 자본은 일단 축장되고 나면 활동을 멈춰 죽은 상태가 된다. 만일 점점 더 많은 자본이 이런 상태에 빠진다면 축적의 진행에 심각한 장애가 생길 것이고 자본의 유통이 지체되면서 결국 정지하고 마는 지점에 이를 것이다. 그러므로 신용제도는 축장되어 사장되어버린 화폐자본을 모두 풀어내기 위해 반드시 필요하다. 신용제도는 이들 축장화폐를 살아 있는 용도로 되살려내는 것을 도와준다. 투기적인 신용활동이라는 판도라의 상자가 열리고 온갖 종류의 협잡이 상자에서 쏟아져 나온다. 맑스가 이들 모두를 명시적으로 언급하지는 않았지만 제2권의 신용 없는 경제에 대한 분석에서 우리는 이들의 함의를 명백하게 추출할 수 있다.

제2권의 배경에 제3권의 일부를 통합한 마지막 이유는 그것이 맑스가 수행한 경제학 연구의 전체적인 성질을 부각하는 데 도움이 되기 때문이다. 제2권을 『자본』의 나머지 두 권과 관련지어 강독함으로써 우리는 제2권의 내용과 의미를 맑스의 전체 구상과 관련지어 훨씬 더 잘 파악할 수 있다. 또한 우리는 맑스의 전반적 구상의 성질을 이해할 수 있는 한층 분명한 토대를 구축하게 된다. 나의 오랜 견해를 바탕으로 예를 들자면, 우리는 『자본』의 특정 구절을 인용할 때 마치 이들 구절이 그 자체로 독립된 진리인 것처럼 다루어서는 안 되고, (제1권에 나오는 노동자들의 빈곤화 경향처럼) 아무리 확고하게 이야기된 것이라 할지라도 항상 맑스의 전체적인 견해와 관련지어 다루어야만 한다. 물론 제2권에서 이야기하는 진리도 그 자체만으로 우리가 맑스를 전반적으로 이해하는 데 매우 중요하다. 하지만 이들은 언제나 맑스가 수행하는 전체 작업의 틀과 관련된 의미에서만 진리다.

　제2권의 실제 텍스트와 관련하여 나는 그것을 정확하게 독해하기 위해 흥분과 두려움이 교차하는 심경으로 갖가지 고안을 해보았다. 내가 흥분이라고 표현한 까닭은 나에게(비단 나에게만 해당하는 일은 아님을 잘 알고 있다) 맑스의 극히 흥미롭고 혁신적인 몇몇 개념은 그의 텍스트를 꼼꼼히 읽음으로써 얻은 것들이기 때문이다. 생산의 관점이 아니라 여러 형태의 자본유동(화폐·상품·생산활동의 유통)의 관점에서 얻어진 이들 개념은 제1권에서 이루어진 자본의 운동과는 전혀 다른 모델을 보여준다. 내가 즐겨 사용하는 표현을 빌린다면 그것은 다른 창문을 통해 들여다본 자본의 모습이다. 제1권과 제2권이라는 두개의 창문을 통해 우리는 전혀 다른 패턴의 관계와 운동을 보게 된다. 그러나 각각의 창문을 통해 보이는 모습은 객관적으로 서술되고 진실되게 그려지고 있다. 맑스가 "자본의 운동법칙"이라고 불렀던 일반이론은 이들 두개의 관점을 토대로 삼각형을 이루는 방식으로 만들어졌다고 나는 항상 생각해왔다. 이 과업은 결코 만족스러운 형태로 이루어지지는 못했는데 그것은 『자본』제2권이 미완성 상태이고 관점도 불분명한 데 일부 원인이 있기도 하다. 제2권은 또한 여러 이유로 제1권부터 제3권까지 조금이라도 읽고 고려해야만 하는 내용으로 이루어져 있다.

　개인적으로 나는 제2권에 여러모로 큰 빚을 졌다. 그것은 제2권이, 자본유통이 자신만의 시간과 공간의 세계를 구축하는 방식을 다루고 있기 때문이다. 그것은 자본주의의 역사가 속도를 높이고 비용을 절감하고 공간을 확장하는 데 소요되는 시간의 장벽을 감소시키는 경향을 보여온 이유를 설명해준다. 또한 이들 경향을 자본의 본질이 숨겨져 있는 계급관계가 끊임없이 확대되고 재생산되는 배경과 대조해 보여준다. 그것은 나에게 도시화와 불균등한 지리적 발전의 동학에 대한 경제학을 이해할 수 있는 보다 확고한 이론적 토대를 제공해주었다. 그래서 나는 내 작업을 수행하는 데 이 책에서 많은 영향을 받았다. 예를 들어 『포스트모더니티의 조건』(*The Condition of Postmodernity*)에서 나는 "시공간의 압축"이란 말을 만들어냈는데, 나중에 어느 정도 대중화된 이 말은 자본이 극히 촘촘하고 복잡하고 집중된 방식으로 화폐·상품·사람·정보·아이디어 등의 유통 세계를 성공적으로 짜나가는 방식을 표현한 것이다. 나는 이 개념을 제2권의 독해를 통해 얻어냈다.

내가 제2권 독해를 두려움이라고 표현한 까닭은 이것이 상당히 지루한 (그리고 매우 절제된) 책이기 때문이다. 이 책에는 제1권을 매우 쉽게 읽어나갈 수 있도록 도와주었던 문학적 표현이나 신선한 유머, 풍자, 그리고 많은 익살맞은 구절 같은 것이 없다. 제2권에는 제1권의 무대 위를 활보하던 흡혈귀도, 탁자를 움직이는 마술도 등장하지 않으며 많은 문학적 성격의 등장인물들(그리스와 계몽주의 철학자들은 물론 셰익스피어, 세르반떼스, 괴테, 발자끄 등)에 대한 언급도 거의 나오지 않는다. 영어 번역자인 데이비드 페언바흐(David Fernbach)는 전혀 활기가 없는 제2권의 문장들에 대해 쏟아질 비난이 두려워 『자본』의 제1권과 나머지 두권 사이에 상당한 문체의 차이가 존재한다는 점을 지적했다. 제1권은 "명백히 대중에게 문학적 저작이면서 동시에 과학적 저작으로 제시된" 반면 제2권의 내용은 "제1권의 무미건조한 문장들의 뒤를 주로 따르고 있다". 제1권의 내용에 친숙한 사람들은 이 말의 의미를 알 수 있을 것이다. 제2권 전체에 걸쳐 맑스는 온종일 상품을 생산하여 그것을 온종일 시장에서 내다 파는 일을 하는 따분하고 무미건조한 회계원의 모습을 하고 있는 것처럼 보인다. 페언바흐는 이렇게 말한다. 제2권에서 다루어지는 주제들은 "대부분 매우 기술적이고 무미건조한 것들이다". 이 책은 무엇보다 "오아시스들 사이에 존재하는 건조한 사막으로 잘 알려져 있으며" 그래서 "전문가가 아닌 독자들에게 좌절감을 안겨주는"(펭귄판 『자본』 제2권 80면) 책이기도 하다. 이 책의 매우 중요한 개념들은 직설적으로 표현되어 있거나 따분한 산문체, 혹은 지루한 수식 속에 파묻혀 있다.

문제는 문체에만 있지 않다. 제2권에는 강렬하고 명확한 서술의 (어떤 사람들은 변증법적이라고 부르는) 구조도 결여되어 있는데, 제1권에서는 그것이 매우 설득력 있는 구조를 이루고 있다. 어느 정도는 이 책이 미완성인데다 때로는 완결되지도 못한 저작이라는 데 그 원인이 있다. 제2권 전체를 관통하는 일관된 맥락들이 존재하긴 하지만 그것을 찾아내기 위해서는 많은 노력이 필요하고, 그래서 책이 완전히 망가지지는 않더라도 너덜너덜해질 정도가 되기도 한다. 독자들이 전반적인 맥락을 파악할 수 있는 유일한 방법은 가장 눈에 두드러지는 단서를 잡은 다음, 단서를 서로 이어 붙여 의미를 추출하는 것이다. 그렇게 하는 데는 상상력과 인내가 필요하고 그 후에도 그렇게 찾아낸 것이 과연 맑스가 실제로 생각했던 바인지를 확인하기는 매우 어렵다. 그래서 제2권의 해설은 종종 맑스보다 해설자의 이야기가 더 많이 반영되는 경우가 흔하다. 틀림없이 나도 여기에 어느 정도 해당될 것이다. 문제는 이런 방식 외에는 제2권을 생산적으로 읽는 방법이 존재하지 않는다는 점이다.

이런 일반적인 어려움 외에도 엥겔스(F. Engels)가 제2권과 제3권을 편집하는 과정에서 발생한 문제들이 다시 우리 앞에 놓여 있다. 맑스의 친필 노트와 초고에 대한 최근의 연구들은 엥겔스의 개입이 상당 부분 존재했고 이것이 때로는 약간 문제가 될 수 있을 정도임을 보여주는 것 같다. 심지어 어떤 사람들은 제2권과 제3권의 집필에서 맑스보다는 엥겔스의 비중이 더 크다는 주장을 제기하기도 한다. 편집되기 전 맑스의 친필 원고는 독일어본으로 이미 출판되어 있고(*Marx Engels Gesamtausgabe*, 즉 MEGA를 가리킨다 — 옮긴이) 맑스 연구자들이 이들 원고에 대한 연구를 진행하면서, 엥겔스가 재해석한 부분이 있는지의 여부가 앞으로 밝혀질 것으로 보인다. 나로서는 앞으로 어떤 결과가 나올지 예측할 수 없지만 단지 그럴 가능성이 있다는 점을 독자들에게 알릴 필요는 있다는 생각이다. 어쨌든 당분간 나는 현재 우리가 가지고 있는 대본에 의존할 수밖에 없다.

제2권은 고도로 추상화되어 쓰였고 따라서 제1권같이 현실에 기반을 둔 내용들이 결여되어 있다. 예를 들어 제1권에서 맑스가 절대적 잉여가치 이론을 다룰 때 그는 노동일의 길이를 둘러싼 계급투쟁의 오랜 역사를 설명한다. 여기에서는 일상생활과 정치 사이의 관련에 대한 개념이 명확하게 드러나 있다(과로로 사망한 매리 앤 워클리Mary Anne Walkley의 경우를 보라). 하지만 제2권에서 맑스는 대개 이런 사례를 거론하지 않으며, 설사 그런 사례를 들 경우에도 ── 예를 들어 침목이나 철도차량 같은 고정자본 품목의 유지보수·수리·교체 등을 다루는 방법과 관련하여 그가 철도운영 매뉴얼을 살펴볼 경우 ── 그것들은 모두 회계정보에 기초한 매우 추상적인 내용으로만 다루어지고 있다. 그래서 우리는, 예를 들어 회전기간의 변동을 매우 길게 설명하고 있는 장 ── 제1권의 노동일에 관한 장과 동일한 경우에 해당하는 ── 의 현실적인 양상이 어떠할지를 단지 우리의 상상에만 의존해야 한다. 맑스가 설명을 위한 소재로 사례를 아예 사용하지 않은 것은 아니다. 예를 들어 유통기간(생산에서 시장에 이르는 기간)은 철도와 전신의 등장으로 급격히 변하고 있다. 우리는 이러한 사례의 시간과 공간을 오늘날의 형태로 재구성하여 (인터넷과 휴대전화의 효과 같은) 우리 자신의 사례를 쉽게 삽입할 수 있다. 그러나 뒷부분으로 갈수록 (자본주의의 역사적·지리적 진화는 말할 필요도 없고) 점차 추상적이고 기술적인 발견을 일상생활의 소재를 사용하여 설명하는 경우가 거의 없기 때문에 독자들은 매우 쉽게 흥미를 잃어버릴 수 있다.

더욱 문제가 되는 것은 정치적인 내용의 결여다. 에르네스트 만델(Ernest Mandel)이 펭귄판의 서문에서 지적했듯이 엥겔스는 "제2권이 순수하게 과학적인 내용으로만 이루어져 있고 선동적인 소재가 포함되지 않아서 독자들에게 큰 실망을 안길지 모른다"(펭귄판 『자본 제2권 11면)라고 걱정했다. 이것은 다시 이 책의 절제된 성격을 보여준다. 제1권 전체에 걸쳐 흐르며 곳곳에서 활기를 불어넣고 있는 윤리적인 분노가 제2권에서는 보이지 않는다. 계급투쟁은 사라졌으며 적극적인 계급관계도 마찬가지다. 제1권 같은 통렬한 풍자를 제2권에서는 찾아볼 수 없다. 혁명에 대한 호소도 없다. 맑스는 오로지 자본의 유통이라는 기본적인 문제에만 관심을 두고 있는 것처럼 보인다. 그는 (리카도와 애덤 스미스의 "오류"를 지적할 때를 제외하고) 자신의 예리한 비판의 칼날을 숨기고 대부분 우리에게 단지 소극적인 서술만을 제공한다.

혼란과 위기에 대한 가능성은 끊임없이 발견되지만 그런 가능성을 현실로 만들 기폭제는 거의 존재하지 않는다. 그래서 종종 저절로 지속되는 자본주의체제는 국지적인 양상의 침체나 혼란을 겪으면서도 영원히 축적을 이어갈 수 있을 것같이 보인다. 로자 룩셈부르크(Rosa Luxemburg)는 제2권 말미에 전개된 추상적인 재생산 표식(表式, schema)이 "축적·생산·실현·교환 등이 시계가 정확하게 작동하듯이 매끄럽게 이루어지는"것을 종이 위에서 보여주고 있다고 신랄하게 불평했고, 비꼬는 듯한 말투로 (한해에서 다음 해로의 확대재생산이 맑스가 계산한 따분한 수식 예arithmetic example처럼 이루어진다면) "이런 특수한 유형의 축적은 마치 잉크와 종이만 떨어지지 않는다면 영원히 계속될 수 있을 것이 틀림없다"고 덧붙였다.

내가 언급한 이 모두는『자본』제2권을 읽기 시작하기도 전에 독자들의 흥미를 떨어뜨리려는 것이 아니라 앞으로 이 책을 읽으면서 맞닥뜨리게 될 어려움에 대해 미리 주의를 주기 위한 것이다. 이것이『자본』세권을 모두 읽기 위해 필요한 최소한이라는 데는 그럴만한 이유가 있다. 맑스가 제1권 서문에서 밝히고 있는 경고문을 여기에서 다시 한번 되새길 필요가 있다. 그것도 한자 한자 음미해가면서 말이다. "학문을 하는 데에는 평탄한 길이 없으며, 가파른 험한 길을 힘들여 기어 올라가는 노고를 두려워하지 않는 사람만이 빛나는 정상에 도달할 가망이 있습니다."(M1: 31) 제2권을 끝까지 놓지 않고 읽는 것은 확신컨대 중요할 뿐만 아니라 장기적으로 충분히 그럴 만한 가치가 있다. 빛나는 정상에서 볼 수 있는 광경은 전혀 예상할 수 없을 만큼 많은 문제를 깨우치게 해주는 것이다.

명백한 난점들 때문에 처음 읽는 독자들을 위해 이 책의 설명 방식을 내 나름대로 약간 변경했다. 나는 맑스가 밝힌 원리들을 쉽게 설명하기 위해 (가능한 한 최근의) 현실적인 사례들을 첨가했다. 정치적인 의미나 가능성에 대한 내 의견도 곳곳에 덧붙였다. 제2권에서 불완전하게 설명된 주요 개념들을 보다 명확히 하고 보완하기 위해 나는 다른 곳, 특히 『경제학비판 요강』에서 내용을 가져오기도 했다. 좀더 과감한 시도로 나는, 앞서도 이미 언급한 바 있지만 제3권에서 맑스가 상인자본과 화폐자본, 대부자본, 은행자본 등을 다룬 부분들을 선별하여 화폐자본과 상품자본의 유통을 순전히 기술적으로만 다룬 제2권 부분에 끌어넣었다. 훨씬 더 생생한 (물론 불완전하고 때로는 매우 불만스럽기도 하지만) 제3권의 이 자료들은 자본주의 생산양식이 등장하던 시기에 상인과 금융업자의 역할을 다루고 있다. 또한 이들 자료는 제2권에서 하듯이 자본유통을 화폐·상품·생산요소라는 구성요소들로 분해하는 것이 왜 중요한지도 설명해준다. 이들 요소의 사회적 담당자들(상인·금융업자·은행가)의 행동을 자본축적의 기술적인 관점과 결합해봄으로써 우리는 자본의 운동방식에 대한 훨씬 더 풍부한 인식을 얻을 수 있다.

맑스가 현실의 공황(1848년과 1857년)을 가장 세밀하게 분석한 것도 제3권이다. 이 분석을 어떻게 수행했는지를 살펴보는 것은 2007년 이후 세계 자본주의에서 전개된 공황의 진행과정을 이해하는 데 큰 도움이 되며 또한 이 책을 읽는 것이 오늘날 상황에서도 매우 중요하다는 것을 일깨워줄 수 있을 것이다. 나는 맑스가 현재 우리가 당면하고 있는 어려운 문제들에 대한 해답을 줄 수 있다고 주장하는 것은 아니다. 하지만 맑스가 살던 시대와 지금 우리가 살고 있는 이 시대 사이에는 상당한 유사점이 있다. 예를 들어 1844년의 "잘못된" 은행법 때문에 1847년과 1857년, 영국에서 상업공황과 금융공황이 더욱 심화되고 연장된 과정에 대한 맑스의 설명은 유럽중앙은행(European Central Bank)이 2008년 이후 유럽의 경제위기를 더욱 심화하고 연장하는 역할을 수행했던 것과 닮은 점이 매우 많다.

제2권을 이해하기 위해 제2권의 본문을 벗어나야 할 필요성은 그것이 불완전한 형태인 데도 원인이 있다. 제2권에서 이야기되는 가능성들에서 한걸음 더 나아가 추론하지 않고 이 책에서 곧바로 얻어낼 수 있는 것은 그리 많지 않다. 물론 나의 추론과 해석이 모두 옳다거나 내가 다른 사람보다 더 우월한 견해를 가지고 있다고 주장하려는 것이 아니다. 단지 이 책을 이런 방식으로 읽어나가면 더 많이 흥미를 느끼고 더 많이 몰입하게 되리라는 것을 보여주고 싶을 뿐이다. 만일 여러분이 제2권의 건조하고 기술적인 방식의 서술에만 매달린다면 당신은 이 책에 대해 극히 밋밋한 기억만을 갖게 될 것이다. 제2권을 다른 책과 연관시켜 추론을 확대해나가는 방식으로 읽는다면, 표면적으로 정치적 행동과는 거의 관련이 없는 것처럼 보이는 이 책의 내용을 독자 여러분 자신의 정치적 관심과 결합할 수 있을 것이다.

제2권은 자본의 운동, 즉 "형태변화"에 대한 내용을 담고 있는데 이 형태변화는 자본이 화폐·생산요소·상품이라는 제각기 다른 상태를 연속적인 흐름으로 관통해나가는 과정이다. 제1권의 논의는 노동과정과 잉여가치의 생산이 주된 내용을 이루는 반면, 제2권에서는 이들이 단지 잉여가치가 시장에서 자본으로 실현되고 사회적 노동에 대한 자본의 지배력이 자본유통을 통해 끊임없이 갱신되는 과정의 계기 가운데 하나로만 간주된다. 이제 유통에 소요되는 시간 (그리고 조금 덜 중요하게는 공간)에 초점이 맞추어진다. 제1권에서는 자본유통의 연속성을 가정했지만 제2권에서는 그것이 주된 논의 대상이 된다. 회전기간과 속도, 그리고 고정자본 ── 기계와 공장은 물론 운송체계와 건물, 물리적 인프라 등의 총체 ── 에 들어가는 자본이 점점 더 늘어남으로써 발생하는 복잡한 문제들이 다루어진다.

여기에서 자본의 유통과정은 자본 임노동 관계를 재생산하려고 혈안이 되어 있는 자본주의라는 몸통의 내부를 흐르는 혈액으로 나타난다. 이 유통과정 내부에서 발생하는 잠재적인 장애와 중단, 불균형 등은 분석을 절실하게 요구하는 모순들의 영역이다. 이것들은 또한 정치적 선동의 잠재적인 대상을 제공해주기도 한다. 반자본주의 정치가 성공하기 위해서는 제2권의 성과물을 (다소 잠정적인 것이라 할지라도) 잘 움켜쥐어야만 한다. 제2권 속에는 정치선동가들의 먹잇감이 될 수 있는 좋은 소재가 풍부하게 담겨 있지만 이들 가운데 많은 것은 (제1권의 영향을 강하게 받은) 전통적인 맑스주의

좌파들이 견지하는 정치적 전제들과 쉽게 조화되기 어렵다. 화폐와 신용의 미래같이 제2권에서 제기하는 많은 문제들은 현장에 초점을 맞춘 고전적인 계급투쟁 형태를 통해서는 해결될 수 없다. 제2권은 혁명이 도래했을 때 우리 모두가 굶어 죽지 않기 위해서 대체하거나 재구성해야 할 것이 무엇인지를 이야기해주고 있다.

맑스는 자신의 연구 주제가 제1권의 화폐에 관한 장에 기초한다는 점을 언급하면서 제2권을 시작한다. 이는 우리를 난감하게 하는데 왜냐하면 화폐에 관한 장은 길고 지루하며 많은 의문을 불러일으켜서 많은 사람들이 제1권의 강독을 포기하게 하는 대목이기 때문이다. 그래서 나는『자본』을 처음 읽는 독자들에게, 제1권을 읽을 때는 다른 대목에서 더 흥미 있는 소재를 찾을 때까지 이 장을 힘껏 뚫고 지나가도록 권한다. 그러나 여기 제2권에서는 이 화폐에 관한 장에 오랫동안 머물며 그 내용을 깊이 음미할 필요가 있다. 그리고 그것을 좀더 쉽게 음미하기 위해서는 제1권 제4장에서 이야기하듯이 자본의 개념을 어떤 **물적 존재**가 아니라 하나의 **과정**으로 이해할 필요가 있다. 이 과정의 기본적인 구조는 가치가 (맑스가 이야기하던 이른바 "형태변화"를 수반해) 여러 상태를 거치면서 끊임없이 흘러가는 것이다.

$$A$$
$$G - W \cdots P \cdots W' - G + \Delta G$$
$$Pm$$

만일 이런 과정이 의미하는 바가 무엇인지에 대해 관심이 있다면 제2권은 그에 대한 매우 흥미롭고 놀라운 통찰 —— 속도를 높이기 위한 자본가들의 노력이나 고정자본과 유동자본 사이의 긴장을 심화하는 문제 등에 대한 —— 을 제공해줄 것이다.

연구를 진행해나가는 과정에서 맑스는 전혀 망설이지 않고 과감하게 단순화한 가정들을 설정했다. 스스로 자주 주장하듯이 이렇게 함으로써 그는 자본의 유통과 축적의 동학을 "순수한 상태"로 탐구할 수 있었다. 그렇기 때문에 우리는 제2권의 첫면에서 다음의 구절을 만나게 된다.

이들 형태를 순수한 상태로 파악하기 위해서는, 무엇보다도 그런 형태변화나 형태형성과 아무 관련이 없는 모든 계기를 제거해야 한다. 그러므로 여기에서는 상품이 그 가치대로 팔릴 뿐만 아니라, 이러한 판매가 불변의 조건하에서 이루어진다고 가정한다. 따라서 순환운동 과정에서 발생할 수 있는 어떠한 가치변동도 모두 무시된다. (M2: 32)

상품이 자신의 가치대로 교환된다는 것(우리는 매일의 시장가격이 여기에서 이탈하는 것을 무시하기로 한다)은 제1권의 가정인데, 내가 보기에 여기에서 맑스가 언급하는 "상황"은 제1권 제2장에서 설정하고 있는 시장의 교환상태(정확하게 개념적으로 완벽하게 작동하고 있는 경쟁적 시장상태)에 해당하는 것으로 생각할 수 있을 것 같다. 즉 "순수한 상태"는 폐쇄체계를 가정한다. 그것은 (특별한 다른 규정이 없는 한) 어떤 "외부"와의 교환도 없이 자본이 하나의 폐쇄체계 내에서 완벽하게 지배하고 있는 상태다. 정말 결정적인 것은 마지막 문장 속에 있다. "가치의 변동"은 노동생산성의 변동에서 비롯한다. 이 변동은 상대적 잉여가치 이론에서 설명되는 기술적·조직적 변화를 통해 이루어지는데 이와 관련된 내용이 제1권의 많은 부분을 차지한다. 제2권에서 맑스는 상대적 잉여가치 이론을 자신의 시야에서 제외하고 기술적으로나 조직적으로 정태적인 상태의 경제모형을 설정한다. 예를 들어 제20장 앞부분에서 그는 "가치혁명의 경우에는 (…) 아무런 변화가 없을 것이다"(M2: 393)라며 그 가정을 힘주어 반복하고 있다. 즉 우리가 이제부터 탐구하려는 이론에서는 (제1권의 논의에서 주로 다루어졌고 『공산주의자 선언』 *The Communist Manifesto*에서 혁명적 동력을 이루고 있던) 기술적·조직적 동학이 자본의 운동법칙에 대한 또다른 측면을 탐구하기 위해 한쪽으로 밀쳐져 있는 것이다.

그렇다면 맑스가 제2권에서 추적한 것은 도대체 무엇일까? 잉여가치가 일단 생산되고 나면(제1권을 통해 우리가 매우 잘 이해하고 있는 바로 그 과정), 그 잉여가치는 어떻게 실현되고 또 어떻게 자본을 축적하면서 순환을 계속하는 것일까? 맑스는 상인·은행가·대부업자·지주 등의 계급이 산업자본가 —— 제1권에서 임노동자가 생산한 잉여가치를 직접 수탈하는 유일한 사람으로 묘사되는 —— 와 어떤 관계가 있음을 명백히 인식하고 있었다. 그는 또한 이 다른 형태의 자본이 자본주의 생산과 공장제도가 등장하기 전에 이미 존재했고 따라서 자본주의 생산양식이 만들어질 때 중요한 역사적 역할을 수행했다는 것도 잘 알고 있었다. 그러나 맑스는 이 자본을 단지 봉건제로부터 자본주의로 넘겨진 "잔여 유산"으로만 간주하는 것에 반대했다. 그가 알고자 했던 것은 다른 형태의 자본이 "순수한 상태"의 자본주의 생산양식이 존립하는 데 어떻게 그리고 왜 사회적으로 반드시 필요한지, 또한 어떤 방식으로 자본주의의 모순과 위기의 현장이 될 수 있는지에 대한 것이었다.

"순수한 상태의 자본"이라는 개념은 맑스에게 매우 중요하다. 공황을 만났을 때 공황이 "순수한", 따라서 완벽한 자본주의 생산양식의 불순물이나 기능 불량에서 비롯됐다는 말은 거의 모두가 할 수 있다. 우리는 지난 수년간 신자유주의자들에게서 다음과 같은 이야기를 많이 전해 들었다. 그들에 따르면 문제의 원인은 신자유주의적 시장자본주의 모델 자체 안에 존재하는 어떤 심각한 모순이 아니라 신자유주의적 교의를 충실히 따르지 않은 탓이다. 그들의 해법은 긴축정책을 실행하고 국가권력을 더 무력화함으로써 자본을 순수한 상태로 되돌리는 것이다. 맑스는 공황이 순수한 상태의 자본주의 생산양식에 내재하며, 그 상태로 존립하는 데 반드시 필요한 고유의 메커니즘임을 보여주고자 한다. 아무리 많은 규제상의 땜질로도 이런 사태를 바로잡을 수 없으며 경제가 보다 순수한 상태에 접근하면 할수록 공황이 발발할 가능성이 점점 더 커질 뿐이다(긴축정책을 사용하던 유럽이 2012년에 당면한 사태를 통해서 그대로 확인된다).

그러나 제2권은 독립적이고 자동적으로 공황이 발발하는 경향이 자본의 순환체계 내에 항상 존재한다는 점을 보여준다. 이것은 전통적인 맑스주의자들이 무조건 환영할 만한 소식이 아니다. 말하자면 이것은 상인·은행가·외환딜러 같은 사람들에 대한 임노동자들의 투쟁이 어떻게 이루어져야 하는지, 그리고 이런 사람들이 개입하고 있는 온갖 활동(보험, 외환 헤지, 파생금융상품, 자산담보부 증권, 신용부도 스왑 등과 같은 금융상품에 대한 투자)을 어떻게 이해할 것인지 등의 문제를 제기한다. 우리는 갖가지 모순이 어떤 것인지 정리하고, 독립적이며 저절로 형성되는 상업공황 및 금융공황의 충격이 어떤 것일지를 알아낼 필요가 있다. 우리는 또한 우리 시대의 경제체제 내에서 골드만삭스, 시티은행, RBS, HSBC, 도이치은행 등 악명 높은 "흡혈오징어"인 거대 금융그룹의 역할에 대해 보다 잘 이해할 필요가 있고 월마트, 이케아, 까르푸 등과 같은 상업자본가들의 역할을 분석해낼 필요도 있다.

맑스는 『자본』 전체에서 그가 구축하고 있는 이론적 세계에서 무엇이 허용되고 무엇이 허용될 수 없는지에 대해 매우 엄격한 제약조건을 제기하거나 아예 제외하고 있다. 제2권에서 특히 그러하다.[1] 이들 제약조건은 어디에서 비롯됐으며 어떻게 정당화될 수 있을까? 예를 들어 신용제도나 이자 낳는 자본은 자주 언급되지만 대개 그때마다 이들 형태의 유통은 "여기에서 고려되지 않는다"라는 말과 함께 논의의 바깥으로 밀려나고 있다. 그러나 왜 이것들은 여기에서 다루어지지 않는 것일까? 신용제도가 없는 조건에서 고정자본의 유통이나 회전기간의 차이에 대한 검토는 얼핏 보기에 그다지 큰 의미가 없는 것 같다. 그런데 맑스는 왜 (신용제도가 개입되면 모든 것이 변화한다는 점을 수용하면서도) 제2권 전체에 걸쳐 체계적으로 신용을 배제하고 있을까?

이 의문에 대한 답은 맑스의 "과학적인" 경제학 저작들(『자본』『경제학비판 요강』『잉여가치론』)과 그의 역사적 저작(『루이 보나파르트의 브뤼메르 18일』『프랑스 내전』 등) 사이의 깊숙한 관련을 검증하지 않고는 얻어내기 어렵다. 맑스는 이들 사이의 긴장관계를 『자본』의 첫번째 면에서 지적했다. 그는 상품을 사용가치와 교환가치의 통일로 규정한 후에, "물적 존재의 다양한 용도를 발견해내는 것은 역사의 업적에 해당한다"라고 하면서 사용가치의 문제를 논의의 바깥으로 밀어내버린다(그러나 우리가 알 수 있듯이 바로 뒤에 사용가치 문제는 다시 거론된다). 이와 비슷한 많은 구절을 통해 우리는 맑스가 경제학과 역사학을 서로 다른 두개의 연구영역으로 명확하게 인식하고 있었다는 결론을 유추할 수 있다. 이것은 경제학의 중요성을 어떻게 이해할지에 대한 일반적 물음을 불러일으킨다. 이는 특히 제2권에 대해 끊임없이 제기되는 물음이기도 하다. 내가 생각하기에 이 물음에 대한 답을 찾는 일은 제2권의 특징을 이루는 엄격한 제약조건들을 이해하는 데 상당한 도움을 줄 것이다.

물론 맑스의 경제학 저작들은 역사적인 내용을 결코 배제하지 않는다. 이들 저작의 이론적인 연구대상인 자본주의 생산양식은 봉건제로부터 발생한 역사적 구조물이며, 필연적이지는 않더라도 "사회주의" 혹은 "공산주의"라고 불리는 다른 사회체제로 진화할 가능성이 있는 것으로 서술된다. 그러나 역사적인 저작과 시사적인 해설들은 경제이론이나 자본의 운동법칙에 대한 언급을 거의 담고 있지 않다(설사 그런 언급이 있는 경우에도 그것들은 현실 계급투쟁의 상태를 알려주는 형태를 띨 뿐이다). 하나의 예외가 있다면 1848년에 집필된 『공산주의자 선언』인데 여기에서는 나중에 『자본』에서 탐구되는 많은 주제들이 쉽게 발견된다. 그러나 『브뤼메르 18일』 같은 초기의 역사적인 저작들은 1847~48년 프랑스의 경제위기 이후 혁명적 운동을 분석하고 있음에도 불구하고 경제학적인 내용을 찾아보기 어렵다. 1871년 빠리꼬뮌을 집중적으로 다룬 『프랑스 내전』에서 경제적인 내용을 찾아내기란 매우 어렵다.[2] 이 저작의 초점은 거의 유동적이고 때때로 우연적으로까지 보이는 정치적 동학에만 맞추어져 있다. 심지어 『자본』 제1권이 출판되고 난 이후에 집필된 역사적 저작들에도 (산업예비군의 생산, 이윤율의 저하, 상대적 잉여가치 이론 등) 맑스경제학의 핵심 개념들은 거의 언급되지 않았다.

만일 역사적·정치적 저작들의 유동적·우연적·자의적 색채와 경제학적 저작들의 엄격하게 과학적이고 법칙적인 색채가 서로 아무 관련도 찾기 어려울 만큼 다르지 않다면 둘 사이의 차이점은 그다지 큰 문제가 아닐 것이다. 맑스주의에는 결정론과 의지론이라는 두 흐름이 있는 것처럼 보이는데, 이들은 극히 무의미한 논쟁 ― 공산주의로의 이행이 과학적인 문제인지, 변증법적 유물론이 역사이론을 구성하는 것인지의 여부를 놓고 주로 엥겔스의 해석을 둘러싸고 촉발되다가 나중에는 스딸린의 교의로 변해버리고 마는 ― 에서 말고는 결코 만날 리 없는 것들이다.

『경제학비판 요강』의 영어판 서문에서 맑스는 자신의 경제학 연구를 주도하는 원칙들에 대한 개요를 밝히고 있다. 이 원칙들은 역사와 이론 사이의 간극이 어디에서 비롯하는지를 명확히 밝힘으로써 맑스가 자신의 이론체계를 구축하며 지켜나간 규칙을 설명해준

다. 나는 그가 『자본』 전체(제2권이 특히 그러하다)의 집필과정에서
이들 원칙을 매우 엄격하게(비판적으로 볼 경우 이 표현을 "완강하
게"로 바꿀 수도 있는데 나도 사실 좀 그런 편이다) 지켰다는 결론
에 도달했다. 이런 원칙 때문에 그는 (『경제학비판 요강』에서 자신
의 예비 저작들에 큰 영향을 미친 1857~58년 공황의 세부적인 내용
같은) 자신의 시대적 특수성을 넘어서 비록 불완전하긴 하지만 자
본의 운동법칙에 대한 대안적인 이론을 잠정적으로 만들어낼 수 있
었다. 그가 생각하기에 이들 법칙은 자본주의 생산양식이 지배하는
모든 역사적·지리적 상태의 동학을 움직이는 것이었다. 그러나 이
런 일반이론이 만들어지려면 일정한 희생이 필요하다. 맑스가 정립
한 일반이론의 틀은 지나치게 엄격하기 때문에 이들 법칙의 적용 가
능성은 제한적이고, 따라서 특수한 역사적 운동이나 국면을 이해하
기 위해서는 많은 노력을 기울일 수밖에 없다.[3]

　맑스는 경제학을 진정한 의미의 과학으로 추구했다. 그의 희망은
이 과학이 물리학이나 화학의 지식체계와 비슷한 힘을 갖는 것이었
다. 그는 가치와 잉여가치의 법칙이 자본주의의 역사적 성격에도 불
구하고 하나의 자연법칙처럼 작동한다고 생각했다. 그는 여러번 반
복해서 가치를 중력에 비유했다. 이보다 더 좋은 비유의 예는 유동
물질의 운동법칙으로, 그것은 공기나 바다의 운동법칙이나 갖가지
유동물질의 운동을 통해 드러나는 온갖 현상에 토대를 두고 모든 이
론을 정립하는 것이다. 이런 법칙들은 마치 일기예보나 기후변화 같
은 영역에서처럼 아무런 변형 없이 그대로 기계적으로 적용될 수 없
으며 설사 그럴 경우에도 설명될 수 없는 부분이 지나칠 정도로 많

이 남는다. 맑스의 자본운동 법칙은 바로 이런 종류에 해당한다. 그 법칙들은 내일의 경제 상황을 예보하기는커녕 당장의 지배적인 경제적 기상의 온갖 측면조차 설명하지 않고 또 설명할 수도 없다. 물론 그렇다고 해서 이것이 맑스의 경제학이 틀렸다는 의미는 아니다. 어떤 물리학자도 유동체의 운동법칙이 내일의 기후를 정확하게 알려주지 못한다고 해서 그 법칙을 무시하지는 않는다.

맑스의 전반적인 방법은 이와 비슷한 어떤 것이다. 그는 17세기 이후 경제학적 주제에 관해 글을 쓴 많은 경제학자와 논평가 들이 각자의 주위에서 벌어지고 있는 복잡한 경제 문제를 이해하기 위해 정직한 마음으로 성심을 다했을 것이라고 가정했다. 물론 자신이 태어날 때부터 가진 계급적 특권을 정당화하려던 "속류" 경제학자들도 있었지만 윌리엄 페티(William Petty), 제임스 스튜어트(James Steuart), 애덤 스미스(Adam Smith), 데이비드 리카도 등은 전혀 그렇지 않았다. 하지만 속류경제학자들도 무의식중에 자신들의 주장을 펴다가 자본의 본질에 관한 매우 중요한 점을 이야기하곤 했다 (맑스가 『자본』 제1권에서 들고 있는 '시니어의 마지막 한시간'이 바로 그 좋은 예다). 이들의 주장에 숨겨진 모순과 이들의 이론 자체를 (변증법의 도움을 받아) 비판적으로 검토함으로써 맑스는 『자본』 제1권의 서문에서 스스로 밝혔듯이 자본의 운동법칙에 대한 새로운 설명을 이루어내고자 했다.

맑스는 자신의 새로운 과학으로서 경제학을 직접적인 역사적·인류학적·통계적 연구와 추론을 통해 만들어내지 않고 고전경제학을 비판하는 방식으로 만들어냈다. 이 비판 ——『잉여가치론』(*Theories of*

Surplus Value)에서 가장 명시적으로 이루어졌고『자본』과『경제학비판 요강』에서도 끊임없이 나타나는 ─ 은 부르주아 경제학과 부르주아들의 글(예를 들어 맑스의 견해를 따르자면 산업자본주의가 가장 발전한 나라인 영국의 공장감독관 보고서 같은)에서 전반적으로 나타나는 인식에 상당한 신뢰를 보인다(전혀 그렇지 않다고 주장하는 사람들도 있는데, 이들의 비판 내용 일부에 대해서는 나도 동의한다). 그렇다면 맑스는 부르주아 경제학자들의 전반적인 논의를 어떤 식으로 이해한 것일까? 그리고 고전경제학은 연구 주제를 어떤 틀로 분석했을까?[4]

맑스는『경제학비판 요강』에서 이렇게 말한다.

생산은 출발점으로, 소비는 종점으로, 분배와 교환은 중간과정으로 나타난다. (…) 그러므로 생산·분배·교환·소비는 삼단논법의 논리적 구조를 이루고 있다. 생산은 일반성, 분배와 교환은 특수성, 그리고 소비는 개별성이며 여기에서 전체가 결합된다. (…) 생산은 일반적 법칙에 의해 결정되고 분배는 사회적 우연성에 의해 결정된다. (…) 교환은 형식적인 사회운동으로 둘 사이에 자리 잡고 있다. 그리고 마지막 행위인 소비는 단지 종점일 뿐만 아니라 그 자체가 궁극적인 목적으로 인식되는데, 그것이 출발점에 거꾸로 다시 영향을 미치거나 전체 과정을 새롭게 이끌 경우를 제외하고는 원래 경제학의 연구대상이 아니다. (『경제학비판 요강』108~09면)

이 구절은『자본』에서 수행하는 맑스의 연구를 이해하는 기초가

표1 맑스가 『자본』에서 사용한 분석의 "대강의 삼단논법" 구조

생산 일반	일반성	자연법칙	결정적	자연과 신진대사의 관계	진화론(다윈)
사회적 생산	보편성 (토지, 노동, 자본, 화폐, 가치)	사회적 법칙	결정적	자본의 운동법칙	경제학
분배	특수성 (지대, 임금, 이윤, 이자, 상업이윤, 조세)	우연적, 일시적	비결정적	계급 및 분파 투쟁의 결과물: 지리적인 불균등 발전	역사학, 지리학, 지정학
교환	특수성 (소유권, 법인, 경쟁, 집중, 독점)	우연적, 일시적	비결정적	제도, 경쟁과 독점, 자본과 노동의 집단적 형태와 연합적 형태	국가형태, 역사, 지리학, 지정학
소비	개별성	혼란상태	예측 불가능	열정, 신념, 욕망, 동기, 사회성, 정치적 주체의식 (영향 요인)	문화적, 심리적 분석: 인간의 욕망, 욕구, 필요의 생산

된다. 여기에서 제기되는 일반성(생산: 법칙과 같이 결정 요인을 이루는 것), 특수성(교환과 분배: 서로 겨루는 힘의 균형상태에 의존하는 사회적 투쟁의 소산같이 우연적이고 특별한 경우의 것), 개별성(소비: 예측할 수 없고 잠재적으로 혼란스러운 것)의 차이에 주목할 필요가 있다. 또한 소비의 개별성이 주로 "경제학 외부의 영역"(아마도 『자본』제1권의 본문 첫면에서 이야기하는 역사의 영역)에

속한다는 이야기에도 주목할 필요가 있다. 여기에서 이야기한 내용을 일반적인 틀로 정리하면 다음 표1과 같이 될 것이다.

이런 삼단논법은 "일관성은 있겠지만" "지나치게 피상적인 것"이라고 맑스는 말한다. 그래서 그는 이런 식의 삼단논법을 거부하고, 그 대신 자본주의 생산양식을 이루는 모든 관계의 총체성 속에서 이들 생산·분배·교환·소비가 서로 연결되어 있는 변증법적 개념을 선택했다. 그는 여러면에 걸쳐 생산과 소비, 그런 다음에는 생산과 분배, 그리고 마지막에는 생산과 교환 사이의 변증법적인 내적 관계에 대해 논의한 다음 자신의 결론에 도달한다. 생산·분배·교환·소비는 "전체의 구성요소, 즉 하나의 통일체 내부에서 서로 구별되는 요소들을 이루고 있다. (⋯) 상호 작용은 서로 다른 요소들 사이에서 일어난다. 이것은 모든 유기체에서 볼 수 있는 현상이다".(『경제학비판 요강』 99~100면) 맑스가 생각했던 유기체적 전체로서의 자본주의 생산양식이란, 순수한 의미에서 헤겔(G. W. F. Hegel)적인 것이 아니다(물론 헤겔의 개념을 그냥 뒤집는 것이 아니라 그것을 혁명적인 방식으로 추론해내는 것이긴 하지만). 그것의 구조는 생태적인 것으로, 그람시(A. Gramsci)와 르페브르(H. Lefebvre)가 "전체"(ensemble)라고 불렀던 것, 혹은 들뢰즈(G. Deleuze)가 요소들의 "집합체"(assemblage)라고 불렀던 것의 내부에서 이루어지는 관계들이다. "헤겔주의자에게는 생산과 소비를 동일시하는 것보다 더 간단한 것은 없다"라고 맑스는 불만을 제기한다. "그리고 이런 짓은 공상적 사회주의자는 물론 예를 들어 쎄이(J. Say) 같은 속류경제학자들이 이미 저질렀던 일이다."(『경제학비판 요강』 93~94면)

우리는 맑스가 이런 변증법적이며 유기체적인 원리를 자신의 고유한 이론을 만드는 데 사용하지 않았을까 생각할 수 있다. 하지만 실제로는 『자본』에서 분명하게 드러나듯이, 그는 심지어 자신의 비판이론을 전개하고 대안적인 이론을 모색하기 위해 유기체적 사고와 변증법적 관계를 분석할 경우에도 고전경제학이 제시했던 피상적인 삼단논법을 그대로 견지했다. 그는 대개 자신의 경제학 연구에서 거의 법칙 수준의 (생산영역의) 일반성이 있는 부르주아적 개념을 최대한 고수했고, (제3권 후반부에서 이들 영역을 다룰 때까지) 분배와 교환영역의 "우연성"과 사회적 특수성을 배제했으며, 소비영역의 혼란스러운 개별성에 대해서는 더더욱 그러했다. 그래서 제1권과 제2권에서는 모두 잉여가치가 이자, 지대, 상업이윤, 산업이윤, 조세 등으로 어떻게 분배되는지를 전혀 고려하지 않고 있다. 맑스는 또한 노동을 제외한 모든 상품이 자신의 가치대로 교환된다고 (즉 소비자들의 욕망은 항상 가치가 아무런 어려움 없이 실현될 수 있는 방식으로 나타난다고) 가정했다. 따라서 맑스의 『자본』에는 소비자이론이 전혀 존재하지 않는다(이 점은 불행히도 오늘날 미국에서 소비가 경제적 행위의 약 70%를 설명해주고 있다는 사실과 거리가 있어 보인다. 중국의 경우에는 약 30%를 설명해준다고 하는데 이 비율은 아마도 맑스가 살던 시기의 일반적인 수준에 가깝지 않을까 싶다).

더 흥미로운 것은 제1권이 노동에 대해 임금으로 돌아가는 분배분의 특수성을 논의하는 데 매우 취약하다는 점이다. 노동력의 가치가 어떻게 결정되는지에 대한 문제를 다룬 부분은 겨우 두면에 불과하다. (기후에서 시작해서 계급투쟁의 상태와 그 나라의 문명화 정도에 이르기까지) 노동력의 가치를 결정하는 온갖 종류의 요소들이 길게 나열된 다음 노동력이 도덕적인 요소를 포함하기 때문에 다른 상품과는 다르며, 특정 시기 특정 사회에서 노동력의 가치가 알려져 있다는 점이 이야기된다. 그런 다음 분석은 노동력 가치가 고정되어 있다는(알다시피 이것은 결코 고정되어 있지 않다) 것을 가정하면서 진행되고 있다. 임금을 다룬 이후의 장들은 지나치리만치 얄팍하다. 임금결정 이론을 다루려는 어떤 시도도 보이지 않는다. 맑스는 단지 여러차례에 걸쳐 잉여가치 이론을 반복하고 임금의 지불이 시간급과 성과급으로 이루어지는 것이 잉여가치의 본질을 은폐한다는 견해를 첨부하고 있는 정도다. 그는 또한 노동력의 재생산 비용, 즉 노동력의 가치가 서로 다른 나라 사이에서 이루어지는 교역의 문제도 알리고 있다.

제2권에서도 이와 비슷하게 맑스는 분배 ─ 화폐자본에 대한 이자와 상업자본의 이윤 ─ 에 관해서는 일체 언급하지 않고 자본의 상품유통과 화폐유통을 분석한다. 심지어 그는 신용이 반드시 필요하고 신용이 고려되면 모든 상황이 변한다는 점을 수도 없이 반복해서 인정하면서도 신용제도의 모든 분석을 제2권에서 배제하고 있다. 이후의 논의에서도 이런 식의 배제가 계속 나타남을 거듭 확인할 수 있다. 맑스가 일반성만을 고려한 범주에서는 거의 항상 신용 문제를 배제했기 때문이다. 이런 점은 『자본』 전체를 통틀어 정확하게 드러난다. "신용제도와 그것이 스스로 만들어낸 여러가지 수단들(신용화폐 등)에 대한 세밀한 분석은 우리의 연구계획을 벗어나는 것이다. 여기에서는 **자본주의 생산양식 일반의 특성을 밝히는 데 필요한 몇가지 사항만을 지적하고자 한다**"(강조 ─ 하비)라고 맑스는 "신용과 가공자본" 장의 서두에서 말했다.

나는 여기에 한가지를 더 추가하고자 한다. 이런 배제는 (노동력 가치처럼 맑스가 무언가를 이야기해야 하는 경우에) 때때로 생략되기도 한다. 맑스는 그럴 때 먼저 문제를 간단하게 서술하고(예를 들어 자연과의 관계 혹은 노동자의 소비자로서의 욕망) 그것의 중요성에 대한 간단한 언급을 덧붙인 다음 생산의 일반성으로 돌아간다. 그는 이 문제에 대해 몇 단락 (때로는 하나 혹은 두 문장) 이상을 할애하는 경우가 거의 없다.

그렇다면 그는 왜 자본이 운동하는 원리를 이해할 수 있는 대안적인 변증법적, 그리고 합리적인 유기적 방법을 이미 완성하고 난 다음에도 부르주아의 지식구조를 견지한 것일까? 나는 사실 이 물음에 대한 속 시원한 답을 가지고 있지 않다. 단지 확신할 수 있는 것은 그가 분명히 그렇게 했다는 사실이다(본문에는 이것을 보여주는 증거가 넘쳐난다). 내가 생각할 수 있는 가장 그럴듯한 가설은 만일 맑스의 핵심적인 목표가 고전경제학을 그들의 용어로 비판하는 것이었다면 그는 고전경제학의 내적 모순을 확인하고 그것의 해체를 선언하기 위해 그들 용어의 일반적 성질을 수용해야만 했을 것이라는 점이다. 즉 만일 부르주아 이론가들이 어떤 강제도 없는 자유로운 시장을 가정했다면 그도 당연히 그렇게 했을 것이다(제1권 제2장의 경우가 바로 그러하다). 만일 일반성, 특수성, 개별성 사이의 구별이 부르주아적 유형의 사고에 핵심적이라면 그도 바로 그런 토대 위에 서 있어야 했을 것이다. 이것이 내가 제시할 수 있는 유일한 대답이지만 물론 충분하지는 않다. 왜냐하면 그는 부르주아적 용어 가운데 어떤 것은 버렸지만 어떤 것은 버리지 않았기 때문이다. 예를 들어 그는 제1권에서 수요와 공급 혹은 효용의 문제를 조금도 다루려 하지 않았다(우리는 곧 그 이유를 보게 될 것이다). 그는 그런 자신의 선택에 대한 이유를 전혀 설명하지 않았다. 그러나 이 모두를 철저하게 그가 선택했다는 사실은 너무나도 명백하다.

일반성, 특수성, 개별성이라는 세 수준이 전부가 아니다. 보편성이라는 네번째 수준이 존재하는데 그것은 자연과의 신진대사를 다루는 부분이다. 맑스는 생산을 "역사와는 무관한 영원한 자연법칙으로 둘러싸인" 것으로 표현하는 고전경제학의 관행에 적극 반대했다. 그는 이처럼 자본주의를 "자연적인 것으로 간주"하는 견해를 거부했다. 그는 기회가 있을 때마다 (이윤율의 하락이 자연자원의 희소성과 지대의 증가 때문이라는 리카도와 맬서스T. Malthus의 견해를 포함하여) 사물에 대한 이런 자연주의적 관점을 공격했다. 자본주의 생산양식의 일반성은 자연법칙의 보편성에 호소하는 방식으로는 결코 설명될 수 없다는 것이 맑스의 일관된 견해였다.

맑스는 "자본주의적 생산"에 그가 이해하고자 했던 법칙에 가까운 일반성이 있다는 사실을 받아들이면서도 그런 일반성을 자연과학의 자연 개념으로 해석하는 데는 반대했다. 자본주의는 법칙에 가까운 성격이 있긴 하지만 (사적 소유관계의 법칙을 포함한) 그 법칙들은 인간행동의 산물이다. 이들 법칙은 자연법칙에 의해 지배되는 세계에서 우리가 도출해낼 수 있는 (물리학, 화학, 다윈의 진화론 같은) 법칙들과는 구별되어야 한다. 후자의 법칙은 불변의 것으로 간주된다. 우리는 이 법칙들에서 벗어나서 살아갈 수 없다. 『자본』 제1권에서 맑스는 이렇게 쓰고 있다. "사용가치를 낳는 어머니로서, 즉 유용노동으로서 노동은 그 사회형태가 무엇이든 그것과는 무관하게 인간의 존재조건이며 인간과 자연 사이의 물질대사를 매개하고 그리하여 인간의 생활을 매개하기 위한 영원한 자연필연성이다." (M1: 57) 노동과정은 "인간과 자연 사이의 물질대사의 보편적인 조건이자 인간생활의 영원한 자연조건이고, 따라서 인간생활의 모든 사회형태에 똑같이 공통된 것이다".(M1: 198) 우리는 오로지 자연이 행하는 바에 따라서만 무언가를 할 수 있다.

맑스의 과학적 연구의 초점은 자본주의 경제의 일반법칙이 어떻게 되어 있고, 그것이 실제로 어떻게 작동하며 왜, 어떻게 변화하는지를 밝히는 데 맞추어져 있다. 그리고 그는 이것을 보편성 ─ 우리가 일상적으로 수행하는 자연과의 물질대사 관계로 표현되는 ─ 을 건드리지 않은 채로 수행하려 한다.

맑스는 보편성, 일반성, 특수성, 개별성이라는 4개의 개념에 헤겔과 스피노자(B. Spinoza)로부터 끌어낸 변증법적 의미와 비판적 전략들을 부여함으로써 부르주아 경제학과의 차별성을 드러낸다. 그는 『경제학비판 요강』에서 여기에 유기적 총체성이라는 개념을 더해 자신만의 것으로 삼으려고 한다. 그렇다면 이제 문제는 이들 서로 다른 계기들 ─ 자연과 물질대사 관계의 보편성, 잉여가치 생산의 일반성, 잉여가치의 배분과 교환관계의 특수성, 소비의 개별성 ─ 사이의 상호 관련을 어떻게 이해하느냐가 된다. 즉 그는 생산의 법칙적 성격을 다른 모든 것들과 어떻게 분리할 수 있는지와 이런 분리가 왜 중요한지를 보여줘야만 하는 것이다.

맑스의 경제학은 일차적으로 생산의 일반적 법칙 수준에서 작동한다. 그러나 왜 생산이 중요한 것일까? 맑스는 "생산은 생산의 대립적인 규정에서 자신은 물론 다른 계기들도 모두 지배한다. 과정은 언제나 생산으로 되돌아와서야 비로소 새로 시작된다"(『경제학비판요강』 99면)라고 했다. 이 생소한 이야기는 무엇을 말하는 것일까? 자신에 대하여 지배적인 생산을 재화와 서비스의 물적 생산 개념(즉 구체적인 노동과정이나 혹은 상품생산)으로 해석하면 안 된다는 것이다. 불행히도 이것은 매우 많은 사람들이 맑스를 잘못 이해하는 부분이다. 맑스에 대한 이런 잘못된 해석은 사회적 관계, 이념, 인간의 욕망 등이 모두 물리적인 물적 행위에 의해 결정된다는 잘못된 이야기로 이어진다. 이는 맑스를 생산주의적으로 잘못 이해하는 것이며 맑스의 사적 유물론의 내용과는 전혀 다른 것이다.

생산의 자본주의적 양식 내에서 "지배적인" 생산은 잉여가치 생산이며 잉여가치는 사회적 관계이지 물리적인 물적 관계가 아니다. 『자본』 제1권의 핵심적인 초점은 무엇보다도 잉여가치 생산에 맞춰져 있다. 자본에 의한 물적 노동과정의 이동은 잉여가치 생산에 적합하도록 조정된다. 맑스가 "생산의 대립적인 규정"이 스스로에 대해 지배적이라고 한 것은 오로지 잉여가치를 생산하고 있는 구체적인 물적 노동과정만을 가리킨다. 잉여가치를 생산하지 않는 물적 생산과정은 가치가 없다. 물론 보다 큰 틀에서 맑스의 이 말은 노동과정의 감각적인 물리적 행위를 통해 인류가 해방될 수 있는 가능성이 왜곡되고, 그 가능성이 타인을 위해 잉여가치를 생산해야 하는 사회적 필연성에 의해 지배당한다는 것을 의미한다. 그 결과 인류는 자신의 잠재적인 능력과 창조적인 힘으로부터 전반적으로 소외당한다.『경제학비판 요강』과『자본』에서 가장 중요한 구절들 몇몇에서는 바로 이 점이 강조되고 있다.

자본유통을 통한 잉여가치 생산은 간단히 말해서 자본주의 생산양식의 법칙적 성격이 돌아가는 중심축이다. 잉여가치가 없으면 자본도 없다. 이것은 맑스가 고전경제학과 자신을 구별하는 결정적인 차이점이다. 맑스는 계속해서 이렇게 말한다. "교환과 소비가 지배적인 요소가 될 수 없음은 자명하다. 마찬가지로 분배도 생산물의 분배로 간주된다. 즉 분배는 생산담당자들 사이의 분배로서 생산의 한 계기다. 그러므로 일정한 생산은 일정한 소비, 분배, 그리고 교환은 물론 이들 각 요소들 사이의 일정한 관계도 함께 결정한다. 그러나 일방적인 형태이긴 하지만 생산 그 자체도 다른 요소들에 의해 결정된다."(『경제학비판 요강』 99면) "일방적"이라는 말은 잉여가치의 사회적 생산보다는 물적 노동과정을 가리키는 말이다. 그렇다면 여기에서 "결정된다"는 말은 어떤 의미일까?

자본주의 생산양식의 "법칙"은 사실 다음과 같은 형태로 이루어진다. 즉 만일 확대된 규모로 계속 잉여가치를 생산할 수 있는 능력을 지나치게 제한하거나 파괴하지만 않는다면 분배와 교환의 구조는 원칙적으로 얼마든지 일시적이고 우연적인 형태를 취할 수 있으며 소비체제도 얼마든지 다양한 형태를 띨 수 있다. 예를 들어 스칸디나비아의 비교적 균등한 사회민주적 분배구조는, 1980년대 칠레 같은 야만적이고 불균등하고 권위적인 신자유주의적 분배체제와 충분히 공존할 수 있다. 잉여가치가 두곳 모두에서 생산되기만 한다면 말이다. 잉여가치 생산의 일반적 법칙으로부터 도출될 수 있는 유일한 분배 패턴이나 교환체계 혹은 특수한 소비문화체제라는 것은 없다. 그러나—이것은 중요한 의미의 "그러나"다—이들 가능성이 무한한 것은 아니다. 자연과의 관계를 포함하여 여러 요소 가운데 단 하나라도 잉여가치를 생산하는 능력을 부당하게 제한하거나 훼손하는 일이 발생하면 자본은 더이상 존재하지 못하고 모든 관계의 종체 속에서 전반적인 조정이 이루어져야만 한다. 이것이 "결정된다"라는 말의 의미다.

이런 조정은 경쟁과 국가의 개입 혹은 지리적 불균등 발전을 통해 점점 더 자주 일어날 수 있고, 이런 환경은 세계경제에서 한 지역의 잉여가치 생산이 다른 지역을 능가함으로써 조성된다(지금의 중국이 그러하고 1980년대의 일본과 독일이 바로 그러했다). 변화는 갑작스런 구조조정을 통해서도 일어날 수 있다. 그렇기 때문에 지역 수준과 세계적 수준의 경제위기는 물론 심지어 전쟁에도 모두 커다란 중요성이 있다(물론 나는 모든 전쟁과 무력 갈등이 오로지 이 이유만으로 발생한다고 말하는 것은 아니다).

분배, 교환, 소비는 서로 영향을 끼친다. 그러나 이들은 또한 잉여가치의 생산에도 영향을 끼친다. 그 이유는 매우 간단하다고 맑스는 인정한다. "지대, 임금, 이자와 이윤은 분배의 요소를 이루는 반면 토지, 노동, 자본은 생산의 담당자로서 생산의 요소를 이룬다." 맑스는 이렇게 지적한다. 자본 그 자체는 "두번 등장한다. 즉 (1) 생산의 담당자로서, (2) 수입의 원천, 즉 분배의 특수한 형태를 결정하는 요인으로서 (…) 이와 비슷하게 임금 범주는 다른 범주에서 임노동으로 나타나는 것과 같은데, 이때 노동이 생산담당자로서 갖는 성격은 분배의 한 성격으로 나타난다". 맑스는 분배적인 측면(현실의 임금과 이윤율은 물론 이자율, 지대, 조세, 상업이윤 등의 특수성)을 일시적이고 우연적인 것으로, 따라서 법칙이 아닌 것으로(물론 이 말은 경험적이거나 역사적인 의미의 일반화를 배제하는 것이 아니다) 무시했지만 법칙적인 잉여가치 생산에서는 토지, 임노동, 자본, 화폐 그리고 교환의 역할을 중요하게 강조했다. 그 결과 생산담당자와 그들에게 돌아가는 몫이 논의에서 제외되는 동안 생산요소는 대개 어렴풋한 모습으로만 나타난다(제2권의 경우가 바로 그러하다). 그 때문에 학생들은 이런 의문을 갖게 된다. 이 경제이론 전체에서 생산담당자는 도대체 어디에 있는가? 그에 대한 답은 단지 맑스가 고전경제학을 그대로 따르고 있을 뿐이라는 것이다. 역사적인 저작에서 그는 그럴 필요가 없다.

그렇다면 일반이론에서 그가 그렇게 엄격하게(완고하게?) 배제하고 있는 특수성과 개별성을 어떻게 다루는지를 조금 더 자세히 살펴보기로 하자.

교환의 특수성

『자본』제1권 제2장에서 맑스는 이렇게 가정한다. "그렇기 때문에 사람들은 사회적 생산과정에서 순수하게 개별적인 방식으로 서로 관계한다. 그래서 그들 자신의 생산관계는 그들의 통제나 의식적인 개별 행동과는 무관한 물적 형태를 전제로 한다." 맑스는 여기에서 스미스가 말한 완전경쟁시장의 "보이지 않는 손"이라는 개념을 그 대로 받아들인다. 즉 맑스가 구축한 자본의 운동법칙은 이 가설 위에 서 있다. 그 결과 우리가 알다시피 맑스는 자유시장을 꿈꾸는 유토피아적 생각을 이론적으로 비판하지 않을 수 없게 됐다. 그런 생각의 불가피한 귀결은 갈수록 부유해지는 자본가와 다른 한편에 갈수록 가난해지는 노동자다. 그러므로 그런 체제는 스미스가 생각했듯이 모든 사람에게 이익을 주는 결과를 만들어낼 수 없을 것이다.

완전경쟁시장에 대한 이런 유토피아적 생각은 결코 실현된 적도 없고 실현될 수도 없다. 그러나 교환이 이런 유토피아적인 생각을 따르지 않는다면 어떻게 될까? 특히 유념해야 할 두 영역이 있다.

수요와 공급

맑스를 처음 읽을 때 많은 학생들이 이런 질문을 던진다. 수요와 공급은 어떻게 됩니까? 맑스가 제시하는 해답은 이렇다. "수요와 공급이 일치하면 다른 모든 조건이 불변일 때 가격의 변동은 멈춘다. 그러나 그럴 경우 수요와 공급 또한 어떤 것도 더이상 설명해주지 않는다." 예를 들어 "수요와 공급이 균형상태에 있을 때 노동의 가격은 자연가격으로 그 자연가격은 수요와 공급의 관계와는 전혀 무관하게 결정된다". 맑스는 대개 고전경제학이 가정하는 소위 "자연적" 상태 혹은 균형상태에 있는 가격만을 다룬다. 신발의 가격이 평균적으로 셔츠의 가격보다 더 비싼 이유는 셔츠의 수요와 신발의 수요 사이의 차이와 아무런 관련이 없다. 그것은 (과거와 현재의) 노동량에 의해 결정된다. 공급과 수요 그리고 가격 변동은 경제가 균형으로 수렴하는 데 결정적으로 중요하다. 하지만 그것은 이 균형이 어디에서 성립할지에 대해서는 아무것도 말해주지 않는다.

그러나 우리가 이론적으로나 실천적으로 모두 알고 있듯이 공급과 수요는 항상 균형을 이루지는 않는다. 정보와 권력의 비대칭성, 그리고 (중국의 경우에서 볼 수 있듯이) 정치적으로 결정되는 환율 등과 같은 여러 이유 때문에 가격은 왜곡되고 스미스의 개념에서 맑스가 이론적으로 수용했던 것과는 전혀 다른 방향의 발전이 이루어진다. 맑스는 대개 이런 왜곡을 가정에 의해 배제했다. 그러나 체계적인 중요성 때문에 이들 왜곡현상을 맑스가 서술해야 했던 많은 경우가 존재한다. 예를 들어 노동가격의 경우가 그러한데,

> 자본은 양면에 모두 영향을 끼친다. 자본의 축적은 한편으로 노동에 대한 수요를 증가시키고 다른 한편으로는 노동자의 '유리'를 통해 노동자의 공급도 증가시키며, 동시에 실업자의 압력은 취업자에게 더 많은 노동을 지출하도록 강요하고, 따라서 어느 정도까지는 노동공급을 노동자의 공급에서 분리시킨다. 이 토대 위에서 이루어지는 노동의 수요·공급법칙의 운동은 자본의 독재를 완성한다.

그러나 노동자들이 이런 사실을 알고 노동조합 같은 조직을 결성해 자신들의 이해를 보호하려고 하면 곧바로 "자본과 그 추종자들이 경제학자들은 이것을 '영원한'(그리고 이른바 '신성한') 수요·공급 법칙에 대한 침해라고 규탄한다".(M1: 669~70)

그러나 제2권과 제3권에서 우리는 이런 균형이 유지될 수 없는 훨씬 더 많은 이유들을 만나게 된다. 자본이 살아남기 위해 공급과 수요 간의 관계가 균형상태에 있어서는 안 된다는 것은 불가피한 일이기도 하고 반드시 필요한 일이기도 하다. 그 이유는 자본에 의해 만들어지는 총수요는 c+v(자본이 임금과 생산수단의 구매에 지출한 부분)이지만 총공급은 c+v+s(생산된 총가치)이기 때문이다. 자본의 이해는 잉여가치를 최대화하는 데 있으며 이것은 수요와 공급의 격차를 증가시킨다. 그렇다면 잉여가치를 구매할 초과(유효)수요는 어디에서 올 것인가? 이에 대한 맑스의 흥미로운 답은 이하의 제9장에 담겨 있다.

경쟁의 강제법칙

"경쟁의 강제법칙"은 『자본』 전체에 걸쳐 매우 중요한 역할을 한다. 맑스는 『경제학비판 요강』(730, 752면)에서 이렇게 주장한다. "경쟁은 일반적으로 자본이 자신의 생산양식의 승리를 확보해나가는 방법이다." 그것은 "자본의 내적 법칙을 수행해나가고 이들 법칙을 개별 자본에 강제적인 법칙으로 부여하지만 **그것이 이들 법칙을 만들**

어내는 것은 아니다. 그것은 단지 이들 법칙을 실현할 뿐이다".(강조 — 하비) 수요나 공급과 마찬가지로 경쟁도 단지 다른 힘에 의해 만들어진 자본 운동의 내적 법칙을 수행하는 요인으로만 다루어진다.

예를 들어 절대적 잉여가치와 노동일의 연장과 관련하여 맑스가 서술하는 끔찍한 실상은 개별 자본가들의 선의나 악의와는 전혀 무관하다. "자유경쟁은 자본주의적 생산의 내재적인 법칙을 개별 자본가들에 대해서 외적인 강제법칙으로 작용하게 만든다."(M1: 286) 상대적 잉여가치와 관련하여 생산성의 혁신도 비슷하게 시장에서의 우위를 매개로 경쟁에 의해 강요된다. 그는 이렇게 말한다.

> 자본주의적 생산의 내재적 법칙이 자본의 외적 운동으로 나타나는 방식, 즉 경쟁의 강제법칙으로 관철되고, 그리하여 개별 자본가에게 강력한 유인으로 의식되는 방식을 여기서 고찰할 수는 없다. 그러나 천체의 외관상의 운동이 〔현실적이긴 하지만 감각적으로 느낄 수 없는〕 그 운동을 알고 있는 사람에게만 이해될 수 있듯이, 경쟁의 과학적 분석도 자본의 내적 본질이 파악될 때에만 비로소 가능해진다. 그러나 (…) 상대적 잉여가치의 생산을 이해하기 위해서는 (…) 개별 자본가들은 노동생산력을 높여서 상품가격을 낮추려는 동기를 가지고 있다. (M1: 335~36면)

개별 자본가들이 자신들의 잉여가치 가운데 일부를 확대재생산에 재투자하게 되는 상황을 고찰하면서 그는 역시 비슷한 이야기를 한다.

자본주의적 생산의 발전은 필연적으로 한 기업에 투하되는 자본을 끊임없이 증대시키고, 또 경쟁은 자본주의 생산양식의 갖가지 내재적 법칙을 개별 자본가들에게 외적인 강제법칙으로 강요한다. 경쟁은 자본가에게, 자본을 유지하기 위해서는 그것을 끊임없이 증대시키도록 강제하고, 그는 오로지 누진적인 축적을 통해서만 자본을 증대시킬 수 있다. (M1: 618)

이윤율을 균등화하는 압력, 즉 이윤율 저하경향을 도출하는 논의에서 결정적으로 중요한 이 압력도 역시 경쟁의 강제법칙의 작동을 가정하고 있다.

그러나 경쟁의 강제적인 압력이 어떠한 체계상의 문제로 작동하지 않는다면 어떻게 될까? 독점이 언제나 경쟁의 최종 결과물이 되는 경향이 존재한다는 것을 맑스도 인정한다. 그러나 독점, 과점, 그리고 자본의 집중은 다른 이유에 의해서도 발생할 수 있다. 특정 생산부문의 초기에 요구되는 투하자본의 규모가 커서 (철도건설같이) 진입장벽이 매우 높을 경우 "자본 집중의 법칙"은 신용제도의 도움을 받아 극복되어야만 한다. 실제로 규모의 경제가 작용하는 생산부문에서는 과점적 상황과 비슷한 일이 일어날 수 있다. 여기에다 나는 한가지를 더 추가하고 싶다. 즉 수송비용이 많이 드는 지방 산업의 경우, 이들 산업은 규모가 작아도 경쟁으로부터 벗어나 있다. 1960년대 이후 수송비가 하락하기 시작하자 (별로 칭찬받지 못한 영웅의 하나가 된 컨테이너화를 통해) 경쟁의 지리적 조건은 엄청나게 변화했다.

그런데 여기에는 두가지 중요한 점이 뒤따른다. 독점적이거나 과점적인 조직이 지배할 때 자본의 운동법칙은 (그리고 가치 그 자체도) 매우 다르게 나타난다. 이 점은 1960년대 스위지(P. M. Sweezy)와 바란(P. A. Baran) 그리고 프랑스 공산당에 의해 정립된 (국가)독점자본주의 이론에 반영됐다. 제국주의와 독점자본주의가 결합된 특수한 형태를 개관한 레닌(V. Lenin)의 이론도 마찬가지로 맑스가 『자본』에서 그려낸 법칙과는 상당히 거리가 있다.[5] 이것은 운동법칙 자체가 변한다는 것을 명백하게 보여주는 하나의 실례다.

그러나 독점화의 국면은 종종 정치적인 고려의 중요성 때문에 경쟁의 강제법칙의 힘이 되살아나는 국면으로 이어지곤 한다. 이것은 1970년대 말경 대다수 자본주의 국가에서 일어난 현상이다. 그 핵심은 바로 신자유주의적인 의제들이었다. 경쟁은 자본가들이 자주 불평하듯이 "파멸적일" 수 있지만 독점 또한 스위지와 바란이 주장했듯이 너무 쉽게 "스태그플레이션"을 만들어낸다. 자본주의 국가의 정책은 이런(경제에서 "장기적인 전망"이 필요한 부분의 국유화를 통해서) 저런(매수합병이나 독점을 제한하는 규제를 취하거나 자의 반 타의 반으로 민영화나 글로벌 경쟁에 굴복함으로써) 방식으로 독점과 경쟁 사이에서 균형을 잡기 위해 노력한다.

그렇다면 이제 수요와 공급 그리고 경쟁 모두에서 이들을 작동시키는 요소의 힘과 관련된 의문이 제기된다. 법칙은 무엇보다도 실질적으로 집행되는 힘을 의미한다. 『자본』에서 이 문제가 나올 때마다, 예를 들어 제1권에서 "자본의 집중에 대한 법칙"을 다룰 때 맑스는 갑자기 방향을 바꾸어 이렇게 말한다. 이들 법칙을 "여기에서 논의할 수는 없다". 심지어 그는 집중이 신용과 주식회사의 도움을 받아 "사회적 축적의 새로운 강력한 지렛대"를 이룬다는 이야기를 할 때도 그렇게 하고 있다.(M1: 654~56면) 물론 그렇다고 해서 맑스가 경쟁의 분산에 의해 이루어지는 법칙에 관심을 기울이지 않은 것은 아니다. 그 법칙은 현실에서 이들 법칙이 얼마나 잘 작동하고 있는지 그리고 왜 이들 법칙이 변하고 있는지를 설명할 때 매우 중요한 역할을 수행한다. 경쟁의 분산과 집중된 독점력 사이의 영원히 풀 수 없는 긴장은 때로는 일정한 조건하에서 공황을 일으키는 도화선이 될 수도 있다.

분배의 특수성

분배의 특수성과 자본운동의 일반적 법칙 사이의 관계로 들어가보면 사태는 더욱 흥미로워진다. 맑스는 분배가 생산에 직접 영향을 끼칠 경우에는 언제나 분배가 이들 일반적 법칙에 통합될 수밖에 없다는 점을 인정했지만 이런 경우는 특수한 조건하에서만 이루어진다(물론 가장 특수한 경우로 제1권에서 임금과 이윤 사이의 상대적 비율을 다룬 부분을 들 수 있다). 그는 제1권에서 잉여가치가 지대, 이자, 상업이윤, 조세로 분배되는 문제를 완전히 제외한다. 제2권에서도 그는 신용과 이자의 중요성을 수없이 언급하면서도 이들 두 범주를 논의에서 제외하고 있다(지대와 상업이윤도 마찬가지로 제외되고 있다). 상품자본의 유통은 중요하게 다루어지지만 상업이윤에 대한 이야기는 거의 언급되지 않는다. 이것이 바로 내가 제2권을 가르치면서, 화폐자본 및 상품자본의 유통(생산자본의 유통은 제1권에서 다루어진다)을 순수하게 기술적인 방식으로 서술한 부분에 제3권의 상인자본(맑스는 이것을 상품거래자본과 화폐거래자본을 합한 개념으로 이해한다) 부분의 내용들을 끌어넣으려는 이유다. 이런 방식은 기술적인 관계에 구체적인 담당 계급 개념을 결부하는 것은 물론, 엥겔스가 결여될 것을 우려했던 혁명적 관점을 열어준다.

예를 들어 제2권은 잉여가치가 생산된 곳(노동과정)과 그것이 유통에서 실현되는 곳 사이에 잠정적인 격차가 존재함을 보여준다. 월마트처럼 상업(상인)자본의 힘이 충분히 강력할 경우 생산된 잉여가치 가운데 상당 부분은 상인의 힘에 의해 실현될 것이다. 화폐자본가도 마치 토지소유주나 세무관리처럼 대폭 가격을 인하하여 직접적 생산자에게는 쥐꼬리만큼의 이윤만을 남겨줄 수 있다(바로 이 때문에 생산영역의 명목이윤만을 고찰하여 이윤율 저하를 측정하려고 하는 것은 매우 위험하다). 조직된 노동자들도 생산영역에서의 투쟁을 통해 생산된 가치 가운데 더 많은 부분을 가져가버릴 수 있다. 이 부분은 오로지 자본가계급 전체 차원에서만 다시 회수되는데 그것은 소매업자의 가격인상이나 은행가나 금융업자에 의한 대부, 혹은 가난한 사람에게서 세금을 거두어 기업에 되돌려주거나 자본가에게 세금감면혜택이나 보조금을 지급하는 방법으로 이루어진다.

『자본』전체에 걸쳐 맑스는 상인자본과 이자 낳는 자본이 자본주의 생산양식이 등장하기 전에 존재하던 자본의 "구시대적인"형태라고 말한다. 그는 토지소유에 대해서도 똑같은 견해를 취한다. 그렇다면 이제 문제는 잉여가치를 수탈하는 이 과거의 수단들이 자본주의 생산양식의 규칙들로부터 어떻게 만들어지는가다. 봉건제를 해체하는 데 매우 중요한 역할을 했던 고리대업은 자유로운 화폐시장에서 움직이는 이자 낳는 자본이 되기 위해 혁명을 겪어야만 했다. 한때 화폐를 저렴하게 구매하여 비싸게 판매하던 상인은 이제 잉여가치의 생산과 실현에 그들이 제공하는 서비스 덕분에, 그들에게 제공되는 잉여가치 부분만을 손에 넣을 수 있다. 토지와 자원에 대한 지대는 잉여가치 생산조건의 우월성에 비례하여 고정되어 있다. 그리고 지대 수준은 잉여가치 생산을 최적화할 수 있는 방식으로 자원과 토지의 사용을 이끌어간다. 이것이 대체로 분배에 대한 맑스의 관점이다. 자본주의 생산양식의 법칙은 분배의 과정과 분배의 몫을 규제한다(혹은 맑스가 『경제학비판 요강』에서 이야기했듯이 잉여가치의 생산은 분배를 "지배한다").

  금융업자, 상인, 토지소유자는 특정 시점이나 장소에서 산업자본가보다 더 세력이 강할 수도, 강하지 않을 수도 있다. 그러나 맑스는 순수한 자본주의 생산양식에서 그들의 몫은 오로지 생산부문에서 살아 있는 노동으로부터 착취한 잉여가치에서 비롯할 뿐이라고 간주했다. 그들의 수익률은 잉여가치가 얼마나 생산됐는지에 민감한 영향을 받으며 부분적으로는 그들이 잉여가치의 생산에 간접적으로 기여한 (혹은 기여하지 않은) 정도에 의존한다. 그렇기 때문에 분배과정은 맑스가 마지못해 인정하고 있는 방식으로 생산의 일반성에 영향을 끼치기도 한다.

소비의 개별성

잉여가치의 생산은 소비를 통한 잉여가치의 실현에 의존한다. 그러므로 소비는 전적으로 일반성의 범주인 경제학 영역의 외부에 머물러 있는데 왜냐하면 그것은 "〔자본축적의〕 출발점에 영향을 미치고 전체 과정을 새로 시작하게 만들어주기 때문이다".『경제학비판요강』에서 맑스는 잉여가치의 소비와 생산의 상호 관계에 여러면을 할애하고 있다. 맑스는 (a) 노동과정을 작동하기 위해 필요한 원료, 중간투입재, 기계, 에너지 등에 대한 자본가의 생산적 소비와 (b) 노동자, 자본가, 그리고 사회질서를 유지하는 다양한 비생산적 계급(군인, 공무원 등)의 "최종적인" 개인적 소비를 구별하는 것이 매우 중요하다고 말한다. 소비는 상품형태로 생산된 잉여가치의 실현을 완성하는 데 반드시 필요하다. 그러나 수요는 지불능력에 의존한다. 요컨대 자본가는 수요의 한가지 형태, 즉 유효수요만을 인식한다.

그렇다면 경제학의 외부에 있는 소비란 도대체 무엇인가? 소비라는 용어에 붙여진 "개별성"이라는 말은 그것이 합리적 계산영역의 외부에 있으며, 잠정적으로 통제가 불가능하고 혼돈스럽고 예측 불가능한 어떤 것임을 의미한다. 그러므로 필요, 욕구, 욕망(즉 일상생활의 질과 정치)의 실제 상태는 일반이론에 부수적인 것이다. 자본은 생산되는 무언가가 최종 소비를 충족시키기 위해 어떤 사용가치를 갖는지 모르는 것으로 간주되고, 사람들이 말을 원하는지 카트를 원하는지 혹은 BMW를 원하는지에 전혀 무관심한 것처럼 보인다.

자본가들은 소비자에게 다음과 같이 말하는 것 같다. "당신이 좋아하고 필요로 하는 것이 무엇이든 만일 당신이 지불할 화폐를 가지고 있기만 하다면 나는 그것을 생산할 것이다." 그렇기 때문에 실제 소비성향이나 문화적인 성향의 역사적 발전이나 지정학적 발전에 대한 문제는 무시된다. 『자본』 제1권에서 맑스는 유효수요가 항상 존재하고 (노동력을 제외한) 상품은 모두 자신의 가치대로 교환된다고 가정했다. 이 때문에 맑스는 서로 전혀 다른 소비체제 전체에 걸쳐서 똑같은 정도로 중요한 자본축적의 일반이론을 만들 수 있었다. 그것은 서로 다른 온갖 사용가치들을 모두 추상화해버렸기에 가능했다. 만일 그가 19세기 중반 영국의 소비 습관에 갇혀 있었다면 오늘날 우리는 그의 저작을 지금 우리가 읽는 방식으로 읽을 수 없을 것이다.

그러나 주의를 기울여야 하는 몇가지 일반적 요인이 있다. 만일 어떤 상품이 더이상 사용가치에서 선호되거나 욕망의 대상이 되지 않는다면 그 상품은 가치가 없어진다. 그래서 낡은 것이든 새로운 것이든 사용가치와 욕망은 계속 유인으로 작용해야만 한다. 문제는 "상품은 화폐를 사랑하지만 (…) '참된 사랑의 길은 순탄하지 않다' (…) 오늘 사회적 필요를 충족시키던 생산물이 내일은 다른 비슷한 상품에 의해 일부 혹은 전부 대체되어 버릴 수 있다".(M1: 122. 뒷 문장은 출처를 알 수 없음. 하비는 펭귄판 202~03면에 있다고 표시해두었지만 해당 부분에는 그런 구절이 없음 ― 옮긴이) 산업은 맑스 이후 유행, 광고, 생활양식 선전 등의 방식으로 계속 수요를 자극함으로써 방대한 규모로 성장해왔다. 그러나 인간의 호기심과 욕망은 그 위에 아무 것이나 써

넣을 수 있는 백지상태 같지는 않다. 우리는 단지 어린아이에게 아이패드를 주었을 때 아이가 자신의 욕망을 거기에 쏟는 것을 재빨리 알아차릴 필요가 있을 뿐이고, 따라서 스티브 잡스(Steve Jobs)의 영리함이 그의 기술적인 재능만큼이나 그가 인간의 욕망을 잘 이해한 부분과 관련되어 있다는 점을 인식할 필요가 있다.

인간의 욕망을 조종하고 동원하는 문제는 자본주의 역사에서 중심적인 위치를 차지해왔다. 그러나 맑스는 이 문제를 경제학에서 배제했는데 왜냐하면 그것은 역사학의 과제이기 때문이다. 그러나 그것이 전적으로 이론적 작업의 외부에 있는 것은 아니다.

예를 들어 노동자는 자신의 돈을 어디에 그리고 무엇에 사용할지를 선택한다. 따라서 그들의 필요나 욕망의 상태는 중요한 문제가 될 수 있다. 경제의 각 부문 사이에 필요한 균형이 유지되기 위해서는 부르주아들이 대중적 소비를 조종하여 노동자들의 소비를 축적에 맞게 "합리적으로" 이끌 필요가 있다고 맑스는 생각했다. 그렇기 때문에 부르주아들의 자선활동에는 종종 노동자들의 소비습관을 축적에 유리한 방식으로 유도하려는 의도가 있다. 이에 대한 좋은 본보기는 나중에 헨리 포드(Henry Ford)가 자신의 공장에 5달러 일급을 도입할 때 사회복지사를 통해 노동자들의 소비습관을 조사하고 유도해나갔던 데서 찾아볼 수 있다. 사치재와 임금재의 구분도 매우 중요한데 이는 부르주아의 소비와 노동자의 소비 운동이 질적으로 서로 다르기 때문이다.

소비가 생산에 영향을 미치는 다양한 방식은 『자본』전체에 걸쳐 일상생활에서 이루어지는 소비 자체의 사회적 관계나 방식보다는 주로 형식적이고 기술적인 측면에서 서술되고 있다. 맑스는 최종 소비 관습의 본질이나 형태적 특징에 대해서는 전혀 기술하지 않으며 (예를 들어 소비문화 형성에서 성역할의 작용 같은) 문화적인 선호, 유행, 미적 가치, 혹은 인간 욕망의 충동 등에 대해서도 전혀 언급하지 않는다. 그러나 불과 몇년 전만 하더라도 자전거로 거리가 가득 메워져 있던 중국이 오늘날 BMW의 가장 큰 시장이 되고 있는 이유를 설명해주는 어떤 원리를 맑스의 글에서 뚜렷하게 읽어낼 수 있다.

즉 맑스가 자신의 저작 가운데 소비에 관해 남겨놓은 부분을 통해, 그저 전형적으로 이해하는 정도를 넘어 현재의 소비문화를 더 잘 이해할 수 있다. 이 분야에서는 경제학 연구의 전통적인 방법들이 작동하지 않는다(그 이유는 아마도 맑스가 경제학 영역에서 소비에 대해 지나치게 많은 사실들을 끌어들이려 하지 않았기 때문이다). 이것은 생산적 소비 — 노동과정에서 노동이 원료를 소비하는 데 사용됨으로써 상품을 생산하는 — 에도 똑같이 적용된다. 작업장 노동자의 개별적 성격을 통제하는 데 따르는 어려움은 바로 그 개별적 성격 때문에 매우 큰 혁명적 잠재력으로 (특히 마리오 뜨론띠Mario Tronti와 안또니오 네그리Antonio Negri의 저작을 통해) 인식되고 있다.[6]

최근 소비와 소비문화에 대한 많은 연구들이 주로 문화연구 영역에서 이루어졌다. 그러나 불행히도 이들 대다수가 자신들의 주제를 맑스가 보여준 총체적인 관계와 관련짓지 못하고 있다. 사실 그런 연구 상당수가 자본축적의 법칙적 성격을 적대적인 것으로 파악한다. 이런 적대적 성격은 맞는 말이고 또한 맑스가 소비를 일반성이 아니라 개별성으로 파악한 이유이기도 하다. 그러나 (법칙을 추구하는 부르주아 경제학과는 다른) 역사적인 작업의 궁극적인 목적은 자본주의 생산양식을 진화하는 유기적 총체로 이해하는 것이다. 따라서 현재의 국면을 이해하기 위해서는 개인의 소비와 정치적 주체성, 미적·문화적·정치적 선호 등의 세계를 (단순히 부르주아 경제학을 대신하는 것으로서가 아니라 분석을 보다 심화시키고 보완하기 위해서) 연구의 틀 안으로 끌어들일 필요가 있다.

물론 인간 욕망의 세계는 자본의 운동법칙이 미치는 뚜렷한 영향의 범위를 벗어나 있다. 자본이 물적 세계를 변화시키는 방식은 우리의 정신적 개념이나 심리적 기질, 욕망과 필요, 자신에 대한 이해 등이 변화하는 방식에 대한 함의를 포함한다. 자본의 운동법칙이 지속적인 과잉축적의 문제에 대한 하나의 해답으로 교외로의 공간적 확장을 제시했을 때 취향, 선호, 욕망, 필요, 그리고 정치적 주체성 모두는 그와 함께 변화해왔다. 그리고 이들 모든 요소가 일단 하나의 문화로 합쳐지고 나면 문화적 선호의 경직성은 혁명적 변화에 심각한 장애 요인이 되어왔다. 만일 자본축적을 위해, 혹은 심지어 재도시화를 통한 사회주의로의 이행을 위해 어쩔 수 없이 새로운 경로를 개척하고 이를 위해 교외에서 거주하는 생활방식을 혁신하고 폐기해야 할 필요가 생길 경우, 당장 맞닥뜨려야 하고 또 극복해야 하는 문제는 교외생활과 그에 맞는 문화적 관습을 선호하는 선거구들의 격렬한 정치적 저항일 것이다.

맑스가 『자본』 세 권 전체에 걸쳐서 진행한 논의가 거의 모두 고전경제학으로부터 도출한 "단순한 삼단논법"의 틀 내에 있으며, 또한 그의 이론적 작업이 대개 자본주의 생산양식이 순수한 형태로 작동하는 일반적 수준에서 이루어졌다는 사실은 부인하기 어렵다. 지금 우리에게 남아 있는 저작에서 맑스는 보편성(자연과의 관계), 특수성(교환관계와 분배), 개별성(소비와 소비문화)의 문제를 부차적으로 다루거나 혹은 종종 아예 배제해버렸다. 심지어 그는 자신의 연구계획 속에서(『경제학비판 요강』) 연구과제를 완성하기 위해 스스로 갱생(실제로 제3권에는 이 주제에 관한 정보를 알려주는 장이 하나도 없다), 국가, 세계시장 등에 대한 책을 더 읽을 필요가 있다는 생각을 할 때도 그러했다. 『자본』 속에서 이런 틀을 더이상 적용할 수 없게 됐을 때에야(우리는 이자 낳는 자본의 순환에 관한 장이 바로 그런 부분임을 보게 될 것이다) 그는 비로소 이 틀에서 벗어났다. 그러나 맑스는 그런 틀이 더이상 적용되지 않는 새로운 조건에서 자본의 운동법칙을 새롭게 규정하려는 시도는 하지 않았다.

『자본』 제2권은 맑스가 자신의 모든 경제학 연구에 적용했던 "단순한 삼단논법"의 틀 내에서 집필된 저작이다. 그는 이 틀의 범위를 거의 벗어나려 하지 않았다. 물론 이런 틀을 벗어나는 부분에 대한 암시는 있지만 그가 묘사하는 이론적 세계는 엄격하게 제한적인 형태를 이룬다. 논의의 범위를 엄격하게 일반성 수준으로 제한함으로써 맑스는 자신이 살던 시대의 특수성을 넘어서는 자본에 대한 개념을 구축할 수 있었다. 그리고 바로 이 점이야말로 지금도 여전히 우리가 (제2권을 포함한) 그의 책을 읽을 수 있고 또 그의 이야기가 지금도 여전히 우리에게 중요한 이유다. 한편 이 틀은 실제로 현존하는 상황에 곧바로 적용하기 어렵기도 하다. 이는 우리가 앞으로 수행해야 할 일로 남아 있다. 그러나 맑스가 자신의 일반이론에 부여한 제약조건과 이런 제약조건하에서 그런 일반이론이 알려주는 의미를 잘 이해한다면, 우리는 그 작업의 본질을 보다 올바르게 평가할 수 있을 것이다. 내가 『자본』 제2권 가운데 다루려는 것은 바로 이런 문제의식에 입각해 있다. 그리고 이제 내가 하려는 일도 바로 이 흥미로우면서 동시에 조심스럽기도 한 과제다.

제1편

자본의 순환

자본가는 일반적으로 일정한 양의 화폐를 가지고 하루를 시작한다. 그들은 시장에 가서 생산수단과 노동력을 구매한 다음 이 두 요소를 일정한 기술과 조직형태에 사용하여 새로운 상품을 생산한다. 이 상품은 시장에 보내져 처음 투입된 화폐에 이윤(혹은 맑스가 보다 선호한 용어인 잉여가치)을 더한 화폐액으로 판매된다. 이것이 맑스가 제1권에서 다루었던 자본유통의 기본 형태다. 도식적으로 표현한다면 자본은 가치의 운동으로 정의된다. 즉 화폐(G) - 상품(W) … 생산(P) … 상품(W′) - 화폐(G′)다(G′는 G+ΔG, 혹은 G+m, 즉 잉여가치로 표현할 수도 있다). 맑스가 다룬 핵심 명제는 노동에는 시장에서 상품으로 구매되는 가치보다 더 많은 가치(잉여가치)를 창출할 수 있는 능력이 있다는 것이다. 잉여가치를 "수태한" 새로 생산된 상품은 시장에서 이윤을 얻을 목적으로 판매된다. 그러므로 자본의 재생산은 G′의 전부 혹은 일부가 회수되어 새로운 상품생산에 사용할 노동력과 생산수단을 구매하는 데 사용될 수 있는지의 여부에 의존한다.

맑스는 이렇게 이야기한다. "제1권에서는 제1단계와 제3단계가 제2단계(즉 자본의 생산과정)를 이해하는 데 필요한 경우에 한해서만 논의됐다. 때문에 자본이 여러 단계에서 취하는 다양한 형태와 그 순환의 반복 속에서 취하고 벗는 여러 형태들이 고려되지 않았다. 이제는 이들 형태가 당면의 연구대상이 된다."(M2: 31)

제2권의 첫 세개 장에서 맑스는 자본의 유통과정을, 각기 독립되어 있으면서 동시에 서로 연결되어 있는 세개의 순환, 즉 화폐자본·생산자본·상품자본 순으로 분해한다. 제4장에서 그는 "산업자본"이라고 부르는 것의 순환을 다루는데 이 명칭은 세개의 순환을 통칭한다. 결과적으로 맑스는 화폐자본·생산자본·상품자본이라는 세개의 서로 다른 관점에서 자본유통과정을 살펴보고 있다. 전반적인 틀을 그려보면 그림1과 같다.

얼핏 이 논의 전체는 매우 단순하고 심지어 지극히 평범해 보이기까지 하다. 맑스는 유통의 연속적인 흐름을 제시하며 이런 흐름 속에서 세개의 서로 다른 순환과정을 구분짓고 있다. 그것은 별로 의미 있는 것 같지는 않다. 그러나 이런 전략을 통해 그는 유통과정의 논리에 내재하는 난점과 모순을 드러내어 보여준다. 각각의 관점을 통해서 우리는 전혀 다른 현실을 보게 되고 이를 통해 우리는 잠재적인 단절이 존재하는 지점을 확인하게 된다.

그림 1

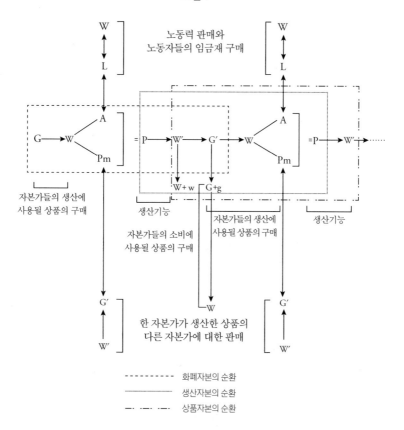

자본가들의 생산에
사용될 상품의 구매

생산기능

자본가들의 소비에
사용될 상품의 구매

자본가들의 생산에
사용될 상품의 구매

생산기능

노동력 판매와
노동자들의 임금재 구매

한 자본가가 생산한 상품의
다른 자본가에 대한 판매

- - - - - - - - 화폐자본의 순환
·············· 생산자본의 순환
- · - · - · - 상품자본의 순환

    이들 장 전체에 걸쳐 맑스는 세가지 문제를 이미 염두에 두고 있는데 그중 두개는 매우 명시적인 것이고 하나는 암시적인 것이다. 첫째는 형태변화 개념이다. 이 용어는 제1권 제3장에서 가져왔는데 거기에서 맑스는 자본의 "사회적 신진대사"라고 부르는 것의 내부에서 일어나는 여러 "형태변화"를 다루고 있다. 형태변화는 자본이 화폐로부터 생산활동을 거쳐 상품이 되는 변화를 가리킨다. 맑스는 자본이 투입되어 이들 각 상태마다 일시적으로 머물며 취하는 성격과 하나의 상태에서 다른 상태로 자본이 이동하는 방식 모두에 관심을 기울인다. 그가 제기하는 핵심 문제는 다음과 같다. 이들 각각의 형태에 주어진 가능성과 능력은 어떤 것이며 하나의 상태에서 다른 상태로 이동하는 데 따르는 장애요인은 무엇인가? 여기에서 도움이 될 수 있는 유사한 사례는 나비의 생애주기나. 나비는 알을 넣고, 알은 먹이를 찾아 기어다니는 애벌레를 거쳐 고치라는 보호막을 갖춘 번데기가 된다. 아름다운 나비는 이 번데기에서 갑자기 등장하고 그 나비는 여기저기로 마음껏 날아다니다가 다시 알을 넣고 똑같은 과정이 반복된다. 각 단계에서 유기체는 각기 다른 능력과 힘을 보여준다. 알과 번데기 상태에서는 움직이지 못하지만 성장하고 있다. 애벌레 상태에서는 먹이를 찾아 기어다닌다. 그리고 나비가 되면 마음껏 날아다닐 수 있다. 자본의 경우도 이와 마찬가지다. 화폐상태에서 자본은 나비처럼 마음껏 돌아다닐 수 있다. 상품의 형태를 띨 경우 자본은 애벌레처럼 자신을 원하고 자신을 위해 화폐를 지불하고 궁극적으로 그것을 소비해줄 사람을 찾아서 지구 곳곳을 돌아다닌다. 노동과정에서 자본은 대부분 (맑스가 제1권에서 이야기했던 것처럼) 자연요소들을 생산을 통해 상품으로 전환시키는 물적 행동이 이루어지는 장소, 즉 "생산의 은밀한 장소"에 뿌리를 내리고 있다. 대개 상품을 만드는 데 걸리는 시간 동안 자본은 이곳에 발이 묶여 있다(나중에 보게 되겠지만 운송의 경우는 예외다).

내가 보기에 이런 차이점은 그 자체로서 중요한 의미가 있다. 이들 각 상태에서 자본의 각기 다른 공간적·지리적 이동 가능성은 우리가 오늘날 "세계화"라고 부르는 과정을 이해하는 데 긴요하다. 유통과정에서 각각의 "계기"(화폐, 생산활동, 상품)는 각기 다른 가능성을 표현한다. 화폐는 지리적으로 가장 이동성이 높은 자본형태이며, 상품은 그보다 조금 덜하고 생산과정은 (전혀 불가능한 것은 아니지만) 일반적으로 매우 이동하기 어렵다. 이런 일반적인 성격 내부에는 다시 많은 가변성이 존재한다. 어떤 상품은 다른 상품에 비해 보다 쉽게 이동하고 이런 이동 가능성은 수송능력에 따라 달라지기도 한다(컨테이너는 병에 담은 물을 프랑스에서 피지나 미국으로 수송할 수 있게 한다). 각기 다른 형태의 자본이 갖춘 서로 다른 능력은 세계 무대에서 자본이 어떻게 움직이는지에 엄청난 영향을 미친다. (생산자본이나 상품자본 같은) 다른 자본형태에 비해 금융자본에 부여된 권한은 자본의 자유로운 이동성을 높이는데 그것은 최근 수십년 동안 자본주의에서 두드러지게 나타난 특징이다. 맑스는 이런 문제를 직접 제기하지 않았지만 우리가 이런 점을 언급하지 못할 이유는 없다. 맑스는 형태변화에서 발생하는 각기 다른 모습과, 잠재적으로 있을 수 있는 차이점과 모순에 주목했다.

이것은 맑스가 관심을 기울인 두번째 핵심 문제로 우리를 안내한다. 바로 순환과정 그 자체 내부에 존재하는 단절과 위기의 가능성에 대한 것이다. 제1권에서 그는 하나의 상태에서 다른 상태로의 이행이 아무런 긴장 없이 저절로 이루어지지 않는다는 점을 분명히 밝혔다. 예를 들어 일반적으로 가치의 보편적 형태(화폐)로부터 가치의 특수한 형태(상품)로의 이행은 이행의 다른 방향(상품은 "화폐와 사랑에 빠질 수 있지만" "진실한 사랑의 과정은 결코 쉽게 이루어지지 않는다"고 그는 이야기했다)보다 더 쉽게 이루어진다. 상품을 판매한 사람이 자신이 받은 화폐를 반드시 사용해야 할 이유는 없다. 그 사람은 그 화폐를 그대로 가지고 있을 수 있으며 축장할 수도 있다. 이 내용은 제1권에 나오는 쎄이의 법칙에 대한 맑스의 통렬한 비판이기도 하다. 쎄이는 구매와 판매가 항상 일치하며 따라서 과잉생산의 일반적 위기는 결코 있을 수 없다고 생각했다(리카노노이 가정을 받아들였다). 그러나 나중에 케인스(J. M. Keynes)가 지적했듯이 화폐가 개인이 행사할 수 있는 사회적 힘의 보편적 형태라면 화폐축장은 하나의 변함없는 성향이다. 맑스는 축장은 또한 사회적으로도 필요하다는 것을 보여준다(제2권 전체에 걸쳐서 우리는 이와 관련된 예를 자주 만나게 된다). 그러나 모든 사람이 화폐를 축장하고 아무도 상품을 구매하지 않는다면 유통과정은 중단되고 결국 붕괴할 것이다. "따라서 이들 형태는 이미 공황의 가능성(또한 그것만)을 이미 함축하고 있다. 그러나 이 가능성이 실제 현실로 발전하려면 단순 상품유통 수준에서는 아직 전혀 존재하지 않는 좀더 광범위한 사회적 관계들이 갖추어질 필요가 있다."(M1: 128) 제2권은 부분적으로 이 가능성이 어떻게 실현될 수 있는지를 (비록 매우 절제되고 기술적인 방식을 통해서이긴 하지만) 보여준다.

맑스는 또한 제1권에서 화폐공황이 자동적으로 이루어질 가능성에 대해서도 언급했다. 상품의 양과 가격이 끊임없이 변동함에 따라 상품생산의 변동에 대응하기 위한 화폐공급의 조절방식이 필요해진다. 바로 이 점 때문에 화폐축장은 절대적으로 필요하다. 화폐축장은 호황기에 필요한 예비화폐를 공급해준다. 화폐가 계산화폐가 되면 상품화폐(금과 은)의 부족 문제는 해결될 수 있다. 예를 들어 정산은 연말에 이루어질 수 있고 그에 따라 현실화폐(금·주화·지폐)에 대한 수요를 줄일 수 있다. 그러나 계산화폐의 사용은 채권자와 채무자라는 새로운 관계를 만들어낸다. 그리고 이것은 적대적인 모순을 야기하는데 그것을 맑스는 다음과 같이 제1권에서 말하고 있다.

이 모순은 대개 화폐공황이라 불리는 생산공황 또는 상업공황의 순간에 폭발한다. 화폐공황은 여러 지불의 연쇄와 그것의 결제를 위한 인위적인 체제가 충분히 발달한 경우에만 일어난다. 이 메커니즘에 전반적인 교란이 발생하면 그 교란의 원인과는 상관없이 화폐는 계산상의 화폐라는 단지 관념적인 모습으로부터 갑자기 그리고 아무런 매개도 없이 경화(硬貨)로 돌변한다. 이제 세속적인 상품들로는 더이상 그것을 대체할 수 없게 된다. (M1: 152)

달리 말해서 이제 당신은 계산서를 차용증으로 대체할 수 없게 된다. 당신은 계산서를 결제할 (일반적 등가물이자 가치를 대표하는) 경화를 구해야만 한다. 만일 경화를 구하지 못하면

상품의 사용가치는 아무런 가치를 갖지 못하고 상품의 가치는 자신의 가치형태 앞에서 그 빛을 상실하고 만다. 호경기에 도취되어 딴

에는 개화한 듯한 자부심을 품게 됐던 부르주아들은 바로 조금 전까지도 화폐란 공허한 그림자에 불과하다고 단언하며 상품이야말로 화폐라고 설명했다. 그런데 이제는 "화폐만이 상품이다!"라고 외치는 소리가 세계시장을 뒤덮는다. 사슴이 신선한 물을 찾아서 울듯이 세계시장의 영혼은 유일한 부인 화폐를 찾아서 울부짖는다. 공황기에는 상품과 그 가치형태(즉 화폐)의 대립이 절대적인 모순으로까지 고양된다. (M1: 152)

　제2권의 분석은 이 문제를 해명하고 있을까? 답은 "그렇다"이기도 하고 "아니다"이기도 하다. 제2권에서 맑스는 반복적인 공황의 가능성이 현실이 되는 조건을 이해하는 데 필요한 토대를 제시하고 있다. 그러나 그런 가능성이 왜 **그럴 수 있는** 것이 아니라 반드시 **그렇게 되는** 것인지, 그리고 그것이 어떤 조건일 때 그렇게 되는지에 대한 주목할 만한 논의는 없다. 이것은 부분적으로 맑스가 분배의 특수성을 자신의 논의에 통합하려 하지 않았기 때문이다. 맑스는 제2권에서 신용의 역할에 대한 어떤 분석도 하려 하지 않았는데 이는 그것이 분배현상이며 특수성의 범주에 해당하는 것이기 때문이었다. 그러나 제2권 전체에 걸쳐 신용이 생산의 일반성 내부에서 중요한 역할을 수행하며 따라서 자본의 현실 운동에 중요한 영향을 미친다는 것은 점차 뚜렷하게 드러난다. 분배와 교환의 특수성이 어떻게 작동하는지에 대한 고려 없이는 공황에 대한 일반이론은 불가능한 것처럼 보인다.

　이들 장에서 제기되는 보다 함축적인 세번째 문제는 자본 그 자체의 "본질"에 대한 규정과 관련된다. 여기에서 "본질"이라는 용어를 사용하는 것이 맞는지 나는 확신할 수 없지만, 내가 보기에 이들 장은 자본이 취하는 다양한 형태를 돌아볼 수 있는 가능성을 제공하며, 자본이 단지 "운동하는 가치"(혹은 그림1의 전체 유통)일 뿐이라는 말과는 달리 이들 형태 가운데 어떤 특정 한 형태가 우선적으로 중요한지의 여부에 대한 물음을 제기한다. 이들 세 순환은 모두 다른 순환 없이는 존재할 수 없긴 하지만 그래도 다른 것에 비해 특별히 더 중요한 하나가 있을까? 우리는 이 물음에 주의를 기울일 필요가 있는데 여기에는 매우 중요한 정치적 의미가 있기 때문이다. 그러나 맑스 자신은 이런 정치적 의미를 도출하려는 시도를 전혀 하지 않았다. 그것은 우리가 해야 할 문제다.

제2권의 첫 부분에서 맑스는 자본유통의 일반적 정식의 개요를 설명하고 나서 자신의 연구에서 전제로 삼을 것들을 언급하고 있다. 그는 "상품이 그 가치대로 팔릴 뿐만 아니라, 이러한 판매가 불변의 조건하에서 이루어진다고 가정한다. 따라서 순환운동 과정에서 발생할 수 있는 어떠한 가치변동도 모두 무시된다"(M2: 32)라고 말한다. 이미 지적한 대로 제2권에서 기술적·조직적 변화를 체계적으로 고려하지 않는다는 것은 제1권의 논점에서 벗어난다는 것을 의미한다. 노동생산성을 불변이라고 가정하는 것(이는 결과적으로 상대적 잉여가치의 생산을 배제한다는 뜻)은 제2권 전체의 논의 수준이 비현실적이라는 의미다. 그러나 맑스는 이것이야말로 자본유통의 세계에서 핵심적인 관계 —— 자본유통과 축적이 훨씬 더 현실적으로 작동하는 모델로 통합될 수 있는 ── 를 파악할 수 있는 유일한 방법임을 분명하게 느끼고 있었다.

자본유통을 이루는 교환의 연쇄에서 첫번째 고리(형태변화)는 화폐를 사용하여 노동력과 생산수단을 구매하는 것이다. 여기에서 화폐자본은 "자본이 선대되는 형태로 나타난다". '나타난다'라는 말의 의미는 흔히 사용되듯이 모든 것이 보이는 것과 정확하게 일치하지는 않는다는 의미다. "화폐자본으로서 자본은 여러가지 화폐의 기능 ── 지금 이 경우에는 일반적 구매수난과 일반적 시불수난의 기능 ── 을 수행할 수 있는 상태로 존재한다. (…) 화폐자본이 이런 능력을 갖는 것은 그것이 자본이기 때문이 아니라 화폐이기 때문이다." 모든 화폐가 자본인 것은 아니며 모든 구매와 판매, 심지어 (개인적인 심부름이나 가사도우미 같은) 노동력의 구매와 판매가 자본의 유통과 축적에 해당하는 것은 아니다. 화폐의 기능을 화폐자본으로 전환하는 것은 "자본운동 속에서 그것이 수행하는 특수한 역할 때문이며" 이는 "다른 단계의 자본운동"과 그것 간의 관계에 의존한다. 자본유통의 총과정 속에 포함될 때에만 비로소 화폐의 기능은 자본이 된다. 그럴 때에만 화폐는 "자본의 현상형태"(M2: 35)가 된다. 그래서 화폐가 먼저 존재하고 그런 다음 화폐는 자본으로 기능한다. 이 둘은 같은 것이 아니다.

화폐가 노동력의 구매를 위해 사용되면(G-A) 화폐는 사실상 ── 노동자들이 자신들의 화폐임금을 자신들이 자본가의 통제 아래에서 생산한 상품을 구매하기 위해 사용하긴 하지만 ── 자본유통으로부터 빠져나간다. 노동자들은 그들이 살아가는 데 필요한 상품을 구매할 수 있는 (따라서 화폐를 자본유통으로 환류시키는) 화폐를 얻기 위해 자신의 상품(노동력)을 양도한다. 그들은 W-G-W(맑스는 이것을 A-G-W 순환으로 표현하고 싶어 한다)형태의 순환을 통해 살아가는데 이 순환은 자본순환 G-W-G′에 대응하는 것이다. 이 A-G-W의 운동을 통해서 화폐자본은 "자본의 성격을 상실하고 그 화폐적 성격만 남게" 된다.(M2: 34) 그는 뒤에서 이 논의를 더욱 확대한다.

> 임노동자는 단지 노동력의 판매를 통해서만 살아갈 수 있다. 노동력의 유지(임노동자의 자기보존)에는 매일의 소비가 필요하다. 그러므로 그가 자기보존에 필요한 구매를 (…) 반복하기 위해서는, 그에 대한 지불이 비교적 짧은 간격으로 계속 반복되어야 한다. 따라서 자본가는 항상 화폐자본가로서(그리고 그의 자본은 화폐자본으로서) 임노동자와 대면해야 한다. 반면 다수의 직접생산자(임노동자)가 A-G-W라는 행위를 할 수 있기 위해서는 필요한 생활수단을 구매 가능한 형태(즉 상품형태)로 항상 만나야만 한다. 그러므로 이런 상태는 이미 상품으로서의 생산물 유통의 높은 단계(즉 상품생산범위의 높은 단계)를 요구한다. (M2: 40~41)

맑스의 관점에 따르면 잘못된 것이라도, G-A의 운동은 종종 "자본의 생산자본으로의 전화를 특징짓는 계기"로 간주되며 따라서 "자본주의 생산양식의 특징"으로 여겨진다. 그러나 "화폐는 G가 화폐자본으로 전화되지 않고서도, 그리고 경제의 일반적 성격에 아무런 변화가 없이도 이른바 용역의 구매자로서 이미 오래전에 출현했다".(M2: 36) 자본유통이 정말 시작되기 위해서 필요한 것은 노동력이 먼저 상품으로 시장에 출현해 있는 것이다. "노동력이라는 상품이 구매될 수 있다는 것이 특징적인 것이 아니라, 노동력이 상품으로 출현한다는 것 자체가 특징적인 것이다." 화폐가 자본으로 지출될 수 있는 것은 "단지 노동력이 그 생산수단과 분리된 상태에 있기 때문"이며, 또한 생산수단의 소유자가

노동력 자신의 가격을 재생산하는 데 필요한 노동량의 수준을 넘어서는 노동력의 유동화까지도 지배하기 때문이다. 자본관계가 생산과정에서 나타나는 것은 이 관계가 유통행위를 통해서만 [즉 판매자와 구매자가 서로 상이한 경제적 기본조건 속에서만, 다시 말해 그들의 계급관계 속에서만] 스스로 존재하기 때문이다. 이런 관계가 주어지는 것은 화폐의 본성 때문이 아니다. 오히려 단순한 화폐기능이 자본기능으로 전화할 수 있는 것은 바로 이런 관계의 존재 때문이다. (M2: 37)

그리하여 여기에서 자본순환을 위한 첫번째 전제조건이 나타난다. "자본가와 임노동자 사이의 계급관계는 (⋯) 이미 존재하고 있다."(M2: 37. 강조는 하비) 이것은 제1권에서 본원적 축적 부분의 주요 주제였다. 맑스는 여기에서 상품으로서의 노동력의 존재가 "생산수단과 노동력의 본원적인 결합이 해체되는 역사적 과정"(M2: 38)을 함축하고 있다고 다시 반복해서 말한다.

"화폐자본의 생산자본으로의 전화"는 "자본가가 생산의 물적 요소와 인적 요소의 결합을 (이들 요소가 상품을 이루고 있을 경우) 실현할"때 이루어진다. 노동자가 곧바로 작업에 투입될 수 있으려면 자본가는 "노동력을 구매하기 전에 먼저 건물, 기계 등과 같은 생산수단을 구매하여야 한다".(M2: 36) 그러나 그러기 위해서는 그들 상품(생산수단) 또한 이미 시장에서 구할 수 있는 상태가 되어 있어야 한다. "자본이 형성되어 생산을 지배할 수 있기 위해서는 어느 정도 상업의 발전단계가 전제되어야 하며, 따라서 상품유통과 그에 따른 상품생산도 어느 정도 발전되어 있어야 한다."(M2: 39) 오로지 이런 방식을 통해서만 객관적 요소(생산수단)는 주관적 노동력과 함께 생산에 투입될 수 있다.

자본순환이 이루어지기 위한 두번째 전제조건은 바로 이것이다. 시장을 겨냥한 일반적 상품생산이 이미 존재하고 있어야 한다는 것이다. 오직 그럴 경우에만 자본가는 시장에서 필요한 생산수단을 찾을 수 있고 또한 임노동자는 자신을 재생산하는 데 필요한 소비재를 찾을 수 있다. 만일 이들 전제조건이 갖추어져 있지 않으면 화폐는 자본으로 기능할 수 없다.

맑스는 여기에서 자본이 주로 화폐형태를 띠고 있다는 생각을 바로잡으면서 그 이유를 상당히 길게 설명한다.(M2: 37~38) 그러나 일단 임노동자계급이 존재하고 이들이 자신들을 재생산할 수 있다면 이제 이 이행의 동학이 작동한다.

다른 한편 자본주의적 생산의 근본조건(임노동자계급의 존재조건)을 만들어내는 바로 그 조건들이 모든 상품생산을 자본주의적 상품생산으로 이행하도록 촉진한다. 자본주의적 상품생산이 발전함에 따라 그것은 기존의 모든 생산형태 — 생산자의 직접적인 자기 수요를 충족하기 위한 것이 주목적이고 단지 잉여생산물만을 상품으로 전화하는 — 를 파괴하고 분해하는 작용을 한다. 자본주의적 생산은 생산물의 판매를 주요 관심사로 하지만 당장은 생산양식 자체에 영향을 미치진 않는다. 예를 들면 자본주의적 세계무역이 중국인, 인도인, 아랍인 등에게 끼친 최초의 영향이 그러했다. 그러나 일단 자본수의적 생산이 뿌리를 내린 곳에서, 그것은 생산자들이 자기 노동에 기초하거나 단지 잉여생산물만을 상품으로 판매하는 데 기초한 모든 상품생산 형태를 파괴한다. 자본주의적 생산은 먼저 상품생산을 일반화하고 그런 다음 모든 상품생산을 자본주의적 상품생산으로 전화시켜간다. (M2: 41~42)

이런 역사적 이행이 이루어지고 나면 이제 자본은 "순수한" 방식으로 순환을 시작한다.

그러므로 화폐자본의 순환정식, $G-W\cdots P\cdots W'-G'$이 자본순환의 당연한 형태로 되는 것은 이미 발전된 자본주의적 생산의 기초 위에서 뿐이라는 것은 말할 필요도 없다. 왜냐하면 그렇게 발전된 자본주의적 생산은 임노동자계급이 이미 사회적 규모로 존재한다는 것을 전제하기 때문이다. 우리가 이미 보았듯이, 자본주의적 생산은 상품과 잉여가치를 생산할 뿐만 아니라, 또한 임노동자계급을 계속 확대

되는 규모로 재생산하여 거대한 다수의 직접적 생산자를 임노동자로 전화시킨다. (M2: 39)

나는 다른 책에서 제1권의 맑스의 이야기와 나 자신의 생각에 근거해 맑스에게 "사회변화에 대한 변증법적 공진화(co-evolutionary, 두개가 서로 영향을 미치며 함께 진화해나가는 경향 — 옮긴이)이론"(내가 이름 붙인 것이다)[7]의 경향이 있다고 주장한 바 있다. 이것은 제2권에서 전개되는 논의 방식에도 적용할 수 있다. 자본주의의 기원에 대한 논의는 마치 "닭이 먼저냐, 달걀이 먼저냐"같이 무한히 계속되어 빠져나올 방법이 없어 보인다. 계급관계와 상품생산의 일반화(그리고 암묵리에 화폐형태의 일반화도 함께)는 자본의 등장에 선행하는 것이 분명하지만, 자본의 등장 또한 이들 두 조건을 일반화하는 것이기도 하다.

자본순환의 두번째 단계는 생산자본의 순환이다. 맑스는 이 순환을 다루는 데 그다지 많은 시간을 할애하지 않는데 그것은 이 순환이 제1권의 분석에 사용된 기본형태이기 때문이다. 이 단계는 노동과정을 통해 노동력과 생산수단이 생산적으로 소비되는 과정을 포괄한다.

이 운동은 G-W···P로 나타나는데 여기에서 점선은, 자본유통은 중단되지만 (자본이 상품유통 영역에서 생산영역으로 넘어감으로써) 자본의 순환운동은 계속되는 부분을 가리킨다. 제1단계(즉 화폐자본의 생산자본으로의 전화)는 단지 제2단계(즉 생산자본의 기능)

의 선행단계이자 도입단계로만 나타난다. (M2: 40)

노동력과 생산수단이 함께 투입되는 특수한 방식은 "사회구조의 각 경제적 시대를 구분 짓는다".(M2: 42) 자본주의는

자유로운 노동자의 생산수단과의 분리를 출발점으로 삼는다. (…) 상품을 만드는 인적 요소와 물적 요소가 결합되어 들어가는 현실적 과정(즉 생산과정)은 그것 자체가 자본의 한 기능(즉 자본주의적 생산과정)이며, 그것의 본질에 대해서는 이 책의 제1권에서 자세히 분석됐다. 상품생산을 운영한다는 것은 언제나 동시에 노동력을 착취한다는 의미이기도 하다. 그러나 자본주의적 상품생산은 착취양식의 역사발전에서 최초로 노동과정의 조직과 방대한 기술개선을 통해 사회 전체의 경제적 구조를 변혁했으며 이전의 모든 시대를 능가하는 하나의 획기적인 착취양식이 됐다. (M2: 42)

그리하여 노동력과 생산수단은 "선대된 자본가치의 존재형태"로 전화한다. 그것들은 그 자체로 "불변자본과 가변자본으로 구별된다". "인간의 노동력이 원래부터 자본인 것은 아니며, 생산수단 역시 그러하다."(M2: 43~44) 그런 다음 맑스는 여러차례에 걸쳐 잉여가치론을 요약한다. "생산자본은 자신의 기능을 수행하면서 자신의 구성부분들을 소비하여 그것들을 더 큰 가치를 갖는 생산물로 전환한다.""그러므로 생산물은 단순히 상품일 뿐만 아니라 동시에 잉여가치를 낳는 상품이기도 하다."(M2: 43) 맑스가 완강하게 주장하는

바와 같이 생산자본은 "자본가치가 가치를 낳는 유일한 기능"(M2: 54)이다.

과정의 세번째 단계에서 우리는 상품자본의 형태를 띤 자본을 만난다. 화폐형태의 자본이 오로지 화폐의 기능만을 수행할 수 있고 생산자본 형태의 자본이 오로지 생산기능만을 수행할 수 있는 것과 꼭 마찬가지로 상품형태의 자본도 "상품의 기능을 수행해야 한다".(M2: 43) W'(잉여가치를 품은 상품)의 기능은

> 이제 모든 상품생산물의 기능〔화폐로 전화(판매)되어 유통국면 W-G를 통과하는 기능〕이다. 증식된 자본이 상품자본의 형태를 그대로 유지한 채 시장에 체류하는 한 생산과정은 정지된다. 상품자본은 생산물의 창조자로도 가치의 창출자로도 작용하지 않는다. 자본이 상품형태를 벗어던지고 화폐형태를 취하는 속도〔즉 판매의 속도〕에 따라서 똑같은 자본가치가 생산물 및 가치의 창조자로서 기능하는 정도는 매우 달라질 것이며 재생산의 규모가 확대 또는 축소되는 정도도 상당히 달라질 것이다. (M2: 45)

우리는 여기에서 맑스의 이론적 틀에 매우 중요한 새로운 차원이 도입되는 것을 본다. 한 상태에서 다른 상태로의 이행 속도는 매우 중요한 변수다. 그것은 "자본의 크기와는 무관하게 자본의 효율〔즉 자본의 확대와 축소〕을 결정하는 새로운 힘"(M2: 46)의 영향을 받는다. 경쟁의 강제법칙에서 비롯하는 능률의 촉진, 회전기간 등은 자본순환은 물론 일상생활에서도 시간의 틀을 변경한다. 능률을 촉진

하는 이들 "새로운 별개의 힘"의 본질이 무엇인지를 알기 위해서는 연구가 필요하다. 이것은 제2권에서 매우 흥미진진한 연구영역 가운데 하나다.

유통행위 W′-G′는 "상품자본에 의해 함께 이전되어"(M2: 48) 그 상품자본이 화폐형태로 전화될 때 함께 실현되는 잉여가치이며 따라서 자본의 형태변화에서 세번째 단계를 이룬다. 그러나 다음 사실을 기억해두는 것이 중요하다. 즉 잉여가치는

> 생산과정 속에서 비로소 처음 세상에 나온다. 그러므로 그것은 상품시장에도 (즉 상품형태로도) 처음 출현한다. 이 상품형태가 그것에는 최초의 유통형태이며 따라서 w-g라는 행위도 그것에는 최초의 유통행위(또는 최초의 형태변화)이므로 정반대의 유통행위 (또는 정반대의 형태변화) g-w에 의해 보완되어야 한다(M2: 47. 여기에서 소문자로 표기되고 있는 까닭은 맑스가 총자본인 W′나 G′가 아니라 단지 잉여가치의 운동에 대해서만 이야기하고 있기 때문이다).

잉여가치 생산은 사실 자본 생산이며 잉여가치의 전부 혹은 일부가 재투자되는 것은 자본의 재생산을 위해 반드시 필요하다.

이 모두에서 두가지 사실이 두드러진다. "첫째, 자본가치가 원래의 화폐형태로 최종적으로 재전화하는 것은 상품자본의 한 기능이다. 둘째, 이 기능은 잉여가치가 원래의 상품형태에서 화폐형태로 처음 형태변화하는 것을 포함한다." 그 결과 "자본가치와 잉여가치는 이제 화폐로, 즉 일반적 등가형태로 존재한다".(M2: 48) 우리는 여

기에서 본문을 읽어나감에 따라 점차 중요성이 커지는 어떤 것에 대한 힌트를 얻게 된다. 그것은 상품자본이 유통과정 전체에서 차지하는 특별하고 중요한 역할인데, 즉 상품 속에 담겨 있는 잉여가치를 화폐형태로 전화시키는 역할이 바로 그것이다.

그러므로 과정의 끝부분에 이르면 자본가치는 그것이 과정에 들어갈 때와 동일한 형태를 다시 회복하며, 화폐자본으로서 이제 새로운 과정을 시작하고 통과할 수 있게 된다. 이 과정의 출발형태와 최종형태가 모두 화폐자본 G의 형태라는 바로 이 사실 때문에 우리는 이 순환과정의 형태를 화폐자본의 순환이라고 부른다. 과정의 끝부분에서 변화한 것은 선대된 가치의 형태가 아니라 그 크기뿐이다. (M2: 48~49)

따라서 화폐자본의 순환은 "과정의 출발형태와 최종 형태가 모두 화폐자본의 형태"(M2: 49)를 취하는 방식을 보여준다. 일단 잉여가치가 자본으로 (즉 "가치를 낳는 가치", 다시 말해 "유통과정의 목적이자 결과"로) 실현되고 나면 G′는 "이제 단순한 화폐가 아니라 자기증식된 가치로 표현되는 화폐자본"(M2: 50. 맑스가 제1권에서 표현한 바에 따르면 "황금알을 낳는 거위")으로 나타난다. 그러나 자본화된 잉여가치가 유통과정에 다시 들어가면 그것은 단순한 화폐로서 들어가는 것이며 거기에서는 회수된 처음의 화폐자본과 잉여가치 사이의 구별이 사라져버리고 만다. 그것은 다시 순수한 화폐의 기능을 수행하는 것으로 복귀한다. 그래서 "화폐자본"(자본으로 사용되는 화폐)

과 "화폐자본"(화폐형태로 되돌아온 자본)은 개념적으로 구별되긴 하지만 이들 둘 모두, 즉 "화폐자본과 상품자본은 자본의 존재양식"이다. "그러므로 그들을 구별하는 특별한 기능은 화폐기능과 상품 기능 간의 차이뿐이다."(M2: 54)

그러나 "자본주의적 생산과정의 직접적 산물인 상품자본은 자신의 이런 기원을 상기시키는 것이며, 따라서 그 형태에서 화폐자본보다 더 합리적이며 덜 무개념적이다. 왜냐하면 일반적으로 모든 상품의 특수한 사용형태가 화폐 속에서는 사라져버리는 것과 마찬가지로 화폐자본 속에도 이 과정의 모든 흔적이 소멸되어 있기 때문이다".(M2: 54~55)

차이가 없어지는 동안 우리는 "개념적 차이"에 주목할 필요가 있는데 자본의 운동법칙의 비밀이 여기에 숨겨져 있기 때문이다. 잉여가치 m은 화폐로 전화되고 나면 소비될 수 있다. 그러나 어디에? 그중 일부는 부르주아의 소비에 사용된다(맑스가 나중에 설명하듯이 생활필수품과 사치재에 소비된다). 그러나 다른 일부는 화폐자본으로도 사용되어 축적의 확대를 떠받칠 것이다.

이 부분의 서술 전체에 걸쳐 맑스는 얼핏 사소해 보이는 일련의 차이에 매달리고 있다. 무슨 이유 때문일까? 이 의문에 대한 답은 마지막 부분에서 분명하게 드러나는데 그것은 "총순환"을 고찰하는 부분이다. 맑스는 이렇게 쓰고 있다.

자본은 가치로 나타나는데, 이 가치는 일련의 상호 연관된 (그리고 상호 제약된) 전화, 즉 하나의 총과정 가운데 여러 국면이나 단계를 이루는 일련의 형태변화를 통과한다. 이들 국면 가운데 둘은 유통영역에 속하고 하나는 생산영역에 속한다. 이들 각 국면에서 자본가치는 상이한 자태를 취하며, 거기에 상응하여 서로 다른 특수한 기능을 갖는다. 이 운동 속에서 선대가치는 자신을 보존할 뿐만 아니라 성장하여 그 크기가 증가한다. (M2: 58)

하나의 "순환"을 이루는 이 "총과정" 내에서 일정한 기능과 범주가 정의될 수 있다.

자본가치가 그 유통단계에서 취하는 두가지 형태는 화폐자본과 상품자본이라는 형태다. 생산단계에 속하는 형태는 생산자본이라는 형태다. 총순환과정에서 이들 형태를 취하기도 하고 벗어 던지기도 하면서 각각의 형태에 상응하는 기능을 수행하는 자본은 산업자본이다. ── 여기에서 산업이란 자본주의적 토대 위에서 운영되는 모든 생산부문을 포괄하는 의미다. (M2: 58)

여기에 함축된 의미상 산업자본이라는 말은 부적절하다. 하지만 맑스가 말하는 산업자본은 잉여가치를 창출하는 노동과정을 거친 다음 전체 과정의 다른 계기들을 거치면서 실현되고 재생산되는 자본유통이다. "화폐자본, 상품자본, 생산자본은 상호 독립적인 종류의 자본(즉 각자의 기능이 서로 독립적이고 분리된 사업부문의 내용을 이루는 자본)을 지칭하는 것이 아니다. 여기에서 그들은 단지 산업자본의 특수한 기능형태들을 나타낼 뿐이며, 산업자본은 이들

세가지 기능형태 모두를 차례로 취한다."(M2: 58)

이처럼 순수한 형태적 분석에 한정함으로써 맑스는 실질적으로 이들 기능을 각기 다른 사업으로 맡고 있는 각 담당자들에 대한 논의를 회피한다. 금융 및 화폐 자본가는 화폐기능을 담당하고 생산자본가는 생산기능, 상업자본가는 상품자본의 기능을 담당한다. 따라서 역사적으로 산업자본의 총순환은 각기 다른 순환의 상호 관련은 물론 각기 다른 담당자들(총잉여가치에서 각기 자신의 몫을 나누어 갖는 자본 분파들)의 모든 활동에도 개입해야만 한다. 그러나 제2권의 어디에서도 맑스는 이들 분파의 역할을 다루지 않았다. 그는 모든 것을 순수하게 논리적이고 형식적인 차원으로 밀어 넣고 있다. 내가 생각하기에 그가 이렇게 한 까닭은 만일 각 담당자들의 역사적인 역할과 이들 사이에 벌어지는 투쟁을 끌어들이면 설명 전체가 모호해지고, 자신이 근본적인 기능이라고 간주하는 것들이 은폐되기 때문이다. 실제로 그는 제2권의 여러곳에서(M2: 189 이하) 애덤 스미스가 이들 자본 분파를 완전히 별개의 독립적인 자본형태로 생각했다는 점을 비판하고 있다. 맑스는 이들이 산업자본의 단일한 형태가 분화된 것이며 동시에 서로 깊이 연루되어 있다고 간주한다.

그런 다음 맑스는 매우 중요한 논의를 끌어들인다.

자본의 순환은 그 여러 단계가 중단 없이 다음 단계로 이행할 경우에만 정상적으로 진행된다. 만약 자본이 제1단계 G-W에서 정지된다면, 화폐자본은 응고되어 축장화폐가 된다. 만일 그것이 생산국면에서 정지되면, 한편으로는 생산수단이 그 기능을 중단하고 쉬게 되며,

다른 한편으로는 노동력이 사용되지 않은 채 남아돌게 된다. 또 만일 자본이 그 마지막 국면 W′-G′에서 정지되면, 팔리지 않고 적체된 상품이 유통의 흐름을 방해할 것이다. (M2: 58)

여기에서는 순환과정을 가로막는 장애 요인에 대한 생각이 불쑥 나타나는데 단지 매우 형식적인 방식으로만 등장한다.

그러나 본질적으로 순환 그 자체는 자본을 각 순환단계마다 일정 기간 불가피하게 고정시킨다. 각 국면에서 산업자본은 하나의 일정한 형태, 즉 화폐자본, 생산자본, 상품자본으로 결박된다. 산업자본은 각각의 형태에 상응하는 기능을 수행하고 나서야 비로소 다른 전화 국면에 들어갈 수 있는 형태를 획득하게 된다. (M2: 58~59)

이 부분의 의미는 자본이 순조롭고 끊임없이 순환을 진행할 수 없으며 반드시 운동을 정지하는 국면을 겪는다는 것이다. 다음에 이어지는 부분에서 이 일시적인 장애 요인들은 여러차례 검토되는데, 하지만 여기에 관련된 다양한 자본 분파를 수행하는 담당자들과 그들의 이해관계에 대해서는 아무런 언급도 없다. 이를 통해 우리는 연속적인 자본순환을 가로막는 장애 요인들을 분명하게 알 수 있다. 또한 여기에서는 이 장애 요인들을 회피할 수 있는 갖가지 수단도 함께 지적되고 있다. 문제는 제2권의 분석에서 각 자본 분파들 사이의 구별이 밋밋한 상태로만 이루어진다는 점인데 그것은 나중에 제3권을 읽을 때 공황과 관련된 많은 실제 이론의 형식적 토대로 우리가 기억해두어야 할 부분이다.

이 장을 서술하는 과정에서 맑스는 교통 및 통신 산업이 순환과 정에서 수행하는 역할에 대해서도 몇가지 언급을 하고 있다.(M2: 60) 이 문제는 제5장의 끝부분에서 다시 다루기 때문에 나는 그때까지 이에 대한 논의를 미루고자 한다.

그러면 전반적인 그림은 어떤 모습인가? 우리는 산업자본의 순환 을 다음과 같이 알고 있다.

$$A$$
$$G - W \cdots P \cdots W + w - G + \Delta g$$
$$Pm$$

우리는 이것이 서로를 전제로 하는 세개의 각기 다른 순환 ── 화 폐자본의 순환, 생산자본의 순환, 상품자본의 순환 ── 으로 분해될 수 있다는 것을 알고 있다(그림1). 잉여가치가 실현되기 위해서 화 폐자본의 순환은 생산자본과 상품자본의 순환과 관련된 조건을 성 공적으로 성사시켜야 한다. 생산자본과 상품자본의 순환에도 똑같 은 조건이 적용된다. 이들 순환 가운데 하나라도 중단이 발생하면 그것은 다른 순환들에 파국을 가져온다. 따라서 순환과정 전체에 걸 쳐서 각기 다른 공황이 발생할 가능성이 존재한다. 만일 우리가 제3 권의 내용으로부터 자본가계급을 각기 다른 이해관계와 전망을 가 진 여러 분파들(생산자, 상인, 화폐자본가)로 분해한다면 맑스가 말 한 산업자본의 순환이라는 과정 전체의 안정성을 우려하는 관점의 훨씬 더 설득력 있는 이유를 찾을 수 있을 것이다.

산업자본의 전체 순환에서 화폐자본의 중요성을 평가할 필요가 있다. 화폐는 순환의 출발점일 뿐만 아니라 종점이기도 하다. 그러나 잊지 말아야 할 점은 화폐형태가 가치를 표현하는 것이며 생산된 잉여가치를 눈에 보이는 것으로 나타낼 수 있는 유일한 수단이라는 사실이다. "가치의 화폐형상이 독립적인 가치의 현상형태라는 바로 그 이유 때문에, 그 시발점과 종점이 화폐인 유통형태 G…G′은 자본주의적 생산의 추진동기(즉 돈벌이)를 가장 생생하게 표현한다. 생산과정은 돈벌이를 위해서 불가피한 필요악(단지 하나의 중간고리)으로 나타난다."(M2: 62) 화폐는 궁극적으로 물신적인 것에 불과하지만 자본가에게 그것은 진실로 성배에 해당하는데 왜냐하면 "돈벌이 그 자체가 생산의 내재적인 목적으로 나타나기" 때문이다. "반짝거리는 화폐형태" 외에는 자본가를 움직일 어떤 동기도 없으며 자본을 화폐형태로 실현하지 못한다면 눈에 보이는 보상수단은 하나도 없다.

그러나 실현은 소비(다른 자본가의 생산적 소비는 물론 다른 계급의 최종 소비도 포함한다)에 의존한다. 제2권에서 처음으로 우리는 노동자계급의 소비가 중요한 역할을 수행한다는 생각을 접하게 된다.(M2: 64) 그런데 맑스는 여기에 국내 교역과 중상주의에 대한 흥미로운 언급을 추가했다. 맑스는 중상주의자들이 다음과 같은 취지의 장황한 설교를 한다고 말한다.

개별 자본가들은 노동자만큼 소비해야 하며, 자본가다운 영민함을 갖춘 국가는 자국 상품의 소비와 소비과정 전체를 어리석은 다른 국가들에 맡기고, 생산적 소비를 자신의 필생과제로 삼아야 한다는 것이다. 이런 설교는 종종 형식과 내용에서 교부철학자들의 금욕적 훈계를 상기시킨다. (M2: 64)

케빈 필립스(Kevin Phillips) 같은 사람이 바로 그런데, 그는 최근 몇십년을 중상주의의 한 국면으로 생각하고, 미국이 가장 어리석은 국가의 역할을 수행(빚을 내서 계속 소비)하고 중국과 독일이 미국 소비자를 희생시켜 엄청난 무역 차익을 모아 축적하고 있다고 생각한다. 오바마 행정부가 2010년 가을 서울에서 개최된 G20 회의에 참석해 세계체제 내부의 무역불균형을 줄이자는 제안을 하자 가장 앞장서서 논박한 것이 바로 중국과 독일이었다. 그래서 얼핏 중상주의의 모습이 아직 살아 있는 것처럼 보이고 미국은 여기에서 가장 어리석은 국가의 역할을 즐겨 수행하고 있는 것처럼 보인다.

이 장을 끝내면서 맑스가 요약 정리하고 있는 이야기는 매우 중요하다. "그러므로 화폐자본의 순환은 산업자본 순환의 가장 일면적인 (따라서 가장 적절하며 가장 특징적이기도 한) 현상형태이며, 가치의 증식(즉 돈벌이와 축적)이 산업자본의 목적이자 추동력이라는 점(말하자면 보다 비싸게 팔기 위해서 구매한다는 사실)을 가장 일목요연하게 보여주는 형태이기도 하다." (M2: 65) 맑스가 보통 사용하는 "보여주는"이라는 말은 "…이다"라는 말과 다르다는 것을 알아야 한다. "화폐자본의 순환은 그것이 선대된 가치의 증식을 포함하는 한 언제나 산업자본의 일반적 표현이다." 그러나 생산의 관점에서 보면 "자본의 화폐적 표현은 단지 생산요소들의 가격으로만 나타난다". G-G′의 순환은 매우 중요하게 간주되어야 할 이유가 있는 반면(그것이 순환의 출발점으로 나타나기 때문에, 그리고 그것이 소비를 위해 노동자들에게는 임금형태로, 자본가들에게는 이윤형태로 구매력을 갖추어주기 때문에) "형태상의 기만", 심지어는 "환상적인 성격"이 있기도 하다. "환상적 성격과 그에 따른 환상적 해석은 이 형태가 유통하면서 계속 반복되는 것이 아니라 단 한번만 발생하는 것으로 고정됨으로써 (따라서 이 형태가 순환의 여러 형태 가운데 하나가 아니라 유일한 형태로 간주됨으로써) 나타난다." (M2: 66~67) 맑스의 핵심 논점은 화폐순환이 "혼자서" 존재할 수 없고 반드시 "여러 다른 형태를 가리키고"(M2: 67) 있다는 사실이다. 각기 다른 형태(화폐·생산·상품)를 거치는 자본순환의 지속적인 반복을 살펴보면 우리는 화폐가 "부단히 반복되는 생산자본의 순환을 위한 일시적인 준비에 불과하다"는 것을 보게 된다. 이런 관점에서 "자본주의적 생산과정은 하나의 선행조건으로 전제된다".(M2: 67~68)

제2장 생산자본의 순환에 대하여

생산자본 순환의 중요성은 맑스가 크게 거리낌 없이 언급해도 될 정도로 분명하다. 그것은 무엇보다도 생산(특히 잉여가치의 생산)이 이루어지는 "숨겨진 장소"이기 때문이다. 생산자본의 관점에서 보면 유통을 통과하는 운동은 노동과정에 의한 잉여가치의 생산이라는 본 경기에 들어가기 전에 통과해야 하는 의례로 보인다. "산업자본의 총유통과정(즉 유통국면 내에서 산업자본의 전체 운동)이 최초의 극으로서 순환을 시작하는 생산자본과 (…) 순환을 종결하는 생산자본 사이의 중단을 나타내고 그에 따라 양자 간의 매개를 이룬다."(M2: 69) 그러나 우리가 이미 짐작할 수 있듯이 상품과 화폐형태를 거쳐가는 운동과정에는 숱한 어려움이 있다. 형식적인 요건은 상품에 응고되어 있는 가치와 잉여가치가 판매를 통해 화폐형태로 실현되어 처음 투하된 화폐가 회복되고, 그런 다음 이윤 가운데 일부가 확대된 규모로 생산과정을 반복하기 위해 필요한 생산수단과 노동력을 구매하는 데 사용되어야 한다. 형식 면에서 유통은 G-W와 그에 뒤이은 W′-G′의 경로와 추가적으로 화폐형태의 잉여가치 유통 g-w를 밟아간다.

여기에서 두가지 경우를 고려해야 한다. 첫번째는 단순재생산으로 이 경우에는 모든 잉여가치가 소비되고 잉여가치의 재투자는 없으며(제1권의 제21장과 제2권의 제20장) 두번째는 확대재생산(제1권의 제22장과 제2권의 제21장)이다. 맑스는 자본주의에서 단순재생산은 있을 수 없다고 생각하지만, 이 부분에 훨씬 더 많은 양을 할애하고 있는데 아마도 내가 생각하기에 산업자본이 순조로운 운동을 계속하기 위한 실현되어야 할 조건과 형식적인 관계를 설정하기에 이것이 훨씬 더 쉽다고 생각했기 때문이다. 그는 이렇게 정리된 조건을 훨씬 더 현실적인 모델인 확대재생산에 그대로 옮기려고 생각한 것이다.

단순재생산의 경우 잉여가치 m은 모두 개인적 소비에 사용되어야 한다. 만일 자본가계급이 그냥 화폐를 간직하고 소비를 하지 않으면 상품자본은 화폐형태로 실현될 수 없다. 그래서 우리는 처음으로 자본주의의 안정성을 위한 부르주아 소비의 중요성을 보게 된다. "g-w는 자본가가 본래의 상품, 또는 소중한 자신의 신체나 가족을 위한 서비스에 지출하는 화폐를 매개로 한 일련의 구매를 표시한다. 이런 구매는 여러 기간에 걸쳐 분산적으로 이루어진다. 그러므로 화폐는 일시적으로 일상적 소비를 위한 준비금 또는 축장화폐의 형태로 존재한다."(M2: 71) 이 화폐는 "선대되는 것이 아니라 지출된다". 따라서 부르주아는 미리 화폐를 수중에 가지고 있어야 한다.

이것은 우리가 앞으로 제2권에서 여러차례 만나게 될 흥미로운 주제다. 잉여가치를 구매할 추가적인 화폐는 어디에서 오는가? 부르주아는 개인적 소비를 늘리기 위해 자신의 화폐로 상품 속에 응결되어 있는 잉여가치를 구매한다. 물론 이것은 생산자본이 부르주아가 소비하고자 하는 상품을 만들고 있다는 것을 전제로 한다(맑스는 이 점을 별로 중요하게 생각하지 않았다). g-w(이들 소문자는 총자본이 아니라 잉여가치만의 유통을 가리킨다)의 유통은 "자본가의 존재를 전제하고 (…) 또한 자본가에 의한 잉여가치의 소비를 조건으로 한다".(M2: 74)

지나가는 듯한 말투로 맑스는 부르주아가 지출하는 방식이 어느 정도는 생산된 상품의 성질에 의존한다고 말한다. 맑스는 런던 건축업에 대해 (적어도 나에게는) 흥미로운 언급을 했는데 "신용에 의해 운영되는 런던 건축업에서, 건축업자는 주택의 건축이 단계적으로 진전됨에 따라 선대금을 받는다"(M2: 73)는 것이다. 게다가 최종적인 상품 소비는 "이 상품량이 그의 상품자본으로 기능하는 형태변화에서, 시간적으로나 공간적으로 완전히 분리될 수 있다".(M2: 75) 여기에는 상품과 지출이 시간과 공간에 따라 어떻게 변하는지에 대한 힌트가 있는데 별도의 분석영역으로 발전하고 있지는 않다. 이런 문제들이 내 저작에서 다루려고 한 것들이다.

회수된 처음의 화폐자본은 노동력과 생산수단의 구매를 통해 생산적 소비영역에 다시 투입되어야 한다. 그러나 처음의 G는 이미 지출됐으므로 회수된 화폐는 이미 생산된 다음 W′-G′ 운동을 통해 가치를 증식시킨 화폐자본으로 다시 규정되어야 한다. 이 변화의 의미는 매우 중요하다. 그것은 제1권에서 정리된 견해, 즉 일정 기간이 경과하고 나면 노동이 처음 투하된 자본의 총가치의 등가를 재생산한다는 견해를 반영한다. 맑스는 재산이 토지에 자신의 노동을 결합시켜 가치를 창출하는 사람들에게 귀속되어야 한다는 로크(J. Locke)의 주장에 따라 유통되는 가치도 당연히 자본가(이들은 결과적으로 처음의 자본은 모두 소비해버렸다)가 아니라 노동자에게 귀속되어야 한다고 해석했다. 생산에 다시 투입되는 G는 "과거 노동을 나타내는 것"이지 순수한 의미의 화폐자본을 나타내는 것이 아니라고 맑스는 지적했다.

그러나 유통과정에는 불가피한 일시적 중단이 존재한다. "W-G의 실행과 G-W의 실행 사이의 시차는 다소 클 수도 있다." 유통의 중단은 매우 중요하다. 맑스는 여기에서 몇 가지 흥미로운 언급을 한다. "G-W에서의 G는 아직 시장에 존재하지 않는 (…) 상품의 전화

형태를 나타낼 수 있다." 그러나 아직 만들어지지 않은 상품에 대한 선지급은 있을 수 있다. 노동자들도 (사실상 미래노동의 임금을 지불하는 방식으로) 아직 생산되지 않은 상품에 대해 미리 지불할 수 있다. 시간 약속의 가능성은 끝없이 복잡하며 나중에 우리가 보게 되듯이 신용제도의 역할은 곧 매우 중요해진다.

그러나 상품으로부터 생산수단 및 노동력 구매로의 이동이 어려워질 수 있는 데는 구조적인 문제도 있다. "만약 제2의 형태변화 G-W가 장애에 부딪히면 (예를 들어 시장에서 생산수단을 구입할 수 없다면) 순환〔재생산과정의 흐름〕은 자본이 상품자본의 형태로 고정될 때와 꼭 마찬가지로 중단된다. 그러나 여기에는 다음과 같은 차이가 존재한다. 첫째, 자본은 일시적인 상품형태보다 화폐형태로 더 오래 유지될 수 있다는 점이다."(M2: 78) 제1권에서는 전반적으로 G-W보다 W-G의 유통이 더 어렵다고 간주됐는데 이는 화폐가 일반적 등가물인 데 반해 상품은 특수한 등가물이기 때문이다. 그러나 여기에서 우리는 전혀 다른 이야기를 듣게 되는데 그것은 생산자본의 재생산에는 훨씬 더 특수한 생산수단이 필요하기 때문이다. 만일 철광석의 공급이 크게 줄어들면 철강의 재생산은 불가능할 것이다. 철강생산에서 고정자본(예를 들어 용광로)에 대한 높은 의존도는 이런 요소의 공급이 중단될 경우 철강 생산자에게 매우 큰 비용을 발생시킨다. 맑스는 이 점을 중요하게 다루지 않았지만 재생산은 필요한 숙련을 갖춘 노동자가 지속적으로 공급된다는 것도 전제한다. 그러나 적어도 G는 썩어서 없어지는 것이 아니기 때문에 유통에서 화폐형태로 발이 묶이는 것은 상품형태로 자본이 묶여 있는 경우(특히 그 상품이 부패하는 것일 경우)보다는 문제가 덜 심각하다. 화폐가 적기에 생산적 소비를 위한 요소로 전화하는 것은 생산자본의 재생산에 꼭 필요하다. 그런 다음 맑스는 쎄이의 법칙을 신봉하는 경제학자들에게 다시 일격을 가한다. "잉여가치 생산을 조건으로 하는, 상품에 의한 상품의 교체는 단지 화폐에 의해 매개될 뿐인 생산물 교환과는 전혀 다른 것이다. 그러나 경제학자들은 이 사실을 어떠한 과잉생산도 불가능하다는 증거로 삼는다."(M2: 79~80)

그런 다음 우리는 노동자들의 소비를 살펴볼 필요가 있다. 이들은 A-G-W 순환에 참여함으로써 살아가는데, 즉 일정 수준의 생활을 영위하는 데 필요한 상품을 구매할 수 있는 화폐를 얻고자 자신들의 노동력을 양도한다. 이것은 자본유통에서 (제1권에 많이 나오는 "회사 전용상점" 같은 방식을 통해) 화폐가치를 잠시 끄집어냈다가 곧바로 도로 집어넣는 것이다. "두번째 행위 G-W는 개별 자본의 유통에서 나오긴 했지만, 그 개별 자본의 유통에는 들어가지 않는다. 그러나 자본가계급에게 노동자계급은 계속 존재해야 하며, 따라서 G-W에 의해 매개되는 노동자의 소비 또한 필요한 것이다."(M2: 80) 나중에 뒤(제20장과 제21장)에서 이 모든 것이 개별 자본가가 아닌 총자본의 유통이라는 관점에서 어떻게 나타나는지 보게 될 것이다.

이 모든 것이 여기에서 어떻게 개념적으로 정리되는지에 유의해야 한다. 화폐는 자본가의 수중에서, 노동력의 구매를 통해 가변자본으로 전화하면 자본으로 기능한다. 그러나 똑같은 화폐가 일단 노동자의 수중에 들어가고 나면 더이상 자본으로 기능하지 않는다. 또한 형태변화도 함께 겪는다. 왜냐하면 그것은 시장의 판매자 수중에 있는 단순한 화폐일 뿐이며 노동자가 자신의 필요나 기분이 내키는 방식으로 사용할 수 있다. 노동자가 일단 자신의 화폐를 상품에 지출하고 나면 그것은 자본가의 수중으로 돌아가고 만일 자본가가 이를 소비에 사용하지 않는다면 자본의 형태로 전화한다. 이것이 맑스가 작업한 전체 방식이다. 그리고 여기에 주목하는 것은 매우 중요한데 이유는 만일 노동자가 자신의 수입을 상품 구입에 지출하지 않고 노름으로 탕진한다면 (혹은 저축을 한다면) 유통과정의 연속성은 단절되기 때문이다. 바로 그렇기 때문에 제2권 끝부분에 안정적인 축적 조건으로 노동자 측의 "합리적 소비행동"에 대한 고찰이 나온다. 만일 화폐자본의 유통이 이 과정 전체에 걸쳐 완벽하게 통제된다면 이 문제는 포착되지 않을 것이다. 다른 곳에서 맑스는 대개 노동자계급 전체가 소비에서 자본과 관련된 "회사 지정 상점"에 갇혀 있다고 묘사하지만 여기에서는 이 가정을 문제시한다.

맑스는 이 가운데 어떤 것도 원칙적으로 $W'-G'$의 전화과정을 매개하는 것을 업으로 삼는 상업자본가의 개입에 의해 영향을 받지 않는다는 입장이다. "전 과정은 계속되고, 그와 함께 그것을 조건으로 하는 자본가와 노동자의 개인적 소비도 계속된다. 이 점은 공황을 고찰하는 데 중요한 것이다."(M2: 80) 따라서 만일 어떤 유형의 공황이 발발한다면 우리는 본질적으로 그 원인을 상업자본가의 활동으로 돌려서는 안 된다(월마트를 비난하지 마라!). 우리는 잠재적 장애 요인인 부르주아와 노동자계급의 소비가 하는 역할을 좀더 깊이 살펴볼 필요가 있다.

생산물이 판매되는 한 (…) 만사가 순조롭게 진행되고 있는 것이다. (…) 이러한 자본의 재생산은 노동자 쪽에서 개인적 소비〔따라서 수요〕의 확대를 수반할 수 있을 것이다. (…) 잉여가치의 생산은 물론 그에 따른 자본가의 개인적 소비도 함께 증가하고, 재생산과정 전체가 번창한 상태이면서도, 상품의 상당 부분이 단지 외관상으로만 소비에 들어간 것처럼 보일 뿐 실제로는 여전히 상인들 수준에서 판매되지 않은 채 남아 있어, 사실상 여전히 시장에 머물러 있을 수도 있다. 그러다가 한 상품 흐름이 다른 상품 흐름을 따라잡아버리면, 결국 이전의 흐름이 단지 외관상으로만 소비에 흡수됐을 뿐이라는 것이 드러나게 된다. (…) 이전의 상품은 아직 다 팔리지도 않았는데, 그에 대한 지불기일은 다가온다. 그 소유자는 지불불능을 선언하거나 지불하기 위해서는 어떤 가격으로든 팔아야 한다. 이러한 판매는 현실적 수요상태와는 아무런 관계도 없다. 그것은 단지 지불에 대한 수요, 즉 상품을 화폐로 전화시켜야 하는 절대적 필요성과 관계된 것일 뿐이다. 그리하여 공황이 발발한다. 공황은 소비적 수요〔즉 개인적 소비를 위한 수요〕의 직접적 감소에 의해서가 아니라 자본과 자본 간 교환의 감소〔즉 자본의 재생산과정의 축소〕에 의해서 가시화된다. (M2: 81)

맑스는 노동자와 자본가에 의한 최종 소비 수요와 생산적 소비를 유지하는 데 관련된 상품들에 대한 수요와 자본가 간의 거래를 구별한다. 그는 여기에서 생산적 소비와 관련된 상품과 화폐지불의 흐름을 조직하는 자본과 자본 사이의 관계로부터 공황이 발발할 수 있다는 매우 독특한 견해를 제기한다. 개인적 소비영역에서 노동자와 자본가에 의한 유효수요의 부족 문제로 나타나는 것은 사실 생산수단의 구매와 판매에서 비롯한 유통 문제 때문일 수 있다. 이것이 생산자본의 순환을 검토하며 나오게 되는 공황 혹은 공황의 가능성에 대한 일반이론일까? 나의 일반적인 견해는 보통 그런 이야기를 일정한 가정하에서 일정한 관점으로부터 도출될 수 있는 하나의 가능성으로, 즉 일단 일시적인 것으로 간주하자는 것이다. 물론 그렇다고해서 그런 이야기가 궁극적으로 더 확대된 일반성으로 입증될 수 없다는 것은 아니고, 단지 그런 특수한 관점을 통해 자본주의 내부에서 공황의 경향이 어떻게 설명되는지를 보여주어야 한다는 의미다.

예를 들어 제2권에서 맑스는 노동자계급의 유효수요와 소비의 역할에 대한 얼핏 매우 모순적으로 보이는 이야기를 한다.

자본주의 생산양식의 모순: 노동자들은 상품구매자로서 시장에서 중요한 위치를 차지한다. 그러나 그가 판매하는 상품[즉 노동력]에 대해서 자본주의 사회는 그것을 최저가격으로 낮추려는 경향이 있다. 또 하나의 심각한 모순: 자본주의 생산이 자신의 모든 잠재력을 정상적으로 발휘하는 시기는 곧 과잉생산의 시기라는 것이 규칙적으로 드러난다. 왜냐하면 생산의 잠재력은 더 많은 가치를 생산하고 동시에 실현할 수 있을 만큼은 결코 사용될 수 없기 때문이다. 그러나 상품의 판매[상품자본의 실현, 즉 잉여가치의 실현]는 사회 전체의 총소비 수요규모에 의해 제약을 받는 것이 아니라 한 사회의 총소비 가운데 대다수의 빈곤계층[또한 언제나 빈곤할 수밖에 없는 계층]의

수요규모에 의해 제약을 받는다. (M2: 318, 각주13)

그러나 다른 곳에서 그는 이렇게 말한다.

공황은 지불능력이 있는 소비(혹은 소비자)의 부족으로 인해 생겨난다고 말하는 것은 순전히 동어반복에 불과하다. 자본주의체제에서는 (…) 어떤 다른 지불하는 소비도 알려져 있지 않다. 상품이 판매되지 않는다는 것은 곧 상품에 대한 지불능력이 있는 구매자(즉 소비자)를 발견할 수 없다(…)는 것을 의미한다. 만약 누군가가 노동자계급이 자신이 생산한 것 가운데 너무 적은 부분만 받고 있고 이들의 몫을 늘려주면(결과적으로 임금이 상승하면) 이 해악을 제거할 수 있을 것이라고 말함으로써 이 동어반복에 보다 그럴듯한 근거를 제공하려 한다면 그에게는 다음과 같이 말해주는 것만으로도 충분한 답변이 될 것이다. 즉 공황은 임금이 전반적으로 상승하고, 노동자계급이 연간 생산물 가운데 소비용 부분에 대한 자신들의 몫을 보다 많이 받게 되는 바로 그 시기에 준비된다는 것이다. 그러나 이 건전하고 '단순한'(!) 상식을 가진 흑기사의 관점에서는 거꾸로 바로 그런 시기야말로 공황이 더욱 멀어지는 시기가 될 것이 틀림없다. 따라서 자본주의적 생산은 선의나 악의와는 상관없는 조건(즉 노동자계급의 그런 호황기를 오직 잠깐 동안만, 그나마도 언제나 공황의 전조로만 허용하는)을 포함한다. (M2: 409~10)

이 두번째 이야기가 제2장의 논의와 더 많이 부합하고, 따라서 맑스가 생산자본의 관점에서 만들어진 논의에 더 강조점을 둔 것은 분명하다. 이를 통해 우리는 이 논의 가운데 어떤 것을 따를지 결정해야 하는 어려움에서 벗어날 수 있다. (독자들도 스스로 한번 판단해볼 수 있을 텐데) 국민소득에서 노동소득의 비율이 상승하던 1960년대 후반과 1970년대 초반의 상황은 사실상 당시 세계 자본주의의 공황 자체는 아니더라도 공황에 대한 하나의 전조였다는 게 내 생각이다. 2007~09년의 공황에 대해서는 그런 논의를 적용할 수 없다. 노동소득분배율은 그것이 아무리 높든 낮든 그리고 중요하든 아니든 상관없이, 공황을 일으키는 자본의 경향을 설명해주지는 않는다. 공황을 설명하기 위해서는 다른 논의 방식이 필요하다. 우리는 그 방식에 대해 제2권에서 (물론 다른 곳에서도) 서술하고 있는 내용에 주의를 기울여야 한다. 그런 점에서 우리는 생산자본의 관점이라는 것을 공황을 설명하는 논의 방식의 하나로 확실하게 얻은 셈이다.

자본유통이 "G-W의 기능을 확대하는 데 장애 요인을 만난다면" 화폐는 "비자발적인 화폐축장"으로 전화한다. 따라서 이 화폐는 "유휴상태의 잠재적 화폐자본의 형태를 취한다".(M2: 82) 뒤에서 맑스는 이것을 "유휴자본"이라고 부른다. 이것은 이어지는 논의에서 중요한 용어다.

확대재생산을 다룬 절에는 별로 놀랄 만한 내용이 없다. 제1권을 통해 이미 우리가 알다시피 자본가에게는 "자신의 자본을 끊임없이 확대하는 일이 자신이 살아남기 위한 조건"이 된다. 자본가의 유일한 관심은 잉여가치 가운데 신규자본으로 자본화하는 비율이 어느 정도냐이고 거기에는 황금률이라는 것이 없다. P…P′의 순환은 "잉여가치가 생산됐다는 것을 나타내는 것이 아니라 생산된 잉여가치가 자본화됐다는 사실을 (…) 나타낸다".(M2: 85) 이것은 다시 유통과정에 대한 우리의 인식을 변화시킨다. 이 자본화의 첫번째 단계는 상품 판매를 통해 실현된 화폐액 가운데 일정액을 확대에 사용할 수 있도록 따로 떼어놓는 것이다. 잠재적인 (혹은 유휴상태의) 화폐자본을 이처럼 축장하는 일이 필요한 까닭은 대부분의 산업부문에서 (공장을 증설하거나 기계를 새로 노입하는 등과 같이) 규모를 확대하는 데 필요한 최소자본액이 존재하기 때문이다. 이 때문에 확대재생산을 위한 최소요건을 충족하는 데 필요한 자금력을 갖추기까지는 "자본순환이 여러번 반복되어야 한다". 이런 화폐형태의 축장이 불가피한 이유는 "잉여가치가 실제로 기능하는 자본으로 전화하기 위해 자본순환 외부에서 진행되는, 기능적으로 규정된 준비단계이기 때문이다. (…) 이것이 축장화폐 상태에 머물러 있는 한, 그것은 아직 화폐자본으로 기능하지 않고 여전히 쉬고 있는 화폐자본이다. 그것은 이전처럼 기능을 중단한 것이 아니고, 아직 그 기능을 수행할 능력이 없는 화폐자본이다".(M2: 88) 맑스가 곧바로 시인하듯이 이것은 신용제도가 결정적인 역할을 수행하고 있는 상황이다. 신용제도가 없다면 점점 더 많은 자본이 "유휴상태"가 될 것이고 축장은 순조로운 축적에 심각한 장애 요인이 될 것이다. 그러나 그것은 여기에서 다루지 않는다.

제3장 상품자본의 순환에 대하여

제2권에서 보다 놀라운 것 가운데 하나는 맑스가 상품자본의 순환에 대해 주의를 기울였다는 사실이다. 그 이유는 생산자본의 순환에 대한 연구에서 이미 예고됐다. 체화된 가치와 잉여가치의 특수한 형태를 화폐라는 일반적 등가물로 전화하는 데 따르는 명백한 어려움에 더해, 이제 우리는 다시 특수한 노동과정의 생산적 소비에 필요한 상품을 시장에서 발견해야 하는 또다른 어려움을 추가해야 한다. 자본가들은 자신의 생산수단을 생산하는 다른 자본가들에게 의존해야 한다. 따라서 이 상품자본의 순환에서 우리가 주로 만나게 되는 문제는 자본가들 사이의 특수한 상호 관련과 상호 의존성이다. 그리고 제2권을 읽어나가며 점점 더 분명해지는 것은 자본가들 사이의 이런 상호 관계가 적절한 공급과 관련된 공황의 가능성은 물론 유효수요의 부족에서 발생하는 공황의 가능성과도 함께 연루되어 있다는 사실이다.

그러나 이 점에서 맑스의 분석은 주로 형식적인 기능과 기술적인 문제에 국한되어 있다. 상품자본의 순환에는 많은 특수성이 존재한다. 먼저 상품은 아직 실현되지 않은 잉여가치를 포함하고 있다. 화폐자본과 생산자본의 경우에는 유통과정이 새로 시작되면 잉여가치가 "사라지지만" ─ 화폐는 단지 화폐의 기능만을 수행하고 생산활동도 말 그대로 생산만 수행하는 방식으로 ─ 상품자본의 경우에는 유통과정의 처음과 끝에서 다루어지는 상품이 모두 잉여가치를 포함한다. 따라서 우리가 마주하는 유통은 $W' \cdots W'$이며 확대재생산의 경우에는 $W' \cdots W''$이다. 여기에서 강조되는 것은 상품자본의 순환을 통해 잉여가치가 화폐형태로 실현되는 것과, 개인적 소비와 생산적 소비를 통해 잉여생산물과 가치가 흡수되는 것이 산업자본 전체의 유통이 연속되기 위해 반드시 필요한 조건이라는 사실이다.

두번째 특수성은 생산적 소비의 역할이다. "어떤 개별 산업자본의 순환에서 그 생산수단이 어떤 다른 산업자본의 생산물인 경우, W로서의 W'은 자신의 형태가 아니라 다른 산업자본의 형태로 나타난다. 첫번째 자본의 $G-W$(즉 $G-Pm$)라는 행위는 이 두번째 자본에서 $W'-G'$이 된다."(M2: 92) 문제는 잉여가치가 잉여생산물인 상품형태(특수한 사용가치) 속에 숨겨져 있고 상품가치가 화폐형태로 실현될 때 가치와 잉여가치를 분리해낼 방법이 없다는 것이다. 실현된 G'를 $G+g$로 분해하여 잉여가치 가운데 얼마를 생산의 확대에 사용할지 결정하는 것은 가능하지만 지게차의 경우에는 이것을 수행할 수 없다. 어떤 상품은 이것이 가능한데 맑스는 실을 예로 들고 있다. 즉 실의 경우에는 처음의 가치 W를 W'에서 분리하는 것이 가능하다. 맑스는 이것이 어떻게 가능한지를 설명하는 복잡하고 지루해 보이기까지 한 계산에 나섰다.

그러나 이 모든 것의 배후에는 다른 순환에서 지워져 있지만 이 순환에서는 전면에 드러나는 하나의 구별이 있다. 잉여생산물(상품 속에 체화된 증가된 사용가치)과 잉여가치가 바로 그것이며 후자의 실현조건은 전자가 자리 잡을 집이다. 사용가치의 특수성은 없앨 수 없다. 거꾸로 만일 잉여가치의 일부를 화폐형태로 자본화함으로써 생산을 확대하기로 결정한다면 특수한 활동에 필요한 추가적인 생산수단으로 구매할 수 있는 잉여의 사용가치가 시장에 존재해야 할 것이다. "생산성이 불변일 때도 확대재생산이 이루어질 수 있는 것은 단지 잉여생산물 가운데 자본화되는 부분이 이미 추가 생산자본의 소재적 요소들을 포함하는 경우뿐이라는 것을 보여준다."(M2: 103) 이것은 매우 중요한 조건이며 만일 이 조건이 조금이라도 충족되지 못하면 분명히 자본축적의 순조로운 진행이 심각한 벽에 부딪힐 것이다.

물론 생산적 소비는 이 순환과 관련된 소비형태에만 한정되지 않는다.

> $W'\cdots W'$이라는 형태에서는 총상품생산물의 소비가 자본순환 그 자체의 정상적인 진행조건으로 전제되어 있다. 노동자의 개인적 소비와 잉여생산물 중 축적되지 않은 부분의 개인적 소비가 전체 개인적 소비를 이룬다. 그리하여 소비는 총체적으로 — 개인적 소비뿐만 아니라 생산적 소비도 — W'의 순환에 그 조건으로 들어간다. (M2: 97)

그러나 이 모든 것은 개인적 행위가 아니라 사회적 행위로 전제되어 있다고 맑스는 말한다. 그리하여 이로부터 가장 중요한 결론이 도출된다.

> 그러나 순환 $W'\cdots W'$은, 그 영역 내에 $W(=A+Pm)$의 형태로 존재하는 다른 산업자본을 전제한다는 바로 그 이유 때문에 (그리고 Pm

은 다양한 종류의 다른 자본, 예를 들어 우리의 경우 석탄, 석유 등을 포괄하기 때문에) 스스로 다음과 같은 점을 요구한다. 즉 이 순환을 단지 순환의 일반적 형태로 (다시 말해 하나의 사회적 형태로) 고찰하도록 요구한다. 바꾸어 말하자면 그것을 통해 각각의 개별 산업자본을(최초로 투하된 경우는 제외한다) 고찰하고, 따라서 그것을 모든 개별 자본의 합(즉 자본가계급의 총운동)의 운동형태로도 고찰하도록 요구한다. 이런 운동에서는 각 개별 산업자본의 운동이 단지 하나의 부분운동으로만 나타나고, 이 부분운동은 또한 다른 부분운동과 서로 연루되어 상호 제약하는 관계를 맺는다. 예를 들어, 만약 우리가 한 나라의 연간 총생산물을 고찰하고 그 운동 ─총생산물 가운데 일부가 모든 개별 산업부문의 생산자본을 보전하고, 다른 일부가 여러 계급의 개인적 소비에 들어가는─ 을 분석한다면, 우리는 $W'\cdots W'$을 사회적 자본뿐만 아니라 그것에 의해 생산된 잉여가치(또는 잉여생산물)의 운동형태로 고찰하게 될 것이다. (M2: 100~01)

상품자본의 순환은 특수하다. 그것은 경제 전체에 걸친 잉여가치와 잉여생산물(가치와 사용가치)의 총체적 흐름을 우리에게 보여준다. 그 까닭은 상품자본의 순환이 경제 전체에 걸쳐 개별 자본가들이 서로 얽혀 활동하고 각자 자신들의 투입과 산출을 계산하는 개별 자본가들 사이의 관계에 초점을 맞추어야 하기 때문이다. 산업부문 간의 비례 문제 ─다른 산업부문의 모든 활동을 지원하기 위해 얼마나 많은 철강이 생산수단으로 생산되어야 하는지, 그리고 그런 철강을 생산하는 데 필요한 철광석의 양은 어느 정도인지─ 는 사실 제2권의 주요 주제 가운데 하나다. 그리고 이는 비례가 대강 충족될 수 있도록 보장하는 메커니즘에 대한 문제를 제기한다. 시장은 이 비례를 충족할 수 있을까? 이 비례는 이윤율의 균등화를 보장하는 것일까? 만일 그렇지 않다면 이 모든 것은 불비례로 인한 공황을 유발하는 것이 아닐까? 이 장의 마지막 부분에서 맑스가 지적하듯이 이런 생각은 께네(F. Quesnay)가 처음으로 제기했다. 이는 맑스가 제20장과 제21장에서 께네의 표식을 혁신적으로 확대 발전시키는 토대가 될 것이다.

이 장에서는 사용가치와 가치, 잉여가치와 잉여생산물이 나란히 손을 잡고 함께 나타난다는 점에 유의할 필요가 있다. 이는 다른 순환에서 고찰될 수 없는 방식이다. 만일 철강이 생산수단으로 판매된다면, 사용가치의 물리적 흐름에 대한 문제는 물론 가치이전의 균형에 대한 문제도 함께 불러일으키며 이 둘은 반드시 서로 깔끔하게 맞아떨어지지 않는다. 다른 순환의 경우 잉여가치는 "지워진다"(화폐는 단지 화폐로만 기능하고, 생산은 자신도 잉여가치를 생산하고 있음에도 앞선 단계의 잉여가치 생산에 대한 어떤 흔적도 포함하지 않기 때문이다). 다른 순환들에서 우리는 오로지 개별 산업자본에만 주의를 기울였고 총자본의 조건에 대해서는 전혀 주의를 기울이지 않았다. 이런 총자본의 조건은 상품자본의 경우에만 나타나는데 여기에서는 잉여가치가 처음부터 상품에 체화되어 있고 생산(예를 들어 철강생산)을 계속하기 위해 필요한 특수한 사용가치가 결정적으로 중요하게 되어 있다. 오로지 이 관점에서만 우리는 자본의 재생산을 가능하게 하는 총자본의 운동법칙, 필요한 물리적 사용가치,

가치의 비례 등에 대한 문제를 해명할 수 있다.

이 모두를 자본유통과정에 통합하여 다루는 것은 다음 장에서 이루어진다.

제2편

자본흐름의 순환과 연속성에 대한 세가지 모습

제4장 총자본의 각기 다른 순환

제2권의 처음 세장을 다루면서 나는 화폐·생산·상품이라는 세개
의 서로 다른 창을 통해 자본유통과정을 살펴보았다. 제4장에서 맑
스는 이들 순환을 다시 합쳐서 하나의 전체로 분석하고자 한다. 문
장들은 좀 난해한데 내가 생각하기에 요점은 분명하다. 즉 서로 다
른 순환들이 서로 얽혀 한데 어우러지고 끊임없이 서로 관계하며 운
동한다는 것이다. 각각의 운동은 다른 것들의 운동을 위한 조건을
이룬다. "자본의 증식(맑스는 이것을 생산과 잉여가치의 실현으로
생각하고 있다)은 정해진 목적(즉 동력)으로 작용한다." 총괄해서
보면 "과정의 모든 전제가 과정의 결과(즉 과정 스스로가 만들어낸

전제)로 나타난다. 모든 계기는 제각기 출발점, 통과정, 귀착점으로 나타난다. 총과정은 생산과정과 유통과정의 통일로 나타난다. 생산과정은 유통과정의 매개자가 되며 역으로 유통과정은 생산과정의 매개자가 된다." 맑스는 이 전체를 다음과 같이 비유하고 있다.

끊임없이 회전하고 있는 원에서는 모든 점이 출발점임과 동시에 회귀점이다. (…) 어느 형태, 어느 단계에 있더라도 자본의 재생산은 이들 형태의 형태변화나 세 단계의 순차적인 통과와 마찬가지로 연속적이다. 따라서 여기에서는 총순환이 이들 세 형태의 현실적인 통일이다. (M2: 105)

지배적인 이야기는 자본운동이 세개의 순환에 걸쳐 연속적이고 병존하며 흐름을 유지한다는 것이다. 이 말은 중단, 중단 가능성이라는 다른 말과 상충된다. "자본의 순환과정은 끊임없는 중단이며, 한 단계를 지나 다음 단계로 들어가는 것, 그리고 한 형태를 버리고 다른 형태가 되는 것을 의미한다. 이들 각각의 단계는 다음 단계의 조건이 될 뿐만 아니라 또한 동시에 그것을 배제하기도 한다."(M2: 106) 나비의 생애에서 나타나는 것 같은 중단은 모든 곳에 존재하며 불가피하기도 하다. 그것은 자본운동의 연속성을 위협하긴 하지만 반드시 공황을 유발하지는 않는다. 이것에 대한 연구를 통해 우리는 왜 공황이 특수한 형태로 나타나는지에 대한 이해를 기대할 수 있다. 예를 들어 공황은 어떤 때는 처분할 수 없는 상품자본의 잉여로 나타나기도 하며 혹은 투자 기회의 부족으로 인한 화폐자본의 과도

한 축장 때문에 나타나기도 하며 또 어떤 때는 축적의 확대에 필요한 생산수단이나 노동력의 부족으로 나타나기도 한다. 자본의 흐름은 많은 통과점 가운데 어디에서든 중단될 수 있다.

맑스는 이들 중단을 "늘 무조건 달성될 수 있는 것은 아니지만 자본주의적 생산의 특징이며 그 기술적 토대 때문에 필연적인 것"(M2: 106)으로 요구되는 "연속성"과 대비한다. 자본 흐름의 연속성에 대한 기술적·사회적 필요성은 제1권에서보다 여기에서 훨씬 더 중요하게 다루어진다. "자본의 여러 부분은 순환의 순차적인 국면들을 연속적으로 통과할 수 있고, 하나의 국면과 하나의 기능형태에서 다음 국면과 다음 기능형태로 이행할 수 있으며, 따라서 이들 부분의 전체인 산업자본이 동시에 다양한 국면과 기능 속에 존재하여 세 순환 모두를 동시에 나타낸다."(M2: 107)

그리하여 우리는 4가지 용어와 씨름하게 된다. 화폐자본, 생산자본, 상품자본, 그리고 "산업자본"이 바로 그것이며 마지막 용어는 세 순환의 통일체로서 이해된다. 개별 산업자본은 자신의 자본 가운데 일부를 매 계기마다 이들 각각의 순환 속에 가지고 있다. 일부는 생산에, 일부는 화폐형태로, 일부는 상품형태를 취한다. 그러나 이런 "병존은 그 자체 순차성의 결과일 뿐이다". 모든 것에 앞서 각기 다른 순환을 거치는 연속적인 운동의 필요성이 가장 중요하다. 만일 그렇지 못할 경우 당장의 결과는 다음과 같이 된다.

상품이 판매될 수 없다면 이 부분의 순환은 중단되고 이 부분의 생산수단에 의한 대체는 일어나지 않을 뿐만 아니라, 그 후 계속해서 생산과정에서 W′이 되어 나오는 부분들도 이들 선행자들 때문에 기능을 전환할 수 없게 된다. 이런 일이 일정 기간 동안 계속되면 생산이 제약되고 전체과정은 중단될 것이다. 순차적인 과정에서의 모든 정체는 병존을 교란하고, 한 단계에서의 정체는 단지 정체된 자본 부분의 총순환뿐만 아니라 개별 자본 전체의 총순환에도 크고 작은 정체를 불러일으킨다. (M2: 107)

맑스가 직접 지적한 것은 아니지만 이 상황은 노동자들에게 권한을 부여한다. 작업 중단과 파업은 생산자본뿐만 아니라 유통의 모든 단계에 영향을 끼치고 상품자본의 경우에는 필요한 생산수단이 다른 자본으로 흘러가야 할 필요성을 가로막는다.

그리하여 전체로서의 자본은 시간적으로나 공간적으로 함께 여러 국면에 존재한다. 그러나 각 부분은 끊임없이 순차적으로 하나의 국면, 하나의 기능형태에서 그다음으로 이행하고 따라서 순차적으로 모든 국면에서 기능한다. 다시 말해 이들 형태는 유동적이며 그들의 동시성은 그것들의 계기적 관계에 의해 매개된다. 모든 형태는 다른 형태의 뒤를 따르면서 동시에 다른 형태에 선행한다. (⋯) 이들 각각의 순환은 단지 총과정의 동시적이고 순차적인 계기를 이룰 뿐이다. (⋯) 총과정의 연속성 ─ 위에서 서술한 중단이 아니라 ─ 은 세 순환의 통일을 통해서만 비로소 실현된다. 사회적 총자본은 항상 이런 연속성을 지니며 그 과정은 항상 세 순환의 통일을 나타낸다. (M2: 108)

그런 다음 매우 중요한 이야기가 나온다. 그러나 그것은 그 중요성을 너무 쉽게 간과할 수 있는 평범한 (제2권에서는 지배적인) 방식으로 이야기된다. 사실 그 도입부는 깜짝 놀랄 만큼 함축적으로 시작된다. "자기 증식하는 가치인 자본은 단지 **계급**[즉 노동이 임노동으로 존재하는 데 근거한 특정 사회적 성격]만 **포함하는 것**이 아니다."(M2: 109. 강조는 하비) 맑스는 제1권의 핵심을 이루는 자본과 노동 사이의 계급투쟁의 바깥에 존재하는 유통과정을 통해 모순과 공황이 발생한다는 이야기를 하고 있는 것이다. 자본 임노동 관계만이 자본의 운동법칙 내에 존재하는 유일한 모순이 아니다. 모순은 유통과정과 가치증식과정 내에서도 발생한다. 산업자본의 유통 내부에는 취약한 어떤 부분이 내재해 있다. 과제는 그것이 무엇인지를 밝히는 일이다.

그래서 맑스는 유통과정 내부에서 "하나의 계기로 포착된" 모순이 현실에서 작동하는 방식을 검토한다. "가치의 자립화를 단순한 추상으로 간주하는 사람들은 산업자본의 운동이 현실에서 바로 이 추상이라는 것을 잊고 있다."(M2: 109) 자립화라는 말은 특수한 종류의 문제를 가리킨다. 가치는 추상적일 수 있지만, 현실적인 결과를 내포한다(혹은 제1권에서 이야기하듯이 "추상적인 것이지만 객관적인 것"이다). 유통의 총과정 내에서 모순은 자립적으로 나타나며 맑스가 이 말을 사용하는 것은 그것이 자본-임노동의 모순으로부터 자립적이라는 말이다. "여기에서 가치는 여러 형태와 여러 운동을 통과하면서, 이런 운동을 통해 자신을 유지하는 동시에 증식, 확대해나간다." 가치증식 계기(잉여가치의 실현)는 생산의 계기와 꼭 마찬가지로 중요하다. 설명을 위해서 맑스는 기술적·조직적 변화에 대한 자신의 가정을 포기한다. "여기에서 우리는 (…) 자본가치가 자신의 순환과정 속에서 겪을 수 있는 혁명은 고려하지 않는다. 그러나 분명한 것은 어떤 가치혁명이 있다 하더라도 자본가치가 증식되는 한〔즉 독립된 가치가 자신의 순환과정을 계속하는 한, 따라서 가치혁명이 어떤 방식으로든 극복되고 상쇄되는 한〕 자본주의적 생산은 존재하고 지속될 수 있다는 사실이다."(M2: 109) 개별 산업자본의 관점에서 본다면 제1권에 서술한 기술적·조직적 변화를 통해 상대적 잉여가치를 추구하려는 경향의 영향이 "어느 정도" 흡수되고 "극복되고 상쇄될" 수 있으리라는 희망이 존재한다. 하지만 자립성과 독립성이라는 말에 유의할 필요가 있다.

제2권 전체에 걸쳐 매우 중요한 역할을 수행하는 상품순환의 관점에서 자본유통을 살펴보도록 하자.

만약 사회적 자본가치가 가치혁명을 겪게 되면 개별 자본은 이 가치변화의 조건을 충족시킬 수 없기 때문에, 이 혁명에 굴복하여 몰락해버리는 일이 일어날 수 있다. 그러한 가치혁명이 점점 더 격렬하고 빈번해짐에 따라 자립화한 가치의 자동적인〔불가항력적인 자연과정의 힘으로 작용하는〕 운동은 개별 자본가의 예상과 계산에 반하여 점점 더 위력을 발휘하고, 정상적인 생산의 진행은 점차 비정상적인 투기에 예속당하고 개별 자본의 생존은 더욱더 큰 위험에 빠지게 된다. 따라서 이런 주기적 가치혁명은 그것이 부정하는 것〔즉 가치가 자본으로서 자립적 존재를 획득하고 그 운동을 통해서 자립적 존재를 유지하고 강조한다는 사실)을 확인시켜준다. (M2: 109)

이것은 우리가 오늘날 탈산업화라고 부르는 것에 의해 자본의 가치하락이 발생할 위험을 이론적으로 이야기하고 있는 것이나 다름없다. 1980년대 이후 공장폐쇄의 거대한 물결이 디트로이트, 피츠버그, 볼티모어, 셰필드, 맨체스터, 에센, 릴, 토리노 같은 오랜 산업도시들을 덮쳤다. 이것이 단지 선진 자본주의 국가에 국한된 현상이 아니었음은 뭄바이의 전통 직물산업에서 발생한 손실이나 중국 북부의 오랜 산업지역들의 침체도 매우 치명적이었다는 점에서 알 수 있다. 산업노동을 중심으로 형성된 공동체는 그야말로 하룻밤 사이에 모두 파괴됐다. 예를 들어 1980년대에 셰필드에서는 고작 3년 만에 철강부문에서 약 6만개의 일자리가 없어졌다. 이것이 초래한 황량함은 곳곳에서 뚜렷하게 드러났다. 이에 대한 설명을 원했던 사람들이 들은 것은 "세계화"라고 하는 신비로운 힘 때문이라는 이야기가 전부였다. 노동조합과 사회운동이 저항하면서 일자리와 생활의 피해를 막아보려 했지만 그들이 들은 것은 이 신비로운 힘이 불가피하며 저지할 수 없는 것이라는 이야기뿐이었다.

("세계화"라는 이름이 붙여진 것은 1980년대 이후부터지만) 과거를 돌아보면 우리는 이 신비로운 힘이 오래전부터 이미 작용해온 것임을 알 수 있다. 1930년대부터 미국에서는 전통적인 노동자계급의 중심지인 뉴욕과 보스턴, 그리고 뉴잉글랜드의 남쪽 방향으로 자리잡은 크고 작은 소위 "폭포 라인"(Fall Line, 원래 애팔래치아Appalachia산

맥에서 발원한 강들이 대서양 연안으로 흘러가는 지역에서 물의 낙차를 이용한 수력공장들이 줄지어 있어서 붙여진 이름)을 따라 로웰에서 볼티모어까지 뻗어 있는 많은 도시에서 섬유산업 분야의 일자리가 지속적으로 감소해왔다. 일자리 감소의 물결은 미국 남부(특히 캐롤라이나)까지 이어졌고 심지어는 국경을 넘어 멕시코까지 확대됐다. 1960년대 영국에서는 한때 영국의 식민지였던 홍콩과의 경쟁이 격화되면서 섬유부문의 일자리가 급격히 감소했다. 일자리의 재배치와 공동체 파괴는 오랜 자본주의 세계의 방식이었다.

맑스는 이 모든 것들에 대한 특수한 이론적 조명을 할 수 있는 방법을 제시해주고 있다. 조금만 응용하면 이들 이론은 체제 전반의 위기는 아니지만 국지적인 파괴가 광범위하게 이루어지는 이런 종류의 위기가 자본주의체제 내에서 불가피하게 발생하는 이유와 방식을 보여준다. 서로 경쟁하는 산업자본은 기술과 조직형태에서 혁명을 촉진하고 이것은 다시 가치혁명을 일으킨다. 이것이 바로 산업화 지역 전체를 탈산업화해나가는 (마치 자연의 힘 같은 것으로, 따라서 인간의 통제를 벗어난 것으로 생각되는) 신비로운 힘이라고 불리는 것의 정체다.

조금 더 형식적으로 이야기하자면 개별 자본가는 자신들의 가치생산을 상대적 잉여가치의 생산을 추구하는 방향으로 조직하는데 그렇게 함으로써 새로운 가치관계를 만들어내고 그것은 다시 자신들을 파괴한다. 자본은 자신의 지배수단을 만들어낼 뿐만 아니라 자신을 파괴하는 수단도 만들어낸다. 그래서 자본주의 위기에 대응하는 자본가들의 행동은 오히려 그것이 그들 자신을 파괴하고 마는 오이디푸스의 분노와도 같다. 그들이 게임을 올바로 수행하지 않은 것일까? 즉 그들이 잉여가치의 생산을 잘 계산하고 계획하지 않은 것일까? 그들이 부르주아 덕목의 규범에 따라 행동하지 않은 것일까? 그들은 어떻게 해서 자신들의 보수를 받지 못하고 있는 것일까? 혹은 그들은 왜 지금 파산의 어둠 속으로 내던져져 있는 것일까? 그러나 그들의 분노는 자본주의(제도)를 향하고 있는 것이 아니라, 사실상 자본주의의 내재적 운동법칙에 숨겨져 있는 비밀의 담당자들에 불과한 외국 생산자·이민자·투기업자 등과 같은 사람들을 향하고 있다.

맑스를 읽는 많은 사람들에게는 가치의 개념을 하나의 추상—정신적인 것이지만 결과에 있어서는 객관적인 사회적 관계—으로 간주하는 문제점이 있다. 그러나 "가치"는 일반 사람들이 "세계화"라고 부르는 힘에 대해 생각하는 것처럼 추상적이거나 신비스럽지 않다. 이상한 것은 참으로 많은 사람들이 후자의 개념은 쉽게 받아들이면서(우리가 이미 길들여져 있기 때문일까?) 지나치게 추상적인 전자의 개념에 대해서는 머뭇거리기 일쑤라는 점이다. 그러나 맑스의 탁월한 개념이 가진 덕목은 이 추상적 개념이 어떻게 만들어지는지 그리고 그것으로 이루어진 힘이 어떻게 작동하는지, 그래서 맑스가 다른 곳에서 일러주는 것처럼 우리가 어떻게 자본의 이런 추상화의 희생자가 되는지를 보다 명료하게 보여준다는 점이다. 『자본』의 첫 부분에서 우리는 가치가 생산과 유통을 거치는 "산업자본의 운동"에 의해 동원된, 사회적으로 필요한 노동으로 이루어진다는 것을 배웠다. 가치의 추상화(그리고 그것이 화폐형태로 표현되는 것)는 시장 경쟁의 숨겨진 손이라는 방식으로 규제적인 힘이 된다.

그러나 만일 노동이 누군가의 욕구나 필요를 충족하는 사용가치를 생산하지 않는다면 그것은 사회적으로 필요한 노동이 아니다. 생산과 유통의 통일은 이미 제1권 첫머리에서 전제로 삼고 있다. 그러므로 가치는 개별적인 산업자본에 의해 집단적으로 만들어진 추상적인 사회적 관계다. 그러나 개별적인 산업자본은 그들 스스로가 집단적으로 만들어낸 법칙에 따라야만 한다. 그리고 그 과정에서 많은 개별 산업자본은 그들이 끊임없이 만들어내는 가치혁명에 의해 결국 쓰러지거나 파괴된다. 우리는 결국 그들이 자신들의 무덤을 스스로 파고 있는 것을 보는 것이다. "세계화"라고 부르는 신비로운 힘 — 마치 파괴적이고 거역할 수 없는 힘을 가진 천상의 물건으로부터 만들어진 것처럼 보이는 — 대신에 우리는 여기에서 자본가들이 스스로 자신들의 종말을 위한 조건을 만들어내는 자기파괴적인 동학을 설명하는 이론을 얻는다. 이 이론을 받아들이기 위해 우리 모두는 "가치가 자본으로 획득한 다음 자신의 운동을 통해 그것을 유지하고 강화하는 독립성"을 인식해야만 한다. 이것이 왜 "세계화" 같은 얼빠진 개념보다 더 받아들이기 어렵단 말인가?

물론 맑스의 이 이야기를 받아들인다고 해도 그것이 모든 산업이 파괴된다는 말은 아니다. 그래서 살아남는 자본은 어떤 것이며 그것은 어디에 있는 어떤 종류인지에 대한 의문이 분명히 제기되어야 한다. 맑스는 여기에서 그러지 않았는데 그것은 아마 이 문제가 곧바로 관심을 기울이기에는 지나치게 "특수하기" 때문이었을 것이다. 그러나 지리적으로 불균등한 발전, 지역의 변화, 계속 변화하는 도시화의 경로 등에 대해 연구하는 사람들은 나의 이런 관심이 이 짤막한 문장을 통해 맑스경제학의 일반적인 내용과 밀접하게 연결되어 있다는 것을 알 수 있을 것이다.

그러나 이런 방향으로 움직이려면 맑스는 제2권의 이론적 작업에서 생산성의 변화나 기술적·조직적 변화를 모두 배제해야만 한다. 이것은 그의 입장에서 볼 때 그런 배제가 왜 그렇게 절실하게 필요한지에 대한 생각을 불러일으킬 것이다. 만일 유통과정 내에서 가치의 변화가 끊임없이 일어난다면 ─ 이것은 제2권에서 기울인 그의 관심에서는 후순위다 ─ 거기에는 온갖 종류의 결과가 뒤따를 것이다. 생산수단의 가치가 하락하면 화폐자본은 단순재생산이 유지되는 경우에도 "풀려날"것이다. 생산수단의 가치가 상승하면 동일한 생산자본의 기능을 유지하는 데도 더 많은 화폐자본이 필요하다. "과정이 완전한 정상상태로 진행되는 경우는 가치관계가 불변일 때뿐일 것이다." 산업자본의 총순환에 매우 중요한 순조로운 연속성과 유동성은 기술 변화가 제로인 조건하에서만 유지될 수 있다. 새로운 기술이 도입되면 이것은 가치혁명을 불러오고 유통과정을 불안정하게 한다. 예를 들어 새로운 기술이 도입되면 물적 투입과 노동력의 상대적 비율이 변화한다. 이것은 명백히 기존의 유통관계를 중단시킬 것이다.

그러나 그것도 실제로는 순환이 반복되는 동안 발생하는 여러 교란요인들이 서로 상쇄되어야만 가능할 것이다. 교란이 크면 클수록 그것이 상쇄될 때까지 기다릴 수 있으려면 산업자본가는 점점 더 큰 화폐자본을 가지고 있어야 할 것이다. 그리고 자본주의적 생산이 진행됨에 따라 개별 생산과정의 규모가 확대되고 그에 따라 선대되어야하는 자본의 최소 크기도 증대되기 때문에, 앞에서 언급한 조건에는 다른 여러 요인들이 부가되어 점차 산업자본가의 기능은 개별적인 [또는 결합된] 거대 화폐자본가의 독점으로 전화될 것이다. (M2: 111)

이것은 중요한 이야기다. 기술 변화로부터 발생하는 유통과정의 불확실성에 내비하기 위해서는 예비 화폐재원이 필요하다. 그렇기 때문에 급속한 기술 변화가 이루어지는 시기에는 생산자본가보다 화폐자본가가 더 유리하다. 이것은 지난 30년 동안에 걸쳐 산업자본에 비해 금융자본과 화폐자본이 상대적으로 점점 더 지배적인 지위를 차지해온 것과 관련이 있다. 그러나 여기에서 화폐자본가의 모습을 도입함으로써 맑스는 자신이 지금까지 지켜오던 가정 ── 순수한 형식적 논의의 토대가 되고 있던 것으로 여기에는 특수한 기능의 담당자가 전혀 등장하지 않았다 ── 으로부터 상당히 멀리 떠나버린다. 가치혁명으로부터 필연적으로 발생하는 불확실성, 중단, 혼란 등을 통제하기 위해 생산이 독점으로 향하는 경향이 있다는 이야기도 중요하다. 그것은 제1권에서 다루었던 자본의 집중(집적에 대항하는 경향)과 관련된 이야기로 돌아가는 것이다. 자본주의의 실제 역사는 이런 집중과 독점의 특징적 경향을 보여왔으며 이것은 자본가들이 기술 변화를 통해 상대적 잉여가치를 얻고자 하는 끊임없는 노력과 그들 사이의 격렬한 경쟁에서 비롯한 불확실성과 혼란으로부터 벗어나기 위해 어떻게 행동하는지를 잘 보여준다. 독점력을 통해 자본은 일시적으로 중단된 기술 변화의 속도를 조절할 수 있게 되기 때문이다.

그런 다음 맑스는 그의 또 하나의 암묵적인 가정을 잠시 유보하는데 그것은 자본이 폐쇄된 경제 조건에 있고 모든 생산수단이 다른 산업자본가에 의해 생산된다는 가정이다. 생산수단이 자본관계가 아직 성립되지 않은 다른 장소에서 생산되면 어떻게 될까? 이들 생산수단은 일단 자본유통에 편입되고 나면 다른 모든 것과 마찬가지로 상품이 되는데 이는 주로 다른 곳에서 상품을 조달하는 역할을 수행하는 상업자본가들에 의해 이루어진다. 여기에서 산업자본의 순환은

매우 다양한 사회적 생산양식의 (…) 상품유통과 교차한다. 상품이 노예제에 기초한 생산의 생산물이든 혹은 농민(중국 농민, 인도의 라이오트)의 생산물이든 혹은 공동체(네덜란드령 동인도)의 생산물이든 혹은 국영생산(러시아 역사 초기에 있었던 농노제에 기초한 것과 같은)의 생산물이든 혹은 반야만적인 수렵민족의 생산물이든 그것과는 상관없이 이들 상품은 산업자본을 나타내는 화폐와 상품에 대하여 역시 상품과 화폐로 대면하고 (M2: 113)

자본은 비자본주의 생산양식을 통합할 수 있는 것이다.

상품이 만들어진 생산과정의 성격은 중요하지 않다. 그것들은 시장에서 상품으로 기능하고, 또한 상품으로서 산업자본의 순환은 물

론 산업자본에 포함된 잉여가치의 유통에도 들어간다. 따라서 산업자본의 유통과정을 특징짓는 것은 상품이 모든 곳에서 쏟아져 나오는 것, 즉 시장이 세계시장으로 되는 것이다. (M2: 113)

『공산주의자 선언』에서 맑스와 엥겔스는 (철도, 증기선, 전신의 일반화로 전세계 모든 주요 항구에서 상품 가격이 거의 동시에 결정됨으로써) 세계시장이 급속한 속도로 형성되어가는 시대에 살고 있음을 뚜렷하게 인식하고 있었다. 그들은 또한 (자본주의적 생산이 점점 더 지배적이 되어감에 따라) 산업자본의 유통이 전세계를 교차하면서 그 세계를 변화시키기도 하고, (비자본주의적 사회구성체로부터 값싼 원료와 상품을 조달할 수 있게 됨으로써) 그 세계에 의해 변화를 겪기도 한다는 것을 잘 포착하고 있었다. 이런 과정에 대해 맑스는 두가지를 지적한다. 첫째, 생산자본의 재생산에는 생산수단의 재생산이 필요하며 이것은 "자본주의 생산양식이 그 발전단계의 외부에 있는 여러 생산양식을 필요로 한다"는 것을 의미한다. 그리고 자본주의의 "경향"은 모든 "모든 생산을 가능한 한 상품생산으로 변화시키고" "이를 위한 주요 수단은 바로 모든 생산을 이와 같이 자본주의적 유통과정에 끌어들이는 것이다. (…) 산업자본의 침입은 모든 곳에서 이런 전화를 촉진하고 그와 함께 모든 직접적 생산자의 임노동자로의 전화도 촉진한다". 이런 과정이 평화롭게 이루어질지, 그리고 제국주의나 식민주의와 어느 정도로 결합할지는 이야기되지 않았다.

둘째, "산업자본의 유통과정에 들어가는 상품은 (…) 그 출처가 어디든 산업자본 그 자체에 대해 이미 상품자본의 (…) 형태로 대립한다". 따라서 그들은 "상품거래자본 혹은 상인자본의 형태"를 취한다. "그리고 이 상품자본은 그 본질에 따라 모든 생산양식의 상품을 포함한다."(M2: 114) 여기에서 자본주의 생산양식에서 상인자본(도매상과 소매상)의 역할에 대한 간단한 검토가 이어진다(이것은 나중에 자세히 다루게 될 것이다). 마찬가지로 화폐거래자본도 신용제도의 발현과 함께 등장한다. 이들 상인자본가와 화폐자본가의 역할에 대한 문제는 나중에 다시 다룬다.

맑스는 나중에 세번째 점을 암시한다.(M2: 118) 흐름의 연속성은 자본유통과정에서 매우 중요하기 때문에 비자본주의적 사회구성체와 생산자들로부터 상품 공급이 단편적이거나 불안정한 형태가 아니라 안정적인 형태로 보장되어야 한다. 비자본주의적 세계로부터 상품이 일단 산업자본의 유통과정에 투입되면 그다음에는 이 상품의 흐름이 끊기지 않고 계속될 수 있는지가 문제다. 이것이 바로 세력관계를 구축하거나, 제국주의나 식민주의적 지배를 확립하거나, (사우디아라비아의 경우처럼) 외국의 통치자 협약을 맺어 자본유통의 재생산에 관한 핵심 상품의 비자본주의적 공급자와의 협력관계를 지속적으로 보장받으려는 행동을 설명해주는 가장 확실한 이유다.

이런 종류의 문제는 여기에서 거의 언급되지 않고 있다. 그러나 내가 논의의 서두에서 이야기했듯이 만일 우리가 맑스에 기초하여 일단 상상의 나래를 펼치기만 하면 제2권은 온갖 의제 ─ 지리적인 불균등 발전, 비자본주의적 사회구성체와의 상품교환체제, 상업 혹은 제국주의나 식민주의적 지배를 통해 세계의 많은 지역의 자본유통이 궁극적으로 최상위에서 지배하는 하나의 거대한 시장으로 급격히 전화하는 현상 — 와 관련된 추가적인 이론을 만들어나갈 비옥한 자원이 될 수 있다. 그러나 제2권에서 실제로 다루어지고 있는 논의들은 건조하고 애매하다. 이들 논의는 문장 그 자체만으로는 우연적이고 위의 의제와도 별로 관련이 없어 보인다. 그러나 만일 우리가 이런 논의에서 무엇을 유추해낼 수 있을지를 생각하면 거기에는 놀라운 이론석 영역이 열린다. 그 영역에 맑스의 다른 저작의 내용들을 보완하기만 하면 비자본주의적 세계를 포함해 자본의 토대를 이루는 특수한 조건을 인식하는 것에 관한 다양한 함의를 추출해낼 수 있다.

맑스는 여기에서 몇가지 역사적 일반화를 덧붙이고 있다. "현물경제, 화폐경제, 신용경제는 지금까지 사회적 생산의 대표적인 세가지 경제적 운동형태로 대비되어 왔다."(M2: 119) "화폐경제와 신용경제는 자본주의적 생산의 서로 다른 발전단계에 대응하는 것일 뿐, 결코 현물경제와 대비되는 별도의 교환형태가 아니다." 자본주의 내에서 화폐경제와 신용경제의 차이점은 근본적으로 생산자들 사이의 "교환양식"과 관련되어 있다. 현물경제에서 교환양식은 물물교환이다.

나는 이들 범주와 이런 시대 구분이 특별한 의미를 담고 있다고는 생각하지 않는다. 이들 간의 차이점에는 애덤 스미스의 비판적 언급이 전혀 포함되어 있지 않고 시대 구분에는 아무런 역사적 근거도 없다. 이것은 맑스가 부르주아의 신비화를 아무런 문제 제기 없이 단지 그대로 반복하고 있는 여러 요소들 가운데 하나일 뿐이다. 그러나 맑스가 여기에서 "신용제도"는 별도의 분석 방법을 필요로 한다고 강조한 부분에는 중요한 의미가 있다. 그러나 이 별도의 분석 방법이 무엇인지에 대해서는 아무 이야기도 하지 않았다. 맑스는 고리대와 신용의 역사적 중요성과 함께 교환양식들 사이의 역사적 관계를 다른 곳에서 훨씬 자세히 다루고 있다(우리는 뒤에서 그것을 보게 될 것이다).

이 장의 마지막 부분은 제2권 전체의 결과물과 관련된 난제, 따라서 맑스경제학의 전체 실타래를 제기하고 있다. 이 부분은 매우 주의 깊게 읽어야만 한다.

내가 첫번째 강의에서 지적했듯이 맑스는 수요와 공급의 문제를 별로 다루지 않는다(균형에 도달하면 "수요와 공급은 더이상 아무것도 설명하지 않기" 때문이다). 그러나 제2권의 이 부분에서 그는 이 문제를 피할 수 없는 상황에 처한다. 문제는 잉여가치를 실현할 최종 수요가 어디에서 나와야 하는지에서부터 등장한다.

자본가는 유통에서 끌어내는 것보다 더 작은 가치를 화폐형태로 유통에 투입한다. 그것은 그가 유통에서 끌어낸 것보다 더 큰 가치를 상품형태로 유통에 투입하기 때문이다. 그는 단지 자본의 인격체(산업자본가)로만 기능하기 때문에 그의 상품가치 공급은 항상 상품가치에 대한 그의 수요보다 크다. 이런 점에서 만약 그의 공급과 수요가 일치했다면 그것은 그의 자본이 증식하지 못했다는 것, 즉 그것이 생산자본으로 기능하지 못했다는 것을 (…) 의미할 것이다. (…) 자본가가 그의 자본을 증식하는 비율은 그의 수요와 공급 간 격차가 크면 클수록, 즉 그가 수요하는 상품가치에 비해 그가 공급하는 상품가치가 크면 클수록 더 커진다. 그의 목적은 자신의 수요와 공급을 일치시키는 것이 아니라, 가능한 한 그들 사이의 격차를 늘리는 것(즉 그의 공급이 수요를 초과하도록 하는 것)이다. 이는 개별 자본가뿐만 아니라 자본가계급 전체에도 똑같이 해당된다. (M2: 120~21)

자본가계급은 생산수단을 필요로 하고 이것은 수요의 한 요소를 이룬다. 그러나 생산된 상품의 가치($c+v+m$)보다는 훨씬 낮다. 자본가계급은 노동자들에게 구매력(v)을 제공한다. "노동자들은 자신의 임금을 거의 모두 생활수단(그것도 대부분 생활필수품)으로 전환하기 때문에 노동력에 대한 자본가의 수요는 또한 간접적으로 노동자계급의 소비에 들어가는 소비수단의 수요이기도 하다." 만일 노동자들의 저축을 무시한다면 "모든 신용관계는 고려되지 않을"것이고, 그럴 경우 "자본가 수요의 최대치는 $c+v$이지만 그의 공급은 $c+v+m$이다". 이것은 잉여가치가 더 많이 생산될수록 "그의 공급에 비해 그의 수요는 더 작아진다"(M2: 121)는 의미다. 그러므로 수요와 공급의 균형은 불가능할뿐더러 자본의 관점에서 볼 때 바람직하지도 않다.

이것은 내가 "과잉자본의 처분 혹은 흡수 문제"라고 한 것이다. 자본가는 처음에 일정량의 화폐 $c+v$로 시작하여 마지막에 $c+v+m$의 화폐액으로 마친다. 그렇다면 마지막 시점에 잉여가치를 구매할 수요는 어디에서 오는 것일까? 만일 더 많은 화폐를 찾아내는 것이 문제라면 누군가가 어딘가(예를 들어 맑스가 살던 시절에는 금 생산자 — 맑스는 나중에 이들의 잠재적인 역할을 살필 것이다 — 이고 오늘날에는 연방준비제도이사회)에서 화폐를 그냥 공급해줄 수도 있을 것이다. 그러나 우리가 해결해야 하는 문제는 화폐가 아니라 가치다. 만일 잉여가치가 교환을 통해 실현되어야 한다면 우리는 이 교환을 수행하기 위해서 잉여가치에 해당하는 가치액이 어디에서 나와야 하는지를 설명해야만 한다. 이론적으로 볼 때 우리는 이 의문에 대해 자본주의 외부(이 장의 앞부분에서 맑스가 설명한 비자본주의적 원천)에 의존하거나 생산은 수행하지 않으면서 오로지 수요와 공급의 균형을 맞추기 위해 소비하는 역할을 맡는 과시적 소비자(지주와 왕실이나 교회 같은 봉건적 잔재)의 존재를 상정하지 않은 상태에서 해결해야 한다. (해외무역과 마찬가지로) 후자의 방법은 맬서스가 이와 똑같이 생산된 잉여가치를 흡수하기 위한 유효수요 부족 문제를 해결하고자 모색한 방식이기도 하다. 그는 과시적 소비를 행하는 성직자, (왕을 포함한) 관료, 놀고먹는 귀족 같은 기생계급의 존재를 정당화하려 했는데 이들이 내부 불균형에 시달리는 자본주의에서 균형을 회복시키는 결정적인 역할을 수행하기 때문이라는 것이었다. 분명하게 맑스는 이런 해결책이 장기적으로 지속될 수 있다 하더라도 (사실은 지속될 수 없지만) 받아들이려 하지 않았다.

(항상 그러하듯이) 맑스는 회전기간과 고정자본에 대한 투자(이 둘은 모두 나중에 별도의 장에서 다룬다)와 같은 다소 복잡한 요소

들을 끌어들임으로써 재생산의 관점에서 이 문제를 해결하려 한다. 만일 자본가계급이 스스로 총잉여가치를 소비하고 불변자본과 가변자본을 회수하여 생산에 다시 투입한다면 수요와 공급은 균형을 달성할 것이다. 그러나 그것이 총잉여가치가 반드시 자본가계급에 의해 구매되고 소비되어야 한다는 말은 아니다. 요컨대 자본가는 자신의 예비로 남겨둔 가치(이것이 어떻게 마련된 것인지 우리는 모른다. 물론 본원적 축적이 이것과 어떤 관계가 있긴 하겠지만)를 사용하여 마지막에 생산된 잉여가치를 구매(실현)해야만 한다.

이 뒤에 숨겨진 논리는 흠잡을 데 없다. 자본가와 노동자 두 계급으로 이루어진 사회를 상정해보자. 분명 노동자는 잉여를 흡수할 초과수요를 공급할 수 없다(오히려 실제로는 시간이 갈수록 착취도의 증가 때문에 노동자들의 수요는 감소할 것이다). 따라서 자본가계급만이 초과수요를 할 수 있다. 그들은 나중 적절한 때 잉여가치를 실현하기 위한 예비화폐(가치)를 일정 시점에 소유하고 있어야만 한다. 이는 매우 이상한 체제처럼 보인다. 그 체제는 계속 늘어나는 소비재를 위해 자본가계급에게는 끝없는 욕망이 있다고 가정한다.

그러나 맑스의 입장에서 설명 가능한 방법이 하나 있다. 그는 이 장의 첫 부분에서 "과정의 모든 전제가 과정의 결과(즉 스스로가 만들어낸 전제)로 나타난다. 모든 계기는 제각기 출발점, 통과점, 귀착점으로 나타난다"라고 했다. 이것은 자본가계급 전체에 대해서도 맞는 말일까? 첫번째 유통에서 자본은 사실상 노동자들이 생산한 잉여가치를 구매하기 위해 별도의 가치(화폐)를 지출해야 한다. 그러나 일단 그렇게 하고 나면 노동자들이 생산한 잉여가치는 자본가에게 귀속되지만 자본가들은 사실상 자신의 처음 자본을 모두 소비해버린 셈이 된다. 유통과정의 그다음 차례에서 자본가들은 자신의 화폐를 지출하는 것이 아니라 앞서 노동자들에게서 수탈한 잉여가치액에 해당하는 화폐를 지출한다. 따라서 자본가계급은 노동자들에 의한 잉여가치 생산에 의존하여 계속 재생산을 수행한다. 자본가들이 초과수요에 대해 제공하는 공급은 사실상 앞서 노동자들이 생산한, 그런 다음 자본가들이 수탈한 잉여가치로부터 나온다. 이는 정확하게 제1권 제21장의 내용에 해당한다. 초과수요가 어디에서 오는지의 문제는 사라져버린 것처럼 보인다. 왜냐하면 초과수요의 원천은 이미 노동자들이 생산한 것들이며 자본가들이 초과수요를 해결한 까닭은 이들이 노동자들이 생산한 것을 수탈했기 때문이다. 혹은 맑스가 앞부분에서 말했듯이 전제(자본가들의 유효수요)가 이제 그 결과(잉여가치의 수탈)로 나타나는 것이다. 단순재생산의 경우에는 이런 일이 있을 수 있다. 하지만 이 장의 전반적인 논조를 전제로 한다면 이런 과정이 중단이나 혼란 없이 지속적으로 일어날 가능성은 없어 보인다.

그러나 만일 자본가가 이런 식으로 행동한다면 그는 "비자본가로서[즉 자본가로서의 기능을 통해서가 아니라 개인적 필요나 향락을 위해]" 행동하는 것이 된다. 그리고 이것은 "산업자본 자체가 존재하지 않는다는 전제와 똑같다. 왜냐하면 그것은 추동력으로 작용하는 것이 부의 증식 그 자체가 아니라 향락이라고 전제함으로써 자본주의적 토대를 이미 배제하고 있기 때문이다".(M2: 123) 이 부분에서 맑스의 추론은 향락과 부의 증식 간의 차이점을 결정적인 것으로 삼고 있다. 자본주의가 향락을 위한 개인의 욕망에 기초해 있다고 하는 것은 맑스가 제1권 제22장에 서술한 것과 정면으로 배치된다. 그는 거기에서 자본주의가 자본가의 개인적 욕망과는 무관하게 "생산을 위한 생산, 축적을 위한 축적"에 기초해 있다고 이야기한다. 소비와 향락을 향한 욕망이 재투자의 필요성과 갈등을 빚는 "파우스트 같은 고민"은 항상 존재하지만 경쟁의 강제법칙은 자본가로 하여금 좋든 싫든 후자를 선택하도록 몰아간다. 그래서 자본가의 소비재를 향한 욕망이 자본축적의 동력이라는 가정은 적절하지 않다. 자본축적의 동력이 화폐의 사적 점유가 가져다주는 사회적 힘을 더 얻기 위함이라는 가정도 (뒤에서 보게 되듯이 이것이 부분적으로 사실이긴 하지만) 역시 적절하지 않다. 부르주아의 역사적 사명은 끊임없는 축적이다.

순수한 향락에 토대를 둔 체제는 "기술적으로 불가능하다. 자본가는 가격 변동에 대비하고 판매와 구매에 유리한 경기 상황을 기다릴 수 있도록 준비자본을 갖추어야 하며, 또한 생산을 확장하고 기술적 진보를 자신의 생산조직에 결합할 수 있도록 자본을 축적해야만 한다".(M2: 123) 예를 들어 대규모 시설의 고정자본에 투자할 축장화폐는 유통에서 회수되고 따라서 그만큼의 유효수요를 감소시킨다. "화폐는 유동화되지 않는다. 이 화폐는 공급된 상품만큼 상품시장에서 끌어낸 화폐액이긴 하지만 그만큼의 상품을 상품시장에서 다시 끌어내지는 않는다."(M2: 123) 이것은 자본가가 시장에 공급하는 가치와 유효수요 사이의 격차를 증가시킨다.

잉여가치의 일부가 생산의 확대에 재투자되면 위에서 이야기했던 유효수요 문제의 해결은 더욱 힘들어질 것으로 보인다. 자본가는 첫번째 단계에서 생산된 잉여가치를 구매하고 실현하기 위한 화폐를 공급해야 하고 동시에 재투자에 의해 생산된 잉여가치를 실현할 훨씬 더 많은 재원을 발견해야만 한다. 그리고 이런 조건은 끊임없이 반복된다.

결국 핵심 문제는 여전히 해결되지 않은 채 남는다. 만일 위에서 살펴본 경우처럼 자본가의 소비에 의해 수요가 만들어지지 않는다면 수요는 도대체 어디에서 나온단 말인가? 맑스는 여기에서 해답과 관련된 아무런 결정적인 힌트도 주지 않는다. 하지만 내가 생각하기에 이 장의 마지막 구절에 그것이 담겨 있는 것이 아닐까 싶다. "여기에서 신용은 고려되지 않는데, 예를 들어 화폐가 축적됨에 따라 자본가가 은행의 당좌계정에 이자를 노리고 예탁하는 경우도 신용에 포함된다."(M2: 123) 고정자본의 형성에 필요한 화폐축장은 신용제도를 통해 조직될 수 있다. 신용은 분명 축장된 모든 가치를 지출로 전환할 수 있도록 해준다. 그러므로 이것은 신용제도가 보다 많은 화폐를 풀어주는 중요한 역할을 수행하는 것처럼 보이는 또 하나의 측면이다. 그러나 우리는 이런 역할이 무엇일지, 그리고 어떻게 축적과정에서 발생하는 수요와 공급의 불균형을 해소할지 여기에서는 아직 전혀 알지 못한다.

이 문제를 해결하는 방법은 여러 단계를 거친 다음 제2권의 제일 마지막인 재생산 표식 부분에 나온다. (맑스의 방식대로) 수수께끼를 계속 이어나가기보다 나는 여기에서 맑스의 논지를 간략하게 내 나름대로 해석해서 요약해보고자 한다. 자본가의 소비에는 두가지 종류가 있다. 개인적 소비(생활필수품과 사치품)와 생산적 소비다. 후자의 소비는 원래의 자본을 다음 차례의 잉여가치 생산에 반복해서 투자하는 것과 확대된 재투자를 모두 포함하는데 이것은 더 많은 생산수단과 추가로 고용한 노동자들의 임금재 수요가 증가한다는 것을 의미한다(노동절약적인 기술 변화는 없다고 가정한다). 경쟁의 강제법칙은 생산의 확대를 몰아간다(따라서 향락보다는 치부가 더 중요해진다). 생산의 확대로 인한 미래의 수요(+부르주아의 소비)는 과거에 생산된 잉여상품들에 대한 시장을 제공한다.

이 모든 것의 시간적인 순서는 매우 중요하다. 개별적으로 들여다보면 모든 시점에 어떤 자본가는 재투자에 지출을 하고 있는 반면 또다른 어떤 자본가는 미래의 투자 혹은 재투자(예를 들어 고정자본에 대한)를 위해 화폐를 축장하고 있다. 재투자를 하는 사람들은 추가적인 수요를 제공하는 반면 축장을 하는 사람들은 수요를 줄이고 아직 공급을 제공하고 있다. 이런 방식으로 수요와 공급을 모두 합하면 양자의 균형이 성립할 가능성은 없을까? 만일 신용제도가 개입하여, 축장된 화폐를 (은행의 기능 덕분에) 다른 사람이 자유롭게 사용할 수 있도록 하게만 한다면 재투자의 경우를 포함하더라도 그럴 수 있을 것 같아 보인다. 내일 생산될 물건의 판매로부터 얻어질 화폐는 사실상 오늘 생산된 잉여가치의 지불에 사용될 필요가 있다. 자본가의 공급과 수요 사이의 이런 시간적인 격차는 신용화폐의 도움을 통해서만 메꾸어질 수 있다(맑스는 이 문제를 제2권에서 의도적으로 피한다). 사실 자본가들은 이를 위해 다른 누구로부터 대부를 받지 않는다. 그들은 오랫동안 관행이 되어온, 차용증서만 발행해 당장 구매하고 나중에 지불하는 방식을 사용한다. 그래서 자본의 축적과 부채의 축적 사이에 긴밀한 결합이 이루어진다. 두 축적은 서로 의존해 있다. (2011년 공화당이 했던 것처럼) 더이상의 부채를 억제하기 위해 싸우는 것은 사실상 자본주의를 끝내기 위해 싸우는 것이다. 이것이 긴축정책이 계속해서 추진될 경우 성장이 억제되고 결국 자본주의가 파국을 맞는 이유다.

이 장에서는 이와 관련된 문제와 그 해법에 대한 간략한 힌트 외에는 더이상 아무 것도 주어져 있지 않다. 나는 스스로 이 문제를 조금 앞서 살펴봤다. 사실 맑스는 신용범주와 금융자본가들의 이해를 여기에서 다루지 않았고 그로 인해 제2권에서는 순수한 자본주의 생산양식에서 자본가들이 수요와 공급의 균형을 어떻게 맞추는지에 대해 충분하게 언급되지 않는다.

자본의 정의에 대한 반성

제2권에서 맑스는 정치적인 논의를 하지 않는다. 그렇다면 본문에서 우리가 추론해낼 수 있는 정치적 견해는 어디까지일까? 이 장에서 드러나는 한가지는 자본에 대한 정의다. 반자본주의 투쟁이 새롭게 이야기되고 있는 시점에서 투쟁의 목표가 어디에 맞추어질지를 정확하게 결정하는 것은 매우 중요하다.

제1권에서 자본은 운동하는 가치로 정의됐다. 맑스는 이렇게 말한다.

자본은 화폐다. 그리고 자본은 상품이다. 그러나 사실 여기에서는 가치가 전체 과정의 주체이며 가치는 이 과정을 통해 화폐와 상품으로 번갈아 형태를 바꾸면서 자신의 크기를 변화시키고 또한 자신의 본래 가치로부터 잉여가치를 만들어냄으로써 스스로를 증식시킨다. (…) 그래서 화폐는 모든 가치증식과정에서 항상 출발점과 종점을 이룬다. (…) 그리하여 가치는 과정을 진행하는 가치, 과정을 진행하는 회폐가 되며 그림으로써 자본이 된다. (M1: 169~70)

그러나 주의해야 할 점은 맑스가 여기에서 제기하는 문제가 자본이 실제로 무엇인지가 아니라 자본이 어떻게 나타나는지에 대한 것이라는 점이다. 예를 들어 이 구절에서 그는 자본이 "가치를 낳는다는 신비한 성질"을 어떻게 갖게 되는지를 지적한다. "그것은 살아 있는 자식을 낳든가 아니면 적어도 황금의 알을 낳는다."(M1: 169) 제1권에서 맑스는 이 황금알이 자본의 통제와 지시를 받으며 노동에 의해 생산이라는 숨겨진 장소에서 어떻게 만들어지는지를 보여줬다.

그러나 제2권에서 "운동하는 가치"는 화폐자본·상품자본·생산자본의 순환으로 분해된다. 자본은 이들 순환 가운데 하나로 정의되는 것일까? 만일 그렇다면 이들 각 순환들 가운데 혹은 그 속에 정치투쟁의 목표를 정확하게 맞추어주는 어떤 결정적인 전환점이 존재하는 것일까? 유통과정 내에서 자본 임노동 관계의 긴장과 직접 관련이 없는 모순은 어떻게 해야 하는 것일까? 유통에서 가치가 실현되지 않으면 가치가 (그와 함께 모든 잉여가치도) 사라진다는 적나라

한 사실은 어떻게 해야 하는 것일까?

맑스는 이들 장에서 화폐가 자본이 아니라는 점을 매우 강조한다. 화폐는 단지 화폐의 기능, 즉 상품의 구매와 판매를 수행할 수 있을 뿐이라고 주장한다. 게다가 화폐형태는 자본이 인간사에 지배적인 힘으로 나타나기 전에 이미 등장했다. 자본은 화폐로 환원될 수 없지만 자본이 화폐자본으로 나타날 수 없으면서 사실상 화폐자본이 될 수 있는 이유는 몇가지 존재한다. 화폐는 사적 개인이 가질 수 있는 사회적 힘의 한 형태다. 보다 많은 화폐권력에 대한 욕망은 많은 자본가들에게 생기를 불어넣으며 이것은 분명 개인적 축적을 향한 욕망을 불러일으키는 동력이 될 수 있다. 또한 화폐형태는 잉여가치가 계산될 수 있는 유일한 형태다. 자본가들은 순환의 첫 단계에서 자신이 투하한 화폐량을 알고 있으며 그가 회수한 추가적인 화폐를 쉽게 계산할 수 있다. 그래서 우리가 자본을 생각할 때 흔히 자본의 화폐형태를 가장 먼저 떠올리는 것은 별로 이상한 일이 아니다. 이를 통해 우리는 화폐가 곧 자본이라는 물신적 믿음이 어디에 근거해 있는지를 알 수 있다. 이런 물신적 믿음의 힘에 대한 인식은 매우 중요하다. 실제로 화폐권력이 매우 중요하고 동시에 욕망의 대상이기도 한 것은 사실이다. 그러나 제1권에서 매우 분명하게 이야기되고 있듯이 화폐의 물신성은 상품의 물신성과 마찬가지로 그것의 토대가 되는 사회적 현실을 은폐한다. 화폐는 혼자 힘으로 아무 것도 창조하지 못한다. 단지 화폐기능을 수행할 수 있을 뿐이다. 따라서 화폐순환이 자본의 가장 중요한 순환이라는 생각은 잘못이다. 하지만 유통의 일정 지점에서 산업자본은 화폐형태를 취하고 그렇게 함으로써 그것은 화폐자본을 만들어낸다.

마찬가지로 상품은 오로지 상품기능을 수행할 수 있을 뿐이다. 상품은 자본의 산물이 아닌 채로 존재할 수 있다. 실제로 맑스가 주장하듯이 상품의 생산과 교환의 전체 세계는 화폐형태 및 시장형태와 함께 자본 그 자체가 등장하기 전에 이미 존재해야만 했다. 만일 시장에 상품이 이미 존재하고 있지 않았다면 자본가는 어디에서 생산수단을 구매하며 노동자는 어디에서 생존에 필요한 임금재를 구할 수 있있겠는가? 그래서 상품화 일반이나 직접적인 상품생산은 모두 자본을 규정하는 것들이 아니다. 중요한 것은 자본주의에서 상품이 잉여가치를 포함하고 있기는 하지만 상품이 잉여가치를 스스로 만들어낼 수는 없다는 점이다. 그러나 상품 또한 자본을 규정할 수 없다. 제2권에서 상품이 아무리 중요하다 할지라도 상품순환은 자본을 규정하는 것이 아니다.

자본의 규정에서 가장 기본적인 것으로 손꼽히는, 노동력의 구매까지도 자본 없이 존재할 수 있다는 맑스의 이야기는 보다 놀랍다. 노동은 자본유통의 범위 바깥에서도 제공될 수 있다. 봉건제하에서는 그렇게 이루어지는 노동이 많이 존재한다. 디킨스(C. Dickens)의 소설을 보면 이미 자본주의가 완전히 자리를 잡고 나서도 런던 도처에서 이런 노동이 이루어지는 것을 쉽게 찾아볼 수 있다. 이런 구별은 지금도 여전히 중요하다. 내가 우리 집 개를 산책시켜준 아이에게 돈을 주거나 우리 집 현관을 수리하는 일을 도와준 이웃사람에게 맥주를 대접할 경우 이 모두는 자본유통의 존재를 전제로 한 것이 아니다. 노동을 제공해주고 화폐나 상품을 받는 일은 자본이 노동력을 상품으로 구매하기 전에 이미 존재하고 있었음이 분명하다고 맑스는 지적한다. 그래서 프롤레타리아의 증가가 자본의 등장에 필요조건이기는 하지만 그것이 자본의 본질이 무엇인지를 규정해주지는 않는다.

맑스는 또한 자본주의적 상품생산이 오로지 "생산 일반"과 똑같은 방법으로만 수행될 수 있고 따라서 어떤 물리적 속성으로도 "비자본주의적 생산과정"과 스스로 구별될 수 없다고 지적한다. 곡식이 자라는 것은 궁극적으로 곡식이 자라는 것일 뿐 생산양식과 아무 상관이 없다. 그래서 사용가치 생산의 물리적 행동은 자본을 규정하지 않는다. 원칙적으로 물리적 생산과정은 봉건주의나 자본주의나 사회주의적 생산관계 어디에서나 똑같이 수행된다.

결론적으로 이야기한다면 자본의 본질은 가치와 잉여가치의 체계적인 생산과 획득을 가능하게 하는 생산부문의 자본과 노동 사이의 계급관계다. 자본에 대한 이런 정의는 『경제학비판 요강』 서설에서 맑스가 말하고 있는 것과 일치하는데 거기에서 맑스는 분배, 교환, 소비의 모든 요소들(그중에서도 특히 물리적 생산과정 그 자체)을 압도하는 것이 곧 (물리적 생산이 아니라 잉여가치의 생산을 의미하는) 생산이라고 이야기했다. 자본의 재생산은 (제1권 제21장에서 분명히 밝히고 있듯이) 대개 자본과 노동 사이의 계급관계 재생산으로 이해된다.

맑스의 설명을 통해 드러나고 있는 것은 다음과 같다. 화폐, 상품, 노동력의 매매, 생산의 물리적 기술 수준이라는 모든 요소는 자본이 등장하기 전에 이미 존재했다는 사실이다. 이들 모두는 잉여가치의 체계적인 생산과 획득을 가능하게 하는 자본과 노동 사이의 계급관계가 등장하기 위한 전제조건을 이루었다. 그러나 자본의 특성을 결정하는 것은 이들 요소 가운데 마지막 모습이다. 그래서 만일 우리가 "공산주의를 위한 조건" 혹은 반자본주의적 정책에 대해 이야기하고자 한다면 그 핵심 목표는 생산에서의 이 계급관계를 타파하는 것이 되어야만 한다.

그렇다면 만일 자본과 노동 사이의 계급관계가 생산부문에서 폐기되기만 한다면 (예를 들어 맑스가 대안으로 자주 이야기하는 "노동자들의 연합"으로 대체된다면) 화폐화, 상품화, 심지어 노동력의 매매가 이루어지는 세상에서도 사회주의나 공산주의를 건설하는 것이 원칙적으로 가능하다는 결론을 끌어낼 수 있어 보인다. 무엇보다도 만일 이 모든 요소들이 자본의 등장 이전에 존재했다면 이들이 왜 사회주의나 공산주의하에서는 핵심적인 역할을 수행할 수 없는 것일까?

그런데 이 장에서는 보다 복잡한 이야기가 도출된다. 일단 자본과 노동 사이의 계급관계가 생산부문에서 지배적이 되고 나면 그것을 등장시킨 전제조건들의 변화가 수반된다. 화폐와 상품의 유통, 그리고 노동시장의 작동은 생산영역에서 계급관계의 재생산을 지지하고 이끌 수 있도록 변화한다. 이들 장에서 우리는 화폐, 상품, 생산자본의 세 순환이 서로 얽혀 있고 하나가 다른 것들의 변화 없이는 변화할 수 없다는 것을 본다. 이것은 변화가 불가능하다는 의미가 아니다. 실제로 순환의 한 지점에서 발생하는 중단은 모든 다른 순환이 **변화할** 수 있도록 즉각적인 영향을 끼친다. 그리고 맑스가 우리에게 보여주는 것은 이런 중단이 어떤 형태로든 반드시 발생하며 그로 인해 정치적으로 개입할 수 있는 많은 기회가 주어진다는 것이다. 우리가 잘 이해하기만 하면 이들 전체 체계가 매우 취약하다는 것이 드러난다.

화폐, 상품, 그리고 노동의 매매가 논리적으로나 역사적으로나 계급관계로서의 자본의 등장보다 선행하기는 하지만 이들 관계는 당시에 전혀 다른 사회적 관계하에서 기능했다. 대부분의 개인은 자신의 생산수단에 대해 어느 정도의 통제권을 행사했고 또한 (노예제나 농노제의 경우) 사회 질서 속에서 영속적인(엄격하게 제한된) 신분으로 고정되어 있었으며 직접적 생산자는 대개 시장영역의 외부에서 일부 혹은 전부 자신을 재생산하는 위치에 놓여 있었다. 이들 가운데 일부는 극도의 굶주림과 흉작 때문에 어쩔 수 없이 자신의 상품이나 노동을 교환해야 했지만 이러한 교환의 대부분은 사회적 재생산에 필요한 정도를 넘는 잉여들이었다. 교환은 교환가치의 원칙에 따라 이루어지지 않았다. 이런 일은 "부분적인 프롤레타리아화"라고 불리며 지금도 여전히 존재한다. 즉 세계의 노동력 가운데 상당 부분은 실업이나 병고, 혹은 장애에 처할 경우 농촌이나 다른 가족 혹은 친척들에게 의탁할 수 있는 조건을 갖추고 있는데 이것이 바로 부분적인 프롤레타리아화다. 예를 들어 오늘날의 중국에서는 사회적 재생산 비용의 많은 부분이 농촌지역에서 충당되고 있다. 더욱더 참혹한 경우로는 미국의 기업농들이 사회적 재생산비용을 멕시코에 전가하는 것이 있는데, 이들 기업농은 발암성 맹독 살충제 작업을 불법이민자들에게 시킨 다음 이들이 병으로 앓아누우면 멕시코의 고향으로 돌려보내 거기에서 간호를 받다가 사망하게 한다.

제2권의 이 앞부분 장에서 맑스는 우리의 주의를 하나의 일반적 사항으로 돌리고 있다. 즉 자본과 노동 사이의 계급관계가 생산영역에서 점차 지배적이 되어 가면 (맑스가 살던 시기에도 먼 지역까지 확장되고 있었는데) 이것은 화폐, 상품, 노동시장 등의 기능과 형태에 영향을 끼쳐 이들을 변화시킨다. 화폐가 일단 화폐자본이 되면 이미 자본가의 물신적 욕망의 대상과 목표가 되는 것에 그치지 않는다. 그것은 매우 다른 기능들을 수행하며 특히 신용제도의 형태를 통해 오로지 계급관계 재생산을 위한 목적으로 조직된다. 자본의 세 순환은 서로 연루되면서 계급관계와 잉여가치의 생산이 자본주의적 생산의 중심을 이루는 가운데에서도 때로는 서로 도움을 주고 때로는 서로 모순을 일으키기도 한다. 자본은 "하나의 운동으로서 여러 단계를 통과하는 순환과정이며, 이 과정은 순환과정의 서로 다른 세가지 형태를 포함한다. 따라서 자본은 멈춰 있는 물적 존재가 아니라 단지 운동으로만 이해될 수 있다".(M2: 109) 이것은 맑스가 『경제학비판 요강』의 서설에서 이야기한 변증법적 개념인 "총체성"과 일치한다. 자본의 특수성은 잉여가치의 생산을 가능하게 하는 생산영역의 계급관계에 있지만, 그것의 일반성은 화폐·생산·상품자본 순환의 통일성으로 이루어진 산업자본의 유통과정에 있다.

그러므로 생산영역의 변화가 다른 순환들의 기능에 중요한 변화를 일으키지 않은 채 일어날 수 있다는 생각은 잘못이다. 사회주의 혹은 공산주의로의 이행은 생산영역에서 자본과 노동 사이의 계급관계를 철폐하기 위한 치열한 투쟁만으로 이루어지지는 않는다. 화폐화, 상품화, 노동력의 매매 등이 생산영역에서 노동자들의 연합을 지지하는 형태로 어떻게 변화하는지를 보여줄 수 있도록 이들 세 순환을 재구성하는 것도 필요하다. 예를 들어 만일 화폐와 유사한 어떤 것이 교환을 위해 필요하다면, 어떻게 하면 화폐가 화폐자본이 되지 않도록 하면서 특정 계급만이 화폐 속에 내재해 있는 속성인 화폐권력을 잉여가치의 생산과 획득에 사용하는 것을 막을 수 있을까? 상품의 교환이라는 것과 교환가치가 모든 인간들 사이의 거래의 기준으로 작용한다는 것은 전혀 다른 문제다. 그런 부수적인 변화 없이는 생산영역에서 계급관계의 철폐는 불가능하다.

이런 결론은 자본주의적 생산을 비자본주의적 경로로 (특히 노동자연합의 슬로건 아래) 재편하려고 했던 오랜, 그리고 종종 허영에 가득 찬 시도의 역사를 통해 확인할 수 있다. 노동자에 의한 통제, 자주관리, 자주경영, (1970년대 유럽과 2001년 위기 이후 아르헨띠나에서 나타났던) 생산자 협동조합 등의 시도들은 모두 적대적인 상업자본과 금융자본의 통제력을 다루는 데 애를 먹었고 어떤 경우에는 좌절하고 말았다. 자주관리와 노동자 통제의 꿈은 종종 화폐자본과 상품자본의 세력들과 이들을 움직이는 교환가치의 법칙이라는 암초에 부딪혀 난파되곤 했다. 가치를 증식하고 잉여가치를 뽑아내려는 추동력을 제거하기는 매우 어렵다. 살아남은 노동자 협동조합 가운데 가장 오랜 역사를 가진 몬드라곤(Mondragon) ─ 1956년 파시즘 시기에 에스빠냐의 바스끄(Basque) 지방에서 설립됐다 ─ 이 자신의 신용기관과 판매시설을 설립하여 사실상 세 순환의 전체 영역에 걸친 정책을 펼친 덕분에 그렇게 살아남을 수 있었다는 사실을 인식하는 것은 매우 중요하다. 몬드라곤은 여전히 지속적으로 번창하고 있으며 그 통제하에 있는 200개 이상의 기업에서는 노동자 사이의 임금격차가 대부분 3:1 비율을 유지하고 있다(미국 기업의 임금격차가 400:1인 것과 비교할 수 있다).

노동자연합 형태가 부딪히는 어려움은 대부분 앞서 보았듯이 개별 자본을 지배하고 때로는 파멸시키기도 하는 자본주의 가치법칙이 관철되는 과정에서 비롯한다. 일단 가치법칙이 지배하는 세계에 발을 들여놓은 기업은 이 법칙의 규율적인 힘에 종속된다. 이 힘의 범위에서 벗어나 있는 것은 불가능하지는 않지만 매우 어렵다. 살아남기 위해 몬드라곤이나 아르헨띠나의 재구조화된 공장들은 가치법칙과 타협하지 않을 수 없다. 이것은 우리를 일반적으로 (적어도 표면적으로는) 낙담스러운 결론으로 이끄는데 맑스는 이미 자본의 가치 절하와 탈산업화를 분석하면서 이에 대한 대답을 준비해두고 있다. 즉 생산영역에서 자본과 노동 사이의 계급관계는 자본의 운동법칙을 타파하지 않고는, 그리고 이 운동법칙이 뿌리내리고 있는 추상적이고 객관적인 가치법칙의 힘을 타파하지 않고는 불가능하다는 것이다. 그러나 맑스는 종종 역사적 변화의 공진화이론에 경도되곤 한다. 만일 우리가 이 이론의 틀을 이 경우에 적용하면 반자본주의적 투쟁 전략을 만들 수 있다. 자본과 노동 사이의 계급관계가 자본을 정의하는 중심이라면, 그 계급관계를 둘러싼 지지대들을 걷어내지 않고는 제거하기 어려울 만큼 그것은 유통과정의 여러 측면 속에 깊이 뿌리를 내리고 있을 것이다. 우리는 노동자들의 연합, 노동자들의 자율과 자주관리라는 원칙을 여전히 신봉하고 또한 그런 생산방식과 생활방식을 달성하기 위한 노력들의 오랜 역사에 대한 존경을 표할 수 있지만, 자본의 지배로부터 세상을 해방하기 위해서는 그런 원칙 외에 여러 방면에 걸친 사회적 변화가 동시에 요구된다는 것을 알아야 한다.

공산주의에서는 자본과 노동 사이의 계급관계 타파가 가장 중요하지만 그것이 반드시 화폐(혹은 그것의 등가물)나 상품 및 노동의 교환 철폐를 의미하지는 않는다. 공산주의는 과거에 자본이 그랬듯이 이들 다른 모든 순환과정을 자본의 계급관계가 아니라 노동자들의 연합을 지지하는 방식으로 재구성할 수 있는 길을 찾아야만 한다. 이것은 매우 일반적이면서 동시에 얼핏 보기에도 매우 어려운 문제, 즉 화폐나 상품 시장 등이 미래에 어떤 성질과 역할을 수행하게 될지에 대한 문제를 제기한다. 노동은 어떤 방식으로 거래되는가, 또 노동은 한 생산 장소에서 다른 생산 장소로 어떻게 원활하게 이동할 수 있는가? 사회적 목적에 맞게 분업을 어떻게 편성할 것인가? 노동과 상품의 교환은 계속 존재할 것인가? 공산주의로의 이행은 이들 다른 모든 순환과정이 더이상 자본을 지지하는 방식으로 작동하지 않도록 변화하는 것을 포함한다. 그러나 이 보조적인 형태들을 모두 타파하는 방식으로 공산주의를 건설하려 한 북한 같은 시도들은 경험적으로 그것이 불가능하다고 알려준다.

맑스는 유토피아주의자는 아니지만 (교환가치와 잉여가치의 수탈에 기초한 가치 없는 자본주의에 대한 혁명적 대안의 토대로서) 자신들이 생산할 사용가치를 어떤 수단을 사용하여 생산할지를 자주적으로 통제하고 결정하는 노동자들의 연합에 대한 이상을 선호한 것으로 보인다. 그러나 제2권의 마지막 두개 장에서 다루어진 재생산의 거시적 조건을 검토할 때 우리가 보게 되듯이, 일정한 형태의 지배구조와 책임에 대한 지휘와 협력, 그리고 협력적 방식을 통해 어떤 사용가치를 생산할지에 대한 의식적인 계획이 없다면 그런 노동자연합은 건설될 수 없다. 물론 이 모든 것은 맑스의 실제 텍스트와는 상당히 멀리 떨어져 있는 문제들이다. 하지만 내가 생각하기에 제2권은 이런 과정과 문제를 생각할 수 있게 한다. 그것은 이 따분하고 지루한 책을 창조적인 정치적 사고를 불러일으키는 흥미로운 책으로 변화시켜줄 것이다.

그런데 여기에서 반드시 짚고 넘어가야 할 또 하나의 정치적 문제가 있다. 세계의 많은 곳에서 (특히 미국에서) 사회주의 혹은 공산주의 이념은 주로 중앙집권화된 국가의 독재형태와 결합되어 있다. 이들 국가와 국가권력의 행사에 대한 불신은 어디에서나 믿을 만한 것으로 확인할 수 있다. 그러나 여기에서 맑스가 이야기한 대안적인 공산주의 사회의 핵심적인 모습은 자유롭게 연대한 노동자들이 분권화된 경제체제의 작업장에서 자신들의 생산과정을 통제하고 자주권을 행사하는 형태다. 이런 생각에 대한 광범위한 대중적 공감대는 이미 형성되어 있다. 나는 몇년 전 실시된 한 여론조사가 대부분의 미국인들이 노동자의 생산 통제를 좋은 이념으로 생각한다는 결과를 보여준 것을 기억한다. 2008년의 경제위기 시기에 시카고의 리퍼블릭윈도우스앤도어스(Republic Windows and Doors) 사에서 일하던 노동자들이 자신의 공장을 점거했을 때 미국의 주류언론들은 이들을 빨갱이 폭도가 아니라 지역영웅으로 치켜세웠다. 만일 우리가 (티파티Tea Party 참가자를 포함한) 사회주의에 대한 가장 격렬한 반대자들에게 국가나 정부가 아니라 노동자가 공장을 통제하는 것에 찬성하는지 물어본다면 아마 틀림없이 거의 모두 찬성할 것이다. 많은 사람들이 공산주의 이념 가운데 적어도 이 부분에 대해서는 지지를 보내고 있는 것으로 드러나 있다. 그래서 이 장들에서 우리는 단지 자본의 정의에 대한 보다 명확한 내용뿐만 아니라 많은 미국인들이 찬성하는 공산주의적 대안의 개념에 대한 것도 얻을 수 있다.

제2권 제5~제6장의 내용 일반

그다음 두 개 장은 앞부분에 서술된 유통과정에 관한 시간과 비용을 다룬다. 여기에서 맑스는 계속적인 자본축적의 시간성을 검토한다. 그는 단지 자본의 운동법칙에만 초점을 맞추고 있지만, 이 과정이 자본주의 생산양식하에서 모든 사람들의 일상생활의 시간성에 필연적으로 끼치는 영향을 인식하기는 어렵지 않다. 사실 자본주의 생산양식의 지배적이면서 동시에 끊임없이 변동하는 시간성과 공간성에 대한 심층 연구는 이들 장의 세부적인 내용에 파묻혀 있다. 자본의 시공간적 진화는 어떤 모습인가? 그런 진화의 배후에는 어떤 힘이 자리 잡고 있으며 그것은 어떤 특수한 궤도를 그리고 있을까? 이런 의문들이 이 장의 세부적인 내용을 읽어나가는 동안 끊임없이 머릿속에 떠오를 수밖에 없다.

이들 장에서 맑스가 이야기하는 내용을 이해하기 위해 반드시 필요한 한가지 개념이 있다. 그가 계속 견지하고 있는 것으로, 가치와 잉여가치는 교환행위를 통해서는 결코 만들어질 수 없다는 것이다. 이는 가치가 생산을 통해 만들어진다는 뜻이다. 이로부터 시장에서 유통을 위해 지출되는 시간과 노동은 비생산적이라는 개념이 나온다. 시장에서는 많은 시간과 수고가 지출된다. 맑스는 가치의 생산에 비해 이렇게 소비되는 시간과 노동을 손실로 간주한다. 그래서 그런 시간과 노력을 줄이기 위한 방법을 찾으려는 많은 유인이 존재한다. 그 가운데 하나가 속도를 높이려는 자본의 끊임없는 노력이다. 상품을 화폐로, 그리고 화폐를 다시 상품으로 바꾸는 데 지출되는 노동은 비생산적 노동이다(이때 비생산적이라는 말의 의미는 노동이 쓸모없고 불필요하다거나 게으르고 비생산적인 노동자에 의해 수행됐다는 의미가 아니라 그것이 가치를 생산하지 않는다는 뜻이다). 물론 상품의 유통에는 많은 노동이 사용되고 상인이나 도매상, 혹은 소매상 같은 자본가들은 노동을 조직하여 그들이 고용한 노동자들을 착취함으로써 생산부문의 자본가들과 똑같은 방식으로 이윤을 얻는다. 그러나 맑스는 이런 노동을 여전히 비생산적 노동으로 분류한다. 이는 논란이 많은 사안이라, 중요하고도 끊임없는 논쟁의 주제가 되어왔는데 이들 논쟁 가운데 몇몇은 이 책 제2권(펭귄판)에 에르네스트 만델이 쓴 "서문"에 잘 소개되어 있다(물론 많은 학자들이 만델의 이런 해설에 이의를 제기하고 있기는 하다[8]).

나는 이 논쟁을 자세히 다루지 않으려고 한다. 그러나 여기에서 해답을 찾을 수 없다 하더라도 몇가지는 이야기해두어야 할 필요가 있다. 예를 들어 제1권에서 맑스의 정식과 관련하여 해결해야 할 문제가 하나 존재한다. 제16장에서 그는 자신의 초점을 개인에게서 "집단적 노동자"로 옮기고 있다. 그가 염두에 둔 공장에서는 현장의 직접적 생산자들이 청소부, 수리공, 기타 지원업무 노동자들과 함께 뒤섞여 있고 (비록 이 가운데 일부는 개별적으로 자신의 노동력을 상품생산에 사용하지 않고 있음에도 불구하고) 맑스는 이들 모두를 집단적 생산과정의 한 부분에 포함하고 있다. 내가 제1권에 대한 안내서(『강의』, 창비 2011)에서 지적했듯이 집단적 노동이 정확하게 어디에서 시작해서 끝나는지를 결정하는 것은 아직 해결해야 할 문제로 남아 있다. 이 공장 안에서 움직이는 디자이너·관리자·엔지니어·수리공·청소부·거래인 등의 사람을 여기에 포함할 수 있을까? 맑스가 여기에서 이야기하고 있듯이 만일 개별 노동자가 아니라 집단적 노동자의 생산성을 문제로 삼는다면 우리는 어떤 노동자 그룹의 생산성을 계산할 것인지, 그리고 가치를 생산하는 "결합된 노동자들"은 누구인지 알아낼 필요가 있다. 만일 한때 공장 안에 있던 집단적 노동 가운데 일부가 외부 하청으로 이전되면 어떻게 되는 것일까? 그런 노동은 갑자기 집단적 노동의 한 부분에서 비생산적 노동의 범주로 변하는 것일까? 지난 40여년 동안 나타난 특징적인 체계적 경향은 자본주의적 기업들이 점점 더 외부 하청에 의존하는 비중이 높아졌다는 점인데 아마도 그들이 (이것이 총잉여가치의 생산에 끼친 영향은 불분명함에도 불구하고) 고용하는 집단적 노동자들을 "기를 쓰고" 줄임으로써 자신들의 개별 이윤율을 높이기 위해서였다. 청소·수리·디자인·마케팅 등은 점점 더 "사업서비스"로 조직되고 이런 활동이 가치에 생산적인 노동인지, 필요하더라도 비생산적인지를 구별하기는 매우 어렵다(우리가 보게 되겠지만 맑스 자신도 이 점을 시인했다). 이런 문제는 아마도 사회주의 내에서도 존재할 것이다(몬드라곤에 대한 비판 가운데 하나는 그것이 점점 더 외부 하청을 늘리고 따라서 자신의 생존을 위해 다른 곳의 착취를 키운다는 것이다).

나는 여기에서 이 문제를 다룰 수 없고 단지 (맑스주의자들은 오래선에 이미 뛰어넘은) 많은 논쟁을 불러일으킨 악몽과도 같은 (내가 보기에는 풀리지 않는) 수식들의 한 가운데로 들어갈 것이라는 신호만 보낼 수 있을 뿐이다. 나는 독자 여러분에게 시간이 있을 때 이 문제를 연구해보기를 권한다. 실제로 그렇게 해보면 여러분은 생산적 노동과 비생산적 노동의 구별이 애덤 스미스의 저작들에서 매우 중요했으며, 맑스가 『잉여가치론』 제1권에서 이 문제에 대한 자신의 견해를 정립하기 위해 애덤 스미스의의 견해를 검증하고 비판하는 데 많은 부분을 할애했음을 알게 될 것이다. 그러나 개인적으로는 맑스가 이 문제에 대한 적절한 답을 찾았다고 믿지 않는다. 그리고 이런 논쟁이 필요하다고 믿는 사람들의 생각에도 동의하지 않는다.

생산적 노동과 비생산적 노동에 대한 명확한 수학적 해답은 없더라도, 맑스가 양자를 구별하는 문제의 어려움(불가능성?)을 인식하면서도 자신의 관점을 계속 유지한 채 어떻게 이를 다뤘는지에 대한 문제가 남아 있다. 맑스의 문제의식은 자본의 세 순환에 대한 분석에서 시작됐다. 생산자본의 순환이 이루어지는 것은 생산의 계기

(노동과정)에서다. 그러나 이 순환은 화폐와 상품에 의해 결정되는 유통조건들을 충족시키지 않고서는 완결될 수 없다. 노동은 세 순환 모두에 개입하고 산업자본의 순환(총과정)이 연속되기 위해서는 세 순환 모두에서 결정되는 연속성의 조건들이 충족되어야만 한다. 다른 모든 것을 지배하는 생각은 흐름을 지속하고 그것의 속도를 높여야 할 필요성인데 그것은 이런 연속적인 운동을 보장하기 위해 반드시 이루어져야만 할 사항이다.

만일 이것이 유일하게 고려해야 할 사항이라면 우리는 생산, 유통, 실현에 관련된 모든 노동을 자본의 유지와 재생산에 사용된 집단노동의 한 부분(노동력의 재생산에 사용된 가사노동도 여기에 넣을 수 있다)에 포함하자고 주장할 수 있을 것이다. 달리 말해서 우리는 산업자본의 순환에 관련된 모든 노동자를 생산적 노동자로 간주하자고 말할 수 있을 것이다. 그러나 만일 이렇게 하면, 맑스의 견해에 따를 때 매우 중요한 어떤 것을 놓치고 은폐하는 결과를 불러올 것이다. 만일 가치와 잉여가치가 생산자본의 순환이 이루어지는 생산영역에서만 생산된다면 산업자본의 유통영역 내에서 지출되는 노동의 비용은 생산영역에서 생산된 가치와 잉여가치로부터 공제되어 지불되어야 할 것이다. 이런 공제의 범위는 분명히 개별적인 관점에서나 사회적인 관점 모두에서 자본의 재생산과 관련된 중요한 문제다. 만일 생산된 가치와 잉여가치가 남김없이 모두 유통비용에 흡수된다면 누가 생산을 수행하려 할 것인가? 그래서 유통에 소요되는 시간을 최소화하는 것은 물론 이 공제 부분을 줄이려는 노력은 자본의 역사에서 매우 중요한 지위를 차지하고 우리는 우리의 일상에서 이런 노력의 결과들을 직접 경험하고 있다.

여기가 바로 끊임없이 속도(심지어 우리의 소비 속도도 여기에 포함된다)를 높여 자본주의의 시공간적 배치를 혁신하려는 노력과 (맑스가 『경제학비판 요강』에서 이야기하는) "시간에 의한 공간의 제거" 노력 등이 등장하는 곳이다. 거꾸로 이런 절감을 이루려는 힘이 과도하게 작용하면 (혹은 순환을 거쳐가는 자본운동의 속도를 높이는 데 실패하면) 그것은 공황을 일으킬 수도 있다. 모든 힘이 화폐시본가(혹은 금융업자)와 상품자본가(상인)에게 집중되면 이것은 이들 자본 분파가 궁극적으로 의존하고 있는 가치 생산에 어떤 영향을 미칠까? 예를 들어 2007년 이후의 세계경제 침체는 비생산적 화폐와 상품순환(예를 들어 골드만삭스와 월마트)으로부터 과도한 이윤(나중에 우리가 보게 되겠지만 이것은 결국 허구적이다)이 추출되어 생산활동의 에너지를 소진해버린 탓이기도 하고 혹은 거꾸로 생산자본 순환의 조건이 악화됨으로써 자본이 비생산적인 화폐와 상품순환(이들 영역에서는 축적이 생산을 통해 이루어지는 것이 아니라 강탈을 통해서 이루어진다)으로 흘러들어갔기 때문이기도 하다. 이런 이야기들의 진실을 밝혀나가는 것은 매우 흥미롭다. 그러나 금방 다음과 같은 의문이 떠오른다. 만일 가치가 유통에서 생산될 수 있다면 생산이 왜 문제가 되겠는가? 맑스는 그런 형태로 여기에서 문제를 제기하지 않지만 분석을 통해서 그것에 대한 암시를 던지고 있다. 나는 수식의 수렁에서 헤매기보다는 차라리 이 의문에 매달리고자 한다. 그리고 이것이 대개 맑스를 이해하는 데 더 적합한 의문이다. 또한 오늘날에도 여전히 중요한 물음이기도 하다.

이 모든 것을 염두에 두고 맑스가 이야기하는 세부적인 내용을 살펴보자.

제2권 제5장

제5장은 얼핏 보기에 유통기간(상품에서 화폐로 이행할 때 유통영역에서 자본이 소비하는 시간)과 생산기간(생산활동에서 자본이 소비하는 시간)을 단순하게 구별하는 것에서 시작한다. 유통기간과 생산기간의 합은 나중에 자본의 회전기간으로 정의된다.(M2: 128) 그러나 조금 복잡한 문제가 있다. (기계 등과 같은) 고정자본은 사용되든 되지 않든 생산영역에서 오랜 기간 머문다. 이것은 다음 장에서 보게 되겠지만, 생산에 들어간 총자본(여기에는 기계와 건물 같은 모든 고정자본이 포함된다)과 실제로 소비된 자본(고정자본의 경우 그중에서 실제 생산과정에서 사용된 부분만을 포함한다)을 구별하는 핵심 기준이다. 그러나 이런 구별은 주어진 일정 기간에 대해서만 의미가 있다. 맑스는 별다른 언급이 없을 경우 종종 1년을 그런 기간으로 가정한다. 게다가 "예를 들어 야간에는 노동과정이 주기적으로 중단되고 따라서 이들 노동수단의 기능도 중단되지만 그 시간에도 이들 노동수단은 여전히 생산 장소에 머물러 있다".(M2: 124) 생산은 또한 시장에서 갑작스런 투입요소의 부족이나 예측하지 못한 변동에 대비하기 위해 일정한 생산수단의 예비 부분(재고)을 필요로 한다.

이 때문에 맑스는 기능기간(혹은 그가 나중에 "노동기간"—생산적 소비를 통해 잉여가치가 실제로 만들어지는 시간—이라고 부르는 것)과 생산기간(자본이 실제로 생산과정에서 사용되지 않고 예비상태로 머무는 시간을 포함하는 기간)을 구별한다. 여기에서 한걸음만 더 들어가 생각해보면 노동이 전혀 소비되지 않은 채로 생산과정이 계속될 수 있는 상황이 나타날 수 있다. "파종 후의 곡물, 지하실에서 발효되는 포도주"(M2: 124) 같은 것이 바로 그러하다. 이런 갖가지 이유 때문에 생산기간은 대개 작업기간보다 훨씬 더 길다.

자본이 실제로 사용되지 않고 있을 때는 맑스가 **잠재적 자본**이라고 부르는 상태가 되는데, 즉 그것은 "노동과정에 존재하지 않으면서 생산과정에 기능한다. (…) 이 부분은 생산과정의 중단 없는 흐름을 위해 필요한 조건이긴 하지만 그 자체로는 유휴자본이다. 생산용 재고(잠재적 자본)의 보관을 위해 필요한 건물, 설비 등은 생산과정의 조건이며 따라서 선대된 생산자본의 구성부분을 이룬다".(M2: 125) 그러나 유휴자본은 생산자본의 생애 가운데 필요한 부분이긴 하지만 가치와 잉여가치를 생산하지 않는다.

생산기간과 노동기간이 일치하면 할수록 주어진 기간 동안 일정 생산자본의 생산성과 가치증식이 더 커진다는 것은 당연하다. 따라서 자본주의적 생산에서는 노동기간을 초과하는 생산기간을 가능한 한 줄이려는 경향이 있다. 그러나 자본의 생산기간은 자본의 노동기간과 일치하지는 않더라도 항상 노동기간을 포함하고 있고 그들 간

의 차이는 그 자체가 생산과정의 조건이기도 하다. (M2: 127)

유통기간은 상품이 판매된 다음 화폐자본이 생산수단과 노동력으로 전화하는 데 소요되는 기간이다. 맑스는 이렇게 말한다. "유통기간과 생산기간은 상호 배타적인 관계에 있다. 유통기간 동안 자본은 생산자본의 기능을 수행하지 않고 따라서 상품이나 잉여가치를 생산하지 않는다."(M2: 127) 이것이 의미하는 것은 다음과 같다.

유통기간의 확대와 축소는 생산기간의 (…) 축소와 확대에 반대요인으로 작용한다. 자본유통의 형태변화가 관념적이면 관념적일수록, 즉 유통기간이 0 혹은 0에 가까울수록 기능하는 자본의 크기와 그 생산성 및 잉여가치도 함께 커진다. 예를 들어 한 자본가가 생산물의 인도와 동시에 대금을 지불받기로 하고 주문에 따라 작업을 하고, 그 대금의 지불을 자본가 자신의 생산수단으로 받는다면 유통기간은 0에 가까워진다. (M2: 127~28)

맑스는 고전경제학이 생산기간과 유통기간에 대한 분석의 중요성을 간과했다고 지적한다. 그 때문에 자본가들 자신은 물론 그들 가운데에서도 일부는 "유통기간이 길어지면 그것이 가격인상의 원인이 된다"는 이유 때문에 잉여가치가 유통영역에서 발생할 수 있다는 물신적 환상에 사로잡힌다. 이것은 "자본이 그 생산과정(따라서 노동의 착취)과는 무관하게 가치증식의 신비한 원천을 가지고 있다"는 환상을 만들어낸다. 가치가 유통에서 만들어질 수 있다는 물신적 믿음(이 믿음은 지금까지도 계속되고 있다)에 사로잡히면 자본 내부에 유통속도를 높이고 유통의 효율을 높이려는 동력이 있는 이유를 이해할 수 없다. 무엇보다도 만일 가치가 유통을 통해 만들어질 수 있다면 유통기간을 줄이기 위한 노력은 무엇 때문이란 말인가? 유통기간이 늘어나면 가치가 더 많이 생산될 것인데 말이다.

불행히도 맑스는 이 모든 것을 아무런 역사적 의미도 부여하지 않은 채로 순수하게 형식적인 방식으로만 제시한다. 그러나 그의 이야기들을 이어 붙여 역사의 범주로 확장하는 것은 별로 어렵지 않다. 예를 들어 맑스는 제1권의 서술로 되돌아가서(M1: 271~74) "노동기간을 초과하는 생산기간을 가능한 한 줄이려는" 하나의 방법으로 "야간에도 노동을 시키려는 열망"(M2: 125)이 자본 안에 있다고 말한다. 그러나 그는 여기에서 훨씬 더 나아갈 수도 있었다. 만일 그가 제1권에서 상대적 잉여가치 이론을 전개하면서 사용한 "경쟁의 강제 법칙"을 여기에 도입했다면, 그는 자본가들이 생산기간과 노동기간의 차이(혹은 비용)를 줄이기 위한 수단을 찾음으로써 경쟁에서 우위를 점하기 위해 끊임없이 노력하는 현상에 대한 강력한 논리적 주장을 도출할 수 있었을 것이다. 마찬가지로 그는 (월마트 증후군이라고 부를 수 있는) 유통기간을 줄이고 분배의 효율을 높이는 것이 자본의 지상 과제임을 지적할 수도 있었을 것이다. 나는 맑스가 제1권에서 노동일을 서술한 부분처럼, 유통기간은 물론 생산기간과 노동기간의 차이를 줄이기 위해 고안된 기술적·조직적 변화의 역사를 전반적으로 조망하는 하나의 장을 여기에 삽입했다면 제2권이 훨씬 더 풍성한 내용을 담아 호소력을 높일 수 있었을 것이라는 생각을 종종 하곤 한다. 만일 그랬다면 우리는 자본이 왜 그렇게 모든 일에 속도를 높이려고 필사적인지를 이해하게 됐을 것이다. 이들 영역에서 소요되는 시간이 줄면 줄수록 자본은 더욱더 빨리 잉여가치를 되찾게 될 것이다.

예를 들어 돼지의 "자연적" 재생산기간은 원래의 1년에서 4개월로 줄었다. 그것은 돼지의 효율적인 도축과 정육작업이 일관작업(assembly line)으로 수행되고 포장과 슈퍼마켓으로의 배달은 마치 적기생산체제처럼 잘 조직되어 재고 관리도 컴퓨터로 빈틈없이 수행되기 때문이다. 이 전체 작업에서 가장 다루기 어려운 부분은 소비자들의 선택이 개별적으로 이루어진다는 것이다. 오늘 뉴욕의 소비자들은 얼마만큼의 돼지고기를 구매할 것인가? 이것이 바로 자본이 만들어낸 세상이다. 이 장에서 우리가 만나게 되는 것은 자본이 반드시 그렇게 해야 하는 지상 과제에 대한 이야기다.

상품유통의 기본형태는 제1권에서 W-G-W로 규정됐다. 유통기간은 "서로 마주보는" 두 국면으로 분해된다. 즉 화폐에서 생산요소 상품으로 전화하는 데 소요되는 기간과 "상품에서 화폐로 전화하는 기간"이다. 제1권에서 맑스는 가치의 보편적 형태(화폐)로부터 상품에 체화된 가치의 특수성으로 전화하는 것은 극히 쉬운 일이기 때문에(상품이 화폐로 전화하는 것이 매우 어렵다는 점에서 — 옮긴이) 이들 두 국면 사이에는 비대칭적인 측면이 존재한다고 주장했다. 그러나 이제 맑스는 이것을 조금 다른 관점에서 바라본다. 자본가가 생산수단을 구매하는 것, 즉 화폐를 상품으로 전화하는 것은 화폐가 "일정한 투자영역에서 생산자본의 특수한 요소를 이루는 상품으로" 전화한다는 의미다. 이는 최종 소비자가 (만일 신발을 찾지 못하면 쉽게 다른 상품인 상의를 구매할 수도 있는 것처럼) 화폐를 지출하는 상황과는 매우 다르다. 자본가적 생산자는 특수한 구매 조건과 만난다.

경우에 따라서 생산수단을 시장에서 구할 수 없어서 그것을 직접 생산해야 하거나, 혹은 먼 시장에서 구입해야 하거나, 혹은 통상적인 공급이 불안정해지거나, 혹은 가격이 변화하는 등의 여러 상황〔즉 G-W 형태의 단순한 형태변화에서는 감지할 수 없지만, 유통국면의 이 부분을 위해서는 다소 시간이 요구되는 경우〕이 있을 수 있다. W-G와 G-W는 시간적으로는 물론 공간적으로도 ── 구매시장과 판매시장이 공간적으로 별개의 시장으로 존재하는 경우 ── 분리될 수 있다. (M2: 129)

그러므로 생산수단의 지리적·공간적 공급조건은 이들 생산수단을 작업이 이루어지는 생산 장소로 가져오기 위해 필요한 시간이라는 제약조건을 자본주의적 생산에 부여한다.

그런데 시간만 중요한 것이 아니다. "예를 들어 공장의 경우에는 구매자와 판매자가 다른 사람인 경우가 흔하다." 그리고 유통담당자는 생산담당자와 꼭 마찬가지로 상품생산에 필요하기 때문에 그에게도 비용이 지불되어야 한다.(M2: 129) 요컨대 자본가는 생산을 위해 필요한 사용가치를 구입할 때 온갖 공급의 제약조건에 직면한다. 그들은 또한 다른 자본 분파(예를 들어 지정학적인 야심을 가진 다른 나라의 자본가 세력)가 만들어내는 장애요인들도 만나야 한다. 가령 풍력발전기를 만드는 데는 희귀금속이 필요하다. 그런데 전세계 희귀금속의 생산 및 거래량의 95%는 중국이 장악하고 있다. 일본이 영해 문제로 중국과 갈등을 빚게 되자 중국 세관은 일본으로 가는 희귀금속 선적을 보류함으로써 일본의 생산자들을 곤경에 빠뜨렸다. 이런 종류의 헤아리기 어려운 장애요인들이 화폐가 생산수단인 상품으로 전화하는 데 영향을 미칠 수 있다.

　맑스의 일반적 논점은 명확하다. 화폐가 생산수단으로 형태변화하는 것은 잠재적으로 문제가 많다. 이들 생산수단을 구하는 데 걸리는 시간이 길어질수록 더 많은 자본이 비생산적 상태에 묶여 있게 된다. 반대로 공급에 대한 접근이 원활해지면 전반적으로 자본의 생산성은 증가하고 그에 따라 잉여가치 생산의 토대는 확대된다. 그러나 그렇다고 해서 잉여가치를 실현하는 판매의 중요성이 줄어드는 것은 아니다. "정상적인 조건하에서 G-W는 G로 표시된 가치의 증식을 위해 필요한 행위이긴 하지만 잉여가치의 실현은 아니다. 이것은 잉여가치 생산의 시작이지 끝이 아니다."(M2: 130) 잉여가치의 실현은 매우 중요하다.

　상품의 사용가치적 특성은 제1권보다 제2권에서 훨씬 더 중요한 역할을 수행한다. 그리고 이것은 G-W의 전화나 최종 소비로의 이행인 W'-G'에서 모두 실제로 그러하다. "상품자본의 유통 W'-G'에서는 상품 그 자체의 존재형태〔즉 사용가치로서의 상품의 존재〕에 기인한 일정한 한계가 주어져 있다." "만약 그것들이 일정 기간 내에 판매되지 않는다면 그것들은 소실됨으로써 사용가치와 함께 교환가치를 갖는 성격까지 모두 잃게 될 것이다. 그와 함께 상품에 포함된 자본가치와 이 자본가치에 합체되는 잉여가치도 모두 소멸될 것이다." 문제는 다음과 같은 점에 있다.

상품의 사용가치는 상품의 종류에 따라 각기 소멸되는 기간이 다르다. (…) 상품체의 소멸에 의한 상품자본 유통기간의 한계는 유통기간 가운데 이 부분[즉 상품자본이 상품자본으로 기능할 수 있는 유통기간]의 절대적 한계다. 따라서 상품은 빨리 소멸하는 것일수록, 따라서 생산된 후 곧바로 소비되고 판매되어야 하는 것일수록 생산지에서 더 멀리 떨어질 수밖에 없게 되고, 그 공간적 유통영역이 더욱 좁아지고 판매시장의 범위도 더 국지적으로 제한된다. 결국 빨리 소멸하는 상품일수록 상품으로서의 유통기간이 그런 물리적 속성에 의해 더 큰 제한을 받게 되고 그것은 그만큼 자본주의적 생산의 대상으로 부적절하게 된다. 이런 상품은 인구가 밀집된 지역에서만, 혹은 운송기관의 발달에 의해 지역적 거리가 단축되는 정도에 따라서만 자본주의적 생산의 대상이 될 수 있다. 그러나 특정 상품의 생산이 소수의 수중에, 그리고 인구가 많은 지역에 집중되면 대규모 맥주 양조업, 낙농업 등의 생산물에 대해서도 상대적으로 큰 시장이 창출될 수 있다. (M2: 130)

여기에서도 다시 유통영역의 기술혁신 — 그중에서도 가장 중요한 것은 (케그keg 맥주와 함께) 캔으로 저장하고 냉장하는 기술일 것이다! — 은 자본주의 역사에서 분명히 중요한 역할을 수행해왔다. 물론 이 짤막한 구절은 경제지리학자들에게 자본축적이 여러 지역과 지리적 통로를 가로질러 작동하는 방식에 대한 풍부한 소재를 제공해주기도 한다. 생산수단 공급의 연결고리들은, 공간적으로 서로 다를 뿐만 아니라 때로는 매우 멀리 떨어져 있는 시장의 최종 소비를 향한 상품의 연결고리들과 함께 경쟁의 강제적인 압력에 떠밀려 더욱 효율적인 형태로 끊임없이 재편되고 있다. 우리는 지리적인 요건과 함께 운송과 통신 일반에 대한 맑스의 견해를 이 장의 끝부분에서 다루게 될 것이다.

마지막으로 한가지 더 이야기할 것이 있다. 맑스는 작업, 생산, 유통 및 회전 기간에 관한 이들 문제에 뒤늦게 접근했다. 예를 들어 그는 제3권(이들 대부분은 시기적으로 제2권보다 일찍 집필됐다)에 회전기간에 대한 분석을 전혀 포함하지 않았다. 엥겔스는 회전기간의 변동이 이윤율에 미치는 영향을 인식하고 있었다. 그래서 그는 제3권에서 이 문제를 다루는 임시적인 장을 하나 삽입했다. 내가 생각하기에는 잘한 일이다. 그래서 나는 제3권을 읽을 때 이들 문제를 (다음 장에서 다루고 있는 비용 문제와 함께) 모두 염두에 두는 것이 매우 중요하다고 생각한다.

제2권 제6장

상품을 유통시키기 위해서는 노동력이 필요하고 그래서 유통활동에는 비용이 소요된다. 그에 따라 유통영역은 자본가들의 별도 활동영역이 되고 이 영역은 별도의 계급분파인 상인의 특수한 영역이 된다. G-W-G의 과정에는 시간과 에너지가 들어가고 노동이 흡수되며 상업자본가들에게 금융수익의 기회를 제공한다. 이 유통영역에서 일하는 사람들은 이것을 "여분의 가치량을 획득하기 위한" 기회로 사용한다. 하지만 이 노동이 "양쪽의 나쁜 의도 때문에 증가했다고 하더라도 그것은 가치를 창출하는 것이 아니다. 이는 소송사건에서 소송을 수행하는 노동이 소송목적물의 가치량을 증대시키지 않는 것과 마찬가지다".(M2: 132) 이것은 상품의 매매를 수행하는 모든 사람에게 (자본가 자신은 물론 자본가에게 고용된 노동자에게도 똑같이) 해당하는 이야기다. 이는 "그 자체로는 비생산적이지만 재생산에는 반드시 필요한 계기를 이루는 어떤 기능"이며 "한 사람의 상인은 (…) 자신의 영업을 통해 많은 생산자의 매매기간을 단축할 수 있을 것이다. 이 경우 그는 쓸데없는 에너지의 지출을 줄이고 생산기간을 풀어주도록 돕는 하나의 기계로 간주될 수 있을 것이다".(M2: 133) 이 상인은 "사회의 노동력과 노동시간 가운데 이런 비생산적 기능에 묶여 있는 부분을 줄여준다"(M2: 134)는 점에서 유용하다. 나머지 필요비용(부대비용)은 생산에서 만들어진 가치와 잉여가치에 의해 충당되어야 한다.

맑스의 지적에서 보듯이, 우리는 곧바로 기계의 사용과 비슷한 특이한 현상을 보게 된다. 그가 제1권에서 이야기했듯이 기계는 가치를 생산할 수는 없지만 개별적(우수한 기계를 사용하는 자본가는 초과이윤을 얻는다)으로나 사회적(생산성의 향상은 노동력의 가치를 하락시킴으로써 임금재 비용을 감소시킨다)으로나 모두 상대적 잉여가치의 원천이 될 수 있다. 이처럼 가치의 원천이 아닌 어떤 것이 가치의 원천이 될 수 있다. 유통영역에서 수행되는 활동에도 이런 일이 그대로 적용될 수 있을 것처럼 보인다. 이 영역에서 가치는 생산되지 않지만 잉여가치가 거기에서 실현될 수 있다. 만일 어떤 자본가(예를 들어 상인)가 노동력을 그 가치대로 구매하여 가치 이상의 노동을 시킨다면 그는 개별적으로 잉여가치를 실현하는 셈이다. 또다른 한편 만일 상업자본가가 자신이 고용한 노동력을 초과착취함으로써 (이것은 이 영역의 노동자들이 처해 있는 매우 열악하고 심한 착취 상황을 설명해준다) 평균적인 필요유통비를 감소시킨다면 사회적으로 잉여가치가 실현되는 셈이다. 그럴 경우 가치 생산이 물어야 하는 유통의 부대비용은 줄어들 것이다. 생산성 증가에서 얻은 수익이 노동자와 자본가 사이에서 분배될 수 있는 것과 마찬가지 방식으로 유통영역의 생산성과 착취도의 증가는 상업자본가와 생산자본가 사이에서 분배될 수 있다. 그러나 이 경우 우리는 노동자와 자본가 사이의 관계가 아니라 자본가들 사이의 관계를 보게 된다. 사실 제2권에서는 자본가와 노동자 사이의 관계를 넘어서는 자본가들 사이의 관계가 존재한다. "사업가들은 '그리스인끼리 만나면 격렬한 싸움이 일어난다'는 말과 같이 서로 대립"(M2: 131)한다. 이 주도권 싸움에 유념할 필요가 있는데 우리는 앞으로 이것을 다루게 될 것이다.

그런 다음 맑스는 부기(bookkeeping)비용을 다룬다. 이것은 분명 유통비용이지만 보통의 구매와 판매 비용과는 전혀 다르다. "과정이 사회적 규모로 진행되고 순수한 개별적 성격을 상실해갈수록, 과정을 통제하고 관념적으로 총괄하는 기능을 하는 부기는 점점 더 필요해진다. 따라서 부기는 수공업 경영 및 농민 경영의 분산적 생산에서보다는 자본주의적 생산에서, 그리고 자본주의적 생산에서보다는 공동체적 생산에서 더욱 필요해진다(M2: 137. 이 마지막 구절은 사회주의하에서 회계원의 중요한 역할을 암시하는 말이 아닐까?). 마찬가지로 화폐의 공급과 갱신에 따르는 필요비용도 발생한다.

화폐로 기능하는 이들 상품은 개인적 소비는 물론 생산적 소비에도 들어가지 않는다. 화폐는 사회적 노동이 단순한 유통수단으로 사용되기 위해 고정된 형태다. 사회적 부 가운데 일부가 이런 비생산적 형태로 묶여 있다는 이유 외에도 또 화폐의 마모 때문에 화폐는 끊임없이 보전(즉 보다 많은 사회적 노동(생산물의 형태를 취하는)이 보다 많은 금은으로 전화)되어야 한다. 자본주의가 발달한 국가에서는 일반적으로 부 가운데 화폐형태로 묶여 있는 부분이 크기 때문에 이런 보전비용이 상당하다. (M2: 138)

화폐공급과 관련된 비용은 시간이 갈수록 증가하는 경향이 있다(맑스는 전자화폐를 생각하지 못했다). "그것은 사회적 부 가운데 유통과정을 위해 지불되어야 하는 부분이다."(M2: 138)

그러나 "저장비용"은 핵심적인 문제로 간주된다. 개별 자본가에게 이 비용은 "가치를 생산하는 것"이 될 수도 있고 "상품 판매가격에 추가되는 부분"이 될 수도 있다. "상품에 사용가치를 부가하지 않고도 상품가격을 인상시키는 비용(즉 사회적으로는 생산의 부

166

대비용에 속하는 비용)이 개별 자본가에게는 치부의 원천이 될 수도 있다."(M2: 139) 이렇게 되는 까닭은 이들 비용이 비록 유통과정 내에서 이루어지지만 사실상 생산비용의 연장선상에 있기 때문이다. 맑스가 여기에서 염두에 두고 있는 것은 냉장비용 같은 것으로, 즉 생산물에 아무런 사용가치도 부가하지 않지만 사용가치의 부패를 막아서 소멸할 수도 있는 가치를 보존하게 해주는 것이다. 나는 이것의 세부내용들이 역사적으로 매우 중요하며, (월마트가 최적의 일정표를 사용하여 적기생산 같은 조달체계를 갖추는 것처럼) 경쟁의 우위를 다투는 데도 매우 중요한 사항으로 간주할 필요가 있다고 생각한다. 여기에서 다루어지는 것은 재고로서, 두가지 문제가 제기된다. 얼마나 많은 양을 보관할지, 그리고 누가 그것을 보관할지다. 내 냉장고 안에 있는 재고는 거의 제로에 가까운데 그 이유는 뉴욕 시내에 나가기만 하면 밤이든 낮이든 언제든지 먹을 것을 쉽게 구할 수 있기 때문이다. (허리케인이 예보되면 광란의 구매열풍이 밀어닥쳐 슈퍼마켓의 진열대가 모두 동나버리는 일이 있긴 하지만) 소매상은 대량의 재고를 유지한다. 교통이 불편한 지역에 사는 사람들은 집안에 훨씬 더 많은 재고를 보유한다. 맑스의 견해에 따르면 이것은 유휴상태의 자본이며 재고를 줄이는 것은 유휴자본을 가치의 생산에 사용하도록 해준다. 따라서 재고관리의 전체 역사는 자본주의의 역사와 긴밀하게 연관되어 있다(이것은 저서나 박사학위 논문의 좋은 주제다).

그런 다음 맑스는 재고형성과 관련하여 발생하는 비용을 다루는데 나는 이 부분을 상세하게 설명하지 않으려고 한다. 중요한 문제는 이미 다루어졌다. 즉 재고는 다양한 이유로 자본축적에 필요하지만 그것은 자본을 생산활동에서 빼내어 유휴상태로 묶어 둔다는 것이다. "생산과정과 재생산과정이 지속되기 위해서는 대량의 상품(생산수단)이 끊임없이 시장에 존재해야 〔즉 재고를 형성하고 있어야〕 한다."(M2: 139) 그런 상태의 자본은 명백히 비생산적이다. 재고관리의 발전은 자본을 이처럼 비생산적인 활동에서 빠져 나오도록 만들어준다. 그 때문에 재고관리는 자본의 역사에서 매우 중요한 위치를 차지해왔다. 월마트와 이케아 같은 기업은 이 분야에서 탁월하고 따라서 경쟁자들에 비해 많은 수익을 얻고 있다. 일본 자동차 회사들은 1980년대에 생산의 전체 흐름 내에서 각 지점의 재고를 획기적으로 감소시킬 수 있는 적기생산체제를 도입하여 디트로이트(미국 자동차 생산의 거점도시 — 옮긴이)를 추월했다.

이 모든 것은 자본주의적 생산의 지속적인 흐름을 유지할 필요성에 대한 맑스의 주장을 확인시켜준다. 그러나 이를 위해서는 대량의 상품이 끊임없이 시장에 나와 있어야 한다. "G-W의 입장에서 볼 때 시장에 상품이 언제나 존재한다는 것〔즉 상품재고〕은 재생산과정이 순조롭게 이루어지기 위한 조건으로 〔또한 새로운 자본이나 추가자본의 투하조건으로〕 나타난다."(M2: 140) 그러나

상품자본이 상품재고로 시장에 체류하려면, 건물·창고·상품저장소가 필요하다. 따라서 불변자본의 투하가 필요하다. 또한 상품을 저장소에 운반하기 위한 노동력에 대한 지불도 필요하다. 게다가 상품은 망가지기도 하고 유해한 환경의 여러 요소들이 노출되기도 한다,

이것을 막기 위해서는 추가자본이 일부는 노동수단으로[즉 대상화된 형태로], 일부는 노동력으로 투하되어야 한다. (M2: 140)

유통비용은 "일정 정도 상품가치에 포함되기 [즉 상품가격을 올리기] 때문에 1절에서 언급한 유통비와는 구별된다".(M2: 140) 요컨대 생산에 부가되는 비용이라는 것인데 왜냐하면 상품은 시장에 판매될 수 있는 형태를 갖추기 전까지는 사실상 완성된 것이 아니기 때문이다. 그래서 어떤 상품가치는 유통될 수 있는 형태를 갖춤으로써 비로소 창출될 수 있다. 이런 부분은 가뜩이나 복잡한 회계를 더욱 복잡하게 한다. 컨테이너에 보관된 상품은 추가적인 가치를 부가하지만 창고에 보관되는 시간은 (예를 들어 창고 임대료 때문에) 가치를 하락시킨다.

적절한 재고 없는 순수한 형태의 자본유통과정은 생각할 수 없다. 이들 재고는 세개의 형태를 취하는데 생산자본으로 투입될 재고, 최종 소비자를 위해 가정이나 식품창고에 저장되어 있는 재고, 시장(도매상이나 소매상의 상점)에서 구매자를 기다리고 있는 상품자본의 재고가 그것이다. 이들 형태는 어느 정도까지는 서로 자리를 바꿀 수 있다. 시장에서 쉽게 접근 가능한 대규모의 상품자본은 생산자들이 소량의 생산자본 요소들을 비축해둘 필요성을 줄여준다. 또 상점에 재고로 비축해둔 상품들은 가정에 재고를 쌓아둘 필요성을 줄인다.

그런데 자본주의가 발전할수록 재고 상태의 자본량은 증가하는 경향이 있다. 이런 증가는 "노동의 사회적 생산력이 발전해나가기 위한 전제이자 동시에 그 결과이기도 하다". 그러나 자본가가 비축해두어야 할 재고량은 "다양한 조건들에 의존하지만 모든 조건은 본질적으로 원료의 필요량을 신속하고 규칙적이며 안정적으로 공급함으로써 중단이 발생하지 않도록 하기 위한 것이다". "예를 들어 방적업자가 준비해두어야 하는 면화나 석탄의 재고가 3개월분이냐 1개월분이냐 하는 것은 큰 차이다."(M2: 143) 운송수단의 발달은 여기에서 중요한 역할을 수행한다. "한 과정의 생산물이 생산수단으로 다른 과정에 이전되는 속도는 운수교통기관의 발전에 좌우된다. 이 경우 운송비의 수준이 중요한 역할을 한다. 예를 들어 운송비가 비교적 낮을 때 많은 양의 석탄을 저장해두는 것이, 석탄을 방적공장까지 계속 반복적으로 수송하는 것보다는 더 싸게 먹힐 것이다." 그런데 흐름을 원활하게 해주는 다른 수단도 존재한다. "방적업자가 자신의 면화, 석탄 등의 재고 갱신을 위해 면사의 직접적인 판매에 덜 의존하면 할수록 —신용제도가 발달할수록 이런 직접적인 의존은 더욱 낮아질 것이다— 면사 판매의 우연성에 의존하지 않고 연속적으로 면사 생산을 일정한 규모로 유지하기 위해 필요한 이들 재고의 상대적인 양은 더욱 적어질 수 있을 것이다."(M2: 144) 나는 여기에서 자본축적의 연속성을 보장하기 위해 필요한 운송과 신용조건 사이의 암묵적인 관계에 대한 맑스의 생각을 지적한다. 사실이들 두 요소는 자본주의의 시공간을 재편성하는 데 중요한 역할을 함께 수행해왔다.

그러나 우리는 다시 "많은 원료나 반제품 등이 생산에 오랜 기간이 소요된다"는 문제를 만난다. 따라서 만일 생산과정의 중단이 발생하지 않게 하려면 새로운 생산물이 기존의 생산물을 대체할 수 없는 기간 동안 원료의 일정한 재고가 존재하여야 한다. 만일 이 재고가 산업자본가의 수중에서 감소한다면 그것은 이 재고가 상품재고의 형태로 상인의 수중에서 증가했다는 것을 의미할 뿐이다. 예를 들어 운송기관이 발달하면 수입항에 있는 면화를 신속하게 리버풀에서 맨체스터로 이송할 수 있게 되고 공장주는 자신의 면화재고를 필요에 따라 비교적 적은 비율로 갱신할 수 있게 된다. 그러나 그럴 경우 그 면화는 그만큼 대량의 상품재고로 리버풀 상인의 수중에 머물게 된다. (M2: 144)

이로부터 전반적인 결론이 도출된다. 첫째, 생산자가 수중에 가지고 있어야 하는 재고량은 운송의 편의성과 비용에 의존한다. 둘째, "세계시장의 발달과 그에 따라 동일한 물품의 공급원이 다양해지는 것도 같은 영향을 미친다. 동일한 물품이 여러 나라에서 여러 기간에 걸쳐 조금씩 공급될 것이기 때문이다".(M2: 145) 예를 들어 일년 중 이집트와 인도의 면화 수확이 미국과 다른 시기에 이루어진다면 매우 큰 도움이 될 것이다.

맑스는 "이런 비용이 상품가치에 어느 정도까지 포함될 것인지에" 대한 고찰로 한걸음 더 들어간다. 재고비용은 개별 자본가에게 순손실이다. 구매자는 이 비용이 사회적 필요노동시간의 일부가 아니기 때문에 그것을 지불하지 않을 것이다. 자본가가 상품가격의 상승을 예상하고 투기적으로 재고를 취할 경우에도 그런 투기행위는 자본가 개인의 것에 그친다. 그러나 자발적인 재고와 비자발적인 재고 사이에는 차이가 있다. 후자는 일정한 재고가 사회적으로 필요하기 때문에 발생하고 따라서 그것은 상품가치의 한 구성부분으로, 즉 자본주의 생산의 모든 형태와 관련되는 사회적으로 필요한 지출의 한 부분으로 간주되어야 한다고 맑스는 주장한다. "이들 재고의 각 요소가 아무리 유동적이라고 하더라도 재고가 끊임없이 흘러가기 위해서는 그들 요소 가운데 한 부분은 항상 정체되어 있어야만 한다."(M2: 146) 여기에서 맑스는 또 하나의 중요한 일반적 문제를 이야기하고 있다. 자본주의 전체 체계 내에서 고정적인 것과 유동적인 것 사이의 관계다.

그래서 생산적 활동과 비생산적 활동, 그에 따라 생산적 노동과 비생산적 노동 사이의 구별은 실제로는 훨씬 더 어렵다. 내가 여러 번 지적했듯이 회계적인 관점에서 상품창고의 야간경비원은 비생산적이지만 컨테이너를 채워 넣는 노동자는 생산적이라고 판정하려 하면 미궁에 빠지게 된다. 회계적으로 이 문제에 대한 해답을 찾으려는 사람은 모두 이 지점에서 혼미해지고 말 것이다. 내 결론은 회계적인 관점을 포기하고 속도나 재고관리 등의 문제가 빚어내는 물적 결과들에 주목하는 것인데, 맑스는 이것을 자본주의 발전을 위해 반드시 필요한 조건으로 보았다. 이들 문제는 공간의 창출과 운수와 통신 문제를 맑스의 이야기와 연관시켜보면 훨씬 더 뚜렷하게 드러난다.

운수와 통신 문제

유통비용과 재고로 묶인 자본은 교통관계에 중요한 영향을 미친다. 이것은 앞부분 장들에서 여러번 제기된 문제다. 맑스는 운송이 특수한 산업부문이라고 말한다. 운송은 곡식이나 철근 같은 객관적인 물건을 생산하지 않으며 생산되자마자 소비된다(그것은 유통기간이 제로다). 그러나 운송은 가치를 생산한다. 공간적 위치를 바꾸는 것이 생산물이다. 예를 들어 "면사는 영국이 아니라 인도에 존재한다". 그래서 "운수업이 판매하는 것은 장소의 변화 그 자체다". "이 유용효과의 교환가치는 다른 상품과 마찬가지로 '생산에 소비된 생산요소들(노동력과 생산수단)의 가치+운수업에 고용된 노동자들에 의해 창출된 잉여가치'에 의해 결정된다."(M2: 60)

이 이야기는 제1장에서 언급됐는데 제6장 끝부분에서 맑스는 그것을 좀더 자세히 다음과 같이 이야기하고 있다.

유통, 즉 상품이 공간적으로 실제 이동하는 것은 상품의 운송으로 귀착된다. 운수업은 한편으로는 독자적인 생산부문(따라서 생산자본의 특수한 투하영역)을 형성하고 다른 한편으로는 그것이 유통과정 내부의 (그리고 유통과정을 위한) 생산과정에 연속적으로 나타난다는 점에 의해 구별된다. (M2: 153)

그 이유는 다음과 같다. "물건의 사용가치는 단지 그것을 소비함으로써만 실현되고 그 소비는 이들 물건의 장소 변경(즉 운수업의 추가 생산과정)이 필요할 수 있다. 따라서 운수업에 투하된 생산자본은 일부는 운송수단에 의한 가치의 이전을 통해서, 그리고 다른 일부는 운송노동을 통한 가치의 부가를 통해서 운송되는 생산물에 가치를 부가한다. 모든 자본주의적 생산에서와 마찬가지로 운수노동에 의한 이런 가치부가는 임금의 보전과 잉여가치로 이루어진다."(M2: 151) 장소 이동은 "소면실(梳綿室)에서 방적실로" 옮기는 경우처럼 소규모로 이루어질 수 있고 혹은 멀리 떨어진 최종 소비시장까지 먼 거리로 이루어질 수도 있다. 이 모든 경우에서 "운송이 상품에 부가하는 가치의 절대적인 크기는 운수업의 생산력에 반비례하고 운송되는 거리에 정비례한다". 이 법칙은 운송되는 상품의 특성과 성질(크기와 무게, 혹은 "얼마나 쉽게 파손될 수 있는지, 얼마나 쉽게 부패될 수 있는지, 혹은 폭발성이 있는지" 등)에 의해 변할 수 있다. 물품 분류 목록은 매우 복잡할 수 있다. 각 상품들에 대해 일정 거리마다 부과할 운송비를 책정하기 위해 "철도왕들은 식물학자나 동물학자보다 더 비상한 천재성을 발휘하여 기발한 발명들을 해왔다".(M2: 152)

여기에서 이야기하는 동학의 중요성은 단지 조그마한 힌트들로만 이루어져 있어서 이것을 조금 더 분명하게 다듬어보고자 한다. 맑스 시대 이후 운수·통신 산업의 체계적인 발전은 상품의 공간적인 이동에 소요되는 시간과 비용을 감소시켰고 지역적 가능성과 요건을 획기적으로 변화시켰다. 그것은 시공간관계가 특정 산업은 물론 사회 전반에 걸쳐 자본의 회전기간을 결정하는 데 깊이 연루되어 있기 때문이다. 맑스가 여기에서는 이야기하지 않았지만 『경제학비판 요강』에서는 총회전기간을 단축하기 위해 거리의 제약을 감소시킬 필요성에 많은 부분을 할애했다. 제2권이 불완전한 이유를 나는 (『경제학비판 요강』에서는 사용한) "시간에 의한 공간의 제거"경향이라는 개념을 그가 여기에서 사용하지 않았기 때문이라고 생각한다. 세계시장 형성에서 운수·통신 부문의 혁신이 차지하는 역할에 대한 일반적 사례는 『공산주의자 선언』에서 훨씬 더 많이 찾아볼 수 있다.

지난 200년 동안 회전기간을 촉진하고 속도를 높이기 위해 얼마나 많은 혁신들이 이루어졌던가? 얼마나 많은 사람들이 상품과 정보의 공간적 이동을 가로막는 장애물인 거리의 제약을 줄이려고 해왔던가? 얼마나 많은 사람들이 회전기간의 촉진과 속도의 효과를 함께 만들어내려 해왔던가? 이 모든 역사를 단순한 우연으로, 혹은 시공간을 초월하려는 인간의 단순한 본능으로 보는 대신 제2권은 자본의 운동법칙 내에는 끊임없이 시공간을 변화시켜야 할 필요가 있음을 전반적으로 설명한다. 맑스는 『공산주의자 선언』과 『경제학비판 요강』에 담긴 자신의 뛰어난 직관을 제2권에서 다루는 생산·유통·회전기간의 기술적 성격과 결합시키려 하지 않았다.

그러나 제2권에는 매우 중요한 한가지가 숨겨져 있다.

상품유통은 상품의 물리적 운동 없이도 이루어질 수 있고 (…) A가 B에게 가옥을 파는 경우 가옥은 상품으로 유통되긴 하지만 장소를 옮기는 것은 아니다. 면화나 선철(銑鐵)과 같이 이동 가능한 상품가치도 상품창고에서 장소를 옮기지 않은 채 여러차례 유통과정을 경과하고 투기업자에게 판매됐다가 다시 구매되기도 한다. 여기에서 실제로 움직이는 것은 물건 그 자체가 아니라 물건의 소유권이다. (M2: 150~51)

맑스가 논의를 조금만 더 진전시켰더라면 그는 공간적 이동의 조건과 가능성이 화폐자본·상품자본·생산자본 순환에서 서로 매우 다르다는 사실과, 세계시장에서 (미래노동에 대한 청구권도 포함힌) 현재와 미래의 소유권 유통이 자본주의의 발전법칙에 매우 중요한 역할을 한다는 것을 이야기했을 것이다.

다른 모든 산업과 마찬가지로 운수·통신 산업에서도 경쟁은 치열하고 생산성과 효율, 산업의 공간적 확장 등에 영향을 미치는 혁신이 급격히 증가한다. 이것은 조금 복잡한 이야기인데 그 이유는 "독점적 경쟁"이라고 부르는 것 ― 예를 들어 워싱턴과 뉴욕 사이에 철도가 건설되면 경쟁할 다른 철도노선이 새롭게 건설될 가능성이 별로 없다 ― 에 의해 산업 내 경쟁이 종종 억제되기도 하기 때문이다. 그러나 자본이 운용되는 지리적 조건을 변화시키기 위해 공간적 경쟁을 불러일으키는 온갖 종류의 혁신이 존재하는 것은 분명한 사실이다(물론 트럭운송이 철도운송보다 더욱 유연하고, 효율적이며 저비용이라는 "모덜 스위치"modal switch를 포함한다).

제3편

고정자본의 문제

전반적 개요

맑스에게 고정자본은 문제가 있긴 하지만 매우 중요하다. 몇몇 논평은 맑스 노동가치론의 치명적인 공백 중 하나라고 주장하기까지 한다. 나는 이런 의견에 동의하지 않는데 그 이유는 나중에 설명하겠다. 앞 장들에 고정자본에 대해서는 이미 여러번 언급됐기 때문에 여기에서 특별한 주의를 기울이는 것이 별로 이상하지는 않다. 그러나 고정자본에 대한 제2권의 서술은 다른 곳에 비해 훨씬 덜 부각되어 있다. 예를 들어 나는 『자본의 한계』(*The Limits to Capital*, Verso 2007, 685~743면을 참고할 것)에서 고정자본의 형성과 유통에 대한 맑스의 견해를 재구성하면서 제2권보다 『경제학비판 요강』이 이 문제를 훨씬 더 많이 다루고 있다는 것을 알았다. 거기에 서술된 내용이 훨씬 더 눈에 들어온다.

자연은 기계, 기관차, 철도, 전신, 자동방적기 등을 만들지 않는다. 이것들은 인간의 산업이 만들어낸 산물이다. 즉 자연적 소재가 자연을 지배하거나 자연에 참여하려는 인간의 의지를 수행하는 기관으로 변모한 것들이다. 이것들은 인간의 손이 만들어낸 인간의 두뇌기관들이다. 즉 지식의 힘이 객관화된 것들이다. 고정자본의 발달은 사회적 지식이 어느 정도까지 직접적인 생산력으로 되는지, 그리고 사회적 생활과정의 조건이 어느 정도까지 일반적인 지적 능력의 통제하에 들어와서 그 지적 능력에 맞추어 변화하는지를 보여준다. 즉 그것은 사회적 생산력이 어느 정도까지 지식의 형태뿐만 아니라 사회의 실생활, 즉 실제 생활과정의 직접적 기관으로 만들어지는지를 보여준다. (『경제학비판 요강』 706면)

나는 뉴욕시의 스카이라인을 볼 때마다, 그리고 런던·상파울루·부에노스아이레스 등의 상공을 날 때마다 이 구절을 떠올리며 이 장소들이 좋든 싫든 "인간의 손이 만들어낸 인간의 두뇌기관들: 즉 지식의 힘이 객관화된 것들"임을 발견한다. 내가 보는 것은 사무실, 공장, 작업장, 주택과 오두막집, 학교와 병원, 온갖 종류의 행락지, 도로와 뒷골목, 고속도로, 철로, 비행장과 항구, 공원과 상징적 기념물 등의 단순한 물적 대상은 물론 수백만명의 사람들이 일상생활에서 이용하는 각종 제도적인 장소들 ─ 인간의 노동에 의해 만들어지고 사회적 의미를 부여받은—과 엄청난 양의 자본이 매일 유통되는 세상—부채의 분할 상환, 지대의 창출과 유통, 이자의 지불 등이 이루어지는 곳으로 여기에서는 크고 작은 자산가들의 투기적인 환상, 꿈, 차가운 계산에 의한 예측 등이 한껏 펼쳐진다—같이 인간의 노동에 의해 만들어져서 사회적 의미가 부여된 인위적인 물적 세계도 포함된다. 자본주의적 도시는 욕망, 지식, 실천 등의 힘이 객관화된 가장 멋있는 본보기임이 분명하다.

그러나 『경제학비판 요강』에서 맑스는 이처럼 명백하게 위대한 성취의 심장부에 존재하는 본질적인 모순을 지적하는데 이는 제2권에서도 반복된다.

"노동수단이 기계로 발전한 것은 자본의 우연적 계기가 아니라 전통적으로 계승되어온 노동수단이 자본에 적합한 형태로 개조되는 역사적 과정이다."(이 생각은 공장제 대공업을 다룬 제1권 제13장에 강력하게 반영되어 있는데 여기에서 맑스는 공장제 대공업이 자본주의 생산양식에 유일하게 적합한 기술적 토대라는 찬사를 보내고 있다.)

그러므로 지식과 숙련의 축적, 즉 사회의 지적 생산력의 축적은 노동과 대립하고 있는 자본에 흡수되고, 그리하여 그것들이 생산과정에 알맞은 생산수단으로 투입될 경우 그것은 자본의 한 부속물(보다 특수하게는 **고정자본**의 형태)로 나타난다. 기계는 고정자본의 가장 적합한 형태로 나타나고, **고정자본**은 자본과 관련될 때 자본 그 자체의 가장 적합한 형태로 나타난다. 그러나 다른 한편 고정자본은 그 존재형태가 특정 사용가치에 묶여 있기 때문에 가치로서 모든 특수한 형태를 초월하고 어떤 특수한 형태도 마음대로 취했다가 벗어던질 수 있는 자본의 개념과는 일치하지 않는다. 이처럼 자본의 외적 관계라는 측면에서 보면 자본의 적합한 형태로 나타나는 것은 고정자본이 아니라 **유동자본**이다. (『경제학비판 요강』694면)

우리는 지금까지 반복해서 연속성, 유동성, 그리고 속도가 자본 흐름의 핵심 성질이라는 것을 보았는데 이제 ~~유동~~성을 가능하게 하기 위해 설계됐지만 그 자체는 유동적이지 않고 고정적인 범주를 만난다. 자본 가운데 한 부분은 다른 부분이 계속 운동할 수 있도록 고정되어 있어야만 한다. 단순한 기계라는 고정자본의 이미지를 벗어나면 우리는 다음과 같은 고정자본의 모습과 맞닥뜨린다. 잘 정돈된 땅과 공장, 고속도로와 철도, 항구와 공항, 댐, 발전소, 전기 설비, 환한 도심과 거대한 산업시설 등이다. 자본이 자신의 운동을 촉진하기 위해 만든 이 풍경들은 자본축적을 고정성이라는 세계 속에 가두어버리고 그것은 점차 유동자본의 유동성에 비해 화석화되는 경향을 띤다. 이 세계와 거기에 합체된 자본은 항상 "나비처럼 수시로 이동하는 성질"인 화폐자본에 비해 매우 취약하며, 그보다 덜 유동적인 상품자본이나 생산자본에 비해서도 취약하다. 이것은 특이한 유형의 공황의 전조가 된다. 화폐자본이 떠나고 고정자본만 무력하게 남아 사정없는 가치 절하를 강요받게 된다. 나는 이런 방식의 모순을 지적한 바 있다. 자본은 특정 시점에 전체 풍경을 자신의 필요에 따라 건설하고, 그런 다음 오로지 그 풍경을 혁신하기 위해 파괴한 다음 계속되는 자본축적의 끝없는 확장력에 맞추어 일정 시점이 지난 후에 그 풍경을 다시 다른 풍경으로 바꾼다. 뒤에 남는 것은 산업이 물러나고 내버려진 황량하고 쓸모없는 풍경들이며 자본은 다른 곳(혹은 이미 폐허가 된 과거의 풍경)에서 다시 새로운 고정자본의 풍경을 건설한다. 이것이 슘페터(J. Schumpeter)가 말한 "창조적 파괴"다. 이 과정은 말 그대로 지구적인 차원에서 이동하면서 (비록 지구 전체를 흔들지는 않지만) 자본의 유통과 축적이 만들어내는 지리적 풍경을 끊임없이 혁신하고 가치 절하한다.

고정성과 유동성 사이에 놓인 위기를 불러올 수 있는 깊은 모순은 명확한 것이며 이 모든 중심에는 고정자본이 자리 잡고 있다. 고정자본과 관련된 난점은 자본이 운동하는 가치인 데 반해 그것이 고정되어 있다는 점에 있다. 이 대립은 매우 흥미로운 문제다. 그리고 그것은 끊임없이 대립하는 자본 임노동 관계로부터 비롯하는 공황과는 (현실에서는 반드시 그렇지는 않지만) 원칙적으로 무관한 공황의 잦은 원인이 되어 왔고 지금도 여전히 그러하다. 이런 공황은 고정성이 더이상 확장운동과 조화를 이루지 못할 때 발생한다. 확장운동은 자본 가운데 고정적 부분이 부과하는 제약을 파괴해야만 한다. 그 결과는 매우 유동성이 높은 화폐자본이 다른 곳으로 이동하는 방식으로 거대한 고정자본의 가치를 절하해버리는 것이다(1970년대 이후 진행된 탈산업화는 버려진 공장과 창고들을 남겼고 물리적인 인프라를 파괴하여 심지어 디트로이트처럼 도시가 축소되는 결과를 초래하기도 했다).

이들 모순은 제2권에서도 모습을 드러내지만 『경제학비판 요강』

에 훨씬 더 많이 그려졌다. 따라서 제2권을 읽을 때『경제학비판 요강』의 구절을 함께 읽으면 많은 도움이 될 것이다. 우선 첫째로 훨씬 더 스릴 있는 경험을 제공한다. 또한 감추어진 채 묻혀버릴 수도 있는 핵심적인 개념을 밝혀주기도 한다. 맑스가 매우 탁월하면서 약간 유려하기도 한 문체로 이루어진 이런 종류의 문장을 왜 제2권에 넣지 않았는지는 하나의 미스터리다. 그것은 아마도 제2권을 엄격하게 과학적이고 사실에만 바탕을 둔 저술로 만들고 싶었던 그의 바람 때문이 아니었을까 싶다. 예를 들어 그는 제2권에서 철도의 기술 관리 매뉴얼을 소개하면서 고정자본의 수리와 교체 사이의 차이를 매우 세부적으로 다룬다. 그러나 나는 맑스가 제2권에서 매우 특수하고 제한된 대상을 설명하기 위해 많은 문제들을 제외했다고 생각한다. 제7장의 서두에 나타나듯이 연구의 실질적인 대상은 자본의 회전기간이다. 그는 장기간 투자되는 고정자본의 회전기간에 관한 복잡한 문제들을 다루지 않고서는 이 문제를 충분히 논의할 수 없다는 점을 알고 있었다. 이 때문에 그는 시야를 좁혀야만 했고 그래서 자본주의 생산양식의 지리적 역사에서 고정자본이 차지하는 보다 중요한 의미를 옆으로 밀쳐두었던 것 같다. 그럼에도 불구하고 제2권의 서술은 우리가 살고 있는 세상이 어떻게 지금 같은 모습이 됐으며 축적과정이 고정자본의 형성을 거치면서 현실에서 어떻게 이루어지는지를 밝히는 데 도움을 주고 있다. 그러나 제2권은 기술적인 부분에서는 약간 실망을 안겨주고 있기도 하다.『경제학비판 요강』과『자본』곳곳에서 제기되는 매우 중요한 몇몇 체계적인 문제들이 제2권에는 누락되어 있기 때문이다. 이것은 거의 전적으로 제2권이 완성된 저작이 아닌 데서 기인한다. 그래서 나는 비어 있는 부분이 무엇인지를 지적하고 그런 부분을 다른 저작에서 어떻게 찾아볼 수 있는지 이야기해주고자 한다.

고정자본을 바라보는 맑스의 생각에 대한 전반적인 틀은 여기 제5장에서는 매우 부분적이고 파편적인 모습으로만 나타난다. 이것이 엥겔스의 편집 방침 때문인지는 알 수 없으나 어쨌든 나는 두루마리를 펼쳐나가듯이 본문의 기술을 그대로 따라가기보다는 본문의 곳곳을 건너뛰면서 읽어나가고자 한다(이 점에 대해서 미리 독자들의 양해를 구한다).

예를 들어 고정자본에 대한 맑스의 기본 관점이 가장 잘 정리된 부분은 애덤 스미스와 리카도의 견해를 매우 자세히 비판하고 있는 그다음 장이다(이 장의 대부분은 만일 독자들이 경제학의 역사와 중농학파에 대한 맑스의 견해에 흥미가 없으면 겉핥기식으로 읽을 수밖에 없는 내용들이다). 맑스는 이렇게 쓰고 있다.

왜 부르주아 경제학이 스미스가 범한 '불변자본과 가변자본' 범주와 '고정자본과 유동자본' 범주 사이의 혼동을 본능적으로 고집하면서 한세기에 걸쳐 대를 이어가며 무비판적으로 앵무새처럼 이것을 되뇌고 있는지 그 이유를 이해할 수 있을 것이다. 부르주아 경제학에서는 임금에 투하된 자본 부분이 원료에 투하된 자본 부분과 전혀 구별되지 않고 단지 형식적으로 —— 생산물을 통해서 조금씩 유통되는지 모두 함께 유통되는지에 따라 —— 불변자본하고만 구별될 뿐이다. 그렇게 함으로써 자본주의적 생산〔따라서 자본주의적 착취〕의 실제 운동을 이해하기 위한 기초는 단번에 매몰되어 버린다. 그리하여 이제 문제가 되는 것은 단지 선대된 가치의 재현뿐이다. (M2: 221)

잉여가치 이론의 단초를 이루는 몇몇 개념을 갖추었던 리카도까지 "고정자본과 유동자본을 불변자본과 가변자본으로 혼동함으로써 심각한 오류를 범하고" 있다. 그는 자신이 "사실상 완전히 잘못된 토대 위에서 연구를 시작"(M2: 226)했다는 사실을 극복하지 못했다. 맑스는 이 "근본적인 오류"를 고정자본에 대한 자신의 논의 서두에서 이미 지적했지만(M2: 162) 세부적으로 중요하게 다루지는 않았다. 그렇다면 여기에서 중요한 것은 무엇인가? 제1권에서 맑스는 가변자본 — 가치와 잉여가치를 창출할 수 있는 능력이 있는 노동력을 구매하는 자본 — 과 물적 형태는 변하지만 가치가 양적으로 변동하지 않는 불변자본(생산수단)을 명확하게 구별했다. 이 구별을 통해 잉여가치가 생산과정에서 살아 있는 노동의 착취에서 비롯한다는 점이 분명히 드러난다.

그러나 고정자본에 대한 연구에는 고정자본과는 다른 방식으로 생산에 들어가는 요소들을 별도로 범주화할 것이 요구된다. 그것들은 한번의 회전기간 동안에 자신의 가치를 모두 완성된 상품 속에 이전하는 요소들이다. 이들 요소에는 노동투입(노동주체), 원료(노동대상), 에너지 같은 보조자재(노동수단) 등이 포함된다. 이들 요소는 통틀어 "유동자본"으로 분류된다. 이들의 가치는 한번의 회전기간 동안에 전부 생산에 들어갔다 생산으로부터 나온다. 그러고 나면 기계, 건물 등과 같이 한번의 회전이 전부 끝난 다음에도 여전히 남아 있는 요소들이 있으며 이들은 여러차례의 회전기간 동안 반복해서 사용될 수 있다. 이들 노동수단은 한번의 회전기간 동안 그 가치의 일부분만이 최종 생산물에 이전된다. 이러한 요소를 "고정자본"이라고 부른다. 표2는 이들 범주가 가변자본과 불변자본의 범주와 어떤 관련이 있는지를 나타낸 것이다.

표2

생산 내부의 범주

물적 형태	잉여가치의 생산	자본의 운동
공장 및 설비 생산의 물적 기반시설		고정자본
원료 보조자재 수중에 있는 재료	불변자본	유동자본
노동력	가변자본	

잉여가치 이론은 고정자본과 유동자본의 범주로부터는 결코 도출될 수 없다. 그렇기 때문에 부르주아 경제학자들이 이들 범주에 매달려 있는 것은 결과적으로 (의식하든 하지 않든) 잉여가치(이윤)의 생산에서 노동이 수행하는 역할을 은폐한다. 그렇다고 해서 고정자본과 유동자본의 구별이 맑스에게 중요하지 않은 것은 아니다. 이 구별은 자본 일반의 전체 회전기간에 영향을 미치고, 그렇기 때문에 축적의 전반적인 동학에 영향을 미친다. 그러나 맑스의 저작에서 결코 잉여가치 생산의 이론을 은폐하면서 이루어지지는 않는다.

맑스는 애덤 스미스 탓으로 돌리고 있지만, 자신도 어느 정도 반복하는 또 하나의 용어 혼란 문제가 있다. 이들 장에서 이야기되는 "유동자본"은, 나중에 다시 사용될 수 있도록 남는 고정자본과는 달리 주어진 한번의 회전기간 동안 모두 사용되는 자본을 가리킨다. 자본순환을 다룬 앞부분에서 이야기되는 "유통자본"(이 용어의 혼란은 영어본의 문제에 기인한 것이다. 영어본은 이들 두 자본형태를 똑같이 "circulating capital"로 표기하는데 독일어 원본에서는 이 둘을 구별하여 "유동자본"은 "zirkulierendes Kapital", 유통자본 은 "Zirkulationskapital"로 표기한다   옮긴이)은 생산으로 복귀하기 전에 시장에서 유통되고 있는 자본을 가리킨다. 이 둘은 완전히 다른 개념이다. 맑스는 이 용어의 혼란을 비교적 나중에 지적하고 단지 애덤 스미스를 비판할 때만 구별하고 있다.(M2: 192) 거기에서 그는 시장에 있는 "유통자본"과 생산영역의 "고정자본과 유동자본"을 구별한다. 사실 맑스는 제8장에서 종종 "유동적인 자본"(fluid capital)을 "유동자본"(circulating capital)과 섞어 사용하며 자신의 분석을 발전시켜나가면서 "고정된"(fixed) 자본과 "유동적인"(fluid) 자본을 서로 대비한다. 이들 용어가 훨씬 더 적합해 보이지만 맑스는 철저하게 구분해서 사용하지는 않았다. 나는 앞으로 "유동자본"을 이 장에서 맑스가 생각했던 개념으로 (유동적인 상태를 가끔 인정하면서) 사용할 것이다. 그러나 자본의 생산·유통·실현을 다룬 앞부분에서 사용된 유통자본이라는 용어는 내가 말한 유동자본과 다른 개념임을 기억해주기 바란다. 유동자본과 고정자본이라는 범주는 오로지 생산과 관련해서만 나타나고 자본순환의 화폐나 상품 문제(애덤 스미스의 오류)와는 관련이 없다.

다시 한번 용어를 정리하자. 여기에서 말하는 유동자본은 한번의 회전기간 동안에 모두 사용되는 자본(불변자본이든 가변자본이든)이다. 고정자본은 불변자본 가운데 한번의 회전기간에서 다른 회전기간으로 이전되는 부분이다. 이를 모두 염두에 두고 이제 본문으로 들어가보자.

고정자본의 특수성

제8장의 서두를 맑스는 이렇게 시작한다. "불변자본 가운데 일부는 불변자본이 생산과정에 들어갈 때의 일정 사용형태를 그 불변자본의 도움을 받아 생산물이 만들어지고 난 이후에도 그대로 유지한다. 즉 그것은 상당 기간에 걸쳐 끊임없이 반복되는 노동과정에서 동일한 기능을 수행한다. 예를 들어 작업용 건물, 기계 등이 (…) 그런 것들이다."(M2: 158) 맑스가 고정자본의 유통을 묘사하면서 반복해서 사용하는 단어는 특수하다이다. "이 불변자본 부분 ── 순수한 의미의 노동수단 ── 의 특성은 다음과 같다"라고 맑스는 두번째 단락에서 말한다. 그리고 다시 다음 면의 중간 부분에서는 "그러나 우리가 여기에서 고찰하는 자본 부분의 유통은 특수한 것"(M2: 159)이라고 밝힌다. 그렇다면 정확하게 무엇이 특수하다는 것인가? 그리고 이런 특수성이 왜 문제인가?

"첫째로 이 부분은 그 사용형태로 유통되는 것이 아니라 단지 그 가치만 유통된다. 게다가 그 가치의 유통도 이 부분으로부터 가치가 생산물〔상품으로 유통되는〕로 이전되는 정도에 따라 조금씩만 이루어진다. 기능하는 전 기간에 걸쳐 노동수단의 가치 가운데 일부는 늘 그것의 도움을 받아 생산되는 상품과는 별개로 노동수단에 고정되어 있다. 불변자본 가운데 이런 특성을 지닌 부분이 취하는 형태가 **고정자본**이다. 반면 생산과정에 선대된 자본 가운데 소재적으로 다른 부분이 취하는 형태는 **유동자본**이다."(M2: 159)

고정자본의 물적 성분은 상품에 통합되지 않고 단지 가치만 통합된다. 그래서 고정자본은 물적 형태로 유통되는 것이 아니라 관념적인(사회적으로 결정된) 가치형태로 유통된다. 고정자본(예를 들어 기계)은 상품으로 전화하여 시장에서 판매되는 **노동대상**(원료나 다른 생산수단)과는 달리 **노동수단**으로 물적 기능을 수행한다. **노동수단**으로서의 고정자본의 이런 성격은 생산에 투입되는 다른 보조자재들(불변자본)과 동일하다. 에너지 — 증기기관에 사용되는 석탄, 조명에 사용되는 가스 — 도 생산되는 상품의 물적 사용가치에 들어가지 않는다. 하지만 그것의 가치는 생산에서 그것들이 물리적으로 사용된 만큼 상품에 부가된다. 그러나 고정자본의 경우 이런 형태의 사용이 여러번의 회전기간 동안 반복되는 반면 에너지의 경우에는 "노동과정에 들어갈 때마다 모두 소비된다".(M2: 160) 앞부분에서 자본의 회전기간이 다루어진 것이 매우 중요한 이유는 바로 이 때문이다. 고정자본은 회전기간에 비해 "고정되어" 있고, 회전기간은 각 산업부문에 따라 상당히 다르다.

고정자본의 물리적 수명

"불변자본 가운데 이 부분은 자신의 사용가치와 함께 상실되는 자신의 교환가치에 비례하여 생산물에 가치를 양도한다."(M2: 158) 이 말은 생산물에 이전되는 가치와 기계의 쓸모가 변동하는 것 사이의 관계(이것이 문제가 된다는 것이 곧 드러난다) 등을 함축하고 있다. 기계의 쓸모는 왜 그리고 어떻게 변하는가? 그런 변화가 일어나는 이유에는 물리적 요인과 사회적 요인이 있다.

> 양도되는 가치의 크기(즉 이들 생산수단의 가치가 자신의 도움을 받아 만들어진 생산물로 이전되는 부분)는 평균에 의해 계산된다. 즉 이 가치의 크기는 생산수단이 생산과정에 들어가는 순간부터 그것이 완전히 사용되어 소멸되어버리는 (그리하여 같은 종류의 새로운 것으로 대체되거나 재생산되어야 할) 순간까지의 평균 지속기간에 의해 계산된다. (M2: 158)

여기에서 맑스가 염두에 둔 것은 기계의 평균수명(가령 10년)이다. 어떤 자본가들은 운이 좋아 이 기계를 11년 동안 사용할 수 있고 어떤 자본가들은 그보다 일찍 기계를 교체해야 할 것이다. 가치가 상품으로 이전되는 데 중요한 것은 기계의 개별 수명이 아니라 사회적 평균수명이다. 내 기계의 수명이 사회적 평균보다 짧다고 해서 내가 생산한 상품에 더 많은 액수를 지불하고자 하는 고객은 어디에도 없을 것이다.

고정된 가치는 노동수단의 수명이 다할 때까지 〔그리하여 그 가치가, 끊임없이 반복되는 일련의 노동과정을 통해서 만들어지는 생산물들에 상당 기간에 걸쳐 배분될 때까지〕 조금씩 감소해나간다. 그러나 노동수단이 **여전히 노동수단으로 기능하고** 따라서 같은 종류의 신품으로 대체될 필요가 없는 동안에는 이 노동수단에는 여전히 불변자본 가치가 고정되어 있고, 노동수단에 원래 고정되어 있던 가치 가운데 나머지 부분은 생산물에 이전되어 상품재고의 흐름 부분으로 유통된다. 노동수단의 수명이 길면 길수록, 그리고 마모가 느리면 느릴수록 이 사용형태 속에는 불변자본의 가치가 더 오랫동안 고정되어 머물게 된다. 그러나 노동수단의 내구성이 어느 정도이든 그것이 가치를 양도하는 비율은 항상 그것이 기능하는 전체 기간에 반비례한다. 만약 똑같은 가치를 가진 두 기계 중 하나는 5년 만에 마모되고 다른 하나는 10년 만에 마모된다면 같은 기간 동안 전자가 양도하는 가치의 크기는 후자에 비해 두배가 된다. (M2: 159. 강조는 하비)

그러나 맑스는 "여전히 노동수단으로 기능한다"는 말의 의미와 기계가 자신의 가치를 모두 소진하기 전에 무언가의 이유로 기능을 멈추면 어떻게 되는지에 대해 곧바로 설명하지 않는다. 이 장의 앞부분에서 "기능한다"는 말의 의미는 순전히 물리적으로 이해되지만(이 경우 중요한 것은 물리적 부패와 마모의 비율이 될 것이다) 뒷부분에서는 그것이 보다 사회적인 개념으로 이해된다. 흥미로운 점은 맑스가 제1권에서 이야기한 소위 "도덕적 마모"에 대한 문제를 곧바로 언급하지 않는다는 것이다. 이 문제는 낡은 기계를 사용하는 자본가가 새 기계, 혹은 보다 효율적이거나 값싼 기계를 사용하는 다른 자본가와 경쟁을 해야 할 경우 발생한다. 170면(M2)과 다음 장의 185면(M2)에서 비로소 도덕적 마모에 대한 이야기가 다루어질 뿐 더이상의 이야기는 없다. 이것은 중요한 문제이고 우리는 나중에 이 문제로 되돌아올 것이다.

그런데 그 배후에는 골치 아픈 문제가 놓여 있다. 기계는 언제 그리고 왜 교체되는가? 기계는 물리적으로 언제 완전히 마모되는가? 혹은 기계는 시장에서 더 효율적이고 더 값싼 기계가 출현하기 때문에 수명보다 이르게 교체되어야 하는가? 이것은 우리가 언제나 부딪히는 문제다. 우리는 컴퓨터를 얼마나 자주 교체해야 하는가? 2년마다? 우리는 그것이 물리적으로 수명이 다되어 교체하는가, 혹은 구식이 됐기 때문에 교체하는가? 이 장에서 맑스가 들고 있는 사례 대부분은 물리적 마모이며 그것은 다른 사회적 문제가 나타날 경우에도 마찬가지다. 나는 그 원인이 맑스가 스스로 논의를 형태적인 문제에서 더 깊이 진행하려 하지 않았기 때문이라고 생각한다. 많은 사회적·역사적 내용이 여기에서 누락되어 있는 것은 분명한 사실이다.

그는 고정자본의 사용과 유통에 대한 문제를 형태적인 문제에서 점차 깊이 파고들어가면서 많은 예외적인 상황과 고정자본과 유동자본의 구별이 희미해지는 문제에 동시에 직면한다. 예를 들어 고정자본의 소재적 담지자인 노동수단은 생산적으로만 소비되며 개인적 소비에는 사용되지 않는다. 왜냐하면 그것은 (⋯) 완전히 마모될 때까지는 생산물과는 별개로 자신의 독자적인 형태를 유지하기 때문이다. 한가지 예외적인 것은 운송기관이다. 운송기관이 생산적 기능을 수행하는 동안〔즉 생산영역 내부에 머무는 동안〕만들어내는 유용효과〔즉 장소의 변경〕는 개인적 소비〔예를 들어 여행자의 소비〕로도 사용된다. 여행자는 이 경우 다른 소비수단에 대해 사용대가를 지불하는 것과 마찬가지로 그 사용대가를 지불한다. (M2: 160)

이 예외적인 경우는 특별한 관심을 끄는데 왜냐하면 "장소의 변경"이라는 유용효과(즉 공간적 관계의 생산)가 생산(원료의 이동)뿐만 아니라 소비(인간의 이동)에도 적용된다는 점 때문이다. 다시 말해서 "장소의 변경"이라는 생산행위는 누가 무엇 때문에 (계속되는 생산을 위해서든 개인적 소비를 위해서든) 그렇게 하느냐와 무관하게 그 자체로 하나의 상품이라는 것이다. 그리고 물론 운송은 엄청난 양의 고정자본을 흡수하는 영역이며 이 고정자본 가운데 (철로나 지하철 터널처럼) 많은 부분은 매우 오랜 기간 (물론 유지보수가 이루어질 경우) 유지되는 것들이다. 우리가 이미 보았듯이 교통과 통신은 생산되자마자 곧바로 소비되기 때문에 이들의 가치 가운데 많은 부분은 고정자본의 유통형태를 띠고 관념적으로만 존재한다. 기관차와 그것이 달리는 철로는 (곧 보게 되듯이 그 성질은 서로 다르지만) 고정자본의 형태를 띤다.

(에너지의 경우) 고정자본과 보조자재 사용 사이의 구별은 보조

자재가 한꺼번에 사용되지 않고 조금씩 사용될 경우 불분명해지기도 한다. 화학공업이 그러하다. "노동수단과 보조재료와 원료 사이의 경계도 그러하다. 예를 들어 농업에서 토지개량을 위해 추가된 소재의 일부분은 생산물의 형성요소로서 농작물 속에 들어간다. 한편 그들 소재의 작용은 제법 오랜 기간, 예를 들어 4~5년간에 걸쳐 분산된다."(M2: 160) 농업에서 관개수로는 명백히 고정자본의 형태를 띠지만 새똥으로 만든 비료는 분명 유동자본처럼 보이지만 여러 번의 생산에 도움을 줄 수 있다.

고정자본과 소비재원의 이중적 사용과 그 관계

그런 다음 (요즘 경제학자들의 용어로는 "결합생산물"이라고 표현되는) 어렵고 골치 아픈 이중적 사용 문제가 존재한다. "역축(役畜)으로 이용되는 소는 고정자본이다. 그러나 그것이 식용으로 사용되면, 그것은 노동수단으로 기능하지 않으며 따라서 고정자본으로 기능하지도 않는다."(M2: 160) 소의 사례에서 두개의 상품형태가 동시에 만들어진다. 소가 고정자본인지 아닌지를 결정하는 것은 소를 어떻게 사용할 것인지에 대한 사회적 결정에 달려 있다.

그런 과정에서 노동과정의 성질에서 비롯된 노동수단과 노동대상의 차이는 고정자본과 유동자본의 차이라는 새로운 형태로 반영된다. 이리하여 노동수단으로 기능하는 어떤 물적 존재는 이제 고정자본이 된다. 만약 그 물적 존재가 자신의 소재적 속성에 따라 노동수단 이외의 기능에도 사용될 수 있다면 그것은 그 기능이 달라짐에 따라 고정자본이 될 수도 있고 그렇지 않을 수도 있다. 역축으로 이용되는 가축은 고정자본이다. 반면 비육가축은 나중에 생산물로서 유통영역으로 들어가는 원료이며 따라서 고정자본이 아니라 유동자본이다. (M2: 162)

맑스는 한참 뒤에 이 문제로 되돌아와서 훨씬 더 넓은 의미에서 그것을 정리한다.

다른 한편 똑같은 물품이 생산자본의 구성부분으로 기능하기도 하고 직접적인 소비재원에 속하는 경우도 있다. 예를 들어 작업장으로 사용되는 가옥은 생산자본의 고정적 구성부분이지만 주거용으로 사용되는 가옥은 결코 자본의 한 형태(주택이라는)가 아니다. 많은 경우 똑같은 노동수단이 생산수단으로 기능할 수도 있고 소비수단으로 기능할 수도 있다. (M2: 205)

이 문제는 우리가 생산용으로 사용할 수도 있고 걷는 용도로도 사용할 수 있는 도로를 생각할 경우 특히 까다로워진다.

맑스는 여기에서 소비재원의 문제를 제기하고 있다. 그러나 더이상의 논의는 없다. 소비도 생산과 마찬가지로 장기간 이루어질 필요가 있다. 주택, 그릇, 칼, 포크 그리고 집안을 채우는 온갖 가재도구, 우리의 소비를 도와주는 자동차, 기차, 비행기 등이 모두 그러하다.

이들 소비재원에 속하는 물품의 사용가치는 생산에서 고정자본의 경우가 그러하듯이 조금씩 소비되며 때로는 몇년에 걸쳐 이루어지기도 한다. 소비재원에 속하는 이들 자산의 잔여가치는 오늘날의 사회에서 매우 크며 이들 품목 가운데 (자동차, 주택, 칼과 포크 등같이) 많은 것들은 처음 생산되고 한참 후에 중고시장에서 매매되기도 한다.

맑스가 여기에서 이야기하고 있듯이 이들 물품은 고정자본과 복잡한 관계가 있다. 즉 이 가운데 어떤 것들은 언제든지 원칙적으로 소비에서 생산으로 용도를 전환할 수 있다. 그래서 맑스는 다음과 같이 지적한다. "리카도가 노동자가 사는 집, 그의 가구, 나이프, 포크, 용기 등과 같이 그의 소비용 도구 모두가 노동수단과 같은 내구성을 갖고 있다는 점을 잊고 있다. 그에게서는 같은 물품[같은 종류의 물품]이 어떤 곳에서는 소비수단으로 나타나고 어떤 곳에서는 노동수단으로 나타난다."(M2: 225)

맑스는 고정자본을 그것의 물리적 속성보다는 사용되는 방법에 따르는 매우 유연한 범주로 간주하고 있다. 그는 이렇게 비판한다. "이것은 부르주아 경제학 특유의 물신숭배 ── 사회적 생산과정을 통해 각 물품들에 각인된 사회적·경제적 성격을 이들 물품의 소재적 성질에서 비롯된 자연적 성격으로 전화시키는 것 ──를 완성한다."(M2: 228)

농업부문의 고정자본

그런데 이 부당한 "물신주의" 혹은 "자연주의"는 또다른 중요한 의미가 있어서 좀더 고찰될 필요가 있고 또한 고정자본의 "특수성"이라는 범주와도 관련이 있다. 고정자본 그 자체의 범주에는 하나의 중요한 구별점이 존재한다. "사람들은 노동수단이 소재로서 갖는 특별한 속성〔예를 들어 가옥 등이 지닌 물리적 부동성〕을 곧바로 고정자본의 속성이라고 생각한다. 그러나 이런 경우에는 똑같은 고정자본이면서 노동수단인 선박은 가옥과는 달리 물리적 가동성을 갖는 반대되는 속성을 지닌다는 점을 지적하면 쉽게 혼란을 해결할 수 있다."(M2: 162) 고정자본의 형태가 움직일 수 있느냐 없느냐의 구별은 절대적이지 않다. 미싱기계는 쉽게 움직일 수 있지만 용광로는 거의 움직일 수 없으며, 움직일 경우에는 엄청난 화폐지출이 필요하다(독일에서 중국으로 철강공장을 통째로 해체하여 운반한 최근의 사례는 바로 그것을 잘 보여준다).

노동수단 가운데 일부는, 예를 들어 기계처럼 노동수단으로 생산과정에 들어가서 (…) 일정 장소에 고정되어 있거나 혹은 토지개량, 공장건물, 용광로, 운하, 철도 등과 같이 아예 처음부터 고정된 장소에 묶인 형태로 생산된다. 다른 한편 기관차, 선박, 역축 등과 같은 노동수단은 물리적으로 계속 장소를 바꾸어가면서 운동하고 그러면서도 계속해서 생산과정 속에 존재한다. 전자의 경우 부동성이 노동수단에 고정자본이라는 성격을 부여하지 않는 것처럼 후자의 경우 가동성이 노동수단으로부터 고정자본이라는 성격을 박탈하지도 않는다. 그런데도 노동수단이 일정 장소에 고정되어 토지에 그 뿌리를 단단히 내리고 있다는 점 때문에 이런 고정자본은 국민경제에서 독특한 역할을 수행한다. 그것은 외국으로 보낼 수도 없고 세계시장에서 상품으로 유통시킬 수도 없다. 이 고정자본의 소유권은 명의 변경이 가능하고 구매되거나 판매될 수 있으며 그런 점에서 관념적으로 유통될 수 있다. 나아가 이런 소유권은, 예를 들어 주식의 형태로 외국시장에서도 유통될 수 있다. 그러나 이런 종류의 고정자본을 소유하는 사람이 바뀐다고 해서 한 나라에 존재하는 부의 가동적인 부분과 물적으로 고정된 부동적인 부분 간의 비율이 바뀌지는 않는다. (M2: 163)

나중에 제10장에서 이 문제는 좀더 깊이 다루어진다. 방적기계 같은 미래의 고정자본 요소는 "생산된 나라에서 수출될 수도 있고 원료나 샴페인 등과 교환하여 직접 혹은 간접으로 외국에 판매될 수도 있다. 그럴 경우 생산된 나라에서 그것은 단지 상품자본으로만 기능하고 판매된 후에도 결코 고정자본으로 기능하지 않는다". 기계 용구, 철강 빔, 조립식 건축자재에 대해서도 마찬가지 이야기를 할 수 있다. 이것들은 어떤 생산과정에 실제로 고정될 때까지는 상품자본이다. "이에 반해 공장 건물, 철도, 교량, 터널, 제방, 토지개량 등과 같이 토지에 합체됨으로써 위치가 고정되고 따라서 그 장소에서만 소비될 수 있는 생산물은 실물 그대로는 수출될 수 없다. 그것들은 이동시킬 수 없다. 그것들은 아예 쓸모가 없거나 그렇지 않다면 판매되어 그것들이 생산된 나라에서 고정자본으로 기능할 수밖에 없다. 판매를 목적으로 공장을 짓거나 토지를 개량한 자본주의적 생산자에게 이들 물품은 자신의 상품자본의 (…) 한 형태다. 그러나 사회적으로 보면 이들 물품은 ― 아예 쓸모가 없게 되지 않는다면 ― 결국 그 나라(즉 그것들의 소재지)에 고정되어 있는 생산과정에서 고정자본으로 기능할 수밖에 없다."(M2: 212)

이런 장소적 고정성은 자본가들의 활동에 어떤 지리적 패턴이 있음을 알려준다. 만일 이들 상품이 그것이 소재하고 있는 장소에서 쓸모가 없다면 가치가 없을 것이다. 이때 쓸모의 기준이 무엇인지에 유의하기 바란다. 이것은 전통적인 경제학에서 매우 중요한 범주인데 맑스는 수요 공급과 마찬가지로 이 범주와는 항상 일정한 거리를 두고자 했다. 쓸모라는 원칙의 적용은 생산의 세계에만 한정되지 않는다. "이동이 불가능하다는 사실 하나만으로 곧바로 고정자본이라고 단정 지을 수는 결코 없다. 이들 물품은 주택의 형태로 소비재원에 속할 수도 있으며 따라서 (물론 이들도 사회적 부의 한 요소를 이루고, 자본도 사회적 부의 한 부분일 뿐이지만) 사회적 부에 포함되지 않을 수도 있다."(M2: 212) 주택은 대부분 공간과 장소에 고정되어 있지만 최근 우리가 보았듯이 모기지증권이나 자산담보부채권이라는 다른 이름(우리는 오늘날 이런 이름들의 현실적 의미나 법적 지위가 극히 불분명하다는 것을 알고 있다)을 통해 국제적으로 유통되어 온갖 종류의 엄청난 결과를 초래하기도 한다. 운송의 경우에도 기관차는 움직일 수 있지만 그것이 달리는 철로는 움직이지 않는다. "철도의 소유권은 매일매일 그 주인이 바뀔 수 있고 그것의 소유자는 심지어 그것을 외국에 판매함으로써 ― 즉 철도 그 자체

는 수출할 수 없지만 소유권은 수출할 수 있다 ── 이윤을 얻을 수 있다."(M2: 212)

이 문장 전체에 걸쳐 우리가 반복해서 만나는 것은 자본 활동의 지리적 풍경에서 드러나는 고정성과 이동성 사이의 긴장이다. 공간을 가로질러 이동하는 비행기, 선박, 기관차는 이동하지 못하는 공항, 항구, 기차역 등에 결정적으로 의존해 있다. 고정자본의 가치는 그것의 사용에 결정적으로 달려 있다. 날아오르는 비행기가 없는 공항은 아무런 가치도 지니지 못한다. 그러나 공항이 없는 비행기 역시 아무런 가치를 지니지 못한다. 이 사례를 통해서 고정자본(그들이 운반하는 상품은 물론 시장에서 유통되는 상품자본도 함께)의 이동형태가 나타내는 지리적 패턴은 장소에 묶여 있는 이동하지 못하는 고정자본의 가치를 안정시킬 필요에 의해 제약을 받는다는 것이 매우 분명하다는 점에 유념할 필요가 있다. 움직일 수 없는 고정자본 가치의 회수는 움직일 수 있는 자본을 특정 장소에 사용할 수 있도록 자본을 묶어두는 것에 달려 있다. 이것은 예를 들어 고도로 유동적인 자본을 도시로 끌어들이고 묶어두려는 도시들 사이의 경쟁 같은 현상을 만들어낸다(종종 대규모 공적 보조금을 사적 기업에게 제공하는 것으로 끝난다).

움직일 수 없는 고정자본의 가치가 특수한 장소에서 상승하는 것은 드물지 않은 일이며 상품과 사람의 지리적 이동이 급격하게 변동하는 현상이 일반화될수록 폭발적으로 이루어진다. 맑스는 여기에서 단지 이런 문제의 본질에 대해서만 힌트를 제시하고 있지만 우리는 이 문장으로부터 움직일 수 없는 고정자본의 탈산업화와 가치하락으로 인한 지역적 위기의 문제를 도출해낼 수 있다. 맑스가 언급하지는 않았지만 지대와 자산가격 사이의 관계도 문제가 되는데, 이 관계는 지역에 따라 매우 편차가 크며 그것은 장소에 합체된 고정자본 자산의 품질에 많이 의존한다. 이 문제 때문에 자본주의적 도시화의 전체 역사는 자본의 운동법칙에 순응하는 형태를 띤다. 그것은 또한 거꾸로 도시화가 다시 그런 자본의 운동법칙이 작동하는 방식에 결정적인 역할을 수행하는 경로에 대해서도 밝혀준다. 이것은 오랜 기긴 내가 관심을 기울여온 문제 가운데 하나이며, 맑스의 일반 이론을 도시건설과 도시화 과정의 영역으로 확장할 수 있다고 믿게 한 것은 바로 이런 종류의 움직일 수 없는 고정자본에 대한 맑스의 문장들을 통해서였다. 그러나 맑스는 그런 관계가 존재하는지에 대해서 아무런 힌트도 제시하지 않았다.

공간의 생산

맑스의 저작 속에는 (나의 개인적인 관심영역이 도시화에 있기 때문에) 내가 커다란 중요성을 부여하는 특수한 개념이 존재한다. 맑스는 토지에 합체된 고정자본의 교체가 어떻게 확대될 수 있는지를 검토하면서 다음과 같이 이야기하고 있다.

이것은 주로 사용 가능한 공간에 좌우된다. 어떤 건물은 위로 몇층을 더 올릴 수 있지만, 다른 건물은 측면으로 확대가 가능한 [즉 이런 경우 더 넓은 토지가 필요한) 것도 있다. 자본주의적 생산에서는 한편으로는 많은 수단이 낭비되기도 하고 다른 한편으로는 사업이 점차적으로 확장되는 과정에서 이런 종류의 (비합리적인) 측면으로의 확대(부분적으로는 노동력에도 해를 끼치면서)가 많이 이루어지기도 한다. 왜냐하면 여기에서는 모든 것이 사회적 계획에 따라 이루어지는 것이 아니라 개별 자본가가 움직이는 각각의 (무한히 서로 다른) 조건과 수단 등에 좌우되기 때문이다. 이것은 생산력의 엄청난 낭비를 초래한다. 준비금(즉 고정자본 가운데 화폐로 재전화되는 부분)에서 이처럼 일부씩 재투자가 이루어지는 경우는 농업에서 가장 쉽게 볼 수 있다. 공간적으로 주어진 생산영역이 여기에서는 점진적인 자본투자를 가장 잘 흡수할 수 있는 능력을 갖추고 있다. 축산과 같이 자연적 재생산이 이루어지는 분야도 이와 비슷하다. (M2: 173)

내 저작에서도 (예를 들어 자본주의적 교외화에 투기적이고 낭비적인 방식이 동시에 진행되는 것을 매우 강조하면서) 공간의 생산을 통해 자본이 흡수될 필요성을 자주 주장한 바 있다. 여기에서 맑스도 자본 흡수의 공간적 측면에 대해 말하고 있다(이것은 종종 자본주의적 경쟁과 사회적 계획의 실패 때문에 매우 낭비적으로 이루어진다). 내가 이 문장을 인용한 것은 맑스가 공간 문제에 대한 지금까지의 모든 저작들에서 가장 뛰어난 선구자였음을 주장하기 위한 것도 아니고, 앙리 르페브르나 다른 급진적인 지리학자들의 저작 9)에서 이론화하고 있는 공간 생산의 문제에 대한 맑스주의적 전통이 바로 이 문장에 근거한다고 주장하려는 것도 아니다. 오히려 그

의미는 공간 생산 이론을 맑스의 자본축적에 대한 일반이론과 통합하려면 (나는 그렇게 해야 한다고 생각하는데) 반드시 먼저 이 부분과 『경제학비판 요강』에서 고정자본(특히 토지에 합체된 고정자본 부분)의 형성과 유통을 다룬 부분을 수집하여 체계적으로 정리해야 한다는 것이다. 예를 들어 여기에서 맑스가 기술하고 있는 과정은 농업에 한정되지 않는다. 그것은 배추를 재배하는 경우에 대한 것만큼이나 잉여가치의 흡수를 위해 콘도미니엄을 짓는 것을 이론화하는 데 중요한 의미가 있다. 공간의 생산에서 발생하는 위기(우리는 그 결과를 주변에서 쉽게 찾아볼 수 있다)는 궁극적으로 맑스가 명확하게 정의를 내리고 있는 고정성과 이동성 사이의 모순에서 비롯한다.

소비된 자본 vs 묶여 있는 자본

이들 장에서 이야기되는 것들은 잠재적으로 매우 풍성한 함의를 담고 있다. 예를 들어 생산에 "묶여 있는" 자본과 "소비된 자본" 사이의 구별이 그러하다.(M2: 161) 맑스는 단지 이 구별이 존재한다는 것과 자본주의가 발전함에 따라 전자가 후자에 비해 더 커진다는 것 외에는 별다른 이야기를 하지 않았다. 특히 그는 이 구별이 자본의 가치구성을 측정하는 데 어떤 의미인지를 다루지 않았는데 자본의 가치구성은 그의 이윤율 저하경향 이론에서 결정적인 역할을 수행한다. 만일 묶여 있는 자본의 크기가 현저하게 크다면 자본의 가치구성은 매우 높아질 것(그리고 다른 조건이 불변이라면, 이윤율은 매우 하락할 것)이 분명하다. 대부분의 연구자들은 자본이 모두 소비되는 것을 좋아하지만 묶여 있는 자본의 크기가 증가하면 그것은 이윤율 하락 이론에 즉각적인 영향을 미친다. ("과거에 비해 오늘날 우리 주변을 둘러싸고 있는 엄청난 양의 물리적인 고정자본을 보라. 자본의 가치구성이 급속히 증가고 있다는 것은 분명한 사실이다.") 고정자본 투자의 거대한 물결은 묶여 있는 자본을 증가시키지만 주어진 회전기간에 소비된 자본에 영향을 미치는 않을 것이다. 그런데 만일 그 투자가 유동적인 불변자본의 사용을 절약하게 한다면 소비되는 자본의 가치구성을 하락시킬 것이고, 이윤율을 상승하게 할 것이다. 그런데 묶여 있는 자본과 소비된 자본의 구별은 회전기간의 변동에도 영향을 받는다. 엥겔스는 이윤율을 계산할 때 이 모든 요인의 중요성을 잘 알고 있었고 그 때문에 제3권의 이윤율 부분에 회전기간의 영향을 다루는 절을 집어넣었다.

고정자본 범주는 우리가 이미 보았듯이 사용자의 용도에 달려 있다. "기계제조업자의 생산물[혹은 상품]로서의 기계는 그의 상품자본에 속한다. 이 기계는 기계 구입자[즉 그것을 생산에 사용하는 자본가]의 수중에서 비로소 고정자본이 된다."(M2: 161) 게다가 일단 새로운 상품이 생산되고 나면 생산에 들어가는 고정자본 가치와 유동자본 가치 사이의 구분은 사라진다. 만일 사용자의 용도가 변하면 고정자본은 해체되기도 하고 곧바로 창출되기도 한다. 이미 지적한 바 있듯이 사람이 살고 있는 주택은 고정자본이 아니지만 공장은 고정자본이다. 그러나 만일 주택에서 물건을 만들기 시작하면 —— 미싱을 설치하여 이민노동자를 고용해서 셔츠를 만들 경우—그 주택은 갑자기 고정자본이 된다. 한때 옷을 만들던 다락방이 주거공간으로 변하면 그것은 고정자본의 범주에서 소비재원의 범주로 이동한다. 게다가 유동적인 자본 가운데 일부의 회전기간에 대해서만 고정되는 자본도 있다. 매일매일 아이스크림을 만드는 기계는 고정자본이지만, 비슷한 종류의 기계가 약 2년에 걸쳐 건조되는 대형 유조선의 생산에 사용될 경우 만일 그 기계가 2년 후에 완전히 노후화해 폐기된다면 그것은 고정자본이 아닐 것이다.

맑스의 상대적 규정의 역사적 중요성

이 모든 가능성은 맑스가 고정자본 같은 핵심 범주를 규정하면서 상대적 방식을 사용한 데서 비롯한다. 간단히 말해 고정자본의 범주는 그 자체로 고정된 것이 아니다. 맑스는 여기에서 상대적 의미의 변경이 품은 역사적 중요성을 평가하려는 시도를 하지 않는다. 나는 내 생각을 통해 거기에 중요한 의미가 있음을 발견했다. 예를 들어 월트 로스토우(Walt Rostow)의 "경제성장의 단계" 이론은 1950년대에 "반공산주의 선언" 형태로 집필됐는데—당시에는 모든 학생들이 반드시 읽어야만 하는 영향력이 매우 큰 책이었다—이 책에서는 (주로 도로, 댐, 항구 등) 고정자본의 형성 시기가 이후 한 나라의 경제성장에서 "전제조건"을 창출하는 데 결정적인 역할을 수행하는 것으로 묘사되고 있다. 이런 물리적 기반시설의 창출은 경제성장에서 다음 단계인 "도약단계"의 토대를 제공하고 도약단계는 다음의 "대량소비단계"를 이끌어낸다. 대중적 풍요의 창출은 전세계에 걸쳐 자본주의적 발전형태에 대한 대중적 지지를 끌어내었고 공산주의의 위협을 완화했다. 로스토우는 이것이 소위 저개발 국가들에 풍요를 약속한 공산주의에 대항할 수 있는 발전 경로라고 주장했다. 그러나 고정자본의 기반시설에 대한 강력한 투자의 전제조건을 만드는 시기에는 희생이 요구된다. 이런 고정자본의 형성을 위해 당장의 소비는 억제되어야만 한다. 외부로부터의 도움도 중요하다(여전히 지속되고 있지만 세계은행의 주된 임무는 이런 기반시설 투자를 지원하는 것이다).

로스토우는 자신의 발전이론을 뒷받침하기 위해 역사적인 자료를 제시했다. 각 나라는 하나의 발전 공간으로 간주되고 그가 수집한 역사적인 자료들은 강력한 고정자본 형성의 단계가 급속한 경제성장의 선도자 역할을 수행했다는 것을 보여주었다. 각 나라가 자본주의 발전의 "자연적" 단위이자 독립된 단위라는 이상한 개념은 제외하더라도 로스토우가 무시하고 있는 문제는 레닌이 이미 오래전에 이야기했던 제국주의의 확장형태의 토대가 되는 국가 간 자본의 흐름에 대한 것이다. 게다가 자본주의적 "도약단계"를 가장 먼저 이룩한 영국은 로스토우의 모델과 일치하지 않았다. 고정자본 형성이 증가한 국면이 존재하지 않은 것이다. 영국에서는 제국주의적 수탈과 상인자본의 약탈이 중요한 선도자 역할을 수행했다. 사실 영국의 문제는 포스탄(M. Postan) 같은 경제사학자들이 지적한 바대로 17세기 이후 (오늘날의 중국만큼이나) 쌓여간 거대한 자본잉여였다.[10] 문제는 이 잉여를 사용할 수익성 있는 사업을 찾아내는 것이었다. (국내와 해외 모두에서) 기반시설에 대한 고정자본 형성은 그런 잉여를 흡수할 전통적인 하나의 방법이 됐다. 게다가 소비를 위해 만들어진 기반시설 가운데 많은 것들이 영국에서는 생산을 위한 고정자본으로 전화하기 매우 쉬웠다. 상인들이 농민의 오두막집에 작업할 원료를 제공하던 선대제도는 결국 이 오두막집을 공장으로 전환했다(오늘날 소액 금융이 농민들의 오두막집을 생산의 고정자본으로 변모시키는 것과 동일한 방식이다). 그래서 로스토우의 "반공주의적" 발전이론, 특히 미래의 자본주의적 발전을 위해 지금 당장의 희생과 소비억제를 강조하는 부분은 근본적으로 틀렸다. 로스토우의 프로그램이 실제로 의도한 내용은 전세계가 제국주의 세력이 만들어내는 잉여자본의 흐름에 문을 열게 하는 것이었고 노동력에 대한 고도의 착취를 미래의 번영을 위해 허용함으로써 "소비억제"를 정당화하는 것이었다. 그렇기 때문에 자본수출과 국가 간의 자본흐름은 로스토우의 자료에는 나타나지 않았다.

『경제학비판 요강』에서 이루어진 맑스의 대안적 설명(불행히도 제2권에는 빠져 있다)은 훨씬 더 우리의 주목을 끈다.

> 고정자본의 발전은 또다른 관점에서 부 혹은 자본의 발전 정도를 보여준다. (…) 생산 가운데 고정자본의 생산에 맞추어져 있는 부분은 개인의 욕망을 직접적으로 충족하는 대상을 생산하거나 직접적인 교환가치를 생산하지도 않는다. 그러므로 생산성이 일정 수준에 도달하고—생산에 사용되는 노동시간 가운데 일부만으로도 직접적 생산이 충

분히 이루어질 수 있을 정도로―나서야 비로소 보다 많은 부분이 생산수단의 생산에 할애될 수 있다. 이 단계에 도달하기 위해서는 사회가 창출된 부의 상당 부분을 직접적 소비에서 유보할 수 있어야 한다. 즉 이 부분의 노동을 **직접적 생산이 아닌 부문**(물적 생산과정 그 자체 내에서)에 사용할 수 있어야 한다. 이를 위해서는 일정 수준의 생산성과 잉여〔강조는 하비〕, 그리고 보다 특수하게는 유동자본을 고정자본으로 곧바로 전화할 수 있는 여력을 갖추고 있어야 한다. **상대적 잉여노동의 양이 필요노동의 생산성에 의존하듯이 고정자본의 생산에 필요한 노동시간** ― 살아 있는 노동과 대상화된 노동 모두를 포함하여 ― 의 크기는 생산물의 직접적 생산에 소비되는 노동시간의 생산성에 의존한다. 과잉생산과 과잉인구는 (이런 관점에서) 이를 위한 조건이다. (…) **고정자본**이 만들어내는 직접적 성과가 적으면 적을수록 그것은 **직접적 생산과정**에 적게 투입되고 이 **상대적 과잉인구와 과잉생산**은 더욱 커질 것이 틀림없다. 그리하여 철도, 운하, 수로, 전신, 등의 건설이 직접적 생산과정에서 곧바로 사용되는 기계의 제작보다 더 많아질 것이다. 그리하여 ― 우리는 나중에 이 주제를 다시 다루게 될 것이다 ― 근대 공업의 부단한 과잉생산과 과소생산, 즉 끊임없는 경기변동은 유동자본이 때로는 너무 적게, 때로는 너무 많이 고정자본으로 전화하는 불비례 때문에 발생한다. (『경제학비판 요강』 707~08면)

이것은 단지 영국에서 이루어진 자본주의적 발전과정을 탁월하게 이론화한 것일 뿐만 아니라 지난 30년간 중국에서 이루어진 영국과 똑같은 눈부신 발전과정을 설명해준다. 그것은 또한 물리적 기반시설에 대한 주기적인 과잉투자의 잠재적인 위험과 따라서 자본주의 경제에서 공황이 형성되는 또 하나의 방식을 지적한다. 그러나 고정자본 형성과 관련된 공황은 제2권에서는 주로 맑스의 "도덕적 마모"에 대한 분석 부분에서 간단하게만 언급되는데 우리는 이것을 간단히 살펴볼 것이다. 그러나 이 주제로 나중에 다시 훨씬 더 많은 내용을 다루게 될 것이다.

그런데 이 문제를 약간 속류적인 방식으로 다룬 논의들도 있다. 밀턴 프리드먼(Milton Friedman)은 시본주의석 빌진 형태에 찬사를 보내는 자신의 논의를, 자본주의적 발전의 출발을 이루는 저임금착취 작업장에 대한 찬사로 시작한다. 주택과 가정은 단순한 용도변경만으로 고정자본으로 전화한다. 이것은 오늘날의 상태와 흥미롭게 대비된다. 보스턴과 맨체스터에 있던 고가의 직물공장 고정자본은 지난 40년에 걸쳐 주택용도로 전환된 반면 뒷방과 지하실들은 로스앤젤레스에서 마닐라에 걸친 전지역에서 저임금착취 작업장의 고정자본으로 전화했다. 소액금융이 멕시코와 인도의 농촌 여인들에게 미싱기계를 구매할 자금을 대출하자 농민들의 오두막집은 곧바로 아무런 비용도 발생시키지 않은 채 생산을 위한 고정자본으로 전환됐다. 이것은 이윤율 저하경향에 대응하는 좋은 방법인데 왜냐하면 그것이 노동에 비해 고정자본 투입의 가치를 크게 떨어뜨리기 때문이다.

나는 고정자본 형성을 상대적인 방식으로 다루는 맑스의 방법이 자본의 역사를 해석하는 데 큰 도움이 된다고 생각한다. 그의 설명은 온갖 방식의 이론적 가능성을 모두 열어준다. 맑스가 다소 우연히 들고 있는 사례, 즉 황소가 소비 용도가 될 수도 있고 생산의 고정자본 용도로 사용될 수도 있다는 이야기로부터 많은 것이 나올 수 있는데 그것은 우리 주변에 (연필에서 시작하여 주택, 도로, 심지어 도시 전체에 이르기까지) 그런 성질의 것들이 곳곳에 널려 있기 때문이다. 개념의 유동성은 기능적인 창의성만큼이나 중요하다. 이런 유형의 문제는 유동적인 개념적 범주를 다루지 않는 전통적인 부르주아 경제학과는 (불가능한 것은 아니겠지만) 결합되기 어렵다. 고정자본은 명백히 전통적인 경제학의 관점에서 보면 고정적인 개념이다. (우리가 앞으로 보게 되겠지만) 불행히도 맑스경제학자들 가운데에도 역시 맑스가 개념들을 이처럼 상대적인 형태로 다루는 방식을 충분히 이해하지 못하는 사람들이 많다. 그 결과 이런 사람들은 부르주아 이론의 오류를 그대로 반복하고 있다.

유지보수, 교체 그리고 수리

맑스는 (철로의 경우처럼) 고정자본의 각 구성부분들의 제각기 다른 수명에 관한 얼핏 평범해 보이는 문제와, 유지보수·수리·교체 비용 문제에 상당히 큰 관심을 기울이고 있다. 세부적인 문제로 들어가지 않고도 여기에는 지적되어야 할 매우 중요한 일반적 사항이 포함되어 있다.

고정자본의 수명은 마모에 의존하고 마모는 사용 정도(사용량이 많은 고속도로, 철로, 자동차 등의 마모는 조금 더 빨리 이루어진다)

는 물론 환경적 조건과 공기 중 노출 등에 의존한다. 보다 중요하게 "동일한 자본이 투하될 경우에도 고정자본의 각 요소는 수명도 다르고 회전기간도 서로 다르다. 철도를 예로 들면 선로, 침목, 토구, 역사, 철교, 터널, 기관차, 차량은 각기 사용기간과 재생산기간이 다르며, 따라서 거기에 선대된 자본도 회전기간이 각각 다르다".(M2: 169) 우리는 누구나 주택, 차량 같은 온갖 종류의 소비재원에 해당하는 요소들의 각 부품에 제각기 전혀 다른 교체기간이 있다는 것을 알고 있다. 한편으로 교체와 다른 한편으로 세두시니 확대는 맑스가 지적하고 있듯이 그 경계선이 불분명하다. 주택에 훨씬 더 좋은 새로운 지붕을 올리는 것은 교체에 해당할까 아니면 사실상 새 주택을 만드는 재투자일까? 그런데 고정자본은 유지보수도 필요하다. 이것은 부분적으로 노동자들이 정확한 작업명령을 준수하여 기계를 적절한 방식으로 사용해주기만 해도 사실상 무상으로 이루어지기도 한다. 그러나 기계를 계속 사용하기 위해서는 "추가적인 노동"이 "끊임없이 필요하고" 맑스는 이 노동을 유동자본으로 분류한다.(M2: 174) 한편 수리는 원래의 고정자본에 필요에 따라 추가되는 "추가적인 가치 구성 부분"으로 간주된다. "모든 고정자본은 이처럼 후속적으로 조금씩 이루어지는 노동수단과 노동력에 대한 추가자본 투하가 필요하다."(M2: 175) 그런 다음 회전기간을 이해할 때 이 것의 의미(앞서 맑스가 지적했듯이 나중에 다루어질 부분이지만 여기에 미리 등장한다)가 설명된다.

고정자본의 평균수명을 산정하는 데는 청소(여기에는 장소의 청소도 포함된다)와 그때그때 요구되는 수리를 통해 고정자본이 계속해서 가동상태를 유지한다는 것이 전제되어 있다. 고정자본의 가치 이전은 고정자본의 평균수명에 근거하여 계산되지만 이 평균수명 자체는 그것의 유지보수에 소요되는 추가자본이 끊임없이 선대된다는 것을 전제로 하여 계산된다. (M2: 175~76)

이것은 물론 고정자본 비용을 줄이기 위해 필사적인 자본이 고정자본의 수리와 유지를 미룰 경우 어떻게 될지에 대한 문제를 제기한다. 이는 종종 일어나는 일로서 특히 건축환경과 관련된다. 여기에는 배치된 고정자본의 일반적인 **효율성**은 물론 일상생활의 질에 대한 온갖 종류의 함의가 내포되어 있다. 뉴욕시가 지하철, 교량, 터널, 공립학교 건물 등의 유지보수를 20년 동안 미루어온 결과 이들 인프라의 효율성 저하는 더이상의 자본축적을 방해하고 있다. 유지보수와 수리비용을 누가 부담할지의 문제도 매우 중요하다. 맑스는 주택의 경우를 예로 들고 있다.

소유자가 자신의 고정자본인 가옥 등의 물건을 타인에게 고정자본으로 임대한 경우 이 임대계약에서 법률은 시간, 자연력의 영향, 정상적인 사용의 결과인 정상적인 마모와 가옥의 표준적인 수명과 그것의 표준적인 사용 기간을 유지하기 위해서 수시로 요구되는 그때그때의 수리를 구별하는 것을 인정한다. 통상적으로 전자는 소유자가, 후자는 임차인이 부담한다. 나아가 수리는 다시 일상적인 수리와 근본적인 수리로 구분된다. 후자는 부분적으로 고정자본의 현물형태에 대한 갱신이어서 ── 계약에서 명시적으로 반대되는 내용이 기술되어 있지 않은 한 ── 역시 소유자의 부담이 된다. (M2: 177)

그런 다음 맑스는 해당 문제에 대한 영국의 법률조항을 인용한다. 맑스는 기술적인 세부내용을 생략하는 경향이 있지만 나는 일반적인 점에 주목할 필요가 있다고 생각한다. 즉 사회가 발전함에 따라 (소비재원과 함께) 기존 고정자본의 유지보수, 수리 및 교체라는 문제 전체는 점점 더 많은 양의 자본을 흡수하는 것은 물론 점점 더 많은 양의 노동도 필요로 한다. 뉴욕시와 같이 거대한 도시지역에서는 유지보수, 수리 및 교체에 들어가는 자본과 노동이 (부품 교체가 전면적 갱신이 되는 애매한 경우를 인정하더라도) 새로운 생산물을 창출하는 데 들어가는 자본과 노동에 못지않다. 가치의 생산과 유통에서 이 모든 것이 어떻게 설명될지의 문제는 (설사 맑스에게서 자주 나타나는 난해한 설명까지는 아니라 할지라도) 논의의 여지가 많은 부분이다. 그러나 단순하게 생각해서 유지보수 비용의 증가와 함께 교체와 수리에 많은 양의 새로운 고정자본을 투하한다는 것은 사회적으로 엄청난 부담이 될 수 있다(뉴욕의 지하철 운영이나, 비계飛階를 설치했다가 다시 해체하는 숱한 사람들의 경우를 생각해보라). 개별 자본가에게 이들 변화는 회전기간의 계산에 해당한다. 일정한 시점이 되면 계속 증가하는 수리와 유지보수 비용 때문에 (유동적인 것이든 고정적인 것이든) 고정자본의 투자를 포기하고 다른 곳에 새로운 설비를 건설하는 것이 더 경제적일 수 있다.

고정자본 유통의 화폐적 측면

맑스는 고정자본 유통의 화폐적 측면을 다음 같은 방식으로 접근한다.

고정자본의 독특한 유통은 특유의 회전을 만들어낸다. 고정자본이 그 현물형태의 마모를 통해 잃게 되는 가치부분은 생산물의 가치 부분으로 유통된다. 그리고 생산물은 유통을 통해 상품에서 화폐로 전화한다. 그에 따라 노동수단의 가치 가운데 생산물에 의해 유통되는 부분도 화폐로 전화하며, 이때 유통과정에서 화폐로 떨어져 나오는 가치의 양은 이 노동수단이 생산과정에서 가치의 담지자 역할을 중단하는 부분의 크기에 비례한다. 그리하여 노동수단의 가치는 이제 이중적 존재형태를 취하게 된다. 그것의 일부는 생산과정에 속하는 사용형태(혹은 현물형태)로 묶여 있으며 다른 일부는 거기에서 분리되어 화폐가 된다. (M2: 163~64)

이 구절 다음에 고정자본 가치의 "이중적 존재형태" — 일부는 계속되는 회전기간을 통해 생산으로부터 회수되면서 점점 더 커지는 화폐형태를 취하고, 다른 일부는 고정자본 가운데 아직 사용되지 않은 채로 점점 줄어드는 잔여가치의 형태를 취한다 — 라는 개념의 중요성을 덧붙이고자 한다.

회수된 화폐는 고정자본의 수명이 끝날 때까지 예비 재원으로 계속 축적된다. 은행과 신용제도가 갖추어지기 전에 자본가들은 기계를 교체할 때까지 화폐자본을 축장해두어야만 했다. 화폐는 교체를 위한 구매가 이루어질 때에만 비로소 유통으로 되돌아온다.(M2: 164) 만일 모든 자본가가 똑같은 일정으로 움직인다면 화폐유통에는 매우 심각한 가뭄의 시기가 될 것이다. 다행히도 자본가들은 그렇게 움직이지 않지만 그렇다고 해서 화폐유통의 균등화를 위해 모두가 함께 움직인다고 할 수도 없으며 기술혁신이 매우 집약적으로 이루어지는 시기에는 민일 신용제도가 없다면 극심한 화폐가뭄이 생겨날 수도 있다.

그러므로 고정자본의 화폐적 회전기간은 유동자본의 경우와는 매우 다른 특수한 성질을 지니고 있다. 에너지 같은 보조재료는 생산이 이루어져서 상품이 시장에 나가는 회전기간 동안에 모두 소비되고 따라서 이 보조재료에 해당하는 화폐액은 규칙적으로 순환한다. 불변자본 가운데 노동대상을 이루고 상품으로 계속 재현되는 요소들도 이와 마찬가지다. 노동의 경우 가변자본은 규칙적인 일정(예를 들어 매주)에 따라 노동자에게 투하되고 노동자는 이 화폐를 자신이 필요한 상품에 지출한다. 후자의 거래에 대해 맑스는 "더 이상 노동자와 자본가 사이의 거래가 아니라 노동자는 상품거래자로, 자본가는 상품판매자로 수행하는 거래"라고 자주 강조한다. 왜냐히면 "노동력 대가로 받은 화폐를 생활수단으로 바꾸는 (…) 것은 바로 노동자 자신"(M2: 166)이기 때문이다. 이는 다음 구절에서 다시 지적되는데, 구매자로서의 이 기능을 통해서 노동자는 소비자 선택——물론 이 선택은 노동자가 생존을 위해 구매해야 하는 것이기 때문에 어느 정도 강제된 것이기도 하다— 의 상대적인 자율성을 갖기 때문이다.

고정자본과 유동자본의 구별은 오직 생산자본과의 관계에 있다는 점을 떠올릴 필요가 있다. "그것은 단지 생산자본에서만 그리고 생산자본 내부에서만 존재한다."(M2: 167) 그런데 고정자본의 회전기간 동안 유동자본은 여러차례 회전한다. 고정자본의 가치는 "한번에 모두 선대된다. 즉 이 가치는 자본가에 의해 한꺼번에 유통에 투하된다. 그러나 이 가치는 (…) 단지 조금씩 부분적으로만 유통에서 빠져나온다".(M2: 168) 그러나 고정자본의 수명이 끝날 때까지 자본가는 이 화폐를 교체를 위해 당장 사용할 필요가 없다. "화폐가 생산수단의 현물형태로 이처럼 재전화하는 것은 이것의 기능이 다하고 나서야 (즉 생산수단이 완전히 소비되고 나서야) 비로소 이루어진다."(M2: 169)

그러나 고정자본의 교체 일정은 자연법칙의 영향을 받는다. "예를 들어 말과 같이 생명이 있는 노동수단은 (…) 평균수명이 자연법칙에 의해 결정된다. 이 기간이 끝나면 그것은 새로운 것으로 교체되어야 한다. 한마리의 말은 조금씩 나누어 교체될 수 없기 때문에 다른 한마리의 말로만 교체될 수 있다."(M2: 171) 그래서 한꺼번에 이루어지는 고정자본 투자의 이런 특성은 처음 그것을 구매할 때나 나중에 그것을 교체할 때나 모두 두드러진 모습으로 나타난다. 거기에는 얼마나 많은 화폐자본이 특정 시점에 유통으로부터 회수되거나 투입되는지에 대한 화폐적 의미가 있다.

게다가 비교적 짧은 간격으로 새로운 현물이 가치가 하락한 현물에 부가되는 방식으로 재생산이 일부분씩 진행되는 경우에는 이런 보전이 이루어지기 전에 생산부문의 특수한 성격에 따라 미리 일정한 규모의 화폐축적이 이루어져야 한다. 즉 임의의 화폐액이 아니라 일정한 액수의 화폐가 필요한 것이다. (M2: 182)

여기에는 온갖 종류의 결합형태가 있을 수 있다. 철도는 선로 전체가 완성되기 전에는 기능할 수 없고 그만한 액수의 화폐가 미리 투하되어야만 한다. 하지만 선로의 교체는 말의 경우와는 달리 일부분씩 이루어질 수 있다. 이 모든 것이 만들어내는 화폐적 결과는 제8장의 끝부분에 다시 간략하게 정리되어 있는데, 늘 그렇듯이 맑스는 여기에서도 만일 신용제도를 고려할 경우에는 모든 것이 전혀 다르게 나타날 것이라고 지적한다. "어떤 사회에 현존하는 화폐 가운데 일부는 항상 축장화폐로 유휴상태에 있고, 나머지 부분은 유통수단〔혹은 직접 유통하는 화폐의 직접적인 준비금〕으로 사용"된다.(M2: 182) 그 결과

화폐의 총량에서 축장화폐와 유통수단이 나누어지는 비율은 끊임없이 변동한다. 이제 우리의 경우에는 특정 대자본가의 수중에 축장화폐로 대량 축적됐던 화폐가 고정자본의 구입을 위하여 한꺼번에 모두 유통에 투입된다. (…) 고정자본의 마모 정도에 따라 그것의 가치는 상각기금(amortization fund)이라는 형태로 출발점으로 되돌아오지만 (…) 이 상각기금은 다시 유통화폐 가운데 일부를 바로 그 자

본가의 (…) 축장화폐로 되돌려준다. 그것은 사회에 존재하는 축장화폐의 끊임없이 변화하는 분할로서 이 축장화폐는 번갈아서 유통수단으로 기능하다가 다시 축장화폐로서 유통화폐량에서 분리되곤 한다. 대공업과 자본주의적 생산의 발전이 **필연적으로 수반하는** 신용제도의 발전과 함께 이 화폐는 축장화폐가 아니라 자본으로 기능하지만 그러나 그것은 화폐소유자의 수중이 아니라 그것을 처분할 수 있는 다른 자본가의 수중에서 자본으로 기능한다. (M2: 182. 강조는 하비)

그로 인해 고정자본 유통의 화폐적 측면과 물적 측면의 이중적 성격은 근본적으로 변경된다. 화폐적 측면은 물적인 마모과정과의 결합으로부터 떨어져 나와 잠재적인 화폐자본으로 해방된다.

'도덕적 마모'

맑스가 제1권에서 매우 중요하게 다루었던 "도덕적 마모" 문제는 제2권에서 매우 피상적으로 다루어진다. 생산 혁신은 시간이 경과된 기존의 고정자본 가치를 하락시킬 뿐만 아니라 기존 기계의 수명이 다하기도 전에 그것을 대체할 보다 우수한 새로운 기계가 생산되게 한다. 그 결과 가치하락은 보다 촉진되고, 같은 이야기지만 낡은 기계의 효율(유용성)은 하락한다. 이것은 사실 이 장의 앞부분에서 "아직 쓸 만하다"고 했던 감질나는 판정에 대한 충분한 설명을 기대할 수 있는 부분이다. 그러나 불행히도 맑스는 이 문제에 대한 이야기를 별로 하지 않았으며 단지 "많은 고정자본들은 일정한 현물형태로 투하되어 그 형태 그대로 평균수명이 일정"하고 그래서 "개량된 노동수단들이 한꺼번에 급속하게 도입되는"것을 가로막고 있다는 정도만 이야기한다. 이것은 낡은 고정자본이 완전히 마모되기 전까지는 자본가들이 새로운 고정자본이나 기술 변화를 받아들이기 싫어하는 이유를 설명해준다. (맑스의 주안점은 아니지만) 독점의 조건에서 자본가들의 이런 성향은 경기침체를 유발할 수 있다. 이와는 반대로 "격렬한 경쟁은 ── 특히 결정적인 변화의 국면이 닥친 경우 ── 낡은 노동수단이 그 자연수명을 다하기도 전에 그것을 새로운 것으로 강제로 대체해버리기도 한다".(M2: 171) 이 주제는 제9장에서 다시 다루어진다.

고정자본은 (…) 생산수단 ── 이것은 자본주의 생산양식의 발전과 함께 끊임없이 증가한다 ── 의 끊임없는 변혁을 통해 그 수명을 단축하기도 한다. 그리하여 자본주의 생산양식의 발전과 함께 생산수단의 교체는 물론 도덕적 마모로 인한 그것의 보전 필요성도 그것이 물리적으로 수명을 끝마치기 훨씬 전에 발생한다. (…) 중요한 것은 여러번의 회전 ── 자본은 고정자본 부분에 의해 여기에 묶여 있다 ── 으로 이루어진 이런 장기(수년의 기간)순환을 통해서 주기적인 공황 ── 경기는 불황, 회복, 경기과열, 공황이라는 연속적인 시기를 통과한다 ── 의 물적 기초가 만들어진다는 것이다. 그러나 자본이 투하되는 시기는 제각기 달라서 이들 주기도 통일적으로 이루어지지는 않는다. 그렇지만 공황은 언제나 새로운 대규모 투자의 출발점을 이루고 바로 그런 점에서 또한 ─ 사회 전체의 시각에서 볼 때 ─ 다음 순환을 위한 새로운 물적 토대를 이룬다. (M2: 185~86)

가속화된 가치하락은 상품의 생산과 판매를 통해 아직 완전히 회수되지 못한 기존 고정자본의 가치를 하락시킨다. 만일 이것이 충분히 광범위한 규모로 이루어지면 반드시 공황이 발생한다. 제1권에서 맑스가 말했듯이 노동에 대한 함의는 주야 맞교대 작업형태가 도덕적 마모의 위험이 닥치기 전에 가능한 한 빨리 고정자본의 가치를 모두 회수하기 위한 방법이라는 점이다. 그러나 도덕적 마모 혹은 다른 사회적 요인(고정자본을 그대로 남겨둔 채 지역이 이동하는 것 같은 사태)으로 인한 대량의 고정자본에 대한 가치하락의 일반적 중요성은 제2권에서 거의 강조되지 않았다. 그것은 이론적으로나 역사적으로나 모두 『경제학비판 요강』에서 이야기되었다. 그래서 우리는 몇가지 함의를 스스로 추출해내야만 한다.

맑스는 전반적 공황(이것은 자본에 대한 가치 절하를 분명 포함한다)이 기존 고정자본의 갱신이나 교체를 위한 좋은 기회가 될 수 있다고 생각한다. 이 생각은 조금 더 진전시킬 필요가 있다. 공황기에는 기존 고정자본 가운데 많은 부분이 가동되지 않거나 가치 절하되기 때문(자본의 활용이 매우 낮아지기 때문)에 화폐를 예비 재원으로 가지고 있는 자본가들은 (특히 새로운 고정자본의 비용이 낮을 경우에는) 당연히 기존의 고정자본을 폐기하거나 다른 곳으로 옮긴다. 공공정책 분야에서 여기에 해당하는 최근의 정확한 사례는 2008년 연방정부가 실시한 이른바 "중고차 현금보상" 프로그램이다. 소비자들은 아직 수명이 다하지 않은 자신들의 중고차를 폐기하고 현금을 보상받아 새로운 자동차를 구매했다. 이 정책의 목적은 자동차 시장과 자동차 산업의 경기를 살리려는 것이었다. 추가적인 가치 절하에 대한 세금우대도 고정자본의 갱신과 재투자의 유인을 제공해주는 공공정책의 또다른 형태다. 이는 로널드 레이건(Ronald Reagan)이 집권한 1980년대 초에 일어났다. 이것은 기존 고정자본이나 새 고정자본의 가치를 회계장부에서 추가적으로 감가상각했을 경우 보조금을 지불하는 방식이었다. 이 정책은 사실상 미국에서 자본이 남부와 서부 지역으로 이동하고 북동부와 중서부 지역이 탈산업화되는 데 영향을 미쳤다. 물론 이것이 일반적으로 보다 효율적이었는지의 여부는 새로운 기술적·지역적 가능성이 존재하는지의 여부에 달려 있다. 1930년대의 대불황기는 한창 공황이 진행되던 미국에서 기술적·제도적 혁신이 두드러진 시기이기도 했다. 그 결과 고정자본의 갱신 주기는 완전히 새로운 패턴으로 전환(자동차산업과 전자산업에 기반을 둔 것이었고 그것은 캘리포니아 시대의 개막을 알렸다)했고 그 열매는 제2차 세계대전 이후에 맺혔다. 그것은 "다음의 회전 주기를 위한 새로운 물적 기초"를 제공했다. 최근의 경기불황 국면에서 이런 고정자본 혁신 비슷한 과정이 진행되고 있는 곳은 없는가? 만일 있다면 그것은 어디일까? 중국일까? 맑스의 이론적 문제 제기는 분명 다시 들여다볼 만한 가치가 있다.

공황의 형성과 그 해법에 대한 맑스 이론의 이러한 관점의 전반적인 중요성은 맑스주의 문헌들에서 별로 주목받지 못하고 있지만, 맑스가 간단히 언급한 "도덕적 마모" 방식과 새로운 기술의 도입과 관련된 경제순환에는 명백한 역사적 증거들이 있다. 설비(주로 고정자본) 가동률은 무엇보다도 경제의 건강상태를 알려주는 결정적인 지표로 간주된다. 이 문제가 얼마나 중요한지를 인식하는 데는 단지 2008~09년 공황의 조건에 대응하여 중국이 고정자본에 얼마나 많은 투자를 했는지만 살펴보아도 된다. 한편으로 우리는 "사회 전체 입장에서 볼 때 우연과 자연력에 의해 야기된 예외적인 파괴를 보전하는 데 필요한 생산수단을 준비해두기 위해서는 끊임없는 과잉생산(즉 인구 증가를 완전히 배제한 채 현존하는 부의 단순한 보전과 재생산에 필요한 것보다 더 큰 규모의 생산)이 있어야만 한다"(M2: 178)는 것을 볼 수 있어야 한다. 여기에서 맑스가 염두에 두고 있는 것은 지진이나 쓰나미 같은 재해의 영향이지만 이런 관점을 2009년 중국이 경험한 수출시장 붕괴라는 조건에 적용하지 마라는 법은 없다. (17세기에서 19세기 말까지 영국이 그러했던 것처럼) 중국은 엄청난 자본 잉여를 보유하고 있다. 이 엄청난 잉여를 고정자본 투자의 재원으로 활용하기 위해서는 (로스토우나 미국의 공화당이 하는 것처럼) 긴축정책을 강조해서는 안 된다. 그러나 그것은 맑스가 이미 선견지명을 통해 지적하고 있듯이 주기적인 공황("경기는 불황, 회복, 경기과열, 공황이라는 연속적인 시기를 통과한다"M2: 185)의 "물적 기초"가 된다. 사실 (엄청난 물적 인프라같이 토지에 묶여 있는 것들을 포함한) 온갖 종류의 고정자본들에서 발생하는 "도덕적 마모"가 자본주의 생산양식의 심장부에서 규칙적으로 (특히 자산가치에 관한) 대규모 침체나 공황으로 변하는 경로는 무수히 많다. 맑스는 이런 경로들에 대한 일반적 가능성을 지적하기는 했지만 그것을 더 깊이 다루지는 않았다. 내가 보기에 이 점은 참으로 애석하다. 이 일반적인 개념을 구체화하기 위해서는 많은 작업을 수행해야 하기 때문이다.

고정자본과 가치론

맑스경제학과 부르주아 경제학 모두에서 고정자본의 가치를 측정하는 문제는 많은 논란을 낳고 있다. 그것은 매우 까다롭고 어려운 문제다. 맑스는 거기에 대해 세가지 방법을 이야기한다. 첫번째 방법은 직선적인 감가상각이다. 수명이 10년인 기계는 매년 자신의 가치 가운데 10분의 1을 회수하여 가치가 모두 회수되고 사용가치가 모두 소진되고 나면 자본가는 그동안 축장해둔 화폐로 새로운 기계를 구매한다. 고정자본의 가치를 측정하는 두번째 방법은 교체비용에 의한 방식이다. 기계의 잔존 가치는 그것의 수명이 아직 끝나지 않은 어떤 시점에 그것을 동일한 기계로 교체하는 데 소요되는 비용에 의해 결정된다. 세번째로 기계의 가치는 그것의 사회적 평균 수명과 일정 생산영역에서 경쟁하는 자본가들의 고정자본의 일반적인 효율 수준에 의존한다. 이것은 "도덕적 마모" 논의에서 이야기했던 것으로 고정자본의 "효율성" 혹은 "쓸모"(맑스는 이 용어를 사용하지 않았다)의 문제다. 기술혁신은 새로운 기계를 보다 저렴하고 보다 효율적이게 한다. 이것은 생산되는 재화의 가치에 영향을 미친다. 생산성 증가는 상품 가치를 떨어뜨리고 기존 고정자본의 장부상 가치를 하락시키는데 왜냐하면 기존 고정자본(기계 등)의 "효율 수준" 혹은 쓸모가 감소하기 때문이다. 생산성 증가(고정자본 설비의 가격 하락이나 효율의 증가)로 인한 상품가치의 하락이 발생하면 개별 자본가들은 자신들이 가지고 있는 고정자본을 시장에 판매할 경우 가치 전부를 돌려받을 수 없다. "나의 구식 고정자본이 아직 수명이 다하지 않았으니 가격을 더 지불해달라"는 이야기에 귀를 기울여줄 구매자가 어디에 있겠는가?

그런데 맑스는 이 요인을 별로 다루지 않았다. 매몰자본의 가치와 시간의 경과에 따른 고정자본의 가치하락 문제는 다루어지지 않은 채 비어 있다. 부르주아 경제학에서 고정자본의 가치 평가 문제는 공포의 대상이며, 많은 사람들은 맑스도 이 부분에서는 문제가 많다고 간주한다. 이것은 종종 맑스 노동가치론의 아킬레스건으로 이야기되기도 한다. 이 문제의 "특수성"이 노동가치론 개념과 충돌하는 부분이 있다는 점에는 의문의 여지가 없다. 만일 가치가, 투입된 사회적 필요노동량이고 이것이 항상 어떤 상품의 "진짜" 가치를 결정하고 시장에서 관찰되는 균형가격 혹은 자연가격의 토대가 되는 것으로 해석된다면, 어떤 상품이 고정자본인 경우와 아닌 경우(소비재원이거나 결합생산물의 경우)로 나누어 진행하는 맑스의 논의는 이 가치론 전체의 틀을 무너뜨리고 말 것이다. 고정자본의 유통은 오로지 생산에 투하된 과거와 현재 노동의 고정된 크기만을 토대로 하는 가치론과 합치될 수 없다는 것이 분명히 드러나기 때문이다. 그러나 내가 『자본의 한계』에서 논의했던 것처럼 이것은 리카도의 노동가치론이지 맑스의 가치론이 아니다.

맑스는 대개 편의를 위해 사회적으로 필요한 노동과 체화된 노동을 같은 것으로 사용했지만 사실 후자는 사회적 관계로서의 가치의 모든 측면을 포괄하고 있지 못하다. 가치는 "유용성을 가진 물품에만 존재하며 만일 어떤 물품이 유용성을 잃게 되면 가치도 상실한다". 이것은 "상품이 가치로 실현되기 위해서는 그전에 사용가치를 가지고 있다는 점을 보여주어야" 하기 때문이며 "만일 어떤 물건이 쓸모가 없다면 거기에 포함된 노동도 쓸모가 없게 되며 이 노동은 노동으로 계산되지 않고 따라서 아무런 가치도 창출하지 않는다".[11]

첫 부분에서 언급한 이유 때문에 맑스는 수요와 공급 같은 특수성의 문제를 다루지 않으며 효용이론의 다양한 견해들도 다루고 싶어 하지 않은 것이 틀림없다. 그래서 그는 어떤 물품이 사용가치를 가진 경우와 갖지 않은 경우 모두를 한꺼번에 상정했다. 그러나 고정자본의 사용가치가 아직 수명이 다하지 않은 기간에 그것의 "효율성"(내가 이 단어를 따옴표로 묶어서 강조하고 있는 이유가 바로 이 때문이다) 때문에 어떻게 변동할지를 알아내기는 어렵다. 내가 보기에 좀더 일반적으로 이야기해서 "가치는 변동하는 세상을 표현하기 위해 사용되는 고정된 척도가 아니라 그 세상의 중심에 있는 모순과 불확실성을 지니고 있는 사회석 관계다. 그렇게 볼 경우 맑스의 가치 개념과 고정자본의 유통이라는 '특수한 문제' 사이에는 아무런 모순도 존재하지 않는다. 모순은 가치 그 자체의 개념 속에 내재되어 있다".[12]

이 논의 전체를 보다 분명하게 이해할 수 있는 한가지 흥미로운 방법이 있고 맑스는 그것에 대한 힌트를 제공해주고 있긴 한데 그것을 결합생산물 이론에 적용하는 데까지는 들어가지 않는다. 1년의 회전기간이 끝나는 시점에서 두 상품이 결합적으로 — 즉 상품과 잔여 고정자본의 형태(예를 들어 재봉틀의 형태)로 — 생산됐다. 회전기간이 끝난 시점에서 나는 셔츠와 재봉틀을 모두 상품자본으로 간주하고 둘의 가치를 모두 실현할 방법이 있다. 얼마 사용되지 않은 재봉틀은 시장가치가 있지만 그것을 설치하는 데는 문제가 따른다. 산업 전체에 걸친 중고물품의 시장가치는 측정하기 쉽지 않다. 공장 전체를 독일에서 해체하여 중국에서 재조립하는 놀라운 이야기가 오늘날 존재하는 것이 사실이지만 그것을 옮기는 비용은 가치가 하락한 고정자본의 구입에 들어가는 비용에 심각한 영향을 미칠 수 있다. 그러나 그럴 경우 미래의 예상가치가 (나중에 보게 될 가공자본의 형태로) 작용할 수도 있다. 그러나 이때 자본가들은 가치가 일부 하락한 중고 고정자본을 구매하여 그것을 그대로 사용하거나 혹은 다른 용도로 전환(예를 들어 폐기된 방적공장을 콘도미니엄으로 전환하는 것)하는 데 상당한 위험을 감수한다.

중고든 신규든 고정자본 투자의 가치를 평가하는 영역에서는 분명 온갖 종류의 문제가 존재한다. 이런 어려움을 해결하기 위한 여러 전략이 등장하는데 예를 들면 연간 계획적으로 감가상각을 진행하거나 연 단위로 고정자본을 임차하거나, 혹은 위험을 고정자본을 사용하는 생산자로부터 그것을 임대해주는 소유자에게로 (종종 이자수익만을 얻는 방식으로) 이전하는 방식 등이다. 그리고 실제로 중앙정부와 지방정부는 고정자본 가운데 일정 부분을 거의 무상으로 제공함으로써 고정자본 투자의 부담과 위험을 사회화하기도 한다.

내가 언급한 이 모든 문제는 얼핏 매우 단순해 보이는 고정자본 범주가 매우 복잡한 문제를 안고 있음을 알려주기 위한 것이다. 맑스는 이런 복잡한 문제들에 대해 많은 것을 언급하긴 했지만 그것들을 모두 말하지는 않았으며 단지 이 범주가 자본축적의 유통과정 내에서 그리고 그 과정을 거치면서 얼마나 불안정하고 유동적인 현태로 작동하는지를 상대적인 방식으로만 이야기했다. 제2권이 미완성된 저작이라는 말의 의미는 이런 문제에 대한 논의가 좀더 진행될 여지가 있다는 뜻이며, 맑스가 이상하게도 『경제학비판 요강』이나 다른 선행 저작에서 다룬 것들을 모두 이 저작에 담지는 않았음을 의미한다. 그러나 이런 온갖 세부적인 결함에도 불구하고 모든 형태(유동적인 것이든 고정적인 것이든)와 모든 관계(소비재원과 관련된)의 고정자본의 유통은 "순수한 상태"에서의 자본의 운동법칙을 이해하기 위한 맑스의 비판적 분석에서 중요한 부분을 차지한다. 이 분석을 통해 맑스는 고정자본의 형성, 유통 및 사용과 관련해 신용제도가 어떻게 작동하는지의 문제에 보다 깊이 다가갈 수 있었고 바로 그렇기 때문에 우리는 순수한 자본주의 생산양식의 법칙 내에서 신용제도 그 자체의 작동방식에 대해 좀더 깊이 탐구할 필요가 있다.

상인자본

『자본』 제3권
··············
제16장~제20장

이제 우리는 제2권에서 논의된 유통과정의 기술적 분석과, 그것에 관해 제3권에 서술된 분배형태를 통합하면 맑스의 이론이 어떤 모습으로 드러나는지를 볼 수 있는 "중요한 경험"으로 이동해보기로 한다. 제3권으로 들어가면 우리는 곧바로 제3권 본문의 특성에서 비롯된 몇가지 어려움과 만나야 한다.

엥겔스는 맑스의 초고로부터 제3권을 편집하면서 커다란 어려움을 겪었다. 제4부 상인자본 부분은 괜찮은 상태였지만 화폐자본과 금융 및 신용을 다룬 제5부는 "가장 어려움이 많았던 부분"이었으며 "이 책 전체의 논의대상 중에서 가장 복잡한 부분이기도"(M3: 12)했다. 엥겔스가 제5부를 이렇게 본 이유는 내가 보기에 이 부분이 단지 스쳐지나가는 정도보다는 더 중요한 의미가 있기 때문이다. 나는 이 부분이 매우 중요하다고 생각하며, 맑스경제학의 전통 속에서 광범위하게 이루어진 분석과 논쟁들 사이에서 중심적인 위치를 차지하지 못한 것을 애석하게 생각한다.

엥겔스가 보기에 문제는 "완성된 초고가 없고 전반적으로 윤곽이 잡힌 노트도 없으며 단지 주석 혹은 자료들이 정리되지 않은 채 여러번 발췌 형태로 퇴고된 흔적으로만 남아" 있다는 점이었다. 이를 다시 쓰기 위한 작업을 세번 시도한 후에 엥겔스는 그 작업을 포기하고 단지 최선을 다해 "반드시 필요한 것만 보충하는 정도로" 발췌된 자료를 정리만 했다. 진짜 어려움은 제30장 "화폐자본과 현실자본" 이후부터 시작됐다. "여기에서부터는 인용문의 정렬은 물론 삽입문이나 엉뚱한 문장의 출현으로 곳곳에서 문맥이 끊어지고, 생략되고, 위치가 잘못되어 있어서 전후 문맥을 유추하여 올바르게 배열해야만 했다. 그래서 제30장은 위치가 잘못된 문장의 위치를 바꾸거나 그것을 삭제함으로써 완성할 수 있었다. 제31장은 다시 비교적 퇴고가 잘되어 있었다. 그런데 제31장 다음에는 초고에서 상당히 긴 부분이 이어져 있었는데, 거기에는 '혼동'이라는 제목이 붙어 있었다."(M3: 12~13. 이 부분은 독일어 원문의 상당 부분이 영어본에서 누락되어 있다. 여기에 실린 문장은 독일어 원문에 따른 것이다―옮긴이) 요컨대 이들 초고의 상태는 상당히 나빴다.

맑스 논의의 전반적인 흐름을 복원하는 작업은 불가능하지는 않지만 매우 어렵다. 그래서 나는 그럴 수 있는 곳은 그렇게 하지만 그렇지 못한 곳의 경우에는 긴 본문에서 핵심으로 보이는 개념을 추출하고 분석을 위한 보다 일반적인 틀을 찾아내는 것이 최선이라고 생각했다. 사실 추상적인 원문을 추상적으로 읽는 것 외에는 달리 선택의 여지가 없기도 하다.

맑스는 제3권의 제4부를 다음과 같이 시작한다. "상인자본은 좀더 하위 개념의 두 형태인 상품거래자본과 화폐거래자본으로 나누어"진다.(M3: 278) 상품거래와 화폐거래 사이에는 (종종 신용의 제공을 포함하는 거래처럼) 명백히 중첩되는 부분이 존재하는데 맑스는 그가 제2권에서 상품자본의 순환과 화폐자본의 순환을 구분했던 것과 똑같은 방식으로 이 둘을 엄격하게 분리한다. 그러나 여기에서 "상인자본"이라는 용어를 사용하면서 맑스가 (우리가 보통 상인의 활동을 지칭하는) 상업자본과 은행가 및 화폐거래자들의 자본을 함께 결합한 개념으로 사용하고 있다는 점에 유념하기 바란다.

맑스는 『경제학비판 요강』에서도 그랬듯이, 분배의 특수성을 다룰 경우에도 자본의 일반적 운동법칙에 초점을 맞춘다는 자신의 원래 의도에서 벗어나지 않겠다는 점을 분명히 밝히고 있다. 맑스 스스로도 자주 언명하듯이, 우리는 "그런 세부적인 문제들에 대하여 자본을 그 기본적인 내적 구조로부터 분석하기 위해 필요한 범위 내에서만" 다루고자 한다. 그에게는 상인과 화폐거래자들의 활동을 이런 일반적 법칙과의 관련하에서만 살펴보겠다는 의도가 있었다. 문제는 맑스가 일반적 법칙과 관련하여 무엇이 중요하고 무엇이 중요하지 않은지를 항상 분명히 하지는 않는다는 점이다. 우리가 논의 과정에서 비판적인 시각을 견지해야 할 필요는 바로 이런 이유 때문이다.

이 마지막 문제는 우리가 계속 주의를 기울여야 할 또다른 문제와 관련되어 있다.

섭섭한 일이지만 독자들이 잘 알고 있는 바와 같이, 만일 자본주의적 생산과정의 참된 내적 관련들에 대한 분석이 매우 복잡한 일이고 매우 세밀한 작업이라면, 그리하여 눈에 보이는, 단지 드러나 있는 운동을 그 내부의 참된 운동으로 환원하는 일이야말로 바로 과학이 해야 할 일이라면, 자본주의적 생산담자와 유통담당자의 머릿속에서는 생산법칙에 대한 생각이, 이 법칙을 완전히 벗어나 단지 피상적인 운동의 의식적 표현에 머무를 수밖에 없다는 것이 너무도 당연한 일이다. 상인, 주식투기꾼, 그리고 은행가 등의 생각은 필연적으로 완전히 전도되어 있다. 제조업자의 생각은 그의 자본이 종속되어 있는 유통행위에 의해서, 그리고 또 일반이윤율의 균등화에 의해서 왜곡되어 있다. 경쟁도 이들의 생각을 완전히 전도시키는 역할을 한다. (M3: 324~25)

이것이 무엇을 함축하고 있는지에 유의할 필요가 있다. 금융담당자들(자본가 일반도 마찬가지다)의 자기 표현, 자기 인식 등의 생각은 모두 착각에 불과한데 이들이 미쳤다는(우리가 보게 되듯이 실제로 미친 경우도 많긴 하지만) 의미에서가 아니라 맑스가 자신의 물신성 이론에서 이야기했듯이 그 착각이 **필연적**이라는 의미에서다. 그 이론에 따르면 시장교환의 표면적인 신호들은 ──우리 모두는 이 신호들에 어쩔 수 없이 대응해야만 한다 ──사회적 관계의 참된 내용을 은폐하고 있다. 우리는 이 시장의 신호들이 무엇인가를 숨기고 있음을 알든 모르든 거기에 상관없이 어쩔 수 없이 이들 신호를 토대로 행동해야만 한다. 그러므로 부르주아들의 생각과 이론이 의식과 생각의 세계에서 잘못된 신호를 그대로 복제하고 있다는 것은 별로 놀랄 일이 아니다. 『자본』 전체에 걸친 맑스의 의도는 상품교환의 물신성의 배후를 캐내고 그 세상을 뒤집어서 바로 보도록 하는 일이다. 이것이 바로 엥겔스가 서문에서 추측한 바같이 맑스가 "혼동"을 분석하려 한 의도였다. 맑스가 제5부 제30장 이후에 모아둔 자료들은 "1848년과 1857년의 공황에 관한 의회보고서의 요란한 발췌록들로 이루어져 있고, 그 내용은 23명의 기업가와 경제학자가 화폐, 자본, 금 유출, 투기 과열 등의 현상에 관해 진술한 이야기들을 모아둔 것으로 중간중간에 익살스러운 풍자가 섞여 있다".(M3: 13) 여기에서 언급되고 있는 기초자료들이 "뒤집어서 바로 세우는" 데 필요한 것들이다. 그러므로 상품 물신성 이론이 제5부에서 "가공자본"이라는 매우 중요한 범주를 도출하는 방식으로 명시적으로 다시 등장하고 있음은 별로 놀랍지 않다.

이 모든 것들에 대한 맑스의 견해는 오늘날 엄청나게 중요하다. 우리는 오늘날 (의회의 특별조사를 포함해) 월스트리트에서 일어나고 있는 일에 대해 신뢰할 만하다고 여기는 엄청나게 많은 설명을 듣고 있지만, 또한 은행 업무란 매우 복잡해서 전문적인 은행가만이 그들이 하고 있는 일을 이해한다는 이야기도 엄청나게 많이 듣고 있다. 그래서 우리는 이 전문가들로부터 그들이 만들어내고 있는 문제가 무엇이며 그것을 어떻게 처리할지를 듣게 된다. 그러나 만일 맑스가 옳다면 우리는 더이상 (설사 물신적이라는 의미에서 "진실될" 경우에도) 이 은행가들의 설명을 믿어서는 안 되며 특히 자본의 운동법칙에 내재하는 모순(그들은 모순의 대부분을 인식하지 못하고 있다)을 통제할 수 있는 제도적인 장치를 그들이 만들어낼 수 있다고 절대 믿어서는 안 된다. 은행가와 금융업자는 어떤 의미에서 결코 믿어서는 안 되는 사람들인데 그들이 사기꾼이고 거짓말쟁이어서라기보다는(그들 가운데 일부는 분명히 사기꾼이기도 하지만) 자신들의 신비적이고 물신적인 인식 속에 갇혀 있는 사람들이기 때문이다. 맑스라면 로이드 블랭크파인(Lloyd Blankfein)이 의회 청문회에 불려나와 그의 은행인 골드만삭스(Goldman Sachs)가 하고 있는 일이 오로지 하느님 말씀에 따르는 것일 뿐이라고 진술하더라도 별로 놀라지 않았을 것이다.

맑스는 은행과 금융이 매우 복잡하다는 점을 인정한다. 그는 이들 업무를 서술한 내용 가운데 자본의 일반적 운동법칙과 관련된 부분에만 주의를 기울여야 한다는 입장을 고수하는데 그것은 우리에게 도움도 되지만 동시에 불만스러운 것이기도 하다. 맑스의 연구는 극히 혼란스럽고 말할 수 없이 복잡한 형태로 이루어지는 현실의 내재적 운동을 향한다. 물론 우리도 그렇게 해야만 한다. 이런 연구를 통해 우리는 이런 저런 새로운 금융제도가 운용되는 자세한 내용에 빠져서 히우적대는 일을 피할 수 있다. 그러나 그린 연구만으로는 미흡한 부분이 많이 남는데 왜냐하면 맑스는 무엇이 중요하고 중요하지 않은지에 대한 자신의 분석을 전혀 마무리 짓지 못했고, 이런 미완의 분석 작업 과정에서 더 중요한 몇몇 문제에 빠져들었기 때문이다. 그리고 그는 은행가들의 뒤집어진 시각을 바로잡아주겠다는 자신의 목표를 달성하지도 못했다.

먼저 그의 논의가 서 있는 토대를 상기해보자. 제2권 앞부분의 논의에서는 산업자본의 순환이 서로 맞물려 있으면서 각기 다른 세개의 순환으로 이루어져 있다는 것을 보았다. 화폐자본·상품자본·생산자본의 순환이 곧 그것이다. 화폐자본과 상품자본의 순환(교환관계의 화폐화 및 상품화)은 제1권에서 논의된 잉여가치의 생산과 획득이라는 논리에 의해 작동되는 자본주의 생산양식의 본격적인 등장 이전에 이미 존재하고 있었다.

산업자본의 전체 순환 내에서 상품자본의 결정적인 중요성과 특성은 제2권 제3장에서 별도로 검토됐다. 그러나 맑스는 이 장에서 유통과정의 전체 운동 내에서 상품자본의 형식적인 위치를 이해하는 데 필요한 정도 이상으로는 한 발자국도 더 나아가지 않았다. 제3권에서 그는 좀더 깊은 논의를 진전시킬 준비를 하고 있는데 하지만 여전히 그는 현실 자본주의 사회 내에서 상인과 제조업자 사이의 권력관계에는 깊이 개입하려 하지 않는다.

『자본』전체에 걸쳐 맑스는 이 선행적 형태의 자본을 "낡은 것"이라고 언급했다.(M1: 178, 제3권의 제20장과 제36장을 볼 것) 그렇다면 이들 낡은 형태(상업자본과 고리대자본) ─ 독자적인 행동과 교환의 원리로 (혹은 그런 원리도 없이) 독립적이고 자율적으로 기능하는 ─ 는 어떻게 자본주의 생산양식의 원리에 따라 봉사하도록 길들여진 것일까? 이론적으로 볼 때 이 물음에 대한 대답은 순수한 자본주의 생산양식 내에서 상품 및 화폐거래 자본의 특수한 기능을 찾아내고,

(대개 모순이 만연한 형태를 띤) 이들의 작동형태가 자본의 운동법칙에 어떤 영향을 미치는지를 보여주는 형태가 될 것이다. 그럴 경우 이는 다시 보다 명확한 물음으로 이어지는데, 즉 제1권 화폐에 대한 장에서 처음 제기하는 상업공황 및 화폐공황 — 맑스는 이들 공황을 1848년과 1857년(그리고 우리는 2007년)에 경험했다 — 이 가치론 및 전반적인 자본축적의 동학에 대해 어떤 역할을 하는지에 대한 물음이 바로 그것이다. 나는 이제 이 문제를 다루고자 한다.

제3권 제20장 상인자본의 역사

이 문제를 다루기 위해서는 먼저 제20장을 읽는 것이 도움이 될 것 같은데 이 장에서는 자본주의 생산양식의 등장에 상인자본의 "낡은 형태"가 수행하는 역사적 역할을 전반적으로 조망한다. 우리가 이미 보았듯이 맑스의 역사적 논의는 종종 조금 의심스럽지만 이 대목에서는 그의 설명이 충분한 정보를 전달하지는 못하더라도 매우 시사적이다.

맑스는 먼저 상인자본을 단순히 많은 사회적 분업 가운데 한 분야로만 간주하는 경제학자들을 비판하면서 이 장을 시작한다.

상품거래자본과 화폐거래자본에서는, 생산자본으로서의 산업자본과 유통영역에 있는 이들 자본 사이의 차이가 분명히 드러나는데, 이는 자본이 유통영역에서 일시적으로 취하는 일정 형태와 기능들이, 자본의 분리된 한 부분의 독자적인 형태와 기능으로 나타나기〔그리고 바로 그런 형태와 가능에만 묶여 있기〕때문이다. (M3: 335)

상인자본이 "자본의 분리된 한 부분의 독자적인 형태"로 "나타난다"는 말에 유의할 필요가 있다. 여기에서 맑스가 생각한 것은 봉건적 사회관계로부터 독립적이라는 의미지만 이 말은 앞서 이야기한 자본의 운동법칙에 대해 독립적이라는 문제와도 관련이 있다.

그러나 은행업무와 도매업·소매업 등을 전반적인 분업체계 내에서 광산업·야금(冶金)업·농업 등의 가치 생산 활동과 원칙적으로 차이가 없다고 간주하는 것은 분명히 틀렸다. 하지만 고전경제학에서는 전통적으로 이들 산업부문이 서로 차이가 없다고 여겼으며 오늘날 국가 회계에서도 여전히 그런 식으로 간주하고 있다. 맑스는 이들 산업이 서로 근본적으로 다르다는 사실을 생산부문이 아니라 유통영역에서 자본 흐름과 관련지으며 도출해냈다. 그는 고전경제학의 "혼동"이 첫째, "상업이윤의 독자적인 성격을 설명할 수 없다는 점" 그리고 둘째, "상품자본과 화폐자본(…)의 형태를 생산과정 그자체에서 나오는 필연적인 형태들로부터 도출해내려는 그들의 변호론적 노력 때문"이라고 이야기한다. 생산이 지배적이라는 개념은 맑스의 생각에 부합하지만 여기에서 그가 지적하는 것은 이 개념이 고전경제학자들이 전통적으로 제기하는 극히 협소한 결정론적 의미와는 다르다는 점이다. "스미스와 리카도 같은 위대한 경제학자들도 (…) 산업자본으로서의 자본만을 중점적으로 고찰하고 (…) 독자적인 유형으로서의 상인자본에 대해서는 혼란스러워 한다." 왜냐하면 "가치형성, 이윤 등에 관한 명제들은 상인자본에 대해서는 직접 그대로 적용되지 않기" 때문이다.(M3: 335~36) 상인자본의 역할을 어떻게 다룰지의 문제는 맑스의 시절과 마찬가지로 오늘날에도 여전히 혼란스럽다. 그래서 이것은 그 혼란을 찾아내 몇가지 근본적인 문제들을 제기할 수 있는 좋은 기회이기도 하다. 상인자본이 가치를 생산하는 생산영역의 한 부문이 아니라면 상인자본(상품거래자본과 화폐거래자본)의 이윤은 어디에서 오는 것일까(그리고 자본의 유동법칙에 관해 이것은 어떻게 설명될 수 있을까)? 이것은 상인자본에 대한 장들에서 순수하게 "자본주의 생산양식의 관점과 그리고 그 범위 내에서만" 이야기하려는 바로 그 문제이기도 하다.

그러나 "상인자본은 자본주의 생산양식보다 더 오래된 것이며 사실상 상인자본은 역사적으로 가장 오래된 자본의 자유로운 존재양식이다". 상인자본이 존립하기 위한 조건은 "단순상품유통과 단순화폐유통에 필요한 것과 동일하다. (…) 상품으로 유통과정에 투입되는 생산물은 그것이 어떤 생산양식에서 생산된 것이든 [즉 원시공동체에서 생산된 것이든, 혹은 노예제 생산이나 소농 및 소부르주아적 생산양식 아래서 생산된 것이든, 또는 자본주의 생산양식 아래서 생산된 것이든] 그로 인해 생산물의 상품으로서의 성격은 조금도 변화되지 않으며 (…) 상인자본은 (…) 그 상품들의 운동을 매개할 뿐이다".(M3: 337) 물론 상업의 범위는 생산양식에 의존한다. 주로 자급적인 농업사회에서는 단지 기본적인 필요를 넘어서는 잉여만이 교환되며 상인은 이 잉여의 교환에만 종사한다. 이들의 역할이 "최대가 되는 것은 자본주의적 생산이 충분히 발달하여 생산물이 직접적 생존수단이 아니라 오로지 상품으로만 생산될 경우다". 상인자본은 "단지 상품교환을 매개할 뿐"이며 "많은 사람들을 위해서 사고 판다. 구매와 판매가 상인의 수중으로 집적되고 그럼으로써 구매와 판매는 (상인으로서의) 구매자의 직접적 욕망과 관련이 없어지게 된다".(M3: 338) 여기에서는 아직 언급되지 않고 있지만 상인은 명백히 자신의 행위에서 규모의 경제를 통해 수익을 얻고자 한다.

상인의 부는 "항상 화폐자산으로 존재하며 그의 화폐는 항상 자본으로 기능한다".(M3: 338) 비록 그 형태가 G-W-G′이긴 하지만 그것은 상인의 활동이 ΔG를 목표로 하는 것임을 알려준다. 그렇다면 문제는 이 ΔG가 어디에서 오는지, 그리고 상인이 이것을 획득한다는 것이 무엇을 의미하는지다.

맑스는 이렇게 말한다.

자본이 생산 그 자체를 아직 장악하기 훨씬 전에, 상인자본이 이미 자본의 역사적 형태를 띠고 나타났던 이유를 알아내는 것은 조금도 어려운 일이 아니다. 상인자본의 존재와 일정 단계까지의 발전은 그 자체가 자본주의 생산양식의 발전을 위한 역사적 전제조건이기도 하다. 즉 그것은 ①화폐자산의 집적을 위한 전제조건이기 때문이며 (…) ② 자본주의 생산양식이 상업적 생산을 전제로 하기 (…) 때문이다. 한편 일반적으로 상인자본의 발전은, 생산에 점점 교환가치를 지향하는 성격을 부여하고, 생산물을 점점 상품으로 전화시키는 방향으로 작용한다. (M3: 339)

상업자본의 존재는 자본주의 생산양식으로의 이행을 위한 필요 조건이지만 "그 자체만으로는 (…) 이행을 해명해주기에는 (…) 불충분하다".(M3: 339)

"자본주의적 생산양식 내부에서는, 상인자본은 과거 자신의 독자적인 존재형태를 벗어나 자본선대 일반의 특정한 한 계기가 되며, 이윤율의 균등화는 상인자본의 이윤율을 일반적 평균 수준으로 낙착시킨다. 상인자본은 단지 생산자본의 대리인으로만 기능한다".(M3: 339)

이제 곧 간단하게 보여주겠지만 맑스의 이 이야기는 매우 주의해서 이해해야 한다. 이어지는 맑스의 문장은 자칫 오해를 불러일으킬 수 있다. 예를 들어 그는 이렇게 말한다. "상인자본이 지배적인 곳에서는 이 낡은 상황들이 여전히 성행하게 된다. 이런 현상은 예를 들어 한 나라 내에서도 상업도시들의 경우 공업도시들과는 완전히 다르게 과거의 낡은 사회적 상황과 유사한 것들이 그대로 유지되고 있는 것을 통해서 볼 수 있다." 이것은 사실 빈틈없는 역사적 고찰로 간주되는 부분이다. 예를 들어 영국에서 자본주의 생산양식은 브리스톨이나 노리치 같은 주요 상업도시들(이런 도시들에서는 전통적인 기업이나 길드형태의 조직이 지배하고 있었다)에서 발생한 것이 아니라 맨체스터나 버밍엄 같은 (그런 기업이나 조직형태가 존재하지 않는) 시골마을의 미개빌지역에서 빌생했다. 그렇기 때문에 맑스는 이런 결론을 내린다. "자본이 상인자본으로 독립해서 우세한 형태로 발전해간다는 것은 생산이 아직 자본에 예속되지 않고 있다는 것과 같은 의미"이며 따라서 "상인자본의 독립적인 발전은 사회의 일반적인 경제발전과 반비례관계에 있다".(M3: 340) 달리 말해 지배적인 상인자본에는 취약한 생산자들을 착취함으로써 초과이윤을 뽑아낼 수 있는 자신의 힘이 약화되는 것을 막기 위해 산업자본의 등장을 억압하는 경향이 있다.

맑스가 이야기하는 이행과정은 다음과 같다. 자본이 "맨 처음 나타나는 것은 유통과정에서다. 유통과정에서 화폐는 자본으로 발전한다. 유통과정에서 생산물은 최초로 교환가치〔즉 상품과 화폐〕로서 발전한다. 자본은 자신의 양극〔즉 유통에 의해 매개되는 서로 다른 생산영역들〕을 지배하게 되기 전에 유통과정에서 형성될 수 있고 또 형성되어야만 한다". 자본이 일단 양극을 지배하고 나면 (제2권 제1장에서 이야기하고 있는 것처럼) "생산과정은 완전히 유통의 토대 위에 있으며, 유통은 단지 생산의 한 계기"일 뿐이다. 그리하여 "상인자본의 독립적인 발전이 자본주의적 생산의 발전정도와 반비례한다는 법칙"이 나온다. "우세한 지위를 유지하던 순수 상업국가와 그 국가의 상업적 부가 쇠퇴하는" 현상이 나타나고 이것은 "자본주의적 생산이 발전해감에 따라 상인자본이 산업자본에 예속되어가는 것을" 보여준다.(M3: 341)

맑스는 이 법칙의 힘을 베네찌아와 제노바, 그리고 네덜란드 상인 사이에 성행하던 중계무역의 성질을 통해 설명하는데 이 상인들은 모두 "순수한 형태의 상업자본"에만 주로 의존하고 있었으며, 싸게 구매하여 비싸게 판매하는 부의 축적방식을 통해 교환을 매개하고 화폐자본을 축적하는 사람으로 스스로를 자리매김하고 있었다. 교환되는 상품들은 인간 노동의 표현이며 가치를 가지고 있지만, "이들의 가치 크기는 동일하지 않다". 하지만 상인의 증가는 상품교환의 세계를 변화시켜서 맑스가 일찍이 언급했듯이 교환이 "보통의 사회적 행위"가 되고 가치의 측정이 점차 지배적인 것으로 자리 잡는다. 이것이 중요한 포인트다. 가치 개념과 그것에 기초하여 맑스가 세운 이론 전체의 중요성은 역사적으로 세계시장의 교환네트워크를 창출한 상인자본가들의 활동에 의존해 있다.

이것은 역사적으로 맞는 사실이긴 하지만 이런 "법칙"이 존재한다고 가정하는 것은 우리들에게 심각한 문제를 제기한다. 지난 30년 동안 (월마트, 이케아, 나이키, 베네통, 갭 등) 막강한 형태의 상업자본이 부상한 것은 이 법칙이 더이상 적용되지 않는 것은 물론 이제 새로운 설명이 필요하다는 것을 말해준다. 그렇지 않다면 혹시 우리가 표면적인 현상에 현혹된 것일 뿐일까? 우리는 이 문제를 간단히 살펴보기로 한다.

맑스는 이렇게 말한다.

자본주의적 사회 이전의 단계에서는 상업이 산업을 지배했다(근대사회에서는 그 반대다). 그리고 상업은 당연히 자신이 중간에 매개하는 공동체들에 어느 정도 영향을 미치게 된다. 상업은 (…) 생산을 점점 더 교환가치에 예속시킨다. 그리하여 상업은 낡은 관계를 해체하고 화폐유통을 증대시킨다. 그것은 생산의 잉여분만을 획득하는 것에 그치지 않고, 점차 이 생산 그 자체까지 잠식해 들어가서 생산부문 전체를 자신에 종속시킨다. 이때 이러한 분해작용은 그 생산공동체의 특성에 크게 의존한다. (M3: 342~43)

초기 단계에서 상업자본은 자신의 부 가운데 대부분을 주로 "사기와 기만"을 통해서 획득했다. "압도적인 지배권을 행사"하고 있을 때 상업자본은 "도처에서 약탈제도를 만들어"냈는데 이것은 『자본』 전체에 걸쳐 전제하고 있는 자유롭고 공정한 시장 원리에 배치되며 (이 점에 유의할 필요가 있다) 제1권에서 말한 본원적 축적의 세계로 우리를 다시 밀어 넣는다. 그러나 상업자본이 점차 일상화되면 그것은 이제 원리를 따르는 것으로 변한다. 그리고 이들 원리는 적어도 이론적으로 보면 자본주의 생산양식의 요구에 따라 ― 상업의 발달이 이런 요구를 촉진하기는 하지만 ― 이루어지는 것들이다.

상업과 상인자본의 발달은 모든 곳에서 교환가치를 목적으로 하는 생산을 발전시키고 또 그런 생산의 범위를 확대하여 다양하게 하고 세계화하며 또한 화폐를 세계화폐로 발전시킨다. 그리하여 상업은 모든 곳에서 주로 사용가치를 목적으로 하는 기존의 다양한 형태의 여러 생산조직들을 어느 정도 해체하는 데 영향을 미친다. 그러나 그것이 낡은 생산양식의 해체에 어느 정도로 영향을 미칠 것인지는 무엇보다도 그 생산양식의 견고성과 내적 구조에 의존한다. 그리고 이런 해체과정의 결과가 어떻게 될 것인지[즉 낡은 생산양식 대신에 어떤 새로운 생산양식이 나타날 것인지]는 상업에 달려 있는 것이 아니라 그 낡은 생산양식의 성격에 달려 있다. (M3: 344)

따라서 자본주의 생산양식으로 향하는 필연적인 움직임은 존재하지 않는다. 화폐가 고대 공동체를 자본주의적인 공동체로 어느 정도로 해체해나가는지의 문제는 『경제학비판 요강』(예를 들어 224~28면)에서 상당한 분량과 열정으로 다루어진 주제다. 하지만

16세기와 17세기에 지리상의 발견이 가져다준 상인자본의 급속한 발전과 상업부문의 대혁명이 봉건적 생산양식에서 자본주의 생산양식으로 이행을 촉진하는 데 하나의 주요한 계기가 됐다는 것은 — 그리고 바로 이런 사실이 완전히 잘못된 견해를 만든 원인이기도 하다 — 의심의 여지가 없다. 세계시장의 급격한 확대, 유통되는 상품의 엄청난 증가, 아시아 지역의 생산물과 아메리카 지역의 자연자원을 장악하고자 하는 유럽 국가들 사이의 경쟁, 그리고 식민지제도 등등은 실제로 생산에서의 봉건적 제약을 타파하는 데 크게 기여했다. (M3: 345)

그러나 "상업의 급속한 확대와 새로운 세계시장의 창출이 낡은 생산양식의 몰락과 자본주의 생산양식의 발흥에 중요한 영향력을 행사"하기도 하지만, 일정한 지점에 다다르면 역사적으로 그것에 역행하는 현상이 발생한다. 즉 자본주의 생산양식에 추동력을 제공하는 상업과 세계시장의 확대가 더이상 이루어지지 않고 오히려 자본주의 생산양식이 스스로 추동력이 되는 선환점이 나타나고, 그럼으로써 산업화하는 국가(영국)가 자본주의 발전에서 상업적 권력(네덜란드)을 대신하여 주도적인 지위를 차지한다. 세계 자본주의 내에서 헤게모니 전환에 대한 조반니 아리기(Giovanni Arrighi)

의 역사적 고찰(『장기 20세기』*The Long Twentieth Century*)을 읽어본 사람들은 이런 지적이 역사적으로 타당하다는 것을 곧바로 알아차릴 수 있다.[13] 상인이 식민주의 및 제국주의 정책을 실행해나가는 첨병이 되어 인도의 토착산업을 파괴하고 인도를 영국에서 생산된 상품시장으로 만들어나갔던 것도 바로 이런 역사적 경향이었다.

"봉건적 생산양식으로부터의 이행은 두가지 방식으로 이루어진다. 하나는 생산자가 상인이자 곧 자본가가 되는"길인데 "이것이 참된 혁명적인 길이다. 그리고 또 하나는 상인이 생산을 직접 장악하는 방식이다".(M3: 347) 맑스는 여기에 또 하나의 길을 덧붙이는데 그것은 "상인이 소수의 장인들을 자신의 중개인으로 삼거나 혹은 직접 독립생산자에게서 생산물을 구매하는 형태다. 이 경우 상인은 이들 생산자들을 명목상 독립된 상태로 남겨두며 그들의 생산방식에도 관여하지 않는다".(M3: 348)

여기에서 두가지를 알 수 있다. 하나는 상인자본의 지배적인 힘과 그 조직형태는 그것이 자본주의를 촉진하는 것만큼이나 종종 그것의 충분한 발전을 억제하기도 한다는 사실이다. 이런 점을 받쳐주는 상당한 역사적 증거들이 존재한다. 그런데 좀더 오늘날에 가까운 점이 또 하나 있다. 상인이 통제력을 유지할 경우 상인들은 전통적인 방식으로 조직된 낡고 낙후된 생산형태들을 보존하고 유지한다는 사실이다.

이런 방식은 도처에서 참된 자본주의 생산양식을 가로막고, 이 생산양식이 발전함에 따라 사라져간다. 이것은 생산양식을 전복하지 않은 채 단지 직접적 생산자들의 처지를 악화시키고 이들 생산자들을 직접 자본에 예속되어 있는 노동자보다 더 열악한 조건 속에 있는 단순 임노동자와 프롤레타리아로 전화시킬 뿐이며 이들의 잉여노동을 낡은 생산양식의 기초 위에서 획득한다. 수공업적으로 운영되는 런던의 가구산업 가운데 일부에서는 이런 관계가 약간 변형된 형태로 똑같이 나타난다. 이런 가구산업은 특히 타워햄리츠 구역에서 매우 대규모로 성행하고 있다. (M3: 347)

타워햄리츠 구역의 사례는 매우 중요한 몇가지 인식을 제공한다.

전체 생산은 서로 독립적인 상당히 많은 사업부문들로 나누어져 있다. 어떤 부문은 의자만 생산하고 또 어떤 부문은 탁자만, 그리고 또다른 어떤 부문은 장롱만 생산하는 그런 방식이다. 그러나 이들 각 사업부문 하나하나는 다소 수공업적으로 운영되고 있어서 소수의 장인 밑에 도제 여러명이 딸린 형태를 취한다. 그렇지만 생산은 대량으로 이루어지기 때문에 개별 고객을 상대로 하지는 않는다. 이들의 고객은 가구점 주인들이다. 토요일이면 장인들은 이들 가구점 주인들에게 찾아가서 자신의 생산물을 판매하는데 (…) 이들 장인은 일주일 단위의 판매를 필요로 하는데 이는 그다음 주의 원료 구매와 임금 지불을 미리 준비해두어야 하기 때문이다. 이런 상황에서 그들은 본질적으로 단지 상인과 그들 자신의 노동자들 사이의 중개인에 불과하다. 상인은 잉여가치의 대부분을 자기 호주머니 속으로 챙겨 넣은 본래적인 의미의 자본가다. (M3: 347~48. 강조는 하비)

이런 종류의 생산체제는 자본주의 역사에서 오랜 기간 존속했고 (근대적인 형태를 띠고 있긴 하지만) 최근 40년 동안 급속히 확산됐다. 베네통, 월마트, 이케아, 나이키 등과 같은 상업자본은 자신들의 하청 생산업자들로부터 거의 말 그대로 "잉여가치의 대부분을 자기 호주머니 속으로 챙겨 넣었다". 그렇다면 우리는 어떻게 "생산이 지배적"이라는 말을 계속할 수 있을까?

제1권에서 맑스는 자신이 살던 그 시기에도 자본이 (공장제로부터 가내수공업에 이르는) 온갖 형태의 "변종" 노동체제를 취하고 있다는 점을 인정한 바 있다. 그러나 맑스는 타워햄리츠처럼 혼합되고 변종의 형태를 띤 노동체제를 궁극적으로 모든 것을 지배하는 공장제로 향하는 하나의 이행형태로 간주하는 목적론적 뉘앙스를 분명히 담았다. 순수한 자본주의 생산양식에서는 모든 노동체제가 공장제인 것이 맞다. 나는 『강의』 제1권에서 이런 목적론적 논지에 문제를 제기한 바 있다. 프랑스 제2제정 시기 빠리의 산업조직을 연구하면서 나는 타워햄리츠 같은 종류의 노동체제가 당시 계속 번창하고 있었고 위축되지 않았음을 발견했다. 그러나 맑스가 이런 형태의 노동조직에서 이루어지는 착취를 지적한 부분은 모두 맞는 이야기다. 에밀 졸라(Émile Zola)는 자신의 소설 『목로주점』(L'Assommoir)에서 부부가 자신들의 아파트에서 금목걸이를 세공하는 억압적인 상황을 매우 잘 묘사했는데 이 부부는 금을 대어주고 매달 세공한 목걸이를 수거해가는 상인들의 지배하에 있다. 오늘날에도 우리는 상인자본에 의해 조직되고 운영되는 숱한 하청조직에서 이루어지고 있는 초과착취 현상에 대한 무수히 많은 사례를 볼 수 있다(주류 언론에서 자주 터져 나오는 스캔들, 즉 리즈 클레이본의 의류 제조, 나이키의 신발 제조, 그리고 카페트와 축구공 —— 바로 이 축구공을 차는 축구선수들은 수백만 달러를 번다 —— 제조, 카카오 수확 등에 동원된 어린이들과 관련된 기사들이 거기에 해당된다).

그러나 여기에 나타나는 초과착취는 또다른 의미에서 중요하다. 공장제가 점차 성장하여 확산하고 그에 따라 믿을 수 없을 만큼 엄청난 경쟁의 압력이 때때로 다른 생신체제에 가해시사 노농자들은 맑스가 예측했던 것처럼 공장노동에 기초해 조직화하기 시작했다. 그들은 노동조합을 조직하고 1960년대 말경까지 선진 자본주의 국가들 대부분에서 일반화된 것 같은 방식으로 정치적 압력을 행사했다. 이런 정치적 상황하에서는 과거의 낡은 상인자본 형태를 띤 초과착취로의 회귀가 매우 매력적인 것으로 보였다. 그로 인해 상업자본이 부활하고(심지어는 중상주의 정책과 이론들이 되살아나기도 했다), 이들에 의해 분산적인 하청생산의 초과착취체계가 번창하게 됐다. 그런데 어떤 생산부문들에서는 이런 상황이 전혀 소멸하지 않았다. 이들 초과착취체계는 여전히 공장제 생산에 대한 강력한 경쟁자로 살아남았다. 예를 들어 홍콩은 그런 작업장과 가족노동의 온상이 됐는데, 이것은 훨씬 더 기업적인 형태로 조직된 싱가폴이나 대규모 공장생신을 지향하는 고선석인 길을 따라간 한국과는 대조적이다(그 결과 홍콩에서는 생각도 할 수 없는 강력한 노동운동이 형성됐다). 내가 보기에 목적론적 개념은 허물어졌다. 오늘날의 세계 자본주의에서 다양한 노동체제 사이의 경쟁은 여전히 존속되고 있으며 이것은 곧 상인에 대한 생산자의 상대적인 역할이 제각기 다르다는 의미다. 세계경제 내에서의 어떤 지역이나 한 나라 안의 어떤 산업부문들에서는 생산자가 상인을 지배하기도 하지만 또다른 어떤 지역이나 부문들에서는 그 반대 경우도 있는 것이다. 예를 들어 자동차산업에서는 생산자들이 판매자들에 대해 지배권을 행사하지만 섬유산업에서는 오늘날 그렇지 못하다. 그러나 GM의 경우 GM 어음인수회사의 형태를 띤 변종 회사가 출현했는데 이 회사는 신용을 조직하는 GM의 독립적이고 자립적인 자회사가 됐다(이것은 사실상 2008~09년 공황 때 사실상 은행의 역할을 수행했다).

"생산이 지배적"이며 상인의 활동은 자본주의 생산양식의 요구에 예속적이라는 맑스의 가정은 여전히 맞다는 것이 분명하다. 한때 상업자본가들은 값싸게 구매하여 비싸게 판매하는 약탈적이고 사기적인 방식으로 살아갔지만, 오늘날 그들은 잉여가치 생산을 최대화하기 위해 (자신들이 이 가치에서 가장 많은 몫을 차지하긴 하지만) 직접적 생산자들을 자신의 영향력하에 두도록 조직해야만 한다. 그런 점에서 상인자본이 잉여가치 생산의 요구에 종속적이라는 맑스의 전제는 지금도 여전히 옳다. 하지만 그것이 반드시 상업자본가가 생산자의 힘에 굴복한다는 의미는 아니다. 또한 상인이 약탈적 방식의 축적에 개입하지 않음을 의미하지도 않는다(이에 대한 역사적 사례는 많다). 예를 들어 최근 미국에서 발발한 공황에서는 컨트리와이드(Countrywide) 같은 부동산회사가 2000~07년의 주택경기 호황기간에 수백만명의 사람들로부터 그들의 자산가치 수십억 달러를 약탈했다는 사실이 드러났다.

맑스는 이미 이런 현상이 지속되고 주기적으로 반복된다는 것을 인정하고 있지만 그의 의도는 상인자본이 획득하는 이윤의 원천을 순수한 자본주의 생산양식의 법칙 내에서 해명하려는 데 있었다. 이를 위해서 그는 상인자본의 위치와, 순수하게 작동하는 자본주의 생산양식의 틀 내에서 잉여가치 생산과 실현에 그들과 그들이 고용한 노동자들이 어떻게 기여하는지를 규정할 필요가 있었다. 이것이 바로 상인자본에 대한 실체적 분석의 초점이었는데 이제 우리는 거기로 눈을 돌려보기로 한다.

제3권 제16장: 상업자본

맑스는 상업자본(상업자본 가운데 주로 상품을 거래하는 자본 부분)에 관한 장의 첫머리에서, 제2권에서 그가 제시했던 상품자본의 유통과 이 자본이 어떻게 관련되어 있는지를 먼저 상기시키고 있다. 사회적 총자본 가운데 일부는

> 언제나 화폐로 전화하기 위해서 상품의 형태로 시장에 나와 있으며 (…) 사회적 총자본은 항상 이런 전화의 운동과정〔즉 이 두개의 서로 다른 형태변화 과정〕 속에서 파악된다. 유통과정 속에 있는 자본의 이런 기능이 특정 자본의 특정 기능으로 독립하고 분업에 의해 특정 자본가계층에게 부여되는 기능으로 고정될 경우 상품자본은 상품거래자본〔혹은 상인자본〕이 된다. (M3: 278)

그러면 이제 우리의 과제는 이 "특정" 자본가계층(capitalist)이 자본축적에서 수행하는 역할을 이해하는 데 있다.

상업자본을 순수한 형태로 고찰하기 위해 맑스는 상업자본이 수행하는 것이면서도 가치생산의 한 부분을 이루는 활동들(운수업이 그 대표적인 사례다)이 있다는 사실을 우리에게 상기시킨다. 맑스는 이들 기능을 일단 무시하기로 한다.(M3: 279) 이 때문에 그에게는 산업자본의 전체 유통 내에서 유통자본(혹은 유동자본)과 생산에 참여하는 자본을 서로 구별할 필요가 생겼다. "상품거래자본"은

다름 아닌, 끊임없이 시장에 나타나는 (⋯) 이 유통자본의 한 부분이 전화한 형태에 지나지 않는다. 우리가 여기서 유통자본의 한 부분이라고 이야기하는 것은 상품을 사고파는 행위의 일부분은 항상 산업자본가들 사이에서 직접 이루어지기 때문이다. 바로 이 부분을 우리는 이번 장의 논의에서 완전히 제외하고자 하는데 그것은 이 부분의 논의가 상인자본의 특수한 성질에 대한 이해〔즉 개념규정〕에 도움이 되지 않을 뿐만 아니라 또한 우리의 목적에 맞추어서 이 부분의 논의를 이미 제2권에서 충분히 진행했기 때문이다. (M3: 279~80)

상업자본가는 "그가 자본가로서 지출하는 일정 화폐액〔즉 그가 원래의 가치액으로부터 그 액수에 이윤을 더한 액수를 얻어내기 위해서 투하한 일정 화폐액〕의 대표자로서 시장에 나타난다." "상품을 거래하기 위해서는 일단 상품을 사야만 하고 따라서 그는 화폐자본

의 소유자여야만" 한다. "그렇다면 이 상품거래자본과 상품자본〔산업자본의 한 존재형태로서의 상품자본〕간의 관계는 어떤 것인가?" (M3: 280) 이것이 문제다.

아마포 제조업자는 "상인의 화폐를 얻음으로써 자신의 아마포 가치를 실현" 한다. 제조업자 입장에서 본다면 이것은 자본유통의 완성이며 그는 이렇게 획득한 화폐를 사용해 생산을 계속하거나 혹은 생산을 확대할 수 있다. 그런데 아마포 그 자체는 여전히 상품으로 시장에 나와 있다. 일어난 일은 단지 그 소유권이 바뀌어 상인의 수중에 들어간 것뿐이며 이 상인은 아마포의 가치를 시장에서 실현하는 것을 자신의 특수한 사업으로 수행하는 사람이다. 이 특수한 사업은 "산업자본의 나머지 기능들과 분리된〔따라서 독자적인〕고유한 사업의 형태를 띠게 된다. 이것은 사회적 분업의 한 특정 형태로서, 이를 통해 자본의 재생산과정에서 한 특정 국면〔즉 여기에서는 유통국면〕에 부여된 기능의 한 부분이 **생산자와는 다른 유통담당자의 고유한 전담기능으로 나타나게 된다**".(M3: 283. 강조는 하비) 이것은 역사적으로 중요한 상업자본 혹은 상품거래자본의 "독자성"이 자본주의 생산양식의 틀 내에서 보존됨을 의미한다. 그렇다면 이 "독자성"의 범위는 정확하게 어디까지 허용될까?

먼저 생산자에게 W-G의 단순한 교환으로 나타나는 것이 이제 상인에 의한 G-W-G′의 형태를 취한다는 점에 유의할 필요가 있다.(M3: 284) "따라서 상품자본이 상품거래자본이라는 독자적인 유형의 자본형태를 취하는 것은 상인이 화폐자본을 지출한다는 점에 있으며, 또한 이 화폐자본이 자본으로 기능하고 자신을 증식하는 것이, 단지 그것이 상품자본의 형태변화(즉 화폐로의 전화라고 하는 상품자본의 기능)를 매개하는 데만 사용되고, 이를 끊임없이 상품을 사고파는 행위를 통해서만 수행한다는 점에 있다." 상인이 선대한 화폐자본은 오로지 상품을 구매하고 판매하는 데만 사용되고, "항상 자본의 유통영역에만 머물러" 있다.(M3: 285)

산업자본가에게는 그가 가진 자본의 회전기간이 단축된다는 점이 이익이다. "그의 생산과정은 중단되지 않고 계속"되는데 왜냐하면 "그에게서는 자신의 상품의 화폐로의 전화가 이루어졌기" 때문이다. 물론 그렇다고 해서 유통기간의 문제가 사라진 것은 아니다. 그러나 상인의 개입이 없다면 "유통자본 가운데 화폐준비금의 형태로 유보되어야 하는 부분은 생산자본 형태로 운용되는 부분에 비해 항상 더 커야만 하고 따라서 재생산규모도 제한되어야 할 것이다". 생산자는 "자본 가운데 더 많은 부분을 계속 생산과정에 사용하고 더 적은 부분을 화폐준비금으로 유보할 수 있을 것이다". 게다가 "상인이 계속 상인으로 남는다면, 생산자는 판매에 할애해야 할 시간을 절약하고 이 시간을 생산과정의 감독에 사용할 수 있을 것이며, 상인은 자신의 모든 시간을 판매에 사용해야 할 것이다".(M3: 286) 이것이 곧 상인자본의 활동을 순수한 자본주의 생산양식의 원리와 논리적으로 일치하게 하는 부분이다. 보다 엄밀한 의미에서, 이를 통해 자본주의 생산양식 내에서 독자적인 상인자본가계급의 등장이 유익하며 논리적으로도 필요하다고 여기게 된다.

그런 다음 맑스는 구매와 판매에만 전념하는 자본형태가 수행하는 주요 기능을 나열한다. 분업체계 내에서 여러 생산자들의 생산물을 판매함으로써, 혹은 한 생산부문의 여러 생산라인에서 생산된 생산물을 판매함으로써 이들 자본형태는 일정한 정도의 규모의 경제를 실현하는 것은 물론 제각기 상이한 회전기간을 서로 상쇄할 수 있다. 이들의 효율이 높아지고 회전기간이 짧아질수록 이들이 필요로 하는 자본의 크기는 줄어든다. 그들은 또한 그들 자신의 화폐자본 유통속도를 높이고 소비 속도에 영향을 미치는 역할도 함께 수행한다. 이 마지막 부분은 오늘날 소비자 세계에서 매우 중요한 의미가 있으며 좀더 논의를 진전시킬 수 있다. 하지만

상인자본은 다름 아닌 유통영역 내부에서 기능하는 자본이다. 유통과정은 전체 재생산과정의 한 국면이다. 그러나 유통과정에서는 가치가 생산되지 않으며 따라서 잉여가치도 생산되지 않는다. 여기에서는 가치량의 변동은 발생하지 않고 단지 그 형태변화만 발생할 뿐이다. 거기에서 진행되는 것은 사실상 상품의 형태변화로, 이것은 가치창출이나 가치변동과는 아무 관련이 없다. 만일 생산된 상품의 판매를 통해서 잉여가치가 실현됐다면, 그것은 이미 이 상품 속에 그 잉여가치가 포함되어 있었기 때문이다. (…) 따라서 상인자본은 가치는 물론 잉여가치도 창출하지 못한다. (M3: 290~91. 강조는 하비)

그러나 이 장에서 언급된 간접적인 효과들은 매우 중요한 의미가 있다.

단지 그것이 유통기간의 단축에 기여할 경우, 그것은 산업자본가

가 생산하는 잉여가치를 증대하는 데 간접적인 도움을 준다. 그것이 시장의 확대를 도와주고 자본들 간의 분업을 매개하고, 따라서 자본이 그 규모를 확대해갈 수 있도록 해준다면, 그것의 기능은 산업자본의 생산성과 그것의 축적을 촉진하는 결과가 된다. 그것이 유통기간을 단축하는 한, 그것은 선대자본에 대한 잉여가치의 비율[즉 이윤율]을 상승시킨다. 그것이 유통영역에 더 적은 화폐자본 부분만을 묶어두는 한, 그것은 직접 생산에 사용되는 자본 부분을 증대해준다. (M3: 291)

우리가 지금까지 살펴본 자본은 연속성을 유지하면서 원활하고 매끄러운 운동을 수행하는 것이었는데 바로 이것을 가능하게 하는 것이 상업자본의 핵심적인 역할이다.

제3권 제17장: 상업이윤

제2권에서 본 바와 같이, 그리고 제16장에서 재차 확인된 바와 같이 "유통영역에서 자본의 순수한 기능들은 (…) 가치나 잉여가치를 창출하지 못한다". 그러나 산업자본은 항상 일정량의 자본을 유통에 묶어둔다. "이런 행위에 소요되는 시간은, 객관적으로는 상품에 대해서, 주관적으로는 자본가들에 대해서, 가치와 잉여가치의 형성을 가로막는 제약을 만들어낸다."(M3: 292) 물론 이 말이 함축하는 의미는, 앞 장에서 이미 본 바대로 이런 제약을 조금이라도 줄이는 조치가 더 많은 잉여가치를 생산할 수 있도록 해준다는 것이다. 이제 우리는 이 특수한 자본이 어떤 상황에서 이런 기능을 수행하는가의 문제와 만난다.

상품거래자본 — 이것과 관련된 저장, 발송, 수송, 소매, 도매 등 온갖 잡다한 기능들을 모두 떼어내고 이것의 순수한 본래 기능인 사고파는 것에만 한정해서 본다면 — 은 가치나 잉여가치를 창출하는 것이 아니라, 단지 가치와 잉여가치의 실현과, 그와 함께 상품이 한 사람의 손에서 다른 사람의 손으로 넘어가는 상품의 실질적인 교환(즉 사회적 신진대사)을 매개할 뿐이다. (M3: 293)

그러나 이 상품자본은 여전히 자본이며 다른 자본과 마찬가지로 "평균이윤을 산출해야만 한다". 만일 그것이 산업자본보다 더 높은 이윤율을 산출한다면 산업자본의 일부가 상인자본으로 옮겨갈 것이다(더 낮은 이윤율을 산출할 경우에는 반대가 된다). "어떤 유형의 자본도 상인자본만큼 재빨리 손쉽게 자신의 임무와 기능을 바꾸지는 못할 것이다."(M3: 293)

여기에서 맑스는 제3권 제2부에서 길게 다룬 이윤율 균등화의 원리를 제기한다. 우리는 이 원리를 아직 다루지 않았으므로 그것의 중요성에 대해서만 간단히 언급해두고자 한다. 맑스의 설명에 따르면 자본은 (특히 경쟁조건에서) 이윤율이 가장 높은 곳이면 어디든지 그곳으로 흘러가려고 한다. 이것은 누구나 수긍할 수 있는 일이다. 그 결과 이윤율은 섬유산업에서 농업이나 원유 생산에 걸친 경제의 모든 부문에 걸쳐 균등화된다. 자본집약적인 산업(고부가가치 혹은 자본의 유기적 구성이 높은 산업부문)은 노동집약적인 산업(저부가가치 혹은 자본의 유기적 구성이 낮은 산업부문)으로부터 잉여가치를 수탈한다. 가치 및 잉여가치 생산에 따른 이런 자본투자의 불균등은 온갖 종류의 복잡한 문제를 불러일으킨다(여기에는 이윤율 저하경향이 포함되는데, 이 경향은 주어진 시장상황에서 자본가의 행동을 결정하는 유인이 잉여가치 생산이 아니라 이윤율이기 때문이다). 이 경향으로 인한 결과는 다음에 이어지는 장들에서 간간히 제기된다. 여기에서 맑스는 단지 상업자본의 이윤율이 산업자본의 이윤율과 균등해지는 경향이 있다는 말만 하고 있다. 뒷부분에 가면 맑스는 일반이윤율이 하락할 경우 상업자본의 수익률도 하락할 수밖에 없다는 주장을 하면서 몇가지 사례를 든다. 화폐자본의 이자율이 산업자본의 이윤율과 균등화될 것인지의 여부는 이후에 이어지는 장들에서 다루어진다.

본문으로 돌아가서 맑스는 이렇게 말한다. 상업자본의 이윤율이 산업자본의 이윤율과 균등화되고, 상업활동에 대한 투자가 그 자체로는 아무런 가치나 잉여가치도 창출하지 못한다면 "그것이 평균이윤의 형태로 얻게 되는 잉여가치는 총생산자본이 창출한 잉여가치의 일부일 것이 분명하다". 그렇다면 이제 문제는 다음과 같다. "상인자본은 생산자본이 창출한 잉여가치[혹은 이윤] 가운데 자신이 얻게 되는 부분을 어떤 방법으로 얻는 것일까?"(M3: 293)

따분하고 세부적인 계산을 수행한 다음 맑스는 상업자본의 관점에서 만들어진 다음과 같은 생각, 즉 상업자본이 산업자본가로부터

싸게 사서 소비자에게 비싸게 판매함으로써 스스로 가치를 부가한다는 생각이 환상임을 밝힌다. 지불한 것과 판매한 것 사이의 가치 차액은 상업자본이 생산한 독자적인 가치인 것처럼 나타난다.

"자본주의 생산양식을 지배적인 생산양식으로 전제할 경우, 이 생산양식 내에서는 이러한 방법으로 상업이윤이 실현되지 않는다." "상인이 모든 상품을 그 가치 이상으로 판매"(M3: 295)하는 것처럼 보인다고 할지라도 상업자본은 사실상 "총자본에서 자신이 차지하는 비율에 따라 일반이윤율의 형성에 관여한다".(M3: 296) "상품 전체를 두고 말한다면, 산업자본가계급이 판매할 때의 상품가격은 그 상품의 가치보다 낮다".(M3: 297) 따라서 "상인의 판매가격이 구매가격을 초과하는 것은, 판매가격이 상품의 총가치를 초과하기 때문이 아니라 구매가격이 상품의 총가치에 미달하기 때문이다". 달리 말하자면 "평균이윤율 속에는 총이윤 가운데 상인에게 돌아가는 몫이 이미 산입됐다".(M3: 297)

"이같이 상인자본은 잉여가치의 생산에 개입하지 않고도 잉여가치의 평균이윤으로의 균등화에 개입한다. 따라서 일반이윤율은 상인자본에 돌아갈 잉여가치의 차감분〔즉 산업자본 이윤으로부터의 차감분〕을 이미 포괄하고 있다."(M3: 297) 이어지는 구절은 다음과 같다. "산업자본에 비해 상인자본의 비율이 커질수록 산업이윤율은 떨어지고 그 역의 경우도 성립한다." 맑스가 분명히 집어서 이야기하지는 않았지만 이 구절은 오늘날 산업자본의 힘과 중요성이 함께 커지는 현상을 이해하는 데 매우 중요하다. 산업자본의 이윤율과 상업자본의 이윤율 사이의 관계가 다소 불확정적이라는 점만 인정한다면 맑스가 가정했던 둘 사이의 균형상태를 파괴하고 왜곡할 수 있는 일방적인 역관계는 이윤율 균등화를 통해 온갖 형태로 존재할 수 있다. 그것은 또한 산업자본과 상업자본이 함께 투자될 경우의 총이윤율이, 산업자본 하나에만 투자됐을 경우의 총이윤율보다 더 낮아질 수 있음을 의미한다(후자의 계산은 제3권에서 볼 수 있다).

그런 다음 맑스는 "다른 모든 조건이 불변이라고 가정한다면 상인자본(여기에서 소매상, 잡화상 등의 경우는 예외로 한다)의 상대적 크기는 그 회전속도(즉 재생산과정의 동력)에 반비례한다"는 점을 지적한다. 그런데 역사적으로 이것은 반대로 나타났는데 그 이유는 "상품의 가치에 의거하여 어느 정도 그 가격을 최초로 결정하는 것은 바로 상인자본이며 일반이윤율이 최초로 형성되는 곳도 재생산과정을 매개하는 유통영역이기"(M3: 298) 때문이다. 역사적으로 "처음에는 상업이윤이 산업이윤을 결정"했다. 그러나 자본주의 생산양식이 성숙해지자 이 관계는 앞서 서술한 역사적 방식대로 뒤집어졌다. 우리가 여기에서 보는 것은 원래 산업자본이 자신의 전체자본 가운데 유통기간과 유통비용에 사용해야 했던 부분과 같은 내부 비용과 부담 일체를 외부화하는 것이다. 산업자본은 사실상 이모든 비용과 문제를 그것을 가장 잘 다룰 수 있는 다른 자본에 전가하고 이 다른 자본은 그 대가로 생산된 잉여가치 가운데 일부를 평균이윤의 형태로 받는다.

이 장의 뒷 부분에서 맑스는 이 개념을 명확하게 다시 언급하고 있다.

상인자본은 유통과정에서 기능하는 산업자본의 일부분이 독립한 형태에 지나지 않는다. 따라서 상인자본과 관련된 모든 문제는, 상인자본 고유의 현상이 아직 독립적으로 나타나지 않고 산업자본과의 직접적인 관련하에서 〔즉 산업자본의 한 부문으로〕나타나는 형태로 일단 문제를 설정함으로써 해명되어야 한다. (M3: 309~10)

물론 상인자본에서도 비용이 발생한다. 이들 비용 대부분은 제2권에서 이야기됐던 유통의 "부대비용"과 고정자본(사무실 공간)에 해당한다. "가격 계산, 부기, 출납, 통신 등의 모든 것이 여기에 속한다." "사무실은 공장의 작업장에 비해 언제나 보잘것없이 매우 규모가 작은 것이다. (…) 생산규모가 증대해갈수록 (…) 가치와 잉여가치의 실현을 위한 노동 및 기타 유통비도 (…) 증가한다."(M3: 310)

그러나 가장 중요한 문제는 "상품거래자인 상업자본가에게 고용된 상업 임노동자는 어떻게 되는가?"(M3: 303)다. 물론 상업자본가는 모든 일을 혼자서 처리할 수도 있다. 그러나 축적이 진행되면 더 이상 혼자서는 불가능하게 되고 그는 임노동자를 고용해야만 한다. "어떤 점에서 보면 이런 상업노동자도 다른 노동자들과 다를 바 없는 임노동자다." 그도 (소득으로부터 지불되는 것이 아니라) 가변자본으로 구매되기 때문이다. 그의 가치는 보통의 방식대로 노동력 가치에 의해 결정된다. 그러나 차이점이 존재한다. "상업노동자는 (…) (상업자본가를 위해) 직접적으로 잉여가치를 창출해주는 것이 불가능하다."(M3: 304) 상업자본도 노동자들에게 노동력 가치 이하로 임금을 지불할 수 있긴 하지만 (물론 이것은 종종 실제로 이루어지는 일이다) 순수한 자본주의 생산양식에서는 이런 횡령이 가정에서 배제되어 있다. 상업자본가는 산업자본가가 획득한 미지불노동에 대한 대금을 지불하는 것이 아니기 때문에 그런 의미에서 노동착취에 연루되어 있는 것이 분명하다. "상인자본은 잉여가치의 일부를 산업자본으로부터 넘겨받음으로써 이를 획득한다." 그러나

> 개별 상인의 이윤의 크기는 그가 이 과정에서 사용할 수 있는 자본량에 의존하며, 또한 그는 자신이 고용한 점원의 미지불노동이 크면 클수록 그만큼 더 많은 자본을 판매와 구매에 사용할 수 있다. (…) 이 점원의 미지불노동은 비록 잉여가치를 창출하지는 않지만 그럼에도 상업자본가로 하여금 잉여가치를 획득할 수 있게 해주는데, 이것은 상인자본의 관점에서 보면 이 점원의 미지불노동이 자신의 이윤의 원천인 것과 마찬가지 결과가 된다. 만일 그렇지 않다면 상업활동은 결코 대규모로, 즉 자본주의적으로 운영되지 않을 것이다. (M3: 305)

상업자본에 의한 착취도가 크면 클수록 그것이 산업자본으로부터 얻을 수 있는 잉여가치의 몫도 더 커질 것이다.

그런데 한가지 문제가 남아 있다. 상업자본이 노동력 구매에 지출한 가변자본은 어떻게 계산해야 할까? 잉여가치를 생산하지 않았음에도 불구하고 총자본이 사용한 총가변자본에 포함되어야 할까? 그것은 생산적 노동일까, 비생산적 노동일까? 맑스는 이 문제와 관련해 다루어야 할 문제가 많다는 점을 인정하고 그가 항상 수행하는 세심한 방식의 분석을 진행하는데 그것은 여기에서 다루지 않고자

한다. 잠정적인 그의 결론은 다음과 같다.

상인이 그의 가변자본으로 구매하는 것은 가정에 따라 단순한 상업노동이다. 즉 W-G와 G-W라는 자본유통의 기능을 매개하는 데 필요한 노동이다. 그러나 상업노동은 어떤 자본이 상인자본으로 기능하는 데 [즉 그 자본이 상품에서 화폐로, 또 화폐에서 상품으로의 전화를 매개하는 데] 필요한 노동이다. 그것은 가치를 실현하지만 가치를 창출하지는 못하는 노동이다. 그리고 어떤 자본이 이런 기능을 수행할 경우에만 — 즉 어떤 자본가가 이런 행위를 수행할 경우에만, 다시 말해서 그의 자본으로 이런 노동을 수행할 경우에만 — 이 자본은 상인자본으로 기능하게 되며 또한 일반이윤율의 형성에도 관여하게 된다. (M3: 308~09)

그 결과 상업노동자의 임금은

그가 자본가를 도와서 실현시키는 이윤량과는 아무런 필연적인 관계가 없다. 그가 자본가에게 지불한 크기와 그가 자본가로부터 받는 것의 크기는 서로 다르다. 그는 직접적으로 잉여가치를 창출함으로써가 아니라 잉여가치의 실현비용을 줄여줌으로써 (그가 부분적으로 미지불노동을 수행하는 한) 자본가에게 대가를 지불받는다. (M3: 311)

실현비용을 줄이는 임무에 대한 강조는 효율성, 조직형태, 임금률, 그리고 상업자본과 관련된 착취도에 굉장한 압박을 가한다.

맑스는 이렇게 말한다. 일반적으로 말하자면 "상업노동자는 임노동자 가운데 비교적 보수가 좋은 계층에 속하고, 그들의 노동은 숙련노동으로서 평균노동을 상회한다. 그러나 (…) 이들의 임금은 (…) 하락하는 경향이 있다. 그 원인은 부분적으로 사무실 내에서의 분업에 있다. 즉 노동능력이 일면적으로만 발달해"가기 때문이다. "그다음 또 하나의 원인은 과학과 대중교육이 진보함에 따라 예비교육과 상업지식 및 어학지식 등이 더 급속하고 손쉽고, 보편적으로 더욱 저렴하게 재생산된 데 있다. 이런 경향은 자본주의 생산양식이 학습방법 등을 더욱 실용화해감에 따라 더욱 가속화된다. 대중교육이 일반화됨으로써 과거에는 열악한 생활양식하에 거주하면서 이 분야의 고용에서 배제됐던 계층이 이제 고용가능 계층으로 바뀌게 된다. (…) 몇몇 예외를 제외하고는 자본주의적 생산이 발달함에 따라 이런 사람들의 노동력은 평가 절하된다."(M3: 311~12)

그 결과 이들 노동계급에서 어떤 일이 일어났으며 이들이 오늘날 어떤 지위인지에 대해 분명 좀더 깊이 살펴볼 필요가 있다. 이들의 조건은 맑스가 살던 시기에 비해 많은 변화가 있었기 때문이다.

그럼에도 불구하고 "이런 노동의 증가는 언제나 잉여가치 증가의 결과이지 그 원인은 아니다"(M3: 312)라는 사실을 인식하는 것(이 점이 중요하다)은 항상 핵심적인 부분이다.

제3권 제18장: 상업자본의 회전

"상인은 상품을 구매함으로써 자신의 화폐를 상품으로 전화시키고 그런 다음 이를 판매함으로써 이 상품을 다시 화폐로 전화시키며 이런 과정을 끊임없이 반복한다."(M3: 314) 요컨대 상인은 두번의 형태변화(W-G와 G-W)에 개입하지만 이들 행위를 오로지 유통영역에서만 수행한다. 그런 다음 산업자본가에게는 회전속도가 매우 중요하다는 말이 이어진다. "어떤 화폐액이 10회 유통하면 그 가치의 10에 해당하는 상품을 구매하는 것과 마찬가지로, 예를 들어 상인의 화폐자본 100이 10회 회전하면 그 가치의 10배에 달하는 상품을 구매하고 10배의 가치=1000의 상품자본을 실현하게 된다."(M3: 315) 유일한 차이점은 "(그것이 어떤 화폐들로 이루어져 있든 그것과는 상관없이) 동일한 화폐자본(즉 동일한 화폐가치)이 그 가치액에 해당하는 상품자본을 반복해서 구매하고 판매하는데, 그럼으로써 그 결과 그것은 G+ΔG(다시 말해서 가치+잉여가치)로 원래의 출발점인 자신의 수중으로 반복적으로 환류되어 온다".(M3: 315) 그러나 이 회전과정에는 한계와 장애 요인이 존재한다.

상인자본은 분명 생산자본의 회전을 매개하긴 하지만 이는 단지 그것이 생산자본의 회전을 단축하는 한에서만 그러하다. 상인자본은 생산기간——이 생산기간도 역시 산업자본의 회전기간에 하나의 제약요인이 된다——에는 직접적인 영향을 미치지 않는다. 이것이 상인자본의 회전에 대한 첫번째 제약요인이다. 그러나 둘째로 (…) 이 회전

은 또 개인적 소비 전체의 크기와 속도에 의해 제약을 받는다. (M3: 315)

이 마지막 구절이 함축하고 있는 것은 대개 다음과 같은 이유로 무시되고 있다. 즉 맑스가 보기에 소비는 "개별성"의 범주에 속하고 그가 『경제학비판 요강』에서 주장하고 있듯이 그것은 경제학의 영역을 벗어나는 것이라는 점이다(내가 생각하기에 이 외의 이유는 없다). 그렇지만 역사적으로 보면 소비자의 욕망을 자극하고, 산업자본가가 제공하는 상품들에 대중이 열광하게 하고, 가능한 한 잠재적인 소비자들이 자신들의 (대개 신용에 근거한) 화폐를 사용하여 생산물을 신속하게 소비하도록 하고, 소비가 역동적으로 확대되어 산업자본이 추구하는 끝없는 축적속도에 보조를 맞추도록 하는 데 상업자본가들은 매우 중요한 역할을 수행해왔다. 그러나 맑스는 소비자들의 회전기간이라는 이 제약요소를 "결정적인"것으로 규정한다. 놀랍게도 이 문제는 더이상 다루어지지 않는다.

이 가운데 몇몇은 이어지는 뒷부분들에서 언급된다. 그러나 대부분의 문제는 기술적인 것들이고 유통영역 내에서 상업자본의 독립성에서 비롯한 것들이다. "주어진 제약조건들을 끊임없이 뛰어넘을 수 있을 만큼 재생산과정이 매우 탄력적일 경우, 상인은 생산 그 자체로부터는 아무런 제약도 받지 않으며, 설사 받는다 하더라도 그 제약은 매우 탄력적일 것이다." 게다가 "근대 신용제도 아래 상인자본은 사회적 총화폐자본의 대부분을 장악함으로써 자신이 이미 구매한 것을 모두 팔기 전에 자신의 구매행위를 반복할 수 있다". 따라서 이런 독립성 덕분에 상인자본은 시장이 지니고 있는 능력을 넘

어설 수 있으며 그리하여 재생산과정을 그 자체의 제약범위 너머로
까지 확장시킨다(즉 생산물을 소비할 수 있는 소비자의 능력이라는
"결정적인 제약요인"을 뛰어넘는다).

물론 그 독립성에도 불구하고 상인자본의 운동은 유통영역 내부
에서 산업자본의 운동, 바로 그것이다. 그러나 그것의 독립적 성격 덕
택에 상인자본은 일정 범위 내에서는 재생산과정의 제약을 벗어나서
움직이며 그리하여 스스로 그 제약을 뛰어넘기도 한다. 내적으로는
종속되어 있으면서도 외적으로는 독립성을 유지하는 이 양면적 성격
은, 상인자본을 계속 몰아가서 결국은 그 내적 연관이 공황을 통해서
강제로 재정립되는 그 지점까지 도달하게 한다. (M3: 316)

이 말은 매우 중요하다. 상업자본은 독립적이며, (특히 신용의 도
움을 받아) 전체 재생산체계를 자신의 한계 너머로 몰아갈 수 있다.
그러나 가치법칙과 잉여가치 생산과 실현 사이에는 내적 연관이 존
재하며 이 내적 연관은 상업(금융)공황을 통해 재정립된다. 이것이
맑스의 일반적 가설이다. 우리는 이것이 작동하는 모습을 다음에 이
어지는 이자 낳는 자본에 관한 장에서 자세히 보게 될 것이다. 우리
는 여기에서 자본주의에서 공황이 왜 처음에 상업공황과 금융공황
으로 나타나는지에 대한 이유를 보기 시작한다.

이어지는 구절에서 맑스는 이 개념을 지지하는 몇가지 증거를 제
시한다. 예를 들어 그는 상업공황이 전통적으로 소매업이 아니라 도
매업과 은행업에서 시작된다는 사실을 이야기한다(나는 이것이 경

험적으로 맞는 사실인지 확신하기 어렵다). 자본과 노동의 완전고
용은 과도한 확장으로 이어져서

> 이들 불변자본은 예상수요에 의해 자극을 받으면서 상당기간 순
> 탄한 길을 걸어갈 수 있다. 그리하여 이 부문에서 상인과 산업자본가
> 의 사업은 매우 번창일로를 걷게 된다. 공황이 찾아오는 것은, 외국
> 으로 판매하는 상인(혹은 국내에 그의 재고를 쌓아둔 상인일 수도 있
> 다)에게 그 자본의 회수가 점차 완만해지고 부족해짐으로써, 판매가
> 완전히 이루어지기도 전에 은행이 지불을 재촉하고 또 앞서 구매한
> 상품의 어음결제일이 도래해버릴 때다. 그러면 투매(즉 지불을 위한
> 판매)가 시작된다. 그리하여 번화해 보이던 겉모습이 일순간에 종말
> 을 맞는 파산이 발생한다. (M3: 317)

사실상 여기에서 문제는 은행가가 왜 갑자기 지불을 요구하느냐
로 옮겨간다(우리는 이 문제를 나중에 다룰 것이다).

그러나 내가 생각하기에 여기에서 이야기되고 있는 것은 명확하
다. 상업공황과 금융공황의 형성과 역할이 이야기되는 그 배경에 상
인자본(상품거래자본과 화폐거래자본)의 독립성과 가치 및 잉여가
치의 생산과 실현 사이의 내적 연관 사이에 복잡한 관련이 자리 잡
고 있다는 문제로 논의의 영역이 옮겨간 것이다.

내적 연관이 재정립되는 한가지 방식은 이윤율 균등화인데 하지
만 이것은 산업자본과 상업자본의 각기 상이한 회전기간에 영향을
받는다. 상업자본의 회전기간은 "여러 산업자본의 회전을" 동시에

혹은 연속적으로 "매개할 수 있다".(M3: 317) 한편 산업자본의 회전은 생산과 재생산의 주기성으로 나타나고 이 과정에서 유통기간은 "하나의 제약"을 이루면서 "가치와 잉여가치의 형성에 어느 정도 제약을 가하는데 이는 그것이 생산과정의 규모"와 "일반이윤율의 형성"에 영향을 미치기 때문이다.(M3: 320~21) 유통기간 단축에 의한 산업자본의 회전기간 단축은 이윤율을 높일 수 있다. 상업자본은 (이론적으로) 회전기간에 상관없이 일반이윤율을 얻을 수 있다. 그래서 상업자본은 회전기간을 높여서 자신의 이윤율을 높일 수는 없지만, 실현에 요구되는 상업자본의 감소를 통해 일반이윤율에는 영향을 미칠 수 있다. "유통을 위해 필요한 상인자본의 절대적 크기와 그것의 유통속도는 반비례관계"에 있다. 또한 "상인자본의 평균회전을 단축하는 요인들[예를 들어 수송수단의 발달 등]은 그만큼 상인자본의 절대적 크기를 감소시키고 따라서 일반이윤율을 상승시킨다".(M3: 322)

맑스는 "이중의 영향"이 작용한다고 말한다. 회전이 빨라지면 필요한 상업자본의 크기가 감소하는 반면, 상품의 양과 종류가 전반적으로 증가하면서 생산된 상품을 신속하게 처리하기 위한 상업자본에 대한 수요도 함께 증가시킨다. 그 결과 "단지 상인자본의 크기뿐만 아니라 유통에 투하되는 모든 자본의 크기도, 예를 들어 해운·철도·전신 등에 투하되는 자본의 크기도 함께 증가한다".(M3: 322) 맑스는 "소매업으로의 진입이 더 손쉬워지고, 자유롭게 풀려난 자본이 넘쳐나는 것은 물론 투기가 성행하게 되면, 기능하지 않거나 혹은 기능하더라도 일부만 기능하는 상인자본이 증가하게 된다"(M3:

323)는 점도 인정한다. 『자본』에서 과잉자본의 역할에 대한 이야기가 나오면 나는 항상 흥미를 느낀다. 그것은 끊임없이 홀연 나타나지만 핵심적인 문제로 다루어지는 경우는 거의 없다(나는 그렇게 생각한다).

맑스는 상업자본과 생산자본의 활동이 서로 뒤엉키면서 얼마나 쉽게 물신적인 개념들을 만들어내는지에 대한 신랄한 논평으로 이 장을 마무리한다. "재생산의 총과정에 대한 피상적이고 전도된 모든 견해들은 상인자본의 관점(그리고 상인자본의 고유한 운동이 유통담당자의 머릿속에 심어주는 생각들)에서 비롯된 것들이다." 그는 또한 "자본주의적 생산담당자와 유통담당자의 머릿속에서는 생산법칙에 대한 생각이, 이 법칙을 완전히 벗어나 단지 피상적인 운동의 의식적 표현에 머무를 수밖에 없다는 것이 너무도 당연한 일이다. 상인, 주식투기꾼, 그리고 은행가 등의 생각은 필연적으로 완전히 전도되어 있다. 경쟁도 이들의 생각을 완전히 전도시키는 역할을 한다"(M3: 324~25)라고까지 말한다.

"따라서 상인자본의 관점에서 보면 회전 그 자체가 가격을 결정하는 것으로 나타난다. 한편 산업자본의 회전속도는 ─ 그것이 일정 자본으로 하여금 많든 적든 노동을 착취할 수 있게 해주는 한 ─ 이윤량과 일반이윤율에 결정적으로 (그리고 제한적으로) 영향을 미치는 반면, 상인자본에는 이윤율이 외생적으로 주어지고 이윤율과 잉여가치의 형성 사이의 내적 관련은 완전히 사라져버린다."(M3: 325) 분배영역으로 들어가면 우리는 이 문제를 포괄적인 형태로 만나게 되고, 이자 낳는 자본의 유통을 다룰 때 이 현상을 다시 볼 수 있다. 사회의 표면에서는 잉여가치 생산의 모든 내적 연관이 사라지고 이로 인해 온갖 형태의 물신적 생각들이 생겨난다.

이런 피상적 세계가 갖는 힘은 개별 상업자본가들이 사회적 평균에 비해 자신의 회전기간을 단축함으로써 경쟁에서 초과이윤을 획득할 수 있다는 사실에 의해 더욱 증폭된다. "이들 상인은 자신의 자본을 평균보다 더 빨리 회전시킬 경우 초과이윤을 얻는데, 이는 산업자본가들이 평균 수준보다 더 유리한 조건에서 생산활동을 수행함으로써 초과이윤을 얻는 경우와 마찬가지다."(이것은 제1권이 상대적 잉여가치 이론에 나오는 것이다.) 또한 "그는 자신의 자본회전 속도를 높여줄 수 있는 조건이 예를 들어 점포의 위치일 경우에는 그에 대한 별도의 지대를 지불하게 될 것이다. 다시 말해서 자신의 초과이윤 가운데 일부를 지대로 전화하게 될 것이다".(M3: 326) 이것은 상업자본과 지대의 관계영역으로 옮겨가는 이야기인데 이 관계는 도시지역에서 나타난다(메디슨가나 옥스퍼드가의 점포를 보면 우리는 맑스가 여기에서 말하는 내용을 금방 이해할 수 있다).

제19장은 화폐 및 금융자본과 신용을 다루는 제5부로 넘어가기 위한 과도적인 장이다. 그것은 주로 "산업자본의 유통과정에서 화폐가 수행하는 순전히 기술적인 운동들"에 초점을 맞추고 있지만 "이 운동들이 그것을〔그리고 그것만을〕자신의 고유한 행위로 수행하는 특정 자본의 기능으로 독립하면서, 이 자본을 화폐거래자본으로 전화시킨다"(M3: 327)는 점을 밝히고 있다.

화폐자본의 형태를 띠는 이 일정 부분은 이제 총자본과 분리되어

나와 독립하는데, 그것의 자본주의적 기능은 오로지 산업자본가와 상업자본가계급 전체를 위해서 이 기능을 수행하는 데 있다. (…) 따라서 이 화폐자본의 운동도 다시, 단지 재생산과정 속에서 파악되는 산업자본의 한 독립된 부분의 운동에 지나지 않는다. (M3: 327)

이 형태의 자본이 갖는 "독립성"이라는 말은 매우 중요하며 뒤에 이어지는 분석들에 대한 온갖 함의를 내포하고 있다. 그러나 이 장의 가장 중요한 논지는 뒷부분에서 이루어지는 화폐 및 금융자본에 대한 맑스의 연구에 있기 때문에 이 문제는 여기에서 더이상 이야기하지 않고자 한다.

제5편

이자, 신용 및 금융

제21장~제26장

개요

나는 먼저 화폐자본에 대한 이들 장에서 맑스가 펼친 주장을 개관하고자 한다. 맑스에게 흔히 있는 일이지만 나무와 숲을 구분하기란 어렵기 때문이다. 전반적인 논지는 사실 매우 흥미로우며 각 장들 사이의 논리적 연관은 매우 강고하다.

나는 먼저 『자본』 제3권이 맑스의 초고를 엥겔스가 매우 힘들게 복원해낸 것이라는 사실을 상기시키고자 한다. 누구나 동의하듯이 엥겔스가 맑스의 의도를 그대로 복원하기 위해 많은 노력을 기울였음은 사실이지만 초고에 대한 이후의 연구들은 엥겔스의 선택이 모두 옳지는 않았음을 보여준다. 예를 들어 엥겔스는 연속된 초고들에서 각 장의 제목을 만들어 붙였다. 각 장들 사이의 연관이 매우 긴밀하다는 것은 그래서 별로 놀라운 일이 아니다. 또 하나 유의해야 할 점은 맑스의 글을 완성하거나 바로잡거나 보완하기 위해서 엥겔스가 몇몇 문장들을 제법 길게 삽입했다는 점이다. 이 때문에 발생한 문제는 여기에서 일일이 거론하지 않으려 한다. 나는 맑스의 견해가 설사 불완전하게 그려져 있다고 하더라도 우리에게 주어진 텍스트가 정확하다는 가정하에 논의를 전개할 것이다.

맑스는 우리가 지금까지 알고 있던 것보다 자본의 화폐적 성격을 좀더 부각하는 방식으로 논의를 시작했다. 화폐의 소유는 잉여가치를 생산할 가능성(그리고 사실상 반드시 필요한 조건이기도 하다)과 그에 따른 자본의 생산 가능성을 제공한다. 그에 따라 화폐자본(잉여가치 생산에 사용되는 화폐)은 상품형태를 취할 수 있다. 그것은 교환가치(가격)와 사용가치를 모두 갖는다. 그것의 사용가치는 잉여가치를 생산할 수 있다는 점에 있다. 그것의 교환가치(가격)는 이자다. 이는 제2권에서 본 것과는 전혀 다른 독해인데, 제2권에서 맑스는 자본으로서의 화폐를 단지 화폐의 기능으로, 즉 구매와 판매에 사용되는 것으로만 간주했다. 이런 개념적 전환은 매우 중요하다. 나는 이것이 그냥 맑스가 마음을 바꾸었거나 잘못 서술한 것이라고는 생각하지 않는다. 논의가 전개되면서 이처럼 그 의미가 변하는 사례는 이것 하나만이 아니기 때문이다. 그렇다면 여기에서는 어떤 의미일까?

이런 종류의 문제에 부딪힐 경우에는 내 생각에 맑스 논의의 전체 흐름을 살펴보는 것이 현명하다. 이들 장을 읽어나가는 결정적인 열쇠는 맑스가 제1권의 핵심적인 부분에서 이야기했던 물신성 개념을 명시적으로 되살려내고 있다는 점에 주목하는 것이다. 그는 거기에서 자본의 현실적 토대(즉 잉여가치의 생산)는 실재적이긴 하지만 오해를 불러일으키는 표면적 현상 아래에 묻혀 있다고 주장한다. 현실에서 우리는 시장에 가서 화폐를 사용해 (노동력을 포함한) 상품을 구매한다. 문제는 이 시장관계가 상품생산 속에 응결되어 있는 노동의 의미와 사회성은 물론 상품이 시장에 나오게 되는 전체 과정을 은폐하고 있다는 점이다. 맑스의 목적은 바로 이들 현상의 배후를 밝혀내는 것이었다.

그렇다면 맑스는 왜 제3권의 이 지점에서 표면적 현상의 물신적 성격을 되살려낸 것일까?[14] 『자본』 어디에서도 이처럼 이 문제가 명시적으로 드러나 있는 곳은 없다. 그는 여기에서 이렇게 선언한다. "여기에서 자본의 물신적 형태와 자본물신성에 대한 개념(혹은 표상)이 완성된다." 그는 거의 득의만만한 듯한 태도를 보이고 있다. 이자 낳는 자본은 "극히 휘황한 형태로 신비화된 자본의 형태다"(M3: 405)라고 그는 단정한다.

나는 이 부분이 매우 중요하다고 생각한다. 내가 보기에 맑스는 앞서 제1권에서 물신성을, 참된 인식을 가로막는 외적이고 객관적이며 실재적인 장애물로 규정한 다음, 여기에서는 그것의 심장부로 들어가서 그것이 가지고 있는 파괴적이며 폭력적인 힘에 대한 내면의 깊고 주관적인 인식을 보여주고 있다. 요컨대 우리는 월스트리트 투기꾼들의 머릿속을 들여다볼 수 있는 것이다. 그러나 우리들 가운데 누가 과연 화폐를 향한 순수한 욕망의 물신적 유혹으로부터, 그리고 끊임없이 일정한 비율로 축적을 이루어나가는 화폐의 얼핏 무한해 보이는 그 힘으로부터 벗어날 수 있겠는가? 이제 우리는 우리 자신의 머릿속에 들어와 있는 것도 살펴볼 수 있지 않을까?

좀 기계적으로 이야기해서 화폐는 제1권에서 완벽한 물신성의 모습으로 그려졌다(그것은 노동의 사회성을 나타내면서 동시에 은폐한다). 화폐가 자본으로 어떻게 유통되는지를 다루는 것이 제2권이다. 그리고 여기 제3권에서 이자 낳는 자본의 유통은 자본유통의 완벽한 물신적 형태로 다시 등장한다. 하지만 이제 우리는 화폐자본이 어떻게 해서 스스로 더 많은 화폐를 창출하는 신비롭고 불가사의한 힘을 가지고 나타나는지를 이해해야만 한다. 이 힘은 실질적인 영향력을 발휘한다. 그것은 엄청난 효과를 내면서 자본의 운동법칙을 "왜곡시키고" "신비화"한다(맑스는 이 두 단어를 즐겨 사용한다). 그리하여 자본은 끊임없이 자신의 물신적 형태와 거기에서 비롯된 잘못된 가공의 인식에 의한 희생자가 되는 위험에 빠진다.

그렇다면 맑스는 어떻게 이 논의에 살을 붙이고 있는가?

화폐자본 상품의 가격은 이자라고 부르며 화폐자본의 순환은 이자 낳는 자본의 유통으로 나타난다. 그러나 부르주아 이론에서 말하는 것 같은 "자연이자율"은 존재하지 않는다. 맑스는 "자연" 가격(공급과 수요가 시장에서 균형상태에 있을 때의 상품 가격)을 가치에 근접한 것으로 간주했음을 기억할 필요가 있다. 그러니 이 경우 "자연가격"은 존재할 수 없다.

그렇다면 상품으로서의 화폐자본에 대한 내재적 가치가 존재하지 않고 자연이자율이란 것도 존재하지 않는다면 이자율을 결정하는 것은 무엇일까? 맑스는 화폐자본에 대한 수요와 공급이 이자율을 결정한다고 말한다. 그러나 『자본』 전체에 걸쳐서 맑스는 수요와 공급을 "특수성"의 범주로 간주하고 이들 양자는 그것들이 균형상태에 있다는 것 외에는 아무 것도 설명해주지 않는다고 보았다. 이자율의 경우에는 "자연적" 균형점이라는 것이 존재하지 않는다. 그것이 존재한다고 생각하는 것은 동어반복을 믿는 것에 지나지 않는다. 즉 그것은 가치가 가치에 의해 결정될 수 있다는 말과 같다. 그러므로 이자율은 경쟁에 의해 결정된다. 하지만 경쟁의 강제법칙도 "특수성"의 범주로, 즉 경쟁에 따르지 않는 자본운동을 강제로 규제하는 내적 법칙의 요소로 간주된다. 수요와 공급 그리고 경쟁은 모두 (『경제학비판 요강』에서 정식화한 것처럼) "특수성"의 범주로 지금까지 논의에서 배제되어 왔다. 하지만 이제 여기에서 그것들은 무대 중앙에 등장하여 모든 것을 설명해준다. 이것은 거대한 개념적 변화다.

여기에서 우리는 맑스의 분석에서 하나의 중요한 부분을 보게 된다. 제2권에서 그가 특수성 범주들을 다루지 않았던 것(고집스레 계속 거부했다)과 여기에서 이자 낳는 자본의 유통을 이해하기 위해 그것들을 다루어야 할 필요성 사이에는 큰 간극이 존재한다.

그래서 이 점은 이들 특수성 범주와 자본운동의 일반적 법칙 사이의 관련에 대한 문제를 제기한다. 제2권에서 검토된 현실의 토대로부터 제3권에 등장하는 표면적 현상의 물신성으로 이동한 것이 의미 있는 이유는 바로 이 문제 때문이다. 우리는 자본이 왜 그 물신적 형태 없이는 생존할 수 없는지 그리고 그런 물신적 형태가 일반적 운동 법칙을 어떻게 왜곡하고 신비화하는지를 보게 된다. 그러나 몇몇 부르주아적 비판들이 지적하고 있듯이 만일 자본주의가 사실상 그것의 표면적 현상형태를 토대로 움직인다면, 왜 이들 형태를 그대로 표현하면 안 되는 것인가, 그리고 이 현실의 토대를 이루는 온갖 복잡한 문제들(즉 가치론)을 잊어버리면 안 된다는 말인가? 거기에 대한 맑스의 답은 아마도, 표면적 현상을 통해 드러나는 심각한 모순들을 예상하고 이해하기 위해서는 오로지 그 물신적 형태를 만들어내고 자본의 운동법칙에 물신적 작용을 하는 현실적 토대의 동학을 연구해야만 한다가 될 것이다. 따라서 이들 장을 읽어나가는 우리의 목표는 현실적 토대를 이루는 법칙과 현상형태 사이의 관계가 실제로 어떻게 작동하는지를 밝혀내는 데 있다.

맑스는 이자율을 (그의 표현방식으로) "독립적인" 것이면서 동시에 가치와 잉여가치 생산의 세계에 포섭되어 있는 것으로 다룬다. "포섭되어 있다"는 말은 이미 이루어져 있는 상태를 가리킨다. 달리 말해서 이자율과 이자 낳는 자본의 유통은 독립적인 방식으로 움직일 수 있는데 이는 그것들이 수요와 공급 및 경쟁이라는 예측하기 어려운 요인들에 의해 결정되는 "특수성"의 범주에 속하기 때문이다. 이런 특수성이 (『경제학비판 요강』의 서문에 나오는 말로 옮긴다면) 우연적인 방식이 아니라 결정적인 방식으로 생산의 일반성에 다시 영향을 미치는 경로는 없을까? 만일 그런 경로가 있다면 이런 특수성이 자유롭게 작용할 때 자본의 일반적 운동법칙은 어떻게 작동할까? 혹은 특수성이 어떤 경로를 통해 자본의 일반적 운동법칙에 영향을 받고 있을까?

이 문제는 매우 중요한데 왜냐하면 화폐시장에 함께 나오는 대량의 화폐자본은 "계급의 공동자본"(M3: 381)으로 행동할 수 있고 또 실제로 그렇게 행동하기 때문이다. 1847~48년과 1857년 거대한 금융 및 상업 공황을 만들어낸 것이 바로 이 형태이고 그것은 똑같은 방식으로 우리 시대에도 2007~09년 공황을 통해 자본의 뿌리를 뒤흔들었다. 만일 이자 낳는 자본이 "계급의 공동자본"으로 기능한다면 우리는 이것을 자본의 일반적 운동법칙의 특징에서 어떻게 분리해낼 수 있을까? 나는 이 문제를 가능한 한 강력하게 제기하고 싶은데 왜냐하면 그 대답이 어떤 것이든 그것은 일반적으로 자본주의에서 공황 형성에 대한 이론을 만드는 것이며 또한 최근의 사태를 분석하는 데 맑스의 견해를 사용하는 것이 되기 때문이다.

첫번째 단계는 이자 낳는 자본의 유통이 산업자본의 유통이 만들어내는 잉여가치(이윤)에 대해 어떻게 독립성을 획득하는지를 살펴보는 것이다. 맑스는 화폐자본가(화폐권력을 가진 사람)와 산업자본가(잉여가치 생산을 조직하는 사람)를 구분하는 데서 시작한다. 이자율은 이 두 계급 사이의 경쟁에 의해서 정해진다. 여기에서는 (이론적으로는 아니지만 역사적으로 볼 때) 화폐자본가와 산업자본가 사이의 세력관계가 중심이 된다.

이 관계의 역사는 가끔 목적론적으로 해석된다. 즉 1980년대 이후 금융자본이 불가피하게 산업자본에 대한 우위를 차지해서 산업자본이 지배적이었던 시기(맑스가 살던 시기)와는 다른 종류의 자본주의(금융자본주의)를 만들어냈고, 이 자본주의에서는 과거와는 다른 자본의 운동법칙이 작동한다는 것이다. 맑스는 (그와 비슷한 구절이 존재하는 것은 사실이지만) 이런 종류의 논의를 하지 않았다. 나도 여기에서 이런 논의는 하지 않으려 한다. 하지만 이 두 계급 간의 세력관계가 (이 계급과 다른 계급들, 즉 지주나 상인계급 사이의 세력관계도) 결코 안정적이지 않았음에는 의심의 여지가 없으며 둘 사이에는 주도권의 변화가 분명히 있었다. 예를 들어 아리기의 저작에서는 세계경제의 주도권 변화(예를 들어 20세기 전반기 영국에서 미국으로 주도권 이동)가 금융화 시대(힐퍼딩R. Hilferding, 홉슨 J. Hobson, 레닌이 이야기했던 1900년대) 이전에 이미 있었다고 분석하고 있다.[15] 그렇다면 1970년대 이후 뚜렷하게 밀어닥친 금융화의 물결은 또다른 주도권 변화(미국으로부터 동아시아로?)를 알려주게 될 것이다. 그러므로 자본주의 역사를 이해하기 위해서는 각기 다른 시기와 장소에서 각 계급분파 사이의 세력관계 실태와 이들 사이의 경쟁이 만들어내는 결과를 파악할 필요가 있다.

그러나 맑스는 한걸음 더 나아간다. 원래 계급분파들 사이의 관계로 나타났던 것이 개별 자본가의 인격체 내에서 사실상 내부화한다. 모든 자본가는 두개의 각기 다른 역할을 함께 수행한다. 산업자본가는 항상 자신의 자본 가운데 일부를 화폐형태로 갖고 있다. 그래서 이들은 언제나 자신의 화폐를 사용해 생산을 확장함으로써 잉여가치 생산을 늘리거나 혹은 그 화폐를 타인에게 그냥 빌려주고 이자를 받을 수도 있는 선택의 여지가 있다. 양자 가운데 무엇을 선택할지의 문제가 개별 자본가에게는 지속적인 유혹의 대상이다. 당신이라면 어떻게 하고 싶은가? 잉여가치를 생산하는 수고(말을 안 듣는 노동자들, 믿기 어려운 기계, 변덕스러운 시장)를 감당할 것인가,

아니면 그냥 돈을 빌려주고 이자를 받아 바하마로 가서 편안하게 살 것인가? 맑스의 보고에 따르면 영국의 많은 산업자본가들의 소망은 불로소득 생활자가 되어 은퇴한 후에 시골로 내려가서 불로소득만으로 생활할 수 있는 만큼만 생산에 참여하는 것이었다. 그러나 모든 사람이 이자나 불로소득만으로 생활하는 사람이 되려 하고 아무도 잉여가치 생산에 종사하지 않는다면 이자율은 제로로 하락하고 생산에 대한 재투자에서 얻는 이윤은 천정부지로 상승할 것이라고 맑스는 지적한다.(M3: 390~91) 우리는 여기에서 이자 낳는 자본의 유통이 잉여가치 생산에 예속될 수밖에 없는 이유 가운데 적어도 한가지를 본 것이다.

이것은 곧바로 또다른 문제를 제기한다. 산업자본의 이윤율과 화폐자본의 이자율 사이에는 어떤 균형점이 존재할까? 이윤율 균등화를 통해서 이자는 상업자본의 이윤과 합쳐질까? 상업자본의 경우 상품형태의 자본이 화폐로 실현되는 형태변화(실제 거래)가 존재한다. 그러나 이자율의 경우는 전혀 다른데 왜냐하면 이것은 화폐와 화폐의 관계이기 때문이다. 여기에는 아무런 형태변화도 존재하지 않는다. 맑스가 제1권에서 이야기했듯이(M1: 167) 화폐가 무한히 축적될 수 있다는 점도 문제다. 요컨대 이자 낳는 자본은 복리로 늘어날 수 있는 신비한(물신적인) 힘을 가지고 있는 것처럼 보인다(맑스가 제1권에서 이야기하고 있듯이 그것은 마치 황금알을 낳는 거위 같다). 화폐를 예금계좌에 넣어두면 마술처럼 자라난다. 화폐가 무한히 축적될 수 있다면 화폐자본도 그렇게 될 수 있다. 이것은 자본주의의 극단적인 물신적 환상이다.

영원히 지속되는 복리에 대한 환상 —— 맑스는 1772년에 출판된 한 팸플릿에서 그런 환상의 사례를 들고 있다 —— 은 다음과 같은 결과를 만들어낸다. "우리의 구세주가 탄생한 (즉 예루살렘의 그 교회에서) 바로 그 해에 복리 6%로 대부된 1실링이 있다면 그것은 지금쯤, 태양계 전체를 토성 궤도의 지름을 가진 하나의 공으로 간주할 때, 그 공보다 더 큰 금덩어리에 해당하는 액수로 커져 있을 것이다."(M3: 408) 이는 왜 우리가 금본위제를 버리고 결국 모든 상품의 척도를 지폐에 내주었는지를 설명한다. 그렇게 되어야만 비로소 세계 전체에서 화폐공급은 무한히 늘어날 수 있는데 왜냐하면 그것이 단지 숫자에 불과하기 때문이다. 예를 들어 연방준비제도는 순식간에 10억 달러 이상의 화폐를 추가로 공급한다(금을 그렇게 공급하는 것은 결코 불가능하다). 모두가 소망하는 무한한 축적 개념이 사실상 1847~48년과 1857~58년의 화폐 및 상업 공황의 원인이었음을 맑스는 보여준다. 신용 형태로 더 많은 화폐를 만들기 (차용증서의 급격한 증가) 위한 대차관계는 통제불능 상태로 발전할 수 있다. 이것은 필연적으로 모든 신용시장에 가공의 성격을 부여한다.

그리하여 맑스는 매우 중요한(하지만 충분히 발전시키지 못한) 가공자본의 개념을 제기한다. 이것은 화폐자본의 물신성에 보다 실물적인 유형의 형태를 제공한다. 가공자본의 역할은 1847~48년 상업 및 금융 공황에 대한 불충분하고 어느 정도 혼란스럽기까지 한 분석을 통해 다루어지는데 이 분석에는 오버스톤(S. Overstone)이라는 사람의 생각에 대한 비판이 곁들여져 있다. 다시 한번 강조하건대 제1권에서 정의하는 물신성은 비록 그것이 그 토대인 가치관계를 은폐하기는 하지만 실재적이며 객관적인 모습을 띠고 있다. 상품은 슈퍼마켓에서 화폐와 실제로 교환되지만 그 교환은 그것이 만들어진 노동(가치)에 대한 정보를 은폐하는 방식으로 이루어진다. 가공자본도 마찬가지 방식으로 이해되어야 한다. 그것은 코카인에 취한 월스트리트 은행가의 혼미한 머릿속에서 만들어진 것이 아니다. 자본의 현실적인 형태, 즉 가격을 가진 상품이 된 화폐다. 가격은 가공적일 수 있지만, 그럼에도 불구하고 우리는 (부동산 대금을 지불하거나 예금이자를 탐색하거나 혹은 사업을 진행하기 위한 대출을 받을 때) 언제나 그것과 대면해야만 한다.

이에 대한 세부적인 내용은 나중에 다루게 될 것이다. 그러나 대부자본(생산의 확대를 위한 화폐대부)과 어음으로까지 확대된 화폐를 구분하는 맑스의 논의는 가공자본 문제가 얼마나 중요한지를 쉽게 설명해준다. 화폐자본은 산업자본의 유통에서 시작과 끝 두곳에 등장한다. 동일한 화폐자본가가 트랙트 하우스(동일한 규격의 주택—옮긴이)를 개발한 사람에게 대부해주고, 그런 다음 시장의 구매자에게 돈을 빌려주어 그 주택을 구매하게 할 수 있다. 그러므로 화폐자본은 상품의 수요와 공급 모두를 제공할 수 있다. 이것이 하나의 완결된 유통(주택의 생산과 실현을 통한 자산거품 현상)이 될 수 있음은 쉽게 확인 가능하다. 이처럼 이자율과 이윤율은 매우 강력한 (종종 투기적이기도 한) 방식으로 서로 만나고 서로에 영향을 미친다.

그리하여 이들 장에서 논의의 흐름은 유통의 기술적인 측면으로부터 보다 깊은 영역, 즉 그 유통이 얼마나 쉽게 중단될 수 있는지(이는 제2권에서 다루었다)에 대한 온갖 구체적인 사례들로 이동한다. 화폐자본(그리고 화폐자본가)은 독립적이지만 일정한 방식으로 잉여가치 생산에 예속된다. 화폐형태의 물신적 성격은 환상과 가공의 세계를 만들어내고 그것은 주기적으로 통제 불능의 금융 및 상업 공황을 터뜨린다.

그런데 화폐자본과 생산자본의 두가지 역할을 한사람이 모두 수행할 수 있다. 따라서 어떤 사람이 이들 두 자본 가운데 어느 편의 입장을 취하고 행동하는지는 자본축적을 이해할 때 매우 중요하다. 맑스는 기업가정신, 기대의 심리학, 금융거래에서 신뢰의 역할 등과 같은 인간 내면의 "개별성"을 탐구하는 데 전혀 관심이 없었지만, 이들 장에서 조금만 더 곁가지로 나아갔다면 이런 문제들이 완벽한 분석을 위해 매우 중요하다는 사실을 깨달았을 것이다(물론 이 심리적인 측면들은 나중에 케인스에 의해 훨씬 명시적으로 다루어졌고 "기대" 문제는 부르주아 경제학의 모든 영역에서 중요한 자리를 차지하게 됐다).

여기에서 제시되는 분석은 2007~09년의 금융공황과 그것에 선행하는 금융위기의 전체 과정을 이해하는 데 도움을 준다. 그러나 우리는 맑스의 논의를 잘못 해석하지 않도록 주의해야 하고 특히 1847~48년과 1857~58년 공황에 대한 맑스의 불완전하고 종종 불분명하기도 한 분석에서 우리가 배울 수 있는 교훈을 과도하게 확대해서두 안 된다.

맑스의 기술적인 논의들 속에서 반복되고 있는 철학적인 중심축은 다음 구절 속에 담겨 있다고 생각한다.

만일 우리가 이자를 화폐자본의 가격으로 부른다면 그것은 가격의 불합리한 형태이며 상품가격의 개념과 완전히 모순되는 것이다. 여기에서 가격은 순수하게 추상적인 형태(또한 내용이 없는 공허한 형태)로 환원된 것으로, 어떤 사용가치의 형태를 지닌 것에 대해서 지불되는 일정 화폐액이다. 그러나 가격의 개념에 비추어 본다면 가격이란 이 사용가치를 화폐로 표현한 가치에 해당한다. 이자를 자본의 가격이라고 부르는 것은 처음부터 완전히 불합리한 표현이다. 여기에서는 한 상품이 이중의 가치를 갖는데 즉 한번은 가치를, 또 한번은 이 가치와는 상이한 가격을 가지며, 이 가격이란 가치의 화폐적 표현 그 자체일 뿐이다. (M3: 366)

우리가 여기에서 보고 있는 것은 가치의 가치라는 동어반복 이외의 어떤 것도 아니다. 사실 우리는 앞서도 이와 비슷한 논의를 만난 적이 있다. 맑스는 제1권에서 이렇게 말했다.

그 자체로서는 상품이 아닌 것(가령 양심이나 명예 따위)이라도 그 소유자에게는 화폐를 받고 파는 것이 될 수 있고 따라서 그 가격을 통해 상품형태를 취할 수도 있다. 그래서 아무런 가치도 없으면서 형식적으로는 가격을 갖는 물적 존재가 있을 수 있다. 이때의 가격 표현은 수학에서 표시되는 어떤 크기와 마찬가지로 가상적인 것이 된다. 그러나 다른 한편 가상적인 가격형태(예를 들어 인간의 노동이 전혀 대상화되어 있지 않아서 아직 아무런 가치도 갖지 않은, 경작되지 않은 토지의 가격 같은 것)도 어떤 실질적인 가치관계(또는 여기

에서 파생된 관계)를 숨기고 있을 수 있다. (M1: 117)

여기에서 맑스가 들고 있는 핵심 사례는 지대와 경작되지 않은 토지의 가격이다. 그는 화폐의 경우도 이와 같음을 지적할 수 있었을 것이다. 그러나 제1권 화폐에 관한 장은 그 자체만으로도 이미 혼란스러운 상태이기 때문에 여기에 혼란을 더 추가할 수 없었을 것이다. 제3권에서는 가공의 가격형태를 화폐 그 자체에 적용하는 것을 알 수 있다. 이것은 다음과 같은 특수한 문제를 제기한다 즉 이 물신적인 "가공의 가격형태"가 "실질적인 가치관계"에 관해 숨기고 있는 것은 과연 무엇인가? 그리고 그것의 역할은 어떤 것일까?

그리고 여기에서 맑스가 "불합리하고 모순적"이라고 한 것은 정확하게 무엇을 가리킬까? 그는 새라 페일린(Sarah Palin)이나 그루초 맑스(Groucho Marx)처럼 이자가 불합리하고 모순적이라고 말하는 것이 아니다. 만일 그렇다면 이자라는 범주는 자의적이고 엉뚱한 것으로 우리는 그것을 내던져버리거나 그냥 담소거리로만 다루어야 할 것이다. 내가 생각하기에 맑스는 정수론에서 사용하는 의미로 이들 표현을 사용했으며 (바로 그렇기 때문에 방금 인용한 제1권의 구절 속에서 "수학에서 사용하는 어떤 크기"라는 표현을 사용한 것으로 보인다) 거기에서는 불합리한 것과 불합리한 숫자를 구별할 필요가 있다. 불합리한 숫자라는 것은 하나의 분수로 약분이 되지 않거나 π(이것은 자의적으로 지어낸 것이 아니라 수학에서 사용하는 상수 가운데 하나로서 원주율을 나타낸다) 같은 것을 가리킨다.

결국 맑스는 이자율을 결정하는 데 비교될 수 없고, 따라서 불합리하며 모순적인 어떤 요인들이 작용함을 말하고 있다. 불합리한 숫자(무리수를 가리킨다 —옮긴이)에 대한 자문을 위키피디아에서 받았을 때 (이 문제에 대한 전문가라서 그런 자문을 받은 것은 전혀 아니다) 나는 한가지 흥미로운 점을 발견했다. 그리스의 피타고라스학파 가운데 한 사람인 히파소스(Hippasus)는 무리수의 존재를 입증했는데 그는 이 불합리한 숫자가 (이자율과 꼭 마찬가지로) "비교될 수 없고 불합리하며 모순적"임을 보여주었다. 널리 알려진 대로 피타고라스의 정리는 모든 관계가 정수와 이들 정수로 표현되는 비율로 환원될 수 있다는 것이므로 그의 발견은 피타고라스 학파 동료들에게 큰 충격이었다. 일설에 따르면 히파소스가 바다에 나가 있을 때 이를 생각해내자 동료들은 곧바로 그를 바다 속으로 집어던졌다고 한다. 물론 이는 자신들이 믿고 있던 이론이 틀렸음이 입증됐을 때 학자들이 흔히 보이는 행동이기도 하다. 맑스도 오래전에 경제학자들에 의해 바다 속으로 내던져졌는데, 왜냐하면 이 경제학자들은 오늘날까지도 그들에게는 가장 기본적인 범주인 이자율이 비교될 수 없고 불합리하며 모순적이라는 말에 질색하기 때문이다. 그러나 맑스는 역사의 격랑 속에서 매우 헤엄을 잘 치는 사람이었다. 그는 배의 갑판 위로 되돌아와서 (너무나 조잡한 방식으로 이루어지긴 했던) 2007~09년의 사건을 지켜본 모든 사람들에게 자신의 말이 얼마나 명확하게 들어맞는지를 상기시켜주고 있다. 그가 다시 바다로 내던져질지의 여부는 복리에 따른 자본의 축적과 무한한 부의 증가를 충족시킬 수 있는 상태로 모든 것이 안정화될 수 있느냐에 달려 있을 것이다.

자본에 대한 이자의 불합리하고 모순적인 성격은 바로 이런 정수론적 의미에서 평가되어야 한다. 그럴 경우 우리는 가공의 형태가 어떻게 만들어지고 그것이 어떤 결과를 가져오는지를 (π와 같은 상수가 공학에서 사용되는 방식으로) 훨씬 쉽게 이해할 수 있을 것이다. 이런 방식으로 생각할 때 거기서 비롯하는 현실적인 결과와 이론적인 결과 모두를 보다 잘 이해할 수 있다.

그런데 그럴 경우 서로 연관돼 있는 두가지 중요한 문제가 언급될 필요가 있다. 첫째, 가공자본 범주의 토대가 되는 이자의 물신적 성격에 대한 맑스의 입장은 자본의 일반적 운동법칙에 대한 논의에 어느 정도까지 영향을 미치는가? 상업자본의 분배범주에 대한 논의는 지금까지 맑스가 구축해온 이론의 일반적 틀에 흡수될 수 있는 것으로 보이지만, 이자 낳는 자본의 유통과 산업자본 유통 사이의 관계에서는 이것이 적용되지 않는 것처럼 보인다. 또한 내가 보기에 맑스의 항변에도 불구하고 맑스 이론 가운데 또다른 하나의 "불합리한 숫자"인 지대의 경우에도 역시 이것이 적용되지 않는다. 지대는 이자와 마찬가지로 실제로 존재하고 현실적인 결과를 만들어내는 가공자본의 한 형태다. 만일 당신이 맨해튼에 살고 있다면 당신은 지대와 주택가격이 가공의 것이며 따라서 그런 가공의 것에 대해서는 아무 것도 지불하지 않아도 된다고 말할 수는 없을 것이다. 대부분의 사람들은 이자를 지불하는 방식으로 부동산을 구매하는데 그것이 바로 가공자본의 한 형태다.

그렇다면 이자율을 잉여가치 생산에 예속시키는 힘에 대한 문제는 이제 어떻게 되는가? 아무도 가치를 생산하지 않고 모두가 이자나 지대로만 살아갈 수 없음은 분명하며 1847~48년, 1857~58년과 우리 시대인 2007~09년 같은 상업 및 화폐 공황하에서는 투기적인 금융활동이 빚어낸 온갖 환상과 가공의 신기루들을 실제의 생산이라는 지상의 현실로 되돌려놓는 징벌적인 종류의 힘이 가해지지만, 금융과 생산의 역관계가 거꾸로 뒤집어질 수 있는 교란요인도 맑스의 분석에는 포함되어 있다.

이런 교란요인 가운데 하나는 맑스의 분석에서 흥미로운 한 가장자리에 위치하고 있다. 산업자본가가 화폐형태로 자본을 축적하여 그것을 은행에 넣어두고 이자를 받을 경우 (우리가 이미 본 바대로 이런 일은 고정자본의 유통과 관련해 발생하는데, 왜냐하면 자본가들은 고정자본의 교체를 위해 화폐자본을 축장해야만 하기 때문이다) 이자는 소유권에 대한 순수한 수익비율로 나타난다. 순수한 소유권으로부터 발생하는 이런 소극적인 수익은 생산의 감독과 조직을 통해 적극적으로 잉여가치를 창출하는 행위와 대조를 이룬다. 그렇다면 왜 자본가들은 자신들은 순수한 소유권의 수익으로 살아가면서 생산을 관리하는 다른 사람에게는 감독임금을 지불하지 않으려 할까? 바로 이 점 때문에 자본주의 역사에서는 소유권과 경영권(혹은 감독권)이 서로 엄격하게 구분되고 있다. 이런 일반적인 내용을 잘 기억해둔 다음 본문의 세부적인 내용을 살펴보자.

제3권 제21장: 이자 낳는 자본

맑스는 일반이윤율이 산업자본과 상인(상업)자본 모두의 활동에 의해 창출되며 이들 둘 사이에서 이윤율은 균등화된다는 이야기로 이 장을 시작한다. "자본은 생산영역에서 산업자본으로 투자되든, 유통영역에서 상인자본으로 투자되든 그것과는 상관없이 단지 그것의 크기에만 비례하여 동일한 연간 평균이윤을 얻게 된다."(M3: 350) 그러나 화폐의 경우는 다르다. 화폐는

추가적인 사용가치를, 즉 자본으로서 기능하는 사용가치를 갖게 된다. 여기에서 화폐의 사용가치란 바로 그것이 자본으로 전화하여 생산한 이윤 그 자체다. 가능태로서의 자본(즉 이윤생산의 수단)이라는 이 속성으로 인해, 화폐는 상품이, 그러나 독특한 종류의 상품이 된다. 혹은 같은 말이지만, 자본은 자본으로서 상품이 된다. (M3: 351)

화폐소유자는 잉여가치를 만들 수 있는 수단을 소유한 셈이며 그는 그 화폐를 다른 사람에게 빌려주고 그 대가로 이자를 받을 수 있다. 화폐자본가와 생산자는 화폐자본이 생산할 수 있는 잉여가치를 서로 나눈다. 이자는 "기능하는 자본이 자신의 이윤 가운데 자기 호주머니에 챙겨 넣지 않고 자본의 소유주에게 지불하는 부분을 일컫는 특수한 명칭이다".(M3: 351) 그런 의미에서 맑스는 자본의 순수한 소유권이 일정한 비율의 수익을 청구할 수 있는 권리임을 인정한다.

상품과 화폐의 운동 그리고 교환은 자본의 순환 내에서 항상 이

루어지며 언제든지 더 많은 잉여가치를 위해 사용될 수 있는 상태를 유지한다. 그러나 거래에서 화폐는 화폐로서의 기능(구매와 판매를 원활하게 하는)만을 수행하고 상품은 상품으로서의 기능(최종 소비 혹은 생산적 소비를 위해 판매되는)만을 수행한다. 그러나

　　이자 낳는 자본에서는 사정이 다르며 바로 그것이 곧 이자 낳는 자본의 독특한 성격이 된다. 자신의 화폐를 이자 낳는 자본으로서 증식시키고자 하는 화폐소유주는, 자신의 화폐를 제3자에게 양도하여, 그것을 유통에 투입하고, **자본** ── 자신뿐만 아니라 타인에 대해서도 ── **으로서의** 상품으로 만든다. 즉 그 화폐는 그것을 양도한 소유주에게만 자본인 것이 아니라 제3자에게도 처음부터 자본〔즉 잉여가치 (이윤)을 창출할 수 있는 사용가치를 가진 가치〕으로서 양도된다. 그것은 (…) 완전히 주는 것이거나 판매되는 것이 아니다. 그것은 단지 대부되는 것일 뿐이다. 말하자면 그것은 첫째 일정한 기한이 지나고 나면 원래의 출발점으로 되돌아오는 것은 물론, 둘째 그것도 실현된 자본으로 되돌아옴으로써, 잉여가치를 생산할 수 있는 자신의 사용가치를 실현한다는 조건으로만 양도되는 것이다. (M3: 355~56)

　　혼동을 일으킬 수 있는 한가지 원인은 자본이 화폐나 상품의 형태로 대부된다는 점이다. 공장과 기계는 이자를 대가로 화폐와 꼭 마찬가지로 쉽게 대부될 수 있다. 실제로 어떤 상품들은 "그 사용가치적 속성 때문에 항상 고정자본으로만 대부될 수 있는데, 주택·선박·기계 등이 여기에 해당된다. 그러나 모든 대부자본은, 그것이 어떤

형태를 띠든 또 그 상환방식이 그 사용가치 때문에 어떻게 변형되든 간에, 항상 화폐자본의 한 특수한 형태일 뿐이다".(M3: 356) 이후부터 맑스는 상품형태의 대부를 이자 낳는 자본의 일반적 유통형태에 포함시킨다. 이로부터 매우 중요한 함의가 얻어진다. 만일 소유물(예를 들어 주택)과 토지도 대부될 수 있다면 지대와 이자 낳는 자본 사이에도 틀림없이 내적 관련이 형성될 것이다. 맑스는 여기에서 이 내적 관련을 지적하지 않고 있지만 나는 다른 곳에서 그것을 추적해보았고, 추적해갈수록 나는 이 부분이 맑스경제하에서 빠져 있는 매우 중요한 부분이라고 생각하게 됐다.

맑스는 몇면 뒤에서 (프루동P. Proudhon의 견해에 대한 비판을 다룬 다음) 이 논의를 다음과 같이 마무리하고 있다.

대부자본가는 자신의 자본을 아무런 등가도 받지 않고 산업자본가에게 양도한다. 그의 양도행위는 자본의 실제 순환과정의 행위가 전혀 아니며 단지 산업자본가가 움직이는 이 순환을 준비하는 행위일 뿐이다. 화폐의 이 최초의 자리바꿈은 어떤 형태변화 행위〔즉 구매나 판매〕도 나타내지 않는다. 소유권은 양도되지 않는데, 왜냐하면 교환이 일어나지 않기〔즉 아무런 등가도 받지 않기〕 때문이다. (M3: 359)

산업자본가가 그것을 사용하여 잉여가치를 생산한 후에 화폐는 대부자에게 반환되어야 한다. 이 모든 것은 법률적 거래다.

자본이 대부자의 수중에서 차입자의 수중으로 이전되는 최초의 지출은, 하나의 법률적 거래로서 실제 자본의 재생산과정과는 아무 관련이 없고 단지 그 과정을 준비하는 것일 뿐이다. 환류된 자본이 차입자의 수중에서 다시 대부자의 수중으로 이전되는 그 상환행위는, 두번째 법률적 거래로서 첫번째 거래를 보충하는 것이다. 즉 첫번째 거래는 실제 과정을 준비하고 두번째 거래는 그 준비된 실제 과정의 뒤를 잇는 행위다. 그리하여 대부자본의 출발점과 귀환점, 양도와 상환 등은 법률적 거래에 의해 매개된 자의적인 운동으로 나타난다. (M3: 360)

그렇다면 이 법률적 거래와 실질적인 잉여가치 생산 사이에는 어떤 관련이 있을까?

자본은 독특한 종류의 상품으로서 또한 특유의 양도방식을 취한다. 따라서 환류도 여기에서는 일련의 경제적 과정의 귀결이나 결과물이 아니라 구매자와 판매자 간의 특수한 법률적 계약의 결과로서 나타난다. 환류기간은 재생산과정의 결과에 달려 있지만 이자 낳는 자본의 경우에는 자본으로서의 그러한 환류가 단지 대부자와 차입자 간의 계약에 달려 있는 것처럼 보인다. 그 결과 이런 거래와 관련된 자본의 환류가 생산과정에 의해 결정되는 결과물로 나타나지 않고 마치 대부자본에서는 화폐형태가 결코 사라지지 않는 것처럼 보인다. 물론 이 거래는 사실상 실제의 환류에 의해서 결정된다. 그렇지만 거래 그 자체에서는 이런 내용이 드러나지 않으며 실제로도 그렇

게 드러나는 경우는 없다. (M3: 361)

달리 말해서 법률적 관계와 거래는 한편으로는 이자 낳는 자본의 유통, 다른 한편으로는 잉여가치의 생산 사이의 관련을 은폐한다. 그러나 이들 문장에서는 "나타난다"는 말이 계속 반복적으로 등장하는데 내가 자주 지적했듯이 이 말은 대개 쉽게 눈에 드러나지 않는 무언가 다른 것이 진행되고 있음을 뜻한다.

자본의 실제 운동에서 귀환은 유통과정의 한 계기다. 처음 화폐는 생산수단으로 전화했다가 생산과정에서 다시 상품으로 전화하며 그런 다음 이 상품의 판매를 통해서 화폐로 재전화하고 결국 이 형태로 처음 자본을 화폐형태로 선대했던 그 자본가의 수중으로 귀환한다. (M3: 361)

그러나 이 모든 매개과정은 (G-G′ 이외의 어느 것도 아닌) 법률적 계약의 관점에서 보면 사라져버린다. "자본으로서의 화폐의 실제 순환운동은 차입자가 대부자에게 화폐를 되돌려준다는 법률적 거래를 전제로 한 것이다."(M3: 362) 그래서 맑스는 다음과 같이 결론을 맺는다. "그러므로 이 대부는 그것을 화폐나 상품이 아닌 **자본으로서** 양도하는 데 알맞은 형태다."(M3: 362)

그다음 단계는 이자를 별도로 다룬다. 여기에서 고찰되는 유통과정은 G-(G+ΔG)의 형태인데, 여기에서 ΔG는 이자이며 "평균이윤 가운데 기능하는 자본가의 수중에 머무르지 않고 화폐자본가에게 돌아가는 부분"(M3: 363)에 해당한다. "다른 상품의 경우 사용가치는 마지막 구매자의 수중에서 소비되고 따라서 상품의 실체와 함께 그 것의 가치도 거기에서 소멸한다. 그러나 자본이라는 상품은 그 사용 가치의 소비를 통해 자신의 가치와 사용가치를 단지 보전할 뿐만 아 니라 증식하기까지 하는 속성이 있다." 그래서 "대부화폐자본의 사 용가치도 (…) 자신의 가치를 보전하고 또 증식할 수 있는 능력으로 나타난다". 또한 "통상적인 상품거래와는 달리 여기에서는 이 사용 가치 그 자체가 바로 가치[즉 화폐를 자본으로 사용함으로써 만들 어지는 가치량이 원래의 가치량을 넘는 초과분]다. 이 사용가치가 곧 이윤이다".(M3: 363~64)

이것은 매우 중요한 말이다. 제1권에서 맑스는 화폐가 다른 상품 과 달리 일단 유통에 들어가고 나면 유통에서 결코 빠져 나오지 않 는다고 주장했는데(제1권에 나오는 "유통은 끊임없이 화폐를 분주 하게 한다"라는 말이 바로 그것이다), 같은 방식으로 이자 낳는 자 본도 무한히 계속 유통될 수 있다. 여기에서도 우리는 그것이 어떻 게 무한히 증가하는지를 본다.

보다 특수하게 이야기해서 "대부되는 화폐의 사용가치는, 그것이 자본으로 기능할 수 있고 또 그 자체 평균적인 조건에서 평균이윤을 생산할 수 있다는 것이다. (…) 가치액[즉 화폐]은 아무런 등가 없이 일방적으로 양도됐다가"——다른 상품거래와는 다른 이 거래의 특 수한 조건이다——"일정 기간이 지나고 나면 반환된다. 대부자는 이 가치가 자신의 수중에서 차입자의 수중으로 이전되고 난 이후에도 여전히 그 가치의 소유주로 남는다".(M3: 364~65) 이것은 결국 이자가 현실적 사용과는 달리 순수한 소유권에 부가되는 일정 비율의 수익이라는 의미다. 그러나 그것은 "자신의 사용을 통해서만 비로소 자신을 증식하며 스스로를 자본으로서 실현한다. 그런데 차입자는 그것을 **실현된** 자본으로서, 즉 '가치+잉여가치(이자)'로서 상환해야만 한다. 그리고 이때 이 잉여가치는 그가 실현한 이윤의 단지 일부분에 지나지 않는다. 다시 말하자면 전체가 아니라 단지 일부분일 뿐인 것이다".(M3: 365) 만일 그것이 전체라면 산업자본은 생산을 수행할 유인이 전혀 없을 것이다

이 관계는 "두 종류의 자본가, 즉 화폐자본가와 산업자본가 혹은 상업자본가" 사이의 관계를 포함한다. 따라서 우리는 여기에서 자본가 내부에서도 서로 관심과 이해관계가 다른 분파가 있다는 개념을 만난다. 그런 다음 이어지는 것은 이미 위에서 언급된 화폐의 가격이라는 것의 불합리성과 모순에 대한 이야기이며 그것은 "가치와 질적으로 다른 가격이란, 터무니없는 모순이다"(M3: 367)라는 말로 끝난다.

그렇다면 여기에서 작동하고 있는 이자율과 가치생산 사이의 내적 관련은 도대체 무엇인가? 맑스는 자신의 분석 앞부분으로 되돌아간다.

화폐 내지 상품은 그 자체로서 잠재적 자본인데, 이는 노동력이 잠재적 자본인 것과 마찬가지다. 왜냐하면 ① 화폐는 생산요소들로 전화할 수 있고, 또 그 자체로 이들 생산요소의 단순한 추상적 표현이자 이들 생산요소의 가치로서의 현존재이기 때문이다. ② 부의 소재

적 요소들은 잠재적으로 이미 자본이 될 수 있는 속성을 지니기 때문인데, 이는 이들 요소를 보충해주는 이들의 대립물, 즉 이들 요소를 자본으로 만들어주는 바로 그것(임노동)이 자본주의적 생산의 기초 위에서는 이미 존재하기 때문이다. (M3: 368)

이런 이유 때문에 "화폐(혹은 상품)는 자본으로 판매될 수 있고 또한 그런 형태로 타인의 노동에 대한 지휘권이자 이들 타인의 노동을 취득하고자 하는 청구권이며 따라서 스스로 증식하는 가치"(M3: 368)다. 그리하여 본론이 이어진다.

자본이 더더욱 상품으로 나타나는 경우는, 이윤이 이자와 좁은 의미의 이윤으로 분할되는 것이 상품의 시장가격의 경우와 마찬가지로 수요와 공급에 의해서, 즉 경쟁에 의해서 규제되는 경우다. 그러나 여기에서도 차이점은 그 유사성과 마찬가지로 뚜렷하게 나타난다. 만일 수요와 공급이 일치한다면 상품의 시장가격은 **그것의 생산가격과 일치한다.**(강조는 하비. 이어지는 설명을 볼 것) 즉 그럴 경우 상품의 가격은 경쟁과는 상관없이 자본주의적 생산의 내적 법칙에 의해 규제되는 것으로 나타난다. 이는 수요와 공급의 변동이 바로 시장가격의 생산가격으로부터의 편차(…)를 설명해주는 것 이외에 아무 것도 아니기 때문이다. (M3: 368)

이것은 제1권에서 이미 친숙해진 논의다. 즉 수요와 공급은 균형 상태에서는 아무 것도 설명하지 못한다는 것이다. 이는 임금의 경우에도 똑같이 해당된다.

거기(임금의 경우를 가리킴 ─ 옮긴이)에서도 수요와 공급이 일치하면
이들의 작용은 멈춰지고 임금은 노동력의 가치와 일치하게 된다. 그
러나 화폐자본의 이자에서는 사정이 다르다. 여기에서는 경쟁의 법
칙이 편차를 규정하지 않으며, 경쟁에 의해 부과되는 분할법칙 이외
의 법칙은 존재하지 않는다. 왜냐하면 우리가 나중에 보게 되겠지만
자연이자율이란 존재하지 않기 때문이다. 우리는 대개 자연이자율을
자유로운 경쟁을 통해서 확정되는 이자율로 생각한다. 그러나 이자
율의 '자연적' 한계란 존재하지 않는다. 경쟁이 단지 편차와 변동만
을 규정하는 데 그치지 않을 경우, 즉 이들 상호 작용하는 두 힘이 균
형을 이룸으로써 모든 규정성이 중지되어 버린 경우, 규정되는 것은
모두 그 자체 법칙과는 상관이 없으며 자의적인 것에 불과하게 된다.
(M3: 369)

이것은 중요한 이야기다. 자본축적의 동학은 법칙이 없는 자의적
인 것이 된다. 맑스가 『경제학비판 요강』에서 정립한 뒤 지금까지
『자본』을 통해 사용해온 (자본의 일반적 운동법칙을 탐구한다는)
교전 규칙의 전체 체계가 한계에 다다른 것처럼 보인다. 이 전체 체
계가 와해될지 여부는 그다음 장들에 전개되는 내용에 달려 있다.
맑스는 스스로 이렇게 말한다. "이에 대해서는 다음 장에서 계속 다
루기로 한다."
분명한 것은 제2권의 분석에서 제약조건으로 작용했던 특수성의

배제가 여기에서는 포기되었다는 점이다. 만일 그 결과가 "법칙과는 상관이 없이 자의적인"것이라면 지금까지 맑스가 주안점을 두어왔던 일반적 운동법칙은 어떻게 되는 것일까? 우리는 매우 난처한 상황에 빠진다. 경쟁은 철저하게 운동의 내적 법칙을 강제하는 요인으로 나타난다. 그 강제의 메커니즘은 여기에서 계급의 공동자본으로 역할을 수행하는 이자 낳는 자본의 유통을 결정하는 것으로 이해되고 있다. 하지만 그 강제적 요인은 법칙과는 상관 없는 자의적인 것이다.

이것은 『경제학비판 요강』에서 제시된 틀의 명백한 균열을 보여준다. 맑스는 지금까지 그의 연구를 이끌어왔던 전제들의 틀 내에서는 이자 낳는 자본의 유통을 설명할 수 없다는 점을 알고 있었다. 이 균열이 왜 그리고 어떻게 이자 낳는 자본의 경우 등장하는지를 이해하기 위한 방법들은 여럿 있겠지만 (맑스가 기존의 틀 내에서 성공적으로 설명할 수 있었던, 지대와 상업이윤 같은 분배의 다른 범주들과는 달리) 나는 맑스가 이 균열을 어디에서 드러낼지를 결정하기가 매우 어렵고 힘들었으리라고 생각하지 않을 수 없다. 한편으로는 규제된 틀에서 벗어나는 것(불확정적이고 자립적이 되는 것)이 자신이 구축해온 이론체계를 위협하기는 하지만, 또한 이들 장에서는 틀의 제약을 벗어난다는 가벼운 흥분이 엿보이기도 한다. 엥겔스가 편집자 서문에서 이야기하고 있듯이 이들 장을 집필할 당시 맑스의 건강이 특별히 악화됐다는 사실은 놀라운 일이 아니다. 『자본의 한계』를 집필할 때 나는 화폐자본과 금융에 대한 맑스의 견해를 두 개 장에 담았는데 이 두개 장에만 2년 이상이 소요됐고, 그것도 너무 힘들어서 미칠 것 같았기 때문에 맑스가 건강을 해친 사정에 충분히 공감한다.

이 구절 속에는 또 하나 어려운 결정을 내려야 하는 문제가 숨겨져 있다. 맑스는 "가치" 대신 "생산가격"이라는 용어를 사용한다. 이 용어의 변경은 매우 중요하지만 여기에서는 이 문제를 다룰 수 없다. 왜냐하면 이 용어는 제3권 앞부분(제9장과 제10장)에서, 유기적 구성이 서로 다른 산업들 사이의 경쟁을 통해 이윤율이 균등화되는 과정을 분석하면서 등장하는 개념이기 때문이다. 간단히 요약하자면 이윤율 균등화의 결과, 상품들은 상품가치가 c+v+m으로 구성된다고 했던 앞서의 자본유통 정식에 따라 거래되는 것이 아니라 불변자본+가변자본+평균이윤(c+v+p)으로 이루어진 생산가격에 따라 거래된다는 것이다. 그에 따라 유기적 구성이 낮은(노동집약적인) 산업은 유기적 구성이 높은(불변자본이 집약적인) 산업으로부터 보조를 받는다. 여기에서는 더이상 이 문제를 다룰 수 없다. 이것이 이자 낳는 자본의 유통에 심각한 영향을 끼친다고는 생각하지 않지만 맑스의 분석에 중요한 변화를 수반하는 전환점이라고는 생각한다.

그렇다면 이처럼 경쟁이 자본의 일반적 운동법칙을 강제하는 단순한 요인에서 법칙과는 상관없이 제멋대로 자본축적을 결정할 수 있는 요인으로 변하면 사태가 어떻게 되는 것일까? 『자본』을 하나의 이어진 시리즈물처럼 배치해놓은 맑스의 집필 구상에 따르면 그는 자신의 전체 분석을 완성하기 위해 경쟁을 다루는 별도의 책이 논리적으로 필요하다고 생각했다. 하지만 그 책은 (제3권 끝부분에 "경쟁이 만들어내는 허상"이라는 제목의 초고가 남아 있긴 하지만)

전혀 집필되지 않았다. 여기에서 우리는 그 책이 있어야 하는 이유를 정확하게 보고 있다.

이 장에는 부수적이기는 하지만 언급할 가치가 있는 몇가지가 등장한다. 첫째 맑스는 앞부분에서 "생산담당자들 사이에서 일어나는 거래의 정당성"(M3: 352)에 대한 길바트(J. W. Gilbart)의 견해를 비판한다. 이 문제가 제기된 이유는 이자율이 법률적 계약에 따른 것이지 상품의 교환에 의한 것이 아니기 때문이다. 맑스의 견해에 따르면 정당성이란 "생산관계"로부터의 "자연스러운 귀결"이다. 법률적 형태는 "거래 당사자들의 의지행위[즉 그들의 공통된 의지의 표현]로, 그리고 개별 당사자들에 대해 국가가 강제하는 계약"으로 나타나지만 이 정당성의 내용은 "해당 생산양식에 비추어서 적합한 경우에 한한다".(M3: 352) 즉 노예제도나 상품의 질을 속이는 것은 모두 자본주의 생산양식의 관점에서 정당하지 않지만 임노동의 경우에는 그렇지 않다.

맑스는『자본』에서 기존 사회적 관계의 외부에서 정당성을 끌어오려는 생각을 수차례 공격했다. 그는 플라톤이『대화』에서 트라시마쿠스(Thrasymachus, 소피스트로 분류되는 그리스의 철학자 —옮긴이)에게서 빌려온 정의의 개념 — 정의란 사회에서 가장 강한 자가 주장하는 것(플라톤은 정의에 대한 완벽한 개념이 존재하지 않는다는 것을 입증하기 위해 이 견해를 빌려왔다) — 에 완전히 동의하지는 않았다. 그러나 맑스는 플라톤의 보편적 이상 개념에 대해서는 단호히 반대했다. 정의는 주어진 생산양식의 사회적 관계가 형상화한 것이다(그러므로 자유주의적 정의론은 자본이 등장하여 사회적 관계를 지배하는 것에서 파생되어 나온 것이다). "정당한" 이자율이란 자본의 지속적인 재생산과 일치한다. 그것은 고리대자본과 명백히 구별된다. 그렇다고 해서 계급투쟁 과정에서 작용했을지도 모르는 정의에 대한 부르주아적 개념이 모순이 없다는 것은 아니다. 맑스는 정의와 윤리에 대한 완벽한 개념이 세상을 판단하는 데 적용될 수 있다는 아르키메데스 학파의 몇몇 관점을 거부한다. 그리고 프루동의 논의에서 가장 중요한 결함이 바로 이것이라고 주장한다.

두번째 부수적인 것은 이자와 신용에 대한 프루동의 견해를 직접 비판한 부분이다. 다른 곳에서도 지적한 바 있지만, 맑스는 프루동에 대해 항상 별로 공평한 입장을 취하지 않았다. 하지만 여기에서 지적한 내용, 즉 프루동이 잉여가치론과 이자 낳는 자본의 유통을 올바로 이해하지 못했기 때문에 무상신용을 제공하는 은행을 통해 착취를 종식시킬 수 있다고 생각하게 됐다는 내용(M3: 358)은 전적으로 맞는 이야기라고 생각한다. 맑스가 보기에 문제의 핵심은 생산영역에서 벌어지는 살아 있는 노동에 대한 착취이지 이자의 수탈이 아니다. 살아 있는 노동에 대한 착취는 무시한 채 이자율을 만지작거리는 것은 맑스가 보기에 터무니없이 어리석은 정책이었다.

제3권 제22장: 이윤과 이자율의 분할

맑스는 이자율이 단기에는 갖가지 원인에 의해 변동할 수 있다는 것을 알고 있었다. 그는 이들 변동과 세계시장에서 이자율의 균등화

경향 모두를 논의에서 제외하는데 그것은 "이자의 이윤에 대한 자립성"(M3: 370)에 주안점을 두기 위해서다. 그는 "총이윤과 그중에서 화폐자본가에게 이자로 지불되는 부분 간의 비율이 고정되어 있다"(M3: 371)라고 가정하면서 논의를 시작한다. 맑스가 자주 이야기하듯이 이윤율이 하락하는 경향이 있다면 이자율도 하락하는 경향이 있을 것이 틀림없다. 그러나 만일 이자율이 화폐자본의 수요와 공급 조건에 의존한다면 이것은 산업순환에 따라 어떻게 변동할 것인가? "근대산업이 운동해가는 회전순환을 보면 — 침체, 회복, 호황, 과잉생산, 파국, 불황, 침체 등을 거치는 순환으로서, 이에 대한 자세한 분석은 우리의 논의 범위를 벗어난다 — 우리는 다음과 같은 사실을 보게 된다. 즉 이자가 낮은 시기는 호황기나 초과이윤 시기에 해당하고, 이자가 높은 시기는 호황기와 그것의 전환국면 사이의 중간 기간에 해당하며, 이자가 극도의 고리대 수준으로 최고에 도달하는 것은 바로 공황국면이라는 사실이다."(M3: 372) 그러나 이것은 경험적으로 일반적인 사실일 뿐 이론적인 이야기는 아니다. 그것은 또한 공황의 정점에서 이자율을 제로 수준까지 끌어내릴 수 있는 (2007년 이후 미국 정부가 수행한 것 같은) 정부의 화폐공급이 없다고 가정한 것이다. 이것은 맑스가 화폐자본에 대한 수요와 공급 조건을 시장에서 변동하는 형태로 다루려 했으며 그럴 경우 경험적으로 일반화되어 있는 사실(이윤율과 이자율 사이에서 변동한다는 사실)을 여기에서 따로 분리해낼 수 없었기 때문으로 생각된다.

이자율이 하락하는 데는 (이윤율 저하경향과는 별개의) 몇가지 독립적인 요인이 존재한다고 그는 지적한다. 먼저 잉여가치 생산으로부터 화폐를 철수시켜 (특히 나이가 들어감에 따라) 단순히 화폐 자본의 이자에만 의존하여 살아가고 생산의 불확실성에 더이상 시 달리지 않으려 하는 유혹이 끊임없이 존재한다. 맑스는 조지 램지 (George Ramsay)의 말을 인용한다. "영국에는 금리생활자 계급의 숫자가 얼마나 많은가! 금리생활자 계급의 숫자가 증가해가는 데 비례하여 자본대부자 계급의 숫자도 증가하는데 이는 이 두 계급이 동일한 사람들이기 때문이다." 이런 경향은 "신용제도가 발달하고, 그에 따라 사회 저계층의 총화폐저축을 산업자본가와 상인이 은행 가를 매개로 이용하게 되는 현상이 지속적으로 증대되며, 이들 저축 이 화폐자본으로 기능할 수 있을 정도의 액수로 계속해서 집적"(M3: 374)됨으로써 더욱 가속화된다. 맑스는 여기에서 처음으로 본질적 인 문제 ─ 즉 유통에 필요한 초기자본을 (항상 "나중에 이자를 붙 여 돌려주겠다"는 약속을 하면서) 끌어 모으는 금융제도의 역할 ─ 를 언급한다. 모든 계층의 저축을 모아서 화폐자본으로 사용하게 하는 금융제도의 역할은 자본주의의 전체 역사에서 점점 더 중요해 져왔다.

그런데 문제는 "일국 내에서 지배적인 평균이자율 ─ 끊임없이 변동하는 시장이자율과는 구별되는 ─ 은 어떤 법칙에 의해서도 전 혀 규정받지 않는다. 경제학자들이 이야기하는 자연이자율이나 자 연임금율과 같은 의미의 자연이자율은 전혀 존재하지 않는다".(M3: 374) 그렇기 때문에 "만일 경쟁이 그것을 결정한다면, 이런 결정은 그 자체 우연적이고 순수하게 경험적인 것일 뿐이며, 이런 우연성을 어떤 필연적인 것인 양 말하고 싶어 하는 것은 단지 무엇이든 그렇게 단정적인 것으로 만들지 않고는 못 배기는 좀스러운 꼼꼼함과 망상 때문일 것이다".(M3: 375) 그러나 경쟁의 결과는 "관행이나 법률적 전통" 등의 개입에 의해 완화되고 "두 사람 사이에서 이 이윤이 어떻게 분배되고 또 그 이윤에 대한 청구권을 두 사람이 얼마만큼 갖는가 하는 것은 그 자체 순수하게 경험적이고 우연의 영역에 속하는 일로서 이는 마치 한 회사에서 벌어들인 공동이윤이 각 출자자들에게 백분율로 분배되는 것과 마찬가지다".(M3: 376) 이것은 임금과 이윤 사이의 관계와는 (그리고 지대와 이윤 사이의 관계와도) 매우 다르다. "이자의 경우에는 (…) **질적 차이**가 같은 크기의 잉여가치의 **순수한 양적 분할로부터 발생**"(M3: 377)하지만 임금과 지대의 경우에는 그 방식이 다르다. 지주는 유형의 상품(토지)을 제공하고 노동자는 노동력을 제공하지만 화폐자본가는 화폐자본을 제공할 뿐인데 이 화폐자본은 가치를 표현하는 것일뿐 생산에는 아무런 유형의 실체를 제공하지 않는다.

물론 일반이윤율은 잉여가치를 결정하는 요소들(잉여가치량, 선대자본의 크기, 경쟁의 정도)에 의해 결정된다. 이것은 우리가 보았듯이 수요와 공급에 의해 결정되는 이자율과는 전혀 다르다. 그런데 이자율의 결정에 유리한 두가지 경우가 있다.

① 이자 낳는 자본이 이미 역사적으로 과거부터 존재하고 있으며, 전통적으로 전해 내려오는 일반이자율이 존재하는 경우, ② 세계시장이 (일국 내의 생산조건과는 상관없이) 이자율의 결정에 미치는 영향이, 그것이 이윤에 미치는 영향에 비해 훨씬 큰 경우. (M3: 380)

화폐는 특히 신용형태를 띠고 있을 경우, 앞서도 내가 지적한 바와 같이 자본의 "나비" 같은 형태라서 그것은 제 마음대로 어여쁜 꽃들에게로 이리저리 날아다닌다. 주식시장의 이자율에 대한 보고서들은 "기상예보" 같은 것이지만 대부자본의 가격은 일반적 수준으로 수렴하는 경향이 존재한다.

화폐시장에서는 대부자와 차입자만이 서로를 상대할 뿐이다. 상품은 화폐와 똑같은 형태를 취한다. 여기에서는 선대된 각각의 특정 생산영역(혹은 유통영역)에 따라 자본이 취하는 모든 특수한 모습들이 사라진다. 여기에서 자본은 독립된 가치(즉 화폐)의 (아무런 차이도 없이 모두가 동일한) 모습으로 존재한다. 개별 영역들 간의 경쟁이 여기에서는 지양된다. 이들 영역은 모두 합쳐져서 하나의 화폐차입자로서 존재하며 자본도 또한 그에 대응하여 그 사용방식과는 무관한 형태로 그들과 만난다. 여기에서 자본은 실제의 모습으로, 즉 산업자본이 각 생산영역들 사이의 경쟁과 운동을 통해서만 나타나는 바로 그 모습(말하자면 그 자체 계급의 공동자본의 모습)으로, 자본의 수요 공급 과정에서 총체적인 형태로 나타난다. (M3: 380~81)

이것은 매우 놀라운 생각이다. 화폐자본이 계급의 공동자본으로 작동하는 방식을 이해하지 않고서 자본의 일반적 운동법칙을 도대체 어떻게 밝혀낼 수 있겠는가?

한편 화폐자본이 화폐시장에서 실제로 취하는 이 형태는 개별 사용형태들과는 무관한 공동의 요소로서, 각기 다른 영역들 간에 (즉 자본가계급 간에) 그 개별 영역들의 생산적 필요에 따라 분배된다. 또한 대규모 산업의 발달과 함께 화폐자본은 점차, 그것이 시장에 나타나는 한, 시장에 나와 있는 자본 각 부분의 소유주인 개별 자본가들을 대표하는 것이 아니라, 집적되고 조직화된 다수 집단의 모습으로 나타나며, 실제 생산과는 전혀 다르게 사회적 자본을 대표하는 은행가들의 통제하에 들어간다. 그리하여 수요의 형태에서는 대부가능 자본에 대응하는 하나의 계급 전체로 나타나고 공급의 형태에서는 자본 그 자체가 대부자본으로서 다수 집단의 형태로 나타난다. (M3: 381)

경쟁과 수요와 공급의 조건으로부터 발생하는 이자율의 "자의적이고 법칙과는 상관없는" 변동을 경험적인 규칙과 관행으로 환원하려고 했던 맑스의 시도와 관련하여, 이 모든 중심에는 금융 및 화폐 제도의 운용구조 내부의 깊은 비대칭이 존재한다. 즉 개별 자본가는 개별 사업을 위해 화폐자본을 조달하려 하는데, 이를 보편적 등가 전체를 통제하는 은행가로부터 조달하려 하기 때문이다(이것은 제 1권에서 이야기된 G-W와 W-G 사이의 비대칭성을 반영한다).

제3권 제23장: 이자와 기업가수익

자본가계급은 화폐자본가와 산업자본가로 나뉘고 이들 사이의 경쟁이 이자율을 형성한다.(M3: 383) 그렇다면 "어떻게 해서 차입자본을 전혀 사용하지 않고 자기 자본만을 사용하는 자본가까지도 자신의 총이윤의 일부를 이자라는 특정 범주에 소속시켜 그 자체 독립된 개별 부분으로 계산하게 되는가? 그리고 더 나아가서 어떻게 해서 차입된 것이든 아니든 모든 자본이 이자 낳는 자본과 순이윤을 낳는 자본으로 자신을 구분해서 나누게 되는 것인가?"(M3: 385)라고 맑스는 문제를 제기한다. 이 의문에 답하기 위해서는

화폐자본가와 생산자본가가 법적으로 서로 다른 인격으로서뿐만 아니라 재생산과정에서 전혀 다른 역할을 수행하는 사람들로서[혹은 각자의 수중에서 동일한 자본을 실제 이중적으로 그리고 완전히 서로 다른 형태로 운동시키는 사람들로서] 사실상 만난다는 가정에서 출발해야겠다. 한 사람은 단지 대부만 하고 다른 한 사람은 그것을 생산적으로 사용한다. (M3: 385)

그러면 이제 소유권의 법적 지위가 중요한 문제로 떠오른다. "그러므로 그가 이 대부자에게 지불하는 이자는 총이윤 가운데에서 **자본소유 그 자체**에 할당되는 부분으로 나타난다."(M3: 387. 강조는 하비) 따라서 이자는

그에게 자본소유의 열매[즉 그것이 '일하지' 않고 기능하지 않는다는 점에서, 자본의 재생산과정을 생략한 자본 그 자체의 단순한 열매]로서만 나타난다. 반면 기업가수익은 그가 자본을 가지고 수행한

기능의 열매〔즉 자본운동과 자본과정의 열매〕로서만 그에게 나타나는
데, 이 자본과정은 바로 그 자신의 활동으로서 화폐자본가가 생산과
정에 참여하지 않고 생산활동도 하지 않는 것과 대비된다. (M3: 387)

이자는 "대부자인 화폐자본가에게 흘러들어가는데 그는 단순한
화폐소유자이며 생산과정 이전에 그리고 생산과정의 외부에서 단
지 화폐소유 그 자체만을 대표할 뿐"이다. "총이윤의 두 부분이 마
치 각자 근본적으로 다른 두 원천으로부터 나온 것인 양, 이처럼 서
로 대립된 형태로 화석화되어 독립해버리는 (여기에서도 다시 독립성이
문제가 된다—하비) 것은 이제 총자본가계급과 총자본에서도 그렇게
될 수밖에 없다. 그리고 그것은 활동하는 자본가들이 사용하는 자본
이 차입된 것이든 혹은 화폐자본가가 소유한 자본을 직접 사용하든
모두 마찬가지다."(M3: 388) 사실

자본의 사용자는 설사 그가 자기 자본으로 일하는 경우에도 두 사
람으로 분해된다. 즉 자본의 단순한 소유주와 자본의 사용자로 분해
된다. 그리고 그의 자본도 그것이 산출하는 이윤 범주와 관련하여 자
본소유〔즉 생산과정의 **바깥**에 있으면서 그 자체 이자를 생산하는 자
본〕와 생산과정 **내부**에 있으면서 과정 중인 자본으로서 기업가수익
을 생산하는 자본으로 나누어진다. (M3: 388)

그러면 이제 이것은 "총자본과 총자본가계급에 대한 질적 분할"
(M3: 389)이 된다.

이자를 요구하는 소유권으로서의 화폐자본의 수동적 성격은 화폐자본을 사용하여 잉여가치를 생산하고 기업가수익을 얻는 생산자본가의 적극적 성격과 대비된다. 이 구별은 자본가계급 전체에 대해 적용될 뿐만 아니라 인격체로서의 개별 자본가 내부에서도 그대로 적용된다.

"산업자본가가 자기 자본을 가지고 일을 하든 차입자본을 가지고 일을 하든 그것은 다음과 같은 사실, 즉 그에게 화폐자본가계급이 특정 부류의 자본가로서, 그리고 화폐자본이 독립된 부류의 자본으로서, 또한 이자가 이런 특정 자본에 상응하는 잉여가치의 자립적 형태로서 대립적으로 나타난다는 사실에는 아무런 변화도 일으키지 않는다." 그러나 개별 자본가는 "자신의 자본을, 그것이 출발점에서 이미 화폐자본으로 존재하든 혹은 이제 막 화폐자본으로 전화하려고 하든 상관없이, 이자 낳는 자본으로 대부할 것인지 아니면 생산자본으로 자신이 손수 증식시킬 것인지를 선택한다".(M3: 390) 기업가는 차입자본으로 사업을 시작할 수 있지만 일단 잉여가치가 생산되고 나면 그 기업가는 그 잉여가치 가운데 일부를 손수 재투자하기보다 다른 사람에게 대부해줄 수도 있다.

그러나 "총자본이 화폐자본으로 전화한다는 것은 잘못된 생각이다". "자본주의 생산양식의 기초 위에서 자본이 생산자본으로 기능하지 않고도 (다시 말해 잉여가치 — 이자는 단지 그것의 일부일 뿐이다 — 를 창출하지 않고도) 이자를 낳는다는 생각"도 "더더욱 잘못된 생각이다".

만일 자본가 가운데 지나치게 많은 사람들이 자신의 자본을 화폐 자본으로 전화시키고자 한다면, 그것은 화폐자본의 엄청난 가치하락과 이자율의 대폭락을 가져올 것이다. 그러면 즉각 많은 자본가들은 이자로 생활할 수 없는 처지에 빠질 것이고 따라서 산업자본가로 재전화하지 않을 수 없게 될 것이다. (M3: 391)

여기에서 우리는 이자 낳는 자본의 유통이 잉여가치 생산에 예속되고 지배된다는 한가지 명확한 점을 보게 된다.

"자연이자율"은 존재하지 않지만 한편의 화폐자본가, 다른 한편의 잉여가치 생산활동 사이에 힘의 균형(혹은 개별 자본가의 경우 생각의 균형)이 필요하다는 의견이 있다. 이 균형이 어디에 있을지는 현재로서는 알 길이 없다(그것은 순전히 우연일까?). 그러나 이 불균형이 만성적으로 지속될 경우 그 결과는 화폐자본의 가치 하락으로 명백하게 드러난다. 1990년대 이후의 일본과 2007년 이후의 미국에서 지배적인 경향으로 나타났던 초저금리 현상은 바로 이런 불균형의 징후였을까?

그런 다음 맑스는 이것이 계급관계에 미치는 영향을 검토한다. 노동과 자본 사이의 대립과 모순은 잉여가치 생산이 이루어지는 지점에서 발생한다. 그러나 여기에서 우리가 보고 있는 것은 화폐자본가와 생산자본가 사이의 관계다. 그 결과

이자라는 형태에서는 임노동에 대한 이런 대립이 사라져버린다. 왜냐하면 이자 낳는 자본은 임노동이 아니라 기능하는 자본을 자신

의 대립물로 삼기 때문이다. 즉 대부자본가는 재생산과정에서 실제로 기능하는 자본가들과 직접 대립하며, 임노동자 — 바로 자본주의적 생산의 기초 위에서 생산수단을 빼앗긴 — 와 대립하지는 않기 때문이다. 이자 낳는 자본은 기능으로서의 자본에 대립되는 소유로서의 자본이다. 그러나 기능하지 않는 한 자본은 노동자들을 착취하지도 않으며 노동과 대립하지도 않는다. (M3: 392)

계급투쟁의 동학을 생각하면서 이러한 발상의 중요성을 지나치게 강조할 수는 없다. 노동자와 기능하는 자본가 사이의 대립전선이 노동과정과 노동력시장에 있음은 명백하고, 노동자와 소유자로서의 화폐자본가 사이의 관계는 매우 추상적이고 모호하다. 화폐자본의 권력과 유통방식에 대항하는 노동자들의 투쟁은 매우 문제시된다. 은행과 금융기관에 대한 반대 입장은 노동자보다 영세업자의 경우 더 강력하다. 이런 투쟁을 통상적인 의미의 계급투쟁에 포함하기는 어렵다. 역사적으로 화폐자본가(보다 일반적으로는 금리생활자)에 대항하는 투쟁은 대중적 인기에 영합하는 경향을 보여왔고 지금도 역시 그러하다. 이런 인기영합적 경향의 대표적인 사례로는 최근의 "월가를 점령하라"(Occupy Wall Street) 운동을 들 수 있다.

그러나 이자 낳는 자본은 생산자본에 잉여가치를 생산하도록 압력을 행사하며 이자율이 높을수록 이런 압력은 더욱 강해진다. 그러면 생산자본가들은 노동자들에게 더 높은 잉여가치율을 강요하며 그것이 높은 이자율 때문이라고 말하면서 이들의 주의를 은행가들의 탐욕과 권력으로 돌려버릴 수 있을 것이다. 그리하여 계급투쟁은 방향을 바꿀 것이고 심지어 왜곡되기도 할 것이다.

한편 좀더 복잡한 문제가 또 하나 있다. 동일한 인물 내에 화폐자본가와 생산자본가의 각기 다른 역할이 있는 경우 그것은 자연스럽게, 그 기능을 발휘하고 있는 자본가에게

> 기업가수익이 자본소유와는 무관하고 오히려 비소유자(즉 **노동자**)로서 자기 기능의 결과물로 나타난다. 따라서 그의 뇌리에서는 필연적으로 자신의 기업가수익이 ― 임노동과의 어떤 대립물이 되는 것이 아님은 물론 또한 타인의 미지불노동만도 아닌 ― 오히려 그 자체 **임금**이라는 생각, 즉 감독임금(wages of superintendence of labour)이라는 생각이 들게 된다. 이때 또한 그의 생각으로는 이 감독임금이 임금노동자의 통상임금보다 높아야 하는데, 그 이유는 ① 그의 노동이 더 복잡한 노동이며 ② 임금을 지불하는 사람이 자기 자신이기 때문이다. (M3: 393)

그러나 일단 사태가 이런 식으로 개념화되고 나면 자본가는 스스로 노동을 수행하는 것(그리고 스스로에게 감독임금을 지불하는 것)과 다른 누군가에게 이 일을 시키고 임금을 지불하는 것 가운데 선택할 수 있다. 그렇게 되면 이자와 기업가수익이 "잉여가치의 일부분들일 뿐이며 그런 분할이 잉여가치의 본성과 그것의 유래 그리고 그것의 존재조건 등을 조금도 변화시킬 수 없다는 사실은 잊혀버린다".(M3: 393~94) 이 장의 나머지 부분은 이런 선택이 불러오는 갖가지 영향을 다룬다.

자본가의 논리는 다음과 같다. 만일 "이자가 단순한 자본소유를 나타낸다"면 잉여가치 생산과의 관계에서 이자는 "두 자본가들 간의 관계이지 자본가와 노동자 간의 관계가 아니다". 그리하여 이자는

이윤의 다른 부분에 대해 기업가수익(더 나아가 감독임금)이라는 질적 형태를 부여한다. 자본가가 (…) 잉여가치를 창출하는 것은 그가 자본가로서 노동하기 때문이 아니라 그가 **자본가로서의 속성**과는 무관하게 그도 또한 노동하기 때문이다. 따라서 잉여가치 가운데 이부분은 더는 잉여가치가 아니고, 그것과는 반대로 그가 수행한 노동에 대한 등가물이다. 자본의 소외된 특성(즉 노동에 대한 자본의 대립)이 실제 착취과정의 건너편으로 (즉 이자 낳는 자본으로) 옮겨짐으로써 이런 착취과정 그 자체도 단순한 노동과정으로서, 즉 기능하는 자본가가 노동자의 노동과정과는 다른 노동을 수행하는 바로 그런 노동과정으로서만 나타난다. 그리하여 착취하는 노동도 착취되는 노동이 모두 똑같이 노동으로서 같아져버린다. (M3: 396)

물론 이 모두는 "자본가들의 의식"에 반영된 것들이다.

이런 방식으로 "이윤의 일부가 임금으로 분리될" 수 있다. 복잡하고 세부적인 분업구조를 보이는 대기업의 경우 이 임금은 실제로 관리자에게 지불될 수 있다. 이런 "감독과 지휘의 노동은, 직접적 생산과정이 독립된 생산자들의 개별화된 노동이 아니라 사회적으로 결합된 과정의 형태를 띠고 나타나는 곳에서는 어디에서나 필연적으로 (이 필연적이라는 용어에 유의하기 바란다 — 하비) 발생한다".(M3: 397) 기

업의 복잡한 협력 관계는 (제1권의 협업에 관한 장에서 제기된 이미지인) "오케스트라의 지휘자" 같은 사람을 필요로 하고 생산노동의 이런 형태는 보다 높은 보수를 요구할 수 있다. 그러나 지휘와 감독을 통한 착취의 관리에는 지배적 권위도 필요하다. 맑스는 여기에서 아리스토텔레스를 인용하면서 "정치영역과 마찬가지로 경제영역에서도 지배라는 것이 그 권력자에게 지배행위에 따른 기능들을 부과한다는 사실, 다시 말하자면 경제영역에서 권력자는 노동력을 소비할 방법을 알고 있어야 한다"는 점을 지적한다. 주인은 일단 충분한 재력을 갖게 되면 "이 성가신 일의 '명예'를 감독자에게 넘겨" 준다. 감독자의 모습은 이미 제1권 협업 부분에서 이야기된 바 있다. 그런데 감독노동의 문제는 모든 생산양식에 공통된다. 노예노동의 관리가 자본주의적 관리의 선행 사례라는 맑스의 이야기는 바로 그것을 말해준다. 인종적인 열등성 원리는 "타인"의 노동을 조직하는 것을 정당화하는 데 중요한 역할을 수행한다. 뉴욕에서 (우레와 같은 박수를 받은) 변호사 오코너(C. O'Connor)의 연설에 따르면 주인은 노예를 "지배하고 또 그를 그 자신과 사회를 위해 유용한 존재가 되도록 만들기 위해 기울인 노동과 재능에 대해 정당한 보상을" (M3: 398~99) 요구해야 한다. 오늘날 많은 문헌은 영국에서 일반화된 공장 관리 기법이 서인도제도의 사탕수수 농장들에서 수많은 노예노동자를 관리하는 기술에서 온 것이라는 사실을 알려주고 있다.

"우리 산업제도의 정수는 산업자본가가 아니라 산업관리자임을 유어(A. Ure)는 이미 지적한 바 있다"고 맑스는 말한다. "자본주의적 생산은 지휘감독의 노동을 자본소유와 완전히 분리하여 길거리로 내쫓아버렸다. 그래서 이 감독노동을 자본가가 수행할 필요가 없게 됐다."(M3: 400) 이 관리노동에 지불되는 임금은 "노동자들의 협동조합 공장과 자본주의적 주식회사에서 모두 기업가수익과는 완전히 분리되어 나타난다".(M3: 401) 그러나 이들 두곳에서 실제 이루어지는 일은 명백히 다르다는 것을 맑스는 다음과 같이 이야기해주고 있다.

협동조합 공장에서는 관리인이 노동자들과 대립하여 자본을 내놓하는 것이 아니라 노동자들에게 임금을 지불받음으로써 감독노동의 대립적 성격이 사라져버린다. 주식회사(신용제도와 함께 발달한다)는 일반적으로 이 관리노동을 점점 더 자본(자기 자본이든 차입자본이든)의 소유와 분리된 기능으로 만드는 경향이 있다. (M3: 401)

이로부터 흥미로운 결론이 도출된다.

기업가수익과 감독임금(혹은 관리임금) 간의 혼동은 원래 이윤의 이자초과분이 이자와 대립되는 형태를 취함으로써 생겨난 것이다. 이 혼동은 이윤을 잉여가치(즉 미지불노동)가 아니라 자본가 자신이 수행한 노동의 임금으로 나타내고자 하는 변호론적 의도로 인해 더욱 신화됐다. 그러나 이에 대해 사회주의자들은 이윤을 실제로 감독임금(즉 이론적으로 그렇게 이야기되는 바로 그것)만으로 줄이라고 요구했다. (M3: 402)

그러나 감독임금이 숙련 저하로 인해 점차 하락하는 경향을 보이자 이 잘못된 이론도 점점 더 껄끄러운 압력을 받게 됐다. 노동자들의 협동조합과 주식회사가 발달해감에 따라 "관리임금과 기업가수익 간의 혼동에 대한 최후의 핑계도 사라져버렸고, 이윤도 사실상 그것이 이론적으로 부정할 수 없는 것〔즉 단순한 잉여가치〕으로 나타나게 됐다".(M3: 403)

이 장의 마지막 부분은 선견지명 있는 풍자로 마무리된다. "자본주의적 생산의 기초 위에서 주식회사들에서는 관리임금을 이용한 새로운 속임수가 발달하는데, 이는 실제의 관리자들과 나란히 혹은 그들의 위에 또다른 일정 수의 관리원과 감독원이 나타남으로써 그렇게 되는 것인데, 이 경우 사실상 그런 관리나 감독은 단지 주주들을 약탈해서 자기 배를 불리기 위한 핑계에 지나지 않는다."(M3: 403)

이 모든 내용이 오늘날에도 중요함을 설명하기 위해 몇가지를 언급하고자 한다. 맑스가 살던 시기에는 감독임금이 기업의 이윤창출 과정에 그다지 큰 역할을 수행하지 않았다. 하지만 이것이 일단 도입되고 나면 소유자와 감독자 사이의 권력관계에 갖가지 변화가 발생한다. 주식회사의 경우 관리자들(CEO와 중간관리자)은 점차 소유자들을 희생시켜 자신들만의 이익을 도모하게 됐다. 1930년대에 출판된 매우 영향력있는 책에서 벌(A. Berle)과 민스(G. Means)는 독특한 관리자계층의 등장을 이야기하면서 이들이 기존의 자본주의적 계급관계를 급격히 재편하고 있다고 지적했다.[16] 맑스는 (유어의 이야기를 인용하면서) 소유와 경영의 분리와 경영자계급의 등장이 나타내는 중요성을 예상하고 있었다. 하지만 그는 이것이 번성한 모습을 예측하지는 못했는데 그 까닭은 당시 주식회사라는 것이 막 형성되기 시작하고 있었기 때문이다. 그러나 그는 온갖 새로운 형태의 "사기"(swindling)의 가능성을 분명히 보고 있었고 이 사기는 나중에 "자산관리 자본주의"라고 불리게 된다.

당시 대중적으로 널리 알려진 대표적 사회주의 형태인 (로버트 오언Robert Owen의 사례 같은) 협동조합의 경우에도 관리자 보수의 문제가 제기되고 있었다. 물론 모든 기관과 기업이 오늘날 (앞서 언급한 바 있는) 몬드라곤처럼 운영되고 있다면 우리는 배우 나은 세상에서 살고 있을 것이다. 미국의 대학총장은 지금처럼 백만 달러를 훨씬 넘는 보수를 받는 것이 아니라 연간 15만 달러도 채 받지 못할 것이며 보조교사는 지금처럼 고작 2만 달러(그것도 운이 좋을 때 이야기지만)가 아니라 5만 달러를 받게 될 것이다.

오늘날 우리 시대에 기업의 소유자와 경영자 사이의 갈등은 경제적으로는 물론 사회적·정치적으로 매우 중요하다. 자본주의는 사실상 "남의 돈"에 의한 제도라는 생각은 19세기 후반에도 이미 우스갯소리로 유행했는데 맑스는 바로 이것을 이야기한 것이었다. 그러나 그것은 지금도 현안이고, 소유와 경영의 구별을 흐트러뜨리기 위해 관행이 되어 있는 경영자에 대한 스톡옵션도 이 문제를 전혀 은폐할 수 없다. 그러므로 맑스의 이런 이야기들은 오늘날 중요하며, 특히 자본을 위한 봉사의 대가로 지불되는 삼녹임금의 진화가 생산에 참여하는 노동자로부터의 잉여가치 수탈을 은폐한다는 그의 본질적인 관점은 더더욱 중요한 의미가 있다.

제3권 제24장: 이자 낳는 자본의 형태를 통한 자본관계의 외화

"이자 낳는 자본에서 자본관계는 가장 표피적이고 물신적인 형태에 도달한다." 제24장은 이렇게 시작한다. 이 장의 다음 장은 "신용과 가공자본"이며 따라서 이 장은 궁극적인 물신성(신용화폐)이 자본의 운동법칙을 장악한 다음 가공의 형태 — 맑스가 지금까지 이론화해왔던 자본축적의 운동법칙을 신비화하고 왜곡하며 궁극적으로는 훼손해나가는 — 로 넘어가기 시작하는 부분에 해당한다. 이부분의 표현은 매우 멋있다.

자본은 이자(즉 자신의 증가분)의 신비로운 (그리고 스스로를 창출하는) 원천으로 나타난다. **물적 존재**는 이제 단순한 물적 존재만으로 이미 자본이며, 자본은 단순한 물적 존재로 나타난다. 그리하여 총재생산과정의 소산은 물적 존재 그 자체에 부여된 속성으로 나타나며 (⋯) 따라서 이자 낳는 자본에서는 이런 자동화된 물신성(곧 스스로를 증식하는 가치이자 화폐를 낳는 화폐)이 순수한 형태로 만들어지고, 이런 형태 속에서 자신의 발생 흔적을 깨끗하게 지워버린다. 사회적 관계는 물적 존재(즉 화폐)의 자신에 대한 관계로 완성된다. (⋯)

이것도 다시 더 왜곡된다. 즉 이자는 이윤의 일부에 불과하다는 사실이 (⋯) 이제 여기에서는 거꾸로 이자가 자본의 고유한 열매(즉 본원적인 것)로 나타나고, 이윤은 기업가수익의 형태로 전화하여 재생산과정에서 얻어지는 단순한 부속물〔즉 부가물〕로 나타난다. 여기에서 **자본의 물신적 형태와 자본물신성에 대한 개념**〔혹은 표상〕이 완성된다. G-G′에서 우리는 자본의 무개념적 형태, 그리고 생산관계가 극도로 전도된 형태와 물화된 형태를 보는데 그것은 곧 이자 낳는 형태로서, 자신의 고유한 재생산과정을 전제로 하는 자본의 단순한 형태이며, 또한 재생산과정과 무관하게 자신의 가치를 증식시킬 수 있는 화폐〔혹은 상품〕의 능력이다. 그것은 휘황한 형태로 신비화된 자본의 형태다. (M3: 405. 강조는 하비)

이 신비화된 형태는 속류경제학자들에게는 "뜻밖에 얻어진 횡재"가 되는데, 왜냐하면 그 형태가 부의 원천, 즉 가치창출의 원천과는 분리되어 "자립적인 현존재"로서의 자본을 대표하기 때문이다. 그러나 훨씬 더 큰 문제는 다음과 같다. 즉 자본가들은 자신의 재생산과 관련하여 불합리하게 행동하는 물신적 형태의 왜곡에 어느 정도까지 현혹될까? 만일 경쟁의 강제법칙과 그들이 시장에서 얻어듣는 온갖 징후들이 그들을 잘못된 방향으로 이끈다면 자본은 (설사 무덤은 아닐지라도) 점점 더 깊은 구덩이를 스스로 파 들어가는 것이나 다름없지 않은가?

이 문제는 『자본』 전체에 걸쳐 다루어지고 있다. 가장 처음으로 눈에 띄는 곳은 제1권의 '노동일' 부분인데 기기에서는 경쟁이 노동일을 연장하는 방향으로 자본을 몰아감으로써 잉여가치를 생산하는 사람들의 생명을 단축한다는 점을 이야기하고 있다. "뒷일은 알게 뭐야!"(Après moi, le déluge)라는 정책으로부터 자본가들을 구원한 것은 노동일을 규제하는 국가의 개입이었다. 따라서 여기에서 맑스가 "자본의 물신적 형태와 자본물신성에 대한 개념〔혹은 표상〕이 완성된다"고 명시적으로 말하고 있는 것은 흥미를 끈다. 그것은 마치 자본주의체제를 움직이는 물신성을 밝혀내는 것이 『자본』 전체에 걸친 맑스의 과제였고 여기에서 그 과제가 완성됐다고 말하는 것처럼 보인다.

그것이 빚어낸 결과는 많다. 가장 핵심적인 한가지는 이 물신적 형태 — 맑스는 여러 구절들("이제는 화폐의 육신이 사랑에 사로잡혔다"라는 괴테J. W. Goethe의 말을 인용하면서)에서 이것을 언급하고 있다 — 가 복리의 환상을 어떻게 만들어내는지에 대한 것이다. 프라이스(R. Price) 박사는 "기하급수로 만들어진 그 숫자의 엄청남에 현혹되어 눈이 멀어" 1772년 자신의 책 속에서 "우리의 구세주가 탄생한 (…) 바로 그 해에 복리로 6%에 대부된 1실링이 있다면 그것은 지금쯤, 태양계 전체를 통성궤도의 지름과 지름이 같은 하나의 공으로 볼 때, 그 공보다 더 큰 금덩어리에 해당하는 액수로 커져 있을 것이다"(M3: 408)라고 말한다. 이런 마술 같은 능력이 주어진다면 현존하는 모든 (공적 부문과 민간부문 모두를 합친) 부채는 동전 한닢의 저축에서 비롯한 것으로 환원될 수 있을 것이다. 이런 생각은 1851년 『이코노미스트』(The Economist)에 그대로 실렸다. "저축되는 모든 자본 부분이 복리로 증가함에 따라 자본은 모든 것을 잡아먹어버림으로써 소득의 원천을 이루는 이 세상의 모든 부는 오래전에 자본의 이자가 되고 말았다." 거기에 더해 "모든 지대는 과거에 토지에 투자됐던 자본에 대한 현재의 이자 지불이다". 맑스는 여기에 신랄한 비평을 던졌다. "그 타고난 법칙성에 따라 인류가 공급할 수 있는 모든 잉여노동은 자본에 귀속된다."(M3: 410)

맑스는 복리로 지구 끝까지 불어날 것이라는 이 "어리석은 생각"이 "자본축적과정은 이윤(잉여가치) 가운데 자본으로 재전화되는 부분(다시 말해서 이윤 가운데 새로운 잉여노동의 흡수를 위해서 사용되는 부분)이 이자라는 이름으로 불리는"데서 비롯한다고 지적한다. 그러나 또다른 현실도 존재한다. "재생산과정이 진행됨에 따라 기존 자본의 대부분은 많든 적든 끊임없이 가치 절하를 겪게"(M3: 411) 되는데 이는 부분적으로 사회적 노동생산성이 증가하기 때문이다(노동생산성의 증가는 과거노동의 가치를 떨어뜨리고 제3권 앞부분에서 이야기했듯이 이윤율의 저하를 유발하기도 한다). 창출과 파괴 사이의 균형은 어디에서 이루어지는 것일까? 사태의 진실은 다음과 같다.

잉여가치와 잉여노동의 동일성에 의해서 자본축적에 대한 하나의 질적 한계가 설정된다. 그 한계란 곧 **총노동일**로서 그때그때의 현존하는 생산력과 인구의 발전 수준을 가리키며, 이는 한번에 착취될 수 있는 노동일의 양을 제한한다. 그러나 잉여가치가 이자라고 하는 무개념적인 형태로 파악되어버리면, 그 한계는 단지 양적인 것이 되어 온갖 환상이 만들어지게 된다. (M3: 412)

물신성의 힘은 이런 환상의 주변에서 만들어진 현실에 있다. 이자 낳는 자본에서는 "자본물신성의 개념(표상)이 완성되어 있다. 즉 그 개념(표상)에서는 축적된 (게다가 화폐로 고정된) 노동생산물에, 타고난 비밀스러운 자질에 의해 완전히 자동적으로 기하급수적인 잉여가치를 생산해내는 힘이 부여되어"(M3: 412) 있다. 그리하여 자본은 과거노동과 현재노동을 함께 묶어서 사용하려고 하고, 무한히 계속되는 복리라는 물신적 개념에 몰입하려고 한다. 이 모든 것들의 모순을 알아채는 일은 별로 어렵지 않다. 화폐제도 내에서 한계 없이 유통하는 이자 낳는 자본은 복합적인 자산과 가공의 자본가치라는 높은 하늘로 누적되어 올라갈 수 있지만 현실의 잉여가치 생산의 양적 한계는 금방 그것을 따라가지 못해 뒤처지고 결국 공황을 통해 그 한계를 확인시켜준다.

제3권 제25장: 신용과 가공자본

제24장의 멋있는 묵시록 이후에 이어지는 두개 장은 뜻밖에도 실망감을 안겨주는데 특히 제25장의 제목이 암시하는 가공자본의 신비적인 범주가 밝혀질 것이라는 예상이 빗나갈 때 그렇다. 그 이유는 무엇보다 맑스가 "신용제도와 그것이 스스로 만들어낸 여러가지 수단들(신용화폐 등)에 대한 세밀한 분석"을 하지 않기로 정했기 때문이다. 그는 자신의 분석을 "상업신용과 은행신용"에 국한했는데 이는 이 두 신용이 "자본주의 생산양식 일반의 특성을 밝히는 데" 필요하기 때문이다. 달리 말해서 그는 일반성의 수준으로 되돌아가서 다른 범주를 모두 배제한다. 앞 장의 다소 거친 논의들은 냉철한

분석을 위해 어쩔 수 없었던 것이다.

자본주의의 발전과 함께 상품 거래가 증가하면 신용제도는 "확대되고 일반화되며 완성된다". 판매와 지불 사이의 시간적 격차가 일반화되면 화폐는 점차 "계산화폐"로 사용된다. 따라서 지불약속도 유통되며 맑스는 이런 모든 것들을 통틀어 "어음"으로 묶는다. 이들 어음 가운데 많은 부분은 대차관계를 통해서 서로 상쇄되기 때문에 금속이나 정부화폐가 전혀 개입하지 않고도 이들은 화폐로 기능한다.(M3: 413)

맑스는 영국에서 유통되는 어음의 양을 계산해본 리섬(W. Leatham) 이라는 은행가의 말을 인용한다. 이들 어음의 명목가치가 실제 금의 양을 훨씬 초과했음은 분명하다. 리섬은 이렇게 말한다.

어음의 일부를 낳기도 하고 또 어음의 급격하고 위험한 팽창을 조장하기도 하는 화폐과잉과 낮은 이자율 혹은 할인율 등을 억제하는 이외에, 어음을 통제할 수 있는 수단은 달리 존재하지 않는다. 전체 어음 가운데 실제 거래에(즉 예를 들어 실제 구매와 판매에) 근거하는 어음이 얼마이며, 그리고 얼마만 한 부분이 인위적으로 만들어져서 (가공의) 융통어음으로만 사용되는지, 즉 만기일 전에 유통시킬 목적으로 (그리하여 유통수단일 뿐인 것을 기능하는 자본으로 둔갑시킬 목적으로) 발행되는 어음이 얼마인지를 결정하는 것은 불가능한 일이다. 내가 아는 바로는 화폐가 과잉되고 흔할 시기에 어음의 발행은 그 극에 달한다. (M3: 414)

이 부분이 이 장에서 가공자본 범주에 대해 명확하게 언급된 유일한 부분이다. 맑스가 자신의 말로 이 범주를 설명한 곳은 제29장 뿐이다. 그러나 그는 여기에서 차용증서에 의해 이루어지는 이러한 거래 — 전통적인 화폐를 전혀 사용하지 않은 채 소유권이 이전되는 — 의 몇가지 사례를 검토한다.

이 거래는 매우 특수한 새로운 경제적 역할을 만들어내는데 그것은 즉 화폐거래자(은행)의 중개업무로서 그는 어음의 할인은 물론 이자 낳는 자본의 관리와 화폐의 대부와 차입을 관리하는 일을 전담한다. "은행업이란 (…) 대부 가능한 화폐자본을 대량으로 자신의 수중에 집중시켜, 개별 화폐대부자 대신 은행가가 모든 화폐대부자의 대리인으로서 산업자본가와 상업자본가를 상대하는 것을 가리키게 된다. 은행가들은 화폐자본의 일반적 관리자가 된다." 이 화폐자본이 앞서 말한 자본가계급의 공동자본이다. "은행은 한편으로는 화폐자본[즉 대부자]의 집중을 나타내고 다른 한편으로는 차입자의 집중을 나타낸다. 은행의 이윤은 일반적으로 은행이 대부하는 것보다 더 낮은 이자로 차입하는 것에서 만들어진다."(M3: 416) 맑스는 다양한 종류의 은행들이 수행하는 갖가지 기능을 간단히 설명한 다음 은행이 사실상 대부자와 차입자 사이에 자신이 만든 신용도를 끼워 넣을 뿐만 아니라 때에 따라서는 은행권을 발행하기도 하는데 이 은행권은 "은행가 자신에 대한 하나의 어음과 마찬가지로서 그것의 소지자에게 언제든지 지불될 수 있는 것"이다. 은행권을 발행하는 은행은 대개 "국립은행과 민간은행이 혼합된 특수한 형태를 띠고 사실상 배후에 국가신용을 업고 있으며 그들의 은행권은 어느 정도 법정지불수단이 되어" 있다.(M3: 417) 맑스는 정확한 요점을 찌르고 있지는 않지만 우리는 여기에서 사실상 상업거래로부터 비롯된 은행제도와 은행기능을 보고 있을 뿐만 아니라 민간의 기능과 정부의 기능이 특수하게 결합된 "혼합물"도 함께 보고 있다. 그러나 1847~48년과 1857~58년의 금융 및 상업 공황을 일으키는 데 기여한 많은 사례를 삽입하는 것은 모두 엥겔스의 과제로 남았다.

제3권 제26장: 화폐자본의 축적

이 장은 대부분 (주로 오버스톤의 증언에 초점이 맞추어진) 은행법 특별위원회 증언록과 함께 다른 논평자들의 긴 인용문들로 이루어져 있다. 맑스는 이곳저곳에 몇몇 비판적인 논평을 끼워 넣고 있긴 하지만 체계적인 비판은 찾아보기 힘들다. 맑스가 자신이 제기한 몇가지 견해들을 완전히 받아들인 것인지, 혹은 나중의 비판적 검토를 위해 단순히 옮겨둔 것에 불과한 것인지는 분명하지 않다.

예를 들어 그는 코벳(T. Corbet)으로부터 긴 문장을 인용하면서 시작하는데 이 부분은 나의 특별한 흥미를 끈다. 영국에서 화폐형태로 부의 축적이 꾸준히 이루어지는 것에 대해 코벳은 문제를 제기한다.

화폐를 획득하고자 하는 소망 다음으로 절박한 소망은 이 화폐를 다시 풀어서 어떤 종류의 투자를 함으로써 이자나 이윤을 벌어들이고자 하는 소망이다. 왜냐하면 화폐가 화폐로 머물러서는 아무 것도 벌어들이지 못하기 때문이다. 따라서 만일 과잉자본의 이러한 끊임 없는 유입과 동시에, 그런 자본의 사용영역이 서서히 그리고 충분히 확대되지 않는다면, 우리는 투자할 곳을 찾는 화폐의 주기적인 축적을 방치할 수밖에 없을 것이고 그 결과 그러한 주기적 축적은 그때그때의 상황에 따라 커지기도 하고 작아지기도 할 것이다. 여러해에 걸쳐서 국채는 영국의 남아도는 부를 흡수하는 주요 수단이었다. (…) 때때로 놀고 있는 과잉자본을 흡수하는 기업들은 (…) 적어도 우리나라에서는, 일상적인 투자영역에 전혀 발붙이지 못하는 과잉상태의 사회적 부가 주기적으로 누적되는 것을 해소하는 데 절대적으로 필요한 존재들이다. (M3: 429)

맑스는 이 구절에 대해 가타부타 아무런 논평도 하지 않았다. 그러나 『자본』 전체에 걸쳐 몇곳에서는 내가 "과잉자본의 처분 문제"라고 부르는 것이 중점적으로 다루어진다. 코벳의 설명에서 흥미를 끄는 부분은, 국채가 대개 그러하듯 매우 우려스러운 부담으로 간주되지 않고 오히려 환영받는 배수구로 간주되며, 또한 대규모 사업(예를 들어 대규모 공공사업, 물리적 인프라, 도시화 프로젝트 등)도 과잉자본을 흡수하는 데 절대적으로 필요한 존재로 간주된다는 점이다. 이런 생각은 부의 축적이 부채의 축적과 병행할 수밖에 없다는 (내가 개인적으로 좋아하는) 일반적인 생각과 일치한다. 맑스가 이 견해에 명시적으로 동의했는지는 알 수 없다. 하지만 그가 그런 견해를 반대하지 않았음은 틀림없다.

이 장에서 분명히 알 수 있는 것은 맑스가 당시 잉글랜드은행 이사였던 노먼(G. Norman)이 제기한 소위 "통화주의 원리"(currency principle)가 틀렸음을 입증하려 했다는 점과 고리대금업자의 논리를 가진 은행가 오버스톤의 견해에 경멸을 보냈다는 점이다. 그러나 제기된 문제들은 모두 맑스의 저작 뒷부분에서 다루어지기 때문에 나도 이 문제의 설명을 나중으로 미루고자 한다.

제6편

신용제도에 대한 맑스의 견해

제28장 이후 자본에 대한 신용의 역할을 다룬 부분부터 내용의 질이 급격히 저하된다. 앞서 언급했듯이 제30장 이후는 엥겔스가 "매우 큰 어려움"이 시작된다고 한 곳이다.

여기에서부터는 인용문의 정렬은 물론 삽입문이나 엉뚱한 문장의 출현으로 곳곳에서 문맥이 끊어지고, 생략되고, 위치가 잘못되어 있어서 전후 문맥을 유추하여 올바르게 배열해야만 했다. (…) 다음에는 초고에서 상당히 긴 부분이 이어져 있었는데, 거기에는 "혼동"이라는 제목이 붙어 있었다. 이 부분은 1848년과 1857년의 공황에 관한 의회보고서의 요란한 발췌록들로 이루어져 있고, 그 내용은 23명의 기업가와 경제학자가 화폐, 자본, 금 유출, 투기 과열 등의 현상에 관

해 진술한 이야기들을 모아둔 것으로 중간 중간에 익살스런 풍자가 섞여 있다. (M3: 13)

엥겔스는 "혼동"에 관한 맑스의 견해를 복원해보려고 여러차례 시도한 끝에 결국 포기하고, 몇군데 비판적인 언급을 강조한 외에는 노트를 그대로 옮기는 것으로 작업을 국한시켰다.

나는 독자들이 제30장~제35장을 한번에 다 읽어버리려고는 시도 하지 않도록 권하고 싶다. 그러나 "혼동"이 무엇인지를 이해하려는 시도는 반드시 해야 한다고 말해두고자 한다. 맑스는 부르주아의 생 각이 혼동에 빠져 있고 자신은 그렇지 않음을 말한 것일까? 만일 그렇다면 그것을 분명히 밝히는 작업을 별로 하지 않은 셈이다. 혹은 그게 아니라 신용화폐 세계의 모순이 너무 깊어서 치명적인 혼동과 전반적인 위기가 발생한다고 생각한 것일까? 우리가 알고 있는 맑스를 떠올린다면 아마도 두가지 모두를 생각했을 것이다. 이 점에 대해서는 분명 약간의 설명이 필요하다. 그래서 나는 각 장을 살펴 보고 중요한 구절들을 설명하기에 앞서 전반적인 내 생각을 제시해 보고자 한다. 물론 여기에서 맑스의 문장을 단정적으로 이해하거나 특히 수정해서 해석하려는 어떤 시도도 피하려 한다는 점을 분명히 해둔다.

일반적 논의

제27장에서 자본주의적 생산하 신용의 일반적인 역할에 대한 개요를 이야기한 다음 맑스는 다음 두개 장에서 자본의 생산과 실현을 위한 유동성(현금 혹은 은행권)을 공급하는 데 은행과 은행가가 하는 역할을 살펴본다. 그다음 화폐자본과 현실자본에 관한 세개 장은 가공자본의 생애 동안 벌어지는 일에 초점을 맞추는데, 여기에서는 잉여가치 생산과는 거의 아무런 관련도 없는 방식으로 —— 물론 잉여가치 생산은 금융제도 내에서 과도한 부분에 대해 배후에서 징벌적인 힘을 행사하긴 하지만 —— 온갖 종류의 투기와 세력관계의 역전 등을 다루고 있다. 그다음에 이어지는 세개 장은 기술적인 부분에 대한 내용인데 주로 공식보고서들로 이루어져 있어서 맑스 자신의 견해로 보기는 어렵다. 그래서 나는 이 자료들에 대해서는 종합하거나 해석하지 않으려 한다. 전 자본주의적 관계를 다룬 마지막 장은 고리대자본으로서의 신용의 역사에 대한 흥미로운 설명과 정치적 가능성과 관련된 도발적인 몇몇 생각이 담겨 있다.

이들 장을 관통하고 있는 핵심 단서가 몇가지 있다. 맑스는 신용제도가 (제22장과 상인자본의 일반적 개요를 설명한 부분에서 언급한) "계급의 공동자본"에 합병되면서 빚어내는 본질적인 결과를 명확하게 알고 있었다. 나는 이 생각의 중요성을 강조하지 않을 수 없다. 그것은 자본 일반을 재생산하는 자본의 흐름을 이끌며 일종의 중앙통제소 같은 역할을 하는 화폐자본 유통의 위치를 바꾼다. 또한 그것은 자본의 성격이 급격히 변한다는 사실을 알려주는 자본의 사회화를 함축하고 있기도 하다. 예를 들어 주식회사는 집단적이고 결합적인 자본의 등장을 용이하게 하는데, 이런 자본은 자본가의 사업 규모와 범위 그리고 형태를 엄청나게 확대시키는 한편, 세계시장으로 향하는 길을 열어줌으로써 보다 많은 장소에서 결합노동과 집단적 소유가 생겨날 수 있게 한다. 심지어 맑스는 그 결합적 성격 때문에 주식회사가 비자본주의 생산양식으로 이행하는 토대가 될 수 있다고까지 생각했다. 이것은 지금 보면 (전혀 잘못된 생각은 아닐지라도) 매우 엉뚱한 생각이지만 당시에는 사람들이 그렇게 생각할 만한 흥미로운 이유가 있었다.

맑스는 자본주의적 신용제도의 등장에 긍정적인 가능성과 부정적인 가능성이 혼재해 있음을 이자끄 뻬레르(Isaac Péreire)라는 인물을 통해 말하는데, 이 인물이 "협잡꾼과 예언자의 얼굴이 함께 뒤섞인 모습"(M3: 457)을 하고 있다고 했다. 그래서 잠깐 본론에서 벗어나 (제36장에서 맑스도 그렇게 하고 있다) 이 "인물"에 대한 이야기를 하고 갈까 한다.

뻬레르 형제(이삭과 에밀Émile)는 1830년대 프랑스의 쌩시몽주의로부터 유토피아 이념(특히 결합자본의 힘)을 학습해 이를 제2제정(1852~70년) 기간 동안 실천에 옮겼다. 엥겔스에 따르면 맑스가 "천재성과 박식한 두뇌를 가졌다"며 상당한 존경을 표했다는 쌩시몽(Saint-Simon, 1760~1825)은 왕에게 여러 조언을 했다. 그는 서한을 통해 대중의 생활을 개선할 수 있는 이런 저런 방식들을 제안했고 이를 통해 프랑스혁명(쌩시몽은 이 혁명을 과도한 것으로 간주하고 혐오스러워 했다) 같은 급격한 변혁을 피하려고 했다. 그는 아마도 오늘날의 유럽연합 같은 개념을 선구적으로 생각한 사람 가운데 하나로 추정된다. 누구에게 들어도 두번의 세계대전은 피할 수 있는 것이었다. 그는 자애로운 군주제하에서 모든 계급의 복리를 위한 규제를 수행할 합리적인 대의제 형태의 정부를 제안했다. 그는 자본과 노동을 동시에 투입하여 만인의 복지를 위한 대규모 공공사업을 도입할 필요가 있다고 강조했다. 이를 위해서는 사회 내에서 소규모로 분산되어 낭비되고 있는 자본을 결합적 형태로 끌어모을 필요가 있었다.

1851년 쿠데타 이후 1852년 스스로 황제를 칭한 루이 나뽈레옹(Louis Napoleon)은 쌩시몽의 아이디어에 대한 열광적인 팬이었다. 그는 때때로 "말을 탄 쌩시몽"이라고 불릴 정도였다. 루이는 대규모 공공사업을 통해 1848년 혁명 이후 놀고 있는 자본과 노동을 끌어모으려 했다. 이 과정에서 뻬레르 형제는 중요한 역할을 수행했다. 그들은 새로운 신용기관을 설립하여 소액자본을 끌어모아 쌩시몽이 주장한 결합자본 형태로 전화하려 했다. 그리하여 제2제정 시기 금융계를 지배하게 됐다. 또한 신용화폐의 발행으로 인해 남아도는 자본과 노동을 흡수하여 빠리를 재건하려는 오스만(G. Haussmann)의 대규모 사업에 참여한 핵심 인물이기도 했다. 그들은 아파트와 상점 건축을 적극적으로 추진하는 한편 도시 내의 (가스 조명 같은) 공공시설과 교통 및 통신 기관을 독점화했다. 그러나 뻬레르 형제와 보수적인 로스차일드(Rothschild)은행 사이의 유명한 경쟁(졸라의 소설 『돈』 L'Argent 의 핵심 소재)과 함께 1867년 공황이 발발했고 그것은 뻬레르 형제의 투기적인 신용왕국을 와해시켰다. 맑스는 이 경쟁을 염두에 두고 다음과 같이 썼다.

화폐제도는 본질적으로 가톨릭적이고, 신용제도는 본질적으로 프로테스탄트적이다. "스코틀랜드인은 금을 싫어한다." 지폐로서, 상품의 현존재는 단지 사회적 현존만을 갖는다. 구원을 가져다주는 것은 믿음이다. 즉 상품의 내재적 정신으로서의 화폐가치에 대한 믿음, 생산양식과 그 조화에 대한 믿음, 자신을 증식하는 자본의 단순한 인격체로서의 개별 생산담당자들에 대한 믿음이 바로 그것이다 그러나 프로테스탄티즘이 가톨릭교의 기초로부터 해방되지 않은 것처럼, 신용제도도 화폐제도의 기초로부터 해방되어 있지 않다. (M3: 606)

로스차일드(유대인)는 화폐적 토대로 황금의 가톨릭교를 믿었지만 뻬레르 형제(이들도 유대인이다)는 종이를 믿었다. 공황이 닥치자 종이에는 가치가 없다고 드러났지만 황금은 결코 자신의 빛을 잃지 않았고 더욱더 모두가 갈망하는 빛을 발휘했다.

종이화폐와 (금 같은) 상품화폐 사이의 긴장은 이들 장 어디에서나 그려지고 있다. 하지만 가장 명시적으로 다뤄지는 곳은 뒷부분(정리가 잘되어 있지 않은 귀금속과 환율을 다루는 장의 중간쯤)이다.

한편으로는 모든 화폐자본을 생산에 봉사하도록 강제히고(또는 결국 같은 말이지만, 모든 화폐수입을 자본으로 전화시키고), 또다른 한편으로는 순환의 어떤 국면에서 금속준비를 (그것이 수행해야 할 기능을 이미 수행할 수 없을 정도로까지) 최소한도로 축소하는 것이 바로 신용제도와 은행제도의 발달이다. ──사실 이 전체구조를 지나치게 민감하게 만든 것도 바로 발달된 신용제도와 은행제도다. (M3: 587)

금속준비(metal reserve)는 은행권의 태환을 보증함으로써 "신용제도 전체의 기둥"으로 기능한다. 그 구조는 다음과 같다.

그림2

신용화폐
금융제도

중앙은행
종이화폐

가치의 대표
화폐상품: 금과 은

가치
(사회적 필요노동 시간)

중앙은행은 신용제도의 기둥이다. 그리고 금속준비는 이 은행의 기둥이다. 신용제도가 화폐제도로 전환해야 할 필요성에 대해서는 (…) 일정량(총생산에 비하면 보잘것없는 양)의 금속이 제도를 받쳐 주는 기둥이라는 점도 인정되고 있다. 그래서 ── 이 금속이 공황기의 기둥으로서의 성격을 발휘하는 그 가공할 만한 사례들은 제외하더라 도 ── 이로부터 멋진 이론적 이원론이 등장한다. (M3: 587~88)

금속(혹은 상품)화폐를 토대로 하고 있는 것처럼 꾸몄던 세계신 용 및 화폐 제도는 1970년대 초에 포기됐지만 (소위 금본위제로 돌 아가자는 주장도 많았지만) 세계금융제도의 (미국 달러를 중심에 둔) 위계적인 기둥 구조에 대한 생각은 여전히 적절한 개념으로 보 인다. 맑스가 살던 시대보다 지금 더욱 맞는 것으로 여겨지는 사실 은 다음과 같다.

신용이 곧 부의 사회적 형태로 간주되면서 화폐를 밀어내고 그의 자리를 빼앗아버린다. 생산의 사회적 성격에 대한 신뢰가 생산물의 화폐형태를 단지 일시적인 것[관념적인 것, 단순한 표상]으로만 나 타나게 만들어준다. 그러나 신용이 흔들리면 ── 그리고 이 국면은 근 대산업의 순환에서는 항상 필연적으로 존재한다   갑자기 일체의 실물적 부가 현실적으로 화폐[즉 금과 은]로 전화하지 않으면 안 되 게 된다. 그것은 터무니없는 요구이긴 하지만 제도 그 자체로부터 필 연적으로 나오는 것이다. 그리고 이 거액의 요구를 충족시켜야 할 금은은 잉글랜드은행의 지하실에 있는 수백만 파운드스털링뿐이다.
(M3: 588~89)

앞서 맑스는 이 관계에 대해 훨씬 풍부한 설명을 제공했다. "화폐
가 가치의 자립적 형태로서 상품에 대립되어 나타나거나, 혹은 교
환가치가 화폐라고 하는 자립적 형태를 취해야 하는 것은 자본주의
적 생산의 기초"다. 일반적 등가물로서의 상품화폐가 바로 그 자립
적 형태다. 만일 상품화폐 대신에 신용화폐와 신용창출이 그 자리
를 차지하면 어떻게 될까? "신용이 위축되거나 혹은 완전히 중단되
어버리는 자금 부족 시기, 화폐는 갑자기 유일한 지불수단으로 그리
고 가치의 현존재로서 절대적으로 상품에 대립되어 나타난다. 그리
하여 이 시기에는 상품의 일반적 가치하락이 나타나고, 상품의 화폐
[즉 상품 자신의 순수하게 환상적인 형태]로의 전화는 어렵거나 아
예 불가능해진다." 이것은 분명 물신성 이론을 암시한다. 둘째 "신
용화폐 그 자체는 그것이 자신의 명목가치액만큼 절대적으로 현실
화폐를 대표하는 한에서만 화폐다".(M3: 532) 만일 금이 외국으로 유
출된다면 신용화폐가 금으로 전환될 가능성은 의문시된다.

그리하여 이런 전환 가능성을 보장하기 위해 이자율 인하 등과 같
은 강제조치들이 취해진다. (…) 신용화폐의 가치하락은 (더욱이 이
런 신용화폐가 휴지조각으로 되는 경우는 말할 필요도 없다) 모든 기
존 관계를 동요시킨다. 그리하여 상품가치는 화폐형태를 띤 이 가치
의 환상적이고 자립적인 현존재를 보장하기 위하여 희생된다. (…)

그리하여 1~2백만 파운드스털링의 화폐를 위해 수백만 파운드스털링의 상품이 희생되어야 한다. 이것은 자본주의적 생산에서 불가피한 것이며 그것의 매력 가운데 하나이기도 하다. (…) 노동의 사회적 성격이 상품의 화폐현존재로서, 그리하여 현실적 생산의 외부에 있는 어떤 물적 존재로서 나타나는 한, 현실적 공황과 무관하거나 혹은 현실적 공황의 첨예한 형태인 화폐공황은 불가피하다. (M3: 532~33)

이는 1830년대 공황기에 광범위하세 벌어졌던 바로 그 일 아닌가? 그리고 이것이야말로 케인스주의자들이 바로잡으려고 노력했던 바로 그 "불가피성" 아닌가?

신용과 "현실" 화폐 사이의 이런 긴장은 오래전에 이미 충분히 알려져 있었기 때문에

사실 자본주의 체제에서도 또 그 이전의 생산체제에서도 이들 체제가 상품거래와 사적 교환에 기초해 있는 한 공통적인 것이다. 그러나 그것은 자본주의 체제 속에서 비로소 가장 명확하게, 그리고 어이없는 모순과 역설의 가장 기묘한 형태로 나타난다. 왜냐하면 ① 자본주의 체제에서는 직접적 사용가치를 위한 [즉 생산자 자신의 사용을 위한] 생산이 가장 완벽하게 폐지되어 있고, 따라서 부는 오직 생산과 교환의 착종으로 나타나는 사회적 과정으로만 존재하기 때문이다. ② 신용제도의 발전에 따라 자본주의적 생산은 이러한 부와 그것의 운동에 대한 이 금속적 제약[즉 물적이면서 또한 환상적이기도 한 제약]을 끊임없이 폐기하려고 노력하고, 또 끊임없이 반복해서 이 제

약에 머리를 부딪치기 때문이다. (M3: 589)

따라서 상품화폐 형태는 신용화폐가 극복 혹은 회피하려는 생산 확대를 가로막는 걸림돌이지만, 어떤 지점에 이르면 신용화폐의 질과 신뢰가 오로지 상품화폐와의 교환 가능성에 의해서만 인정받을 수 있다.

(맑스를 포함한) 모든 연구자들이 다루기 어려운 문제 가운데 하나는 금융 및 신용 제도 내에서 유통되는 부와 "실제" 부의 생산 사이의 차이점이다. 월스트리트(미국 뉴욕의 금융중심지 — 옮긴이)와 메인스트리트(Main Street, 도시나 마을의 상업중심지 — 옮긴이) — 영국의 경우에는 시티(City, 런던의 금융중심지 — 옮긴이)와 하이스트리트(High Street, 도시나 마을의 상업중심지를 일컫는 영국식 명칭 — 옮긴이) — 사이의 관계는 모두에게 수수께끼 같다. 유로를 어떻게 할지를 둘러싼 오늘날의 논의는 바로 이런 혼란을 보여주는 좋은 사례다. 맑스의 생각에 따르면 순수하게 상품화폐에 기초한 화폐제도는 계속적인 자본축적에 장애 요인인데 왜냐하면 그만한 금이 반드시 필요하기 때문이다. 자본축적이 진행되면서 그만큼 더 확대되어 생산된 상품의 유통에 필요한 화폐(어떤 종류이든)가 충분하지 않을 경우에는 오늘날 "금융 핍박"이라고 부르는 현상이 발생할 위험이 분명히 상시적으로 존재한다. 그렇기 때문에 자본주의의 지속적인 확대를 위해 신용화폐는 반드시 필요할 뿐만 아니라 핵심적이기도 하다. 얼핏 보기에 (내가 알기로는 경험적으로 이런 연구가 이루어진 적은 없지만) 자본축적의 역사는 신용화폐와 거기에 부수되는 부채의 축적과 병

행해왔다고 생각할 만한 증거가 있어 보인다. 오로지 이 방식으로만 자본은 "무한히" 축적될 수 있다. 그러나 만일 자본축적이 이처럼 신용화폐와 신용수단의 동시적인 축적에 의존해 있다면 그것은 필연적으로 신뢰와 기대에 의지하여 주기적으로 통제를 벗어나 제멋대로 갈지자 행보를 하는 물신적 괴물을 만들어낼 것이다. 신용화폐는 금속화폐를 그냥 대신하는 것이 아니다. 그것은 신용제도와 화폐의 개념을 완전히 새로운 차원으로 변경해 신용제도가 품고 있는 물신성을 제거하기보다는 적극 수용한다. 신용의 "기쁨", 자산버블, 투기적인 호황과 파국 등은 모두 자본이 화폐자본의 제약으로부터 잠시 벗어나는 대신 치러야 하는 대가다.

그러나 이들 제약은 공황국면에서 다시 등장한다. 신용채무의 크기는 주기적으로 실제 가치생산의 크기(얼마가 되든)를 초과한다. 그러면 상품화폐(가치의 대변자)는 금융공황의 과정을 통해 신용화폐의 광란을 잠재우고 현실을 각성시킨다. 월스트리트와 메인스트리트를 연결하는 것은 실질적인 경화(상품화폐에 기초한 화폐를 가리킴―옮긴이)의 규율이다. 이것은 화폐에 기초한 "가톨릭주의"가 작동한다는 의미다. 이 언급은 가톨릭교회가 오랜 기간 이자를 금지해온 것을 가리킨다(가톨릭교회는 이 입장을 19세기 말에 포기했지만 이슬람 율법에서는 오늘날에도 그대로 지키고 있다). 마르틴 루터(Martin Luther)가 고리대의 사악함과 "공정한" 이자율의 정당함을 구별함으로써 프로테스탄트 운동과 로마 사이에 결정적인 균열이 생겨났다.

신용제도의 핵심은 그것이 무한한 성장의 세계로 향하려는 축적의 모든 화폐적 장애물을 부술 수 있다는 점이다. 그 무한한 가능성은 종이화폐(채무증서) 창출에 있다. 2001년 미국에서 주택거품이 만들어지면서 함께 벌어진 현상이 바로 이것이다. 주택가격 상승에 따라 모든 사람이 오르는 주택의 자산 가치에 매달렸는데, 이처럼 매달리면 매달릴수록 주택 가격은 더욱더 상승했다. 주택은 마치 무한한 인출이 가능한 현금자동지급기 같았는데, 주택가격이 소득을 한참 벗어났다고 깨달을 때까지 계속 그랬다. 그다음 파국이 닥쳐왔다. 1980년대 일본의 부동산 호황 때도 꼭 마찬가지 현상이 일어났다. 파국이 오면 가장 중요한 것이 소유자의 유동성(경화에 대한 지휘권)이다. 이것이 부족한 정도에 따라 압류되는 재산과 손실은 커지고, 자산가치는 하락한다.

그렇다면 오늘날에는 여기에 어떤 일반적 중요성이 있을까? 세계 화폐 제도의 금속본위제는 1970년대에 공식적으로 폐기됐다. 이것은 맑스의 생각이 잘못된 것처럼 보이게 한다. 그는 "귀금속 형태의 화폐는 신용제도가 **결코** 벗어날 수 없는 토대로 남는다"라고 말하지 않았던가? 물론 금은 지금도 중요한 마지막 보루다. 지난 몇년 동안 나타났듯이 종이와 신용화폐에 대한 신뢰가 나빠지면 금의 가격은 급등한다. 소수의 사람들은 여전히 금이 실질 화폐가치를 보관하는 가장 안전한 수단이라고 생각한다. 오늘날 금의 안전성에 투자하라는 광고는 넘쳐나고 있다. 아마도 여기에는 약간의 진실이 담겨 있을 것이다(그리고 우리는 5년 뒤에 금 가격이 3배가 된다면 금에 투자하지 않은 것을 땅을 치며 후회할 것이다). 그러나 금본위제로 돌아갈 가능성은 거의 없어 보인다. 전통적인 견해에 따르면 금본위제는 지속적인 세계무역의 확대에 재앙이 될 것이고 세계를 항구적인 침체상태에 밀어 넣게 될 것이다. 세계경제는 신용경제의 토양 위에 서 있고 거기로부터 벗어날 수 없다.

그러나 만일 금속 "기둥"이 화폐제도 전체에 걸쳐 사라져버린다면 무엇이 대신할 수 있을까? 답은 정부와 결합되어 있는 세계 각국의 중앙은행들이다(나는 이것을 "국가재정결합체"라고 부른다). 이것들은 오늘날 세계 화폐 신용 제도의 "기둥"을 형성하고 있다. 맑스에게 이 기둥은 잉글랜드은행이었고 오늘날 우리에게는 (미 재무성과 결합되어 있는) 미국연방준비은행(Federal Reserve Bank of the United States)이며 영국, 일본, 유럽연합 등의 정부와 결합되어 있는 중앙은행들이다. 그러나 그것은 사실 실제 상품생산(금과 은의 생산)에 기초한 규제 메커니즘을 인위적인 기구로 대체하는 것이다. 그리하여 이제 신용창출에 행사되는 유일한 규율은 인간의 판단이다. 그런데 이 인위적인 기구들은 언제나 옳은 행동을 할까? 이들 중앙은행이 어떻게 구성되고 규제되는지, 그리고 신용제도 내에서 주기적으로 일어나는 과잉현상을 다루기 위한 정부기구들에서 정책이 어떻게 만들어지는지에 대해 비판적으로 살펴볼 필요가 있다.

만일 중앙은행과 규제기구들의 구성이 잘못되어 있거나, 혹은 이들 기구가 틀린 경제이론에 기초하여 운영된다면 공황의 형성과 대응과정에서 수행되는 정책들도 여기에 깊은 영향을 받을 것이다. 많은 사람들은 중앙은행들의 정책이 (1920년대 영국 재무부장관이었던 윈스턴 처칠Winston Churchill의 금본위제 회귀 결정이 재앙을 가져온 것처럼) 1930년대의 대불황을 악화시키는 데 중요한 역할을 수행했다고 생각한다. 오늘날 상당수의 사람들은 연방준비제도이사회 벤 버냉키(Ben Bernanke)의 정책이 미국을 완전히 잘못된 방향으로 이끌었으며, 매우 낙관적인 전망이 팽배해 있던 시절 앨런 그린스펀(Alan Greenspan)이 이끌던 연방준비제도이사회도 2007~08년의 대공황 발발에 중요한 역할을 수행했다고 주장한다. 규제의 실패가 최근 사태에 영향을 미쳤다는 생각이 널리 퍼져 있는 것은 분명하고, 미국의 공황은 물론 세계적 공황에 대한 하나의 해답이 규제제도 개선이라고 생각하는 사람들이 상당수 존재한다. 그러나 실업을 전혀 고려하지 않은 채 인플레이션만을 잡도록 위임받은 유럽중앙은행이 그리스의 채무위기를 해결할 수 있는 방안으로 더욱더 강화된 긴축만을 요구하며 평행선을 달리고 있는 상황에 대해 우리는 어떻게 생각해야 할까? 인위적인 기구들은 잘못을 저지를 수 있고 온갖 방식의 사회적 세력관계와 서로 충돌하는 선택들로부터 영향을 받는다. 그것은 상품화폐가 중앙은행의 정책 기준으로 작용하고 있을 당시와는 전혀 다른 규제 메커니즘을 창출하고 있다.

맑스가 살던 시기에도 금융기관의 잘못된 정책은 중요한 역할을 수행했다. 맑스는 1844년 영국의 "잘못된" 은행법을 대표적 사례로 손꼽고 있다. 이 법은 잉글랜드은행(Bank of England)을 "발권부와 은행부"(M3: 570)로 나누었다. 발권부는 국채와 금속준비를 보유하고 이들 준비금에 준하는 은행권을 발행했다. 발권부는 자신의 은행권(이것은 거래목적으로는 매우 불편했다)을 금과 교환했고 은행권의 소지자에게는 필요할 경우 금으로 지불해준다는 약속을 했다(영국의 은행권 속에는 소지자에게 지불을 약속한다는 말이 지금도 그대로 남아 있다). 따라서 언제든지 은행에 가서 은행권을 제시하고 금을 돌려받을 수 있었다. 요컨대 은행권은 "태환됐던" 것이다(태환의 유보는 항상 정치적 선택이었고 실제로 영국에서는 단 한차례, 나뽈레옹전쟁 시기에 이루어졌다). 은행부는 어음을 할인하고 수표와 채권을 발행하고 전통적인 은행의 다른 업무를 수행했다. 1844년 법은 두 부서 사이에 차단막을 설치했다. 그러나 1848년 신용의 위기는 은행부를 강타했다. 할인된 상업어음과 채권에 대한 믿음을 상실한 사람들이 은행부로 쇄도한 것이다. 은행부에는 금이 동났고 발권부에는 금이 넘쳐났다.

두개의 독립된 부서로 분리됨으로써 잉글랜드은행은 결정적인 순간에 자신이 동원할 수 있는 모든 수단을 자유롭게 사용할 수 있는 가능성을 빼앗겨버렸다. 그리하여 발권부가 수백만 파운드스털링의 (…) 보증준비를 고스란히 가지고 있는데도 은행부가 파산 직전의 상태에 놓이는 경우들이 발생할 수 있게 됐다. (…) 그리하여 1844년 은행법은 상업계 전체에 대해 공황이 발발하는 초기에 일찌감치 은행권을 예비로 축장해놓도록 직접적으로 부추기고 따라서 공황을 촉진하고 더욱 악화시킨다. 또한 이 은행법은 (…) 이러한 화폐융통에 대한 수요를 (…) 인위적으로 증가시킴으로써 (…) 공황기의 이자율을 전대미문의 수준으로까지 끌어올리는 것이다. (M3: 570)

2011년 그리스 채권에 대한 이자율에서 이와 똑같은 일이 발생했다.

따라서 은행법은 공황을 없애는 것이 아니라 오히려 공황을 산업계 전체는 물론 은행법 자신까지도 붕괴시키는 수준으로까지 끌어올린다. 1847년 10월 25일과 1857년 11월 12일의 두차례에 걸친 공황은 이런 수준으로까지 심화됐다. 그러자 정부는 1844년 은행법을 정지시킴으로써 잉글랜드은행에 대해 은행권 발행 제한을 풀었고, 이 조치는 두번의 공황을 모두 해소했다. (M3: 571)

맑스는 여기에서 1844년 은행법이 공황의 원인이라고 말하는 것이 아니다. 단지 그것이 다른 원인(맑스는 무엇인지는 말하고 있지 않다)으로부터 발생한 공황을 강화하고 촉진했다고 이야기한다. 그러나 주기적으로 불가피하게 발생하는 공황에 적절하게 대응할 수 없었던 이유는 도대체 어떤 종류의 인위적인 조치들 때문이었을까? 이것이야말로 2011년 그리스는 물론 아일랜드, 뽀르뚜갈, 에스빠냐, 이딸리아를 모두 집어삼킨 부채위기 동안에 유럽중앙은행에 대해 던져져야 했던 질문이 틀림없다. 1844년 은행법이 "잘못된" 것이었다는 표현은 맑스가 은행법에 공황을 악화시키지 않을 가능성이 있었음을 말한 것이다. 인간적 신뢰와 은행기구들은 변화하는 생산과 물가(보다 중요하게는 투자자들 사이의 변덕)에 유연하게 적응할 수 있도록 이루어져 있다. 그렇지만 금융기관들이 공황의 기초를 이루는 근본적인 모순을 품고 있는 것은 아닐까? 케인스주의자들은 이것이 바로 공공정책이 필요한 이유라고 간주한다. 맑스는 그런 가능성을 믿지 않았다. "1844~45년의 경우와 같은 그런 무지하고 완전히 잘못된 은행입법은 이런 화폐공황을 심화할 수 있다. 그러나 어떤 은행입법도 공황을 아예 없앨 수는 없다."(M3: 507)

그렇다면 1970년대 초 신용이 상품화폐에 뿌리를 둔다는 것이 공식적으로 완전히 폐기됐다는 것(비공식적으로는 1930년대 이후 케인스주의 정책에 의해 이미 폐기됐다)은 무엇을 의미할까? 이런 변화에 대한 맑스의 견해가 어떠한지는 말하기가 어렵다. 그가 화폐주의자보다는 케인스주의자들에 훨씬 더 가까웠음은 분명하다(그는 리카도가 주장한 화폐수량설을 반복적으로 비판한다). 그러니 내가 보기에 그는 공황을 유발하는 자본주의적 경향이 금융개혁을 통해 억제되거나 극복될 수 있다고는 결코 생각하지 않았을 것이다. 이들 장을 유심히 읽어보면 그런 견해를 충분히 확인할 수 있다고 생각한다. 여기에서 이 문제를 제기하는 것은 중요한데 왜냐하면 신용의 분석을 통해 맑스는 자본에 대한 자신의 개념을 완전히 다른 차원으로 옮겨갔기 때문이다.

금융제도 내에서 발생하는 명백히 광란에 해당하는 현상들은 도대체 어떤 사회가 그런 것을 용납하는지 의문을 불러일으킨다. 맑스의 답은 매우 명확하다. 지속적인 자본축적의 확대 경향이 화폐적 차원에 맞추어지기 위해서 신용은 절대적으로 필요하다. 금속본위제(그리고 은행권의 태환성)로 이루어진 장애물은 극복되어야 하는데 왜냐하면 금과 은의 양이 적절하게 조정되지 않을 뿐만 (상품 산출의 변동에 맞추어 유연하게 양을 조절할 수 없기 때문이다) 아니라 궁극적으로 (한정되어 있기에) 부족하기 때문이다. 게다가 온갖 형태의 자본투자(이 모든 투자의 가정은 결국 보다 많은 잉여가치 생산에 맞추어져 있다)의 투기적 성격은 이자 낳는 자본의 유통에 불가피하게 개입한다. 그리고 우리가 이미 『자본』 제2권에서 반복해서 보았듯이 각기 다른 유통기간(특히 고정자본의 경우)에서 비롯하는 다양한 변이들은 오로지 적극적인 신용제도의 개입에 의해서만 조장될 수 있다. 그것은 다른 용도로 축장되어 있는 "죽은 자본"을 끌어냄으로써 축적을 지연하는 대신 축적을 촉진하는 데 결정적인 역할을 수행한다. 뻬레르 형제가 바로 대표적 사례다. 그들은 화폐적 본위제의 제약을 분쇄함으로써 금본위제에 기반을 두고 있던 보수적인 로스차일드 가문에 공포를 안겨주었다. 그러나 1867년의 파국은 뻬레르의 지위가 취약하다는 것을 보여주었고 궁극적으로 금의 힘을 믿고 있던 로스차일드(그리고 맑스?)가 옳았음을 입증한 것으로 보였다. 그러나 뻬레르 형제는 15년 동안 유휴상태의 자본과 노동을 성공적으로 흡수했고 급격하게 변모된 건축환경을 남기기도 했다. 이들 건축환경은 우리가 오늘날에도 빠리 거리를 걷고 공원을 산책하고 상하수도 시설(이것들은 국가에 의해 대로변의 주택들에 표준화되어 빠리 중심부의 특징을 이루고 있다)을 보면서 찬사를 보내는 것들이다. 뻬레르 형제는 공상가이자 모험가였고 진정한 의미의 기업가정신을 가진 자본가였다. 그들은 신념을 가지고 일을 추진한 반면 로스차일드 가문은 보수적인 태도로 변화를 거부했다.

이것은 신념과 믿음 그리고 심리 상태에 대한 흥미로운 문제를 제기한다. 졸라의 소설 『돈』은 제2제정 기간에 벌어진 싸까르(뻬레르 형제)와 귄더만(로스차일드) 사이의 경쟁이 중심소재이며, 금융투기 현장에서 나타나는 감성과 심리 상태의 충돌이 주된 내용이다. 다음 인용구는 싸까르가 점잖고 사려 깊으며 신중한 조카딸 까롤린을 설득하려고 하는 말인데 여기에는 그녀가 그의 투기적인 음흉한 행동에 대해 우려하는 바가 무엇인지 잘 드러나 있다.

"이봐" 싸까르가 말했다 (…) "우리의 철도가 가로질러 놓이면서 너는 이 황량한 벌판과 버려진 길들이 완전히 되살아난 모습을 보게 될 거야. 그래! 우리가 시든 정맥 속에 새로운 피를 수혈해줌으로써 그 체제에 자극을 불어넣기만 하면, 벌판이 깨끗하게 개간되고, 도로와 운하가 건설되며, 새로운 도시가 세워져서, 마치 병든 육신에 생기가 다시 돌아온 것같이 될 거야. 맞아! 돈이 곧 기적을 만들어낼 거야." (…)

"너는 투기와 도박이 거대한 사업을 이루어내는 핵심 메커니즘이자 심장 그 자체라는 것을 이해해야만 해. 그래, 그것은 피를 공급하며 온갖 곳에 산재해 있는 조그만 실개천들을 한군데로 끌어모아, 모든 방향의 강으로 보내어 대규모의 화폐유통을 만들어내는데 이 유통이야말로 바로 거대 사업의 생명이 되지."

"투기, 그것은 우리가 살아야 할 유일한 이유가 되고 우리가 살고 투쟁하게 하는 영원한 욕망이야. 이봐, 투기가 없다면 어떤 종류의 사업도 존재하지 않아. (…) 그것은 마치 사랑괴도 같아. 투기와 마찬가지로 사랑에도 많은 문제가 함께 있지. 사랑에서도 사람들은 자기만의 희열을 생각해. 하지만 사랑 없이는 인생도 없고 세상도 끝나버릴 거야."[17]

맑스가 이자끄 뻬레르를 "협잡꾼과 예언자의 얼굴이 함께 뒤섞인 모습"이라고 표현한 것은 바로 이런 감성 때문임을 생각하면 그 문장을 훨씬 더 쉽게 이해할 수 있을 것이다.

신용제도는 표면적으로 법칙이 없고 혼돈스러우며 제어가 되지 않는 능력으로, 투기 열풍과 주기적인 파국을 함께 배양한다. 그렇게 되는 까닭은 『경제학비판 요강』의 용어로 표현하자면 이자가 "특수성"의 범주에 속하고 이런 특수성을 규제하는 요인은 (만일 규제가 된다면) 다른 특수성들 — 특히 서로 다른 자본 분파들 사이의 경쟁과, 화폐자본의 공급과 수요 — 이기 때문이다. 그렇게 때문에 우연적이고 무법칙적이며 결합적이다. 또한 신뢰에도 의존해 있다. 신용제도의 심리학은 나중에 케인스가 어렵게 강조한 바와 같이 (그리고 졸라가 명석하게 묘사한 바와 같이) 매우 중요해진다. 그러나 맑스는 그 문제를 전혀 다른 방식으로 제기한다. 그것은 자본과 자본가가 자본의 표면적 형태의 물신성에 사로잡혀 있을 때 어떻게 기능하는지에 대한 질문으로 압축된다. 그들 자신의 물신적 구조의 미로에서 일단 길을 잃고 나면 자본가들은 그들 자신이 처한 딜레마의 근원을 (탈출구는 말할 것도 없다) 어떻게 알아차릴 수 있을까? 맑스가 "혼동"이라고 쓴 것은 바로 이 점 때문 아니었을까 생각한다. 이 문제를 풀 수 있는 열쇠를 얻기 위해서는 가공자본의 범주를 조금 자세히 들여다보아야 하는데 그것을 짤막하게 다루고자 한다.

맑스는 일찍이 자본의 과잉생산과 과잉축적(그가 나중에 자본의 "과잉"이라고 부른 것)을 향한 경향이 자본의 일반적 운동법칙의 핵심적인 모습이며, 그 경향은 주기적으로 신용제도를 와해시키는 신뢰의 위기를 유발하는 방아쇠이자 근본원인이라고 이야기했다. 화폐본위제의 "가톨릭주의"는 실제의 가치가 화폐상품에 의해 대표된다고 생각하는데 맑스는 이것이 궁극적으로 투기열풍을 가로막는 실질적인 장벽이라고 규정했다. 그래서 더이상 화폐상품(귀금속)이 가치의 대변자로서 자신의 매개기능을 하지 않게 되더라도, 맑스는 틀림없이 자본의 운동법칙을 결정하는 핵심 요인에서 가치 그 자체를 배제하는 데 동의하지 않을 것 같다. 그럴 경우 눈에 보이지 않지만 객관적으로 작용하는 가치의 힘과 신용제도 번성 사이의 관계는 이론적 관심의 전면으로 옮겨갈 것이다.

명시적인 답은 아니지만 맑스는 이들 장에서 그 답을 이끌어낼 수 있는 통찰력을 제시하고 있다. 그중 가장 핵심적인 것은 자본축적의 일반적 운동법칙과는 반대되는 모습으로 현실을 꾸며나가는 ("은폐한다"는 표현이 더 적합할 것이다) 투기적인 가공자본의 역할이다. 그러나 월스트리트와 메인스트리트 사이의 관계는 맑스의 시대와 마찬가지로 오늘날에도 여전히 불투명하며 논쟁의 여지가 많이 남아 있다. 올바른 비판적 물음을 제기할 수 있는 맑스의 능력이 다음 단계의 연구를 수행하는 데 도움이 될 수 있을까? 이 물음은 우리가 각 장을 조금 더 깊이 읽어나가면서 계속 염두에 두어야만 할 것으로 보인다. 나는 신용제도의 전사(前史)를 다루는 제36장에서 시작해볼까 한다.

제36장: 신용제도의 전사

"이자 낳는 자본(또는 그것의 고풍스러운 형태인 고리대자본)은 그의 쌍둥이 형제인 상인자본과 함께 자본의 대홍수 이전의 형태에 속한다. 즉 자본주의 생산양식보다 훨씬 오래전부터 존재하면서 온갖 다양한 경제적 사회구성체 속에 모습을 드러내던 자본형태에 속한다."(M3: 607) 이 문장의 내용은 다른 곳에서도 언급된 적이 있다.(M1: 178) 이자 낳는 자본이 자본주의 생산양식 이전에 존재했다는 점에 유의할 필요가 있다. 이것은 맑스가 종종 애덤 스미스로부터 빌리고 있는 잘못된 이야기, 즉 물물교환에서 화폐경제를 거쳐 최종적으로 신용경제에 이르는 것이 자연적 진화과정이라는 이야기와 정면으로 충돌한다.(M2: 119) 상품과 화폐, 노동력의 구매와 판매는 모두 자본주의 생산양식 이전에 이미 존재하던 것들이다(제2권의 앞부분에서 이미 보았다). 그런데 이제 이자 낳는 자본으로서의 화폐도 자신의 고유한 생산양식 이전에 이미 존재했다는 이야기를 들은 것이다.

여분의 화폐(축장)는 전 자본주의 사회에서 항상 그리고 반드시 존재했다. 그러나 자본이 되는 것은 오로지 화폐축장자가 "고리대업자로 전화"할 때뿐이다. 그러기 위해서는 "화폐가 자본으로 사용될" 수 있어야 한다. "고리대자본의 발전은 상인자본(특히 화폐거래자본)의 발전과 연관되어 있다." 고대 로마에서는 이들 두 형태의 자본이 "최고도로 발전했다".(M3: 607) 상인자본에 관한 장에서 맑스는 화폐자본과 상업자본을 유통에 속한 범주가 아니라 생산부문으로 간주하는 경제학자들의 "혼동"을 비판했다.

전 자본주의 시기에 고리대는 두가지 형태를 취하고 있었다. "첫째, 낭비를 업으로 삼는 귀족〔주로 토지소유자〕에게 화폐를 대부하는 고리대다. 둘째, 자신의 노동조건을 소유하고 있는 소생산자에게 화폐를 대부하는 고리대다. 이 소생산자 가운데에는 수공업자도 포함되어 있지만 이들 대부분은 농민이다."(M3: 608) 그리하여 고리대는 "한편으로는 고대적·봉건적 부와 소유를 훼손하고 파괴하는 작용을 하며, 다른 한편으로는 소농적·소부르주아적 생산을 (…) 훼손하고 파괴한다".(M3: 609~10) 요컨대 그것은 (비록 맑스가 여기에서 이 용어를 사용하지는 않았지만) 제1권에서 이야기한 본원적 축적과정을 완수한다. 그 과정에서 "고리대자본과 상인재산은 토지소유에 의존하지 않는 화폐자산의 형성을 매개한다".(M3: 611) 이것은 『공산주의자 선언』에서 화폐와 상품의 탁월한 이동성("나비" 같은 자본의 형태) 때문에 상인자본은 토지에 기초한 봉건세력을 지배하게 된다고 했던 말과 일치한다.

그러나 그렇게 만들어진 대규모 화폐자본의 집적이 "자본주의 생산양식을 어떻게 출현시킬 것인지는, 전적으로 역사적인 발전단계와 그것과 함께 주어진 갖가지 요인들에 의해서 정해진다".(M3: 608) 고리대는 고대적·봉건적 생산양식을 훼손하고 파괴하는 데 도움을 줄 수 있었지만, ㄱ 자체만으로 자본주의 생산양식을 발생시키지는 않았고 발생시킬 수도 없었다. "고리대자본은 이 생산양식을 궁핍화하고, 생산력을 발전시키는 대신 그것을 마비시키며, 동시에 이런 비참한 상태를 영속화하는데, 그런 상태에서는 자본주의 생산양식과 달리 노동의 사회적 생산성이 노동 그 자체의 희생에 의해 발전되지 않는다."(M3: 609) "고리대는 생산양식을 변화시키지 않은 채 기생충처럼 그것이 달라붙어 그것을 곤궁하게 한다. 고리대는 생산양식을 착취하고, 그것을 쇠약하게 하며, 재생산이 더욱더 비참한 조건 아래 이루어지도록 제약한다."(M3: 610)

고리대의 이런 파괴적인 힘은 대중의 혐오를 불러일으켰고 가톨릭교회 같은 많은 권력기관으로부터 저항을 유발했는데, 가톨릭교회는 19세기 말까지도 이자와 함께 고리대를 금지했다. 이 장의 마지막 부분에서는 마르틴 루터가 고리대와 "공정하고 정당한" 이자율을 구별한 것을 적절하게 언급하고 있다. 이것은 로마와 프로테스탄트가 결별하게 되는 종교개혁의 한 구성요소를 이루는 부분이다.

맑스는 이렇게 말한다.

국가의 수중에 들어가는 **모든** 잉여가치를 이자가 가져갈 경우 이 이자의 높이를, 근대이자율 — 이 잉여가치의 단지 일부분을(적어도 정상적인 경우) 이룰 뿐인 — 의 높이와 비교하는 것은 대단히 어리석은 일일 것이다. 왜냐하면 이러한 비교는 임노동자가 자신을 사용하는 자본가에게 이윤·이자·지대〔즉 전체 잉여가치〕를 모두 생산하여 인도한다는 사실을 간과하기 때문이다. (M3: 609)

임노동자는 자본주의에서 생산자로서의 자신의 역할을 통해 채무노예가 될 수는 없다(맑스가 선견지명을 가지고 지적했듯이 "소비자로서의 자격"을 통해 그렇게 될 수는 있을지 모른다).(M3: 609)

이것은 맑스가 노동자 입장에서 소비자 부채의 가능성을 언급한 매우 희귀한 경우에 해당한다.

따라서 "자본주의 이전의 모든 생산양식에서 고리대가 혁명적으로 작용하는 것은 오직 고리대가 소유형태 — 이 소유형태는 정치적 편제의 확고한 토대이면서 그것을 끊임없이 재생산한다 — 를 파괴하고 분해하는 한에서다. (…) 자본주의 생산양식의 나머지 조건이 존재하는 장소와 시기에 비로소 고리대는 한편으로는 봉건영주와 소생산자의 몰락에 의해서, 다른 한편으로는 자본으로 노동조건이 집중하는 것에 의해서 새로운 생산양식을 형성하는 수단의 하나로 나타난다".(M3: 610~11) 맑스는 "나머지 조건"이 무엇인지를 자세히 밝히지 않으면서도 어떤 하나의 조건을 지목하지도 않는 신중함을 보이는데, 이는 그가 봉건제로부터 자본주의로의 이행을 "단번에" 설명하는 것이 아니라, 고리대가 매우 중요한 역할을 수행했다는 점과 함께 다양한 조건들을 염두에 두고 있었음을 의미한다.

"신용제도는 고리대에 대한 반작용으로 발전한다. 그러나 이것을 오해해서는 안 된다. 또 결코 그것을 고대의 저술가, 교부들, 루터, 낡은 사회주의자 등이 생각하는 의미로 받아들여서도 안 된다. 이것이 의미하는 것은 오로지 이자 낳는 자본이 자본주의 생산양식의 조건과 요구에 예속된다는 것, 그 이상도 그 이하도 아니다."(M3: 613) 이것은 무엇을 의미할까?

이자 낳는 자본은, 자본주의 생산양식에 적합한 의미로 차입이 이루어지지 않는 (또 이루어질 수 없는) 개인이나 계급에 대해서는 (혹은 그런 사회적 관계에서는) 고리대자본의 형태를 취한다. 예를 들어 전당포 같은 곳에서 개인적 필요를 위해 차입하는 경우, 낭비를 위한 향락적 부를 목적으로 차입하는 경우, 또는 생산자가 자본가가 아닌 생산자(소농민, 수공업자)일 경우 (…) 마지막으로 생산자가 자본가적 생산자이긴 하지만 스스로 소규모 사업을 운영하면서 그 자신이 노동하는 생산자나 다름없는 경우 등이다. (M3: 613~14)

요컨대 우리는 자본주의 내에서도 고리대행위가 이어지고 있다는 것을 예상해야만 하는데, 즉 미국의 도시빈민 지역의 전당포(이들 지역에서 성업 중이다)나 인도 곳곳에서 농민들에게 기생하고 있는 대부업자들이 바로 그런 사례다.

자본주의의 이자 낳는 자본이 과거의 고리대자본과 구별되는 것은 "그것이 기능하는 조건들이 달라졌다는 것(따라서 화폐대부자와 마주하는 차입자의 모습이 바뀌었다는 것)"에 있다. 차입자는 아무 재산이 없이도 "잠재적인 자본가"로서 신용을 얻는다. "재산은 없지만 정력과 건실함과 능력과 사업지식이 있는 한 그 사람은 이렇게 해서 자본가로 전화할 수 있다." 이것은 경제학적 변호론자들에게서 찬사를 받는 일로서 "자본에 의한 지배 자체를 강화하고 이 지배의 토대를 확대하며 사회의 하층으로부터 신선한 인력을 끊임없이 보충할 수 있게 한다. (…) 지배계급이 피지배계급의 가장 뛰어난 인물을 자기 속으로 끌어들이는 능력이 크면 클수록 그 지배는 더욱더 강고하고 위험한 것이 된다".(M3: 614) 그래서 "무일푼이 갑부가 되는" 자본의 신화는 이런 계급관계를 영속화하기 위한 강력한 이데올로기적 정당성으로 사용되는 것은 물론 자본가계급에게 신선한 피를 공급하고 그것의 활력과 힘을 유지하도록 하는 데 사용된다. 그러므로 출세의 기회가 막혀 있는 것(혹은 최근 미국의 경우처럼 감소하는 것)은 종종 자본주의적 사회질서의 지속성을 위협하는 것으로 간주된다. 근대 신용제도가 이런 기회와 유연성을 제공하는 정도는 바로 이 제도를 긍정적인 것으로 간주하게 해왔고, 지금도 여전히 그러하다.

그런 다음 맑스는 고리대자본과 이자 낳는 자본이 "산업자본에 의해" 어떻게 예속됐고 거꾸로 산업자본이 다시 이자 낳는 자본에 어떻게 예속됐는지를 간단하게 살펴본다.(M3: 616) 그는 12세기와 14세기에 베네찌아와 제노바에 설립된 신용조합을 선구적인 매우 중요한 것으로 간주하고 그 뒤를 이어 17세기에 네덜란드를 중심으로 한 신용제도의 발전을 살펴보는데 네덜란드에서는 "상업·제조업과 함께 상업신용과 화폐거래업이 발전했고, 이자 낳는 자본은 그 자체의 발전과정에 따라서 산업자본과 상인자본에 종속되어 있었다".(M3: 616)

이것은 지금까지 알려진 경제사의 정사와 부합하는 것으로, 세계자본주의 내에서 헤게모니가 이딸리아 도시국가들에서 네덜란드, 영국, 그런 다음 미국으로 옮겨가는 데 금융화가 도움이 됐다는 아리기의 설명에 정통한 사람들도 동의하는 내용이다. 그러나 맑스의 설명에는 특별히 중요한 한가지 측면이 있다. 베네찌아와 제노바에 대해 그는 다음과 같이 지적한다.

이들 도시공화국에 설립된 이 본래적 의미의 은행은, 동시에 공공 신용기관의 성격도 띠고 있었는데, 이들 기관으로부터 국가는 장래의 조세수입을 담보로 대부를 받았다. 여기에서 잊어서는 안 되는 것은, 그 신용조합을 만들었던 상인들이 각자 자기 나라의 일류 인사들이고, 따라서 자신들의 정부와 자기 자신을 고리대로부터 해방시킴과 동시에 그것을 통해서 국가를 더욱더 확실하게 자기들에게 예속시키는 데 관심을 가지고 있었다는 점이다. (M3: 615)

이것은 독자적인 생산양식으로 자본이 등장할 때 내가 "국가재정결합체"라고 불렀던 것의 중요성을 지적한다. 자본주의의 역사에서 이 국가재정결합체의 중요성은 그동안 충분히 평가받지 못했다. 중세 말기 이후 형성된 "군사재정국가"(military-fiscal state)에 대해서는 오늘날 상당히 중요한 하나의 문헌이 존재하는데 이 문헌은 중세 말기 잦은 전쟁 와중에 재정을 기반으로 국가 권력이 어떻게 등장했는지, 그리고 이런 국가형태가 맑스가 자본주의 생산양식으로의 이행에 필요한 것으로 어렴풋이 언급한 "조건들"을 만들어내는 데 얼마나 중요한 역할을 수행했는지를 집중적으로 다룬다. 그 문헌은 이 과정을 문학적으로 풀어낸 것으로, 바로 힐러리 맨틀(Hilary Mantel)의 역사소설 『울프 홀』(*Wolf Hall*)이다. 이 소설은 토머스 크롬웰(Thomas Cromwell)의 생애를 다루는데, 크롬웰은 헨리 8세의 재정고문관을 지내면서 당시 국가와 자본의 등장과정에 중요한 역할을 수행했다. 물론 소설은 궁정 내부의 온갖 음모(앤 볼린 Anne Boleyn의 결혼과 처형부터 토머스 모어Thomas More의 처형에 이르는 모든 것)를 다루지만 우리는 그런 표면적인 사건들의 이면을 통해 영국이라는 국가의 본질이 만들어지는 결정적인 과정을 볼 수 있다. 지금도 여전히 해당되는 이야기인데, 결정적인 순간이 되면 은행제도(오늘날 미국 연방준비제도)는 궁극적으로 화폐 문제를 다루는 국가권력(오늘날 미국 재무부)과 똑같은 관점 ── 국가와 자본 둘 모두를 위협하는 위기 조건에 대응하기 위해 공공정책을 이용하는 ── 을 취할 것이 틀림없다. 이런 공공정책은 상업부채와 국가부채, 그리고 이들 둘 간의 관계를 다루어야 한다. 리먼 브러더스 (Lehman Brothers)가 파산했을 때 미국 언론을 장식한 두 인물이 행크 폴슨(Hank Paulson, 재무부장관)과 벤 버냉키였고 정작 대통령은 거의 아무 말도 하지 않았던 것은 절대 우연이 아니다. 이것은 국가재정결합체가 모습을 드러냄과 동시에 인물을 통해 실체화한 것이었다. 유로 위기가 이토록 심화된 이유는 (비록 임명된 "기술관료" 정부가 일시적으로 이딸리아와 그리스에서 민주적으로 선출된 정부를 대신해 국가재정결합체에 대한 직접적 통제를 선언하긴 했지만) 국가재정결합체가 아직 유럽연합 전체 내에서 적절하게 잘 작동하고 있었기 때문이다. 프랑스 대통령과 독일 총리는 오늘날 오래전 베네찌아와 제노바가 당면했던 것과 똑같은 문제들에 직면해 (유럽중앙은행의 권한의 수정과 관련한) 유럽헌장을 개정(혹은 재협상)할 필요성(그들 자신이 언급한 정치적 신념과는 상당히 반대된다)을 인식하고 있는 것처럼 보인다.

그럼에도 불구하고

고리대업자에 대한 이 격렬한 공격(즉 이자 낳는 자본을 산업자본에 종속시키고자 하는 이 요구)은 자본주의적 생산의 이들 조건을 근대적 은행제도 속에서 만들어내려는 유기적인 창조활동의 선행형태에 지나지 않는데, 이 은행제도는 한편으로는 모든 사장되어 있는 화폐준비를 모아서 화폐시장에 내놓음으로써 고리대자본의 독점을 탈취하고, 다른 한편으로는 신용화폐의 창출에 의해서 귀금속 그 자체의 독점을 제한한다. (M3: 617)

영국에서는 이 이행에서 (자신들의 기득권이 귀금속의 독점력을 유지하는 데 있던) 금세공업자와 전당포가 "분노의 함성"을 퍼부으면서 공개적인 화폐시장의 기능을 모두 통합하도록 되어 있는 잉글랜드은행 설립에 반대했다. 당시 대두되던 핵심 요구는 "이자 낳는 자본(즉 대부 가능한 생산수단)을 자본주의 생산양식의 한 조건으로 종속시켜야 한다"는 것이었다. 맑스는 "그 문장(이들이 요구한 주장─옮긴이)을 따라가보면, 세부적인 표현들에 이르기까지 쌩시몽파의 은행과 신용에 대한 환상과 일치하는 부분이 매우 많다는 점에 종종 놀라게 된다"(M3: 618)고 적었다. 이 때문에 그는 "쌩시몽주의의 환상"과 앞서 언급한 바 있는 뻬레르 형제의 역할에 대한 약간의 논평을 제시한다.

그러나 결코 잊어서는 안 되는 것은, 첫째 신용제도가 그 성질상 결코 벗어날 수 **없는** 토대는 여전히 화폐(귀금속의 형태인)이며, 둘째 신용제도는 사적인 개인에 의한 사회적 생산수단(자본과 토지소유의 형태)의 독점을 전제로 하며, 신용제도는 한편으로는 그 자체로 자본주의 생산양식의 내재적 형태이면서 다른 한편으로는 이 생산양식을 가능한 최고의 형태로까지 발전시키는 추진력이라는 점이다. (M3: 620)

맑스는 "결코 말해서는 안 되는" 황금률을 잊었던 것이 분명하다. 왜냐하면 오늘날 우리의 화폐제도는 금속을 본위로 삼고 있지 않기 때문이다. 우리는 또한 한세기 전에 레닌이 제창했던 목적론적 생각, 즉 금융자본은 자본주의 생산양식이 상정할 수 있는 "최고의 그리고 최후의 가능한 형태"라는 회의론에 동조할 수도 있다. 금융자본이 우세하고 주도권을 행사하는 역사적 단계가 존재한다는 사실에는 의심의 여지가 없지만 나는 자본 분파들 사이의 세력관계가 한 방향으로만 진행된다는 생각에는 동의하지 않는다.

그러나 오늘날은 화폐와 국가 사이의 "내적 관련"이 매우 긴밀하게 결합되어 있어서 외부로부터의 금융화를 규제하거나 통제할 수 있는 국가권력이 존재할 수 없는 지점에 도달해 있다. 이에 대한 증거는 최근 미국의 도드-프랭크(Dodd-Frank) 금융개혁법에서 찾아볼 수 있는데 이 법은 본질적으로 은행가들이 기초했고, 은행권의 로비 요구를 그대로 반영해 대부분의 조항이 매우 모호하기 때문에 그 의미가 훼손되어 있다. 그러나 자본주의 역사에서 오랫동안 지속되어온 국가재정결합체에 대한 내 주장이 옳다면 이런 내적 관련은 자본 그 자체의 기원으로까지 거슬러 올라간다. 이 말은 곧 국가가 단순히 자본의 도구일 뿐이라거나 혹은 국가와 금융의 오랜 결합이 오늘날 갑자기 다른 어떤 것으로 변형됐다는 사실을 의미할까? 채권 소유자들이 국가정책에 대해 행사하는 권력이 오늘날만큼 컸던 시기가 없었음은 분명하다. 그러나 나는 1960년대 영국 노동당 정부의 총리였던 해롤드 윌슨(Harold Wilson)이 자신의 경제정책에 간섭하는 —— 영국 생산자본의 이해에 반하여 런던의 시티 지역(City of London) 금융자본가들의 요구를 그가 수용했음에도 불구하고 —— "취리히의 작은 도깨비들"(gnomes of Zürich)의 권력에 대해 불평을 털어놓았던 것을 기억한다. 빌 클린턴(Bill Clinton)이 첫번째 취임식 전에 자신의 경제수석과 함께 앉아 있는 자리에서 투덜댄 유명한 이야기도 이와 비슷한 사례다. "당신 말은 내 경제정책과 나의 재선 전망이 망할 놈의 증권거래소 놈들의 생각에 달려 있다는 뜻입니까?" 그리고 그 대답은 "그렇다!"였다. 비록 금융규제와 제도개혁 문제가 오늘날 국제적인 범위로 확대되어 어떤 한 국가의 권한 바깥에 있는 것이 분명하지만, 내가 생각하기에 오늘날 이들과 다른 상황에 처해 있는지의 여부를 판단하는 데 도움이 될 만한 자료, 즉 국가와 금융 권력의 결합에 대한 충분히 설득력 있는 자료가 우리에게는 없다.

그러나 맑스는 신용제도에 "내재하는 힘"이 어디로 향하는지를 별도로 알려준다. "자본의 이런 사회적 성격은 신용과 은행제도의 충분한 발전에 의해서 비로소 매개되고 충분히 실현된다. (…) 그럼으로써 이 신용과 은행제도는 자본의 사적 성격을 지양하고, 따라서 잠재적으로 (그러나 단지 잠재적으로만) 자본 그 자체의 지양을 포함한다." 이것은 매우 놀라운 이야기인데 하지만 다른 곳에서 다시 반복된다(우리는 그것을 보게 될 것이다). 따라서 은행과 신용은 "자본주의적 생산이 그 자신의 제약을 뛰어넘도록 밀어주는 가장 강력한 수단이 되고 또 공황과 협잡을 매개하는 가장 효과적인 도구 가운데 하나가 된다".(M3: 620~21) 그렇다면 자본이 가는 방향은 어디인가? 물론 이것은 "협잡꾼과 예언자"의 얼굴을 한 이자끄 뻬레르의 성격에 대한 질문이기도 하다.

맑스에게는 예언자적 성격이 중요하다.

자본주의 생산양식으로부터 결합노동의 생산양식으로 이행하는데 신용제도가 강력한 지렛대로 사용될 것이라는 점은 조금도 의심할 여지가 없다. 하지만 그것은 생산양식 자체의 다른 큰 유기적 변혁들과의 관련 속에서 단지 하나의 요소로만 사용될 것이다. 그러나 사회주의적 의미에서 신용과 은행제도의 놀라운 힘에 대한 갖가지 환상은, 자본주의 생산양식과 그것의 여러 형태 가운데 하나인 신용제도에 대하여 완전히 무지한 데서 생기는 것이다. (M3: 621)

곧 드러나듯이 여기에서 말하는 무지한 사람은, 사회문제의 만병통치약으로 무상신용을 제안했던 프루동을 가리킨다.

맑스는 여기에서 고리대가 자본주의 초기에 선구적이고 중요한 (하지만 매우 낡은 것이기도 한) 역할을 수행했으면서도 화폐시상의 사회화와 이자 낳는 자본의 유통을 위해 변혁을 겪어야 했던 것처럼, 이자 낳는 자본 역시 사회주의로 이행하는 데 선구적인 역할을 수행할 운명임을 말한 것으로 보인다. 그러나 사회주의로의 "유기적 이행"은 다른 많은 요인에 의존한다. 여기에서는 사회주의/공산주의로 이행하는 시기의, 그리고 이행한 후의 화폐·은행제도·신용 등의 역할에 대해 논의의 여지가 있는 갖가지 의문이 남는다.

다음은 이 장에서 지적해둘 만한 가치가 있는 다른 한가지다.

상인자본과 이자 낳는 자본은 가장 오래된 자본의 형태다. 그러나 그 성질상 보통 사람들의 생각에는 이자 낳는 자본이 **특별히 뛰어난** 자본형태로 나타난다. (…) 이자 낳는 자본에서는 자본의 자기재생산적 성격(즉 자신을 증식하는 가치, 다시 말해 잉여가치의 생산)이 신비한 성질로서 순수하게 나타난다. (M3: 623)

따라서 모든 것이 거기에서 파생되는 것처럼 보인다. 그 결과 "자본주의 생산양식의 내적 편제는 완전히 잘못 파악"된다. 이자 낳는 자본은 잉여가치 생산에 의해 직접 규정되는 자본들과는 다른 길을 걸을 수 있고 또 그렇게 걷는다. 이 다른 길은 나중에 가공자본이라는 제목으로 다루어진다.

개인적 소비를 위한 가옥 등의 대부를 여기에 끌어들이는 것은 훨씬 더 잘못된 것이고 무의미한 것이기도 하다. 노동자계급은 그런 형태에서도 사기를 당하는 것이 (그것도 매우 극심한 정도로) 분명한데 이런 사기는 노동자계급에게 생활수단을 공급하는 소매상인에 의해서도 역시 이루어진다. 그것은 생산과정 그 자체에서 직접적으로 이루어지는 본원적인 착취와 나란히 이루어지는 부차적인 착취다.

(M3: 623)

맑스는 이런 "부차적인" 형태의 착취에 대해서는 종종 그것이 아무리 극심할지라도 별로 신경 쓰지 않는다. 최소한의 언급조차도 매우 드물다. 이는 잉여가치가 생산되는 곳과 자본가계급 전체에 의해 그 잉여가치가 환수되고 실현되는 장소와 방법 사이에 현격한 격차가 존재할 수 있음을 의미한다.

제7편

신용의 역할과 은행제도

그러면 왜 자본의 생산과 재생산에 신용이 필요할까? 금융부문의 활동이 가치 그리고(혹은) 잉여가치에 생산적이라고 간주하는 것은 어떤 의미에서 가능할까? 제27장에서 맑스는 신용의 역할을 나열하고 있는데 그것을 정리해보면 다음과 같다.

1. 신용은 이윤율을 균등화하는 방식으로 각 산업부문들 사이에서 화폐자본의 흐름을 원활하게 한다. 내가 보기에 이것은 맑스가 앞서 신용이 "계급의 공동자본"으로 기능한다고 스스로 언급했던 부분을 염두에 둔 말이라고 생각된다. 자본이 취하는 "나비"와 같은 형태는 서로 다른 산업, 활동, 장소 등에서 얻는 수익률을 표준화하는 방향으로 움직인다.

2. 신용은 (a) 금을 종이로 대체하고, 상품교환의 변동에 대응하기 위한 준비금(축장화폐)의 필요성을 줄이고, 상품화폐의 사용과 함께 제공됨으로써, (b) 또한 회전기간을 단축함으로써 (혹은 같은 말이지만 "상품의 형태변화 속도를 촉진하고" "화폐유통 속도를 높임으로써") 유통비를 대폭 줄인다. 이런 유통의 촉진은 자본의 재생산과정 일반에 걸쳐서 이루어진다. 요컨대 신용은 속도를 높이는 것이다(회전기간의 분석으로부터 이를 명확하게 알 수 있다).

3. 신용은 주식회사의 형성을 가능하게 하는데, 주식회사는 생산규모를 대폭 확대하게 해주고 형식적인 정부기능을 사유화하며, (제1권에서 언급했듯이) 자본의 집중을 도와준다. 이것은 많은 자본주의적 기업들이 오늘날 사적이고 개인적인 성격보다 사회적 성격을 표방하고 있는 이유이기도 하다. 맑스는 다소 놀라운 결론을 내리는데, 즉 그는 "그것은 곧 자본주의 생산양식 그 자체 내부에서 사적 소유로서의 자본을 지양하는 것"이며 "실제로 기능하는 자본가가 단순한 관리인(즉 타인의 자본을 관리하는 사람)으로 전화하고, 자본소유자는 단순한 소유자(즉 단순한 화폐자본가)로 전화"(M3: 452)

하게 한다고 말한다. 이 전화는 다양한 결과를 만들어낸다. 만일 관리자가 단순히 감독임금만을 받는다면 이제 자본은 "관리인부터 제일 밑바닥의 임용근로자에 이르기까지 실제 생산에 종사하는 모든 개인들에"(M3: 453) 대해 이자를 추구하는 순수한 화폐자본의 소유에 근거한 소유권으로 나타난다. 잉여가치 생산은 그 권리를 충족시켜주는 단순한 수단으로 나타난다. 직접적 생산자인 자본가는 타인의 화폐자본의 관리자가 된다.

주식회사들에서는 그런 기능(생산기능을 가리킴 — 옮긴이)이 자본소유와 분리되어 있다. 따라서 노동도 거기에서는 생산수단과 잉여노동의 소유와 완전히 분리되어 있다. 자본주의적 생산이 고도로 발전한 결과 만들어진 이것(주식회사)은 자본이 생산자소유로 재전화 — 그러나 이제 이 소유는 개별화된 생산자들의 사적 소유가 아니라 결합된 생산자들의 소유[즉 직접적인 사회적 소유]로서의 생산자소유다 — 하기 위한 필연적인 통과점이다. (M3: 453)

"결합된 생산자"라는 개념은 맑스의 논의 안에서 항상 진보적 가능성을 의미한다. 주식회사의 형성을 통한 자본의 "사회화"는 다른 방향으로 발전할 가능성이 있는 과도기적인 상태를 가리킨다. 자본의 운동법칙이 어떻게 작동할지에 대한 함의는 다음과 같다.

여기에서 이윤은 순수하게 이자의 형태를 취하기 때문에, 그런 기업들은 단지 이자만 벌어들여도 되며 바로 이것이 일반이윤율의 저하를 억제하는 한 요인이다. 즉 그것은 가변자본에 대한 불변자본의 비율이 엄청나게 큰 이들 기업들이 반드시 일반이윤율의 균등화에 참여하지는 않기 때문이다. (M3: 453)

1960년대 프랑스 공산당의 핵심 이론가인 뽈 보까라(Paul Boccara)는 이것이 당시 이윤율 저하경향을 상쇄하는 주요한 요인이라고 주장했다. 대규모 인프라에 투자된 자본은 (재원이 국가에 의한 것이든 주식회사에 의한 것이든) 사실상 그리고 일반적으로 다른 곳에서 획득한 이윤을 보조받으며 이런(단지 이자만을 얻는) 방식으로 유통한다. 개별 자본가들은 그들의 불변자본 가운데 많은 부분(지게차나 다른 형태의 기계 등)을 임차하는 방식을 선택하기도 하는데 이를 통해 불변자본 비용을 상당히 줄일 수 있다. 이들은 상품형태를 취하고 있는 대부자본에 대해 단순히 이자만을 지불할 뿐 상품 전체의 가치에 대한 비용(이자+이윤)을 지불하지 않는다.

오늘날 건축분야의 물리적 형태를 취하고 있는 고정자본들(생산에서 유통되는 가변자본에 대한 불변자본의 비율을 크게 높이는 개념에 부합하는 물리적 형태)은 대부분 해당 상품을 직접 구매하는 방식이 아니라 지대를 얻고자 하는 이자 낳는 자본으로 유통된다. 그래서 지대를 받는 것과 이자 낳는 자본의 유통 사이의 관계(대규모 부동산 시장이 대표적인 본보기다)가 자본주의 동학에서 중요한 문제로 떠오른다. 이것은 (곧 보게 되겠지만 부동산이 "가공자본"의 한 형태임에도 불구하고) 맑스가 거의 건드리지 않은 문제다.

그러나 여기에는 더 깊은 가능성이 있다. 생산자본가가 단순한 관리자로 전화하는 것은 곧 "자본주의 생산양식 내부에서 자본주의 생산양식을 지양하는 것이며, 따라서 스스로를 지양하는 모순으로서, 그 모순은 얼견 새로운 생산형태로 넘어가는 단순한 통과지점으로만 나타난다".(M3: 454) 이 놀라운 이야기는 무엇을 말하는가? 이 전화가 반드시 역사발전방향을 향하는 것이 아니라는 점이다.

그것은 어떤 영역에서 독점을 만들어내고 따라서 국가의 개입을 불러일으킨다. 그것은 새로운 금융귀족을 재생산하는데, 이 금융귀족이란 곧 기획인, 발기인, 그리고 단지 명목뿐인 이사 등의 형태를 띤 새로운 종류의 기생계급이다. 그리하여 그것은 발기, 주식발행 그리고 주식거래 등과 관련된 사기와 협잡의 전체계를 재생산한다. 그것은 사적 소유의 통제를 받지 않는 사적 생산이다. (M3: 454)

이는 자본과 사업이 제2제정 시기 빠리의 재치 있는 논평가들이 즐겨 부르던 "다른 사람의 돈"이 될 경우 어떤 일이 벌어지는지를 말해준다. 또한 뻬레르 형제가 건설하려 했던 세상이며 쌩시몽의 유토피아가 반유토피아로 나타난 세상이기도 하다. 맑스가 여기에서 말한 "금융귀족"은 오늘날에는 훨씬 극성이다.

"신용은 개별 자본가〔한 사람의 자본가로 간주될 수 있는 사람〕에게 일정 범위 내에서 타인자본과 타인소유, 그리고 그럼으로써 타인 노동에 대해서까지 하나의 절대적인 처분권을 제공한다. 자기 자본이 아닌 사회적 자본에 대한 처분권은 그에게 사회적 노동에 대한 처분권을 부여해준다." 맑스는 여기에서 사회성에 큰 잠재적 중요성을 부여한다. "우리가 실제로 소유하고 있거나 혹은 일반사람들이 생각하기에 우리가 소유하고 있다고 여기는 그런 자본 그 자체는, 아직 신용이라는 상부구조에 대한 하나의 토대일 뿐이다." 그 결과 "모든 가치척도들, 즉 자본주의 생산양식 내부에서 아직 많든 적든 정당화되고 있는 모든 논거들이 여기에서는 사라져버린다. 투기를 하는 도매업자들이 투기에 던져 넣는 것은 사회적 소유이지 자신들의 소유가 아니다. 자본의 원천이 저축이라는 말도 마찬가지로 여기에서는 무의미하게 된다. 왜냐하면 그런 말을 하는 사람이 있다면 그 사람은 다른 사람들에게 자신을 위해 저축하라고 요구하는 꼴이 되기 때문이다".(M3: 455)

자본주의 등장이 절제의 윤리에 근거한다는 베버(M. Weber)의 신화와는 이제 이별이다. "자본의 원천이 저축이라는 말도 마찬가지로 여기에서는 무의미하게 된다."(M3: 455) 이것은 절욕설이 거짓말임을 알려주고 이윤이 자본가가 가진 그 덕목의 내/가/다는 윤리적 주장을 날려버린다. 자본가는 단지 차입을 하는 사람일 뿐이며 타인의 저축으로 돈을 만들어내는 사람일 뿐이다.

자본주의적 생산의 더 낮은 단계에서는 아직 의미를 갖고 있던 생각(표상)들이 여기에서는 완전히 무의미해져버린다. 여기에서는 성공과 실패가 동시에 자본의 집중을 가져오고 따라서 엄청난 규모의 수탈로 이어진다. 이제 수탈은 직접적 생산자로부터 중소자본가들에게까지 널리 확대된다. 이러한 수탈은 자본주의 생산양식의 출발점이다. 그러한 수탈의 관철은 곧 자본주의 생산양식의 목표이며 궁극적으로는 모든 생산수단을 모든 개인으로부터 수탈하는 것을 의미한다. (…) 그러나 이러한 수탈은 자본주의체제 내부에서는 소수에 의한 사회적 소유의 획득이라는 내립석 형태로 나타난다. 그리고 신용은 이들 소수자들에게 순수한 도박꾼으로서의 성격을 점점 더 부여해준다. 여기에서 소유는 주식의 형태로 존재하기 때문에, 그것의 운동과 이전은 순전히 주식매매의 결과로 이루어지며, 이들 주식매매에서는 작은 물고기가 상어에게 먹히고 양이 이리들에게 잡아먹히는 약육강식의 법칙이 작용한다. (M3: 456)

요컨대 신용제도는 (내가 "약탈에 의한 축적"이라고 부르는) 본원적 축적을 현대에도 나타내는 주요 수단이 된다. 오늘날 금융귀족들이 금융제도의 공학으로 (다른 자본가도 포함한) 타인의 부를 수탈해 얼마나 많은 부를 축적했는가?

그러나 맑스가 명시적으로 말하지는 않았지만 이 모두와 불일치하는 어떤 것이 존재한다. 화폐거래자본의 역사에서 그가 말한 일반적 명제는 고리대와 이자가 일반적으로는 자본주의 생산양식, 특수하게는 산업자본의 규제를 받고 거기에 예속되어 있다는 것이다. 하지만 이들 문장은 자본주의의 신용제도가 총체적으로 통제를 벗어나 있으며 오늘날 자본의 세계와 잉여가치 생산을 치명적이고 왜곡된 방식으로 위협하고 있다고 말한다. 신용제도는 생산에서 노동을 수탈하는 것이 아니라 약탈에 의한 축적을 중심에 두고 있다. 그것은 비록 옛날의 고리대와는 다르긴 하지만 고리대가 사용하던 수법을 다시 재현하고 있다. 이것이 자본축적의 지속성을 위협할 수 있을까? 명시적으로 언급되진 않았지만 그 가능성은 틀림없이 함축되어 있다.

이 물음은 후속 연구가 이어지고 있음을 암시한다. 그 결과 우리가 현재 당면한 세계 자본주의와 그것의 금융적 모순을 이해하는 데 상당히 중요한 흥미로운 분석이 이어진다. "만일 신용제도가 과잉생산과 상업부문의 과잉투기의 주된 지렛대로 나타난다면, 그것은 단지 원래가 탄력적인 성격을 지닌 재생산과정이 이 경우 그 극한까지 강행됐기 때문이며, 그렇게 강행된 이유는 사회적 자본의 대부분이 그 자본의 소유주가 아닌 사람들에 (…) 의해 사용되기 때문이다."(M3: 457) 물론 이것은 애덤 스미스가 (운하 같은) 대규모 교통산업과 (그런 방법 외에는 달리 건설할 방법이 없는) 공공인프라를 제외하고는, 주식회사에 대해 못마땅한 의견을 제시했던 바로 그 논리다. 신용제도가 분명하게 보여주는 것은, "자본주의적 생산의 대립적 성격에 기초해 있는 자본의 가치증식은, 실제의 그 자유로운 발전이 일정한 지점까지만 허용되고, 따라서 그것은 사실상 생산의 내재적인 속박이자 한계를 이루는데, 이 속박과 한계는 끊임없이 신용제도에 의해 파괴된다"는 사실이다. 요컨대 신용은 자본축적이 모든 한계를 돌파하는 본원적인 수단이다. 왜냐하면 신용화폐는 무한히 창출될 수 있기 때문이다. "신용제도는 생산력의 물적 발전과 세계시장의 형성을 촉진하는데, 이런 세계시장의 형성을 새로운 생산형태의 물적 기초로서 일정한 수준까지 이루어내는 것은 자본주의 생산양식의 역사적 임무다."(이 목적론에 유념할 필요가 있지만, 여기서 새로운 생산형태가 무엇인지에 대한 직접적인 힌트는 주어져 있지 않다는 점도 함께 유의하기 바란다.) 이런 관점에서 본다면 신용제도는 가치와 잉여가치 생산에 강력하게 기여한다. "그와 동시에 신용은 또 이런 모순의 강력한 폭발(즉 공황)을 촉진하고, 그럼으로써 낡은 생산양식을 해체하는 요소들을 촉진한다." 신용제도는 "자본주의적 생산의 추동력과 타인노동의 착취에 의한 치부방식을, 순전히 대규모의 도박과 협잡제도로 발전시키고, 사회적 부를 착취하는 사람의 숫자를 점점 더 소수로 제한한다. 그리고 또다른 한편 그것은 새로운 생산양식으로의 과도적 형태를 형성한다".(M3: 457)

그렇다면 "협잡꾼"이자끄 뻬레르가 예언한 것은 무엇인가? 맑스는 몇가지 긍정적인 가능성을 짚어본다. 주식회사는 생산의 사회성을 강조하고, 따라서 "부의 사회적 성격"과 이 부가 사적 소유라는 "자본주의적 장애물" 속에 갇혀 있는 방식 사이의 "대립"을 드러낸다. 이 사회성은 해방될 수 있을까? 이 모순은 해결될 수 있을까? 맑스는 그렇다고 생각하는 것 같다.

노동자들 자신의 협동조합 공장들은 낡은 형태(자본주의적 생산형태―옮긴이) 내부에서의 그 낡은 형태에 대한 최초의 타파다. 물론 그것의 실제 조직 안에서는 곳곳에서 기존 제도의 온갖 결함들이 재생산되고 또 그렇게 될 수밖에 없다. 그러나 이들 공장 내부에서는 자본과 노동 간의 대립이 지양되는데 (…) 이들 공장은 물적 생산력과 그에 상응하는 사회적 생산형태의 일정 단계에서, 한 생산양식으로부터 새로운 생산양식이 어떤 방식으로 자연스럽게 생성되어 발전해나가는가를 보여준다. (M3: 456)

이 발전은 만일 (협업과 조직적으로 세분화된 분업을 특징으로 하는) 공장제가 등장하지 않았다면 이루어질 수 없을 것이다. 다른 한편 신용제도는

협동조합 기업이 어느 정도 전국적 규모로 점차 확대되어나가는

데도 그 수단을 제공해준다. 자본주의적 주식기업과 협동조합 공장은 모두 자본주의 생산양식에서 결합적 생산양식으로 넘어가는 과도기적 형태로 간주되어야만 하는데, 이들 간의 차이는 하나는 자본과 노동 간의 대립을 적극적으로 지양하고 있지만 다른 하나는 소극적으로 지양하고 있다는 것뿐이다. (M3: 456)

이런 잠재적인 긍정성은 주기적으로 사회주의 사상가들이 반복해서 표현하고 있는데 예를 들어 피터 드러커(Peter Drucker)가 언급한 "연기금 사회주의"라든가, 자본주의를 노동자들의 협동조합적 소유로 점차 대체하자는 루돌프 마이드너(Rudolf Meidner)의 좀더 적극적인 계획 — 노동자들이 현재 고용되어 있는 기업의 소유권을 궁극적으로 장악하기 위해 자신들의 임금을 일부 주식의 매수에 사용하는 방안 — 이 바로 그런 것들이다.[18] 이런 이행에 대한 희망은 끊임없이 이어지고 있지만 불행히도 지배적인 역사적 경향은 그 반대의 부정적인 모습을 보이고 있는 것이 틀림없는 사실이다.

이 때문에 『자본』 제3권 곳곳에서 제기된 개념, 즉 집단적으로 결합된 노동이 반자본주의적 대안 구성의 토대를 이룬다는 개념으로 돌아간다. 이 개념은 맑스가 실질적으로 자본주의가 사회주의와 공산주의로 이행하는 과정에 대해 언급한 몇 안 되는 내용 가운데 하나이기 때문에 몇가지를 이야기해두고자 한다. 이 장에 대한 맑스의 초안을 복원한 다음 엥겔스는 기업자본 세력의 발전에 대해 몇면을 삽입했다. 엥겔스는 이 개념에서 어떤 진보적인 단서를 찾을 수 있는 기회는 이미 오래전에 지나갔다고 생각한 것 같다. 다른 곳에서 엥겔스는 쌩시몽 사상에 대한 맑스의 깊은 존경을 지적하는데 그 사상의 중심은 결합된 자본의 힘을 진보적인 목적에 사용하자는 것이었다. 맑스는 여기에 덧붙여, 결합된 자본을 협동조합적인 방식으로 노동자들이 관리하도록 하자는 관점을 제기한다. 맑스는 이런 노동자 협동조합이 기존 자본주의체제의 많은 결함을 그대로 재생산한다는 사실을 인정하면서도 그것이 최소한 나라 전체에서 걸쳐 협동조합 운동이 확산될 수 있는 기반을 제공하리라고 생각했다. 그는 이런 가능성이 1850년대와 1860년대에 실제로 실현될 수 있다고 생각한 것 같다. 그러나 엥겔스는 이런 가능성의 기회가 지나가버렸다고 생각했다. 하지만 정말 그럴까?

이 물음은 중요한데, 왜냐하면 이 사상을 다시 실현할 수 있다고 믿는 많은 운동이 오늘날 벌어지고 있기 때문이다. 즉 공장의 경영권을 인수해 민주화하고, 다른 협동조합 형태와 네트워크를 구성함으로써 대안적인 연대의 경제를 발전시키는 것이 그 자체 정치적·경제적 생활을 반자본주의적인 형태로 재구성하는 하나의 경로라고 생각하는 운동이다. 이 운동에 참여하고 있는 많은 사람들이, 자신을 착취하는 데 따르는 문제와 함께 협동조합 형태의 내부에서 그들이 대체하고자 하는 자본주의체제의 많은 결함들이 불가피하게 재생산된다는 사실을 인식하고 있음에도 불구하고, 종종 이 길은 민주적인 반자본주의 운동의 유일하게 가능한 길로 제시되고 있다. 신용제도와 자본의 사회화는 협동조합과 노동자에 의한 통제가 번성할 수 있는 토대를 제공하는 것처럼 보인다. 그러나 이들 논의에는 『공산주의자 선언』에서 제기됐던 요구, 즉 노동자가 장악한 국가에서 모든 신용을 집중하자는 요구에 대한 이야기는 한마디도 들어 있지 않다.

우리 시대의 사례인 몬드라곤을 돌아보기로 하자. 그것은 정부의 도움 없이 성공을 이루고 있다. 하지만 우리가 보았듯이 몬드라곤이 생존하고 있는 이유 가운데 하나는 생산자본·화폐자본·상품자본을 가로지르는 관계를 구축했기 때문이다. 그것은 자신의 신용과 소매조직을 가지고 있다. 조합원 사이의 임금 격차는 매우 억제되고 의사결정은 민주화되어 있다. 아이러니컬하게도 몬드라곤에 대한 유일한 비판은 그것이 기업이나 주식회사처럼 행동한다는 것이다. 따라서 쌩시몽이 구상했던 자본의 결합과 자본주의 내에서 노동자협동조합의 설립과 존속 사이에는 맑스가 직관적으로 알고 있던 어떤 연속성이 놓여 있는 것처럼 보인다. 만일 몬드라곤 같은 협동조합이 세상을 뒤덮는다면, 아르헨띠나의 노동자들이 인수하여 자주적으로 관리하는 기업 같은 것이 살아남고 확대될 수 있다면, 설사 이것들이 불가피하게 자본주의적 형태의 경쟁과 자기착취를 재생산한다 할지라도 우리는 전혀 다른 세상에서, 즉 훨씬 더 진보된 세상에서 살게 될 것이다. 이것이 곧 맑스가 자본주의 생산양식 내에서의 자본주의적 생산의 폐기라고 하면서 모순을 스스로 해소하는 생산형태라고 했던 말의 의미가 아닐까? 이것은 매우 흥미로운 문제다.

그러나 경계해야 할 이야기들도 많다. 몇년 전 피오르(M. Piore)와 세이블(C. Sable)은 저명한 책 『제2의 산업혁명』(*The Second Industrial Divide*)에서 유연생산의 새로운 작업방식과 소집단 생산이, (이딸리아의 에밀리아 로마냐Emilia-Romagna에서 보이는 것

같은) 노동자의 통제를 받는 소규모 협동조합적 생산을 통해 (1848
년에 있었던 것 같이) 기업지배의 공장형태를 몰아내고 분권적 사
회주의로의 이행 메커니즘을 제시할 여지를 만들고 있다고 주장했
다.[19] 피오르와 세이블은 조직노동자들을 상대로 이 새로운 기술조
직 형태를 반대하지 말고 유연생산을 해방수단으로 받아들이자는
매우 영향력 있는 캠페인을 (특히 유럽에서) 벌였다(그들은 프루동
사상에 매혹되어 있었는데 물론 맑스는 그것이라면 질색했다). 피
오르와 세이블이 알아차리지 못한 것은 유연생산이 신자유주의 정
책의 핵심을 이루는 유연적 축적의 가장 악랄한 착취의 토대를 이루
었다는 사실이다. 유연생산은 모든 곳에서 고용된 노동력을 통제하
고 억압하는 핵심 수단이 됐다. 오늘날 그것이 해방의 수단이 될 수
있다는 가능성을 언급하는 사람은 아무도 없다. 불행히도 해방의 가
능성처럼 보이는 것이 자본주의적 착취의 주된 수단이 된 사례에는
긴 역사가 있다. 그래서 우리는 무엇을 지향할지에 대해 주의를 기
울일 필요가 있다.

제3권 제28장: 유통수단과 자본

제28장은 자본으로서의 화폐와 통화로서의 화폐를 구별하는 투
크(T. Tooke) 등의 견해에 대한 비판적 내용이 주를 이룬다. 나는 맑
스의 비판(그리고 엥겔스의 보론)을 자세히 다루지 않겠다. 맑스의
관점에서 중요한 것은 생산에 사용하기 위해 자본가가 '사용될 상

품'을 구매하는 데 사용하는 화폐와 '생산된 상품'을 구매하기 위해서 빌리는 화폐 사이의 구별이다. 이 구별은 "수입의 화폐형태와 자본의 화폐형태"(M3: 459)로 나타난다. 두 화폐의 사용은 산업자본의 유통에 통합되어 있다. 맑스는 가끔 신용의 생산으로의 흐름을 "화폐거래자본"과 구별하여 "화폐자본"으로 부르는데, 전자는 시장에서 가치와 잉여가치의 실현을 돕는 소비자에게 흘러간다.

은행가는 생산에 사용할 대부자본을 공급해주고 소비자에게는 생산된 상품을 구매할 수 있도록 신용을 공급해줄 수 있다. 예를 늘어 동일한 은행가가 개발업자에게는 조립식 주택을 건설하도록 대부해주고 소비자에게는 그 건물을 구매하도록 담보대출을 해줄 수 있다. 지불수단(소비자신용)과 구매수단(대부자본)에 대한 수요는 동시에 발생지도 않고 동일하지도 않다. 그러나 둘 가운데 하나만 없어도 산업자본의 유통은 장애를 일으킬 수 있다. 맑스가 콕 집어 이야기하지는 않았지만 신용이 풍부하고 유동성이 과잉인 조건에서는 (주택 같은) 필수적인 상품의 공급과 수요는 투자 "거품"을 만들어낼 수 있는데 이는 이자 낳는 자본이 공급과 수요 조건 모두에 자유롭게 영향을 미칠 수 있기 때문이다. "두 유통영역은 한편으로 수입액은 소비의 크기를 나타내고 다른 한편으로 생산부문과 상업부문에서 유통되는 자본의 크기는 재생산과정의 크기와 속도를 나타낸다는 점에서 하나의 내적 연관 속에 있다."(M3: 462)

여기에서는 많은 부수적인 사항이 다루어지는데, 예를 들어 화폐유통속도, 이들 수요를 조종하는 신용의 역할 등이다. 이런 요소의 움직임으로 인해 호황과 불황이 번갈아 이어지는 경기순환이 생겨나는데 맑스는 이런 움직임의 화폐적 측면과 신용의 측면이 전형적으로 어떻게 진행되는지에 대한 간단한 설명을 제시하고 있다. 2005~12년 동안 미국과 아일랜드, 그리고 에스빠냐에 걸친 많은 나라의 주택시장을 통해서 우리는 자산거품이 형성된 다음, 주택가격이 소득의 범위를 벗어나자 곧바로 금융의 급격한 붕괴가 일어나는 것을 보았다.

제3권 제29장: 은행과 가공자본의 문제

은행자본이란 실질적으로 무엇이며 그것은 어떻게 유통할까? 제29장에서 다룬 이 물음은 맑스가 "가공자본"이라고 이름 붙인 매우 중요한 범주의 논의로 이어진다.

은행자본을 구성하는 것은 "① 현금화폐〔금이나 은행권〕, ② 유가증권"이며 유가증권은 다시 다음의 두 종류가 있다. "첫째는 상업증권〔즉 어음〕으로서 이것은 떠돌아다니다가 차례차례 만기에 다다르며, 이것의 할인은 곧 은행가의 고유한 임무다. 둘째는 공적 유가증권으로 국채, 국고증권, 온갖 종류의 주식들"(M3: 481)로서 여기에는 담보증서도 포함된다, 은행이 보유한 자본은 은행가 자신의 자본과, (은행이 발행할 권리가 있는 은행권과 함께) 다른 사람의 화폐로 이루어진 자본(즉 예금)으로 이루어진다.

맑스는 이 은행자본이 이자를 대가로 대부됐을 경우 일어나는 일을 검토한다. 이자는 수입의 흐름과 동일하게 간주될 수 있다고 말한다. 이자율이 5%면 "연간 수입 25파운드스털링은 500파운드스털링이라는 자본의 이자로 간주된다". 그러나 이것은 "순전히 환상적인 표상"이라고 지적한다. 수입의 배후에는 어떤 현실적인 화폐자본도 없음이 분명하다. 예를 들어 많은 미국시민은 매달 사회보장 수표를 받지만 이 화폐량이 국가가 가지고 있는 어떤 자본량에 대한 이자라고 생각하는 것은 잘못이다. 그러나 사회보장 수령자가 자신이 받는 연간 수령액 2만 5천 달러를 은행에 넘겨주기로 약속하면 그는 50만 달러의 화폐지본을 얻어 주택을 구매할 수 있다. 사회보장비의 배후에 아무런 원금이 존재하지 않을 경우에도 연간 2만 5천 달러의 금액은 (국가가 소득세를 거두어 매월 그만한 액수의 수입을 제공하겠다고 약속하는 것만으로) 5만 달러로 자본화한다. 이것은 맑스의 가장 중요한 개념 가운데 하나인 "가공자본"의 고찰로 우리를 끌어들인다.

"국가는 채권자에게 차입자본에 대해 매년 일정액의 이자를 지불해야 한다. 이 경우 채권자는 채무자에게 해약을 통고할 수 없으며 단지 청구권[즉 그것에 대한 소유권]만을 판매할 수 있을 뿐이다. 자본 그 자체는 국가가 먹어치우고 지출해버린다. 그것은 이제 더는 존재하지 않는다."(M3: 482) 예를 들어 그것은 이라크와 아프가니스탄과의 전쟁에 소비됐다.

국가에 대한 채권자가 소유하고 있는 것은 ① 국가에 대한 채권, 예를 들어 100파운드스털링의 채권이다. ② 이 채권은 그 채권자에게 연간 국가수입[말하자면 조세수입]에 대해 일정액만큼의, 예를 들어

5파운드스털링 혹은 5%만큼의 청구권을 부여한다. ③ 그는 이 100파운드스털링의 채권을 임의로 다른 사람에게 판매할 수 있다. 이자율이 5%이고 거기에 국가의 보증이 전제되어 있다면, 소유주 A는 그 채권을 통상 100파운드스털링에 B에게 판매할 수 있을 것이다. 왜냐하면 B로서는 그가 100파운드스털링을 연리 5%에 대부하는 것이나, 100파운드스털링의 지불에 의해 정부로부터 매년 5파운드스털링의 액수를 공여받도록 보장받는 것이나 마찬가지이기 때문이다. 그러나 **이 모든 경우 국가지불을 자신의 새끼(이자)로 간주하는 자본은 여전히 환상적이고 가공의 자본으로 머물러 있다.** (M3: 482. 강조는 하비)

이것이 곧 가공자본에 대한 맑스의 첫번째 정의다. 맑스는 설명을 이어간다. "국가에 대부된 자본은 더이상 존재하지 않는 것은 물론" (그것은 이미 지출됐기 때문이다) "자본으로 지출되거나 투자되도록 규정되어 있지도 않았다". 말하자면 국가의 행동을 통해서는 어떤 잉여가치도 생산되지 않지만, 마치 추가적인 가치가 생산된 것처럼 보이는데 이는 국가가 자신이 차입한 화폐에 대해 이자(아마도 다른 곳에서 생산된 잉여가치의 일부)를 지불하고 있기 때문이다. 게다가 국채를 매매하는 거래는 마치 자본원금이 회수될 수 있는 것처럼 보이게 한다(심지어 국채의 수요가 공급을 초과하면 초과이윤이 발생하기도 한다). 그러나 "이런 거래는 여러번 더 똑같이 반복될 수 있지만 국채라고 하는 자본은 계속해서 순전히 가공의 자본으로 남으며, 이 채권이 일단 판매 불가능한 순간이 되면 그때부터 이 자본의 허상은 소멸되고 만다. 그럼에도 우리가 이제 곧 살펴보게 되듯이 이 가공자본은 자신의 고유한 운동을 갖는다",(M3: 483) 맑스가 말하는 "고유한 운동"이란 우리가 주식과 채권시장에서 매일 (심지어 매시간) 보고 있는 가치의 변동 같은 것이다.

따라서 이자 낳는 자본은 "모든 전도된 형태의 어머니"(M3: 483)로 나타난다. 이런 전도는 부르주아 이론가가 노동자에게 지불되는 임금을 생각하면서 그로부터 노동자로 체화된 가공자본을 만들어내면서 더욱 극적인 형태로 나타난다. 그리하여 노동자의 가치는 연간 지불된 임금의 가치를 자본화한 깃으로 계산된다. 그래서 이 이론은 노동자가 자신에 대한 교육과 숙련의 습득에 투자함으로써 (이 모든 것은 보다 높은 임금으로 지불되어야 한다) 인적 자본의 가치를 상승시킬 수 있다고 주장한다. 인적자본 이론에 따르면 노동자는 자본가인 것이다! "여기에서는 자본의 가치증식이 노동력의 착취로부터 설명되는 대신에, 거꾸로 노동생산성이 노동력 그 자체가 이 신비한 물건인 이자 낳는 자본이라는 사실로부터 설명됨으로써, 자본주의적 사고방식(표상)의 전도된 성격이 그 극에 이르게 된다."(M3: 483)

노동에 대한 이런 편의적인 견해는 오늘날 우리들의 일그러진 신자유주의 시대의 지배적인 견해가 됐다. 낮은 임금을 받는 노동자는 자신의 책임 때문이라는 것이다. 즉 그들이 자신의 인적 자본에 투자하기를 소홀히 했다는 뜻이다. 만일 그들이 모두 적절히 투자한다면 모든 사람들은 훨씬 더 높은 임금을 받게 될 것이다. 그런데 그렇다면 오늘날 박사학위를 가진 택시기사는 도대체 어떻게 된 영문일까? 만일 정말로 노동자가 자본가라면 그들은 보통의 자본가들과 마찬가지로 임금을 위해서 일을 하는 것과 이자를 받으며 해먹에 드러누워 빈둥거리며 살아가는 두가지 방법 가운데 하나를 선택할 수 있어야 한다.

이 모든 것의 배후에는 단순하고 핵심적인 원리, 즉 자본화의 원리가 있다. "가공자본의 형성을 우리는 자본으로의 환산(자본화)이라고 부른다. 우리는 규칙적으로 반복되는 모든 수입을 평균이자율에 의해 계산함으로써, 다시 말하자면 그 수입을 이 이자율로 대부된 어떤 자본이 벌어들이게 되는 수익으로 환산함으로써 그것을 자본으로 환산한다." 이 수익의 흐름에 대한 소유권은 자본화된 가격으로 거래될 수 있다. "이리하여 자본의 실제 증식과정과 관련된 것은 모두 완전히 흔적도 없이 사라져버리고, **자본은 스스로 증식하는 존재라는 생각(표상)이 굳어진다.**"(M3: 484. 강조는 하비)

이 논의는 매우 중요하다. 제1권에서 맑스는 자본의 개념을 "황금알을 낳는 거위" 같다고 했는데 여기에서 그는 자본의 자기 증식의 물신적 모습을 가공자본이라는 특수한 형태 — (다른 소득에 대한 소유권이 자본화되고 자본으로 판매되는) 금융시장에서 실질적인 모습을 드러낼 때조차도 신비스러움으로 자신을 포장하면서 — 로 보여준다.

채무증서〔유가증권〕가 국채의 경우처럼 순수한 가공의 자본을 나타내지 않는 경우에도, 이 증권의 자본가치는 순전히 허상일 뿐이다. 우리는 이미 앞에서 신용제도가 어떻게 결합자본을 만들어내는가를 살펴보았다. 증권은 바로 그 결합자본을 나타내는 소유권으로 간주된다. 철도회사, 광산회사, 해운회사 등의 주식들은 현실자본을 나타낸다. 즉 이들 기업에 투자되어 기능하고 있는 자본을, 혹은 이들 기업에서 자본으로 지출하기 위해 주주들이 선대한 화폐액을 나타낸다. 그렇다고 해서 이 말이 이들 주식이 단지 사기를 나타낼 뿐이라는 사실을 배제하는 것은 결코 아니다. 그러나 이 자본은 이중으로 존재하는 것이 아니다. 즉 한편으로는 소유권(즉 주식)의 자본가치로 존재하고 또다른 한편으로는 그들 기업에서 실제로 투자됐거나 혹은 투자될 수 있는 자본으로 존재하는 것이 아니다. 그것은 후자의 형태로만 존재하고 주식이란 단지 그 후자에 의해 실현되는 잉여가치에 대한 일정 비율의 소유권에 지나지 않는다. (M3: 484~85)

그것은 사실상 잉여가치(이 가운데 일부가 이자, 즉 순수한 소유권에 대한 보수다)를 생산하게 될 미래노동에 대한 청구권이다.

이런 채권 및 주식 시장은 물론 변동한다. "이들 소유권 가치의 자립적인 운동은, 그들 소유권이 자본이거나 혹은 소유권을 가능하게 하는 어떤 청구권임과 동시에, 현실자본을 이루는 것이기도 하다는 허상을 확증해준다. (…) 이들 증권의 시장가치는 부분적으로 투기적인 성격을 갖는데, 왜냐하면 그것이 현실의 수입뿐만 아니라 기대수입(즉 사전에 계산된 수입)에 의해서도 정해지기 때문이다." 가격은 미래의 잉여가치 생산에 대한 전망에 따라 오를 수도 내릴 수도 있다. 가격의 하락과 공황은 자산가치의 하락으로 이어지지만 "일단 한차례 태풍이 지나가고 나면 이 증권은, 그것이 실패한 기업이나 협잡기업의 것이 아닌 한 원래 가격을 다시 회복한다". 2007년 이후 미국에서 주택자산가치의 손실은 매우 컸는데 이후 5년이 지나도 거의 회복되지 않고 있다. 그런데 맑스는 공황기에 이들 자산가치의 하락이 "화폐자산의 집중을 위한 강력한 수단으로 작용한다"는 것을 지적한다.(M3: 485~86) 그렇지 않으면 오래전 은행가 앤드류 멜론(Andrew Mellon)이 말했듯이 "공황기에는 자산수익이 정당한 소유자(즉 바로 은행가 자신)에게 돌아간다". 공황을 통한 부와 권력의 집중은 역사적 사실을 통해 그대로 입증되고 있다(2007~12년 금융공황을 통해서 그대로 증명됐다).

투기적인 움직임이 반드시 나쁜 것만은 아니다. "이것들의 가치하락이 생산이나 철도 및 운하 교통의 현실적 정체나 신규 투자의 포기 또는 가치가 없는 기업에서의 자본회수 등을 나타내는 것이 아닌 한, 그 나라는 명목적 화폐자본의 거품이 이처럼 터지는 것에 의해서는 조금도 가난해지지 않을 것이다."(M3: 486) 이것이 그렇게 되는 까닭은 다음과 같다.

이런 증권들은 모두가 사실상 미래의 생산에 대한 축적된 청구권〔즉 법적 권리〕을 나타내는 것 이외에 아무 것도 아니며 (…) 자본주의적 생산이 이루어지는 모든 나라들에서는 엄청난 양의 이른바 이자 낳는 자본〔혹은 화폐자본〕이 이런 형태로 존재한다. 그리고 화폐자본의 축적이란 대부분이 생산에 대한 이들 청구권의 축적이나 이들 청구권의 시장가격〔즉 이들 정구권의 가공의 자본가치〕의 축적을 의미한다. (M3: 486)

맑스 시대에 이처럼 떠돌아다니는 자본의 양이 "엄청난" 것이었다면 오늘날의 이들 자본에 대해서는 도대체 어떤 형용사를 붙여야 할까?

"이자 낳는 자본과 신용제도가 발달함에 따라서 모든 자본은 여러가지 방식을 통해서 두배로 혹은 세배로 나타나는데, 그 여러가지 방식이란 동일한 자본이나 채권이 여러가지 형태를 띠고 여러 사람의 수중에 있게 되는 것을 가리킨다. 이런 화폐자본의 대부분은 순전히 가공의 것이다."(M3: 488) 이것은 은행제도 그 자체 내에서 가장 뚜렷하게 나타난다.

따라서 은행가자본의 대부분은 순전히 가공의 것으로서 채권(어음), 국채(과거의 자본을 대표하는) 그리고 주식(미래수익에 대한 지불지시권) 등으로 이루어져 있다. 이 경우 잊어서는 안 되는 사실은 은행가의 철제 금고 속에 들어 있는 이들 증권이 나타내는 자본의 화폐가치는, 그것이 보장수익에 대한 지불지시권을 나타내는 경우든 (국채의 경우처럼) 혹은 현실자본에 대한 소유권을 나타내는 것이든(주식의 경우처럼) 모두 철저하게 가공적인 것이며, 현실자본(그것이 최소한 부분적으로라도 나타내는)의 가치와는 무관하게 규제된다는 것이다. 혹은 그것이 수익에 대한 단순한 청구권을 나타낼 뿐 자본은 아닐 경우, 그 수익에 대한 청구권은 끊임없이 변동하는 가공의 화폐자본 형태로 나타난다는 것이다. 그밖에 또 하나 덧붙여두어야 할 사실은 이런 가공의 은행자본이 대부분 자기 자본이 아니라 이자가 있든 없든 은행에 예금한 대중의 자본을 나타낸다는 점이다. (M3: 487)

신용제도에 대한 맑스의 종합적인 견해

자본주의 생산양식 내에서 신용제도의 역할에 대한 맑스의 전반
적 견해를 종합할 수 있는 방법이 있을까? 먼저 신용제도라고 불리
는 독립된 개체 내에서 은행가, 중개인, 화폐거래자 등이 잡고 있는
엄청나게 큰 화폐의 그릇을 생각해보자. 이 신용제도의 밑바닥에는
중앙은행이 자리를 잡고 있고 중앙은행 아래에는 상품화폐(금과 은
등)가 깔려 있다. 그리고 이들 상품화폐는 가치를 대표하고 가치는
다시 세계시장에 나와 있는 인간노동의 사회적 성격에 기초해 있다.
맑스는 이런 수직적인 위계구조의 화폐제도를 상정했다.

이들 각 층은 다른 층의 움직임에 어느 정도까지 영향을 받을까?
단단히 맞물린 체계의 형태인 신용제도의 움직임은 상품화폐를 중
개하는 층과 중앙은행이 요구하는 가치에 의해 매우 강력한 규제를
받는다. 맑스는 이 맞물린 체계가 느슨하다고 생각한 것이 분명하
다. 즉 신용의 움직임은 가치의 생산으로부터 자립적이다. 신용제도
내부의 움직임도 마찬가지로 (중앙은행이 이들을 통제하기 위해 아
무리 노력하더라도) 중앙은행의 통제에서 벗어나 있다. 중앙은행의
계획과 행동은 (맑스가 1844년 은행법에 관해서 이야기하고 있듯
이) 화폐상품으로 대표되는 "실제 가치"를 보존하기 위해 필요한 것
들과는 맞지 않을 수 있다.

그러나 제1권에서 볼 수 있듯이, 맑스도 화폐상품이 가치를 대표
하는 방식에는 몇가지 심각한 모순이 있다고 말한다(예를 들어 금

과 같이 특수하고 구체적인 사용가치가 추상적이고 보편적인 사회적 필요노동을 측정하는 데 사용된다). 노동의 사회적 성격이 끊임없이 겪는 변화에 따라 가치관계도 역시 불안정하게 변동한다. 이 수직적인 위계로 조직된 화폐제도 내에서 하나의 층이 다른 층에 행사하는 규제력은 곳곳에 존재하긴 하지만 이들 규제력 사이의 연결은 매우 약하다. 이는 강력한 요인들이 각 층에 끊임없이 영향을 미치지만 이들이 만들어내는 신호는 종종 혼선과 모순을 빚어내기도 한다는 뜻이다.

맑스가 신용제도를 "독립적"이라고 하면서도 그것이 자본의 일반적 운동법칙에 여전히 종속된다고 했던 까닭이 바로 여기에 있다고 생각한다. 우리는 화폐제도와 신용제도가 맞물려 돌아가는 구체적인 사례들의 해석에 들어가기 전에 바로 이 "독립적이지만 종속적"이라는 원리와 마주쳤다. 나는 이와 관련된 비유로 10대의 경우를 자주 들곤 한다. 10대들은 한편으로는 독립과 자율에 대한 자신들의 권리를 끊임없이 주장하지만 또다른 한편으로는 재정 문제와 법적인 문제를 집안에 전적으로 의존하고 이들 문제에서 곤란이 발생하면 금방 쪼르르 집으로 달려가 엄마 아빠를 찾곤 한다. 이것은 화폐 및 신용 제도가 작동하는 전체 모습과 매우 닮아 보인다. 이들 제도의 각 층에 살고 있는 사람들은 마치 10대들 같아서 위로 올라갈수록 점점 더 제멋대로이고 가장 꼭대기에 사는 사람은 마치 "우주의 지배자"인 양 가장 제멋대로 행동한다. 하지만 일단 이들 제도가 붕괴하면 이들은 모두 부모님인 국가로 쪼르르 달려가서 살려달라고 애원하고 국가는 마치 모든 부모들이 그러하듯 이들의 애원을 마지못해 받아주곤 한다.

이 위계구조 내에서 작용하는 규제적인 힘들은 분명 일방적으로만 작용하지는 않는다. 인간노동의 사회성 내부의 깊은 기초는 신용의 "광적인" 상부구조 내에서 벌어지는 일들에 숨겨진 형태로 어떤 결정적인 영향을 행사하는 것은 아니다. 오늘날 상품화폐(맑스는 이것을 "결코" 극복할 수 없는 궁극적인 장애물이라고 명시했다)는 제멋대로 무한히 복리로 성장하려는 신용제도를 위해 제거되어버렸다. 신용제도와 가치생산 내부에서 벌어지는 일들은 주기적으로 화폐제도 내부에서 중앙은행과 다른 규제적인 요인들을 급격히 개혁하고 재배치하도록 압력을 행사한다(우리가 오늘날 경험하고 있는 것들이 바로 이것 아닌가?). 각각의 층은 자기보다 아래 층의 조건을 토대로 그 위에서 움직이지만 이를 영구불변의 기계적인 움직임이라고 가정할 필요는 없다.

그러나 공황기에는 제도적 질서를 회복하는 (가치관계의 세계에 자리 잡고 있는) 어떤 규제적인 힘이 존재하는 것 같다. 그러나 맑스도 역시 신용제도 내부의 신뢰와 기대가 위기를 맞으면 가치와 잉여가치 생산에도 나쁜 영향을 미칠 수 있다는 사실을 인정한다.

대체로 이것이 맑스가 재구성하고 있는 화폐 및 신용 제도의 위계적 구조다. 맑스는 이 구조의 작동을 이해하는 방법에서 매우 양면적인 입장이었던 것 같다. 그것을 명시적으로 제시하는 이론은 어디에도 존재하지 않는다. 문제는 어떤 주어진 시기에 어디에서 어떤 일이 실제로 벌어지고 있는지를 그려내는 것에 있다. 각각의 층은 양날의 칼을 가진 구조로 이루어져 있는 것처럼 보인다. 한편으로 상품화폐는 무한한 축적의 장애 요인을 이루고 있다. 하지만 다른 한편 그것은 투기와 가공자본의 광란에 대해 강력한 규제력을 발휘한다. 상품화폐의 폐기(맑스가 이것을 기술적으로 가능하다고 생각했다 하더라도 전혀 놀라운 일이 아니다)는 화폐의 족쇄로부터 무한한 자본축적을 해방해주지만 동시에 신용규제의 책임을 중앙은행 같은 (잘못을 저지르기도 하고 때때로 엉뚱한 일을 저지르기도 하는) 인위적인 기구에 넘겨준다. 그래서 중앙은행의 과제는 잉여가치 생산의 조건을 파괴하지 않고 신용제도 내에서 질서를 회복하는 것이 되지만, 이 과제는 (케인스주의자들은 계속해서 이것이 가능하다는 환상을 고집하지만) 불가능해 보인다. 위계적 구조는 전혀 안정적이지 않다.

그런데 우리는 이자 낳는 자본이 수평적으로 유통되는 과정도 좀더 자세히 살펴볼 필요가 있다. 이자 낳는 자본의 흐름은 어딘가로부터 나와서 온갖 종류의 통로를 통해 분산되어 흘러나가는데 이들 통로 가운데 단지 일부만이 잉여가치 생산과 관련이 있다.

신용제도에 붙어사는 화폐자본가들이 운용하는 재원 가운데 자기 자신의 재원은 극히 일부분에 그친다. 그들의 화폐권력의 주된 원천은 다른 사람들 — 다른 사람에게 돈을 전하기 위한 송금업무나 이자 수입을 대가로, 노는 화폐를 일시적으로 혹은 장기간 안전하게 맡겨두는 등의 (그렇지 않을 경우에는 축장된다) 은행 서비스를 이용하는 사람들 — 의 여분의 화폐를 모은 데서 비롯한다. 이들 여분의 화폐는 온갖 종류의 소비자로부터, 혹은 우리가 제2권에서 보았듯이 각기 다른 회전기간을 위해, 혹은 고정자본의 투자나 교체를 위해 화폐를 축장해둘 필요가 있는 자본가들로부터 나온다. 은행은 가령 그들이 차입하는 화폐에 대해 3%의 이자율을 제공하고 그화폐를 5%로 대부한다. 이런 방식으로 화폐는 신용의 저수지 속으로 끊임없이 흘러들어오면서 늘어난다. 그런데 그렇게 모인 화폐는 어디로 흘러나갈까?

대부는 다음과 같은 다양한 형태로 이루어진다.

그림3

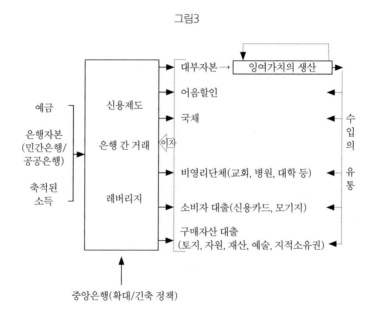

1) 대부자본

화폐는 생산자에게 대부되어 잉여가치 생산에 참여하기 위해 필요한 불변자본과 가변자본을 구매하는 데 사용된다. 생산자본가가 화폐를 빌려 기계를 구매한다고 하자. 이 화폐는 기계의 수명이 다할 때까지 이자와 함께 환불된다. 대부자본은 이런 방식으로 소비되는 동안 원래의 소유자에게 되돌아간다. 이는 실제 가치생산과 잉여가치 생산에 사용되는 대부자본이다. 거기에는 (물론 이런 종류의 모든 투자는 본질적으로 투기적인 성격이지만) 가공의 것이 전혀 존재하지 않는다. 하지만 화폐가 주식을 구매하는 데 사용된다면 사정은 완전히 달라진다. 주식은 사실상 순수한 화폐 소유권에 부가된 재산권이다. 그것은 (화폐가 생산적 소비에 사용되긴 하지만) 만기일이 없는 미래의 잉여가치 생산 가운데 일부에 대한 법적인 청구권이다. 주식은 그것으로 구매된 기계가 모두 마모되기 훨씬 전에 매매될 수 있다.(M3: 494 참고) 주식 가격은 잉여가치 생산에 대한 미래의 기대에 의존한다. 그것의 가치 변동은 온갖 투기적인 요인에 영향을 받으며 완전한 협잡 같은 다양한 방식으로 조작될 수 있다. 그렇기 때문에 주식은 가공자본의 한 형태인데, 하지만 그 가공의 성격은 이들이 가치 및 잉여가치 생산과 느슨하게 결합돼 있다는 사실 때문에 부분적으로 은폐되기도 한다(주식가치는 화폐를 척도로 하고 있고 기업의 수익이 그 토대를 이루고 있다). 그러나 엔론 같은 기업의 주식은 높은 가격에 거래됐지만 거기에서는 사실 아무런 잉여가치도 생산되지 않고 있었다. 공시된 기업의 수익이 가짜였던 것이다.

2) 실현을 위한 대부

화폐는 이미 생산된 상품(혹은 아직 수확되기도 전인 작물이나 아직 완성되지도 않은 주택에 대해서도)의 가치를 실현하기 위해 대부될 수 있다. 할인율은 아직 만기가 되지 않은 어음의 이자율과 동일하다. 은행가는 상품가치의 실현을 위한 화폐를 (할인을 통해) 공급하며, 어음의 만기에 전체 가치를 회수할 수 있으리라는 기대를 품고 어음을 인수한다. 이 행위는 화폐거래자로도 행동하는 상인의 활동과 함께 이루어진다. 맑스가 지적했듯이 이런 활동은 생산자본가가 회전기간을 단축하고 회전을 원활하게 하는데 반드시 필요하지만 여기에는 온갖 종류의 협잡이 개입한다. 어음을 어음으로 결제하는 것은, 자본의 유통과 실현 조건에 심각한 영향으로 확산되든 되지 않든 본질적으로 상업공황의 전조가 된다. 실현을 위한 대부(구매수단)는 신용이 (주택 같은) 동일한 하나의 상품에 대해 수요와 공급을 모두 관리할 경우 생산을 위한 대부(지불수단)와 통합될 수 있으며, 이것이 자산거품을 어떻게 만들어낼 수 있었는지는 200년 이후 미국의 주택시장에서 일어난 일을 돌아보면 쉽게 알 수 있다.

3) 국가 혹은 국가채무에 대한 대부

국가는 자신의 힘을 담보로 자본을 차입하여 (세금이나 수수료를 통해) 자신의 수입을 증가시킬 수 있다. 국가는 미래의 예상 수입 가운데 일부를 일정 자본액에 대한 수익으로 약속할 수 있다. 국채는 차입된 화폐가 아직 모두 사용되기 전에 거래될 수 있다. 국가가 지출하는 화폐 가운데 상당 부분은 (무기시장 같은 독자적인 시장을 형성함으로써 간접적으로 영향을 미치기도 하지만) 잉여가치 생산과 거의 아무런 관련이 없다. 그것은 탁월한 가공자본이다. 국가는 일반적으로 아무런 가치나 잉여가치를 생산하지 않는다(예를 들어 왕족을 먹여 살리고 전쟁을 일으킨다). 조세수입은 이자 지불의 흐름으로 전환되어 일정액의 자본으로 환산되기도 하고, 그런 다음 미래수입에 대한 청구권으로 거래되기도 한다. 국가지출의 몇몇 범주는 잉여가치 생산과 관련되어 있다. 바로 국영기업이다(1980년대 이후 신자유주의적 사유화의 물결이 시작되기 전까지 경제에서 상당히 중요한 비중을 차지했으며 중국의 경우 지금도 여전히 중요한 비중을 차지하고 있다). 국영기업은 반드시 이윤을 창출할 필요가 없지만 다른 기업들에 낮은 가격으로 투입재를 제공함으로써 전반적인 이윤율에 영향을 미친다. 국가는 또한 (고속도로, 공공시설, 상하수도 시설 등과 같이) 생산에 필요한 물리적 인프라에 투자한다. 국가는 이 불변자본 투입을 이자만 돌려받는 형태로 제공함으로써 이윤율의 저하경향을 완화할 수 있다. 국채 방식의 "생산적인 국가지출" 범주는 오스만 치하의 제2제정 시기 빠리의 물리적 재건과정에서 중요한 역할을 수행했다. 그러나 대부분의 국채는 순전히 가공의 것이다.

4) 비영리기관에 대한 대부

여기에는 사립 병원, 대학, 교회, 박물관, 갖가지 종류의 문화기관들이 포함된다. 이들에 대한 대부도 가공자본의 범주에 들어가는데 왜냐하면 대부분이 (대학이나 병원 가운데 일부는 혁신이나 연구개

발을 통해 잉여가치 생산에 직접 참여하기도 하지만) 가치와 잉여가치를 생산하지 않기 때문이다. 대부에 대한 이자를 지불할 수입의 원천은 다양하지만 오늘날에는 주로 사용자들의 수수료와 기부에 의존한다.

5) 소비자대출
미국에서 소비자대출의 가장 중요한 형태는 주택모기지인데 맑스는 이를 명시적으로 가공자본의 한 형태로 분류하고 있다. 미국에서 모기지 시장은 정점을 이루었던 2007년에는 14조 달러에 달했다(그 해의 국민총생산이 15조 달러였다). 이 경우 이자 지불에 사용될 수입은 임금과 국가의 소득 재분배였다. 주택은 일반적으로 가치와 잉여가치 생산에 사용되지 않기 때문에 모기지금융은 가공자본의 한 형태다. 물론 내가 주택을 가내공장으로 사용한다면 그것은 고정자본의 한 형태가 될 것이다. 가정에서는 가치나 잉여가치 생산이 직접적으로 이루어지지 않지만 노동력의 가치를 결정하는 데 가사노동의 역할은 명백히 잉여가치 생산에 영향을 미친다. 소비자대출은 오늘날 거대한 사업이며 총수요관리는 물론 (맑스가 때때로 인정하고는 있지만 그의 주된 관심사에서 배제하는) 착취의 부수적인 형태를 만들어내는 데 매우 중요한 역할을 수행한다.

6) 자산과 수입에 대한 청구증서를 구매하기 위한 대부(자연자원, 특허, 지대 등에 대한 로열티 등)
(예술, 토지, 자원 등을 모두 망라한) 자산시장의 급격한 성장은

최근 자본주의 역사의 중요한 특징이며 이 시장에는 엄청난 양의 과잉 화폐거래자본이 흘러들어가고 있다.

은행가는 (대부분 각자의 전문 분야로 특화되어 있긴 하지만) 갖가지 대부를 선택할 때 특별한 구별을 하지 않는다. 그들의 자본은 수요가 있고 대부의 수익률과 안전성이 높으며 미래의 전망이 밝기만 하면 어디든지 흘러갈 수 있다. 기대(미래에 대한 신뢰)는 이 시장의 움직임에서 중요한 역할을 수행한다. 다른 부문의 높은 수요(기대) 때문에 어떤 부문에서는 투자 가능성이 아예 "배제되어"버리는 경우도 존재한다(이는 강력한 정부차입이나 자산거품에 대한 비판의 소지가 되기도 한다. 즉 이 두 요인이 생산 활동에 대한 투자를 밀어내고 다른 부문의 이자율을 높인다는 비판이다). 신용제도는 전통적으로 어떤 투자형태든 가리지 않으며, 이들 투자가 순전히 가공의 것인지 여부도 가리지 않는다. 이 투자 가운데 어떤 것은 최소한 잉여가치 생산과 느슨하게 결합되어 있기 때문에 부분적으로 가공의 것일 수 있으며 또 어떤 것들은 대부(화폐)자본으로 산업자본의 유통에 직접 개입하기도 한다. 이자 낳는 자본의 흐름에서는 불균형이 자주 발생할 수 있다. 이 흐름들은 독립적이고 자립적이기 때문에 자본주의의 일반적 운동법칙에 영향을 미칠 수도 있으며 주기적인 공황을 촉발하기도 한다. (1980년대 후반의 일본, 2000년 이후 미국·에스빠냐·아일랜드 등의 경우처럼) 많은 화폐거래자본이 토지시장에 흘러들어가면 신용의 흐름에 거대한 왜곡이 발생하고 자산가치에는 투기적인 거품이 형성되어 결국 파국을 통해 그 왜곡이 강제로 바로잡는다.

신용의 이 만화경 같은 흐름을 돌아보면 은행과 신용 분파들(혹은 맑스가 지칭한 "계급")이 가공자본의 다양한 흐름을 유지(가능하다면 확대)하는 데 ― 특히 이 흐름을 비교적 손쉽게 조작할 수 있는 상태로 ― 강력한 이해관계가 있음을 금방 알 수 있다. 예를 들어 미국에서는 (심지어 거품의 징후가 뚜렷하게 나타났을 때조차도) 주택소유를 위한 신용을 확대하기 위해 엄청나게 다양한 활동이 이루어졌다. 이는 부가 소비자 일반의 수중에서 자본가에게로, 그리고 노동자로부터 자본가에게로 이전되는 가장 본원적인 방식이다.

생산활동과는 반대로 이들 신용시장에서는 약탈적인 방식이 오랫동안 지배적인 형태였다. 은행제도 내부에는 잉여가치 생산에 대한 대부와 잉여가치 실현을 위한 대부, 그리고 가공자본 시장에 대한 대부 사이에 아무런 차단막이 존재하지 않는다. 잉여가치 생산을 촉진할 필요에서 분리되는 것이 특징인 시장에서 자신의 이해를 위해 움직이는 화폐자본가는 사회적 총시장에서 어떤 일이 벌어질지를 조금도 고려하지 않고 개별적인 의사결정을 내린다. 그리하여 신용제도 내부에서는 끊임없는 불안정성과 주기적인 공황이 발생한다.

화폐자본, 현실자본, 그리고 산업순환

화폐와 신용에 대한 나머지 장에 대해서는 자세하게 읽어나가거나 해석을 붙이지 않고자 한다. 하지만 우리의 관심을 끄는 몇가지가 제30장과 제31장에 들어 있다.

맑스는 화폐, 은행, 신용의 세계에서 특징을 이루는 투기적이고 변덕이 심한 불안정성에 혼란스러워하면서도 자신의 주변에서 일어나고 있는 주기적인 호황과 파국의 배후에 숨겨진 논리를 이해하려고 노력했다. 이것은 명백히 자본의 재생산을 위협하고 많은 유통자본의 가치를 주기적으로 하락시킨다. 제2권에서 강조하고 있는 자본유통의 연속성은 제2권에서는 아직 다룰 수 없다는 이유로 논의가 중단되어 있다.

제3권의 이 장들에서 맴돌고 있는 문제는 이것이다. 즉 산업자본의 유통이 처하는 모순의 본질이 주어진 상태에서 이것이 불가피하고 필연적인 까닭은 도대체 무엇인가? 그리고 금융제도의 "비정상적"이고 "비이성적"인 측면이 자본의 운동법칙에 전반적으로 미치는 영향은 무엇인가? 예를 들어 화폐자본의 축적은

어디까지가 자본의 현실적 축적[즉 확대재생산]의 징표이고 어디서부터가 그런 징표가 아닌가? 이른바 자본과잉 현상, 즉 언제나 이자 낳는 자본[화폐자본]에 대해서만 사용되는 이 표현은 산업의 과잉생산을 나타내는 단지 특수한 표현방식일 뿐인가, 아니면 그런 과잉생산에 수반되는 별개의 현상인가? 이런 과잉현상[즉 화폐자본의 공급과잉]은 대량의 화폐(현금, 금화와 은행권)가 정체된 상태와 일치하는 것인가, 그리하여 이런 현실화폐의 과잉은 대부자본의 과잉을 나타내는 표현이자 현상형태인 것인가? (M3: 493)

오늘날의 용어로 표현한다면 (2008년 파국이 있기 전에 IMF가 정기적으로 알렸던 것처럼) "과잉유동성이 넘쳐날" 때 이것을 과연 현실자본의 과잉축적에 대한 징표로 볼 것인가 아니면 그냥 잠재적 대부자본인 화폐가 과잉인 것일까? 거꾸로 "화폐부족은 (…) 어느 정도까지 현실자본(상품자본과 생산자본)의 부족을 나타내는 것일까?" 혹은 그것은 단순히 "유통수단의 부족"을 나타내는 것일 뿐일까?(M3: 493)

다시 오늘날의 용어로 표현해서 화폐공급의 축소와 은행 간 신용의 동결은 중앙은행과 금융 당국이 가하는 금융 핍박의 징표인가 아니면 수익성 있는 투자기회의 부족 때문인가?

이 근저에는 보다 일반적인 물음이 놓여 있다. 즉 부채의 축적과 부의 축적은 어느 정도로 서로 결합되어 있는가? 이는 가공자본의 형태가 급격히 증가한 것에 대한 물음이기도 하다. 예를 들어 "국채라는 자본의 축적은 조세액 가운데 일정액을 선취할 수 있는 권리를 부여받는 국가채권자 계층이 증가한다는 것 이외에 아무 것도 아니다". 따라서 "채무의 축적까지도 자본의 축적으로 나타날 수 있다".(M3: 493) 그러나 언제나 그렇듯이 "나타난다"라는 말은 물신적 표면현상의 이면에서 무언가 다른 것이 진행되고 있음을 가리킨다. 그렇다면 그것은 무엇인가? 문제는 약속어음(가공자본)의 축적이 현실의 화폐자본으로 전화할 수 있고 따라서 가공자본을 현실자본으로 만들 수 있다는 점에 있다. 그러나 이는 약속어음이 거래될 수 있다고 생각하는 것이다. 그리고 다시 가공자본이 과거처럼 계속해서 유통된다는 것을 의미한다. "존재하지 않는 자본의 명목상 대표물"인 주식의 경우에도 마찬가지다.

이 종이 복제품의 축적이 철도·광산·기선 등의 축적을 나타내는 한, 그것은 현실의 재생산과정의 확대를 나타내는데, 이는 예를 들어 동산 소유에 대한 과세 목록의 확대가 이 동산의 확대를 나타내는 것과 마찬가지다. 그러나 그것은 그 자체 상품으로 거래될 수 있고, 따라서 그 자체 자본가치로서 유통되는 복제품으로서 가공의 존재이며, 그것의 가치액은 그 증서가 나타내는 현실자본의 가치운동과는 전혀 무관하게 변동할 수 있다. (M3: 494)

이런 과정을 정확하게 보여주는 최근 사례가 많다. 충분한 창업자본을 얻기 위해 많은 이들이 주택경기가 좋을 때 자신의 주택을 저당으로 대부를 받았지만, 공황이 발발하고 나서 이들은 자신이 주택에서 뽑아내어 투자한 가공자본이 더이상 존재하지 않는다는 것과 그들이 현재 지고 있는 빚이 현재의 주택가격보다 많다는 것을 알게 됐다. 그러나 만일 그 사이에 그들의 사업이 성공했다면 그들은 처음의 가공자본에서 현실자본으로 변신한 부분을 모두 변제할 수 있었을 것이다. 주택 모기지 시장에서 가공자본의 협잡에 참여한 많은 사람들은 가짜 청구권을 현실화폐로 전환함으로써 엄청난 부자가 됐다.

이는 맑스가 각 범주를 상대적이고 유연한 방식으로 사용하고 있음을 잘 보여준다. 특수한 사용가치가 용도 변경을 통해 하룻밤 사이에 고정자본에서 유동자본(혹은 소비재원의 일부)으로 변경되는 것과 마찬가지 방식으로 어떤 순간 가공자본이던 것이 단숨에 (자본이나 소비를 용도로 하는) 현실의 화폐권력으로 변할 수 있다. 모기지증권이 부채담보부증권으로 묶이면 이들은 말하자면 이중적인 가공의 상태에 있게 된다. 그러나 헤지펀드 매니저가 이들을 어수룩한 투자자에게 판매하고 10억 달러를 만들면 그는 불행히도 선혀 가공적이지 않은 실제의 화폐권력을 손에 쥘 수 있다.

맑스는 이런 형태의 부의 축적이 계급관계에 미치는 영향을 신랄한 방식으로 고찰한다.

이들 소유권증서의 가격 변동에 의한 이익과 손실, 그리고 이런 소유권증서가 철도왕과 같은 극소수의 수중으로 집중되는 것 등은 사태의 본질상 점점 더 투기의 결과로 나타나며, 그런 투기는 노동을 대신하여 자본소유의 본원적인 수익획득 방식으로 나타나고 (…) 이런 유형의 가상의 화폐자산은 개인뿐만 아니라 이미 언급한 바와 같이 은행가자본에서도 그 화폐자산 가운데 매우 중요한 부분을 차지한다.

(…) 그것은 신용제도의 엄청난 확대(즉 신용 전체)가 이들 은행가들에 의해 그들의 사적 자본으로 이용되기 때문이다. 이 은행가라는 인간들은 자본과 수입을 언제나 화폐형태(혹은 화폐에 대한 직접적 청구권 형태)로 소지한다. 이 계급의 자산 축적은 현실의 축적과 매우 다른 방향으로 이루어질 수 있지만, 그것은 어떤 경우이든 이 현실의 축적 가운데 상당한 부분을 이 계급이 챙겨 넣는다는 사실을

보여준다. (M3: 495)

자본가 "계급"의 행동 ─ "다른 사람의 돈"을 사용하여 행하는 협잡과 투기, 그리고 심지어는 산업자본가에 대한 착취 ─ 은 이들 장에서 혹독한 비판의 대상이 되고 있다. 그러나 이런 계급적 결과는 충분히 볼 수 있지만 잉여가치의 생산을 통한 전체적인 부의 창출과 자본의 운동법칙에 어떤 일이 벌어지는지에 대해서는 별로 설명되지 않는다.

다음 구절에서 맑스는 (특히 자본가들 상호 간에 확대되는 상업 신용에 관한) 신용제도 작동에 내적으로나 외적으로나 존재할 수 있는 한계를 밝히기 위해 노력한다. 이 한계는 "산업가와 상인의 부"에 의해, 그리고 대부가 얼마나 신속하게 원래 자리로 환류하느냐에 의해 결정된다. "시장이 확대되고 점차 생산지와 멀어질수록" "신용은 장기화할 수밖에 없고" 그것은 곧 "투기적인 요소가 점점 더 거래를 지배하게 된다"는 의미다. "생산이 대규모화하고 원격지 시장을 상대로 하게 되면" 신용은 "없어서는 안 되는 것"이 된다. 그리하여 "신용의 규모는 생산의 규모가 증가함에 따라 함께 증가하며, 신용의 기간은 시장의 거리가 멀어짐에 따라 함께 길어진다".(M3: 498) 맑스는 이것을 상호적인 관계로 받아들인다. 신용의 발달은 세계시장을 만들어내고 상업의 지리적 범위의 확대는 신용의 확대를 필요로 한다. 이런 식으로 지구적 공간관계의 창출과 혁신은 신용제도의 발전과 긴밀하게 결합한다. 『경제학비판 요강』의 표현에 따르면 신용제도는 자본이 "시간을 통해 공간을 제거"하는 일차적 수단이다.

그러나 이 장들에서 맑스가 포착하려고 하는 핵심 사항은 산업 (경기)순환의 상승을 유발하는 신용의 역할이다. 맑스가 살던 시기에 산업순환은 뚜렷한 형태로 나타났고 대체로 10년을 주기로 하고 있었다(1836~37년, 1847~48년, 1857년이 모두 이런 순환의 정점을 이루었다). 맑스는 (제3권 앞부분에서 화폐자본의 주기적인 "과잉상태"를 자본의 과잉축적이론과 결합해 설명하고 있긴 하지만) 어디에서도 자본의 일반적 운동법칙에 대한 자신의 이론적 틀 내에서 이 순환이론을 논리적으로 설명하지 않았다. 그러나 그는 화폐자본의 수요와 공급, 화폐자본가(은행가와 중개업자들)의 독자적인 행동과 의제들이 이 순환에 어떤 영향을 미치는지를 보여주면서 산업순환의 전형적인 경로를 일반적인 형태로 설명했다. 그는 또한 화폐및 신용 제도 내에서 다양한 요인들(중앙은행의 정책과 상품화폐의 역할)이 어떻게 작동하는지에 대해서도 주의를 기울인다. 우리는 결국 공황이론에 대한 약간 다른 전망을 얻게 되는데 왜냐하면 그가 밝히는 세부내용들이 근본적인 모순을 보다 환하게 비추어주기 때문이다.

맑스는 순환을 보여주기 위해 여러가지 방식을 사용한다. 내가 보기에 그중 가장 나은 것은 500~01면(M3)이다. 그대로 옮겨보자.

재생산과정이 원활하게 돌아가고 따라서 그 환류도 확실하게 보장되는 한 (…) 신용은 지속되고 확대되며 그것의 확대는 재생산과정 그 자체의 확대에 기초한다. 그러나 환류가 지연되고 시장이 공급

과잉상태가 되며 가격이 하락하는 등으로 인해 정체가 발생하면 산업자본의 과잉이 발생하고 그런 과잉은 산업자본이 자신의 기능을 수행할 수 없는 형태를 띤다. 대량의 상품자본이 존재하지만 그것은 판매 불능 상태에 빠진다. 대량의 고정자본이 있지만 재생산의 정체로 인해 그 대부분은 유휴상태에 놓이게 된다. (M3: 500)

이는 제2권 앞부분에서 정의한 잠재적인 유통의 중단지점을 충실하게 복제한 것이다. 이제 문제는 화폐유통 내에서 무슨 일이 벌어지는지로 넘어간다. 전반적인 양상은 다음과 같이 진행된다. "새로운 공황이 발발하고, 신용은 갑자기 중단되고 지불이 정체되며 재생산과정은 마비되고 (…) 거의 절대적인 대부자본의 부족과 함께 유휴 산업자본의 과잉이 나타난다."(M3: 505) 이 모두는 2008년 9월 리먼 브러더스 파산 때 나타난 상황을 정확하게 묘사한다.

대부자본의 축적은 정상적인 자본축적으로부터 "촉발될" 수 있다. "현실적 축적이 계속해서 확대될 경우 이런 화폐자본 축적의 확대는, 한편으로는 그 현실적 축적의 결과물일 수도 있고, 다른 한편으로는 그 현실적 축적을 가져오는 것이면서 그것과는 완전히 다른 여러 계기들의 결과물일 수도 있고"—예를 들어 생산적 기업들의 주식가치가 상승하는 경우 —"마지막으로 또다른 한편으로는 현실적 축적이 정체된 결과물일 수도 있다"(과잉상품은 판매되지 않았지만 그것의 할인된 가치는 어음을 통해 실현된 경우). 그러나 이 축적은 "현실적 축적과는 상당히 다른 계기들을 나타낼 수도 있다"(예를 들어 국채 혹은 소비자채권의 자본화 혹은 가공자본 형성을 통해 자산가치가 상승할 경우). 이 전체적인 결과는 "순환의 일정 국면에서 화폐자본의 계속적인 과잉"이다.(M3: 523)

그 결과 신용은 수축하는데 그 이유는 "① 이 자본이 운용되지 않기 때문에 (…) ② 재생산과정의 원활한 흐름에 대한 신뢰가 붕괴되기 때문이며, ③ 이런 상업신용에 대한 수요가 감소하기 때문"이다. 신용의 부족으로

상품을 신용으로 구입하는 것이 더욱 어려워진다. (…) 공황이 한창인 시기에도 누구나 판매해야 하지만 판매할 수 없고 그렇지만 지불을 위해서는 또한 반드시 판매를 해야만 하기 때문에, 유휴상태에서 투자할 것을 찾는 자본이 아니라 자신의 재생산과정 속에 묶여 있는 자본은 신용부족이 극도에 달하는 (…) 바로 그 순간에 최대 규모에 도달한다. 그런 시기에는 이미 투자된 자본이 재생산과정의 정체로 인해 사실상 대량으로 유휴화된다. 공장은 놀고 원료는 쌓이며 완성된 생산물은 상품으로 시장에 넘쳐난다. 따라서 이런 상황의 원인을 생산자본의 부족 탓으로 돌리는 것은 더할 나위 없이 잘못된 것이다. 이런 시기야말로 생산자본은 과잉상태에 있는데, 즉 그것은 일면 정상 수준이지만 외견상 수축된 재생산규모에 비해서 과잉이며 또다른 한편 마비되어버린 소비와 관련지어 볼 때에도 과잉이다. (M3: 600)

여기에서 과잉자본의 역할과 과잉자본을 흡수할 수익성 있는 수단을 찾아내는 문제가 강력하게 제기된다. "마비되어버린 소비"에 대한 문제를 제기하면서 맑스는 제2권에서 점차 비판적으로 나타났

던 주제를 다시 제기한다. 여기에서 그는 순환운동 전체에 걸친 계급들 간의 동적인 관계에 대한 매우 단순한 모델을 제시한다.

"사회 전체가 산업자본가들과 임노동자들로만 이루어져 있다고 가정해보자." 가격 변동이나

신용제도에 의해 촉진되는 가공의 거래와 투기적 거래들도 무시하기로 하자. 그럴 경우 공황은 단지 여러 부문들 간의 생산 불균형과, 자본가 자신의 소비와 그 축적 간의 불균형에 의해서만 설명될 수 있을 것이다. 그러나 사실상 생산에 투자된 자본의 보전은 대부분 비생산적 계급의 소비능력에 의존한다. 노동자들의 소비능력은 한편으로는 임금의 법칙에 의해 제한을 받으며 또다른 한편으로는 노동자의 사용이 자본가계급에게 이윤을 가져다줄 수 있을 경우에만 이루어진다는 점에서 제한을 받는다. **모든 현실적 공황의 궁극적인 원인은 항상** 자본주의적 생산의 추동력에 대비되는 **대중의 빈곤과 소비의 제약에 있으며,** 이 추동력은 사회의 절대적 소비능력만이 생산력의 한계를 이루는 것처럼 그렇게 생산력을 발전시킨다. (M3: 500~01. 강조는 하비)

물론 이것은 이윤율의 저하가 "근대경제학의 가장 중요한 법칙"(이 명제를 이해하기 위해서는 ㄱ 배경을 좀더 살펴볼 필요가 있다)이라고 했던 그의 주장만큼이나 중요한 명제(M2: 318 참고) 가운데 하나다. 산업순환 연구가 보여주는 것은 이 두 이야기 사이에는 아무런 대립도 없다는 사실이다. 대중의 제한된 수요 때문에 이윤율은

하락할 수 있다. 이는 제3권 앞부분에서 이윤율 저하를 설명하는 일반적인 메커니즘과는 상당히 다르다. 그러나 노동자를 해고하는 것은 시장수요를 감소시키고 상품의 판매를 가로막고 생산설비를 놀게 만들며 이는 다시 자본이 임금을 줄이도록 유인하고 그래서 더 많은 노동자들을 다시 해고하게 한다. 이것이 장기적인 경향이 될지의 여부는 완전히 또다른 문제다. 신용제도는 적어도 일시적으로는 자본으로 하여금 그런 직접적 소비의 제약을 뛰어넘게 해준다. "여기에서 신용의 최대한도는 (…) 소비의 한계를 고려하지 않은 (…) 산업자본의 최대한의 운용(…)이다."(M3: 499) 1980년 이후 임금이 억제되던 신자유주의 시기동안 그리고 소비자 신용이 확대되던 시기에도 역시 개인적 소비는 전반적으로 억제됐다.

맑스는 경기의 하강도 신용의 도움으로 역전될 수 있다고 본다. 공황이 발발할 때 형성된 대량의 유휴 대부자본과 화폐자본의 재원들이 (낮은 이자율과 함께) 복원에 결정적인 역할을 수행한다. "공황이 지나간 회복기에는, 구매를 위해서 그리고 화폐자본을 생산자본이나 상인자본으로 전화시키기 위해서 대부자본에 대한 수요가 발생한다. 그리하여 그 수요는 산업자본가나 상인들로부터 비롯된다. 산업자본가는 그것을 생산수단과 노동력에 지출한다."(M3: 529) 낮은 이자율은 고정자본에 대한 장기 투자와 완전히 새로운 투자에 대한 매력을 높여준다.(M3: 505) 호황의 초기 국면에는 이자율은 전형적으로 계속 낮은 수준을 유지하는데 이 시기는 풍부한 신용이 가장 건설적인 역할을 수행하는 국면이기도 하다. 이를 통해 우리가 이미 보았듯이 세계시장의 통합과 확대도 용이해진다.

그런 다음 맑스는 자신의 논의의 정점을 이루는 것에 초점을 맞추는데, 그것은 과잉축적과 과잉팽창을 향한 끊임없는 경향을 신용제도가 매개하면서 불가피하게 만들어내는 주기적이고 일시적인 형태를 묘사한 것에 근거해 있기도 하다. 나는 그것을 길게 그냥 여기에 옮기는 것 이상은 하지 못하겠다. 순환운동이 전개되는 과정을 설명하는 첫번째 시도에서 그는 다음과 같이 이야기하고 있다.

재생산과정이 다시 과잉운용 직전의 호경기 상태에 다다르면, 상업신용은 사실상 원활한 환류와 확대된 생산이라는 그 '건실한' 기초 위에서 크게 팽창한다. 이 상태에서 이자율은 (…) 아직 낮은 수준에 머물러 있다. (…) 환류가 규칙적이고 원활하게 이루어지면 이것은 확대된 상업신용과 결합되어, 대부자본에 의한 수요의 증가에도 불구하고 그것의 공급을 안정적으로 보장하며, 그로 인해 이자율 수준의 상승을 억제한다. 다른 한편 여기에서 비로소 예비자본 없이도 (혹은 아예 자본이란 것이 없이도) 일하고 따라서 전적으로 화폐신용에 의존하여 사업을 운영해나가는 백마의 기사가 전면에 등장한다. 여기에는 또한 온갖 형태의 고정자본의 대규모 확장과 광범위한 신규기업의 대량 신설 등도 추가된다. 이제 이자는 그 평균 수준으로 상승한다. 이자율이 다시 그 최고 수준에 이르면 곧바로 새로운 공황이 발발하고, 신용은 갑자기 중단되고, 지불이 정체되며 재생산과정이 마비되고, (…) 거의 절대적인 대부자본의 부족과 함께 유휴 산업자본의 과잉이 나타난다. (…) 이 산업순환은 일단 최초의 기동력이 주어지고 난 이후에는 동일한 순환과정이 주기적으로 재생산될 수밖

에 없다는 성질이 있다. (M3: 505~06)

물론 여기에서 맑스는 ("어떤 은행입법도 공황을 아예 없앨 수는 없다"는 의견을 덧붙이고 있지만) 이 전체과정에 국가가 화폐 및 재정 정책을 통해 개입하지 않는다고 가정했다. 이 전체 과정은 하나의 매우 중요한 문장 속에 압축되어 있는데 이 문장은 신용과 신용의 화폐적 기초 사이의 긴장이 과잉축적을 향한 경향에 대해 수행하는 역할을 인정한다.

재생산과정의 전체 연관이 신용에 기초해 있는 생산체계에서, 만일 신용이 갑자기 중지되고 현금지불만이 통용된다면 공황은 명백히 나타날 수밖에 없다. 즉 지불수단에 대한 물밀듯한 요구가 나타날 수밖에 없을 것이다. 따라서 얼핏 보아 전체 공황은 단지 신용공황과 화폐공황으로만 나타난다. 그리고 사실상 문제가 되는 것도 어음의 화폐로의 현금화뿐이다. 그러나 이 어음은 여러번의 현실적 매매를 대표하고 **이런 매매가 사회적 필요를 훨씬 초과하여 팽창하는 것이 궁극적으로 전체 공황의 기초를 이룬다.** 그런데 이와 더불어 엄청난 양의 이들 어음은, 이제 완전히 백일하에 드러난 바로 그 단순한 협잡거래를 나타내는 것이기도 하다. 또한 그들 어음은 타인의 자본으로 운영하다가 실패해버린 투기들을 나타내며, 마지막으로 가치하락을 당하거나 전혀 판매되지 못하는 상품자본을 나타내기도 하고, 이제는 불가능해진 환류를 나타내기도 한다. 재생산과정을 강제로 팽창시킴으로써 이루어진 이 인위적인 전체 체계가, 이제 어느 한 은행

〔예를 들어 잉글랜드은행〕이 자신의 지폐로써 이들 협잡꾼들에게 부족한 자본을 채워주고 또 가치가 하락한 상품을 모두 원래의 명목가치대로 구매해준다고 해서 치유될 수 없다는 것은 당연한 일이다. 게다가 여기에서는 모든 것이 전도된 형태로 나타나는데 왜냐하면 이런 종잇조각들로 이루어진 세계에서는 실제의 가격이나 그런 가격의 실제 계기가 어디에서도 나타나지 않으며, 단지 지금(地金)·경화·은행권·어음·유가증권 등만 나타나기 때문이다. 특히 국내의 전체 화폐거래가 집중되는 중심지인 런던 같은 곳에서는, 이런 선도된 현상이 그대로 드러나고 따라서 거기에서는 전체 과정을 알 수 없게 된다. (M3: 507. 강조는 하비)

마지막으로 맑스는 이 주기적인 충격이 어떻게 지리적인 형태를 취하는지 살펴본다. 예를 들어 수출입과 관련하여

일련의 모든 국가가 차례로 공황에 빠져들어가는 (…) 경우에는 이들 국가 모두가, 몇몇 예외를 제외하고는, 수입과 수출이 균형을 이루지 못하게 되고〔즉 모든 국가의 국제수지가 적자가 되고〕, 따라서 사실상 국제수지는 문제가 되지 않는 상태가 나타난다. 예를 들어 영국이 금 유출로 고통을 받는다. 즉 영국은 수입초과 상태다. 그러나 동시에 다른 모든 나라들도 영국 상품이 과잉상태다. 즉 수입초과 상태다. (M3: 508)

신용은 이런 모습을 변화시키지만 근본적인 문제를 바꾸지는 못

한다.

공황은 처음에 영국에서, 즉 대부분의 신용을 주기만 하고 거의 받지 않는 나라에서 발발하게 되는데, 이는 영국의 무역수지가 흑자라 하더라도 그것의 국제수지가 (…) 적자이기 때문이다. (…) 금 유출로 인하여 시작된 다음 거기에 동반하여 발발하는 영국의 파국은, 한편으로는 그 수입업자들의 파산에 의해, (…) 또다른 한편으로는 그 수입업자들의 상품자본 가운데 일부를 헐값에 외국으로 처분함으로써, 그리고 또다른 한편으로 외국 유가증권의 매각과 영국 유가증권의 매입 등을 통해서 영국의 국제수지를 청산해준다. 그러면 파국의 순서는 다른 나라로 넘어간다. (…) 1857년 미국에서 공황이 발발했다. 그것은 영국에서 미국으로의 금 유출 때문이었다. 그러나 미국에서 인플레이션이 일어나자 곧 영국에서 공황이 발발했고 미국에서 영국으로 금 유출이 이루어졌다. 영국과 대륙 간에도 이것은 마찬가지였다. 일반적 공황의 시기에는 모든 나라(적어도 상업이 발달한 모든 나라)에서 국제수지가 적자로 되는데 이 적자는 항상 연발 사격과 마찬가지로 지불순서가 도래하는 차례대로 발생하는 형태를 띤다. (M3: 508~09)

이런 종류의 지리적 이동은 2007~08년 미국에서 발발한 공황에서도 뚜렷하게 나타났다. 즉 거기에서 세계 각지로 번져갔던 것이다. (비록 다음 공황이 어디에서 발발할지를 예측하기는 어렵지만) 사실상 "연발사격 같은 것"이다. 다른 곳에서 내가 주장했듯이 자본은 공황을 일으키는 자신의 경향을 결코 해소하지 못한다. 단지 한 곳에서 세계의 다른 곳으로 공황을 옮길 수 있을 뿐이다.

맑스의 관점에서 보면 이 모든 것은 다음의 사실을 보여준다. "바로 이런 일반성으로부터 ① 금 유출은 공황의 한 현상일 뿐이며 그것의 원인이 아니라는 사실, ② 금 유출이 여러 나라들에서 차례로 나타나는 그 순서는 그들의 결산일이 언제인가 하는 그 순서, 그들 나라에서 공황이 나타나는 기한이 언제인가 하는 그 순서를 (…) 나타내는 것에 불과하다."(M3: 509) 맑스가 "일반성"이라고 했음에도 불구하고 "금 유출"에 초점이 맞추어져 있는 이 구절의 내용은 공황이 지리적 형태를 취하는 하나의 가능한 시나리오다. 이를 잘 보여주는 사례가 급격히 늘어난 그리스의 국가채무인데, 이 채무는 그리스정부가 독일에서 생산된 상품을 구매하기 위해 독일과 프랑스 은행으로부터 과도한 차입을 했기 때문에 발생했다. 이 모두는 유로의 창출을 통해서 이루어졌는데, 유로는 경쟁력이 높은 생산자(독일)에는 이익이 됐지만 경쟁력이 낮은 남부유럽 나라에는 생산의 침체를 불러왔다. 그 결과 독일과 프랑스 은행에서 만들어진 가공자본의 가치가 위협받게 됐고 만일 유로존 전체의 협력이 이루어지지 않는다면 프랑스 정부부채와 독일의 정부부채까지도 위협할 상황에 이르렀다. 이는 특히 유럽중앙은행의 "잘못된" 규정 때문에 더욱 어려운 문제가 됐다. 결국 연발사격이 나타난 것이다.

신용시장과 결합된 이 모든 움직임은 쉽게 눈으로 확인할 수 있다. 그러나 맑스는 이러한 움직임이 공황의 뿌리라고 생각하지 않았다. 그 뿌리는 과잉축적을 향하는 자본의 본질적인 경향과, 과잉 화폐자본이 스스로의 계산에 따라 만들어내는 자립적인 운동이 뒤섞인 결과다. 다음 구절을 돌이켜보자.

대부자본의 축적이 현실적 축적과는 무관하지만 현실적 축적의 계기들에 의해 증대된다는 점에서, 순환의 일정 국면에서 화폐자본의 계속적인 과잉은 나타날 수밖에 없고, 또 이런 과잉은 신용의 발달과 함께 더욱 심화될 수밖에 없다. 그리하여 그와 동시에 생산과정을 그 자본주의적 한계 이상으로 추진해야 할 필연성, 즉 과잉거래·과잉생산·과잉신용 등이 발전할 수밖에 없다. 동시에 이것은 항상 그 반작용을 불러일으키는 형태로 이루어질 수밖에 없다. (M3: 523~24)

이 결합은 내가 "과잉자본 처분 문제"라고 부르는 것이다. (특히 화폐형태의) 과잉자본을 만들어내는 이 경향이 모든 공황의 뿌리라는 명제는 분명 충분히 살펴볼 만한 가치가 있다. 그럴 경우 이들 과잉자본이 쉽게 가공자본의 형성과 유통 경로 속으로 흡수된다는 사실은, 화폐형태의 자본이 순전히 화폐자본가의 힘을 빌려 축장의 필연성을 극복하기 위해 적극적인 역할을 수행해야 할 경우, 피할 수도 유보할 수도 없는 중심 문제가 된다.

제2권에서 제3권으로, 그리고 다시 제2권으로: 결론적 논평

현실에 적극 개입하는 실천적 학자였던 맑스가 자본의 운동법칙에 대한 지식을 사용해 자신이 살던 시기에 스스로 경험한 두번의 커다란 공황을 분석할 방법을 찾지 않고, 단지 순수한 상태에서 자본 운동법칙의 특성을 완성하려는 고상한 길만을 모색했다는 것은 생각할 수 없는 일이다. 1847~48년과 1857년 공황은 적절한 해석을 다급하게 요구했다(1873년 공황도 마찬가지였는데 단지 이때는 맑스의 이론적 작업이 이미 상당 부분 완성된 상태였다). 이 때문에 제3권의 소재들은 제2권의 분석에서 이어진다고 해석되는데, 왜냐하면 이 시기의 공황이 적극적으로 언급되고 있는 곳은 금융을 다룬 제3권의 이들 장뿐이기 때문이다. 이것은 맑스로 하여금 그가 제2권에서 지킨 엄격한 (상당히 강고한) 원칙에서 벗어나서 물신성과 가공의 성격, (당시의 공황기에 금융과 상업의 세계를 사로잡고 있던) 비이성적인 광란을 환기하도록 했다. 그 때문에 제3권에서 사용되는 용어는 제2권의 절제되고 기술적인 용어와는 상당히 다르다. 맑스는 제2권을 지배하는 지루한 과학적 제약조건으로부터 스스로를 해방한 것처럼 보인다. 예를 들어 그는 물신성 개념을 되살리면서 자본의 요란한 표면적 모습과 그것이 미래의 변신을 위해 취하는 다양한 가능성(긍정적인 것과 부정적인 것 모두)에 바짝 가까이 다가서고 있다.

이런 해석의 어려움은 그가 집필하는 시기적인 순서와 일치하지 않는다는 점에 있다. 제2권의 초고 대부분은 제3권을 집필한 다음에 만들어졌다. 그렇다면 맑스는 왜 훨씬 더 극적이고 감정이 많이 개입된 상인자본 및 금융자본에 대한 소재를 집필한 다음 제2권의 건조하고 기계적인 회계학 방식의 논의로 되돌아간 것일까?

나는 이 물음에 대한 단정적인 답은 물론, 어떤 특별한 힌트도 줄 수 없다. 하지만 내가 좋아하는 이론이 하나 있다. (우리가 2007~12년 사태의 뿌리를 살펴볼 필요가 있는 것처럼) 맑스는 분명히 1847~48년과 1857년에 벌어진 사태의 뿌리를 살펴봐야 했다. 공황에 대한 맑스의 연구는 사태에 대한 당시의 해설은 물론 사태 그 자체가 얼마나 심하게 물신적 개념에 사로잡혀 있었는지를 보여준다. 이것은 맑스가 완성해가고 있던 자본의 운동법칙에 대한 이론을 바탕으로 투기적인 거래(특히 가공자본과 함께)의 명백히 비이성적인 성격을 개념화할 필요성을 제기한다. 맑스는 이론과 실천의 물신성을 다루는 문제를 전혀 회피하려 하지 않았다. 오히려 그는 즐겨 이것들이 숨기고 있는 문제를 폭로하려 했다. 그의 전형적인 대응은 이것들의 토대를 이루고 있는 필연성과 모순을 보다 깊이 파헤치는 것이었다. 따라서 맑스는 요란한 표면적 현상의 모든 것, 금융 및 신용 세계를 특징짓는 모든 모순, 그리고 이들이 결합한 공황을 이해하는 것이 가능하리라고 믿었다.

그가 제2권의 자본의 내적 본질 문제로 되돌아온 의미에는 이런 배경이 있다. 맑스가 찾고자 한 것은 신용제도의 모순적인 광란이 왜 그리고 어떻게 필연적으로 발생하는지를 해명해줄 자본의 내적 본질에 대한 일종의 엑스레이 사진이었다. 자본의 근본적인 모순이 항상 금융 및 상업 공황의 형태를 취하는 이유는 무엇인가? 이 모든 물음에 답하기 위해 그는 제2권의 자본의 축적과 유통에 대한 연구에서 신용제도와 이자 낳는 자본의 유통을 배제하고 화폐자본의 "자립적인" 기능과 신용을 그렇게 필연적이게 하는 자본의 유통과 축적이 도대체 어떤 것인지를 밝히고자 했다. 요컨대 제2권에서 우리는 자본이 왜 신용제도 없이는 존립할 수 없는지, 왜 부의 축적이 필연적으로 부채의 축적과 병행하는지, 그리고 가치와 화폐적 표현 사이의 본질적 모순이 자본주의적 잉여가치 생산의 내부에서 끝없는, 그리고 필연적인 수요와 공급의 불일치로 내재화하는지에 대한 논의를 보게 된다. 내가 보기에 이것은 앞서 길게 인용한 제3권 507면 문장에서 충분히 이야기됐다.

애덤 스미스는 은행과 금융을 비생산적 활동으로 간주했다. 제3권의 설명에 의거해보면 맑스는 이 견해, 즉 화폐자본의 기생적 성격과 금융제도 내부에 존재하는 비이성적 성격이 실제 부와 가치의 생산과는 (비록 치명적인 부담까지는 아니라 하더라도) 엄청나게 동떨어져 있다는 생각에 동의한 것으로 보인다. 오늘날에는 이런 생각이 대체로 일반적이다. 이는 곧바로 다음과 같은 의문을 제기한다. 즉 자본주의는 왜 이것을 용인하는가? 그러나 제2권이 보여주는 것은 가치생산을 원활하게 하기 위해서만이 아니라 잉여가치를 직접 창출하고 획득할 수 있는 능력을 확대하기 위해서도 신용은 반드시 필요하다는 것이다. 여기에는 제1권에 나오는 기계의 역할에 관한 이야기가 도움이 된다. 기계는 불변(대개는 고정)자본이며 따라서 가치를 생산하지 않는다. 그런 다음 맑스는 이 기계가 개별 자본가(나만의 우수한 기술은 초과이윤을 가져다준다)는 물론 자본가 계급 전체(임금재 생산의 생산성 증가는 노동력의 가치를 감소시켜 자본가에게 잉여가치를 증가시켜준다)의 상대적 잉여가치의 원천이 될 수 있음을 설명한다. 신용도 마찬가지로 그 자체로는 비생산적이다. 그러나 축장의 필요성을 감소시킴으로써 잉여가치의 생산과 실현이 엄청나게 확대될 수 있게 한다.

사실 축장 문제는 매우 중요하다. 제2권의 연구로부터 분명하게 얻을 수 있는 것은 만일 신용제도가 없다면 고정자본의 유통과 각기 다른 유통기간에 대응하기 위해 엄청나게 많은 자본이 축장될 필요가 있고 자본축적은 기껏해야 매우 빠듯하게 이루어지거나 최악의 경우 진행 도중에 멈춰버리는 사태를 맞이하게 되리라는 사실이다. 축장에서 풀려난 화폐가 잉여가치를 생산하는 화폐자본으로 전화할지 여부는 물론 노동력과 생산수단의 이용 가능성, 그리고 다른 모든 자본순환을 지배하고 있는 조건(유효수요의 크기를 포함)에 의존한다. 그러나 축장화폐가 풀려나지 않는다면 사용가능한 화폐자본은 매우 적을 것이다. 이를 맑스는 제2권에서 보여주었다.

맑스가 (상업자본을 포함한) 신용 및 금융의 역할을 자본의 운동법칙과 관련지어 성공적으로 설명했는지에 대해서는 여러 의견이 있을 수 있고 충분히 논란의 여지가 있다(나는 그가 부분적으로만 성공했다고 보며 그가 자신의 일관성을 유지하기 위해 지켜야 한다고 생각했던 과학적 관점 때문에 필요 이상으로 경직돼 있었다고 생각한다). 그러나 만일 제2권의 목표 가운데 하나가 제3권의 금융에 관한 장들에서 그렇게 적나라하게 서술한 물신성의 뿌리를 밝히는 것이었으리라는 내 생각이 맞다면 맑스의 전체 저작에서 제2권의 지위는 일반적으로 다루어지고 있는 것보다는 훨씬 더 주의 깊은 논의를 담고 있는 것으로 이해되어야 한다. 맑스는 제1권에서 생산의 관점에서 그가 구축한 자본의 운동법칙에 관한 모델만큼 똑같이 강력한 모델을 유통의 관점에서도 구축할 필요가 있다고 생각했음이 분명하다. 비극은 그가 이 작업을 완성하지 못했고, 생산과 유통의 두 관점을 통합하는 작업을 수행할 수 있을 때까지 살지 못했다는 것이다.

자본의 시간과 공간

제2권 제12장~제14장은 고맙게도 매우 깔끔하고 명료한 내용으로 이루어져 있다. 이들 장은 특별히 어려운 문제를 제기하지 않았고 제5장과 제6장에서 이야기된 회전기간의 문제를 약간 반복했다. 그래서 이 부분은 제3권의 금융투기라는 혼란스러움에 시달린 다음 제2권의 세계로 다시 돌아오기에 좋은 지점이 된다.

여기에서 맑스는 자본의 회전기간 전체에 영향을 미치는 생산과 유통의 물적인 사실관계를 제기했다. 회전기간 전체는 생산기간과 유통기간의 합으로 이루어지고 생산기간은 다시 노동기간(상품생산에 실제로 사용되는 가치 생산노동)과 노동의 투입 없이 생산과정이 완성되기(예를 들어 농업의 경우가 그러하다) 위해 필요한 시간으로 나누어진다. 제12장은 "노동기간"을 다루었는데 이는 기관차나 면화 같은 일정 상품에 가치와 잉여가치를 응결시키기 위해 필요한 "다수의 서로 연결된 노동일이 연속적인 형태를 이루는"(M2: 233) 것으로 정의된다. 제13장은 "생산기간"에 대한 내용인데 (예를 들어 발효, 숙성 등과 같이) 노동기간과 노동지출 없이 상품을 완성하는 데 필요한 추가 시간의 합으로 정의된다. 제14장은 "유통기간"을 다루는데 상품이 소비를 위해 최종 목적지에 도달하는 데 소요되는 시간이다. 이 장은 내 특별한 관심을 끄는데 왜냐하면 유통은 (우리가 앞서 다루었던 문제인) 운송시간과 비용 그리고 (운송의 시간과 비용을 절약하기 위해 부품 공급자들이 주요 생산지역 주변에 모이는 경향 같은) 장소의 결정에 의해 크게 영향받기 때문이다. 그것은 공간관계의 역할, 집적의 경제, 그리고 자본유통과 축적에 공간생산에 관한 문제를 제기한다.

노동기간, 생산기간, 유통기간 각각의 시간적 이질성은 "무한하다"고 맑스는 말한다. 이는 전반적인 분업체계 내에서 각기 다른 생산부문 사이의 협력의 문제를 제기한다. 면 방적은 일년 내내 계속될 수 있지만 면화의 수확은 일년에 한번만 이루어진다. 이것은 회전기간의 차이 때문에 발생하는 단절을 메우기 위해 얼마나 많은 자본이 묶여 있어야 하는지에 대한 복잡한 문제를 불러일으킨다. 축장된 자본은 활동하지 않으면 잉여가치를 생산하지 않는다. 예를 들어 원면(原綿)의 대량 재고는 그만한 상품자본이 활동하지 않았다는 의미다. 그런 자본은 기술적으로 "가치 절하된" 혹은 "유휴" 자본이라고 맑스는 지적한다. 우리가 보았듯이 이는 신용제도나 다른 수단과 관련된 중요한 문제다.

그렇기 때문에 유휴상태의 자본량을 감소시킬 방법을 찾으려는 압박이 존재한다. 회전기간을 가속화하고, 재고를 관리하고, 신용제도 같은 제도적 장치를 강구하는 문제가 등장하는 까닭이다. 노동기간과 생산기간을 단축하기 위한 경쟁은 상당한 영향을 발휘해왔다. 예를 들어 (1980년대 일본이 선구자 역할을 했던 "적기생산" 같은) 기술적·조직적 혁신은 상품자본(즉 유휴자본)의 재고를 최소로 줄이는 데 도움을 주었다. 면화의 수확이 일년에 한번만 이루어지기 때문에 세계 여러곳에서 각기 다른 시기에 이루어지는 수확은 연중 면화를 조달할 수 있게 하고 따라서 재고량을 줄인다. 자본주의 역사 전체에서 운송에 따른 비용과 시간을 줄이기 위한 노력은 끊임없이 이루어져왔다.

제2권 제12장: 노동기간

똑같이 10시간 노동일로 운영되는 두개의 생산, 면 방적업과 기관차 제조업을 생각해보자. 면 방적업의 경우 "매일 매주 일정량의 완제품〔면사〕을 공급한다. 기관차 제조업에서는 하나의 완제품〔즉 한량의 기관차〕을 제조하는 데 3개월 정도의 노동과정이 소요된다". 따라서 둘 사이에는 처음부터 생산과정이 하나는 연속적이고 다른 하나는 불연속적이라는 차이가 존재한다. 그리고 완제품을 만들기까지 생산과정에 소요되는 시간에서도 상당한 차이가 있다. "생산행위 지속기간의 이런 차이는 단지 생산영역 사이에서만 나타나는 것이 아니라 동일한 생산영역 내에서도 생산물의 규모에 따라 발생한다." 맑스가 들고 있는 사례는 매우 교훈적이다. "보통 주택의 건설에는 대규모 공장의 건설보다 짧은 기간이 소요되고 (…) 한량의 기관차를 제작하는 데는 3개월이 소요되고 한 척의 군함을 건조하는 데는 1년 이상이 소요된다. 시골길을 건설하는 데는 몇개월로 충분하겠지만 철도를 건설하는 데는 1년 이상이 소요된다" 등등. "이처럼 생산행위의 지속기간은 무한히 다양한 차이를 갖는다"(M2: 231~32)라고 그는 결론을 맺는다.

이들 차이는 회전기간에 영향을 미친다. 회전기간이 길수록 상품이 완성되기까지 필요한 유동자본도 커진다. 회전속도는 수익성에 영향을 미친다.(M2: 232)

맑스는 "노동기간"을 완성된 생산물을 만드는 데 소요되는 "다수의 서로 연결된 노동일이 연속적인 형태를 이루는"(M2: 233) 기간으로 정의한다. 10시간의 100노동일은 1000시간의 노동기간을 이룬다. "공황의 결과 발생하는 사회적 생산과정의 중단이, 각기 소량으로 분절된 성질을 가진 노동생산물과, 생산에 꽤 오랜 기간이 필요한 노동생산물에 미치는 영향은 상당히 차이가 난다."(M2: 233) 연속적인 생산의 경우 과정은 중단되고 유동자본의 손실은 그다지 크지 않다. 그러나 기관차 제조업의 경우에는 이미 생산물에 체화된 모든 유동자본이 보류되거나 유실되는데, 이는 그런 생산형태를 수행할 경우 감당해야 할 위험이 그만큼 크다는 의미다.

물론 이런 각기 다른 회전과정에는 고정자본도 포함되지만, 고정자본 그 자체의 회전기간은 생산을 돕는 생산물의 회전기간의 차이에 영향을 받지 않는다. 그러나 유동자본에 대한 지출은 각기 다르게 영향을 받는다. 즉 임금은 매주 단위로 지출되어야 하고 생산수단도 대개 몇주 혹은 몇개월 단위(완성품을 만드는 데 소요되는 기간)로 연속적인 형태로 구매되어야 한다. 노동기간이 길수록 최종생산물의 판매를 통해 자본이 회수되고 잉여가치가 실현되기 전에 투하되어야 하는 유동자본의 크기는 커진다. 이것은 개별 자본가에게는 상당한 부담이 된다.

자본주의적 생산이 덜 발달된 단계에서는 노동기간이 길고 따라서 장기간에 걸친 대규모 자본투하가 필요한 사업은 ─ 특히 그것이 대규모로 이루어져야 하는 도로나 운하의 건설 등과 같은 ─ 결코 자본주의적으로 운영되지 않고 예를 들어 공동체나 국가에 의해 운영된다(노동력의 경우 예전에는 대부분 강제노동이었다). 노동기간이 오래 걸리는 생산물은 극히 최소한의 부분만 자본가 자신의 사적인 재력에 의해 만들어진다. (M2: 236)

달리 말해서 이런 것들은 신용의 도움을 받아 건설된다. 맑스는 계속해서 주택의 경우를 이야기한다.

집주인은 건축업자에게 선대금을 조금씩 나누어 지불한다. 그리하여 그는 사실상 (…) 조금씩 가옥대금을 지불해가게 된다. 그러나 자본주의가 충분히 발전하면 한편으로 거대자본이 개별 자본가의 수중에 집적되고 다른 한편으로 개별 자본가와 더불어 결합자본가(주식회사)가 나타나며 동시에 신용제도도 발달하는데 이런 시대가 되면 자본주의적 건축업자는 단지 예외적인 경우에만 집주인의 주문을 받아 건축을 한다. 오늘날 건축업자는 주택단지 전체를 상품으로 시장에 내놓기 위해 건축을 한다. 그것은 마치 개별 자본가가 청부업자로 철도건설 사업을 벌이는 것과 마찬가지다. (M2: 236)

맑스는 1857년 은행법 특별위원회 보고서를 인용하여 모기지 금융, 토지 취득, 온갖 형태의 레버리지 차입 등으로 이루어진 투기적인 주택사업의 전략을 소개한다. "투기적인 건축(특히 대규모의) 없이는 오늘날 어떤 건축업자도 사업을 꾸려나갈 수 없다. 건축 그 자체에서 얻는 이윤은 매우 적다. 그의 이윤은 주로 지대의 상승과 건축부지의 선택과 이용에서 나온다"(그리고 그는 런던의 벨그라비아 주변 지역을 사례로 들고 있다). 나는 이 과정이 일반적인 인식보다 훨씬 더 중요하다고 생각한다. 그러나 이는 지대의 추출과 획득에 관한 문제이기 때문에 맑스는 더이상 들어가지 않았으며 그에 따라 나도 더이상 논의하지 않으려 한다. 하지만 맑스가 여기에서 들고 있는 많은 사례가 주택건설 부문의 투자와 관련된 것이라는 점은 매우 흥미롭다(이 주제는 여기에서처럼 엉뚱한 곳에서 나타나곤 하는데 맑스는 이 주제를 따로 분리해서 다루지 않았다).

오늘날 확연히 보았듯이 이런 과정은 언제나 공황의 전조다.[20]

오늘날에는 가옥이 주문을 받아 건축되는 일이 거의 없다. (…) 전에는 건축업자가 투기를 위해 일시에 짓는 가옥의 수가 대개 서너채 정도였지만 이제 그는 커다란 한 구역의 대지를 구입하여 (…) 거기에 100~200채의 집을 짓는 사업, 따라서 자신의 재력에 비해 20~50배가 되는 사업을 해야 한다. 자금은 저당 차입을 통해 조달되며 건축업자는 건축이 진행되는 단계에 맞추어 돈을 사용한다. 그러다가 만일 공황이 발발하여 선대금의 지불이 중단되면 대개 사업 전체가 파산한다. 가장 좋은 경우에도 가옥은 경기가 회복될 때까지 완성되지 않은 채로 남아 있고, 최악의 경우에는 경매에 부쳐져서 절반 가격에 처분되어버린다. (M2: 236~37)

미국, 에스빠냐, 아일랜드 등 많은 곳에서 2008년 공황 이후 최악의 시나리오가 그대로 전개됐다. 이 나라들에서는 주택투기가 자산 거품을 만들었고 이 거품이 터지면서 공황이 사실상 촉발됐지만, 맑스는 주택 공황을 다른 곳에서 생겨난 상업 및 금융 공황의 결과로 간주한다.

"노동기간이 상당히 긴 대규모 사업이 비로소 완전히 자본주의적 생산의 기초가 되는 것은 자본의 집적이 이미 상당히 이루어지고, 또 한편 신용제도의 발전 덕분에 자본가가 자신의 자본 대신에 다른 사람의 자본을 편리하게 선대할 수 있게 [따라서 역으로 쉽게 위험해질 수도 있게] 됐을 때다."(M2: 237) 개인의 기업활동이 (금융 및 신용에 대한 장에서 이미 보았듯이) "다른 사람의 돈"을 사업으로 삼는 형태로 이동하면 자본의 작동 방식에 대한 중요한 결과를 초래하는데, 내 생각에 맑스의 주된 사례가 대규모 도시화와 인프라 투자에 맞추어진 것은 결코 우연이 아니다. 여기에서 직접 말하고 있지는 않지만 그것은 가공자본과 관련되어 있음이 분명하다.

그러나 맑스의 주된 관심은 "개별 노동일의 생산물을 증대시키는 협업이나 분업, 기계의 사용 등과 같은 조건들"이 "노동기간을 단축"시키는 데 있다.(M2: 237) "기계는 주택, 교량 등의 건설기간을 단축"하고 "개선된 조선기술은 배의 속도를 높임으로써 조선에 투하된 자본의 회전기간을 단축한다". 그러나 노동기간을 단축하는 기술개선은 대개 고정자본을 증가시키는 문제와 결부되어 있다. 이것은 그 자체로 중요한 긴장(모순?)을 불러일으키는데 왜냐하면 자본 가운데 일부의 회전이 다른 부분의 회전을 높이기 위해 낮아져야 하기 때문이다. 정체와 운동 사이의 잠재적인 긴장은 제2권 전체에서 많이 나타난다.

협업은 같은 목적을 위해 동원될 수 있다. "동원되는 노동자의 수를 늘리고 공사가 이루어지는 지역을 확대하면 그것만으로도 철도의 건설기간은 단축될 수 있다."(M2: 238) 이런 목적을 위해 기술과 노동량 모두를 동원하는 가장 대표적인 최근 사례로는 중국이 있다. 이 강의 도중에 나는 여기에서 맑스가 말하는 것을 설명하기 위한 사례로 중국에서 15층짜리 호텔을 90시간 만에 짓는 놀라운 동영상을 보여준 바 있다. 이 동영상은 유튜브에서 "중국에서 90시간 만에 15층 호텔을 짓다"(Build a Hotel 15 Floors in China in 90 Hours)라는 제목을 검색하면 찾아볼 수 있다. "중국이 30층 빌딩을 15일 만에 짓다"(China Puts Up a 30-Floor Building in 15 Days)라는 제목의 또 다른 동영상도 있다. 물론 이 두 사례 모두 건축물의 각 부분이 조립식이지만 노동과정의 성질을 보여준다는 점은 흥미롭다. 여기에서는 협업, 기계화, 분업과 함께 노동강도도 함께 강조되는데 노동강도는『자본』제1권에서 잉여가치 생산의 요소로 등장한 바 있다. 물론 임금은 90시간에 대해서만 지불되어야 한다.

이렇게 되기 위해서는 자본이 충분히 집적되어 있고 그 과정에 즉시 사용될 수 있어야 한다.

이때 중요한 것은 (…) 생산수단과 생활수단이 (…) 어느 정도로 분산되어 있는지(즉 개별 자본가의 수중에 집중되어 있는지, 다시 말해 자본의 집중이 어느 정도 진행됐는지)의 문제라는 것이다. 신용이 한 사람의 수중으로 자본이 집중되도록 도와주고, 그것을 촉진하고 심화하면 할수록, 그것은 노동기간(따라서 회전기간)의 단축을 돕는다. (M2: 238)

회전기간의 촉진이 자본의 집중, 국가의 정책, 신용제도의 등장과 결합하는 것은 유념할 필요가 있는 중요한 문제다. 도시화 연구를 통해 이 문제를 간단히 살펴본 결과 나는 회전기간을 끊임없이 단축하기 위해 이 요소들의 결합을 지적한 맑스의 이야기가 옳았음을 확인할 수 있었다.

회전기간을 단축하기 위한 이런 노력의 범위와 관련하여 맑스가 들고 있는 가장 극적인 사례는 목양업이다. "영국의 양은 1855년까지만 해도 프랑스의 양과 마찬가지로 4~5살이 되기 전까지는 도살하기에 적합하지 않았다." 그 결과 대부분의 사람들은 다 자란 양의 고기(mutton)만 먹었고 어린 양의 고기(lamb)는 먹지 않았다(다

자란 양의 고기를 먹는 잔치는 디킨스C. Dickens의 소설에 자주 등장한다). 그러나 베이크웰(R. Bakewell)과 그가 사육한 "뉴 레스터" (New Leicester) 양의 등장으로 "한살밖에 안 된 양도 살이 통통하게 사육될 수 있고 어떤 경우에는 2년이 되기 전에 완전히 자라버린다". 그리하여 생산기간은 절반 이상 단축됐다.(M2: 240) 그래서 오늘날 우리는 다 자란 양의 고기를 먹지 않고 어린 양의 고기를 먹고 있다. 스프링 램(spring lamb, 늦겨울이나 이른 봄에 나서 7월 1일 이전에 육용肉用으로 팔리는 어린 양 — 옮긴이)은 1년도 되기 전에 도살당한다. "자연적" 생명주기에 대한 발명은 농업부문 어디에서나 찾아볼 수 있다. 바닷가재를 수온이 각기 다른 저수조로 순차적으로 옮김으로써 양식기간 단축이 가능하다는 사실도 입증됐다. "자연적" 재생산 주기도 자본주의 생산 세계에서는 신성불가침의 영역이 전혀 아니다.

제2권 제13장: 생산기간

생산과정은 종종 "노동과정의 길이와 상관없이" 중단된다. 맑스는 와인처럼 숙성이 필요한 경우, 요업(窯業)처럼 건조과정이 필요한 경우, 표백업처럼 화학적으로 시간의 경과가 필요한 경우 등 무수히 많은 사례를 들고 있다. 그리고 많은 농업부문에서는 오랜 기간 노동이 전혀 사용되지 않는다(가장 대표적인 경우는 임업으로 나무가 자라기까지는 한세기가 소요된다).

나는 매년 잠깐씩 아르헨띠나의 농촌에 머무는데, 1월이 되면 거대한 기계가 트럭 한대와 세명의 노동자와 함께 나타나서 하루에 밀밭 20헥타르를 수확하는 것을 본다. 다음 날에는 또다른 기계와 세명의 노동자가 와서 하루에 20헥타르의 밭에 콩을 파종한다. 두달 뒤에는 또다른 기계가 와서 이 콩밭에 무서운 살충제를 살포하고 석달 뒤에는 다시 기계가 한대 와서 콩을 모두 수확해간다. 두어달 뒤에는 또다른 기계가 와서 토지에 비료를 뿌리고 그런 다음 다른 기계가 밀을 파종한다. 고정자본은 매우 많이 사용되지만 노동투입과 노동기간은 생산기간에 비해 매우 짧다. "이들 모든 경우에는 생산기간의 대부분 동안 단지 때때로 추가노동이 가해질 뿐이다."(M2: 242)

생산기간을 물리적으로 가능한 범위까지 단축하려는 강력한 유인이 존재하는 것은 분명한 사실이다. 그래서 맑스는 "1780년경 발명된 버틀법(puddling, 잘 부러지는 성질인 선철을 보다 가공하기 용이한 연철軟鐵로 정련하는 기술—옮긴이)으로부터 근대적인 베서머(Bessemer)법과 그 이후 도입된 최신 방법에 이르기까지" 철 생산의 역사에서 얻어진 성과를 예로 든다. 하지만 "생산기간은 엄청나게 단축됐지만 그에 비례하여 고정자본의 투하액도 증가했다".(M2: 242) 즉 속도의 증가와 속도의 감소 사이의 숨겨진 모순이 다시 한번 강조된다.

예상할 수 있는 일이지만 농업은 생산기간을 단축하기 매우 어려운 영역이다. 이것은 자본은 물론 노동에도 중요한 함의가 있다. 맑스는 키르히호프(F. Kirchhof)의 글을 길게 인용하는데 이 글은 이런 생산기간의 단축이 자본과 노동에 미치는 각기 다른 영향을 강조했다. 노동에서는 농업부문의 노동가능 일수가 계절적인 성격을 띠고 있다는 것이 핵심 문제다. 예를 들어 러시아에서는 농업노동이 연간 130~150일밖에 가능하지 않기 때문에 만일 부락 단위의 공동 체적인 방식으로 생산이 조직("직인, 피혁공, 제화공, 자물쇠제조공, 대장장이 등")되지 않을 경우 심각한 문제가 될 수 있다. "농업과 농촌 부업의 결합"은 이런 자연적 요인에 의한 계절적인 노동구조 문제를 해결하는 효과적인 방법이었다. "이후에 점차 자본주의적 생산이 농업과 공업을 분리하고 나면 농업노동자는 결국 우연적인 부업에만 의존하게 되어 그의 상태는 점점 더 어려워진다. 뒤에서 보게 되겠지만 자본에서 회전의 모든 차이는 균등해진다. 그러나 노동자에게는 그렇지 않다."(M3: 244) 농업부문 노동의 계절적 성격 문제는 아직도 사라지지 않았다. 미국에서는 과일이나 채소 등의 계절적 작물을 수확하는 동부와 서부의 농업지역에 이민노동자들이 집단적인 형태로 흘러들어와 대부분 끔찍한 조건에서 생활하며 맹독성 살충제에 광범위하게 노출된 채로 작업하다가 수확이 끝나고 나면 멕시코나 카리브해 지역으로 돌아간다.

맑스는 이런 계절적인 문제가 발생하지 않거나 노동기간과 생산기간 사이의 간극이 크지 않은 많은 산업(공황기를 제외했을 때)이 있음을 인정하긴 했지만 이 문제에 시달리는 여러 투자형태가 존재하는 것도 사실이다. 이들 부문에서는 "연중 여러 시기별로 유동자본의 투하가 매우 불균등하게 이루어"진다.(M3: 244) 투하된 고정자본은 연중 일정 기간에는 사용되지 않으며 따라서 그 유통도 중단되는데 이는 "어느 정도의 가치하락"을 불러온다. 가장 흥미로운 사례는 임업인데 여기에서는 생산기간과 노동기간의 격차가 매우 커서 "임업은 사적 경영〔그리고 자본주의적 경영…〕에 불리한 사업부문이다. 농업과 공업의 발전은 전반적으로 옛날부터 삼림을 엄청나게 파괴했을 뿐 삼림의 보전과 재생에는 거의 아무런 기여도 하지 않았다".(M2: 247) 이런 현상이 맑스가 살던 시기에도 있었다면, 오늘날에는 훨씬 더 큰 문제가 되었다. 즉 라틴아메리카, 동남아시아, 아프리카 등지에서 끊임없이 열대우림이 감소하고 있는데 이는 지구전체의 온난화와 생물다양성, 그리고 삼림 자체의 유실에 커다란 영향을 미친다.

마지막 부분에서 맑스는 유통비용을 이루는 재고의 형성을 다룬 제6장의 문제로 돌아가는데, 단 여기에서는 시간성의 문제로 다루어지고 있다. 모든 생산체제에서는 "일정 분량의 (…) 생산수단이 (…) 저장되어 있다가 조금씩 순차적으로 생산과정에 투입되어야 한다". 이 재고의 크기는 얼마나 되어야 할까? 그 크기는 "그것이 갱신되기 어려운지, 구입시장과의 거리는 얼마나 되는지, 그리고 운송 및 교통 수단은 어느 정도 발전해 있는지 등에 의해 결정된다".(M2: 248) 그러나 그것은 또한 유통영역 조건의 변동에도 민감하게 반응한다. 맑스는 그 변동이 무엇인지 구체적으로 말하지 않았지만 오늘날 그 명확한 사례로 1970년대 일본의 산업계에 처음 도입된 "적기생산"체제와 그것의 아류를 볼 수 있다. (컴퓨터화를 통한) 네트워크화된 정보체계와 확실한 운송체계를 통해 이루어진 부품공급의 최적화된 스케줄은 투입에 필요한 재고를 최소로 줄이고 따라서 활동하지 않는 "죽은" 혹은 "유휴" 자본을 대거 활성화한다. 이 체제는 자본주의 경제 활동의 전체영역으로 금방 확산됐다.

노동기간과 생산기간의 관계에 존재하는 "광범위한 가능성"은 한편으로는 생산과정 그 자체의 자연적 성격에서 발생하고 또다른 한편으로는 (부품과 시장에 대한 접근성 향상 같은) 유통영역 내부 조건의 변동을 반영하기도 한다. 그래서 이제 이 후자의 문제로 들 어가보기로 한다.

제2권 제14장: 유통기간

이 장은 자본의 운동법칙에 공간적 구조와 동학이 수행하는 역할 을 가장 명시적으로 다룬 부분이다. 이 주제는 맑스 저작 곳곳에서 제기되지만 대개는 매우 압축된 형태로, 그래서 다소 수수께끼 같 은 형태로 다루어진다. 그 중요성은 결코 부정되지 않고 때로는 강 조되지만 단지 몇면 분량에 불과한 이 장을 제외하고는 어디에도 체 계적인 설명은 없다. 그래서 자본축적의 공간적·지리적 동학과 그 내적 모순에 대한 맑스의 견해를 재구성하려 한다면 우리는 『자본』 의 이 장에 의존해야 하는데 여기에서는 (제2권의 전체적인 분위 기와 일치하는) 주로 기술적이고 우연적인 다양한 이야기가 언급 된다. 나는 이것을 하나의 논문으로 정리하여 1975년에 『앤티포드』 (*Antipode*)에 게재했는데 이 잡지는 당시 급진적인 지리학의 주도적 인 학술지였다. 물론 여기에 커다란 관심을 보인 사람은 없었고 나 중에 공간과 공간적 (그리고 영토적) 관계의 생산이 자본주의의 지 리학적 역사에서 얼마나 중요한지를 보여주기 위해 이 논문의 내용 을 『자본의 한계』 마지막 부분에 실었을 때도 마찬가지였다.[21] 불행히도 최근까지도 공간과 공간적 관계, 영토적 형태("장소")의 생산에 관한 문제는 전반적으로 맑스의 사상을 이야기할 때 무시되고 있다. 이들 견해는 매우 투명하게 드러나 있기 때문에 따로 검토할 필요가 없다. 최근에야 비로소 자본축적과 일상생활의 동학에 대한 관점이 좀더 중요하게 받아들여지고 있다. 맑스는 이 문제를 언급할 때 매우 열정적으로 이야기한다.

『공산주의자 선언』을 살펴보자. 이 책에서는 우리가 오늘날 세계화라고 부르는 현상이 깔끔하게 서술된다.

생산물 시장을 끊임없이 확대해야 할 필요성 때문에 부르주아는 세계 곳곳을 찾아다닌다. 그들은 어디든 근거지를 마련하고, 정착하며, 모든 것을 서로 연결한다. 부르주아는 세계시장을 통해 모든 나라의 생산과 소비에 보편적 성격을 부여했다. 반동주의자는 유감이겠지만 부르주아는 산업의 국민적 토대를 무너뜨렸다. 오래된 국민적 산업은 모두 파괴됐고 지금도 계속 파괴되고 있다. 이들은 새로운 산업에 밀려났고 새로운 산업의 도입은 모든 문명국가의 사활이 걸린 문제가 됐다. 이 새로운 산업은 더이상 국내의 원료가 아니라 해외의 원료를 사용하고 이 산업의 생산물은 국내뿐만 아니라 세계 모든 곳에서 소비된다. 국내 생산에 의해 충족되던 과거의 낡은 욕망은 새로운 욕망으로 대체됐는데 이 새로운 욕망은 기후가 다른 먼 지역의 생산물에 의해 충족될 수 있다. 과거에 고립적으로 자급자족하던 방식 대신에 우리는 오늘날 세계 여러 지역과 교류하고 있고 각 나라가 모두 상호 의존하는 구조 안에 있다. 물적 생산은 물론 정신적 생산에서도 모두 해당된다. 개별 국가의 지적 창조물은 공동의 자산이 되고 있다. 국가적 단위의 편파성이나 편협성은 점점 불가능해지고 숱한 국민·지역 문학으로부터 하나의 세계 문학이 등장하고 있다.

부르주아는 모든 생산도구의 급속한 개량을 통해, 그리고 통신수단의 끝없는 확대를 통해 심지어 미개한 국가를 포함한 모든 국가를 문명화한다. 그들 상품의 낮은 가격은 중국의 만리장성을 무너뜨리는 강력한 대포이며, 외국인에 대한 야만인의 완고한 적개심을 무너뜨리는 대포이기도 하다. 부르주아는 모든 국가들에 절멸하지 않으려면 부르주아 생산양식을 따르도록 강요한다. 부르주아는 이들 국가에 자신들이 문명이라고 부르는 것, 즉 부르주아 자신을 도입하도록 강요한다. 요컨대 그들은 자신의 모습을 닮은 하나의 세계를 창조하고 있다. (『공산주의자 선언』 38~39면)

그런 점에서 비즈니스 엘리트를 겨냥한 국제뉴스채널 CNN의 모토가 "국경을 넘어라"(물론 계급에 대해서는 한마디도 하지 말고)인 것은 별로 놀랄 일이 아니다. 자본주의가 만들어내는 "세계주의"('항공사 단골 고객'frequent flyer의 모토)는 오늘날 넘쳐나고 있다. 『경제학비판 요강』의 비슷한 구절도 보자.

내가 광산에서 금속을 채굴하든 소비지로 상품을 가져가든 이 두 운동은 모두 공간을 통해 이루어진다. 운송 및 교통 수단의 발달도 마찬가지로 대개 생산력 발전의 범주에 포함된다. (⋯) 생산이 보다 많이 교환가치(즉 교환)에 의존할수록 교환의 물리적 조건(교통 및 운송 수단)은 유통비용에 더욱 중요해진다. 자본은 본질적으로 모든 공간적 제약을 뛰어넘는다. 따라서 교환의 물리적 조건(교통 및 운송 수단, 시간에 의한 공간의 제거)의 창출이 자본을 위해 매우 필요해진다. (『경제학비판 요강』 523~24면)

그러므로 유통기간은 그것이 노동기간의 실현에 자연적 장애로 나타날 경우에만 가치를 결정한다. 따라서 그것은 노동생산성에 장애요인으로 나타난다. (…) 그래서 한편으로 자본은 모든 공간적 장애물을 제거하여 소통(즉 교환)이 되게 하고 지구 전체를 자신의 시장으로 정복해야 하지만 다른 한편으로 이들 공간의 시간성을 없애기 위해, 즉 한 장소에서 다른 장소로 이동하는 데 걸리는 시간을 줄이기 위해 노력한다. 그러므로 자본이 발전할수록, 자본이 유통하고 그 유통의 공간적 범위를 이루는 시장의 크기는 더욱 확대되고, 자본은 더욱더 시장의 확대와 공간의 시간성을 제거하기 위해 노력하게 된다. (『경제학비판 요강』 539면)

이것이 "과정의 일정한 연속성, 즉 가치가 하나의 형태에서 다른 형태로, 혹은 과정의 한 국면에서 다른 국면으로 무난히 원활하게 이행하는 것이 이전의 어떤 생산형태에서보다 자본에 의한 생산에서 핵심 조건인"(『경제학비판 요강』 535면) 이유다.

유통기간을 다루는 제14장을 시작하기 전에 다른 저작에 있는 구절을 먼저 살펴보는 것은 매우 중요한데, 왜냐하면 이 장에 들어 있는 내용이 대충 한번 훑어보고 말 것이 아님을 강조할 필요가 있기 때문이다. 이 내용은 자본주의 생산양식의 공간적 동학을 이해하는 데 중요한 몇가지 원리를 제시하고 있기 때문에 필요할 경우 좀더 깊이 살펴보아야 한다. 맑스가 주의를 기울인 원리는 "운송기관의 발달로 인해 단지 공간적인 이동속도가 빨라지고 공간적인 거리만 시간이 단축되는 것이 아니"(M2: 253)라는 것이다.

맑스는 제14장을 간단한 문장으로 시작한다. "판매기간(따라서 회전기간 일반)의 차이를 끊임없이 유발하는 원인 가운데 하나는 상품이 판매되는 시장과 상품생산지와의 거리다. 시장으로 운반되는 전체 기간 동안 자본은 상품자본의 상태로 묶여 있다."(M2: 252) 따라서 신용제도 논의에서 이미 보았듯이, 자본은 화폐자본가가 상품의 운동과 관련된 어음을 할인해주지 않으면 화폐형태로 전화할 수 없다(바로 그렇기 때문에 원거리무역과 신용제도 사이에는 강력한 역사적 관련이 얽혀 있다). 맑스가 "판매기간"이라고 이른 것은 유통기간을 구성하는 가장 중요한 요소다. 판매기간을 최소로 줄이려는 강력한 유인이 있음은 분명한 사실이다(이를 제3권의 상업자본 부분에서 이미 보았는데 여기에서는 마치 생산자가 자신의 상품을 직접 판매하는 것처럼 이야기됐다).

시장에 도달하기까지 걸리는 시간은 상품의 성질(예를 들어 무게와 부패 가능성)과 사용 가능한 운송수단에 달려 있다. 판매기간의 차이는 상품 사이에서만 발생하는 것이 아니ㄱ 동일한 상품의 생산자 사이에서도 발생한다. 하지만

운송·교통 기관의 발전은 상품의 이동기간을 절대적으로 단축하

긴 하지만, 이런 이동과정에서 발생하는 각 상품자본들 간의 유통기간의 상대적 차이를 (…) 해소하지는 못한다. 예를 들면 운송기간의 단축을 가져온 개량된 범선이나 증기선은 가까운 항구와 먼 항구로의 운반기간을 모두 함께 단축한다. 상대적인 차이는 줄어들긴 하지만 여전히 남는다. 그러나 상대적인 차이가 운송·교통 기관의 발달 덕분에 지리적인 거리와 일치하지 않는 방식으로 바뀔 수도 있다. 예를 들어 생산지에서 국내의 주요 인구집중지로 향하는 철도는, 지리적으로는 가깝지만 철도로 연결되지 않은 어떤 국내 지점과의 거리를, 지리적으로는 멀지만 철도로 연결된 다른 지점에 비해 상대적으로나 절대적으로 더 멀게 만들어버릴 수도 있다. 마찬가지로 똑같은 요인 때문에 생산지와 대규모 판매시장 간의 상대적인 거리가 변화할 수 있으며 이것은 운송·교통 기관의 변화에 따라 일어나는 구생산중심지의 몰락과 신생산중심지의 발흥을 설명해준다. (M2: 252)

그다음 면에서 맑스는 계속 설명한다.

전에는 큰 도로나 운하 옆에 위치한 덕분에 특별한 이점을 안고 있던 생산지가 이제는 비교적 오랜 간격을 두고서 지선이 통과하는 한 지점으로 전락할 수도 있는 반면, 전에는 교통의 주요 중심선에서 멀리 떨어져 있던 어떤 지점이 이제는 여러 철도의 교차점이 될 수도 있다. 후자의 지점은 번창하지만 전자의 지점은 쇠퇴한다. (M2: 253)

자본(첫번째 장소에 묶인 자본의 가치하락)과 노동(고용기회가 첫번째 장소에서 두번째 장소로 이동한 것)에 대한 함의는 매우 광범위하다. 자본과 노동 모두의 가치하락에 따른 지역적 위기는 도처에 존재한다. 자본주의의 지리적 풍경 내에서 이루어지는 경쟁의 소용돌이가 핵심 문제로 등장한다. 그러나 맑스는 이런 지리적인 불균등 발전의 과정과 결과에 대해 깊은 분석을 수행하지 않는다.

교통 및 운송 수단의 혁신과 이에 대한 투자는 자본이 만들어내는 지리적 풍경을 끊임없이 변혁한다. 공간 절약의 상대적인 여지는 끊임없이 변동한다. 자본주의 활동이 이루어지는 모든 도시는 전반적인 자본주의적 경쟁 속에서 상대적인 지리적 이점이 변동함에 따라 새롭게 만들어졌다가 다시 쇠퇴하곤 한다. 토지에는 엄청난 양의 고정자본이 투입되는데 이들 자본의 가치는 다른 지역의 활동을 부추기는 새로운 교통·운수 시설의 건설과 함께 상승하기도 하고 하락하기도 한다. 맑스는 이런 문제를 자세히 다루지 않았지만 이들 고정자본의 가치가 조정되거나 하락할 위험은 자본주의 역사에서 끊임없는 불안정의 원천이 됐다. 증언에 따르면 1980년대 이후 오랫동안 지속돼온 세계화 과정이 근본적으로 방향을 바꾸면서 생산이 대규모로(모두는 아니지만) 주로 동아시아로 이동하자 자본주의 발전의 많은 핵심 지역들(디트로이트, 볼티모어, 맨체스터, 셰필드, 에센, 릴 같은 오랜 공업도시들)에서 엄청나게 힘든 탈산업화 과정이 진행됐다. 각 나라 내부에서의 지리적인 이동(미국의 경우 중시부와 북동부에서 남부와 남서부로 이동)은 자본주의의 지리적인 불균등 발전에서 국제적인 이동 못지않게 중요한 역할을 수행했다.

이 장에서 맑스는 이들 중 어떤 것도 명시적으로 분석하지 않았다. 서술된 것은 제2권의 전반적인 관심과 일치하는 방식으로 이런 분석을 발전시키는 데 도움이 되는 단순한 이론적인 토대와 순전히 기술적인 기초뿐이다. 이 논의는 상품자본의 유통기간(그리고 이동비용)에 대한 것, 그리고 이 유통기간과 유통비용이 잉여가치가 생산되고 실현되는 공간적 조건에 의존하는 것 등에 대한 내용이다.

원리는 간단하다. "시장과 거리가 멀어서 자본이 상품자본의 형태로 묶여 있는 기간이 늘어나면 그로 인해 곧바로 화폐의 회수가 지연되고, 화폐자본의 생산자본으로의 전화도 지연된다."(M2: 257) "운송수단의 발달과 함께, 공간적 이동속도는 빨라지고 따라서 공간적 거리도 시간적으로 단축된다." 이것은 바로 『경제학비판 요강』에서 이야기한 "시간에 의한 공간의 제거"라는 개념이 분명하다. "보다 먼 거리에 대한 운송비용을 보다 짧은 거리에 비해 감소시키는 것"은 상품유통의 지리적 공간을 확장하는 데 매우 중요하다. 맑스가 직접 이야기하지는 않았지만 이러한 이유는 이동비용에 비해 상하차비용이 몹시 높기 때문이다. 상하차비용은 1960년대 이후 컨테이너의 발명으로 대폭 감소됐다. 이는 상품이동의 형태와 경로를 뒤바꾸는 핵심적인 혁신이었다.

서비스의 빈도와 신뢰성은 생산자가 수중에 간직하고 있어야 하는 상품자본의 재고를 감소시킨다(여기에서 맑스는 나중에 "적기생산"체제로 알려진 것이 생겨나는 경향을 언급했는데, 이는 생산에 투입될 부품 공급과 관련된 개념으로 1980년대 일본의 산업경쟁력의 강력한 무기였다). 맑스는 집적경제라는 것의 중요성도 인식하고 있었는데 이는 동일한 상품을 생산하는 많은 생산자가 부품공급자와 함께 동일한 지역에 함께 모여 있음으로써 유통기간을 단축해 이익을 얻는 개념이다.

한편으로 어떤 생산지의 생산량이 많아서 보다 큰 생산중심지가 되면 될수록 우선 운송수단이 기존의 판매시장〔즉 생산 및 인구의 거대 중심지와 수출항구〕으로 향하는 횟수〔예를 들어 철도의 열차 수〕가 늘어난다. 그러나 다른 한편 이처럼 교통이 특별히 편리해지고 그로 인해 자본의 회전이 (그것이 유통기간에 의해 결정될 경우) 빨라지면 그것은 생산중심지와 시장 모두에서 집적을 촉진한다. 이처럼 어떤 지점에서 인구와 자본량의 집적이 촉진될 경우 이들 집적된 자본은 다시 소수의 수중으로 집중된다. (M2: 253)

여기에서 맑스가 논의하는 것은 우리 같은 지리학자들이 상대적 공간관계라고 부르는 이론이다.[22] 이 공간은 물리적 거리에 의해 규정되는 것이 아니고 거리의 마찰저항에 의해 규정되고 이 마찰저항은 물리적 공간을 가로지르는 이동비용과 이동시간의 변동에 의해 측정된다. 자본의 주된 관심은 이동비용과 이동시간이며 자본은 이 비용과 시간을 최소화하고 이동의 공간적 장애물을 줄이기 위해 모든 힘을 기울인다. 이를 위해 자본은 공간관계를 근본적으로 그리고 끊임없이 혁신해야만 한다. 이것이 바로 맑스가 『경제학비판 요강』에서 말한 "시간에 의한 공간의 제거"라는 개념의 의미다. 거리의 마찰저항과 공간적 장애물을 줄이려는 목표를 달성하기 위해 자본주의에서 이루어진 혁신의 역사는 매우 놀랍다. 그러나 물리적인 장애물만 있는 것이 아니다. 사회적이고 정치적인 장애물도 존재한다. 자본의 이동(반드시 사람의 이동이 아닐 수도 있다)을 가로막는 관세장벽과 정치적인 장애물은 새로운 자본주의 국제질서의 성배 가운데 한 부분이 됐다(이 과정에서 발생하는 모순들은 종종 정치적 갈등과 사회적 투쟁의 쟁점이 되곤 한다). 그러나 만일 1950년대 이후 유럽지역이 무역장벽을 점차 없애지 않았다면 자본축적이 어느 정도 방해받았을지를 생각하기는 쉽지 않다. 단지 1970년대 중반 무렵에는 이미 유럽 전역에서 국경세관의 검색대 앞에 길게 늘어선 트럭의 줄이 더이상 참을 수 없는 지경에 이른 것이 사실이다.

그래서 절대적 공간과 상대적 공간의 구별이 존재한다. 자본주의적 공간 조직(토지에 대한 개인적·집단적 소유권과 결부된 것에서 국가 그 자체에 이르는 모든 것)을 통해 드러나는 영토적 단위는 사물을 공간적으로 규정짓는 경향이 있는데, 이때 공간은 자본의 공간을 가로질러 이동하는 온갖 형태(화폐, 상품, 생산활동 등)의 유동적인 움직임과 구별된다. 이는 맑스가 짤막하게 제기한 논의에 내가 붙인 주석들이다.

맑스는 이 장의 약간 뒷부분에서 생산적 소비의 관점(생산에 투입되는 요소의 조달)으로 이 문제를 건드렸다.

상품구입에는 구매기간이 존재하고 원료의 주산지와 거리가 상당히 떨어져 있다는 점 때문에 원료를 미리 구매하여 이것을 비교적 오랫동안 생산용 재고(즉 잠재적 생산자본)의 형태로 확보해둘 필요가 있다. 그리하여 (…) 한번에 선대되어야 하는 자본량과 이것이 선대

되어야 하는 기간은 늘어나게 된다. (M2: 257)

원료의 재고를 확보할 필요성과, 수중에 있어야 할 투입물이 감소하면 사용돼야 할 자본량에 비해 선대돼야 할 자본량이 감소한다.

생산수단에 대한 접근성, 노동력 공급, 최종 시장 등의 이점을 확보하기 위한 생산자들의 지역이동은 본문에서 조금밖에 소개되지 않지만, 그럼에도 불구하고 이들 내용에는 매우 중요한 의미가 있다. 맑스가 대도시의 맥주 양조장을 언급하고 있으므로 나도 그것을 다루어보고자 한다. 18세기 영국에서 맥주는 지역단위에서 자가 제조 형태로 만들어졌고 대규모 양조장은 (맑스의 지적대로) 대도시에서만 찾아볼 수 있었다. 대도시에서 이 양조장들은 운송비용 때문에 지역적 독점을 이루며 경쟁에서 벗어나 있었다. 그러나 양조기술에 발효를 억제하는 성분(특히 홉이 그 주요 성분이다)이 도입되면서 맥주는 훨씬 먼 거리로 운반이 가능해졌다.[23] 맥주가 상품으로 시장에서 소비될 수 있는 기간은 홉 덕분에 크게 증가했다. 그 결과 19세기에 농업부문에서는 홉의 생산이 크게 증가했는데 특히 내 고향 켄트 지역이 그러했고 이는 나중에 내 박사학위 논문의 주제가 됐다. 내가 이 이야기를 하면 대부분의 사람들은 크게 놀라면서 이렇게 묻는다. 당신은 어떻게 그런 사소한 주제에 그렇게 오랜 시간 매달려 있을 수 있었습니까? 그러나 나에게는 매우 매혹적인 주제였고 그때 얻은 연구경험은 지금까지도 큰 도움이 되고 있다. 홉의 경작은 자본집약적인 농업 형태에 속하고, 상업자본과 맥주회사를 경유해 런던의 금융 및 신용 시장과 연결되어 있다. 홉의 재배면

적은 신용의 이용 가능성과 경기순환에 따라 변동했다. 홉 제배에는 많은 비료가 필요했기 때문에, 런던의 분뇨가 쓰레기와 함께 켄트로 운반됐고 그 덕분에 런던 고물상들의 일자리가 생겨났다. 일년 중 특정 기간에 많은 노동이 필요해졌다. 홉을 수확할 시기가 되면 런던의 이스트엔드(East End, 전통적으로 노동자계층이 거주하는 지역 — 옮긴이) 지역에서 가난한 노동자들이 대규모로 매년 이동했는데, 그 모습은 장관이었다. 나는 어린 시절 보았던 그 풍경을 지금도 기억하고 있다. 작년에 나는 런던에서 택시를 탔다가 나이가 지긋한 택시기사가 젊은 시절 홉을 수확하던 좋은 추억을 이야기하는 것을 듣고 함께 즐거워했다(지금은 홉을 기계로 수확한다).

19세기 중반에는 홉이 많이 들어간 맥주가 인도에 거주하는 영국인을 위해 수출되기도 했다(소위 "인디아 페일 에일"India pale ale이라는 것인데 이 맥주는 잉글랜드 중부 지방의 트렌트 강변에 자리를 잡고 있는 배스Bass 같은 회사에서 아직도 생산되고 있다). 그러나 1950년대가 되면서 대부분의 맥주는 다시 먼 외부로 판매되지 않게 됐다. 운송비가 너무 많이 들어 지역별로 다시 독점이 자리 잡은 것이다. 그래서 나도 지역 맥주만 마셨다(어린 시절 나는 "기네스" 생맥주를 마시기 위해 이웃 도시로 가야만 했다). 학생 시절 켄트에서 케임브리지로 이사하면서 나는 맥주를 "커리지"(Courage)에서 "플라워즈"(Flowers)로 바꾸어야만 했다. 1960년대 미국에서도 이와 마찬가지 일이 벌어졌다. 볼티모어에 살 때는 "내셔널 보헤미안"(National Bohemian)을 마셨는데 만일 피츠버그에 살았다면 나는 "아이언 시티"(Iron City)를 마셨을 것이다. 1960년대 이후 운송비가 하락하자 온갖 맥주가 모여들었고, (배럴에 담은 맥주를 대신한) 케그 맥주의 출현과 함께 해상운송이 컨테이너화되자 수입 맥주들이 국산 맥주와 경쟁하기 시작했다. 맥주 생산은 (나중에 지역 맥주의 형태로 해소되긴 했지만) 거대기업들에 합병됐다. 그러나 오늘날 우리는 거의 어디에서나 맥주를 마실 수 있다. 뉴욕에 있는 바에서는 전세계 대부분의 맥주를 팔고 있다.

운송비 하락과 함께 냉장고의 등장은 식품공급에 온갖 종류의 새로운 지역적 배치구조를 만들어냈다. 캘리포니아에서 생산된 신선한 채소가 냉장을 통해, 미국 중서부에서 생산된 육류가 냉동을 통해, 동부 지역이나 더 먼 지역의 소비도시로 운송될 수 있다는 의미에 대해서는 19세기의 시카고를 그려놓은 윌리엄 크로논(William Cronon)의 『자연의 대도시』(*Nature's Metropolis*)를 읽어보면 짐작할 수 있다.[24] 또한 전신(電信)은 세계 전체의 상품가격을 알 수 있게 해주었고 그래서 세계시장을 점점 더 효율적인 방식으로 묶었다. 1945년 이후 등장한 도시화의 패턴은 부패할 가능성이 있는 식품도 안정적으로 공급될 수 있다는 보장과, 효율적이며 신속하고 저렴한 냉장 및 운송 체계의 도움이 없었다면 불가능했다. 자본주의적 상호경쟁의 영향으로 공간의 식민지화와 공간관계의 변화가 이루어지지 않았다면 이들 가운데 어떤 일도 일어나지 않았을 것이다. 운송 및 통신 혁명은 원래 군사적인 필요 때문에 생겨났지만 자본이 그것들을 직접 이용하면서 도시화의 재편과 공간과 일상생활의 창출에 중요한 역할을 수행했다. 그것은 또한 공간의 창출(일반)과 도시화(특수)를 통한 잉여가치와 잉여생산물의 흡수가 자본주의적 축적을 지속하는 데 결정적인 역할을 수행했다는 내 주장의 골격을 이루어왔다. 나에게 이것들은 제2권에서 맑스가 운송 및 통신의 발달에 대해 짤막하게 언급한 것에서 발전시켜나간 흥미로운 주제들이다.

그러나 맑스는 유통기간의 단축이 급격히 만들어내는 모순에 대해서는 별로 이야기하지 않는다.

자본주의적 생산의 진보와 함께 이루어진 운송·교통 기관의 발달이 주어진 상품량의 유통기간을 단축했다면, 운송·교통 기관의 발달로 인한 자본주의적 생산의 진보는 필연적으로 더 먼 시장〔즉 세계시장〕을 향하게 만든다. 먼 곳을 향해 운송 중인 상품의 양이 엄청나게 늘어나고, 따라서 사회적 자본 가운데 상품자본의 단계에 〔즉 유통기간 내에〕 장기간 머물게 되는 부분도 절대적으로나 상대적으로 모두 늘어난다. (M2: 254)

교통설계 전문가들은 교통망이 수용할 수 있는 만큼 교통량은 증가한다는 경향을 오래전부터 알고 있었고 따라서 기존 교통망 내에서 혼잡을 줄이려는 노력은 결국에는 모두 실패한다는 것도 알고 있었다(어떤 연구에 따르면 마차가 교통을 담당하던 시기에 런던의 평균 교통속도는 시속 11마일이었는데, 자동차가 교통을 담당하는 지금의 교통평균 속도도 이와 별로 다르지 않다고 한다).

두번째 모순은 우리가 앞에서 이미 보았다. "그와 동시에 사회적 부 가운데 직접적인 생산수단으로 사용되는 것이 아니라 운송·교통 기관〔그리고 운송·교통 기관의 경영〕에 소요되는 고정자본과 유동

자본에 투하되는 부분도 함께 늘어난다."(M2: 254)

다른 복잡한 문제들은 다양한 할인 메커니즘 때문에 상품의 흐름과 반드시 일치하지 않는 화폐흐름의 체계로부터 나온다. "회전의 차이는 신용기한의 차이를 만들어내는 물적 토대의 하나를 이루는데, 그것은 예를 들어 베네찌아와 제노바에서 해외무역이 본격적인 신용제도의 기원이 된 것과 마찬가지다."(M2: 254) 제3권의 신용제도에 관한 장에서 맑스는 이런 현상에 상당한 관심을 보이는데 여기에서는 추가적인 이야기 없이 단지 간단한 언급만 하고 있을 뿐이다.

맑스는 이 장의 많은 부분을 상품에서 화폐로의 형태변화라는 관점에서 유통과정을 살펴보는 데 할애하지만, 동시에 생산에 사용되기 위해 화폐가 상품으로 전화할 때 발생하는 문제에 대한 짤막한 언급도 함께 제시한다. 그는 이렇게 말한다.

제6장에서 이미 보았듯이 상품 구입에는 구매기간이 존재하고 원료의 주산지와 거리가 상당히 떨어져 있다는 점 때문에 원료를 미리 구매하여 이것을 비교적 오랫동안 생산용 재고[즉 잠재적 생산자본]의 형태로 확보해둘 필요가 있다. 그리하여 생산규모가 변하지 않을 경우에도 한번에 선대되어야 하는 자본량과 이것이 선대되어야 하는 기간도 늘어나게 된다. (M2: 257)

이것은 맑스를 공급의 계절적 성격, 그리고 어떤 상품이 시장에 나오는 특정 시기에 대한 문제로 되돌려세운다.

맑스는 이 모든 고찰이 화폐, 상품, 그리고 생산형태를 띤 자본이 끊임없이 서로 뒤섞이는 유통영역에 포함되어야 하고, 자본이 이러한 특정 형태를 취하지 않고는 공간과 시간을 통해 이루어지는 운동의 연속성을 유지할 수 없다는 점을 다시 확인하면서 이 장을 끝맺는다. 분명 이들 다양한 자본형태는 공간적으로 제각기 다른 방식으로 움직이고, 화폐·생산·상품 형태의 운동 사이의 관계는 결코 전적으로 일치하지 않는다. 이들 불일치 가운데 일부는 제2권의 다음 장들에서 다루어진다.

제9편

유통기간과 회전기간

『자본』제2권
제15장~제17장

이 세 개 장은 읽고 이해하기 어려운 부분에 속한다. 나는 아직도 이 부분을 잘 읽어나가는 방법을 찾지 못했다. 맑스에게는 지나치게 자주 있는 일이지만, 그가 과거와 당대의 경제학자들을 대상으로 끊임없이 제기하는 논쟁적 구절이 문제가 되는데 맑스는 이를 통해 자신의 이론을 만들어나간다. 또한 우리가 알다시피 맑스는 종종 사소한 수치 사이에서 길을 잃기도 한다. 엥겔스의 개입에도 불구하고 이들 장에서 맑스는 최악의 상태를 보여준다. 혼란을 더욱 가중시키는 것은, 맑스가 어떤 곳에서는 갑자기 제2권에서 계속 지켜오던 정치적 침묵을 깨고 자본 일반이 나아가는 방향과 공산주의에 포함되는 부분에 대한 함의를 추론한다는 점이다(제3권에는 이런 추론이 많이 포함되어 있다). 나는 이런 부분에 많은 설명을 덧붙이지 않고,

사소한 내용이나 논쟁적 부분은 생략하면서 그가 보다 중요하게 다룬 주제를 찾아내려고 노력했다.

제2권 제15장: 유통기간과 선대자본의 크기

이 장은 비록 몇가지 중요한 문제가 제기되고 한두개 핵심 개념이 설명되지만 제2권 전체에서 가장 지루한 부분이다. 엥겔스의 설명에 따를 경우 사태를 더욱 나쁘게 한 것은 맑스가 "온갖 종류의 상업적 계산방식을 (…) 직접 계산한 여러 뭉치의 두꺼운 노트를 남겨" 두었다는 점이다. 엥겔스는 다음과 같은 언급만 하면서 이 부분들을 건너뛰었다. 즉 그는 맑스가 "수치의 계산에 능란하지 못했고 (…) 회전의 계산에서 갖가지 혼동을 일으켜 계산을 완전히 끝내지 않은 것은 물론 틀리게 계산했거나 서로 모순된 계산들을 곳곳에 남겨두었다"고 말한다. 엥겔스가 보기에 "이런 부정확한 계산 때문에 맑스는 사실상 별로 중요하지 않은 요인을 지나치게 중시했다".(M2: 286)

그렇다면 무엇이 중요한가? 맑스는 이렇게 이야기한다. "회전의 메커니즘에 대해 분명한 이야기를 거의 하지 못하는 경제학자들은 항상 이 중요한 사실, 즉 생산이 중단되지 않고 계속되려면 산업자본 가운데 일부만 실제로 생산에 참여할 수 있다는 점을 간과한다."(강조는 하비) 그런 다음 맑스는 "이 점을 간과하면 화폐자본의 중요성과 역할이 완전히 무시된다"(M2: 259)고 덧붙였다. 적어도 이것은 핵심적인 관점 가운데 하나인데, 이자 낳는 자본의 유통에서 내가 지적했듯이 이 관점은 자본 일반의 운동법칙을 이해하는 데 중요하다.

"생산과정의 연속성은 그 자체가 노동생산성"(M2: 283)이라고 맑스는 말한다. 이 점을 잊지 않는 것이 매우 중요하다. 자본 흐름의 중단과 정체는 모두 비용이 많이 들고 마치 질병처럼 피해야 하는 것이다. 생산성의 한 요소인 연속성을 유지하는 것이 어렵기 때문에 (제3권의 금융자본과 신용제도에 대한 연구에서 보았듯이) 화폐시장과 신용제도가 중요한 역할을 할 수밖에 없다. 그런데 생산력의 본질을 다루는 맑스주의 문헌들에서는 이 "연속성"에 대해 거의 언급하지 않으며, 그것의 포괄적인 의미를 대개 간과하고 있다.

회전과정이 원활하게 이루어지면 선대되어야 할 자본의 크기가 감소한다.

회전운동의 메커니즘을 통해 풀려난 화폐자본(고정자본의 순차적인 회수를 통해서 풀려난 화폐자본과 매번의 노동과정에서 가변자본을 위해 필요한 화폐자본과 함께)은 신용제도의 발전과 함께 중요한 역할을 해야만 하고 **동시에 신용제도의 한 기초를 이루어야만 한다.** (M2: 284. 강조는 하비)

이 회전운동이 이자 낳는 자본의 유통과 신용제도를 만들어낸다는 말이 아니라는 점에 유의해야 한다. 이 말이 함축하고 있는 것(제3권에서 신용의 역사를 다룬 부분에 명시적으로 이야기된다)은 이미 오래전에 존재하고 있던 신용이 이런 어쩔 수 없는 필요성과 만나기 위해 재구성된다는 의미다.

만일 이것이 핵심적인 관점에 대한 언급(나는 그렇게 생각한다)
이고 단순히 우연적인 것이 아니라면, 즉 맑스의 불완전한 문장에서
종종 발견되는 유형의 즉흥적인 언급이라면, 단연코 이 장에서 가장
중요하게 다루어진 고찰일 것이다. 이는 맑스의 전체 이론 체계에서
매우 중요하다. 자본의 운동법칙에 대한 연구는 사실상 이 법칙이
화폐시장과 특수한 방식으로 작동하는 신용제도의 존재를 지시(이
단어가 바람직하다고 나는 생각한다)한다는 결론으로 (뒤늦게) 나
아갔다. 만일 그렇게 작동하는 화폐시장과 신용제도가 미리 존재하
지 않았다면 그것은 새롭게 만들어졌을 것이다. 또한 제3권에서 보
았듯이 화폐시장과 신용제도는 잉여가치 생산의 토대 위에서 단순
히 투기적인 거품으로만 이루어진 것이 아니고(물론 그런 경우도
많지만), 지속적인 자본축적의 일반성과 연속성이 실제로 작동하는
방식을 설명하는 데 중심적인 위치를 차지한다. 이 때문에 맑스는
『경제학비판 요강』에서 설정한 엄격한 틀(분배의 특수성은 자본의
운동법칙 내에서 강력한 내적 효과를 갖는다)로부터 벗어나야만
했다.

　맑스가 써놓은 수치 예들이 이 명제에서는 그다지 중요하지 않다
고 엥겔스가 문제 제기했다고 해서 그가 이 명제를 부인한 것은 아
니다. 화폐형태로 자본이 "풀려나는" 과정은 극히 일반적이며 포괄
적인 명제다(그리고 맑스도 지적했듯이 이를 이해하기 위해서는 고
정자본에 관한 장으로 돌아가기만 하면 된다). 엥겔스는 이렇게 말
한다. "본문의 요점은 한편으로는 산업자본 가운데 상당히 큰 부분
이 항상 화폐형태로 존재해야 하며 다른 한편으로는 그것보다 더

욱 큰 부분이 일시적으로 화폐형태를 띠어야만 한다는 것이다."(M2: 287)

그렇다면 회전기간의 논리 안에서 화폐자본이 방면되어야 할 필요성에 대한 맑스의 주장은 무엇인가? 그것은 다음과 같다.

자본가가 어떤 상품을 9주 만에 생산하고 모두 900파운드스털링을 투자한다면 그는 매주 100파운드스털링을 노동력과 생산수단에 지출한 셈이다(고정자본 문제가 언급되고 있지만 대개 가정에서 배제된다). 또 노동기간은 생산기간과 같다고 가정하자. 상품자본이 시장에 머무는 유통기간이 3주라면 이 기간 동안 자본가는 생산을 계속할 화폐가 없다. 가치생산의 연속성은 깨진다. 이 3주의 공백을 어떻게 메울 것인가? 두가지 방안이 있다. 한가지는 매주 나가는 지출을 줄여 이 화폐를 3주간의 유통기간 동안 생산을 계속하는 데 사용하는 것이다(그러나 만일 자본가가 생산을 효율적으로 수행하기 위해 일정한 규모를 유지해야 한다면 불가능하다). 또다른 한가지 방법은 상품이 시장에 나가 있는 3주를 메우기 위해 300파운드스털링을 다른 곳에서 구하는 것이다. 솔직히 나는 맑스가 이 두가지가 다르다고 상정한 이유를 모르겠다. 왜냐하면 본질적으로 이 두 방법은 동일하고 실제로 그는 후자의 경우만을 다루었다. 유통기간 3주가 지나고 나면 상품은 화폐로 전화할 것이고 자본가는 900파운드스털링을 모두 회수할 것이다. 그러나 그는 앞서 유통기간의 공백을 메우기 위해 이미 300파운드스털링을 지출했기 때문에 다음 노동기간을 완수하는 데는 600파운드스털링만이 필요하다. 300파운드스털링은 다음 유통기간이 도래할 때까지 유휴상태로 있게 될 것이다.

일반적으로 지적되는 사실은 엥겔스가 이야기했듯이 생산과정에서 필요한 화폐는 실제로 사용되는 것보다 더 많으며, 그 필요량은 생산과 유통 국면의 길이에 달려 있다. 그렇다면 왜 과잉화폐를 들어내어 그것이 필요할 때까지 화폐시장에 투입하지 않는 것일까? 혹은 왜 3주의 유통기간을 매우기 위해 필요한 300파운드스털링을 먼저 차입한 다음 유통기간이 지나고 자본가가 900파운드를 회수한후에 그것을 갚는 방법을 사용하지 않는 것일까? 물론 여기에서 맑스가 (우연적인 것 외에) 고려하지 않은 또다른 방안도 있다 자본가가 곧바로 상업자본에 자신의 상품을 (300파운드스털링보다 낮은 가격으로) 할인해서 판매함으로써 자신의 유통기간을 제로로 만드는 방법이다.

맑스는 유통기간이 노동기간보다 짧은 경우, 같은 경우, 긴 경우의 세가지 사례를 살펴본다. 이 과정에서 그는 세부사항을 다루기힘들어하기도 하고 몇가지 특이한 사항을 발견하기도 한다(신용제도의 개입은 배제한다). 특히 그는 (유통기간과 노동기간이 동일하거나 혹은 몇배인 경우처럼) 자본이 전혀 풀려나지 않는 경우도 살펴본다. 그러나 이는 명백히 특수한 경우다. 다른 모든 사례에서 풀려나는 화폐자본의 크기는 유통기간과 노동기간의 비율과 회전기간에 따라 변동한다. 풀려나는 화폐자본이 만들어지는 크기도 생산의 연속성을 보장하는 회전과정이 겹치는 정도에 따라 변동한다.

그러나 (주류경제학자들은 알아차리지 못하겠지만) 핵심은 이미어느 정도 분명하게 제시되어 있다. "사회적 총자본의 입장에서 본다면 이런 추가자본 가운데 상당 부분은 항상 일정한 기간 동안 화

폐자본 상태로 있을 것이다." 개별 자본의 입장에서는

유통기간을 생산기간으로 전화시키기 위해 추가자본이 투입되면
그것은 선대자본의 크기는 물론 총자본이 반드시 선대되어야만 하는
기간까지도 함께 증대시키고 또한 선대자본 가운데 특히 화폐준비금
으로 존재하는 부분(즉 화폐자본 혹은 잠재적인 화폐자본의 형태를
띠는 부분)도 증대시킨다. (M2: 267)

늘 그렇듯이 맑스는 이런 관점을 경제학자들을 추적하면서 사용
한다.

회전의 메커니즘에 대하여 분명한 이야기를 거의 하지 못하는 경
제학자들은 항상 이 중요한 사실, 즉 생산이 중단되지 않고 계속되려
면 산업자본 가운데 일부만 실제로 생산에 참여할 수 있다는 점을 간
과한다. 산업자본 가운데 일부는 생산기간에 있어야 하지만 다른 일
부는 항상 유통기간에 있어야만 하기 때문이다. 달리 말해서 자본 가
운데 일부가 생산자본으로 기능하기 위해서는 반드시 다른 일부가
상품자본이나 화폐자본의 형태로 생산과정에서 떨어져 나와 있어야
만 하는 것이다. 이 점을 간과하면 화폐자본의 중요성과 역할이 완전
히 무시된다. (M2: 269)

이것은 (물론 여기에서는 곧바로 그렇게 이야기하고 있지는 않지
만) 화폐시장과 신용에도 그대로 적용되어야 하는 이야기다.

만일 (운송이나 판매 부문의 진보가 이루어져서) 생산기간에 비해 유통기간이 단축된다면 이것이 화폐자본을 풀어주어 다른 곳에 사용될 수 있도록 해줄 것이 분명하다. 그런 조건에서는 처음에 선대된 가치 가운데 일부가

화폐자본의 형태로 분리된다. 이것은 화폐자본의 형태로 화폐시장에 들어가서 거기에서 기능하는 자본들의 추가분을 형성한다. 이것으로부터 화폐자본의 과잉이 어떻게 발생하는가를 알 수 있다. 그런데 화폐자본의 과잉은 화폐자본의 공급이 수요보다 더 크다는 의미만은 아니다. 그런 경우는 항상 상대적인 과잉일 뿐이며 이것은 예를 들어 공황이 끝나고 새로운 순환이 시작되는 '우울한 시기'에 발생한다. 그러나 우리가 여기에서 말하는 것은 그런 종류의 과잉이 아니라 사회적 총재생산과정(여기에는 유통과정이 포함된다)의 진행에서 선대된 자본가치 가운데 일정 부분이 과잉상태가 되어 화폐자본의 형태로 분리된다는 의미에서의 과잉이다. 즉 단지 (…) 회전기간의 단축에 의해서만 발생하는 과잉인 것이다. (M2: 285)

그래서 우리는 앞 장에서 이야기했던 운송기간의 단축이 유통기간을 획기적으로 단축하고 그것을 통해 과잉의 화폐자본을 화폐시장에 풀어 이자율을 하락시키는 시나리오를 생각할 수 있다. 거꾸로 만일 유통기간이 어떤 이유(예를 들어 수에즈운하의 봉쇄)로 늘어난다면 "추가자본을 화폐시장에서 가져올 수밖에 없다". 그리고 이것이 확대되면 "화폐시장에 압력으로 작용할 것이다". 그 결과 화폐

자본의 추가 수요가 촉발되고, 다른 조건이 불변이라면 그것은 이자율을 상승시킬 것이다.(M2: 285~86) 이는 화폐자본의 수요와 공급에 결정적인 영향을 미칠 것이고 우리가 앞서 본 바와 같이 이자율의 핵심 결정요인으로 작용할 것이다.

이것이 대체로 이 장에서 얻을 수 있는 내용이라고 생각한다. 사실 나는 세부적인 내용은 별로 중요하지 않다고 본다. 그러나 여기에서 등장하기 시작한 내적 관련(즉 회전기간과 노동기간, 생산기간, 유통기간의 구성요소들 사이의 관련)과 화폐자본이 수행하는 기능(즉 내적으로는 생산기능을 수행하고 외적으로는 화폐시장과 신용제도에서 기능을 수행하는)은 맑스의 작업과정을 이해하는 데 매우 중요하다. 물론 맑스의 그 작업이란 자본의 일반적 운동법칙을 밝히는 것이다.

제2권 제16장: 가변자본의 회전

이 장도 앞 장과 마찬가지로 불만스럽다. 그럼에도 역시 몇가지 중요한 관점을 제공한다. "생산과정에서 지출된 가변적 유동자본은, 자신의 가치가 재생산된 생산물이 판매되어 〔즉 상품자본에서 화폐자본으로 전화해서〕 노동력의 지불에 다시 투하되어야만 유통과정에서 다시 기능할 수 있다."(M2: 296) 불변자본의 경우도 마찬가지다. 그래서 가변자본이 어떻게 유통되고 어떻게 잉여가치를 생산하는지를 다루기 위해 맑스는 가변자본을 불변자본과 분리해 "마치 유동자본이 그것의 가변부분만으로 이루어진 것처럼 간주"하고자 한다.(M2: 297) 이는 상당히 극적인 추상화다. 가변자본이 자본의 유일한 형태가 되기 때문이다.

그런 다음 맑스는 연간 잉여가치율을 정한다. 가변자본 500파운드스털링이 5주의 회전기간마다 선대되고 매주 잉여가치가 100파운드스털링 생산된다고 하자. 그러면 연말에는 (1년이 50주라고 가정한다) 5주마다 이루어진 500파운드스털링의 선대는 5000파운드스털링의 연간 잉여가치(혹은 1000%)를 생산할 것이다. 이것이 A의 경우다. 만일 500파운드스털링씩 나누어 지출되는 것이 아니라 연간 한꺼번에 5000파운드스털링이 지출되어야 한다면 결과는 완전히 달라질 것처럼 보인다. 주간 잉여가치율이 동일하다면 연간 잉여가치율은 100%에 불과하다. 이것이 B의 경우다. 연간 잉여가치율(따라서 이윤율)은 회전기간에 결정적인 영향을 받는다. 이 발견은 매우 중요하다. 회전기간의 단축으로 자본이 얻은 이익은 10배에 달한다. 선대된 가변자본이 상품으로 전화된 다음 화폐형태로 회수되는 기간이 빠를수록 "자본가가 자신의 주머니에서 화폐를 선대해야 할 기간은 더 짧아"진다.(M2: 315) 그에 따라 자본가가 "선대하는 총자본은 주어진 생산규모에 비해서 더 작아"지고 "1년 동안 그가 뽑아낸 잉여가치의 양은 그만큼 더 상대적으로 커진다".(M2: 316)

그런데 이것이 왜 중요한가? 우리는 먼저 고전정제학에 대한 맑스의 계속되는 비판을 살펴보아야 한다. 연간 잉여가치율의 차이는 마치 잉여가치율(따라서 수익성)이 생산부문의 살아 있는 노동에 대한 착취에 의존하는 것이 아니라 "유통과정에서 발생하는 요

인들"에 의존하는 것처럼 보이게 한다. 그 결과 "이 현상(잉여가치
가 생산이 아니라 유통조건 때문에 발생하는 것이라는 물신적 착시
현상을 가리킨다)은" "1820년대 초 이후 리카도 학파 내부에 극도의
혼란을 가져오기도 했다".(M2: 300)

맑스의 관점에서 잉여가치는 유통에서 나올 수 없고, 리카도 학
파처럼 잉여가치가 유통에서 나온다고 보는 이론은 완전히 잘못이
다. 그러나 맑스의 "생소한" 발견은 하나의 문제를 제기한다. 맑스
는 자신의 잉여가치 생산 이론을, 연간 착취도(하비는 "착취율"rates of
exploitation이라고 표현하고 있으나 이는 하비의 혼란으로 옮긴이가 "착취도"로 바
로잡는다. 착취는 질적인 개념이기 때문에 양적 척도인 "율"이 존재할 수 없고 따라
서 맑스도 "착취율"이라는 말은 사용하지 않았다 ― 옮긴이)가 회전기간의 변
동 때문에 달라지고 회전기간의 단축이 연간 잉여가치율을 상승시
키는 현상과 조화시켜야 하기 때문이다. 맑스의 답은 선대된 자본과
사용된 자본을 구별하는 것이다. A와 B 두 경우 모두 자본은 동일
한 주간 단위로 가변자본을 사용하고 매주 동일한 양의 잉여가치를
생산한다. 차이점은 선대된 자본에 있다. 자본 A는 5주 만에 선대된
500파운드스털링을 회수해 다시 그 자본을 사용하지만, 자본 B는 처
음 투하한 5000파운드스털링을 조금씩 일년 전체에 걸쳐 회수한다.
첫번째 5주가 지났을 때 자본 B는 아직도 4500파운드스털링을, 나머
지 일년 동안 노동자들에게 지불할 수 있는 준비금의 형태(사실상
축장의 형태)로 가지고 있다. 앞 장에서 이야기한 것들이 다시 분명
해진다. 즉 과잉 화폐 가운데 많은 부분이 회전기간의 차이를 메우
기 위해 생산부문 내에 존재해야 하는 것이다.

A와 B의 차이점은 더 빠른 회전기간이 더 많은 잉여가치를 만들어낸다는 점에 있는 것이 아니라 더 빠른 회전기간이 회전기간 전체에 걸쳐 축장되어 유휴상태로 묶이는 화폐자본의 크기를 줄여준다는 점에 있다. 만일 노동이 매주 100파운드스털링씩 지불된다면 자본 A는 5번을 선대해야 하지만 자본 B는 주급을 50차례 선대해야 한다. 맑스는 몇가지 이유 때문에 여기에서 직접 언급하지는 않았지만, 이는 신용을 돌파구로 사용하게 하는 또다른 이유가 된다. B의 경우 유휴상태의 화폐자본은 그것이 실제로 사용될 시점까지 화폐시장에 나와 있을 수 있다. 그러나

> 선대된 가변자본은 그것이 실제로 사용될 경우에만 (즉 실제로 사용되는 기간 동안만) 가변자본으로 기능하며, 사용되지 않은 채 선대된 상태로 남아 있는 동안에는 가변자본으로 기능하지 않는다. 그러나 선대된 가변자본과 사용된 가변자본 간의 비율 차이는 결국 회전기간의 차이로 (…) 요약된다. 잉여가치 생산의 법칙은 잉여가치율이 같을 때 같은 양의 가변자본은 같은 양의 잉여가치를 생산한다는 것을 말한다. (M2: 302)

A와 B에 사용된 같은 크기의 가변자본은 선대된 가변자본과 사용된 가변자본의 비율이 어떻게 차이가 나든 상관없이 같은 양의 잉여가치를 생산한다. "실제로 사용된 가변자본이 아니라 선대된 가변자본 총량에 대한 잉여가치 생산량의 비율" 차이는 "잉여가치 생산에 대하여 지금까지 서술한 법칙"의 "필연적인 결과물"이다.(M2:

472

302) 모든 것은 선대된 자본과 사용된 자본 사이의 차이로 집약된다.

지루한 수치 예를 몇개 든 다음 맑스는 연간 잉여가치율의 공식 — "한번의 회전기간 동안 생산된 잉여가치량을 한번의 회전기간 동안 사용된 가변자본으로 나눈 것에 회전기간 수를 (…) 곱한 것" — 을 만들어낸다. 맑스의 전반적인 주장은 연간 잉여가치율 차이가 허상이나 "단지 주관적인 것"에 불과하다는 것이 아니라 "현실의 자본운동 그 자체로부터 만들어"진 것이라는 점에 있다.(M2: 308) 그래서 맑스는 연간 잉여가치율을 허상이나 중요하지 않은 것으로 치부해버리지 않고 잉여가치 생산법칙과 어떻게 조화되는지를 보여준다. 서로 다른 연간 잉여가치율이 어떻게 만들어지는지를 일단 이해하고 나면 우리는 그 차이가 순수한 유통현상과는 전혀 관련이 없고, 항상 그렇듯이 잉여가치의 생산과 실현조건에 기초해 있다는 사실을 명확하게 알게 된다.

연간 회전율의 중요성도 여전히 강조되는데 왜냐하면 그것은 이윤율에 영향을 미치고 따라서 이윤율 저하경향에 대한 모든 논의에 반드시 들어가야 하기 때문이다. 맑스는 제3권에서 이 문제를 다루는 장을 하나 쓰려고 했으나 쓰지 못했다. 그래서 엥겔스는 별도의 장을 하나 만들어 (제2권의 자료에 바탕을 둔) 자신의 해석을 삽입해야 하지 않을까 하고 생각했다. 거기에서 그는 분명하게 다음과 같이 말하고 있다. 같은 크기의 "두 자본의 이윤율은 그 회전기간에 반비례"하며 (대개 당시의 교통·통신 혁명을 통해 급격하게 이루어진) "회전기간의 단축"이 "잉여가치[즉 이윤]의 생산에 끼치는 직접적인 영향은 그로 인한 가변자본의 증가"(우리가 지금 살펴보고

있는 장에서 이야기하는)에 있다.(M3: 82)

맑스 자신의 주장 안에 있는 함의는 매우 중요하다. 잘 알려져 있다시피 맑스는 이윤율이 하락하는 경향이 있다고 생각했다. 그러나 여기에서는 이윤율을 상승시키는 직접적인 요인 두가지, 간접적인 한가지를 볼 수 있다. 논점은 이윤율이 사용된 자본에 의해 계산되느냐 선대된 자본에 의해 계산되느냐다. 자본가에게는 후자가 중요하다. 이 장과 다음 장에서 펼쳐지는 논의를 통해 우리는 노동기간에 비한 유통기간이 상대적인 감소는 항상 잉여가치 생산을 계속하는 데 필요한 과잉 화폐자본의 크기를 감소시킨다는 것을 알 수 있다. 선대될 화폐가 감소하면 (생산의 착취도가 불변일 경우) 이윤율은 상승할 것이다. 노동기간의 단축이나 유통기간의 단축으로 인해 회전기간이 단축될 경우에도 같은 일이 벌어질 것이다. 엥겔스는 자신이 삽입한 제3권의 장에서 회전기간의 단축이 (다른 조건이 불변일 경우) 이윤율을 높인다고 확실하게 말한다. 그는 또한 교통·통신 혁명에 의한 회전기간의 급격한 단축이 선대되는 자본을 크게 감소시킴으로써 이윤율 상승에 중요한 영향을 끼친다고 지적한다. 우리는 이들 혁명 가운데 몇몇이 얼마나 극적이었는지를 잊고 있다. 예를 들어 전신은 정보 전달에 소요되는 시간을 편지에 비해 약 2500배나 줄였다(인터넷이 팩스에 비해 전달 시간을 줄인 것은 5배에 지나지 않는다). 19세기 철도와 증기선의 등장은 20세기 제트기의 등장에 비해 훨씬 더 큰 충격이었다.

여기에서 하나 덧붙일 것이 있는데, 개별 자본가는 자신의 사업전략에서 시간과 함께 공간을 제거해나가는 것과, 시공간을 적극적으로 압축하는 방법을 찾는 것의 중요함을 너무나 잘 알고 있다는 점이다. 노동기간과 유통기간을 단축하는 방법(예를 들어 자신의 상품을 시장으로 보다 빨리 보내는 길을 찾는 것)을 찾는 자본가는, 새로운 생산 및 유통 전략과 관련된 비용이 이윤의 증가분을 상쇄하지 않는 한, 자신이 선대한 자본에 대해 더 높은 이윤을 얻는다.

그러나 이 장의 배경과 관련되어 있는 유통 및 회전 기간에 대한 이들 문제를 다루는 간접적인 방법은 화폐시장과 신용제도의 발전 속에 놓여 있다. 산업자본가는 어음을 할인해주는 상업자본가나 은행가에게 의지하든가, 혹은 보다 간접적인 방식으로 화폐시장에 들어가서 예치된 과잉자본을 단기로 차입함으로써 유통기간의 공백을 메우기 위해 선대해야 하는 자본을 줄일 수 있다. 전자는 유통기간을 제로로 만드는 효과가 있고 후자는 회전기간 전체에 걸쳐 선대해야 하는 자본의 문제를 제거한다. 맑스가 제2권에서 명백하게 말한 것은 많은 과잉 화폐자본이 생산활동의 연속성을 유지하기 위해 자유롭게 풀려나야 한다는 것이다. 그리고 그는 다소 지나가듯이 바로 그 이유 때문에 화폐시장과 신용제도가 자본주의 작동에 반드시 필요하다고 이야기했다. 앞서 보았듯이 그는 이 논의를 제3권에서 더욱 진전시킨다. 산업 유통체계는 화폐 및 이자 낳는 자본의 영역과 생산으로부터 잉여가치를 추출하는 영역으로 분해된다. 이들 모두가 이윤율에 미치는 영향은 불분명하다. 상당 부분은 이자율과 이윤율 사이의 관계에 달려 있고, 이것은 제3권의 논의에서 보았듯이 경쟁과 수요 공급의 특수한 조건에 의존한다. 이 장은 이런 방식으로 맑스 자신의 이론적 구조를 이해하는 데 도움을 준다. 하지만 불행히도 맑스는 그 함의에 대해서는 충분히 다루지 못했다. 일반이론이 되기 위해서는 아직 해결되어야 할 문제가 많이 남아 있다.

그러나 제16장의 뒷부분으로 가면서 맑스는 가변자본의 유통이 시장에 미치는 영향을 논의함으로써 보다 일반적인 사회적·정치적 함의 몇가지를 다루었다. 그가 제시한 예에서 처음 가변자본으로 투하된 5000파운드스털링은 일단 노동자가 임금으로 그것을 지불받으면 더이상 자본이 아니다. "노동자들은 이 임금으로 생활수단을 구매(…)한다. 따라서 그만한 가치의 상품량은 없어진다. (…) 이 상품량은 노동력(자본가에게 반드시 필요한 도구)의 활동능력을 유지시킨다는 점을 제외하고는 노동자들에게 비생산적으로 소비된 것이다."(M2: 311) 우리는 다시 한번 "비생산적"이라는 말을 만나는데 이는 노동자의 재생산이 자본의 생존에 반드시 필요하다는 사실을 고려하면 다소 이상해 보인다. 그러나 자본에 의미 있는 유일한 생산형태가 잉여가치 생산이며 노동자가 화폐를 지출하여 상품을 소비하고 집에서 잠을 자는 시간 동안에는 잉여가치 생산이 이루어지지 않는다는 맑스의 명제에 따르면 이것은 논리적으로 맞는 이야기다. 노동자가 작업장으로 돌아가면 잉여가치 생산이 새롭게 이루어진다. 첫번째 회전기간이 끝나고 나서 자본가가 회수한 500파운드스털링은 노동자가 생산한 것이다. 그래서 두번째 회전기간에 자본가가 가변자본으로 선대하는 500파운드스털링은 사실상 노동자자신이 생산물과 등가다. 맑스는 여기에서 제1권의 이야기를 반복하는데, 즉 그 생산물은 사실 직접적 생산자(노동자)의 것이어야 하고, 그 생산물이 자본가의 소유라는 말은 오로지 부르주아의 권리라는 측면에서만 성립하는 것에 불과하다는 이야기다. 제1권과 마찬가지로 여기에서도 목적은 일반적인 부르주아 소유권 이론의 정당성을 부정하고, 사적 소유권이 토지에 자신들의 노동을 투입하여 결실을 얻는 사람들에게 생겨난 것이지만, 자본의 통제하에 노동력을 착취하는 권리를 확인시켜주기도 한다는 로크의 견해에 내포되어 있는 모순을 지적하는 데 있다.

시장 내부에서 어떤 일이 발생하는지에 대해서도 살펴볼 필요가 있다. 가변자본을 5주마다 회전시키는 자본가 A는 매주 임금재에 대한 100파운드스털링의 수요를 시장에 투입하고 5주 후에 500파운드스털링의 가치를 가진 상품을 시장에 공급한다. 자본가 B도 매주 같은 크기의 임금재 수요를 투입하지만 그는 일년이 되고나서야 비로소 5000파운드스털링의 가치를 가진 상품을 공급한다. 공급과 수요에서 화폐적 불균형이 문제가 될 수 있기 때문에 이를 간단하게 살펴보기로 한다.

맑스는 이 상황에 대해 살펴볼 만한 조금 특이한 언급을 한다.

만일 자본주의가 아닌 공산주의 사회라고 한다면 화폐자본은 모두 사라지고 또 화폐자본 때문에 거래를 통해 발생하는 온갖 가면들도 사라질 것이다. 그런 사회에서는 모든 문제가 다음과 같이 단순하게 집약될 것이다. 즉 예를 들어 철도 부설과 같이 분명히 연간 총생산물에서 노동, 생산수단, 생활수단 등을 끌어 쓰면서도 상당 기간 동안(1년 혹은 그 이상) 어떤 생산수단이나 생활수단 그리고 사용가치도 공급하지 않는 산업부문에 대하여 사회는 아무런 중단 없이 얼마

만큼의 노동, 생산수단, 생활수단 등을 조달할 수 있을지를 미리 계산해야 한다. (M2: 316~17)

지금까지 공산주의 개념은 주로 자유롭게 결합된 노동자들이 사회적 목적을 위해 자신들의 노동을 관리하고 조직하는 내용으로 이야기되어 왔다. 그런데 여기에서는 생산에서 (단기적인 수익 없이 상당 기간 대량의 노동력과 생산수단을 흡수할 수 있는) 장기에 걸친 개량 및 인프라 구축과 관련된 협업의 문제가 등장하고 있다. 맑스가 국가를 언급하지는 않았지만 약간 불분명한 형태로 "사회"가 그런 대규모 인프라 사업의 기획을 결정하고 "계산해야"한다고 말한 점에 유의할 필요가 있다. 그리고 그가 공산주의 사회에서는 "화폐자본이 모두 사라지고"(사회적 사용가치 같은) 다른 형태의 가치 척도가 존재할 것임(아직 분명하게 특정하지는 않고 있다)을 상정하고 있다는 점에도 유념할 필요가 있다. 이런 언급은 자본주의 생산양식에 내재하는 핵심 문제가 유통의 화폐화와 이윤지향적인 화폐자본의 유통에 있음을 가리킨다(이런 견해를 확인시켜주는 다른 구절을 여러곳에서 찾아볼 수 있다).

엥겔스는 제2권이 "운동에 필요한 내용을 많이 포함하고 있지 않다"는 점에 대한 불평에 동의하긴 했지만 이 구절은 공산주의에 대한 맑스의 정치적 견해의 중요한 발전을 보여준다. 제2권 제3부에서는 더욱 그러하다. 거기에서는 "사회"가 어떻게 하면 합리적으로 협업을 통해 총분업을 "계산"하고 시장의 신호 없이 장기간의 개발계획을 관리해나갈지(결합된 노동자들의 자유가 공동의 이해를 방해하지 않고 오히려 높일 수 있는 방식으로)에 대한 물음을 제기한다. 이곳의 분석은 『자본』에서 처음으로(하지만 마지막은 아니다) 공산주의 개념의 핵심에 존재하는 모순을 보여준다. 부르주아의 개인적 자유가 엄격한 사적 소유에 바탕을 둔 (자본주의 생산양식의 토대가 되는) 제도적 장치를 배경으로 해서만 가능한 것과 마찬가지로, 공산주의도 인간 해방의 전망을 높여가는 과정에서 결합적 노동의 자유가 사회적으로 필요한 물리적 인프라의 생산을 설정하는 계산과 협업의 전반적인 틀 내에서 재정립되고 보호될 수 있는 방법을 찾아야만 하는 것이다.

사회적 오성이 오로지 사후 약방문으로만 발현되는 자본주의 사회에서는 대혼란이 끊임없이 일어날 수밖에 없다. 첫째, 화폐시장에 대해 압력이 발생한다. 일시적으로 화폐시장의 압력이 완화될 수도 있지만 그럴 경우에는 이런 기업들이 대량으로 생겨나고 그것은 다시 나중에 화폐시장에 대한 압력으로 작용한다. 자본주의 사회에서는 끊임없이 대규모 화폐자본의 장기간 선대가 필요하기 때문에 화폐시장이 항상 압박을 받는다. 이것은 산업자본가나 상인이 화폐자본을 철도 투기 같은 곳에 투자하고 정작 사업에 필요한 화폐자본은 화폐시장에서 차입하는 그런 행위와는 전혀 별개의 문제다. (M2: 317)

이 과정은 금융자본과 신용제도에 대한 제3권의 분석에서 확인된 온갖 "비정상적인 형태"와 "비이성적인" 행동의 기술적 토대를 제공한다.

생산자본의 요소들이 끊임없이 시장에서 빠져 나오고 그에 해당하는 화폐등가만이 화폐로 시장에 투입되기 때문에 아무런 공급요소도 제공하지 않는 유효수요만 증가한다. 따라서 생활수단뿐만 아니라 생산재료의 가격도 함께 상승한다. 거기에다 이런 시기에는 또 사기가 일상적으로 일어나고 자본이 대규모로 이동하는 일이 발생한다. 투기꾼, 청부업자, 기술자, 변호사 등 일군의 무리가 부유해진다. 이들은 시장에서 소비수요를 발휘하고 그로 인해 임금도 상승한다. 그럼으로써 식료품과 관련하여 농업도 자극을 받는다. 그러나 식료품은 1년의 기간 내에 갑자기 증가할 수 없으므로 외국에서 식품(커피, 설탕, 포도주 등)과 사치품의 수입이 함께 증가한다. 그리하여 이런 수입업부문에서 과잉수입과 투기가 발생한다. 반면 생산을 급속하게 증대할 수 있는 산업부문(엄밀한 의미의 제조업, 광산업 등)에서는 가격상승으로 급격한 생산의 확대가 발생하고 그런 다음 곧바로 붕괴가 뒤따른다. (M2: 317)

이것은 제2권의 흐름에서 급격히 벗어나서 곧바로 (꽤 놀라운 형태로) 제3권의 금융 및 신용에 관한 장으로 이어진다. 그리하여 제2권과 제3권의 연결을 확인시켜준다. 그러나 맑스는 노동에 대한 영향을 검토하면서 좀더 앞으로 나아간다.

노동시장에서도 똑같은 상황이 벌어진다. 즉 잠재적인 상대적 과잉인구와 심지어 이미 고용되어 있는 노동자들 가운데에서도 상당수가 새로운 사업부문으로 흡수된다. 철도와 같은 대기업부문은 일반적으로 노동시장에서 일정량의 노동력을 흡수해가는데 이런 노동력은 오직 건장한 젊은이만 필요한 농업 등과 같은 부문에서만 공급될 수 있다. 이는 심지어 새로운 기업이 이미 확정된 사업부문을 형성하고 거기에 필요한 이주 노동자계급이 이미 형성된 후에도 일어난다. 예를 들어 철도 건설이 일시적으로 평균 규모 이상으로 운영될 경우가 그러하다. 노동자의 임금을 낮은 수준에서 묶어두던 산업예비군 가운데 일부가 거기에 흡수된다. 따라서 임금은 지금까지 노동시장에서 고용사정이 양호하던 부분에서도 전반적으로 상승한다. 이 경향은 불가피한 붕괴와 더불어 산업예비군이 다시 떨어져나감으로써 임금이 다시 최저 수준 또는 그 이하로 낮아질 때까지 계속된다. (M2: 317~18)

이는 제1권 제25장의 이야기와 그대로 일치한다. 그러나 여기에서 맑스는 좀더 적절하고 잠재적으로 폭발력 있는 이론적 고찰을 각주에 덧붙인다.

자본주의 생산양식의 모순: 노동자들은 상품구매자로서 시장에서 중요한 위치를 차지한다. 그러나 그가 판매하는 상품(즉 노동력)에 대해서 자본주의 사회는 그것을 최저 가격으로 낮추려는 경향이 있다. 또 하나의 보다 심각한 모순: 자본주의 생산이 자신의 모든 잠재력을 정상적으로 발휘하는 시기는 곧 과잉생산의 시기라는 것이 규칙적으로 드러난다. 왜냐하면 생산의 잠재력은 더 많은 가치를 생산하고 동시에 실현할 수 있을 만큼은 결코 사용될 수 없기 때문이다. 그러나 상품의 판매[상품자본의 실현, 즉 잉여가치의 실현]는 사회 전체의 총소비 수요규모에 의해 제약을 받는 것이 아니라 한 사회의 총소비 가운데 대다수의 빈곤계층[또한 언제나 빈곤할 수밖에 없는 계층]의 수요규모에 의해 제약을 받는다. (M2: 318)

자본의 잉여가치 획득을 위한 임금의 압박이 지속적인 유효수요의 어려움을 만들어낸다는 것은 오래전부터 자본의 운동법칙 내의 핵심 모순 가운데 하나였다. 그것이 여기에서 명시적으로 이야기된다. 소비자(따라서 시장에서 상품자본의 가치를 실현하는 담당자)로서 노동자의 중요성은 사실 제2권 전체에 걸쳐 나타나는 중요한 주제다. 제1권에서는 이 문제가 배제됐는데 모든 상품이 가치대로 판매된다고 가정했기 때문이다. 이것은 『자본』에서 임금(주로 특수성으로 규정되는 분배의 측면)이 산업자본 일반의 유통과정의 중심으로 (자본의 운동법칙 내부의 모순에 중요한 영향을 미치면서) 다시 들어오는 계기들 가운데 하나다.

이 장을 마무리하면서 맑스는 자신이 보통 전제로 삼고 있는 폐쇄 경제체제 너머로 생각을 확장한다. 시장과의 거리는 유통기간과 회전기간이 길어지는 "물적 토대"로 간주된다. 사례로는 면직물과 면사의 인도 수출을 들고 있다. 생산사는 상인에게 판매하고 상인은 지불수단을 화폐시장에 호소한다. 수출업자는 나중에 인도 시장에서 상품을 판매한다. 그런 다음에야 등가가 (화폐형태나 상품형태로) 영국으로 회수되어 새로운 생산에 필요한 만큼의 지불수단이 조달된다(물론 화폐는 화폐시장으로 돌아간다). 공급과 유효수요 간의 격차는 자본 B의 연간 회전의 경우 이미 이야기됐던 것과 비슷하다. 공급과 수요 간의 격차는 화폐시장이나 신용에 호소해 메워진다. 그러나 여기에는 잘못될 가능성이 많이 존재한다.

인도에서도 역시 면사가 신용으로 판매되는 것이 가능하다. 동시에 이런 신용으로 인도에서 생산물이 구매되어 영국으로 발송되거나 그에 상당하는 어음이 송금될 수도 있다. 만일 이런 과정이 늦춰진다면 인도의 화폐시장은 압박을 받고 그것은 다시 영국에 영향을 미쳐서 영국에서 공황을 일으킬 수도 있다. 이 공황이 이번에는 ― 설사 그것이 인도로 수출되는 귀금속과 관련된 것이라 할지라도 ― 영국 모기업을 파산시키고 인도 은행에서 신용을 제공받는 그의 자회사까지도 파산시킴으로써 인도에서 새로운 공황을 일으킨다. 따라서 무역수지가 **적자**인 시장뿐만 아니라 **흑자**인 시장에서도 동시에 공황이 발생한다. 이 현상은 여기에서 말한 것보다 훨씬 더 복잡한 양상으로 진행될 수도 있다. 즉 예를 들어 영국이 인도로 은괴를 보낸다 하더라도 인도의 영국인 채권자가 인도에서 자신의 채권을 모은다면 인도는 곧바로 그 은괴를 영국으로 다시 보낼 것이다. (M2: 319~20)

물론 핵심은 "화폐시장에서 공황으로 나타나는 것은 사실상 생산과정과 재생산과정 자체가 비정상 상태임을 의미한다"(M2: 320)는 것이다. 이것은 회전기간의 차이에 대한 (특히 원거리 무역과 관련된) 연구에서 나온 견해다.

나는 두가지 문제를 보여주기 위해 이 문장을 인용했다. 하나는 유통과정의 한 장소에서 다른 장소로 연쇄적으로 번지는 화폐공황과 관련해서 새로운 것은 없다는 점이다. 말하자면 그런 방식으로 일어나는 일들이 곧 자본의 본성이라는 것이다. 다른 하나는 맑스 자신의 이론작업에서 얼핏 서로 다르게 보이는 『자본』의 각 권 사이에 강력한 연결고리가 존재한다는 의미다. 즉 『경제학비판 요강』 서론에서 제시되고 있는 "유기적인 총체성"으로 "세권 전체를 서로 결합시키는" 무수히 많은 고리가 존재한다는 것이다. 이들 결합고리는 단지 잠정적인 것들이지만 이 장에서는 더욱 희미한 형태로 이루어져 있다. 그러나 맑스가 이것을 사반세기 이상의 오랜 연구기간 동안 지속적으로 간직하고 있었음을 발견하면서 나는 놀라움을 금치 못한다.

제2권 제17장: 잉여가치의 유통

이 장에서 맑스는 잉여가치의 유통을 별도로 자세히 살펴본다. 이 부분은 많은 기대를 갖게 하지만 실제로는 그런 기대를 충족시키지 못하며 이론에 대한 비판적인 측면을 어느 정도 감질날 정도의 애매한 상태로 남겨두었다. 제시되는 핵심 문제는 논의 속에 잘 다듬어져 있지 않은데, 그것은 "'잉여가치는 어디에서 오는가'가 아니라 '잉여가치를 화폐화하기 위한 화폐는 어디에서 오는가'다".(M2: 331) 탁월한 화폐상품인 금의 생산은 잉여가치를 실현하는 데 필요한 추가적인 화폐를 공급하는가? 만일 그렇지 않다면(금 생산자의 특수한 역할을 부인하는 것은 아니지만 맑스가 이 가능성을 거부하는 것은 분명하다) 곤란한 문제가 발생한다. 시장에 끊임없이 흘러들어오는 잉여가치를 실현할 유효수요는 어디에서 올 것인가?

맑스는 두 자본가 A와 B의 경우로 되돌아가는 것에서 이 장을 시작하는데 B는 일년이 끝날 때까지 총가치 5000파운드스털링을 실현하지 못한다. 이 경우 "잉여가치는 실현되지 않으며 따라서 생산적으로든 개인적으로든 소비될 수 없다. 개인적인 소비일 경우 잉여가치는 미리 지출된다. 그것을 위해서는 자신의 재원이 지출되어야 한다".(M2: 321) 지출되는 재원은 자본가 자신의 소비는 물론 고정자본의 수리와 보전도 감당해야 한다. 자본가는 매우 짧은 회전기간으로 움직이기 때문에 이들 재원은 앞서 이미 실현된 잉여가치에서 나오고 선대될 필요가 없다. 따라서 잉여가치가 언제 자본으로 실현되느냐(맑스의 표현으로는 "자본화"되느냐)가 중요한 문제가 된다. 자본가가 시장에 상품을 내기 전에 기다려야 하는 기간이 길수록 자본가가 자신의 소비와 (수리와 유지보수에 들어가는) 우연적 지출을 위해 준비해두어야 하는 재원의 크기도 커진다.

신용제도가 개입하면 "처음 선대된 자본과 자본화된 잉여가치 사이의 관계는 훨씬 더 복잡해"지지만 제2권에서 늘 그랬듯이 맑스는 이 문제를 더 자세히 다루지 않는다. 핵심적인 문제는 잉여가치가 자본화될 때 잉여가치가 어떻게 되느냐다. 맑스는 제1권 제22장으로 되돌아가서 자본이 확대재생산될 필요성을 상기시켜(그가 말하는 "축적을 위한 축적")준다. 그래서 잉여가치의 일부는 "기존의 공장에 새로운 공장을 추가로 세우는 외연적인 형태이든, 혹은 기존의 작업규모를 내포적으로 확대하는 것이든"(M2: 322) 확대를 위해 투입되어야 한다.

맑스는 이런 확대가 이루어지는 다양한 형태를 서술한다. 그러나 어떤 경우에도 자본화된 잉여가치량과 생산의 확대에 필요한 양 사이의 관계는 즉각적으로 규모를 확대하는 데 한계가 된다. 일정 규모의 확장을 위한 (예를 들어 추가적인 설비와 공장을 짓는 데 필요한) 투자에 충분할 만큼 재원이 모이기 위해서는 여러 회전기간에 걸쳐 자본화된 잉여가치의 축장이 이루어져야 한다. 이 기간 동안 "자본가가 아직 자신의 사업에 사용할 수 없는 화폐자본은 다른 자본가들에 의해 사용되고 이들은 그에게 이자를 지불한다. 이 자본은 그에게 (⋯) 화폐자본으로 기능한다". 하지만 이 화폐자본은 "다른 사람의 수중에서" "자본으로 기능한다". 시간이 지나면서 화폐시장에서 사용 가능한 화폐의 양은 증가하는 경향이 있어서 생산된 잉여가치 대부분이 생산의 확대를 위해 화폐시장으로부터 다시 흡수된다. 맑스가 직접 언급하지는 않았지만 화폐시장으로 화폐공급이 증가하면 대부 가능한 화폐의 공급이 늘어나고 따라서 이자율은 하락한다.

축장의 조건에서 어떤 일이 일어나는지를 간단히 살펴본 디음, 맑스는 1824년 『부의 분배원리에 대한 연구』(*An Inquiry into the Principles of the Distribution of Wealth*)를 출판한 정치철학자 윌리엄 톰슨(William Thompson)의 글을 두면에 걸쳐 길게 인용한다. 나는 이 글에 대한 이야기를 하지 않겠지만 톰슨의 글을 읽는 것은 매우 쓸모가 많다고 생각하는데 왜냐하면 부르주아 학자 중에도 주변에서 진행되는 자본주의적 발전에 통찰력이 깊은 비판적 견해를 가진 사람이 있음을 그가 분명하게 보여주기 때문이다. 맑스가 여기에 인용된 톰슨의 글에 아무런 비판적 논평을 붙이지 않았다는 점에는 중요한 의미가 있다(내가 알기로 톰슨의 글을 인용한 다른 곳에서도 그랬다).

『자본』 전체에서 맑스는 자본주의적 재생산을 검토할 때 처음에는 단순재생산을 먼저 다루고 그다음에 지속적인 확대재생산의 보다 현실적인 조건을 다루는 전략을 사용했다. 제1권에서도 그렇게 했고 이제 내가 간단하게 검토할 제2권의 제3부에서도 그 방식을 반복했다. 이유는 단순재생산에서 기본적인 관계를 규정하기가 훨씬 쉽기 때문이다.

그래서 잉여가치의 유통은 먼저 단순재생산의 안경을 통해 검토된다. 여러번의 회전에 걸쳐 생산되고 실현된 잉여가치는 "그 소유자인 자본가에 의해 개별적으로 (즉 비생산적으로) 소비된다".(M2: 326) 잉여가치 가운데 일부는 화폐형태를 취해야 하는데, 만일 그렇지 못하면 노동자와 자본가가 소비하기 위해 필요한 상품을 구매할 화폐가 없기 때문이다. 제1권의 화폐에 관한 장으로 돌아가면 우리는 "한 나라 안에 존재하는 주화의 양은 상품을 유통시키기에 충분해야 할 뿐만 아니라" 많은 이유(상품의 산출량, 가격 등의 변동)로부터 발생하는 "화폐유통의 변동을 감당해내기에도 충분해야 한다". 전반적인 경제 성장은 그 성장이 유통속도의 증가나 지불수단으로 기능하는 화폐의 증가와 보조를 맞추기 위해 금은의 연간 생산량의 증가를 필요로 한다. 따라서 "사회적 노동력과 사회적 생산수단 가운데 일부는 반드시 금은의 생산에 지출되어야 한다".(M2: 327) 그래서 맑스는 금 생산에서 발생하는 문제를 상세히 살펴본다. 세부적인 내용은 다루지 않으려 하는데 왜냐하면 오늘날 현대 자본주의의 화폐 창출과 사용의 일반적인 조건들과는 맞지 않고, 제기되는 현실 문제(잉여가치를 전화할 화폐는 어디에서 오는 것일까?)의 해답을 찾는 데 별로 도움이 되지 않는다고 생각하기 때문이다.

문제는 "자본가는 (…) 자신의 자본 이상의 초과분을 유통에 투입하고, 이 초과분을 유통에서 다시 끌어내온다는 것이다. 자본가가 유통에 투하하는 상품자본은 그가 노동력과 생산수단의 형태로 유통부문에서 끌어낸 생산자본보다 더 큰 가치를 갖고 있다".(M2: 331) "그러나 상품자본은 그것이 생산자본으로 재전화하기 전에, 그리고 그 속에 포함된 잉여가치가 지출되기 전에 먼저 화폐로 전화해야만 한다. 이 화폐는 어디에서 오는 것인가?"(M2: 332) 맑스는 이것이 고전경제학자 가운데 누구도 적절한 답을 제시하지 못한 문제라고 말한다.

이 문제의 구조를 간단히 설명해보겠다. 『자본』 전체에 걸쳐 맑스는 (적어도 화폐자본과 금융에 관한 장들의 앞부분까지는) 수요와 공급이 균형을 이룬다고 가정했다. 그러나 여기에서는 그런 가정에 부합하지 않을 뿐만 아니라 자본가가 가능한 한 이 격차를 최대한 벌리려고 노력하고 있는 상황과 마주한다. 요컨대 자본가의 수요는 생산수단(c)과 노동력(v)에 대한 것이지만 그가 시장에 제공하는 상품의 가치는 c+v+m으로 상품 공급이 수요를 초과한다. 게다가 잉여가치를 극대화하려는 욕망은 이 격차를 최대화하도록 밀어붙인다. 잉여가치만큼의 초과 유효수요는 어디에서 오는가? 만일 이 문제가 해결되지 않는다면 자본유통은 중단될 것이다.

"추가 잉여가치는 상품형태로 유통에 투입된다. 그러나 이 행위로는 이 추가 상품가치의 유통에 필요한 추가 화폐가 만들어지지 않는다." 맑스는 "그럴듯한 변명으로 이 문제를 회피하려고 해서는 안 된다"(M2: 332)고 경고한다.

그런 다음 "그럴듯한 변명" 몇가지를 검토한다. 이들 변명 대부분은 각기 다른 자본이 시장에 들어오는 시점의 차이, 불변자본 및 고정자본과 다른 부분들 간의 흐름의 차이, 노동자와 자본가가 각자의 수입을 지출하는 시간구조 등에 의존해 있다. 그러나 "일반적인 답은 이미 주어져 있는 셈이다". 이제 이것은 맑스의 일반적인 답과 단지 "그럴듯한 변명"으로만 이루어져 있는 부르주아 경제학자들의 일반적인 답을 확인하는 여러 계기 가운데 하나가 된다. "x×1000파운드스털링의 상품량이 유통되어야 한다면 이 상품량의 가치가 잉여가치를 포함하든 하지 않든 (즉 이 상품량이 자본주의적으로 생산됐든 아니든) 이 유통에 필요한 절대적 화폐량에는 변함이 없다는 점이다. 따라서 이 문제는 그 자체 존재하지 않는 것이다."(M2: 334) 그렇다면 문제는 한 나라 안에서 모든 상품의 교환이 원활하게 이루어지기 위해 충분한 화폐의 공급이 어떻게 되는지의 문제로 귀착된다. 이것은 내가 보기에 그럴듯한 변명의 최종적인 종착지다. 이는 제1권에서 혹독하게 비판된 쎄이의 법칙이라는 "어린애 옹알이" 같은 것이다.

그러나 "어떤 특정 문제의 겉모습이라는 것이 분명 존재한다. 여기에서는 자본가(즉 화폐를 유통에 투하하는 사람)가 출발점으로 나타난다". 자본가는 가변자본(v)과 불변적 유동자본과 고정자본(c)을 지출한다.

그러나 그것을 넘어서게 되면 자본가는 유통되는 화폐량의 출발점이 더는 아니다. 이제는 자본가와 노동자라는 두개의 출발점만 존재한다. 제3의 부류에 속하는 사람들은 이미 그들이 수행한 봉사의 대가로 이들 두 계급에게서 화폐를 받거나, 혹은 그런 대가를 받지 않을 경우에는 지대, 이자 등의 형태로 잉여가치를 공유하는 사람들이다. (M2: 334~35)

맑스가 여기에서 과감하게 제기하는 것은 자본주의 생산양식을 (노동자와 자본가만으로 이루어진) 단순한 두 계급의 모델로 상정하고 이런 구조에서 잉여가치를 실현할 추가적인 수요를 누가 공급하는지에 대한 물음이다. "노동자와 관련해서는 이미 언급했듯이 그들은 두번째 출발점에 불과하고 이들이 유통에 투입하는 화폐의 일차적인 출발점은 바로 자본가다." 따라서 문제의 해답은 자본가에게 있다. 자본가계급은 "계속해서 500파운드스털링만 투하하는데도 어떻게 해서 유통에서 계속 600파운드스털링을 끌어낼 수 있을까? 무(無)에서는 아무 것도 생겨나지 않는다. 자본가계급 전체는 그들이 이전에 유통에 투입하지 않았던 것을 유통에서 끌어낼 수는 없다".(M2: 335) 해답은 전혀 다른 곳에 있다.

얼핏 모순된 것처럼 보이지만 사실 상품 속에 포함된 잉여가치를 실현하는 데 사용될 화폐를 유통에 투입하는 것은 바로 자본가계급 자신이다. 그러나 주의해야 할 점은 자본가계급이 이 화폐를 선대화 폐(즉 자본)로 투하하지 않는다는 것이다. 자본가계급은 이 화폐를 자신의 개인적 소비를 위한 구매수단으로 지출한다. 따라서 이 화폐는, 그 출발점이 자본가계급인 것은 맞지만 그들에 의해 선대되는 것은 아니다. (M2: 335)

맑스는 이를 일년 동안 5000파운드스털링의 화폐자본(그중 1000 파운드스털링은 가변자본)을 선대하여 1000파운드스털링의 잉여가치를 생산하는 자본가의 사례를 통해 설명한다. 자본가는 "자신의 개인적 소비분을, 자신이 고용한 노동자들이 무상으로 생산한 생산물로부터 조달하는 대신, 자신의 호주머니에서 직접 지불해야 한다. (…) 그는 이 화폐를 자본으로 선대하는 것이 아니다. 그는 그것을" 자신의 잉여가치를 얻는 연말까지 소비하는 상품의 가치를 지불하는 데 지출한다. 맑스는 이렇게 말한다.

우리는 자본가가 자신의 자본이 최초로 회수될 때까지 자신이 개인적 소비를 위해 유통에 투입한 화폐액이 그가 생산한 (따라서 화폐로 전화해야 할) 잉여가치와 정확히 일치한다고 가정했다. 이것은 명백히 개별 자본가들에게는 자의적인 가정이다. 그러나 단순재생산의 조건에서 자본가계급 전체에 대한 가정으로는 분명 올바른 가정이

다. (M2: 337)

이것은 맑스가 자본주의 생산양식의 핵심적인 모습을 확인하기 위해 극단적인 단순화와 추상화를 사용한 아주 좋은 예다. 그는 다른 곳에서 이 가정의 결과를 이야기하는데 대표적인 예는 이미 살펴본 제3권의 경우(거기에서 그는 비생산적 소비자로서의 독자적인 계급의 중요성을 인정하고 있긴 하지만)다. 그러나 이 함의는 매우 크다. 그중 하나는 이 결과가 자본주의의 등장과 관련해 자본가계급의 절욕(자본 투자의 절제나 저축 등)에 의해 이루어졌다는 이론에 구멍을 낸다는 것이다. 역사적으로 만일 이 이론이 맞다면 (영국의 초기 퀘이커교도 자본가Quaker capitalist의 경우가 해당될 수 있다) 아무 것도 생산하지 않으면서 최대한 소비만 하는 역할을 가진 부도덕한 계급이 함께 존재할 필요가 있다. 18세기 영국에서는 이런 계급이 명백히 존재했을 뿐만 아니라(제인 오스틴Jane Austen의 소설을 읽어보라) 맬서스에 의해 이론적인 정당성도 후원받았는데, 맬서스가 끊임없이 확대되는 잉여생산물을 흡수할 수요가 어디에서 확보될지에 대한 의문에 해답을 찾으려고 노력했기 때문이다(다른 해답은 외국무역을 확대하는 것인데 로자 룩셈부르크는 이를『자본의 축적』Die Akkumulation des Kapitals에서 외국시장을 제국주의적인 식민지로 지배하는 논리로 전환하여 실명했다). 이 결과는 제2권 제3부의 재생산 표식을 어떻게 해석할지에 대한 함의도 제공하는데 (이 해석을 다룬 맑스주의 문헌 중에서 이 중요한 결과를 언급한 것은 거의 없지만), 이 표식에 대해서는 잠시 후에 살펴볼 것이다.

자본가가 자신의 소비를 위해 지출한 첫번째 회전기간이 지나고 나면 자본가는 자신이 지출한 화폐를 통해 노동자가 생산한 잉여가치를 실현하여, (단순재생산의 가정하에서) 이후의 모든 회전기간에 걸쳐 이것을 수입으로 유통시킬 수 있다. 이것은 자본가가 생산을 위해 자신의 화폐자본을 선대하고 소비를 위해 다시 자신의 예비화폐를 사용한다는 맑스의 주장과 일치한다. 그러나 시간이 지나면 이 예비화폐는 점점 노동자의 생산물을 대표하는데, 즉 노동자는 자신을 재생산할 가변자본을 생산할 뿐만 아니라 소비를 위한 수입으로 자본가가 획득하는 잉여가치도 생산하기 때문이다. 이 모든 것이 확대재생산의 조건에서 어떻게 되는지는 아직 다루어지지 않는다.

그러나 논의를 발전시키는 대신 맑스는 금 생산자의 문제, 즉 금 생산 과정에서 생산된 잉여가치는 이미 그 자체로 화폐형태를 취하기 때문에 화폐로의 전화라는 문제가 아예 발생하지 않는다는 복잡한 문제로 되돌아간다. 사실 "금을 생산하는 자본가들은 그들이 생산수단의 형태로 유통에서 끌어내는 것보다 더 많은 화폐를 끊임없이 유통에 투입"한다.(M2: 337) 여기에는 금을 생산하는 나라와 그렇지 않은 나라 사이의 무역관계에 대한 함의가 깔려 있다. 그러나 그들이 생산을 위해 끌어내는 것보다 더 많은 가치를 유통에 투입하더라도 그 초과분은 아마 시장에 나와 있는 잉여가치를 모두 실현할 수 있을 만큼의 양이 될 수는 없다.

그런 다음 맑스는 좀더 흥미로운 문제, 즉 가변자본의 유통이 잉여가치의 유통과 어떻게 교차하는지를 살펴본다. 확실히 자본주의 생산양식에서 총유효수요 가운데 상당 부분은 노동자의 소비에 의해 이루어지고 그 소비는 임금율과 고용에 의존한다. "가변적 화폐자본의 (…) 지출이 더 커진다는 것은 그만큼 노동자들의 손에 더 많은 화폐가 존재하게 된다는 것을 의미한다. 그 결과 노동자들의 상품에 대한 수요가 더 커진다. 이는 다시 상품가격의 상승을 초래한다."(M2: 340) 이런 변화 때문에 시장에서 상품가격의 "일시적인 변동"이 생기지만 맑스는 그것이 장기에 걸친 인플레이션으로 발전할지에 대해서는 매우 회의적이다. "만약 자본주의적 생산자들이 자신들의 상품가격을 마음대로 올릴 수 있다고 한다면, 그들은 임금상승이 없더라도 그렇게 할 수 있을 것이고 또한 그렇게 할 것이다. 상품가격이 떨어질 경우에는 임금은 결코 오르지 않을 것이다." 요컨대 인플레이션과 꼭 마찬가지로 디플레이션이 있을 수도 있다. "자본가계급은 노동조합에 대해서도 결코 반대하지 않을 것이다. 왜냐하면 지금은 그들이 예외적으로 특수한(매우 국지적인) 조건하에서만 실행할 수 있는 행동 —즉 임금이 조금이라도 상승하면 그것을 이용하여 그보다 더 높게 상품가격을 올리고 그리하여 더 많은 이윤을 집어삼키는 행동—을 언제 어떤 상황에서나 마음대로 할 수 있을 것이기 때문이다."(M2: 341) 물론 엄밀하게 말해 이는 1945년 이후 미국과 유럽에서 있었던 "예외적인 상황"인데 이때 자본은 어쩔 수 없는 정치적 상황 때문에 노동조합과 노동계급의 권력을 어느 정도 용인했고 임금이 높고 안전고용이 이루어진 상황에서도 기업이 막대한 이윤을 "챙길" 수 있는 인플레이션 전술에 화답했다.

확대재생산에서 맑스는 잉여가치 가운데 일부가 생산적 소비(생산수단과 노동력의 증가)에 투하되어야 하고 이로 인해 부르주아의 소비가 감소한다는 단순한 사실을 통해 제기되는 일련의 명확한 문제들을 추적하는 데 실패한다. 만일 자본가들이 생산적 소비의 확대를 위해 개인적 소비를 줄여야 한다면 그는 자신의 예비화폐를 더 지출하지 않고는 생산된 추가적인 잉여가치를 소비할 수 없을 것이다. 그러나 이런 예비화폐가 무한히 존재하리라는 생각은 분명 틀렸다. 하지만 추가적인 총수요가 어디에서 올 수 있을지의 문제에 대해 맑스는 충분히 설명하지 않았다.

내가 생각할 수 있는 가장 분명한 답변은 자본가가 오늘 구매(그리하여 잉여가치는 실현된다)하고 (잉여가치가 화폐화한 다음에) 내일 지불하는 가장 단순하고 오래된 수법을 사용하여 문제를 해결하는 것이다. 달리 말해 적자재정을 확대하는 것이다. 이를 위해서는 화폐시장과 신용제도가 개입해야 하는데, 우리가 이미 보았듯이 맑스는 (필요성은 인정하면서도) 제2권에서 이들 요소를 다루지 않았다. 이것이 해결책이 될 수 있다는 힌트는 나왔는데, 제3권에서 다룬 화폐시장과 금융자본 및 신용제도의 역할이 바로 그것이다. 이처럼 이 문제를 끝까지 추적해보면 잉여가치의 생산을 통한 자본의 축적이 시장에서 그 잉여가치의 실현을 위한 부채의 축적과 병행해야 함을 알 수 있다.

맑스는 그 해답에 거의 가깝게 다가가기는 한다. 잉여가치 가운데 일부는 생산의 확대를 위해 투입되고 실현을 위해 유통되어야 할 수입의 크기를 감소시킨다. 추가 잉여가치가 생산된다. 그래서 "다시 위에서와 똑같은 질문이 제기된다. 이제 상품형태 속에 담긴 추가 잉여가치를 실현하는 데 쓰일 추가 화폐는 어디에서 올 것인가"?(M2: 345) 맑스는 앞서와 마찬가지로 고전경제학자들이 제시한 다양한 해법을 검토하는데 이들 해법은 화폐유통(궁극적으로는 금생산자의 활동)의 검토를 통해 해답을 찾으려는 것이다. 그는 (약간의 기술적인 가능성을 가진) 신용에 호소하는 방법 이외의 모 든 방법에 대해서는 회의적인 눈길을 보낸다. "신용제도와 함께 발달하는 보조수단들이 이런 효과(즉 추가 화폐가 어디에서 올지의 문제를 해결하는지 ― 하비)를 발휘한다면, 그것들은 직접적으로 자본주의적 부를 (⋯) 증가시키게 된다. 이것은 또한 현재 규모의 자본주의적 생산이 신용제도 (⋯) 없이도 (즉 금속화폐만의 유통에 의해서) 가능할 것인가 하는 어리석은 질문을 해결해준다. 이것은 명백히 불가능하다. 신용제도가 없으면 자본주의적 생산은 그 대신 귀금속의 생산량에서 한계를 느꼈을 것이다. 반면 신용제도가 화폐자본을 공급하고 유통시킨다면, 우리는 신용제도의 생산력에 대한 환상에 빠지지 않아야 한다." 불행히도 그리고 불만스럽게도 그는 이렇게 덧붙인다. "이 문제에 대해서는 여기에서 더 깊이 다루지 않기로 한다."(M2: 347)

이로부터 부의 축적이 신용제도 내에서 부채의 축적을 동반한다고 추정할 수 있다. 그러나 이 말은 그런 부채의 축적이 부의 축적을 주도한다는 의미는 아니다. 부의 축적은 항상 노동의 생산력에 달려 있다.

이 장의 마지막 부분은 신용이 "존재하지 않는다고" 가정할 때, 새로운 투자를 위한 화폐가 (새로운 공장을 짓기에 충분한 양이 될 때까지) 어떻게 잠재적인 자본의 축장을 이루게 되는지를 다룬다. 이런 조건에서는 "화폐를 적립하는 자본가는 그만큼을 구매하지 않고 판매"해야만 한다. 개별 자본가들 사이에서는 이것이 문제가 되지 않는다. 그러나 "자본가계급 전체의 화폐축적이라는 측면에서 살펴보게 되면 어려움이 발생한다. 우리의 가정〔자본주의적 생산의 일반적이고 배타적인 지배〕에 따르면 이 계급을 제외하고는 노동자계급 이외의 다른 계급은 존재하지 않는다. 노동자계급이 구매하는 모든 것은 그의 임금총액〔자본가계급 전체가 선대한 가변자본 총액〕과 같다. 이 화폐는 자본가계급이 자신들의 상품을 노동자계급에게 판매함으로써 다시 회수된다". 그러나 노동자계급은 "생산물 가운데 자본가계급의 불변자본(잉여가치는 말할 것도 없고)을 나타내는 부분을 결코 구매할 수 없다". 이미 이야기한 대로 확대재생산에 필요한 "잠재적인 화폐자본"과 구별되는 "유통수단"으로 기능해야 할 "화폐기금"이 존재해야만 한다.(M2: 348~49) 맑스는 잠재적인 화폐자본이 존재하는 곳으로 은행예금, 국채, 주식을 들고 있다. 그러나 잉여가치를 실현할 유통수단은 어디에 있는가? 그리고 이를 위해 사용되거나 축장된다면 어떻게 되는가? 맑스는 불행히도 이에 대한 아무런 대답도 남기지 않았다.

제10편

자본의 재생산

제2권 제3부에서 맑스는 크게 두 부문으로 이루어진 경제를 상정한다. I부문은 다른 자본가를 위한 생산수단(원료와 중간재로부터 시작하여 생산설비와 기계 등의 고정자본 물품에 이르는 모든 것)을 생산한다. II부문은 노동자와 자본가의 개인적 소비수단(소비시설을 포함)을 생산한다. 소비수단 생산부문은 자신의 생산수단을 I부문으로부터 구매한다. I부문의 노동자와 자본가는 자신들의 소비수단을 II부문으로부터 구매해야만 한다. 이 경제가 잘 돌아가면 두 부문 사이의 교환은 균형을 이룬다. 단순재생산(확대는 없다)의 조건에서 II부문으로 흘러가는 생산수단의 가치는 I부문의 노동자와 자본가에게 흘러가는 소비수단의 가치와 일치한다.

이것이 이들 장에서 다루어질 경제의 기본 모델이다. 이는 출발점에 있는 모델의 일반적 성격을 설명하는 데 유용하다. 일단 일반적 형태를 포착하고 나면 그것을 중심으로 맑스가 펼치는 세부적인 논의를 이해하기 쉽다.

소위 "재생산 표식"은 394~97면(M2)에서 설명된다. 맑스는 산술적 예를 들지만 거기에 대수학적 형태를 부여하면 더욱 이해하기 쉽다. 한해 동안 두 부문의 총산출은 가치로 표현할 때 불변자본(c)+가변자본(v)+잉여가치(m)으로 표현된다. 맑스는 고정자본과 회전기간의 차이는 배제하고 모든 것이 일녀 단위로 생산되고 소비된다고 가정한다. 그런 다음 그는 가치를 단위로 단순한 산술적 사례를 드는데, 이 모델에서는 두 부문의 잉여가치율(m/v)과 자본의 구성(c/v)이 동일하다고 가정한다. 연간 표식은 다음과 같다.

I부문: 4000c + 1000v + 1000m = 6000생산수단
II부문: 2000c + 500v + 500m = 3000소비수단

대수학적으로 표현하면 다음과 같이 된다.

I부문: c1 + v1 + m1 = W1 (생산수단의 총가치)
II부문: c2 + v2 + m2 = W2 (소비수단의 총가치)

생산수단의 총가치는 c1 + c2이고 소비수단의 총가치는 v1 + v2 + m1 + m2이다. 수요와 공급이 균형을 이룬다면(M2: 396)

$$W2 = c2 + v2 + m2 = v1 + v2 + m1 + m2$$

이고 두 변을 정리하면 아래와 같다.

$$c2 = v1 + m1$$

II부문의 생산수단 수요는 지속적이고 균형 잡힌 재생산을 위한 가치비율이 달성될 경우, I부문의 소비수단 수요와 같아야 한다. 대수학 사례에서는 II부문의 소비수단 생산에 필요한 2000c가 I부문에 종사하는 노동자와 자본가의 개인적 소비 1000v+1000m과 같아야 한다. "따라서 단순재생산의 경우 상품자본I의 가치액 v+m은 (따라서 총상품생산물I 가운데 여기에 해당하는 비율 부분도) 역시 II부문의 총상품생산물 가운데 일정한 비율로 구분된 불변자본 IIc와 같아야 한다."(M2: 401)

그러면 온갖 질문이 이어진다. 예를 들어 자본주의 생산과정은 이 균형잡힌 비율을 달성하기 위해 어떻게 생산과 실현을 이루어낼 수 있는가? 두 부문에 사용되는 고정자본이 균등하지 않으면 어떻게 되는가? 회전기간이 다르면 어떻게 되는가? 그리고 무엇보다도 제21장에서 제기되는 가장 중요한 문제, 즉 비율을 계속 지키면서 끊임없이 확대되는 규모의 축적이 어떻게 가능한가?

맑스가 고안한 표식은 많은 가정을 포함하고 있다. (제17장에서 간단하게 보여주었듯이) 우선 노동자와 자본가 두 계급만 존재한다. (한곳에서 소비수단을 다시 생활필수품과 사치품으로 나누기도 하지만) 생산수단과 소비수단을 생산하는 두 부문만 존재한다. 수요와 공급은 균형을 이룬다. 모든 회전기간은 1년이다. 기술변화는 없다. 모든 것은 가치대로 교환된다(중요한 것만 꼽아도 대강 이 정도다). 맑스는 처음에 재생산과정을 "가치보전과 소재보전"(M2: 392)이라는 관점에서 검토해야 한다고 생각하지만 실제로는 두 부문 사이의 비례적인 관계를 가치로만 검토하고, 따라서 재생산에 필요한 물적인 요건들은 자동으로 맞추어진다고 가정한다. 이 가정에는 많은 문제점이 따른다. 가볍게 생각해도 여기에 얽혀 있는 복잡성은 놀라울 정도다.

제2권 제3부는 자본주의 생산양식이 전체적으로 지속적인 자본유통을 통해 재생산되는 과정을 나타내는 모델을 보여준다. 그것은 명백히 제2권 논의의 정점이다. 이는 제1권의 제7부가 제1권에서 논의된 모든 내용을 다룬 것과 마찬가지다. 제1권과 제2권은 모두 단순재생산을 먼저 다룬 다음 확대재생산을 다룬다. 그러나 둘 사이에는 몇가지 중요한 차이점이 존재한다. 제1권에서 선행하는 모든 논의를 종합한 "일반적 법칙"은 실업과 빈곤을 증가시키는 산업예비군의 확대재생산을 설명한다. 제2권에서도 앞부분 네개 장에서 논의한 각기 다른 자본유통 사이의 차이를 사용하긴 하지만, 여기에서는 핵심적인 논의의 많은 부분(특히 고정자본의 유통과 회전기간의 차이)을 추상화하여 자본의 확대재생산 표식을 만들어낸다.

이 표식에서 노동자의 소비는 "매우 중요한 역할"(M2: 413)을 수행한다. 따라서 이 표식을 정치적인 방식으로 해석한다면 생산수단의 총산출과 소비수단의 총수요 사이의 관계를 조화롭게 유지하기 위해 노동자의 소득을 안정시킬 필요가 있다는 이야기를 할 수 있다. 이것은 제1권의 이야기와 충돌하는데, 거기에서 맑스는 자유시장 자본주의의 불가피한 결과로서 노동계급 빈곤의 증가를 말했다. 맑스는 이 충돌에 대한 힌트만을 살짝 주고 있을 뿐인데 왜냐하면 "일반적 법칙"에 상응하는 장이 제2권에는 없기 때문이다. 만일 제1권에서 "일반적 법칙" 장이 없다면 (따라서 단지 단순재생산과 확대재생산 장으로만 이루어져 있다면) 우리가 제1권을 어떻게 읽을지를 추측해보는 것은 흥미로운 일이다.

거꾸로 우리는 제2권에서 제1권의 "일반적 법칙"에 해당할 만한 장이 무엇일지 생각해봐야 한다. 예를 들어 곳곳에서 많은 노동자가 시장에서 가치가 실현되는 조건을 안정시키기 위해 아무 생각 없이 끊임없는 소비지상주의로 빠져들어가는 상황을 생각해볼 수는 없을까? 또한 노동자가 그처럼 자본주의적 소비의 유혹에 빠지면 사회주의 혁명에 대해서도 전혀 관심을 갖지 않는 상황이 되는 것은 아닐까? 혁명운동에서 (한때 1960년대 세계 몇군데에서 활발하게 전개됐고 지금은 많은 환경정책의 중심이 되고 있는) 소비지상주의 반대운동은 어떤 역할을 할까? 물론 맑스가 그런 장을 집필했을 리는 만무하고 극단적인 맑스주의자라면 그런 생각 자체를 격렬하게 비난받아 마땅하다고 여길 것이다.

그러나 맑스의 재생산 표식이 흥미로운 이유는 바로 그런 가능성을 부인하기 어렵게 하기 때문이다(로자 룩셈부르크가 재생산 표식의 내용에 대해 불만을 드러낸 이유가 바로 여기에 있음은 거의 확실하다). 그리고 오늘날 미국 및 다른 선진국에서 경제활동의 거의

70%는 소비지상주의가 이끌고 있고(오늘날 중국의 절반 정도는 그 반대인데 이들은 맑스가 살던 시기의 지배적인 상태와 거의 비슷한 조건에 처해 있다), 소위 "부유한" 노동자로 불리는 많은 사람들은 자신들이 살고 있는 자본주의 세계의 소비지상주의에 (온갖 결함에도 불구하고) 깊이 현혹되어 있어서, 우리는 이런 종류의 정치적·경제적 상황을 분석할 수단이 당장 필요하다. 제1권 제23장의 빈곤화 명제와의 충돌은 심각한 문제를 제기한다. 그러나 진정한 의미의 맑스주의자라면 이것이 단지 심각하고 불편하다는 이유로 이 충돌 문제를 회피하려고 해서는 안 된다.

그러나 이 충돌 문제를 해결할 방법이 있다. 맑스는 몇군데에서 우리가 오늘날 "중간계급"(M2: 335)이라고 부르는 사람들의 존재를 언급했다. 오늘날의 조건에서 이 계급의 주된 역할은 자본주의적 민주주의의 작동을 정치적으로 지지하는 것과 함께 소비의 중추 역할을 수행하는 것이다. 이 계층은 제1권에서도 이미 언급된 바 있는데, 거기에서 맑스는 노동일의 규제가 성과를 거두어가는 과정을 설명하면서 "자본의 저항력은 점점 약해지고, 반면 그와 함께 노동자계급의 공격력은 ─ 직접적으로 이해관계가 없는 사회계층 가운데 노동자들을 편드는 사람들이 늘어난 것과 함께 ─ 증대됐으리라는 것은 쉽게 알 수 있는 일이다"(M1: 313)라고 지적한다. 비슷한 내용이 『경제학비판 요강』에서 구상한 연구계획 가운데에서도 발견되는데(『경제학비판 요강』 264면) 거기에서 "조세 혹은 비생산적 계급의 존재"에 대한 연구를 예정하고 있다. 그리고 1971년 빠리꼬뮌을 만든 정치세력들에 대한 설명에서도 맑스는 이 시기의 정치투쟁에서 채무에 시달리는 "맹아적인 중간계급"(1848년 이후 반혁명운동을 분석한『루이 보나파르트의 브뤼메르 18일』에서 "쁘띠부르주아"라고 표현한 계층)의 역할을 중시했다.[25]

유효수요의 공급에서 이들 사회계층의 중요성은 맬서스가 (그가 염두에 둔 소비자계급은 중동 지방의 경우를 제외하면 오늘날 정치적으로 실행 가능한 계층보다 훨씬 더 귀족적이고 기생적인 계층이지만) 처음 제기했다. 주로 안정되고 유복한 보수를 받는 관리직·행정직·서비스직에 고용된 중간계급의 성장이 자본주의의 경제적·사회적·정치적 안정에 필수적이라는 인식은 오래전에 자리 잡았기 때문에, 우리가 당면하고 있는 모순은 현실 상황보다는 맑스의 두 계급 모델이라는 가정과 관련되어 있다. 그럴 경우 세 계급의 상황에서 나타날 수 있는 모순은 제1권에서 이야기된 것같이 하위 노동자계층에 대한 임금의 억압(예를 들어 중국)과 중간 소비자계급(미국에서 자가 소유의 집에서 교외생활을 누리는 노동자들이 여기에 해당한다)의 수입(비생산적 계급과 부유한 노동자계급을 모두 포함하여)이 제2권에서 필요로 하는 유효수요를 공급해주는 역할 등이다. 맑스의 표식에서 중간계급의 수입은 물론 궁극적으로 가치와 잉여가치 생산에서 비롯된다(물론 오늘날의 조건에서 이는 소비재원에 대한 정부의 재정적자 지출과, 특히 주택수요에 관한 중간계급의 소비지상주의를 부추기는 신용 확대의 도움을 받는 것이 분명하다). 흥미롭게도 북미와 유럽 대부분 국가에서 이 중간계급의 생활수준은 최근 심각하게 위협받고 있는데, 그 원인 가운데 일부는 부채의 과잉 때문이며 이는 곧바로 경제를 지탱해줄 유효수요의 부족이라는 한탄으로 이어진다. 중국 및 다른 개발도상국에서 중간계급이 형성되면서 소비자수요가 내부적으로 증가하는 현상은 이런 유효수요 부족 문제를 보완해주는 희망적인 상황으로 간주된다. 오늘날 중국의 정책결정자들에게 대내외적으로 가해지는 (내수시장을 촉진하도록 적극적인 조치를 취하라는) 압력은 매우 높다. 독일같이 무역흑자가 많은 나라가 임금억제(제1권)를 완화하여 전반적인 경제성장을 위해 노동자들의 소비지상주의(제2권)를 부추겨야 한다는 (지금까지 독일이 거부해온) 요구도 정책결정자들은 듣고 있다. 재생산 표식의 전반적인 틀 내에서 그것을 유연하고 확대된 방식으로 생각하는 것은 오늘날의 상황을 이해하는 데 매우 유익할 것이다.

문제를 해결할 수 있는 다른 방법은 생산적 소비가 투자 확대로부터 나온다는 사실에 숨겨져 있다. 자본가계급의 개인적 소비와 투자 확대 유인 사이의 관계를 정하는 데는 아무런 해답이 존재하지 않는다. 제1권에서 향락의 욕망과 재투자의 필요성 사이에서 갈등하는 자본가의 마음은 파우스트의 번민으로 묘사됐다. 그러나 재투자는 경쟁의 강제법칙이 요구하는 힘과 강도뿐만 아니라 높은 이윤에 대한 기대에도 의존한다(이는 다시 미래의 위험과 불확실성에 대한 자본가의 태도에 의존한다). 어쨌든 총수요 확대는 노동자와 자본가 혹은 제3의 계급들에 의한 개인적 소비와 힘께 투자 확대의 물결에도 영향을 받는다.

또 하나 중요한 제1권과의 차이점이 있다. 맑스는 제1권에서 자본과 노동 사이의 계급관계의 재생산과 끊임없는 축적("축적을 위한 축적")에 몰입하는 부르주아의 "역사적 사명"에 비해 기술적인 문제에는 관심을 덜 기울였다. 그가 보다 큰 관심을 기울인 것은 "어떻게"보다는 "왜"였다. 그러나 제2권에서는 "왜"에 대한 관심이 대부분 사라졌다. 그 대신 자본이 어떻게 끊임없이 축적을 수행할 수 있는지에 대한 기술적 모델을 만들었다. 이 장들을 읽을 때 주의해야 할 것은, 거의 언급되지 않더라도 여전히 계급관계의 재생산이 핵심 문제임을 기억하는 일이다.

재생산 표식의 수학적 형태가 주어진다면 오늘날의 근대경제학에서 사용하는 고도의 수학적 기법을 활용하여 이 표식을 가공할 수 있으리라는 것은 별로 놀랍지 않다. 따라서 제2권의 내용 가운데 많은 부분은 여전히 맑스주의 진영의 이론영역에만 머물러 있지만 재생산 표식은 좀더 널리 알려져서 맑스주의 진영과 비맑스주의 진영 모두에서 새롭게 가공되고 보다 깊은 연구로 발전되어왔다. 같은 이유로 이 표식은 주류경제학의 성장이론의 발전에도 숨은 역할을 수행한 것으로 보인다. 맑스의 저작에 관심을 표한 이론가, 역사가, 신학자, 철학자 등 온갖 부류의 사람이 이 표식의 해석을 두고 논란을 벌인 일은 거의 없었지만 경제학자들은 이 표식을 둘러싸고 많은 논쟁을 벌였다. 심지어 맑스가 결국 정신을 차리고 자신의 어리석은 변증법적이고 관계론적인 연구방식을 버리고 근대경제학의 방법으로 기울었다고 주장하는 경제학자도 있을 정도다.

나는 이런 견해에 동의하지 않는다. 분명 제3부에는 변증법적이고 관계론적인 내용이 전혀 없지는 않더라도 매우 희미하게 존재한다(헤겔의 유령은 사라진다). 그러나 우리는 맑스가 부르주아 경제학이 제시한 (비변증법적인) 일반적 틀을 받아들일 준비를 갖추고 있음을 이미 충분히 보아왔다. 그는 보다 넓은 의미의 변증법적·관계론적·역사적 비판 속에 주류경제학이 수용할 수 있는 유형의 기술적인 모델을 (제1권 자본주의적 축적의 일반적 법칙에서처럼) 자주 끼워 넣고 있다. 이런 보다 넓은 의미의 비판이 제2권에서 전반적으로 결여되어 있다고 해서 그것이 그의 방법론이 변경됐음을 의미하지는 않는다. 제3권의 상인자본 및 이자 낳는 자본에 대한 관계론적이고 역사적인 분석을 제2권의 기술적인 설명과 결합함으로써 더욱 분명하게 드러나듯이 『자본』을 통해 수행하고자 하는 맑스의 작업은 부르주아 경제학의 모순에 대한 강력한 변증법적·사회적·관계론적 비판을 포함한다. 그런 비판을 찾아내어 불완전한 상태의 제2권 제3부 속에 끼워 넣는 일은 우리 몫으로 남아 있다고 생각한다.

이를 위해서는 다음과 같은 물음을 던져야 한다. 원활하게 지속되는 자본축적의 확대를 보여주는 것처럼 보이는 재생산 표식 내에 모순이 숨겨진 곳은 어디인가? 한가지 분명한 모순은 이미 우리가 확인한 바 있듯이, 제1권에서 이야기된 임금 억압 및 빈곤 증가의 경향과 제2권에서 이야기된 가치의 실현을 위한 소비자로서 노동자계급의 "결정적인" 역할 사이의 충돌이다. 또다른 모순은 고정자본의 교체·유지·보수와, 표식에서 드러나는 균형조건 사이의 화해 불가능성(공황의 방식은 제외)에 대한 맑스의 분석과 관련된다. 그밖에 다른 가능성도 있을 수 있는데 그것은 앞으로 보게 될 것이다.

주류경제학 내에서 맑스의 표식에 담겨 있는 기본 개념을 발전시켜나간 하나의 사례를 살펴보는 것은 유익한 일이라고 생각한다. 내가 그렇게 하려는 까닭은 앞으로의 중요성을 알리는 것뿐만 아니라 이 표식이 무엇인지에 대한 보다 명확한 개념을 제시하고 그것의 실천적 유용성을 보여주기 위함이다. 1930년대 말경 러시아 출신 (처음에는 독일로 넘어갔다가 1930년대에 미국으로 건너온) 경제학자 바실리 레온티예프(Wassily Leontief)가 맑스의 모델을 가공해 "투입-산출 분석"(input-output analysis)이라고 알려진 것을 만들어냈다. 표3은 레온티예프의 전형적인 행렬식인데, 그것은 각 산업부문(투입물이 들어온 산업)의 투입 데이터를 수직으로 배열하고 그들 산업(산출물이 어디로 갔는지)의 산출데이터를 수평으로 배열한 것이다. 이런 투입-산출 행렬식을 이용하면 특정 산업부문(예를 들어 철강산업)의 산출 수준을 높이기 위해 어느 정도의 추가적인 투입(예를 들어 석탄, 에너지, 철광석)이 필요한지를 추정하고, 철강 생산을 증가시키기 위해 필요한 석탄 생산에 들어갈 투입(예를 들어 추가적인 기계나 그 기계에 필요한 추가적인 철강)을 추적하는 것이 가능하다. 1974년 레온티예프에게 노벨 경제학상을 안겨준 이 투입산출표는 선진국들에서 전후의 호황기에 경제계획의 도구로 널리 사용됐고 당시 국가 회계에서 핵심적인 역할을 수행했다. 이 기법은 공산주의 진영이 전형적으로 수립하던 5개년 계획이나 10개년 계획에 도입됐고 독립 후의 인도같이 반자본주의적인 민주주의 국가들에서도 많이 사용됐다. 요컨대 그것은 중앙집권적 계획의 핵심 수단이었다.

표3

투입↓ / 산출→	농업	광업	에너지산업	제조업	건설업	서비스업	정부	합계
농업	300	10	100	20	40	10	200	680
광업	30							
에너지산업	50							
제조업	150							
건설업	40							
서비스업	70							
정부	40							
합계	680							

레온티예프 투입산출 행렬
수직항은 각 산업부문의 투입이 어디에서 왔는지를 나타낸다.
(단, 농업의 투입은 종자 혹은 동물사료 같은 농산물이다)
수평항은 농업 등과 같은 각 산업부문의 산출이 어디로 가는지를 나타낸다.
이 표에서 투입은 산출과 동일하고 따라서 경제는 단순재생산 상태에 있다.

레온티예프는 주로 물적 소재(사용가치)의 흐름에 대한 모델을 만들었다(맑스는 대개 가치의 흐름에 대한 모델을 사용했다). 각 산업부문에 대한 투입과 산출의 적절한 데이터를 확보하면 균형성장을 달성할 수 있도록 사회적 분업의 각 부문에 투자와 노동을 배분할 수 있다. 그렇지 못할 경우에는 항상 병목현상이 발생할 위험이 있는데 예를 들어 철강이나 에너지 생산이 다른 부문의 성장을 가로막을 수 있다. 투자와 노동의 합리적인 사회적 배분은 매우 다른 정치적 환경을 가진 세계의 많은 지역에서 공공정책의 핵심적인 관심사가 됐다. 이런 기법을 사용한 중앙집권적인 계획경제는 악명을 떨쳤지만, 오늘날 기업은 이를 훨씬 더 복잡하게 응용하여 복잡한 생산체제의 효율을 최적화하는 데 사용하고 있다.

그러나 여기에서 중요한 문제는 맑스 자신이 이 표식의 의미를 어떻게 해석했느냐다. 그는 생산수단과 소비수단을 생산하는 두 부문의 투입과 산출이 가치의 흐름에서 균형을 이룬다고 가정했다(사실 "균형"이란 말을 사용하지 않았고 "필요한 비율"이라는 말을 사용했다). 이는 자본주의 생산양식 내에서 조화롭고 무한한 자본축적이 실제로 가능하다고 상정한 것일까? 엥겔스는 서문에서 이 표식이 정치투쟁에 아무런 도움이 되지 않을까 우려했지만 로자 룩셈부르크는 이 표식의 타당성을 받아들이는 것은 정치투쟁을 무의미하게 한다고 생각했다. 그렇다면 맑스는 시장의 배분으로는 적절한 비율이 달성될 수 없기 때문에 조화로운 축적은 불가능함을 보여주려고 한 것일까? 만일 그렇다면 각 분업부문에 적절한 비율로 노동을 합리적으로 배분하는 것은 오로지 공산주의하에서만 가능한 것일까? 맑스는 희망을 담아 이렇게 이야기한다. "생산이 공동으로 이루어지고 상품생산의 형태를 띠지 않는다고 가정하면 얼마나 다른 상황이 벌어지는지에 대해서는 뒤에서 자세히 고찰하게 될 것이다." (M2: 448) 불행히도 그는 이 약속을 지키지 못했다.

맑스가 분명히 이야기했듯이 시장의 신호에 대응해 자신의 개인적 이해에 따라 움직이는 개별 자본가가 "우연적인 경우를 제외하고는" 올바른 비율을 맞추지 못할 것 같긴 하지만, "불비례"에 의한 미약한 공황은 지속 가능한 균형성장의 경로를 중심으로 체제 전체가 계속 동요하게 할 것이다. 제1권에서 그는 이미 "다양한 생산영역이 끊임없이 균형을 유지하려는 이 경향은 이 균형을 끊임없이 파괴하려는 데 대한 반동으로만 작용한다"(M1: 377)고 이야기한 바 있다. 제1권의 축적모델이 붕괴하는 궁극적인 원인은 기술적인 지속 불가능성 때문이 아니었다. 그것은 대중의 빈곤화 때문이었으며, 빈곤해진 대중은 봉기를 통해 갈수록 감소하는 (그리고 갈수록 부유해지는) 소수의 착취자를 수탈할 것이다. 맑스는 제2권이 끝날 때까지 어떤 혁명적 요구도 제기하지 않는다. 제2권에 나오는, 노동자계급이 자신들의 소비를 통해 가치의 실현에 적극적으로 기여하는 정도에 따라 우리가 이미 본 제1권의 정책은 (비록 모순을 일으키지는 않는다 하더라도) 그만큼 약화될 것이다.

제2권 제3부에서 제시된 생각은 1860년대 초에 처음 만들어져서 1870년대에 다듬어졌고 맑스가 자신의 마지막 이론적 작업에 몰두한 1878년에 마무리됐다. 따라서 이들 장은 제3권의 초고가 대부분 쓰여지고 제1권이 출판된 이후에 집필됐다. 이들 장은 또한 영국에서 노동자들이 생산성 증가분 가운데 일부를 몫으로 배분받음(말하자면 절대적 잉여가치 생산에서 상대적 잉여가치 생산으로의 변동)으로써 임금이 거의 사반세기 동안 꾸준히 상승하고 있던 시기에 집필됐다. 이 생각들은 주로 비변증법적이고 기술적인 방식으로 연구됐다. 그리고 보다 넓은 의미의 역사적·사회적 문제와 공황의 형성 문제 등과 같이 언급되지 않은 문제(공황의 많은 가능성을 알리고 있긴 하지만)들을 남겨두었다.

그 후에 이어진 연구들은 표식의 기술적인 내용을 여러 방향에서 상세히 서술했으며 수학적으로 매우 복잡한 표현들을 발전시켰다. 이들 논의는 문제를 해결하기보다는 맑스가 남긴 의문점들을 더욱 심화한다. 예를 들어 앤드류 트릭(Andrew Trigg)은 최근 연구에서 이렇게 말했다. "재생산 표식의 목적에 대해 명확하게 이야기하지 않는 상태에서는 이 표식들의 용도가 무엇이며 그것들이 『자본』제 2권의 나머지 부분과 어떤 관련이 있는지, 그리고 『자본』 전체와는 어떤 관련이 있는지에 대한 어떤 합의도 있을 수 없다."[26] 요컨대 맑스를 맑스 자신의 이야기로 해석하는 것이 이 경우에는 거의 불가능하다.

이들 장을 맑스주의와 근대경제학 이론 모두에 친숙하지 않은 청중에게 강의하는 데는 갖가지 어려움이 있다. 통상적인 텍스트의 불완전성이나 지엽적인 부분으로 빠져나가버리는 논의구조, 비판과 반비판으로 뒤섞인 복잡한 문장, 거기에다 걸핏하면 맑스가 끝없이 늘어놓는 사소한 설명들과 지루한 산술적 사례들을 제외하고도 어려움은 많다. (맑스의 설명도 매우 특이하지만) 표식에 대한 잇따른 수학적 연구는 보통사람들이 거의 한번도 경험하지 못한 곳으로 우리를 데려간다. 이는 심각한 문제인데, 왜냐하면 이 표식을 해석하는 방식이 가치와 가격 같은 근본개념의 해석에 영향을 끼치기 때문이고, 또한 제1권과 나란히 놓고 볼 때 자본 재생산의 동학을 완전히 다르게 그려내기 때문이다. 이런 조건에서 내가 할 수 있는 최선은 텍스트와 중심 문제들에는 최대한 가깝게 다가가 있으면서 비교적 사소해 보이는 것들은 살짝 건너뛰는 것이다. 나는 좀더 깊이 탐구해보려는 독자들을 위해 여기에 짤막한 독서목록을 첨부해두고 자 한다.[27] 그러나 어떤 점에서 나와 독자 여러분은 모두 표식이 의 미하는 바가 무엇인지의 골치 아픈 문제를 함께 숙제로 안고 있다.

제2권 제18장: 서론

이 서론에서 맑스의 중점적인 목적(이것은 아주 잠깐만 이야기된 다)은 사회적 총체로서 경제가 무수히 많은 개인의 행동으로 어떻 게 이루어져 있고 그 총체성이 어떤 구조를 이루고 있는지를 살펴 보는 것이다. 그는 (화폐순환이 "끊임없는 갱신"을 통해 생산자본의 순환을 매개하고 그 역의 과정도 포함하는) 자본 흐름의 연속성에 대한 중요성을 우리에게 상기시키면서 이야기를 시작한다. 그래서 "자본이 생산자본으로 끊임없이 재현되는 것"은 "유통과정에서 자 본의 전화를 통해 이루어진다".(M2: 351) 끊임없는 형태변화(화폐에 서 생산요소로, 그리고 상품으로, 다시 화폐로)의 개념을 염두에 두 는 것이 매우 중요하다. 자본을 과정과 흐름으로 파악하는 것은 자 본과 경제에 대한 맑스 개념의 특징이다.

"하지만 모든 개별 자본은 사회적 총자본 가운데 이른바 개별적 인 삶이 부여된 하나의 독립된 부분일 뿐이다. 그것은 마치 모든 개 별 자본가가 자본가계급 전체의 한 개별 요소에 불과한 것과 마찬가 지다. 사회적 자본의 운동은 각기 독립된 그것의 개별 부분들의 운 동의 (…) 총체로 구성된다."(M2: 352)

개별 자본의 독립성은 자본주의 생산양식의 본질적인 특징으로 잘 기억해둘 필요가 있다. 개별성과 독립성은 자연으로부터 주어진 권리에서 비롯된 것이 아니라 시장사회의 등장과 부르주아적 법률, 화폐화와 상품화(이 모든 것들은 자본주의 생산양식의 등장을 위한 전제조건이다) 등이 만들어낸 역사적 산물이다. 맑스는 특이하게도 이 독립성의 중요성을 언급할 때마다 그것이 어디에서 비롯되었는지를 설명하면서 그런 독립성과 개별성을 부정적으로 묘사한다.

생산적 소비는 "가변자본의 노동력으로의 전화"를 포함한다. 노동자는 노동력 상품의 소유자로서 무대에 등장한다(이것은 자본주의 생산양식의 또다른 전제조건이다). 그러나 노동자는 자신들의 개인적 소비를 위해 상품을 구매한다. "이때 노동자계급은 구매자로 그리고 자본가는 노동자들에 대한 상품의 판매자로 나타난다." (M2: 352) 두 계급에 속하는 각 개인은 서로 판매자와 구매자로서 관계하는데, 생산자와 잉여가치의 수탈자라는 매우 특이한 관계다. 노동자계급의 소비(그것의 소비지상주의)는 시장에서 가치를 실현하는 매우 중요한 계기가 된다. 그리고 노동자에게도 다른 사람들과 마찬가지로 구매자로서 독립성과 선택의 기회가 있다.

사회적 자본으로 총괄되는 개별 자본의 순환(즉 총체적으로 고찰되는 순환)은 자본유통뿐만 아니라 일반적인 상품유통도 포함한다. 후자는 원래 두가지 요소로만 구성될 수 있다. 즉 첫째 자본의 고유한 순환과 둘째 개인적 소비에 사용되는 상품들(즉 노동자는 자신의 임금을, 자본가는 자신의 잉여가치(혹은 그 일부)를 지출하여 구매

하는 상품들)의 순환으로 구성된다. (M2: 352)

그런 다음 맑스는 여기에서 이야기된 내용과 제1권의 설명 사이의 관계를 명시적으로 정리한다. 제1권에서는 모든 것이 가치대로 교환된다고 가정했기 때문에 유통문제를 노동력의 매매에서 배제할 수 있었다. 그러나 제2권의 제1부와 제2부는 생산과정이 아니라 유통과정에 초점을 맞추었고, 유통기간의 복잡한 문제를 고려했다. 하지만 제2권의 분석은 여전히 "개별 자본, 즉 사회적 자본 가운데 독립된 한 부분의 운동"에 머물렀다.(M2: 353) "이제 사회적 총자본의 구성부분으로서 개별 자본의 유통과정(**총체적으로는 재생산과정의 형태**)[즉 이 사회적 총자본의 유통과정]을 살펴보기로 하자."(M2: 354. 강조는 하비) 항상 잊지 말아야 할 것은 이것이 유통을 통한 상품과 자본의 재생산뿐만 아니라 계급관계의 재생산도 함께 이야기하고 있다는 점이다.

그래서 이제 우리는 사회적 총자본이 어떻게 재생산되는지를 살펴볼 지점에 도달했다. 그런데 곧바로 이어지는 것은 이 모든 것에서 화폐자본의 역할이라는 하나의 방향전환(아마도 "삽입"이라고 부르는 것이 더 나을 것 같다)이다. 맑스는 스스로 이것이 뒷부분에서 다루어져야 하지만 여기에서 다루겠다고 말했다. 이 전환에는 중요한 의미가 있다. 상품유통은 상품을 사용하는 문제를 전면에 부가한다. 반면 화폐유통은 상품 사용의 문제를 배제하고 이제 양과 양적 관계에 초점을 맞추게끔 한다. 나는 나중에 이 둘 사이의 차이점을 다룰 것이다. 확대재생산에 심각한 문제가 있다면 그것은 화폐자본의 개입과 어느 정도 관련돼 있다. 합리적인 사회적 생산을 계획하는 데 이 표식을 사용하기 위해서는 먼저 화폐자본의 권력을 제거해야만 함을 맑스는 적어도 한번 이상 분명하게 주장한다.

개별 자본의 관점에서 보면 화폐자본은 "과정 전체에 시동을 거는 동력으로 나타난다". 여기에서 다시 "나타난다"라는 단어의 중요성에 유념해야 한다. 자본주의적 상품생산은 "사회적인 측면에서 보든 개인적인 측면에서 보든 새로 시작하는 모든 사업에 시동을 거는 동력이면서 동시에 지속적인 동력이기도 한 (…) 화폐자본을 전제로 한다. 특히 유동자본은 화폐자본이 비교적 짧은 간격으로 끊임없이 반복해서 동력으로 나타날 것을 전제로 한다".(M2: 355) 이것은 표면적으로는 제2권 첫 부분에 설명된 화폐와는 사뭇 다른 개념인데, 거기에서는 화폐가 오로지 구매와 판매의 기능만을 수행할 수 있기 때문에 자본으로 규정되지 않았다. 여기에서 그것이 자본으로 나타나는 것은 (제3권의 화폐자본 분석에서 중심개념을 이루는) 그것의 물신적 성격 때문이다. 또한 제1권에서 보았듯이 이 화폐자본의 크기는 절대적으로도 내적으로도 한계가 없다.

이에 대한 함의는 매우 많다. 화폐는 개인을 수탈할 수 있는 사회적 권력의 한 형태다. 개인의 관점에서 보면 자본가가 축적할 수 있는 화폐권력의 크기에는 한계가 없다. 그러나 사회 전체적으로는 한계가 있는데 이는 우리가 "금"이 화폐체계 전체의 중심축을 이루고 있는 세계에 살고 있기 때문이다. 금으로 인한 한계를 극복할 수 있는 방법은 다양한데, 속도를 높이고, 종이화폐를 발행하고, 화폐를 지불수단으로 사용하고, 신용제도를 만들어내는 등이다. 우리는 사회 전체의 총경제에서 사용 가능한 화폐의 양이 제한되어 있다는 생각을 해서는 안 된다. 오늘날 화폐는 금속본위를 이미 상실했기 때문에 중앙은행에 의해 무한히 만들어질 수 있다. 원하기만 하면 연방준비제도가 수조 달러를 경제에 투입할 수 있다는 말에 주목할 필요가 있다. 현실적으로는 (금융 억압이 되는) 정치적인 제약이 있을 수도 있지만 이는 항상 극복될 수 있다.

맑스는 다시 논의의 방향을 바꾼다. "자본에는 여러 생산요소가 합체되어 있는데, 이들 요소의 팽창은 일정한 한계 내에서는 선대된 화폐자본의 크기와 관계가 없다." 여기에서 맑스는 제1권 제22장의 소절 "잉여가치의 자본 및 수입으로의 비례적 분할과는 무관하게 축적규모를 결정하는 여러 요인…"으로 돌아간다. 이들 요인에는 노동자에 대한 착취를 더욱 높이는 것, 모든 수단을 동원하여 생산의 효율성을 높이는 것, 자본이 아무 것도 지불하지 않는 과학적 진보의 이용, 이미 오래전에 감가상각이 완료된 건축설비 같은 과거의 투자와 자연이 준 "무상의 증여"를 추출하는 것("사회는 이미 오래전에 토지에 대한 소유권을 몇번이나 다시 사들이고도" 남을 만큼을 지불했다), 과학과 기술, 협업의 재구성, 회전기간의 축소 등이 모두 여기에 해당된다.(M1: 625~36)

이 모든 것들은 사실상 자본가가 아무 것도 지불하지 않고, 혹은 아무런 추가저인 화폐자본을 투히히지 않고 추가적인 가치를 추출할 수 있는 무상의 재화들이다. "이 모든 것은 분명 화폐자본의 고유한 문제와는 아무 관계가 없다. 그것은 오직 선대자본이 (…) 생산자본으로 전화한 후에는 자신의 가치액에 국한되지 않고 일정 한도 내에서 외연적으로나 내포적으로 다양하게 작용할 수 있는 생산 잠재력을 포함한다는 것을 보여줄 뿐이다."(M2: 357) 여기에서 맑스가 이 모두를 환기한 까닭은 불분명하다. 화폐자본이 시동을 거는 동력으로, 그리고 가치와 잉여가치 생산의 자생적인 동력으로 나타나긴 하지만 그게 다가 아님은 확실하다. 그래서 한편으로 그는 그 중요성을 감소시키려 했던 것처럼 보이고, 다른 한편으로는 다음과 같은 인식을 해야만 했다. "비교적 규모가 크고 긴 기간이 소요되는 작업은 역시 장기간에 걸친 보다 많은 화폐자본의 선대가 필요하다. 그러므로 이런 부문들의 생산은 개별 자본가가 이용할 수 있는 화폐자본의 양에 제약을 받는다. 이 제약은" ─ 아니나 다를까! ─ "신용제도나 그것과 연관된 조직체들(예를 들어 주식회사)에 의해 돌파된다. 따라서 화폐시장의 교란은 이들 조직체의 사업을 정지시키기도 하지만, 다른 한편 이들 조직체의 사업 그 자체가 화폐시장의 교란을 일으키는 원인이 되기도 한다".(M2: 357~58)

이 장기투자와 관련된 문제는 제2권에서 심각한 문제로 반복해서 등장한다. 만일 자본축적의 동학에 총체적인 파국을 가져오는 하나의 사태가 여기에서 만들어지고 있다면 논의의 초점은 고정자본의 장기투자 문제에 맞추어질 것이다. 그런데 문제는 재생산 표식에서는 이런 투자가 (이것이 자본과 모든 대안에 대한 잠재적인 파국의 효과가 있음을 처음에 상기시키고 있긴 하지만) 대부분 배제된다는 점이다. "사회적 생산의 토대 위에서" ─ 단지 결합자본만 언급했지만 그가 생각한 것은 사회주의 혹은 공산주의적 생산일 것이다 ─

이런 작업(비교적 장기간에 걸쳐 아무런 생산물도 공급하지 못하면서 단지 노동력과 생산수단을 계속 끌어다 쓰기만 하는)이 수행될 수 있는 생산규모는 다른 생산부문(1년의 단기간 동안에도 여러차례 연속적으로 노동력과 생산수단을 끌어다 쓰고 동시에 생활수단과 생산수단을 공급하기도 하는)에 손해를 입히지 않는 범위 내에서 결정되어야 한다. 자본주의적 생산이나 사회적 생산이나 마찬가지로 노동기간이 비교적 짧은 사업부문의 노동자는 생산물을 제공하지 않은 채 끌어다 쓰기만 하는 시간도 비교적 짧을 것이다. 반면 노동기간이 비교적 긴 사업부문에서는 이 기간도 비교적 길 것이다. 그러므로 이 문제는 노동과정의 사회적 형태가 아니라 노동과정의 물적 조건에서 비롯된 것이다. 사회적 생산일 경우에는 화폐자본이 폐기된다. 사회는 여러 사업부문에 노동력과 생산수단을 배분한다. 생산자들은 어떤 증서를 받아서, 그것을 주고 사회의 소비용 재고에서 자신의 노동시간에 해당하는 양을 인출하게 될 것이다. 이때 그 증서는 화폐가 아니다. 그것은 유통되지 않는다. (M2: 358)

이런 종류의 문장은 이들 장 전체에 여러차례 등장하는 개념으로 우리를 이끈다. 바로 대안적인 사회주의 혹은 공산주의 경제의 건설 과정에서 이들 표식이 수행할 잠재적인 역할이다. 나는 이 문제에 대해 더이상의 언급은 피하고 단지 대규모 장기투자와 관련된 문제가 자본의 운동법칙 내에서도 문제가 되는 부분이지만 반자본주의적인 대안적 생산양식의 건설에서도 매우 중요한 문제라는 점만 지적해두고자 한다. 물적 형태의 균형과 가치 흐름의 균형 사이의 잠재적인 모순에 대한 중요한 힌트도 주어져 있는데 이 문제는 나중에 다시 다룰 것이다. 한편 화폐자본의 권력을 어떻게 폐기할지의 문제도 여전히 남는다. 그런데 이들 장 전체에 걸쳐서 맑스는 자주 "상품유통이" "비자본주의적 생산의 토대 위에서도 일어날 수 있다"(M2: 354)라고 말한다. 즉 상품유통은 자본주의 생산양식의 등장 이전에 이미 존재했고 이후에도 여전히 계속될 수 있다는 것이다.

제2권 제19장: 연구대상에 대한 기존의 논의

맑스의 재생산 표식이 프랑스 외과의사이자 경제학자인 프랑수아 께네의 『경제표』(*tableau économique*, 1757~59년 출판)에 기초한 것이라는 사실은 일반적으로 잘 알려져 있다. 께네는 어떤 사람이며 그의 표는 왜 그렇게 특별하고 중요한가? 께네(1694~1774)는 루이 15세의 외과의사였다. 탁월한 의사이자 왕의 심복이었던 그는 의학 지식의 발전은 물론 국가의 본질에 대한 많은 생각을 했다. 그는 의학에는 혁명이었던 윌리엄 하비(William Harvey)의 혈액순환 발견에 깊은 영향을 받았고 이것이 국가에서 자본의 유통과 흡사하다고 간주했다.

나는 자본유통을 흔히 혈액순환에 비유하곤 했다(아마도 내가 태어난 곳이 윌리엄 하비의 고향에서 40마일밖에 떨어지지 않은 탓이 아닐까 싶다). 『자본이라는 수수께끼』(*The Enigma of Capital*) 서론에서는 이 개념을 핵심으로 제기했지만 이 책을 쓰기 위해 제2권을 다시 읽고 나서야 그 비유가 께네에게서 처음 비롯됐다는 사실을 깨달았다.

윌리엄 하비의 혈액순환 이론은 수세기동안 지배적이던 갈레노스(Galen)의 이론을 대체했다. 갈레노스의 이론에 따르면 심장은 혈액 생산의 중심지이며 혈액은 다양한 기관에 흘려들어가 거기에서 소비된다. 이것은 생산에서 소비로 흘러가는 일방통행로 모델이다. 반면 윌리엄 하비는 심장이 신체 전체에 걸쳐 혈액이 계속 유통되게 하는 펌프의 기능을 수행하는 것은 물론 외부의 원천과 신진대사 기능을 수행하여 혈액을 계속해서 보충하고 세척하는 기능도 함께 수행한다고 생각했다. 께네는 하비의 이 개념을 경제학 영역에 적용했고 맑스는 자신의 주된 관심인 가치의 흐름과 유동성·연속성에 께네와 똑같은 방식을 사용한 것이 분명하다. 께네의 문제는 가치가 농업부문에서만 생산되고 산업생산은 농업에 기생한다고 생각한 점에 있었다. 께네는 베르사유의 과시적 소비와 귀족들의 소비지상주의를 감히 비판하지 못했고, 따라서 농민과 토지귀족이 가치의 생산에 함께 참여한다고 생각했고, 그 결과 농민으로부터 잉여가치가 수탈되는 사실을 은폐했다. 이 "중농주의"(주로 프랑스)사상은 무역을 통해 금을 축적하는 것을 경제정책의 가장 중심에 두었던 "중상주의"(당시에는 주로 영국)와 대비되는 것이었다.

맑스는 이들 두 학파에 모두 반대했다. 그러나 당시 프랑스의 산업구조에 비추어 보면 께네의 중농주의는 상당히 타당한 부분이 있었는데, 왜냐하면 주로 귀족들의 소비를 위해 사치재(보석, 호화 의류, 도자기, 카펫 등)를 생산하던 수공업부문(맑스가 보았던 공장제

부문과는 매우 다르다)을 지탱해 주는 것이 농업부문에서 수탈된 잉여가치였기 때문이다(께네가 살았던 베르사유를 방문해 보면 당시에 생산된 이런 물건들을 볼 수 있다).

맑스는 께네의 중농주의 이론은 분명하게 거부했지만 경제 흐름 모델에는 관심을 가졌다. 그것은 고전경제학의 "취약한 삼단논법" 모델 — 이 모델은 갈레노스의 이론과 마찬가지로 생산의 중심성이 분배의 특수성을 지배하고 모든 소비가 개별적 소비를 통해 이루어지는 것이다 — 을 깨뜨릴 수 있는 과학적인 방법을 제시하는 것으로 보였다. 케인스의 절친한 동료이자 리카도 전집의 편집자이기도 한 삐에로 스라파(Piero Sraffa)는 자신의 저작 속에서, 이로부터 발전시킨 논의에 큰 중요성을 부여했다. "생산과 소비 체계의 본래적인 모습을 하나의 순환과정으로 발견한 것은 물론 께네의 『경제표』다. 그것은 '생산요소로부터 소비재에 이르는' 경로가 일방통행이라는 근대경제학 이론의 관점과는 완전히 상반되는 관점에 서 있다."[28] 근대경제학 이론이 순전히 갈레노스의 방식이라고 지적한 두번째 문장은 매우 중요한데 주류경제학은 지금도 여전히 이 생각에 지배되고 있다.

나는 여기에서 맑스의 텍스트에서 벗어난다. 이렇게 하는 이유는 이들 논의가 매우 중요하기 때문이다. 스라파가 말한 대로 만일 오늘날의 경제이론이 갈레노스 모델의 방식에 갇혀 있는 것이 맞다면, 그리고 맑스가 께네/윌리엄 하비 모델을 받아들이기로 한 것이라면, 경제학 영역에는 부르주아 경제학 이론과 맑스 사이에 심각한 괴리가 존재하는 셈이다. 나는 『자본이라는 수수께끼』에서 이 괴리를 통해, 부르주아 경제학이 시스템 리스크의 위협과 파국의 가능성을 왜 알아차리지 못했는지, 그리고 자본흐름의 연속성 중단과 심각한 장애(노동 공급으로부터 자연자원 혹은 유효수요 부족에 이르는 모든 요인)의 등장 가능성에 대한 맑스 이론이 공황이 발발할 만한 곳을 어떻게 보여주는지 모두 설명했다. 이들 장애를 극복하거나 완화하지 못하면 그것은 동맥경화가 사람의 생명을 앗아가는 것과 꼭 마찬가지로 자본의 운동이 파국을 맞고 자본주의의 몸통이 죽음에 이르게 된다. 이런 비유는 다소 극단적으로 보일 수 있지만 흥미로운 결과를 알려주기도 한다. 갈레노스의 이론에 따르면 전형적인 치료법은 사혈(瀉血, 경제학적으로는 긴축을 가리킨다) 혹은 수혈(경제학적으로는 양적 완화와 세계중앙은행의 유동성 방출을 가리킨다)이지만 이 두 방법은 모두 맑스 이론의 관점에서는 전혀 쓸모없다. 맑스 이론에서 보면 공황에 대응하는 안정화 정책은 자본유통의 연속성이 중단된 지점과 장애물에 대한 분석을 필요로 한다. 그리고 그와 함께 모든 것들을 재생산 표식이 보여주는 균형조건에 가까운 상태로 되돌려야 한다.

그러나 맑스의 기본 가정은 그대로 남는다. 즉 자본 흐름의 중단이 오래 지속되면 자본은 죽는다는 것이다. 이런 동학을 이해하기 위해서는 자본의 흐름을 보여주는 모델이 필요하고 맑스는 그 모델을 어떻게 만들 수 있는지 처음으로 보여준 께네에 기초하여 재생산 표식을 만들어냈다. 그래서 이쪽으로 방향을 바꾼 부르주아 경제학자들(예를 들어 몇몇 거시경제이론가들)이 상당 부분 맑스의 혁신적 개념에서 영감을 얻은 것(만일 이들이 고백을 했다면)은 별로 놀라운 일이 아니다(물론 그들은 곧바로 다시 자본운동의 일반적 법칙에 대한 맑스의 이론에서 이 재생산 표식이 차지하는 지위에 관한 어려운 문제에 부딪히긴 했다).

께네의 『경제표』에는 또 하나 중요한 점이 있다. 그는 흐름의 연속성에 관심을 기울였기 때문에 유통과 이동의 자유를 강력하게 지지했다. 당시 프랑스에서는 이 자유가 상당히 많은 방해를 받고 있었는데 거기에는 운송의 물리적 인프라의 문제뿐만 아니라 지방권력이 도로와 교량에 부과하는 헤아리기 어려울 정도의 숱한 관세가 함께 얽혀 있었다. 께네는 이동을 가로막는 온갖 사회적·정치적 장애물을 줄이거나 제거하자고 주장했다. 그는 "자유방임"(laisser-faire)이라는 말(애덤 스미스와 그 후의 자유무역을 옹호한 리카도 학파 전체가 친숙하게 사용하는 용어)을 처음으로 사용한 사람이다.

맑스는 사실 제19장에서 께네에 그다지 큰 주의를 기울이지 않았다. 이 장의 대부분은 께네를 해석할 때 스미스가 저지른 "엄청난 실수"를 비판하는 것으로 이루어져 있다. 스미스는 가치가 농업생산에서만 창출된다는 께네의 잘못된 관점을 바로잡았다. 그러나 그 과정에서 잘못된 가치론을 제기했는데 즉 생산물의 가치가 소위 기본 생산요소들(께네가 규정한 것으로 토지·자본·노동)의 수입으로 부가되는 가치의 합이라고 주장했다. 물론 이것은 전통적인 가치론은 물론 맑스가 가공한 노동가치론과도 전혀 다르다. 이것은 리카도에 이르기까지 경제학을 지배한 "터무니 없는 생각"이었다고 맑스는 말한다.(M2: 384~90) 스미스의 가치론은 나중에 신고전파에서 이들 기본 생산요소인 토지·노동·자본의 한계비용(가치의 절대량이 아니다)의 합이 상품의 가격을 구성한다(바로 갈레노스의 모델을 그대로 따른 것이다)는 이론으로 변형됐다. 각 생산요소의 상대적인 희소성이 부르주아 경제학의 중심 사상으로 자리를 잡았다. 그리하여 스미스의 "터무니 없는 정식"은 지금까지도 그대로 이어지고 있다.

맑스가 이런 이야기를 하려 한 것은 아니다. 그는 자신의 작업 전체에서 애덤 스미스의 "엄청난 실수"를 공격하는 데 주로 관심을 쏟았고, 재생산 표식을 개발한 목적 가운데 하나는 분명 스미스의 해석과 그에 따른 결론에 문제를 제기하기 위해서였다. 만일 가치가 토지·노동·자본의 수입과 같다면, 사용된 불변자본의 교체는 이론에서 사라져버릴 것이다. 그런 조건에서는 자본의 재생산이 불가능하다.

여기에서 스미스의 편협성은, 그가 불변자본의 가치가 갱신된 형태로 재현되는 것을, 이미 께네가 정확하게 보았던 것처럼 재생산과정의 중요한 계기로 보지 못하고 단지 유동자본과 고정자본의 구별에 관한 설명으로만 (그것도 잘못된 설명으로) 사용한다는 점에서 드러난다. (M2: 362)

이것은 앞서 이야기한(이 책의 제4편) 고정자본과 유동자본에 대한 스미스의 범주에 대한 맑스의 비판과 관련된 이야기다. 맑스는 이렇게 결론을 내린다. "스미스의 사상적 혼란은 지금까지도 계속되고 있으며 그의 교의는 경제학의 정통 교리를 이루고 있다."(M2: 390)

제2권 제20장: 단순재생산

제20장은 같은 제목이 붙어 있는 제1권 제21장에 대응된다. 제1권에서 맑스가 자본의 재생산과 관련된 기술적인 문제들을 자본과 노동 사이의 계급관계 재생산에 예속시켰다는 점을 떠올릴 필요가 있다. 제2권에서는 자본의 재생산과 관련된 기술적인 문제들이 부각되지만, 그 내용들이 제1권에서 강조한 자본-노동의 계급관계 재생산을 배경으로 하고 있음을 생각하면서 읽는다면 도움이 될 것이기 때문이다.

맑스의 목적은 사회적 총자본의 유통을 살펴보는 데 있다. 그가 알아내려고 하는 것은 "사회적 자본의 재생산과정이" "개별 자본의 재생산과정과 구별되는 성격은 무엇인지, 그리고 두 재생산과정에 공통된 성격은 무엇인지"에 대한 것이다. 그는 제1권의 내용에서 출발한다.

연간 생산물은 사회적 생산물 가운데 자본을 보전하는 부분(즉 사회적 재생산)을 포함하는 동시에, 소비재원으로 노동자와 자본가가 소비하는 부분도 함께 포함한다. 다시 말해서 그것은 생산적 소비와 개인적 소비 모두를 포함한다. 그것은 또한 자본가계급과 노동자계급의 재생산(즉 유지)을 포함하며, 따라서 총생산과정의 자본주의적 성격의 재생산도 포함한다. (M2: 391)

앞서 지적했듯이 초점은 상품형태의 자본에 맞추어져 있다. "재생산과정은 W'의 개별 구성 부분의 가치보전과 소재보전이라는 관점에서 고찰되어야 한다."(M2: 392) 이것은 우리가 상품이 사용되는 용도(노동자와 자본가의 개인적 소비 vs 생산적 소비)에 초점을 맞추어야 하기 때문이며, 또한 개별 자본의 유통에서처럼 W'의 화폐로의 전화와 생산수단과 노동력의 구매로의 재전화가 아무런 장애없이 진행된다는 것을 더이상 전제로 삼고 있지 않기 때문이다. 우리는 생산수단과 노동력이 정확한 시기에 정확한 양만큼 시장에서 구매될 수 있는지의 여부를 알 필요가 있다. 또한

사회적 상품생산물 가운데 노동자가 자신의 임금을 지출하고 자본가가 자신의 잉여가치를 지출함으로써 소비하는 부분의 운동은 총생산물의 운동을 구성하는 한 고리를 이룰 뿐만 아니라 개별 자본의 운동과도 얽혀 있어서 그 과정은 단지 그것을 전제하는 것만으로는 설명할 수가 없다. (M2: 392)

제1권의 분석에서 전제로 삼았던 것들은 이제 더이상 지켜지지 않는다. 특히 순수한 소비로서의 노동자계급과 자본가의 소비는 제1권의 범위에서는 배제됐던 방식으로 모습을 드러내는데, 그것은 제2권의 앞부분 여러곳에서 이미 중요하게 이야기됐다. "눈앞에 놓여 있는 문제는 다음과 같다. 생산과정에서 소비되는 **자본**은 어떻게 해서 그 가치가 연간 생산물에 의해 보전되는가, 그리고 이 보전의 운동은 자본가에 의한 잉여가치의 소비 및 노동자에 의한 임금의 소

비와 어떻게 얽혀 있는가다."(M2: 392)

그러나 이 문제를 검토하기 위해서는 몇가지 가정이 필요하다. 먼저 대부분의 제2권 분석이 상정하고 있는 일반적인 전제에서 시작해보자. "생산물들은 가치대로 교환되고 생산자본의 구성 부분에서는 어떤 가치혁명도 일어나지 않는다고 가정한다"(즉 기술 변화는 없다고 가정한다). (제3권 분석의 가정처럼) 가격이 가치와 일치하지 않고 기술과 조직의 변화로 끊임없이 가치혁명이 일어난다고 해도 논의의 전반적인 내용에는 "아무런 영향을 미치지 않는다"(M2: 392)고 그는 확실하게 단언한다. 제2권의 대부분에 걸쳐 재생산 표식에 상당한 영향을 미치는 암묵적인 가정도 몇개 있다. 예를 들어 우리는 폐쇄된 체계 내에서 총수요와 총공급이 노동자와 자본가만에 의해 이루어지는 두 계급 자본주의 모델만을 다룬다(다른 계급이나 비자본주의적 구성체와의 교역은 아주 가끔씩만 언급될 뿐이다). 이어서 우리는 또한 자본가와 노동자가 자신들의 수입을 모두 소비에 지출하고, 모든 경제활동이 연간 단위로 이루어지며 (고정자본 문제는 간단히 언급되고 실제 논의에는 들어가지 않는다) 비생산적 활동(맑스가 자본주의 유통의 **부대비용**faux frais이라고 불렀던 것)은 존재하지 않는다고 가정한다. 맑스는 이 순수한 형태의 자본주의 생산과 유통의 모델을 사용하여 균형성장이 이루어지기 위한 조건을 이론적으로 탐구하려 했다.

생산물 가치 가운데 일부가 자본으로 재전화하고 다른 일부가 자본가계급과 노동자계급의 개인적 소비로 들어가는 것은 총자본의 결과물인 생산물 가치 내부의 운동이다. 그리고 이 운동은 단지 가치보전일 뿐만 아니라 소재보전이기도 하며, 따라서 사회적 생산물의 가치구성 부분들 상호 간의 비율은 물론 그것들의 사용가치〔즉 소재적인 형상〕에 의해서도 제약된다. (M2: 393)

그러나 여기에는 어려움이 하나 존재한다. 이 재생산과정에서는 가치뿐만 아니라 사용가치도 보전되어야 한다. 예를 들어 노동력 가치에 들어가는 특수한 사용가치는 노동자계급이 재생산되기 위해 필요한 양만큼 생산되어야 한다. 생산적 소비에 필요한 특수한 사용가치도 재생산되어야 한다. 이런 물적 요건들은 가치관계의 재생산과 일치해야만 한다. 그러나 이것이 자동적으로 이루어지지는 않는다. 레온티예프의 투입-산출 모델에서 자동차 엔진을 만드는 데 사용될 철강을 생산하기 위해 필요한 철광석과 석탄의 양은 모두 투입-산출 행렬식 내에서 물적인 과정으로 모형화될 수 있다. 모델의 구축은 물적이며 사용가치에 기초한다. 그런데 이 사용가치 관계에 수반되는 금융의 흐름은 전혀 다른 문제다. 하나는 원활하게 작동할 수 있지만 다른 하나는 그렇지 못할 수도 있다. 우리는 둘 가운데 어떤 것을 선택해야 할까? 맑스는 둘 모두를 원한 것 같다. 그러나 이어지는 논의에서 사회적 재생산과정의 사용가치와 물적 모델은 점차 모습을 감추고 가격·화폐 가치의 흐름은 문제가 없다고 그려진다. 사용가치에 따라 규정된 생산부문들 사이의 광범위한 구별이 이야기된 다음, 우리가 만나는 것은 사용가치의 차이와 요건을 반영하는 사회적 총자본의 운동에 대한 순수한 가치 및 화폐적 분석이다.

가치 및 화폐적 분석과 물적 사용가치의 흐름 사이의 잠재적인 모순은 검토되지 않았다.

『자본』의 첫 부분부터 이어지는 사용가치와 교환가치 사이의 모순을 강조하는 맑스의 습관을 고려할 때 이 모순을 이야기하지 않은 것은 곧 이 부분이 공황이 등장하는 지점이라는 것, 그리고 재생산 표식 내에서 붕괴를 보아야 하는 지점이라는 의미다. 사실 이 괴리는 표식을 물적인 것으로, 즉 사용가치에 따라 해석하는 사람들(일반적으로 스라파를 포함한 신리카도 학파를 가리킨다)과 그것을 화폐적 기준에 따라 해석하는 사람들(케인스주의에 가까운 사람들) 사이의 갈등을 불러일으켰다. 표식을 사회적 협업을 위해 합리적으로 사용하려면 먼저 화폐자본의 역할을 폐기해야 한다는 맑스의 생각은 표식 내에 자리잡고 있는 본원적인 모순이 바로 이것이라는 의미다. 반면 고정자본 형성을 위한 물적 요건이 원활한 화폐 흐름과 그 연속성을 망친다는 것은 곧 화폐운동과 관련된 모순이 물적 측면에서 발생한다는 점을 가리킨다. 이후에 표식을 둘러싼 신리카도 학파와 케인스주의자들 사이의 괴리를 맑스가 보았다면, 어떤 의미에서 그것을 내재화된 자본의 모순이 사유의 영역을 통해 외부화되는 전형적인 경우로 간주하지 않았을까 싶은 생각이 든다. 물론 이 두 진영은 모두 맑스의 텍스트에서는 아무런 힌트도 얻지 못했다.

그러나 나는 이것이 표식 내에 존재하는 근본적인 모순을 알려주는 부분이라고 확신한다. 이 표식에 대한 많은 연구가 수리경제학에 훈련된 사람들에 의해 이루어졌고 이들 전문가가 변증법과 모순에 대해 기껏해야 매우 낮은 평가(아예 깡그리 무시한 것은 아니라 할지라도)만을 했다는 점을 고려하면, 공황의 형성에 관한 이 표식의 내용들이 아직도 거의 연구되지 않은 채로 남아 있음은 별로 놀라운 일이 아니다. 우리도 수학적 기법을 현란하게 자랑하는 동료 경제학자에게 기가 눌려 대부분 이 문제를 이슈화하지 못해왔다. 이제 다시 본문으로 돌아가자.

2절과 3절: 두 부문 간의 교환

이어지는 부분에서 맑스는 앞서 이야기한 생산수단과 소비수단의 생산에 요구되는 비율을 다룬다. 그러나 여기에는 좀 다듬어야 할 부분이 있다.

이 상호 간의 교환은 화폐유통에 의해 성립되는데, 이 화폐유통은 그것을 매개하기도 하지만 동시에 그것을 이해하기 어렵게 만들기도 한다. 그러나 그것은 결정적으로 중요하다. 왜냐하면 가변자본 부분은 끊임없이 반복해서 화폐형태로[즉 화폐형태에서 노동력으로 전환되는 화폐자본으로] 나타나야 하기 때문이다. 사회 전반에 걸쳐서 상호 간에 동시적으로 운영되는 모든 사업부문에서 (그 사업부문이 I부문에 속하든 II부문에 속하든 상관없이) 가변자본은 화폐형태로 선대되어야 한다. (M2: 397~98)

따라서 I부문의 노동자들은 자신들의 임금을 사용해 II부문으로부터 소비수단을 구매하고, 그럼으로써 Ⅱ부문의 불변자본 가운데 절반을 화폐형태로 전화시켜 이것이 Ⅰ부문으로 돌아올 수 있게 하는데, Ⅰ부문에서 그 화폐는 다시 노동력을 구매하는 화폐자본으로 기능한다. 자본가가 자신의 노동자들에 대한 지불을 연기한다는 것은, 이미 생산하여 Ⅱ부문에 판매한 불변자본이 화폐로 전화할 화폐 흐름을 연기하는 것이다. 그렇기 때문에 "일정한 화폐준비 ─ 자본선 대를 위한 것이든 수입의 지출을 위한 것이든 ─ 는 어떤 경우에도 생산자본과 함께 자본가의 수중에 존재해야 한다".(M2: 399) 회전기간과 유통기간의 차이가 있을 경우와 마찬가지로 실제 생산에 사용되는 것보다 더 많은 화폐가 유통에 머물러야만 한다. 어떤 자본가들은 자본을 선대해야만 하고 또다른 자본가들은 두 부문 간의 교환에 대비해야 한다. 그래서 "그들은 결국 각자의 상품등가를 교환함으로써 서로 완전히 지불을 끝낸 것이다". 그리고 "그들이 자신들의 상품가치액 외에 이 상품교환의 수단으로 유통에 투입한 화폐는 그들 각자가 유통에 투입한 비율에 따라 유통에서 각자의 부문으로 되돌아간다. 그리하여 그들 가운데 어느 누구도 한푼도 더 번 것이 없다".(M2: 400) 또한 이 모두를 위해 반드시 필요한 것은, 노동자가 Ⅱ부문에서 생산된 것만큼 자신들의 임금을 소비하고, 부르주아도 자본에 주어진 임무를 완수하고 자신의 수입을 정확한 방식으로 모두 소비해야 한다는 것이다.

4절: 생활필수품과 사치품

이 마지막 항목을 맑스는 생활필수품과 사치품을 구별하는 문제에서 시작한다. Ⅱ부문의 노동자는 사실상 자신들이 생산한 상품을 구매하여 자본가가 생산을 계속하기 위해 필요한 화폐 가운데 일부를 공급한다. 소비영역에서 "회사 가게"를 매개로 하는 자본과 노동 사이의 관계는 『자본』에서 자주 사용되는 주제다(제1권에서 맑스는 생산영역에서뿐만 아니라 소비영역과 관련해서도 노동자가 자본의 "부속물"이라고 묘사한다). 그러나 조금 다른 점이 하나 있는데 여기에서는 노동자들이 "구매자로 자본가들이 판매자로"(M2: 402) 나타난다는 점이다.

Ⅱ부문은 사실상 다시 두 부문으로 나뉜다. 한 부문은 "노동자계급의 소비에 들어가는 것으로서, 생활필수품일 경우에는 품질이나 가치에서 노동자들의 것과 차이가 나긴 하지만 자본가계급의 소비 가운데 일부를 이루기도 한다". 그러나 맑스는 ─ 분명 그 자신의 소비습관을 염두에 두고 ─ 이렇게 말한다. "이 경우 예를 들어 담배와 같은 생산물이 생리학적 관점에서 필요소비수단이 되느냐 안 되느냐는 별로 중요하지 않다. 이런 것은 그냥 관습상 필요소비수단으로 간주하면 된다."(M2: 402) 사치적 소비수단은 "오로지 자본가계급의 소비에만 들어간다". 이들 품목은 노동자가 생산하지만 노동자의 소비에는 사용되지 않는다.

사치품 산업에는 몇가지 특징이 있다. 예를 들어 제1권에서 맑스는 이들 산업의 생산성 혁명은 노동력 가치의 변동에 아무런 영향도 미치지 않고 따라서 상대적 잉여가치 생산의 원천이 아니라고 말한다. 그러나 여기에서 맑스는 기꺼이 유통형태를 살펴보는데 — 항상 그렇듯이 매우 세부적인 내용과 넘쳐나는 수치 예를 들어가며 — 이 유통형태는 자본가가 자신의 수입을 생활필수품과 사치품에 적당한 비율로 배분한다는 점을 고려하여, 사치품 생산에 참여하는 노동자 및 자본가와 생활필수품 생산에 참여하는 노동자 및 자본가 사이에서 이루어지는 구조로 되어 있다. 유통과정의 세부적인 내용을 보면, 자본가가 사치품을 구매함으로써 사치품의 가치가 실현되면, 사치품을 생산한 자본가는 자신에게 필요한 생활필수품이 얼마가 되든 상관없이, 자신의 잉여가치 가운데 일부를 더 많은 사치품을 구매하는 데 사용한다. 사치품을 생산하는 산업 IIb의 노동자는 자신이 받은 가변자본을 사용하여 산업 IIa에서 생산한 생활필수품을 구매한다. 물론 많은 부분은 자본가계급이 자신의 수입을 생활필수품과 사치품으로 어떻게 배분하느냐에 달려 있다.

"사치품 생산에 흡수되는 노동력의 비율은 (⋯) 자본가계급의 소비(즉 그들의 잉여가치 가운데 사치품과 교환되는 부분)에 의존"(M2: 408)한다. 그러나 이것은 경제상황에 따라 민감하게 변할 수 있다. "공황은 일시적으로 사치품의 소비를 감소"시키고, 그것은 가변자본의 지출을 감소시켜서, 이것은 다시 사치품이 아닌 임금재의 전반적인 수요를 감소시킬 것이다. "호황기, 특히 투기의 전성기에는 그 반대 현상이 일어난다."(M2: 409) 이 시기에는 노동자들이 완전고용되어 있고 높은 임금을 받고 있어서 이들도 약간의 사치품을 구매할 수 있기 때문이다.

여기에서 맑스는 매우 중요한 일반적 고찰로 나아간다.

공황은 지불능력이 있는 소비〔혹은 소비자〕의 부족으로 생겨난다
고 말하는 것은 순전히 동어반복에 불과하다. 자본주의체제에는, 가
난한 사람과 '도둑놈'의 소비를 제외하면, 어떤 다른 지불하는 소비
도 알려져 있지 않다. 상품이 판매되지 않는다는 것은 곧 상품에 대
한 지불능력이 있는 구매자〔즉 소비자〕를 발견할 수 없다(상품의 구
입이 궁극적으로 생산적 소비를 위한 것이든, 개인적 소비를 위한 것
이든)는 것을 의미한다. 만약 누군가가 노동자계급이 자신이 생산한
것 가운데 너무 적은 부분만 받고 있고 이들의 몫을 늘려주면〔결과적
으로 임금이 상승하면〕이 해악을 제거할 수 있을 것이라고 말함으로
써 이 동어반복에 보다 그럴듯한 근거를 제공하려고 한다면 그에게
는 단지 다음과 같이 말해주는 것만으로도 충분한 답변이 될 것이다.
즉 공황은 임금이 전반적으로 상승하고, 노동자계급이 연간 생산물
가운데 소비용 부분에 대한 자신들의 몫을 보다 많이 받게 되는 바로
그 시기에 준비된다는 것이다. 그러나 이 건전하고 '단순한'(!) 상식
을 가진 흑기사의 관점에서는 거꾸로 바로 그런 시기야말로 공황이
더욱 멀어지는 시기가 될 것이 틀림없다. 따라서 자본주의적 생산은
선의나 악의와는 상관없는 조건〔즉 노동자계급의 그런 호황기를 오
직 잠깐 동안만, 그나마도 언제나 공황의 전조로만 허용하는〕을 포함
한다. (M2: 409~10)

언뜻 보기에 이 말은 제2권 318면의 각주와 조화되기 어려울 것

같은데, 거기에는 "상품자본의 실현, 즉 잉여가치의 실현은 사회 전체의 총소비의 수요규모에 의해 제약을 받는 것이 아니라 한 사회의 총소비 가운데 대다수의 빈곤계층의 (…) 수요규모에 의해 제약을 받는다"고 적혀 있다. 사실 맑스가 말하는 "동어반복"은 유효수요의 중요성을 부인하는 것이 아니라 단지 지불능력을 가진 수요만이 수요로 간주됨을 강조하고 있는 것뿐이다. 이는 다시 한번 우리의 주의를, 사용가치에 대한 실제 수요 없이 화폐(교환가치)가 어떻게 유통되는지에 대한 문제로 돌려버린다.

노동자계급의 구매력이 자본가계급의 사치와 경기변동(무엇보다도 고정자본 투자의 변동을 알려주는 지표)에 따른 고용의 변화 같은 요인에 의존한다는 사실은 분명하다. 노동생산성의 전반적인 변화도 마찬가지로 가치와 잉여가치 생산에 참여하는 노동자의 수를 줄일 것이다. 그렇기 때문에 잉여가치 생산의 직접적인 장애 요인으로 나타나는 "과소소비"는 공황의 유일한 원인이 될 수 없다. 이것이 곧 이 장에서 말하는 유효수요의 부족이 동어반복인 까닭이다. 그래서 나는 공황이 하나의 요인보다는 여러 요인에서 비롯된다는 생각이 더 바람직하다고 여기는데, 이들 요인은 각 역사적 계기마다 가까운 원인으로 지목될 수 있는 것들이다. 자본은 공황을 일으키는 자신의 경향을 해소하지는 못하지만 그 경향을 다른 곳으로 옮길 수는 있다(내가 『자본이라는 수수께끼』에서 주장한 것이다). 내가 보기에 맑스가 계속적인 축적을 가로막는 하나의 장애 요인이 될 수 있다고 정확하게 묘사한 유효수요 문제는 제거될 수 있지만 그것으로 자본의 축적을 안정화할 수는 없다. 그것은 단지 모순을 다른 곳으로 옮길 뿐이다.

하지만 나는 노동계급의 임금상승이 공황의 발발에 선행한다는 맑스의 주장이 경험적으로 옳다고 생각하지 않는다. 1970년대 공황의 경우는 그의 주장이 맞았지만 2007~08년에 발발한 공황의 경우에는 그렇다고 말하기 어렵다. 그래서 나는 유효수요가 자본의 실제 내적 모순과 아무런 관련이 없다는 맑스의 일반적인 주장을 조금 수정하여 유효수요의 부족이 일정 조건하에서 그런 내적 모순을 드러내는 하나의 형태가 될 수 있다는 주장으로 바꾸었으면 한다. 그러나 이것은 나의 개인적 견해이고 틀림없이 많은 사람들은 동의하지 않을 것이다.

5절: 화폐유통과 재생산 표식

5절 "화폐유통에 의한 교환의 매개"에서 맑스는 교환되는 가치의 정확한 양에 비해 전체 체계 내에서 선대되는 화폐의 양이 더 많은 까닭은 연중 구매시점의 차이 때문이라고 설명한다. 그러나 제3권에서 이야기한 것처럼 자본이 금융제도를 통해 "계급의 공동자본"으로 조직되면 당장 문제가 발생한다.

만일 상품생산자의 배후에 화폐자본가가 있어서 산업자본가에게 다시 화폐자본을 (…) 선대해주는 경우라면 이 화폐가 회수되는 정확한 지점은 이 화폐자본가의 주머니가 될 것이다. 이런 방식으로 화폐는 많은 사람의 손을 거치며 유통되지만, 유통되는 화폐 가운데 많은 양은 화폐자본 가운데 은행 등의 형태로 조직되고 집적된 부문이 소유하고 있다. (M2: 411)

그러나 핵심 문제는 화폐가 "많은 사람의 손을 거치며" 유통되는 방식에 있다. 그것이 이루어지는 순서와 시점의 문제가 복잡하게 서술되는데, 즉 먼저 생산수단 부문에서 지불된 임금이 소비수단 부문으로 흘러들어가고, 그중 소비수단을 생산하는 자본가가 자신들이 필요로 하는 생산수단을 구입하기 위해 지출하는 화폐만 다시 생산수단 부문으로 돌아온다. 늘 그렇듯이 맑스는 상당히 긴 분량을 할애해 흐름이 이루어지는 과정을 순서대로 설명함으로써 전체 흐름에서 복잡한 시점의 문제를 보여준다. 그 결말은 다음과 같다.

가변자본으로 전화한 화폐자본(즉 임금으로 선대된 화폐)은 화폐유통 그 자체에서 매우 중요한 역할을 수행한다. 왜냐하면 (…) 노동자계급은 그날 벌어 그날 먹고살아가야 하기 때문에 산업자본가들에게 장기간 신용을 제공할 수 없으므로 (…) 각 산업부문의 자본들이 제각기 회전기간이 다르다고 할지라도 사회에서는 각기 다른 수많은 장소에서 동시에 비교적 짧은 기간(예를 들어 일주일)마다 (…) 가변자본이 선대되어야 하기 때문이다. 자본주의적 생산이 이루어지는 모든 나라에서는 이렇게 선대되는 화폐자본이 총유통에서 차지하는 **비율이 매우 크기** 때문에…. (M2: 413. 강조는 하비)

시점의 문제가 중요한 까닭은 시차를 메우기 위해 충분한 여분의 화폐가 체제 내에 존재해야 하기 때문이다. "다른 한편 화폐형태로 존재하는 가변자본과 교환되어야 할 현물형태(즉 노동력)는 소비에 의해 유지·재생산되며, 동시에 그것을 소지한 노동자가 생존하기 위해서는 반드시 판매해야 하는 유일한 상품으로 존재한다. **따라서 임노동자와 자본가의 관계도 재생산된다.**"(M2: 415. 강조는 하비) 내가 이 구절을 강조한 까닭은 제1권에서 그렇게 중요하게 서술된 계급관계의 재생산이 다시 제기됐기 때문이다. 맑스는 그것을 더이상 논의하거나 강조할 필요가 없다고 생각한 것 같다.

그런 다음 맑스는 자본가의 개인적 소비로 눈길을 돌린다. "어떤 자본가가 (…) 화폐를 소비수단에 지출한다면, 그 화폐는 그에게서 없어져버린다." 화폐가 그에게 되돌아온다면 그것은 그가 생산한 상품자본을 화폐형태로 실현하기 위해 유통에 투입했기 때문이다. "자본가가 스스로 화폐를 유통에 투하해서 (더욱이 소비수단에 화폐를 지출하여) 이 화폐로 자신의 잉여가치를 화폐화한다는 (…) 말은 맞는 말이다. (…) 실제에서 이것은 두가지 방식으로 일어난다. 만약 이 사업이 그해에 처음 시작된 것이라면 자본가가 사업소득에서 자신의 개인적 소비를 위해 지출할 수 있는 화폐가 생기기까지는 적어도 몇달 이상의 상당한 기간이 걸릴 것이다. 그러나 그렇다고 해서 그가 한순간이라도 자신의 소비를 중단하지는 않는다. 그는 앞으로 얻게 될 잉여가치를 예상하면서 스스로 화폐를 선대한다." 다른 한편 만일 사업이 오래 걸리는 것이라면 그는 앞으로 이루어질 판매를 예상하여 지출할 수밖에 없을 것이고, "만일 우리들의 자본가가 파산하게 되면, 그의 채권자와 재판소는"(M2:418~19) 그의 소비행태를 문제 삼을 것이다. 그러나 이 모든 것에서 실제 생산과 관련한 예상이나 화폐선대의 역할에 주목할 필요가 있다.

그러나 자본가계급 전체의 관점에서 보면, 자본가계급이 자신의 잉여가치 실현을 위하여 (또는 자신의 불변자본과 가변자본의 유통을 위해서) 스스로 화폐를 유통시켜야 한다는 명제는 전혀 역설적인 것이 아닐 뿐만 아니라 전체 메커니즘의 필요조건이기도 하다. 왜냐하면 여기에서는 단 두 계급, 즉 자신의 노동력밖에 처분할 것이 없는 노동자계급과 사회적 생산수단과 화폐를 독점하는 자본가계급만 있기 때문이다. (M2: 419)

그러나 개별 자본가는 "단지 구매자로 행동하는 [즉 소비수단의 구입에 화폐를 지출하거나 자신의 생산자본 요소(노동력과 생산수단)를 구입하면서 화폐를 선대하는] 형태로만 이 선대를 수행한다. (…) 그는 자신의 상품을 선대하는 것과 같은 방식으로만 화폐를 유통에 선대한다. 두 경우 모두 그는 이들 유통의 출발점으로 행동한다".(M2: 419) 우리는 앞서 제17장에서 이와 관련된 논의를 많이 보았다.

그러나 이 "현실과정"은 "특수한 부류의 자본가"(상업자본과 화폐자본)의 개입과 조세·이윤·이자를 수탈하는 정부, 상업자본, 토지소유자 등에 의해 모호해진다. 이들 모두는 화폐를 선대하지만 "그들이 어디에서 처음 화폐를 얻었고 또한 끊임없이 반복해서 얻는지는 언제나 잊힌다".(M2: 419~20) 이들 화폐를 대표하는 가치는 궁극적으로 생산에서 비롯된 것이 분명하다. 그러나 내가 보기에 여기에서 그 화폐가 과거에서 비롯됐는지 아니면 미래의 예상에 근거한 것인지(예를 들어 부채를 만들어내는 방식)를 구별하는 것이 매우 중요한데 이 문제는 더이상 다루어지지 않는다.

6절과 7절: 각 부문 내에서 불변자본, 가변자본, 잉여가치의 유통

맑스는 먼저 I부문의 불변자본 유통을 다룬다. 산출물 가운데 일부는 이 부문의 생산에 곧바로 다시 투입되는데 이는 곡물이 곡물 생산에 필요하고 "석탄이 석탄 생산에, 철이 기계의 생산에" 다시 들어가기 때문이다. 그리고 석탄은 철강의 생산에 들어가고 철강은 다시 석탄 생산에 필요한 기계의 생산에 들어간다. 그래서 생산수단과 생산수단 사이의 교환이 활발하게 이루어지고, 이 교환이 시장에서 얼마나 효과적으로 잘 이루어질지의 문제가 제기된다. 여기에서 맑스는 재생산 표식을 사회적 생산의 계획에 활용하려는 사람들에게 도움이 될 이야기를 해주고 있다.

생산이 자본주의적 생산이 아니라 사회적 생산일 경우에도, I부문의 이들 생산물은 이 부문의 각 생산부문들 사이에 재생산을 위해서 다시 끊임없이 생산수단으로 분배될 것이 틀림없다. 즉 일부는 자신이 만들어진 생산영역에 직접 머물고, 다른 일부는 다른 생산 장소로

옮겨져서 이 부문의 각기 다른 생산 장소들 사이를 끊임없이 오고 갈 것이다. (M2: 423)

물론 이것은 나중에 레온티예프가 자신의 행렬식에서 모델로 만든 투입-산출 관계다.

7절에서는 각 부문 내부에서 혹은 부문들 사이에서 일어나는 가변자본과 잉여가치의 움직임이 자세히 다루어진다. 우리는 단순재생산에서 출발한다는 것을 분명히 했기 때문에 소비수단의 총가치는 총가변자본과 잉여가치의 합과 동일하다. 그러나 위에서 이야기한 내용에 따르면 이들 가치가 일치하기 위해서는 I부문에서 생산된 불변자본의 가치 가운데 II부문으로 흘러가는 것의 등가가 II부문에서 고용된 노동에 의해 실현되어야만 한다. 여기에서 한가지 문제가 제기되는데(이것은 뒤에서 좀더 구체적으로 살펴볼 것이다) 즉 이들 교환에서 어떤 부문이 주도권을 갖는가다. 그것은 또다른 문제도 제기한다. 불변자본은 스스로 가치를 생산할 수 없고 단지 생산적 소비에 참여하는 노동에 의해 생산물에 자신의 가치를 이전할 뿐이다. 그러나 I부문에서 새로운 불변자본을 생산하면 가치와 잉여가치를 모두 생산한 것이 된다. 그래서 애덤 스미스가 사회적 총생산물의 가치가 $v+m$이라고 결론지은 것은 (물론 그가 그렇게 잘못 생각하게 된 것이 이해는 되지만) 틀렸다. 맑스가 줄곧 이야기하고 있듯이 사회적 총생산물의 가치는 $c+v+m$이다.

8절: 두 부문 전체에 걸친 불변자본의 흐름

맑스는 두 부문 전체에 걸친 불변자본의 흐름을 그가 늘 사용하는 방식으로 설명한다. 그는 여기에서 재생산 표식 내에 사용가치와 가치 사이의 관계에 모순이 존재한다는 내 주장과 관련된 흥미로운 하나의 어려움과 직면한다. "어려움은 사회적 생산물 가치 그 자체의 분석에 있는 것이 아니라, 사회적 생산물의 가치구성 부분들을 그 물적 구성부분들과 비교하는 데서 발생한다."(M2: 428) 개별 자본의 관점에서 보면 이 비교는 무의미하다. 필요한 것은 단지 생산물이 사용가치를 가지고 있어야 한다는 점이고 모든 생산물은 사용가치를 갖고 있기 때문이다. 그러나

사회적 총자본의 생산물에서는 이렇게 되지 않는다. 재생산의 모든 물적 요소는 현물형태로 이 생산물의 각 부분을 이루어야만 한다. 소비된 불변자본 부분이 총생산에 의해 보전될 수 있는 경우는, 단지 재현되는 불변자본 부분의 총체가 실제로 불변자본으로 기능할 수 있는 새로운 생산수단의 현물형태로 생산물을 통해 재현될 경우뿐이다. 따라서 단순재생산을 가정할 때, 생산물 가운데 생산수단으로 이루어지는 부분의 가치는 사회적 자본의 불변가치 부분과 같아야만 한다. (M2: 430)

이는 만일 불변자본으로 생산된 어떤 물건이 물적 생산물로서 쓸모가 없다면 그것은 가치를 갖지 않을 것이라는 말을 복잡하게 이야

기한 것이다. 여기에서 매우 중요한 부분은 I부문이 생산하는 생산물이 "I부문과 II부문의 가변자본 가치와 잉여가치를 실현할 현물형태"(맑스는 이것을 물적인 사용가치라는 의미로 사용한다)를 반드시 갖추어야 한다는 이야기다. (M2: 431)

10절: 자본과 수입: 가변자본과 임금

9절(스미스, 슈토르흐H. Storch, 램지에 대한 고찰)을 나중에 따로 다루기로 하고 10절로 건너뛰고자 한다. 여기에서 첫번째로 다루어지는 것은 생산된 가치와 이전된 가치의 구별이다. 개별 자본가의 입장에서 보면 불변자본은 가치를 생산하지 않는다. 그것은 단지 노동을 통해 최종 생산물에 자신의 가치를 이전할 뿐이다. 사회적 관점에서 보면 I부문에서 생산되는 (II부문에 사용될) 불변자본은 "가치와 현물형태"를 모두 갖추고 있다. 제2권에서 맑스가 자주 사용하는 "현물형태"라는 말은 물적 사용가치 형태를 가리킨다는 점에 유념해야 한다. "사회적 연간 노동의 대부분은 소비수단의 생산에 지출된 불변자본의 가치를 보전하기 위한 새로운 불변자본의 (…) 생산에 지출됐다."(M2: 436) 생산수단의 생산은 가치와 잉여가치의 생산이다. 이것은 경제학자들이 일반적으로, 특히 애덤 스미스가 이해할 수 없었던 사실이다. 그들은 개별 자본가에게 해당되는 (불변자본은 가치를 생산하지 않는다는) 것을 사회 전체의 생산에도 그대로 잘못 적용함으로써 생산수단의 생산이 가치와 잉여가치를 생산하지 않는다(총사회적 생산물이 v+m)고 한 것이다. 다른 많은 혼동이 발생하는데 따라가기에는 약간 힘이 든다.

첫째 "가변자본은 자본가의 수중에서는 자본으로 기능하고, 임노동자의 수중에서는 수입으로 기능한다"(M2: 437)는 점을 이해하는 것이 중요하다. 바꾸어 말하자면 가변자본은 노동자의 몸을 거쳐서 유통되지 않는다(내가 종종 표현하는 방식이다). 화폐자본은 단지 화폐로 전화되어 노동자가 자신의 임금을 사용하여 상품을 구매함으로써 수입으로 유통될 뿐이다. 동일한 화폐가 자본가의 수중에서는 자본으로, 노동자의 수중에서는 수입으로 나타나는 것이다.

이런 개념을 통해 맑스는 노동자도 자본을 소유한다는 생각을 반박한다. "실상 노동력은 (끊임없이 갱신되고 재생산되는) 그의 자산이지 그의 자본이 아니다. 노동력은 그가 살아가기 위해서 끊임없이 판매할 수 있고, 또 판매해야만 하는 유일한 상품이며, 단지 그 구매자(자본가)의 수중에 들어가고 나서야 비로소 (가변)자본으로 행동한다." 맑스는 우리가 오늘날 인적 자본이론이라고 부르는 경제학자들의 견해가 얼토당토 않은 이야기라고 반박한다. "어떤 사람이 자신의 노동력(즉 자기 자신)을 끊임없이 반복적으로 다른 사람에게 판매하도록 강요당하고 있다는 사실을, 저 경제학자들은, 그가 자본가라는 것을 입증하는 사실로 주장한다." 맑스는 이 논리를 연장하여 다음과 같이 덧붙인다. "만일 그런 의미라면 노예도 (…) 역시 자본가가 된다."(M2: 438) 우리는 앞에서도 이 인적 자본이론에 대한 비판을 본 적이 있다. 자본가는 항상 생산에 참여할지 아니면 단지 자신의 자본을 화폐시장에 투하하여 이자로 살아갈지를 선택할 수 있다. 그러나 노동자에게는 결코 그런 선택이 주어지지 않는다. 만일 노동자들에게 선택권이 있다면 그들은 해먹에 드러누워 자신들의 인적 자본의 이자를 받아서 살아갈 수 있을 것이다! 노동자들은 W-G-W의 유통에서 단지 임금을 수입으로 유통시킬 수 있을 뿐이다. "그의 임금은 소비수단으로 실현되고, 그것은 수입으로 지출되는데, 노동자계급 전체로 보면 끊임없이 반복해서 수입으로 지출된다."(M2: 439)

두 부문 사이의 흐름이 공급과 수요의 균형에 도달하기 위해서는 시장은 모든 당사자, 즉 자본가와 노동자가 구매자와 판매자의 역할을 충실히 수행하게 해야만 한다. "이 교환의 모든 당사자들은 단지 구매자나 판매자 혹은 양자 모두로만 나타난다. 노동자는 여기에서 단지 상품의 구매자로만 나타난다. 자본가는 구매자와 판매자를 번갈아가며 (그리고 일정 범위 내에서는 상품구매자로만 혹은 상품판매자로만) 나타난다."(M2: 440~41) 오로지 이런 방식을 통해서만 다음과 같이 될 수 있다. "I부문은 자신의 자본 가운데 가변가치 부분을 다시 화폐형태(곧바로 노동력으로 전화될 수 있는 유일한 형태)로 갖게 됐다. (…) 다른 한편 노동자는 다시 상품구매자로 나타날 수 있기 위하여 여전히 계속해서 상품(자신의 노동력)의 판매자로 나타나야만 한다."(M2: 441) 맑스가 우리에게 환기하고 있듯이 두 부문 사이의 교환은 자유롭게 기능하는 노동시장의 작동을 통해서 매개된다는 사실을 반드시 기억할 필요가 있다.

그러나 이 노동시장에는 약간의 비대칭성이 존재한다. "노동자계급은 그날그날 벌어먹고 살기 때문에 그들이 구입할 화폐가 있을 때만 구입한다. 그러나 자본가는 (…) 그렇지 않다. 자본가는 그날그날 벌어먹고 살지 않는다. 그들의 활동 동기는 자신들의 자본을 최대한 증식하는 데 있다." 때때로 자본가가 저축(축장)을 하고 지출을 하지 않는 것이 유리할 때도 있다. "일반적으로 가변자본 가치가 화폐로 회수되는 속도가 변하더라도 중단 없이 생산을 계속하기 위해서는 화폐형태의 예비자본이 필요한 것이다."(M2: 443)

여기에서는 연간 생산물 전체를 고려할 경우에는 중요한 구별이나 상호 관련이 보이지 않는다는 점이 중요하다. 경제를 각 부문으로 분해했을 때만 "실제" 관계를 뚜렷하게 볼 수 있다. 예를 들어 부문들 사이의 교환을 통해 우리는 노동자들이 끊임없이 살아가는 하나의 세상, 즉 화폐자본이 화폐로 전화하고 노동자들이 이 화폐를 수입으로 지출함으로써 살아가고 다시 일자리로 복귀하는 (그들은 자본에 대한 접근을 지속적으로 거부당한다) 그런 세상을 볼 수 있다. 한편 자본가들은 끊임없이 화폐자본의 작용 — 노동력을 구매하여 작업에 투입하고, 그 노동가치를 상품 속에 응결시킨 다음 그것을 다시 화폐자본의 형태로 회수하는 — 을 통해 가변자본을 유통시킨다. "가변자본은 어떤 형태로든 항상 자본가의 수중에 머물러 있기 때문에 누군가의 수입으로 전환된다고 결코 말할 수 없다."(M2: 445)

사태를 이런 방식으로 보는 것은 매우 도움이 된다. 총유통과정의 수준에서는 이상하게 보이는 것, 예를 들어 자본가가 생산된 잉여가치에 해당하는 등가의 유효수요를 제공해야 한다는 사실이, 두 부문 사이에서 벌어지는 교환과 자본의 흐름이라는 관점에서 보면 전혀 이상하지 않다. 맑스는 이 점을 지적하지 않았지만 할 수만 있었다면 당연히 그렇게 했을 것이다. 예를 들어 II부문의 자본가는 소비수단을 생산하는 데 자신의 자본을 지출함으로써 생산수단을 생산하는 I부문의 자본가를 위한 유효수요의 중요한 부분을 제공하며 따라서 I부문의 자본가가 생산한 상품에 들어 있는 잉여가치의 실현을 돕는 셈이다. 두 부문 모두에서 조직된 생산적 소비는 생산수단의 유효수요를 제공하는 개인적 소비보다 훨씬 중요하다. 자본가가 생산된 잉여가치의 실현을 위한 수요를 제공해야 한다는 생각은 과거에 경제가 분해되지 않은 상태에서처럼 더이상 그렇게 터무니없지는 않다.

12절: 화폐상품의 공급

나는 고정자본 문제를 나중에 고찰하기 위해 건너뛰고 맑스가 금생산자의 역할에 대해 간단히 살펴본 12절을 먼저 다루고자 한다. "자본주의적 생산의 연륜이 쌓여갈수록 곳곳에서 축적되는 화폐량은 늘어날 것이고 이 화폐량 가운데 새로운 금 생산이 부가하는 금은 (비록 절대량은 증가할 수 있겠지만) 상대적인 비중으로는 점차 감소할 것이 당연하다."(M2: 469) 만일 맑스가 살던 시기에도 그랬다면 지금은 더욱 그럴 것이 틀림없다. 이처럼 금과 은의 생산자는 특별한 역할을 수행하지만, 그렇다고 자본축적의 재생산에 결정적인 역할을 하지는 않는다.

그런데 이것은 지금까지 풀리지 않은 의문을 제기한다. "궁극적으로 유통에 투입되는 모든 화폐의 원천은 자본가계급 자신일 수밖에 없는데 도대체 모든 자본가가 연간 생산물에서 잉여가치를 화폐 형태로 끌어내는 것(즉 그가 유통에 투입한 것보다 더 많은 화폐를 유통에서 끌어내는 것)이 어떻게 해서 가능하단 말인가?"(M2: 469)

맑스는 이 물음이 잘못됐다고 생각한다. 여기에서 필요한 유일한 가정은 "일반적으로 연간 재생산량의 각 요소들을 교환하는 데 필요한 화폐가 충분히 존재한다"는 것이고 이것이야말로 핵심적인 물음이지, "잉여가치를 화폐화할 화폐가 어디에서 오느냐"가 아니다. 자본으로 유통되는 화폐와 수입으로 유통되는 화폐 사이에는 분명 차이가 있다. "자본가계급의 수중에 있는 화폐량(사회 내에 전반적으로 존재하는 화폐총량) 가운데 일부가 자본가의 수입으로 유통"된다.(M2: 470) 설명을 위해 그는 새로운 사업체를 설립하는 자본가가 과거에 자신의 생계를 위해 소비수단에 지출했던 화폐를 나중에 도로 "낚아 올린다"는 예를 다시 들고 있다.

문제의 일부는 우리가 자본가를 생산자로만 간주하고 소비자로는 간주하지 않은 데서 비롯된다. "자본가계급은 수입의 형태로 일정량의 화폐를 유통에 투하"한다. 그러면 "그것은 마치 그가 연간 총생산물 가운데 그만한 부분에 대한 등가를 지불하는 것처럼 보이고 따라서 이 부분이 잉여가치를 나타내지 않는 것처럼 보인다. 그러나 잉여가치를 나타내는 잉여생산물은 자본가계급에 아무런 비용도 발생시키지 않는다. 자본가들은 계급적으로 그것을 공짜로 소유하고 향유하는데 화폐유통은 여기에 아무런 영향을 미치지 않는다". 각 자본가는 "사회의 연간 총잉여생산물 가운데에서 자기 몫의 잉여가치에 해당하는 액수만큼 온갖 종류의 상품을 끌어내어 갖는다". 유통 메커니즘은 "자본가계급이 수입을 지출하기 위해 화폐를 유통에 투하하기도 하지만 동시에 바로 그 화폐를 유통에서 다시 끌어냄으로써 동일한 과정을 반복할 수 있다는 것〔즉 자본가계급이 (계급적 관점에서 볼 때) 여전히 잉여가치의 화폐화에 필요한 화폐액을 소유하고 있다는 것〕을 보여준다".(M2: 470)

이 논리는 약간 따라가기 힘들다. 그러나 본질적으로 맑스가 말한 것은 소비를 위해 (잉여가치가 응결된) 상품을 끌어내고 동시에 생산된 (잉여가치가 응결된) 상품을 판매하면서 자본가는 항상 공짜로 상품을 얻는다는 사실이다. "만일 내가 1파운드스털링을 주고 어떤 상품을 사는데 그 상품의 판매자가 다시 나에게 1파운드스털링을 잉여생산물〔나에게 아무런 비용도 물리지 않는〕로 도로 돌려준다면 나는 분명히 공짜로 그 상품들을 얻은 것이다."(M2: 471)

여기에서 맑스는 교환이 동시에 이루어지고 회전기간의 문제는 존재하지 않는다고 가정했다. 그러나 "생산기간(노동기간과는 구별되는)이 긴 모든 산업부문에서 자본가 생산자들은" 시장에 아무런 등가의 상품을 내놓지 않고 가치와 잉여가치를 실현하기 위해 "끊임없이 화폐를 유통에 투하한다". "이것은 자본주의적 생산이 발전된 곳에서 주식회사 등이 수행하는 장기간의 사업들〔예를 들어 철도, 운하, 부두, 대규모 도시건축, 철선 건조, 대규모 토지간척사업〕의 경우 매우 중요한 역할을 수행한다."(M2: 472~73) 이런 투자의 매력 가운데 한가지는 상당히 오랜 기간 상품을 생산하지 않고도 엄청난 양의 과잉 화폐자본을 흡수할 수 있다는 것이다. 이는 "온갖 종류의 물건(즉 그해에 생산된 것이 아닌 토지, 주택 등과 생산기간이 1년 이상인 가축, 목재, 술 등과 같은 생산물)이 상품으로 유통"되는 경우에도 마찬가지다. 이들의 경우 "중요한 것은 직접적인 유통에 필요한 화폐량 외에 일정량의 화폐가 잠재적인(기능하지 않는) 상태(즉 어떤 유인이 주어지면 곧바로 기능할 수 있는 상태)로 항상 존재한다는 것을 명심하는 일이다. 게다가 수년에 걸쳐서 임대된 주택의 가치처럼 그런 생산물의 가치는 종종 조금씩 부분적으로만 유통된다".(M2: 473)

이것은 결국 거의 의례적인 과정으로 제2권의 전형적인 방식의 문제 제기, 즉 "이런 조건 위에서 신용제도와 그 메커니즘의 일정한 측면들이"(M2: 474) 어떻게 발전해왔는지에 대한 언급으로 이어진다. 그런 다음 그는 유통의 모든 복잡한 계기들이 "단순히 경험적으로만 보더라도, 신용제도의 기계적인 보조수단을 계획적으로 이용하고 기존의 대부자본을 최대한 활용하는 데 특히 주목하고 유의해야 할 필요가 있는 사항들"(M2: 476)이라고 말한다. 여기에서 연구된 재생산 표식에는 이자 낳는 자본의 유통이, 자본가계급 집단이 사태를 좌지우지할 수 있는 (여기에서는 두 부문 사이의 유통을 조정할 수 있는) 핵심 수단으로 사용될 경우에는 어떻게 되는지에 대해서는 아무런 검토도 없다. 신용제도를 살펴보면서 우리가 보았듯이, 신용의 긍정적인 기능과 필요성은 불가피하지만 동시에 불행스럽게도 단속적인 투기열풍의 지속적인 위협을 동반하고 있다.

제20장은 데스뛰 드 트라시(Destutt de Tracy)의 견해에 대한 고찰로 끝을 맺는다. 맑스는 이 사람이 "완전한 행복에 빠진 부르주아의

백치증"(M2: 484)의 가장 좋은 사례라고 이야기한다.

제11편

고정자본의 문제와 확대재생산

고정자본의 경우

제20장 11절에서 맑스는 고정자본의 형성과 유통이 재생산 표식에 어떤 영향을 끼치는지 설명했다. 유예해둔 이 주제를 이제 다루는데, 맑스의 의도와 관심이 여기에서 비교적 뚜렷하게 드러나기 때문이다. "(단순재생산의 조건하에서) 고정자본에 대한 이런 사례는 매우 중요한 의미가 있다"면서 그는 이렇게 말한다.

고정자본과 유동자본 생산의 불비례는 경제학자들이 공황을 설명할 때 즐겨 사용하는 근거의 하나다. 그러나 고정자본이 단순히 유지만 되는 경우〔그리고 이미 기능하고 있는 사회적 자본의 단순재생산의 조건에서 생산이 매우 정상적으로 이루어지고 있다고 가정할 경우)에도 그런 불비례가 발생할 수 있다는(또 발생할 수밖에 없다는) 사실은 그들 경제학자들에게는 생소한 이야기일 것이다. (M2: 465)

요컨대 불비례에 의한 공황은 불가피하다. 공황이 어느 정도일지는 이야기하기 어렵다. 그러나 맑스는 부문들 사이의 교환이 정상적으로 이루어지는 경우에도 공황이 발생한다고 분명하게 결론 내리고 있다.

이를 해석하는 두가지 방식이 있다. 첫번째 견해는 고정자본 유통에 의한 중단을 통해, 재생산과정이 현실적으로 원활하게 이루어질 방법은 없으며 따라서 불비례에 의한 공황은 고유할 뿐만 아니라 불가피함을 확인할 수 있다는 것이다. 두번째 견해는 그런 공황이 고정자본의 유통으로부터 특수하게 발생하는 공황이라는 것이다. 이 경우 고정자본의 유통을 사회화하면 공황을 피할 수 있다. 거기에는 다양한 방법이 있을 수 있는데, 예를 들어 국가가 고정자본을 제공하거나 거기에 개입하는 방법, 좀더 급진적으로는 사회적 계획 방법, 그리고 공산주의하에서 고정자본 투자를 탈상품화하는 방법 등이 있다. 그러나 앞서 보았듯이 맑스는 자본가 스스로 신용제도나 주식회사를 만들어 어려움을 극복하는 방법도 배제하지 않는다. 후지의 방법은 판도라의 상자를 여는 것으로 고정자본 유통과 관련된 화폐적 운동의 중심에 투기적인 호황과 파국을 일으킨다. 고정자본의 문제를 풀고 나면 훨씬 더 심각한 문제, 즉 자립적인 금융공황의 문제가 있다. 이 문제를 조금 더 자세히 살펴보자.

맑스는 한번의 회전기간(이 경우 1년의 회전기간을 가정한다)에 자본이 모두 사용되지 않았을 때 발생하는 복잡한 문제를 상기시키면서 11절을 시작한다. 고정자본들은 각기 다른 비율로 각기 다른 회전기간에 따라 조금씩 부분적으로 갱신되기 때문에 유지보수·수리·교체를 뚜렷이 구별하기 힘들다. 그러나 그는 이 모든 게 사실상 문제의 본질에 끼치는 영향은 없음을 이야기하기 위해 이 세부적인 문제들을 소개한다. 그런 다음 그는 두 부문에서 어떤 생산수단이 고정자본의 형태를 취했을 때 두 부문 사이의 교환이 어떻게 되는지에 대한 따분한 수리적 계산을 펼쳐간다. 이는 여기에서 다루지 않는다.

문제는 유통의 화폐적 측면에서 발생한다. 맑스는 만일 화폐적 측면이 배제된다면 문제도 사라진다는 말을 한번 이상 반복한다. 문제의 본질은 "상품 판매를 통해 얻은 화폐 가운데 고정자본의 마모분에 상응하는 상품가치를 화폐화하는 부분은 마모된 그 부분(생산자본)의 가치를 보전하기 위해 재전화하지 않는다. 그것은 생산자본 곁에서 화폐형태로 묶인 채 머무른다"는 것이다. 고정자본이 기능하는 동안과 최종적으로 교체될 때까지 그 부분은 계속해서 이런 화폐형태를 취한다. "건물, 기계 등과 같은 고정요소의 수명이 다하면 (…) 고정요소 곁에 잔류해 있던 그것의 가치는 (…) 완전히 화폐로 보전된다."(M2: 447~48) 그런 다음에야 비로소 교체를 위한 지출이 이루어진다(교체비용의 차이와 도덕적 마모의 문제로는 더이상 들어가지 않는데 이미 제4장에서 다룬 내용이다).

"따라서 이 화폐축장은"—제2권에서 우리가 여러번 만났듯이 — "그 자체가 자본주의적 재생산과정의 한 요소"이며 축장된 화폐는 매우 특수한 역할을 수행한다. 여기에서 맑스는 이렇게 가정한다. "생산이 공동으로 이루어지고 **상품생산의 형태를 띠지 않는다**고 가정하면 얼마나 다른 상황이 벌어지는지에 대해서는 뒤에서 자세히 고찰하게 될 것이다."(M2: 448. 강조는 하비) 그는 그러지 않았지만 이 부분은 앞서도 내가 이야기했듯이 사회주의 생산의 조건에서 재생산 표식이 수행하게 될 잠재적인 역할에 대해 생각하게 한다. 또한 표식 내부에서 발생하는 문제가 화폐자본의 독특한 역할 때문이고 화폐자본을 제거하는 것이 투입 및 산출의 합리적 조정을 위한 필요조건이라는 견해를 볼 수 있다. 그러나 "계급의 공동자본"으로 행동하는 신용제도가 등장하면 전체 틀은 완전히 달라진다.

불행히도 맑스는 신용제도가 존재하지 않는 것처럼 논의를 진행하고 축장을 통해 발생하는 불균형에 초점을 맞춘다. 그가 염두에 둔 사례는 다음과 같다. II부문에는 고정자본의 마모에 대응하는 화폐재원이 있다. "그러나 다른 한편 I부문에서는 (…) 생산수단의 과잉생산이 발생하고, 따라서 표식의 토대〔단순재생산, 즉 각 생산부문 간의 완전한 비율을 전제로 하는 재생산〕는 통째로 무너져버릴 것이다. 한가지 어려움이 제거되는 대신 다른 수많은 어려움이 다시 생겨난 것이다." 그런 다음 그는 약간 불길하게 지금까지 경제학자들이 이 문제를 전혀 다루지 않았다면서 자신이 "가능한 (적어도 가능하다고 생각되는) 모든 문제의 해결방안〔혹은 아예 문제 그 자체의 제기〕"(M2: 452)을 살펴보겠다고 한다. 내가 여기에서 "불길한"이라는 단어를 사용한 까닭은 상당히 지루한 수치 예가 계속 이어지기 때문이다.

그러나 내가 보기에는 표식을 만들 때 맑스가 의도한 본질에 대한 열쇠를 찾아내는 중요한 구절이다. 그는 먼저 지켜져야 할 비율을 규정한 다음 주어진 화폐적 조정 메커니즘하에서 이 비율이 어떻게 달성될 수 있는지를 검토하려 한 것 같다. 그는 신중한 과학적 태도로 이런 화폐적 조정이 불가능함을 앞질러 예단하지 못하게 하지만 연구의 끝부분에 가면 결국 원활한 재생산이 거의 불가능하다는 생각이 들게 한다.

그런 다음 그는 온갖 가능성을 모두 이야기한다. 최종적인 결말을 요약하면서 그는 몇가지 흥미로운 고찰을 제시한다. II부문이 자신의 고정자본 마모를 보전하기 위해 (내가 앞서 이야기한) 축장을 하는 경우를 살펴보자. 분명히 "일시적인 혼란"이 발생할 것이다. "I부문이 자신의 생산을 감축해야 하거나[이 부문에 고용된 노동자와 자본가에게는 공황을 의미한다] 혹은 과잉분을 공급[이것도 역시 공황을 의미한다]하게 된다." 이는 공황이 이 체제에 내재함을 보여준다. 하지만 그런 다음 맑스는 "이런 과잉분 그 자체는 원래 해로운 것이 아니라 이로운 것이다. 하지만 자본주의적 생산에서는 그것은 해로운 것이다"라고 말한다. 그 이유는 다음과 같다. "일단 자본주의적 재생산 형태가 폐지되면, 고정자본 (…) 가운데 소멸해가는 [따라서 현물로 보전되어야 하는] 부분의 크기가 매년 달라진다는 문제만 남는다."(M2: 464) 어떤 해에는 그것이 클 것이고 어떤 해에는 작을 것이다. 이 문제는 "오직 상대적인 과잉생산이 지속됨으로써만 해결될 수가 있다. 한편으로는 고정자본이 당장 필요한 것보다 더 많이 생산될 것이고 다른 한편으로는 (…) 원료 등의 재고가 그해에 당장 수요를 초과하게 될 것이다(이것은 특히 생활수단의 경우에 그대로 적용된다). 이런 종류의 과잉생산은 사회가 자신의 재생산에 필요한 물적 수단들을 사회적으로 통제하는 것이나 마찬가지다. 그러나 자본주의 사회 내에서는 그것은 무정부상태의 한 요소다".(M2: 465. 강조는 하비)

사용가치의 과잉생산은 사회적으로 이롭다. 왜냐하면 재생산의 새로운 잠재력을 일깨우기 때문이다. 그러나 자본주의에서는 잉여가치의 과잉생산이 해롭다. 왜냐하면 이윤의 감소와 충격적인 자본의 가치하락을 야기하기 때문이다. 그러므로 문제의 근원은 시장질서와 화폐적 차원의 무정부상태이지 물적 잉여의 생산 그 자체가 결코 아니다. 그러나 재생산은 설사 자본주의라고 하더라도 그렇게 무정부상태가 되어서는 안 된다. 그래서 고정자본에 대한 많은 장기투자는 국가가 담당하고 따라서 합리적으로 계획하고 통제할 수 있게 되어 있다. 결합자본(주식회사)의 형성과 "자본주의 생산양식 내에서의 자본주의적 생산의 폐기"는 새로운 조정양식을 만들어내는데 그것은 무정부상태를 더욱 심화할 수도, (토목 관련 투자에 대한 투기적 호황은 감소하고 공동의 생산 및 소비 수단의 생산은 늘어나는 방향으로) 완화할 수도 있을 것이다.

이 절에서 설명되지 않은 것이 하나 있다고 생각한다.『자본』전체에 걸쳐 맑스는 (일국 자본주의이든 세계 자본주의이든) 폐쇄경제를 가정했다. 아주 가끔씩만 그는 이 가정에서 벗어나 대외무역의 역할과 중요성을 언급한다. 고정자본을 위한 축장 때문에 부문들 사이의 불균형이 발생하면 대외무역은 분명 필요한 비율을 조정하는 데 도움이 될 것이다. "그러나 대외무역은 그것이 단순히 자본요소(그리고 그 가치)만 보전하는 것이 아닐 경우, 단지 모순을 보다 넓은 지역으로 이전하는(모순의 범위를 보다 넓히는) 것에 지나지 않을 것이다."(M2: 464) 이는 지리적 확대, 식민주의나 제국주의, 세계시장의 글로벌화 등 외부를 향한 "공간적 해결책"(내가 붙인 이름이다)에 호소해 내적 모순을 극복하려는 자본의 노력을 이해할 수 있게 하는 매우 깔끔한 정리다. "자본주의적 생산은 일반적으로 대외무역 없이는 존재하지" 않지만 "생산물의 연간 재생산 가치를 분석하는 데 대외무역을 개입시키는 것은 문제 해결에 아무런 도움도 주지 않고 단지 혼란만 불러일으킬 뿐이다".(M2: 466) 맑스의 이런 생각이 옳은지는 논란의 여지가 있다. 그러나 그가 전반적으로 그렇게 생각하고 있었음은 분명하다. 대외무역 확대와 세계시장 형성은 공황에 대한 일시적인 처방은 될 수 있지만 궁극적으로 자본의 모순을 지리적으로 좀더 확대하는 것에 지나지 않는다.

제2권 제21장: 확대재생산

비교적 짧은 분량인 제21장에서 맑스는 확대재생산을 다루었다. 독자들에게 이 부분의 의미에 대한 일반적인 해설을 읽기 전에 먼저 본문을 매우 꼼꼼히 읽어보도록 권하고 싶다. 맑스는 제1권 제22장을 함께 언급하면서 시작한다. 거기에서 그는 상품에 체화된 잉여가치를 화폐형태로 실현한 개별 자본가는, 경쟁의 강제법칙 때문에 추가적인 화폐 가운데 일부를 사용하여 보다 많은 생산수단(불변자본)과 노동력(가변자본)을 구매하고 이를 통해 보다 많은 잉여가치를 생산함으로써 축적을 계속해서 확대해나갈 수밖에 없다고 서술했다. 만일 이것이 개별 자본가에게 해당된다면 총사회적 자본에도 해당된다고 맑스는 말한다. 확대는 순조롭게 연속적으로 이루어지지 않을 수 있는데 왜냐하면 새로운 공장을 짓고 철도를 건설하기 위해 충분한 화폐자본을 축장하는 데는 오랜 기간이 소요되기도 하기 때문이다. 그러나 화폐를 저축하는 것만이 문제가 아니다. 새로운 공장과 철도를 건설하는 데 사용될 보다 많은 불변자본과 가변자본이 시장에 존재해야만 한다. 즉 "확대재생산"이 이미 상품형태로 이루어져 있어야만 한다. 따라서 화폐 그 자체는 "실질적인 재생산의 요소"(M2: 486)가 아닌데 왜냐하면 만일 추가적인 상품이 없다면 저축된 화폐는 아무 쓸모가 없기 때문이다.

분명 닭이 먼저냐 달걀이 먼저냐 하는 식의 문제가 존재하고 이 문제는 오로지 자본의 전반적인 유통 내에서 각 계기들의 연속성과 상호 관련성을 강조함으로써만 모면할 수 있다.

축장화폐는 그 자체 새로운 부를 형성하지는 않지만 "잠재적으로 새로운 화폐자본"을 만들어낸다. 그러나 모두가 미래의 확장을 위해 미리 축장한다면 지금 여기에서 상품을 구매하는 사람은 아무도 없을 것이고 유통과정은 중단될 것이다. 판매되지 않은 상품은 체제의 걸림돌이 될 것이다. 현실적인 부를 곧바로 추가하는 화폐창출의 유일한 방법은 금 생산이다. 왜냐하면 금은 잉여가치를 포함하는 하나의 상품이기 때문이다.(M2: 486~87) 모두가 저축만 하고 구매를 하지 않을 경우 모든 사람의 잉여가치를 실현할 수 있는 유일한 재원은 금 생산자의 잉여가치일 것이다. 물론 맑스는 이 생각이 "터무니없다"고 말한다. 우리는 저축이 지출을 감소시키고 따라서 실현의 전망을 감소시키는 문제의 근원에 접근할 필요가 있다. 그러기 위해 우리는 두 부문 내부에서 그리고 두 부문 사이에서 축적이 어떻게 이루어지는지를 살펴보아야 한다.

I부문의 축적

I부문 내에는 두종류의 자본가가 존재한다. 즉 축장을 하는 자본가(A, A′, A″ … 로 표기한다)와 자신의 축장화폐를 불변자본과 가변자본에 지출하여 생산을 수행하는 자본가(B, B′, B″ … 로 표기한다)다. 이 두 범주의 자본가는 "한쪽은 구매자로서 다른 한쪽은 판매자로서" 만난다.(M2: 488) 이 두 자본가의 활동은 서로 보완적이다. 한 자본가가 축장을 위해 유통에서 화폐를 끌어내면 다른 자본가가 추가적인 구매수단을 시장에 집어넣는다. 약간의 행운이 작용하면 축장자와 지출자의 행위는 서로 균형을 맞춘다. 그러나 그 경우에도 "유통에서 화폐를 끌어내어 숱한 개별적 축장화폐(혹은 잠재적 화폐자본)로 적립하는 이 수많은 지점들은 그만큼 유통을 가로막는 장애물인 것처럼 보인다. 왜냐하면 그것은 화폐를 움직이지 못하게 함으로써 상당 기간 동안 그것의 유통능력을 빼앗기 때문이다".(M2:

488) 그리고 불균형의 위험(과도한 축장과 불충분한 구매)은 항상 존재한다.

신용제도가 해결책을 제시해준다. "신용제도 내부에서 이 모든 잠재적 자본들이 은행에 모임으로써 이용 가능한 자본[즉 '대부 가능한 자본'(말하자면 화폐자본), 다시 말해 더이상 수동적인 자본(혹은 미래의 꿈)이 아니라 능동적이고 자기 증식적인 (…) 자본]이"되면 "만족스러운 상태가" 된다.(M2: 489) 제2권 전체에 걸친 관행대로 맑스가 신용에 근거한 해결책을 잠재적으로 "만족스럽다"고 표현한 것은 잠시 미뤄두자. 그것이 없는 상태에서 해결책을 찾아야 한다. 그럴 때에만 우리는 신용제도가 해결하는 문제의 본질을 이해할 수 있을 것이다.

가치의 생산과 실현 사이의 "현실적인 균형"을 위해서는 "서로 교환되는 상품들의 가치액이 같아야만 한다".(M2: 490) 이 "균형이 이루어지기 위해서는 일방적인 구매의 가치액과 일방적인 판매의 가치액이 일치한다는 것을 가정해야만 한다. 상품생산이 자본주의적 생산의 일반적 형태라는 사실은, 이미 화폐가 그 속에서 유통수단뿐만 아니라 화폐자본의 역할도 수행한다는 사실을 포함"한다. 이것은 화폐가

이 생산양식의 특유한 조건, 즉 정상적인 교환[즉 재생산(단순재생산이든 확대재생산이든)의 정상적인 진행]을 위한 조건을 만들어내고, 이 조건들은 다시 (이 생산의 자연발생적인 모습에서는 균형이라는 것 자체가 하나의 우연일 뿐이기 때문에) 그만큼 재생산의 비정

상적인 진행조건(즉 공황의 가능성)으로 전환한다는 사실을 모두 포함한다. (M2: 490~91)

이것은 화폐자본의 개입이, 필요하긴 하지만 안정을 해친다는 의미다. 그리하여 다시 문제의 근원은 화폐자본이 된다.

공황을 통해 적절한 균형은 회복될까? 맑스는 그렇지 않다고 말한다. 이는 중요한 문제로 남아 있다. 이어지는 표식의 발전에서 그는 균형성장이 달성되기 위해 (물론 몇가지 가정하에서) 필요한 균형이 무엇인지 정확하게 제시한다. 그런 균형은 기껏해야 우연적으로만 달성될 수 있으며, 최악의 경우에는 공황에 의한 폭력적인 파산을 통해 이루어진다는 게 맑스의 생각이었을 것이다.

비슷한 논의가 가변자본의 확대에서도 이어진다. I부문의 가변자본 지출의 확대는 II부문에서 생산된 임금재에 대한 추가적인 수요를 만들어낸다. I부문의 노동자계급은 "II부문의 자본가에 대해서는 일방적인 상품구매자로(즉 생활수단의 구매자로) 만나지만 I부문의 자본가에 대해서는 일방적인 상품판매자(즉 노동력의 판매자)로 만난다". 즉 그들은 한 부문(II)으로부터는 구매를 하고 다른 부문(I)에서는 판매를 한다. 이를 위한 전제조건은 "서로 독립적으로 진행되지만 동시에 서로 얽혀있는 세개의 유통과정을 포함하는 과정에 (…) 의해 매개되어 있다. 이 과정의 복잡한 구조 그 자체가 바로 그만큼 재생산의 비정상적인 진행을 가져오는 원인을 이루는 것이기도 하다".(M2: 491) 다시 한번 또다른 유형의 공황이 발생할 높은 가능성이 제시된다.

축장을 형성하기 위해 자본가들은 우선 노동자들이 생산한 잉여 가치를 포함한 상품을 판매해야만 한다. 사실상 축장(즉 잠재적 화폐자본)을 생산하는 것은 바로 노동자다. I부문에서 "생산수단의 생산수단"(M2: 492)을 볼 수 있다. 그런데 생산수단의 생산수단 확대는 소비재를 생산하는 II부문의 생산수단의 생산이 감소한다는 의미다.

따라서 단순재생산에서 확대재생산으로 이행이 이루어지기 위해서는 I부문의 생산이, II부문을 위한 불변자본 요소는 더 적게 생산하면서 I부문을 위한 불변자본 요소는 그만큼 더 많이 제조할 수 있어야만 한다. 이런 이행은 항상 상당한 어려움을 수반하기는 하지만 I부문의 생산물 가운데 상당수가 두 부문에서 모두 생산수단으로 사용될 수 있다는 사실 때문에 비교적 쉽게 이루어진다. (M2: 492)

사실 많은 생산물(에너지가 가장 대표적인 예다)이 두 부문 모두에서 똑같이 생산수단으로 사용될 수 있다는 점을 기억할 필요가 있다. 그러나 내가 보기에 이 논의의 핵심 요지는 매우 큰 중요성을 내포한다. 이는 사회주의 발전 전략을 오랫동안 지배해온 견해, 즉 소비재 생산을 희생해 I부문의 생산을 확대해야 한다는 견해의 근거가 된다. 그 출발점은 이렇다. 중공업을 발전시키고 생산과 인프라의 고정자본에 투자하고 개인적 소비를 억제하는 것이다. 마침내 생산수단의 생산수단을 생산할 능력이 일정 수준에 도달하면 대중의 소비수요에 관심을 돌릴 수 있다는 것이다. 이것은 공산주의 국가들(소련과 중국)의 전형적인 발전 경로였다.

맑스가 여기에서 말하는 것은 이 견해와 일치한다. 맑스가 확대재생산 표식의 실제 사례로 든 것은 정확하게 바로 이런 유형이며 그런 "편견"을 지지한다. "편견"이라고 한 까닭은 맑스가 이런 우선순위의 필요성을 일반적인 진리로 입증하지 않았기 때문이다. 그리고 이런 유형의 발전이론을 적용한 사회주의 국가 등(이 이론은 인도 같은 민주주의 국가가 수립한 5개년 계획에도 사용됐다)의 역사적 경험을 고려할 때, 맑스가 여기에서 상정한 경우가 어떤 것인지, 그가 실제로 이야기하려고 한 것이 무엇이었는지를 다른 방식으로 살펴보면 좋을 것 같다.

그러나 본문의 뒷부분에서 맑스는 "축적이 소비를 희생시켜 이루어진다는" 생각이 "자본주의적 본질과 모순된 허상"이라고 거부한다. "왜냐하면 그것은 자본주의적 생산의 목적과 추동력이 잉여가치의 획득과 그것의 자본화(즉 축적)가 아니라 소비에 있다고 전제하는 것이기 때문이다."(M2: 498~99) 순수한 자본주의 생산양식에서는 그 목적이 오로지 보다 많은 잉여가치를 끊임없이 안정적으로 창출하는 것, 자본가계급의 부와 특권과 권력이 끊임없이 증가하는 것, 소비를 무시하고 생산수단의 생산을 위한 생산수단에 투자를 집중하는 전략 등이 모두 그대로 해당한다. 대중의 소비조건은 전혀 직접적 관심의 대상이 되지 않는다. 따라서 계급적 성격의 우선순위에 따라 이루어지는 I부문에 대한 투자를 사회주의 계획의 실천에 그대로 적용한다는 것은 당연히 의문시되어야만 한다.

맑스는 계속해서 다음과 같이 주장한다.

한 나라에서 이미 기능하고 있는 생산자본(그 속에 통합되어 있는 노동력[즉 잉여생산물의 생산자]을 포함하여)이 많으면 많을수록 또한 노동생산력이 발전하면 할수록[그와 함께 생산수단의 생산을 급속하게 확대하기 위한 기술수단도 발전하면 할수록], 그에 따라 잉여생산물의 크기는 그 가치와 현물(가치를 포함하고 있는)에서 모두 더욱 (…) 커진다. (M2: 493)

그러나 이 모든 확대를 통해 이익을 얻는 사람이 누구인지의 문제는 그늘 속에 남겨져 있다. 언급되지 않았지만 그 이익을 얻는 사람이 바로 자본가라는 사실은 분명하다.

맑스는 I부문의 A와 B들 사이의 관계를 길게 살펴본다. A들은 판매를 통해 반복해서 자신들의 잉여가치를 실현하지만 그들이 받은 화폐 가운데 많은 부분을 축장한다. B들은 확대를 위해 구매(부분적으로 A들에게서)하지만, 계속적인 확대를 위해서는 만일 A들이 구매하지 않으면 누구에게 판매할 것인지의 문제가 해결되어야 한다. 요컨대 그들의 생산물 가치를 실현할 화폐는 어디에서 오는가?

문제는 화폐가 "축장화폐로 있는 동안, 즉 잠재적인 화폐자본으로 조금씩 형성되어가는 과정에 있는 동안에는 (…) 절대적으로 비생산적이며, 이런 형태로 생산과정과 병행하기는 하지만 생산과정의 외부에 놓여 있다. 그것은 자본주의적 생산의 무거운 짐"이라는 것이다. 이 "잠재적인 화폐자본"이라는 범주의 중요성을 염두에 두어야 한다(이는 제3권의 "가공자본"과는 어떤 관계에 있을까?). 맑스는 계속해서 말한다. "잠재적인 화폐자본으로 적립되어가는 이 잉여가치를 수입이나 이윤으로 이용하려는 열망은 신용제도와 '유가증권'을 통해서 비로소 그 목적을 달성하게 된다. 그것들을 통해서 화폐자본은 또다른 형태로 자본주의적 생산체제의 진행과 맹렬한 발전에 엄청난 영향력을 발휘하게 된다."(M2: 494)

이 부분은 제2권에서 맑스가 자본주의 신용제도가 결국 필요에 따라 만들어진 과정을 지적한 또다른 곳이기도 하다. 그는 또한 자본주의 발전과정과 따라서 자본의 운동법칙에 이 신용제도가 미치는 "엄청난 영향력"도 인정한다. 이는 제2권의 목적이 신용 형성의 절대적인 필요성과 신용제도의 발전을 보여주기 위함이라는 견해를 보여주는 것이기도 하다.

신용제도를 통해 사용 가능한 잠재적인 화폐자본을 보다 많이 만들어냄으로써 얻는 이점은 이들 화폐가 "어떤 특정 사업체에 (이 사업체가 동일한 자본가의 수중에 있든 혹은 다른 사람의 (…) 수중에 있든 상관없이) 보다 신속하게 투자된다"는 것이다. 잠재적인 화폐자본은 "새로운 화폐자본으로 별개의 신규 사업에 투자되기 위해 자신의 모자본(母資本)에서 완전히 분리"(M2: 494)될 수도 있다. "축장화폐로 적립된" 잠재적 화폐자본이 "실제로 추가 화폐자본으로 기능을 수행"한다는 것은 생산수단과 가변자본을 구매하기 위해 유통에 투입된다는 의미다. 그러나 아직 추가적인 화폐가 어디에서 오는지에 대한 답이 나온 것은 아니다. 맑스의 답은 다음과 같다.

그러나 우리는 이미 단순재생산을 고찰하면서 I부문과 II부문의 자본가들이 자신들의 잉여생산물을 교환하기 위해서 일정량의 화폐를 수중에 가지고 있어야 한다는 것을 알고 있다. 그 경우 수입으로 소비수단에 지출하는 용도로만 사용된 화폐는 이들 자본가가 각자 자신의 상품을 교환하기 위하여 선대한 양만큼 자본가들에게 회수 됐다. 여기에서 다시 나타난 화폐는 똑같은 것이긴 하지만 그 기능은 달라진다. I부문의 A부문과 B부문은 잉여생산물을 잠재적인 추가 화 폐자본으로 전화시키기 위해 서로 번갈아가며 화폐를 공급하고, 새 로 형성된 화폐자본을 서로 번갈아가며 구매수단으로 유통에 다시 투입한다. (M2: 495)

요컨대 축적과 함께 전제되어야 하는 것은 유통과 축장을 모두 감 당할 수 있을 만큼의 충분한 화폐가 존재하고 따라서 축적의 확대가 화폐공급의 확대(혹은 같은 말이지만 지불수단으로 사용할 수 있는 화폐의 증가)와 함께 이루어져야 한다는 것이다.

이것은 단지 자본주의적 생산의 초기 단계(즉 신용제도까지도 주 로 금속화폐의 유통을 수반하는)에만 적용되는 것이긴 하지만 신용 제도가 최고도로 발전된 국면에서도 그것이 여전히 금속화폐의 유 통을 토대로 하는 경우에는 그대로 적용된다. 그럴 경우 한편으로 귀 금속의 추가 생산은, 그것이 남아돌거나 부족할 경우, 장기간은 물론 단기간에도 상품가격을 교란할 수 있다. 그리고 또다른 한편 전체 신 용메커니즘은 온갖 조작과 방법, 그리고 기술적인 장치 등을 이용하 여 현실의 금속화폐 유통을 상대적으로 계속해서 최소한의 수준으로 줄이기 위해 끊임없이 노력하는데, 바로 이런 것들과 함께 전체 신용

메커니즘의 인위적인 조작 가능성과 그것의 정상적인 진행을 교란할 가능성도 그만큼 증가하게 된다. (M2: 495~96)

말하자면 우리는 제3권에서 다룬 종류의 상업 및 금융 공황을 사실상 예상해야 하는 것이다. 신용제도와 그 화폐적 토대 사이의 계속되는 갈등은 제3권에서만큼 여기에서도 다시 등장한다.[29] 맑스는 이렇게 말한다.

언제나 가장 중요한 것은 금속화폐의 유통을 가장 단순하고 본원적인 형태로 가정하는 것이다. 왜냐하면 그렇게 해야만 화폐의 유출과 회수, 차액 부분의 정산(즉 신용제도에서 화폐유통의 진행을 의식적으로 규제하기 위해서 나타나는 모든 계기)이 신용제도와 독립된 것으로 나타나고, 문제가 사후에 조정된 형태가 아니라 자연스러운 본래 형태로 나타나기 때문이다. (M2: 496)

신용제도가 "계급의 공동자본"으로 운용된다는 사실을 고려하면 공황의 원천이 아니라, 화폐유통의 장애물을 제거할 뿐만 아니라 보다 일반적인 의미에서 공황을 피하고 공황을 해결할 수 있는 — 설사 "신용메커니즘의 인위적인 조작 가능성과 그것의 정상적인 진행을 교란할 가능성"이 증가할 경우에도 — 본원적인 메커니즘이라고 생각하는 것은 어렵지 않다. 따라서 맑스가 신용과 은행제도를 이들 구절에서 자주 언급하고 있는 것도 결코 놀라운 일이 아니다. 그러나 아마도 (앞서 보았듯이) 그것의 모순적인 성격 때문에 맑스는 이들의 영향을 체계적으로 고려하지 않은 것 같다. 이미 본 것처럼 맑스가 신용제도를 "온갖 비이성적인 형태의 원천"이라고 분석한 것을 통해, 신용이 불비례공황의 기름솥 지옥에서 우리를 꺼내줄 수 있는 유일한 방법은 우리를 다시 금융 및 상업 공황의 화염 속으로 집어넣는 방법 외에는 없음을 알 수 있다.

축장의 문제는 제2권 전체에서 자주 제기된다. 그것이 중요한 이유는 각 부문 (특히 생산수단의 생산부문) 내에서 발생하는 수요와 공급의 불균형 때문이다. 예를 들어 석탄을 채굴하거나 철강을 생산하기 위해 필요한 기계를 구매하기 위해서는 충분한 화폐가 수중에 있어야 한다. 그에 따라 (생산수단이 아직 사용되고 있는 동안에도) 이들 생산수단을 교체하기 위한 화폐가 적립되어야 한다. 이 기간에 석탄과 철강 생산자는 자신들의 상품을 생산하고 판매하겠지만 그들이 생산한 만큼의 액수를 모두 구매하지는 않을 것이다. 이 문제는 많은 불변자본이 고정자본이라는 사실 때문에 더욱 심화된다. 그런 다음 제4장에서 보았듯이 고정자본의 유지보수·수리·교체 비용과 관련된 온갖 복잡한 문제를 일으킨다. 그 결과 I부문 내에서의 교환도 조화롭게 이루어지지 않고 불균형과 중단이 일어날 가능성이 매우 높아진다. 저축과 축장이 많이 이루어지는 국면마다 동요와 변동 그리고 투자의 물결이 번갈아 밀어닥칠 것이다.

똑같은 문제가 소비수단의 생산부문에서도 있지만(이 부문도 고정자본을 필요로 하기 때문) 여기에서는 내부 동학이 중단에 이를 정도까지 진행되지는 않는다. 그 이유는 소비수단의 수요 가운데 대부분을 이루는 임금은 정기적(대개 1주)으로 지불되는 경향이 있고,

하루 벌어 하루 먹고사는 노동자는 돈이 손에 들어오자마자 곧바로 지출하는 경향이 있기 때문이다. 그들은 축장을 하지 않는다(적어도 맑스는 그렇게 가정한다). 곡물을 생산하고 자신의 노동력 가치를 지불받는 임금노동자는 정기적으로 필요한 우유를 구매할 화폐를 가지고 있다. 자본가는 노동자의 작업이 끝난 다음에 지불하기 때문에 그들이 새로운 기계를 살 때처럼 더 많은 노동자를 고용하기 위해 미리 화폐를 축장하지 않는다. 자본가계급의 소비에서는 사정이 조금 달라진다. 사치재에 대한 수요는 경제상황, 기대, 전반적인 신뢰의 정도에 따라 심하게 변동한다. 이 문제는 앞 장에서 이미 다루었다.

오늘날 미국 같은 선진 자본주의 경제에서는 노동자계급의 기대와 소비자 신뢰상태는 맑스가 전혀 예상하지 못했던 방식으로 (앞으로 보겠지만 그도 약간의 힌트를 제공하긴 했다) 매우 중요한 요소가 되고 있다. 그리고 노동자들은 (연금제도 방식같이) 자의적·타의적으로 저축을 하고 있다.

확대가 진행되기 위해서는 화폐와 추가적인 생산수단을 구할 수 있음은 물론 추가적인 노동력도 이미 존재한다고 가정해야 한다. 이런 기본적인 요건은 II부문의 유통을 살펴보게 한다. I부문에서 나오는 소비수단 수요는 축장의 정도에 의존할 것이다. 이것은 "I부문에서는 잠재적인 추가 화폐자본이 형성되고(II부문의 입장에서 보면 과소소비), II부문에서는 생산자본으로 재전화하지 못하는 상품재고가 누적되며(즉 II부문에서의 상대적 과잉생산), I부문에서는 화폐자본이 과잉상태가 되고 II부문에서는 재생산이 축소되는 등의 현상"(M2: 498)을 수반한다. 여기에서 반복적으로 나오는 "과소소비"
와 "과잉생산"은 개별 부문의 관점에서 봤을 때 상대적으로 그렇다
는 의미다. 만일 "상인이나 대부업자, 혹은 은행업자(즉 소비만 하
고 상품생산에는 직접 관여하지 않는 계급)는 아무도 존재하지 않
는다"고 가정하면 "재생산 메커니즘의 진행을 위해서 각 생산자
는 스스로 자신의 상품재고를 끊임없이 만들어내야만"(M2: 500) 한
다. 맑스는 그렇게 이야기하지 않았지만, 상품재고는 사실 죽은 자
본이며 따라서 축적의 장애물이다(사실상 축장은 상품형태를 취한
다). I 부문이 흡수하는 생산수단이 증가하면, 다른 조건이 불변일 경
우 II 부문의 확대에 필요한 생산수단은 줄어들 것이다.

그러나 다음 절에서 맑스가 지적하듯이 II 부문의 자본가에게는 유
리한 점이 있는데 왜냐하면 "II 부문이 사용하는 노동자는 자신이 생
산한 상품을 II 부문에서 다시 구매해야 하고 (⋯) II 부문은 (⋯) 노동
력의 구매자이면서 동시에 자신의 노동자에 대한 자기 상품의 판매
자이기도"(M2: 503~04) 하기 때문이다. II 부문의 자본가는 실질임금
을 그 가치 이하로 떨어뜨림으로써 곧바로 이익을 취할 수도 있다.
그들에게는 자신들이 지출한 가변자본 가운데 일부를 도로 긁어올
수 있는 다른 수단도 있다.

명목상으로는 정상임금을 지불하더라도 실제로는 그중 일부를 그
만한 상품등가 없이 회수할(즉 훔쳐낼) 수 없을까? 이런 도둑질을 어
떻게 현물지급제도(truck system, 노동자에게 지급할 임금을 현물이나 현물
쿠폰으로 지급하는 방법으로, 현물쿠폰의 경우 다시 그 쿠폰을 자본가 자신이 운

영하는 상점에서만 사용하게 함으로써 노동자의 임금을 이중으로 수탈하는 방법 ― 옮긴이)나 유통수단(물론 법률적으로 포착하기 어려운 방식으로)의 위조를 이용하여 이루어낼 수는 없을까? ― 이에 대해서는 모든 산업국가마다 명백한 자료들이 존재한다. 예를 들어 영국에도 미국에도 존재한다. (M2: 504)

맑스는 여기에 관한 "적절한 몇가지 예"를 나중에 들겠다고 약속한다.

이 구절은『자본』에서 이 문제가 등장하는 몇 안 되는 부분 가운데 하나이므로 지적해둘 필요가 있다. 최근 미국에서 수백만명의 주택을 저당권이라는 수단을 사용해 사기적으로 수탈한 것은 이에 해당하는 명백한 최근 사례로서 나는 이것을 지난 40여년에 걸쳐 이루어진 강탈에 의한 축적이라고 부른다.

그러나 늘 그렇듯이 맑스는 이 문제에 대한 깊은 고찰을 피하는데 왜냐하면 "이례적으로 붙어 있는 특이한 흠집을 이용하여 이론적 난점을 제거하려고 해서는"(M2: 504) 안 되기 때문이다.

그의 "본질적인" 연구 대상인 순수한 형태의 자본주의 생산양식에서 그런 흠집은 문제가 되지 않는다. 특히 그런 것들은 두 부문 사이의 수요 공급의 불균형 문제를 해결하는 데는 전혀 도움이 되지 않는다.

II부문의 핵심 문제는 I부문과의 관계에서 비롯된다. 이것은 I부문 내에서 비롯된 보다 심각한 유통 문제와 대비된다. 그러면 이 문제는 어떻게 해결될까?

확대재생산을 위한 표식

맑스의 목적은 두 부문 사이의 교환관계에 대한 모형을 만드는 것이다. 그는 제1권 제22장에서 이야기한 것과 마찬가지로 "축적을 위한 축적"의 조건들을 전제로 그것을 수행한다. 몇면의 논의를 거친 다음 그는 3절 "표식을 통한 축적의 표현"에서 두 부문 간의 동학적 관계를 가장 잘 드러냈다고 스스로 간주하는 모델에 도달한다. 예비 논의를 모두 살펴보지 않고 단지 그가 도달한 해법의 개요만 간단하게 살펴보겠다. 출발점은 우리가 앞서 본 단순재생산 표식이다.

I. 4000c + 1000v + 1000m = 6000

II. 2000c + 500v + 500m = 3000

단순재생산의 조건에서 두 부문 간의 적절한 교환비율은 $1000v+1000m$의 생산수단 생산에 참여한 노동자와 자본가가 II부문으로부터 구매한 것에 대응하여 II부문이 I부문으로부터 2000c를 구매하는 것이다(대수학으로 표시하면 $c2=v1+m1$). 잉여가치율(m/v)과 자본의 가치구성(c/v)은 두 부문 모두 동일하다.

확대재생산의 경우를 분석하면서 그는 계산상의 편의를 위해 기본 수치를 바꾼다.

I. 4000c + 1000v + 1000m = 6000

II. 1500c + 750v + 750m = 3000

잉여가치율은 그대로인데 가치구성은 I부문의 생산성(c/v의 비율, 자본의 가치구성으로 알려져 있다)이 II부문의 두배가 됐다. 맑스는 순전히 계산상의 편의를 위해 이렇게 바꾸었지만 이 변화에는 약간의 의미가 있다. 단순재생산에 필요한 교환의 균형(c2=v1+m1)은 더이상 유지되지 않는다. 사실상 생산수단의 과잉생산과 소비수단의 과소생산이 나타난다.

그러나 이는 연초의 상태다. 연말에(맑스는 모든 회전을 1년 단위로 잡았다) 자본가의 개인적 소비에 사용되는 잉여가치 가운데 일부를 확대재생산에 재투자한다면 이들 수치는 변한다. I부문의 잉여가치(1000m) 가운데 절반이 확대를 위해 재투자된다고 하자. 자본의 가치구성이 불변이라면 500m이 재투자되어 I부문에 400c와 100v가 추가적으로 구매될 것이다(합계 4400c+1100v). 잉여가치율이 불변이라면 이제 1100m의 잉여가치가 생산될 것이고 이 부문의 총산출은 6000에서 6600으로 증가할 것이다. 이것은 다시 그다음 해의 축적의 토대가 된다. I부문의 축적은 이렇게 진행될 것이다.

II부문의 경우 맑스는 재투자 비율을 달리 설정하여 750m 가운데 150m만이 재투자된다고 가정한다. 가치구성이 불변이라면 이것은 100c와 50v의 추가적인 구매를 야기할 것이다. 그러면 총구매는 1600c와 800v가 될 것이고 이것은 800m의 잉여가치를 생산해 총산출은 연초의 3000에서 3200으로 증가할 것이다. 이것이 다음 해의 축적 토대가 된다. II부문의 축적은 이렇게 진행될 것이다.

1차년도 말 두 부문의 총산출은 연초의 9000에 비해 9800이 된다. 그러나 II부문이 I부문으로부터 구매한 1600c는 I부문의 소비수단 수요 1100v+500m과 동일하다. 성장과정에서 기적적인 조화가 이루어졌다. 실로 성장과 신규 축적은 이전에는 불균형이었던 곳에서 조화를 만들어냈다! 물론 맑스는 결과에 맞추어 자신의 수치와 조건을 주의 깊게 선택했다. 그러나 그것을 통해 조화로운 자본축적의 가능성(그러나 결코 개연성은 없는)을 보여주었다. 그의 이야기로는 마치 그 과정이 영원히 계속될 수 있을 것 같다. 표4는 4년간에 걸친 과정이다. 그것은 (다른 조건이 불변이라면) 무한히 계속될 수 있다.

대수로 표현하면 I부문의 재투자는 c1+Δc1+v1+Δv1+mm1(mm은 확대재투자가 이루어진 다음 자본가 소비로 남은 부분을 가리킨다), II부문의 재투자는 c2+Δc2+v2+Δv2+mm2가 된다. 원활한 교환의 균형은 c2+Δc2=v1+Δv1+mm1이다. 이 비율이 맞으면 조화로운 자본축적이 영원히 지속될 것이다!

그러나 이것은 제4장 끝부분부터 제2권 전체에 걸쳐 계속 따라다닌 물음에 대한 답을 제공한다. 즉 유통의 첫날 유통에 투입한 수요 c+v와 유통의 마지막 날 이루어진 공급 c+v+m사이의 격차를 메워주는 추가적인 수요는 어디에서 오는가? 개별 자본가의 관점에서 볼 때 자본가가 잉여가치를 흡수할 추가적인 수요를 공급해야 한다는 말은 잘못된 것 같다. 하지만 각 부문 전체에 걸쳐 개별적으로 분해(I부문의 A들과 B들 사이의 관계)해서 보면 어떤 자본가는 자신

582

이 생산한 것보다 더 많이 구매하고 어떤 자본가는 자신이 구매하는 것보다 더 많이 생산하며, 총수요와 총공급 사이의 동학적 균형을 이룰 수 있는 생산적 소비와 개인적 소비의 어떤 결합이 존재함을 알 수 있다.

표4 (3차년도의 계산이 틀려서 옮긴이가 맞게 고쳐 썼음 — 옮긴이)

1차년도	연초	I. 4000c+1000v+1000m=6000 II. 1500c+750v+750m=3000
	연말	I. 4000c+400Δc+1000v+100Δv+500m II. 1500c+100Δc+750v+50Δv+600m
2차년도	연초	I. 4400c+1100v+1100m=6600 II. 1600c+800v+800m=3200
	연말	I. 4400c+440Δc+1100v+110Δv+550m II. 1600c+160Δc+800v+80Δv+560m
3차년도	연초	I. 4840c+1210v+1210m=7260 II. 1760c+880v+880m=3520
	연말	I. 4840c+484Δc+1210v+121Δv+605m II. 1760c+176Δc+880v+88Δv+616m
4차년도	연초	I. 5324c+1331v+1331m=7986 II. 1936c+968v+968m=3872
	연말	I. 5324c+532Δc+1331v+133Δv+666m II. 1936c+194Δc+968v+97Δv+677m

문제는 이런 균형점에 도달하기 위해 필요한 것이 무엇인지다. 두 부문 사이의 교환이 비율과 비례를 정확하게 유지하게 하는 것, 즉 한 부문에서는 과잉생산이, 다른 부문에서는 과소소비가 일어나지 않게 할 수 있는 것은 도대체 무엇인가? 표식이 전체적으로 비현실

적임은 분명하며 맑스는 자신의 예에 맞추어 수치를 임의로 가공했다. 그러나 그 표식이 비현실적이라고 해서 그것이 자본주의 생산양식의 긴장과 모순, 그리고 동학적인 능력의 본질을 전혀 보여주지 못한다고 할 수 있을까? 만일 그렇다면 표식의 의도는 도대체 무엇일까?

이 핵심적인 물음에 답하기 위해서는 전반적인 평가가 필요하다. 그러나 그전에 이 장에서 더 언급해야 할 한가지가 있다.

노동자계급의 소비 문제(재론)

『자본』 제2권 전체에 걸쳐 노동자계급의 소비 문제는, 제1권에서 완전히 무시된 것에 비해 상당히 자주 제기됐다. 첫째 노동자계급의 소비는 "총유통에서 차지하는 비율이 매우 크다".(M2: 413.강조는 하비) 자본주의의 근본 모순 가운데 하나는 한 사회의 총소비 가운데 "대다수의 빈곤계층(또한 언제나 빈곤할 수밖에 없는 계층)의 수요"(M2: 318) 부족 때문에 가치를 실현할 수 없다는 점에 있다. 맑스는 심지어 이렇게 말하기도 한다. "모든 현실적 공황의 궁극적 원인은 항상 자본주의적 생산의 추동력에 대비되는 대중의 빈곤과 소비의 제약에 있으며, 이 추동력은 사회의 절대적 소비능력만이 생산력의 한계를 이루는 것처럼 그렇게 생산력을 발전시킨다."(M3: 501)

이 장에 다음과 같은 고찰이 부수적으로 포함되어 있는 것에 어느 정도 중요성(그 중요성이 어느 정도일지는 논란의 여지가 있겠지만)을 부여해야 하는 이유는 이런 배경 때문이다. 이 고찰은 이렇게 문제를 제기한다. "자본가와 그들의 언론은 노동력이 자신들의 화폐를 지출하는 방식에 대해서, 그리고 노동력이 이 화폐를 실현하는 상품II와 관련하여 종종 불만을 토로한다. 그러면서 자본가들은 (…) 철학과 문화, 그리고 박애를 들먹이곤 한다."(M2: 510) 그런 다음 그는 1879년 『네이션』(Nation, 그의 마지막 이론적 작업이 끝난 뒤에 출판됐다)에 실린 한 논설을 인용하는데 거기에는 다음과 같은 불평이 토로된다. "노동자들은 문화적으로 발명의 진보에 보조를 맞출 수 없다. 많은 것들을 새롭게 만나긴 하지만 그 사용법을 몰라 시장이 형성되지 못하는 것이 많다."(M2: 510) 문제는 "어떻게 하면 이들을 합리적이고 건전한 방법으로 소비자로 끌어올릴 것인가 하는 것이다". 이는 쉬운 일이 아닌데, 왜냐하면 "그들의 열망은 자신의 노동시간을 단축하는 것 이상을 넘지 못하고, 선동가들도 그들의 정신적·도덕적 능력을 개선하여 그들의 상태를 끌어올리는 문제보다 노동시간의 단축 문제에 더 열을 올리고 있기 때문이다".(M2: 511) 이런 식의 이야기에 혹독한 비판을 퍼붓긴 하지만 동시에 노동자들을 "합리적인 소비자"로 바꾸는 것은 노동자들의 소비가 "자본 유통에서 매우 중요한" 부분으로 기능하기 위해 필요한 조건이라는 생각을 받아들인다. "자본가가 생각하는 합리적 소비가 무엇인지는, 자본가가 자신의 노동자의 소비행위에 직접 개입하는 것을 허용하는 경우 명확하게 드러나는데 그 대표적인 예가 바로 현물지급제도다."(M2: 511) 그는 또한 매사추세츠의 로웰(Lowell) 면직공장의 사례도 들고 있는데 거기에서는 고용된 소녀들의 기숙사 관리수칙을 통해 "충만한 영광을 듬뿍 받고 있는 합리적 소비자"(M2: 511)의 본보기를 보여주었다. 그러나 맑스가 연구를 시작한 시기에 (그가 가장 사례로 많이 사용한) 영국의 임금은 하락하고 있었지만 1860년대 이후부터는 임금이 상승했다. 훨씬 뒤인 1914년 자동차산업에 일급 5달러를 도입하면서 헨리 포드는 노동자에게 진지하고 합리적인 소비가 무엇인지를 가르쳤다. 물론 합리성이란 자본가들이 생산하는 모든 소비수단에 대한 "시장을" 노동자들이 "제공할" 필요성에 의해 결정된다. 맑스는 조직화된 소비지상주의를 통해 소비의 개별성이 어떻게 합리화될 수 있는지를 다루지 않았다. 그러나 이들 구절은, 맑스 자신은 거부했지만 그런 문제를 다룰 여지를 제공해준다.

가정

이들 표식을 평가하는 데는 우선 설정된 가정을 살펴보는 방법이 유용하다. 먼저 맑스는 두 부문의 활동을 규정하는 데 아무런 문제가 없다고 가정한다. 규정하기 애매한 경우(밀가루가 빵을 만드는 데 사용되고 이 빵은 최종 소비되기 전에 샌드위치를 만드는 생산수단이 된다면 그 밀가루는 생산수단일까?)와 이중적 사용과 결합생산물(양은 식용 고기와 공업용 양모와 가죽을 생산한다)의 문제는 모두 배제된다. 계급은 자본가와 노동자, 단 두 계급만 존재한다(그래서 은행가, 상인은 물론 중간계급도 존재하지 않는다). 노동생산성(가치구성으로 표기되고, 현실에서는 제1권에서 설명한 대로 상대적 잉여가치 생산을 목적으로 기술혁신이나 조직변화를 통해 끊임없이 진보한다)은 불변이다. 단 수치의 균형을 맞추기 위해 두 부문 사이 가치구성의 우연적 차이를 확대재생산 표식에 도입하는 경우만 예외다(몇몇 논평자가 주장하듯이 표식의 균형을 위해서는 단 하나의 기술발전 경로만 있어야 한다는 의미일까?). 노동력 가치는 고정되어 있고 재투자 비율은 불변으로 가정됐다(단 하나의 예외가 있긴 하다). 각 부문 내에서 재투자는 자본이 한 부문에서 다른 부문으로 흘러갈 수 없는 형태로 정해진다(또 하나 특이한 것으로 산술적 예에서 제2차 연도의 재투자/저축률은 모두 균형을 유지하는 형태로 설정되어 있다).

투자재원이 두 부문 사이에서 이동하지 않는다는 사실은 두 부문 사이에 이윤율 균등화의 메커니즘이 작동하지 않는다는 의미다. 이는 제3권에서 다루어진 이윤율 저하경향과 관련된 중요한 문제이므로 유심히 봐야 하는 이론적 문제다. 교환은 (제3권 앞부분에서처럼 생산가격이 아니라) 모든 것이 가치대로 교환된다는 가정하에 가치 단위로 이루어진다. 중단 문제가 발생할 때마다 화폐자본이 자주 개입하지만 유통의 화폐적 관점은 충분히 분석되지 않았다. 모든 회전기간은 1년이며 고정자본 형성과 유통을 둘러싼 심각한 문제는 대부분 가정에서 배제되어 있다. 지대, 이자, 상업이윤, 조세 등을 통한 형태의 수탈과 착취는 부차적으로 다루어졌다.

이를 통해 우리는 표식이 자본주의 경제의 작동방식에 대해 완전하게 비현실적 모델임을 분명히 알 수 있다. 이런 방식으로 모델을 구축한 목적은 (물론 이런 종류의 모델이 성공적으로 구축되면 궁극적으로 현실을 나타내는 토대가 될 수는 있지만) 반드시 현실을 나타내기 위함이라고만 할 수는 없다. 그 목적은 맑스가 실제로 보여주듯이 자본주의 생산양식의 내적 구조(여기에서는 재생산)의 핵심 관계(본질)를 부각하는 데 있다. 그렇다면 이 표식은 무엇을 보여주었는가? 간단하게 요약한다면, 화폐·상품·생산자본 세개의 연속적인 순환을 통해 이루어지는 자본축적의 재생산은 매우 어려운 일로서 공황을 일으키기 쉬우며, 하나의 공황(고정자본의 흐름에 의한 공황, 보다 일반적으로는 불비례에 의한 공황)을 해결할 수 있는 방법은 오로지 더욱 심각한 새로운 다른 공황(가장 대표적으로 금융공황)을 유발하는 방법 외에는 없다는 것이다. 나는 맑스의 분석 가운데 공황의 경향이 궁극적으로 해소될 수 없고 단지 다른 곳으로 옮겨갈 뿐이라는 말을 좋아하고, 이 말에 오늘날의 예를 자주 덧붙인다. 그러나 본문을 자세히 읽는 일, 특히 제3권의 신용과 금융 부분과 연결해서 자세히 읽는 일은 그렇게 하지 않는 것보다 훨씬 도움이 된다고 생각한다.

자본주의하에서의 표식: 화폐와 신용의 역할

계급 공동의 자본으로 운용되는 신용제도가 자본주의 사회의 거시적인 자본 흐름과 관련된 이 문제에 도입된다면 어떨까? 왜 우리는 신용제도가 이 모든 것들을 통제하고, 또한 자본의 흐름을 (맑스가 원료시장의 경우에서 이야기한 것 같은) 무정부상태로 방치하지 않고 합리적으로 조정할 능력이 어느 정도 있다고는 생각할 수 없을까? 신용제도는 우선 회전기간을 합리화하는 데 중요하며 회전기간의 차이에서 발생하는 많은 문제를 해결한다. 또한 매월 정기적인 지불과 관련된 축장을 줄임으로써 고정자본의 유통도 잘 처리해준다. 각 부문 간의 협력 문제도 마찬가지인데, 즉 공식 이자율에 따른 정기적인 지불제도인 신용제도가 만들어 전달하는 신호는 국가나 공공기구가 거시적인 계획을 수립하는 데 유용하게 사용될 수 있다. 이는 국가를 등에 업고 신용제도의 중심축 역할을 하도록 위임받은 중앙은행 정책과 사실상 같지 않은가?

여기서 다시 한번 신용제도의 이중적 역할을 확인할 수 있다. 내가 보기에 이 모든 것이 작동하는 현실적 모형은 신용제도가 포함되지 않고는 만들어질 수 없다. 그래서 후속작업이 필요하지만 그 작업은 거의 이루어지지 않은 채 과제로만 남아 있다.

표식의 의미와 후속 작업

맑스 재생산 표식의 지위와 의미를 둘러싼 지금까지의 논의는 표식에 대한 해석에서 몇가지 중요한 불일치를 보인다. 나는 재생산 표식을 만든 맑스의 목적이 조화로운 균형적 관계를 설정하고 이것이 불가능한 조건임을 보여주기 위해서였다고 주장하지만, 어떤 사람들은 그가 사실상 조화로운 발전 경로의 가능성을 나타내고자 했으며, 국지적인 사소한 위기로 이런 조화로운 조건이 깨지면 그것이 원칙적으로 통제될 수 있음을 드러내려 했다고 주장한다.

　로자 룩셈부르크는『자본의 축적』에서, 표식이 보여주려 한 것은 "축적, 생산, 실현, 교환이 시계바늘처럼 정확하고 원활하게 작동하며 이런 특수한 종류의 축적이 무한히 계속될 수 있다"는 내용이라고 생각했다. 또 표식의 함의가 정치적 소극성에 있다고 간주하고 이를 공격하기 위해 표식에 치명적인 결함이 있다고 주장했다. 맑스는 전체적으로 자신이 제기한 물음, 즉 "잉여생산물을 지불할 유효수요는 어디에서 오는가?"에 답하지 못했다. 이는 맑스가 제17장에서 제기하고 제20장과 제21장에서 풀려고 노력했던 물음이다. 이것은 또한 케인스 경제이론의 핵심을 이루는 물음이기도 하다. 맑스의 재생산 표식은 케인스 같은 생각들은 물론 1930년대 이후의 경제발전을 설명하는 거시경제이론에 어떤 생명력을 공급하는 숨은 역할을 한 것처럼 보인다. 그에 따라 맑스와 케인스 사이의 관계를 다루는 상당히 많은 문헌이 등장했는데 이들 문헌에서는 기술변화의 경로와 함께 총유효수요와 재투자율의 문제가 주로 다루어졌다. 케인스의 주장에 따르면 조화로운 성장을 달성하기 위해서는 정부(혹은 국가들의 연합이나 IMF등과 같은 국제기구)가 적절한 화폐 및 재정 정책을 수행할 필요가 있다. 케인스주의를 추종하는 일부 경제학자는 기술 및 조직 혁신(c/v의 비율로 나타나는 생산성 향상)의 유일한 경로를 통해서만 적절한 비율이 유지될 수 있음을 보여주었다. 그러나 기술 변화의 실제 경로가 균형성장을 달성하기 위해 필요한 요건과 일치하는 것 같지는 않다. 균형성장으로부터 벗어나는 기술혁신이 늘어날수록 더욱 심각한 불비례공황이 올 수도 있다.

앞서 화폐 및 금융 자본과 신용의 경우에서 보았듯이 맑스가 이런 방식으로 (불비례를 교정하는 공황과는 다른) 심각한 공황을 피할 수 있다고 생각한 것으로는 보이지 않는다. 국가의 개입에 의해 공황과 모순을 전반적으로 관리할 수 있다고 생각한 케인스가 맑스와 구별되는 지점이 바로 여기다. 맑스 이전에는 (앞서 이야기한 께네를 제외하고는) 자본의 재생산 흐름을 거시경제 모델로 만들고자 하는 시도가 거의 없었다. 께네는 모든 자본과 부의 토대가 토지에 있다고 생각했지만 맑스는 산업생산에 초점을 맞추어 두 부문 사이에서 필요한 흐름과 균형을 찾으려고 노력했다. (개별 자본가가 자신의 이해관계에 따라 움직이는) 자본주의적 생산의 "자연발생적인 모습에서는 균형이라는 것 자체가 하나의 우연일 뿐"이며 "(단순재생산이든 확대재생산이든) 재생산의 정상적인 진행을 위한 조건"은 너무도 쉽게 "재생산의 비정상적인 조건(즉 공황의 가능성)으로 전환"할 수 있다고 맑스는 말한다. 균형성장을 위해 "필요한" "전제조건"은 "모두 서로 얽혀 있으며 모두 매우 복잡한 과정 —— 서로 독립적으로 진행되지만 동시에 서로 얽혀 있는 세개의 유통과정을 포함하는 과정 —— 에 의해 매개되어 있다. 이 과정의 복잡한 구조 그 자체가 바로 그만큼 재생산의 비정상적인 진행을 가져오는 원인을 이루는 것이기도 하다."(M2: 491)

이런 종류의 공황이 맑스주의 문헌에서 일반적으로 "불비례공황"이라고 나온다. 이 공황의 깊이와 범위가 어느 정도일지는 불분명하지만, 이와 관련된 최근 논의는 IMF보고서나 "세계적인 불균형"을 다룬 문헌 안에 자주 등장한다. 이 문헌들은 보통 오늘날의 조건에서 (미국과 중국 사이에서 같은) 국가 사이의 무역 불균형을 언급하는데, 이를 산업부문 사이에서 발생할 수 있는 (그리고 실제로 발생하는) 불균형이나 불균등 발전의 또다른 유형으로 이해한다. 여기에서 이야기된 생산과 소비 사이의 동학적인 상호 관계로부터 비롯된 불균형 문제를 지리학적인 관점에 적용한 다른 저작의 경우도 비슷한 경향이 있다.

표식은 자본이 조화롭고 균형 잡힌 성장을 달성할 필요가 있음을 보여주고 동시에 그런 성장의 달성이 전혀 불가능함을 이해할 수 있는 무대장치를 제공한다. 또한 거기에는 아직 다루어지지 않은 몇 가지 잠재적인 모순이 남아 있다. 제2권 전체에 걸친 기술적인 분석은 중단과 혼란의 가능성을 지적한다. 제3권에서 그려진 보다 큰 표식을 그려보면 우리는 이들 가능성을 훨씬 더 현실에 가깝게 그려볼 수 있을 것이다.

표식은 소련 초기 펠트만(G. A. Feldman)이라는 한 폴란드 경제학자가 이 표식을 5개년 경제계획을 수립하는 데 사용하기 위한 연구를 시작하면서 처음으로 사용됐다. 그런 다음 맑스의 표식은 미할 칼레츠키(Michał Kalecki, 역시 폴란드 사람이다)와 훨씬 더 케인스주의에 가까운 경제학자들이 부르주아 경제학의 경제발전 이론과 거시성장모델을 구축하는 데 이용됐다. 1940년대 해러드-도마 경제성장 모델로 알려진 것을 공동으로 창안한 도마(Evsey Domar)는 자신이 맑스의 표식에 큰 도움을 받았다고 헌사에서 강조했다. 부르주아 경제학의 거시경제 성장모델의 전체 영역은 모두 이 유산의 영향을 받았다. 맑스의 표식을 좀더 진지하게 연구했다면 주류경제학자들은 많은 어려움을 해결할 수 있었을 것이고 실제로 70년대 이전까지의 거시경제모델과 공공정책의 수입에서 많은 진전을 얻을 수 있었을 것이다.

이런 생각은 엄청난 영향력을 발휘하며 스라파의 『상품에 의한 상품생산』(*Production of Commodities by Means of Commodities*, 제목 자체가 많은 것을 말해준다)에서도 이론적으로 이어졌다. 따라서 재생산 표식을 만들어낸 맑스의 업적과 부르주아 경제학, 규범경제학, 사회주의 계획경제 사이에는 많은 공통점이 있다. 맑스가 밝혀낸 관계의 구조에는 실제로 자본주의 생산양식이라는 특수한 역사적 관계를 넘어서는 보편적 중요성이 있다. 그 특수한 성질은 화폐자본이 생산과 소비의 각 부문 사이의 관계를 전체적으로 조정하는 특수한 역할을 수행한다는 점에 있는 것으로 보인다. 그러나 만일 표식을 (가치 혹은 교환가치가 아니라) 물적 사용가치에 적용하면 어떻게 될까? 표식을 자본축적과는 무관하게 경제의 각 부문 사이의 물적 관계를 계획하는 데 사용할 수 있을까? 맑스는 유통과정이 "비자본주의적 생산의 토대 위에서도 일어날 수 있다"(M2: 354)고 분명히 이야기했다.

맑스의 모델을 (맑스주의자와 비맑스주의자를 모두 포함한) 수리경제학자들이 (비록 비변증법적인 방식이긴 하지만) 고도의 수학적 연구를 통해 더욱 발전시킨 것은 분명한 사실이다. 그러나 맑스가 사물을 나타내는 방식에 비추어보면 그것을 보다 발전시킬 방법을 찾아내기란 매우 어렵다. 만일 이런 수리적 방법이 표식을 보다 발전시킨다면, 이 방법에 비교적 생소한 청중을 대상으로 수리경제학에 매우 친숙해야 이해할 수 있는 그 내용을 따라가면서 처음 강의할 때는 어느 정도까지 이 방식을 끌고 가야 하는 것일까? 만일 (특히 요구되는 수학적 능력을 매우 조금밖에 갖추지 못한 나 같은 사람이) 이런 조건에서 강의를 한다면 수학적인 길을 따라 심화된 연구를 하고 싶은 사람들에게는 겨우 초보적인 이야기밖에 해주지 못할 것이다.

맑스가 지향한 것으로 보이는 것과 관련된 경제사상의 틀에 의존해 표식을 발전시킨 학파는 크게 누개가 있다. 미찌오 모리시마(Michio Morishima)는 표식을 신고전파의 균형이론으로 바꾸어서, 매우 복잡한 수학적 기법을 사용해 표식이 경제성장의 궤적에서 실제로 무슨 의미인지 보여주었다. 그 결과는 흥미롭다. 두 부문의 축적이 별개로 이루어진다는 가정을 포기하면, 맑스의 수치 예는 "임금재와 사치재를 생산하는 II부문이 I부문보다 가치구성이 높을 (보다 자본집약적인) 경우 균형성장 경로를 중심으로 (…) 격렬한 진동"을 그린다. "I부문의 가치구성이 II부문보다 높을 경우에는 결과가 균형성장 경로로부터 단조성을 띠고 이탈한다." 이런 종류의 검토는 매우 흥미를 끄는데 왜냐하면 균형성장 경로가 보여주는 매우 단순한 모델로도 계산이 얼마나 어려운지 알 수 있기 때문이다.

또 하나의 학파는 넓은 의미의 케인스주의인데 이 학파도 두 부문 간의 교환을 물적으로나 가치로나 모두 균형을 달성할 수 있게 하는 기술의 발명에 모든 것이 달려 있으며 재투자율과 고용이 마치 이인삼각처럼 정확하게 동일한 보조로 움직여야 한다는 것을 보여주기 위한 수치를 모색한다. 그 함의 역시도 균형성장이 극도로 어려우며 오로지 "우연"에 의해서만 달성될 수 있다는 맑스의 직관을 확인해 준다.

그래서 맑스가 다른 곳에서 내린 결론 ── 결코 지속될 수 없고 기 껏해야 일시적으로만 존재하는 균형성장의 균형조건을 공황은 폭 력적으로 회복시킨다 ── 은 (모든 면에서 정당화되지는 못한다 할 지라도) 전적으로 타당하다. 그러나 이런 동학적 관계가 의식적인 사회적 계획에 의해 만들어질 수 있는지, 비자본주의 생산양식의 필 요에 맞추어질 수 있을지에 대한 물음은 극히 어렵고 혼란스럽다.

합리적 사회주의 계획의 가능성

(다른 곳에서와 마찬가지로) 이 장 전체에서 맑스는 여러차례 사 회 전체 분업의 각 부문들 사이에 노동을 합리적으로 배분하는 문 제를 언급하고 있다. 그는 사회적 수단이 여기에 맞추어져야 한다고 말한다. 이것은 화폐의 흐름과 유통과정, 그리고 공황을 일으키는 불합리성 등을 통해 이루어지는 배분의 무정부성과 대비된다. 그가 말한 내용 가운데 어떤 부분은 재생산 표식을 사용한 균형성장이 원 칙적으로 가능하다는 견해를 지지한다. 그래서 재생산 표식이 사회 주의와 공산주의하에서 생산의 합리적 계획을 위한 수단으로 사용 될 수 있다는 주장이 나오기도 한다. 맑스는 이렇게 말한다. "공산주 의 사회"에서는

철도 부설과 같이 분명히 연간 총생산물에서 노동, 생산수단, 생활
수단 등을 끌어 쓰면서도 상당 기간 동안(1년 혹은 그 이상) 어떤 생
산수단이나 생활수단 그리고 사용가치도 공급하지 않는 산업부문에
대하여 사회는 아무런 중단 없이 얼마만큼의 노동, 생산수단, 생활수
단 등을 조달할 수 있을지를 미리 계산해야 한다. (M2: 317)

그는 또한 제3권 제49장(1870년대의 주요 이론 연구가 이루어지
기 전에 집필된 것으로 여기에는 재생산 표식이 갑자기 등장한다)
에서도 "자본주의 생산양식이 폐기된 후에도 사회적 생산이 유지되
는 한, 가치 규정은 노동시간의 규제와 서로 다른 생산집단들 사이
에서의 사회적 노동의 배분, 그리고 그것에 관한 부기 등이 이전보
다도 훨씬 중요해진다는 의미에서 여전히 유력하게 작용한다"(M3:
859)라고 서술했다. 이것이 던지는 함의는 맑스가 합리적인 사회주
의 계획의 수립에 표식이 일정한 역할을 수행하리라고 생각했다는
것이다. 재생산 표식 그 자체는 그런 문제를 결코 해결하지 않는다.
그러나 원칙적으로 합리적인 통제가 이루어지는 사회에서 균형성
장을 달성하기 위해 생산수단과 임금재의 생산을 확대하는 데 필요
한 새로운 생산수단이 얼마인지를 보여준다. 어떠한 대안적 사회에
서도 이런 종류의 조정은 — 맑스가 그런 조정에 화폐자본의 역할
이 매우 문제기 많고 따라서 폐기되어야 한다고 계속 주장했다는 점
을 고려할 때 — 사회적으로 조직되어야 한다. 달리 말해 표식은 화
폐적 흐름과 수익성의 관점이 아니라 (나중에 레온티예프가 구상한
것같이) 순수하게 사용가치와 물적인 개념으로 재구성되어야 한다.

『자본』전체에서 맑스는 자주 생산영역의 착취적인 자본-노동관계를 근본 문제로 제기했고 이 관계는 집단적인 형태로 자유롭게 생산을 조직하는 "노동자들의 연합"으로 대체될 필요가 있다고 말했다. 이것은 개별 기업 차원의 "대안적" 개념이다. 그러나 이 대안은 그가 제3권에서 이야기한 것처럼 만일 자본의 세 순환에 대한 통제권을 획득하여 이들 순환을 사회적으로 통제하지 못한다면 궁극적으로 단지 자본주의 기업의 문제를 대체하는 것에 불과하다.

맑스는 여기에서 노동자들의 연합에 의한 생산의 반자본주의적 통제라는 대안이 사회 전체의 다양한 분업체계에서 노동의 배분을 조정할 사회적 수단에 의해 (완전히 대체하지는 않더라도) 보충되어야 한다고 말하는 것 같다. 여기에서 생산수단의 생산과 소비수단의 생산을 구별한 것은 바로 이런 분업 체계 가운데 하나일 뿐이다. 그러나 이 구별은 자본주의에서와 마찬가지로 공산주의에서도 중요하다. 반자본주의 구상 가운데 이 부분은, 반자본주의적 대안이 무엇인지를 규정하는 데 절대적으로 중요하지만, 그것을 개념화하고 조직하기가 매우 어렵다. 맑스는 이에 대한 논의를 더이상 진전시키지 않았다.

현재 국면에서는 사회 전체에 걸친 노동의 합리적인 배분이라는 문제보다 "노동자들의 연합"이라는 측면이 반자본주의 구상에서 훨씬 더 큰 비중을 차지한다는 말은 맞다. 그 이유 가운데 일부는 전자가 과거 공산주의 (심지어 사회민주주의도) 국가 — (내 생각이 맞다면) 이제는 어느 누구도 더이상 신뢰하지 않는 — 의 지배와 억압과 관련이 있기 때문이며 또다른 일부는 (그것이 모두 실패했다고 치부하는 것은 틀린 말이겠지만) 공산주의 및 사회민주주의 계획의 경험이 전체적으로 긍정적인 결과와는 거리가 멀었기 때문이다. 그러나 맑스가 다른 곳에서 이야기하고 있듯이 우리는 이런 결함을 "이론적 어려움을 피하기 위한 속임수"로 사용해서는 안 된다.

불행히도 오늘날 좌파진영은 일반적으로 모두 이런 이론적 어려움을 피하려는 경향이 있다. 복잡한 사회주의 사회에서는 친환경적인 조건을 충족하면서도 과잉생산, 공급의 부족, 물적 풍요를 보장하는 일상생활의 재생산에 필요한 묻저 흐름의 장애를 피하기 위한 사회적 조정이 필요하다. 통제되지 않는 시장에서 화폐의 흐름과 이윤에 대한 탐욕을 조정하지 않은 채 이런 과제를 어떻게 달성할지의 문제는 피할 수 없으며 크다. 그리고 국가기구 같은 어떤 사회적 조직의 개발 없이 이런 과제를 어떻게 수행할지도 거대한 문제다.

아무 생각 없이 그리고 아무런 정당한 이유 없이 단순하게 맑스 표식의 한 측면만 보고 그대로 실천의 표준으로 삼는다면 일을 그르칠 수 있다. 맑스의 수치 예에 따르면 전반적인 확대는 I부문의 변화에 의해 주도된다. 이로부터 이미 이야기했던 견해, 즉 자본재와 생산수단의 생산부문에 투자를 집중하고 그런 다음 소비재생산이 뒤따르도록 하는 방식의 경제계획이 만들어졌다. 사회주의 발전모델은 정확하게 이 방식을 그대로 따랐다. 가나같이 식민지배에서 해방된 국가들도 1960년대에 이런 사고방식의 희생자였고 아직도 그 후유증에서 벗어나지 못하고 있다.

II부문이 I부문에 예속되어야 할 이유는 결코 존재하지 않는다. 이 모든 것은 맑스의 자의적인 선택과 두 부문 사이의 일방적인 관계의 성격(II부문에 비해 I부문의 축장이 상대적으로 크다)에서 비롯된다. 물론 사회주의로 이행할 경우 그 차이는 해소되어야만 한다. 이행은 이들 두 부문 간의 관계를 완전히 뒤집어서 II부문이 I부문을 마음대로 하게 할 것이다. 맑스가 지적했듯이 자본주의적 관계에서는 그것이 불가능한데 왜냐하면 자본의 목적이 인민대중의 소비수요를 충족하는 데 있는 것이 아니라 자본을 축적하는 데 있기 때문이다. 그러나 사회주의/공산주의 사회의 목적은 틀림없이 그 정반대일 것이다.

제12편

반성

그렇다면 우리는 『자본』 제1권과 제2권 사이의 관계를 이루는 "생산과 실현의 모순적 통일"에 대해 어떤 결론을 내릴 수 있을까?

제2권이 보여준 것은 자본유통의 연속성이 반복적으로 실현과정에서 발생하는 한계와 장애물에 위협을 받는다는 것이다. 이들 장애물은 대부분의 맑스주의자에게 친숙한 생산영역이나 노동시장에 존재하는 장애물과는 다르다. 그러나 맑스가 『경제학비판 요강』(404~10면)에서 주장했듯이 실현을 가로막는 다양한 한계와 장애물은 지속적인 축적의 동학을 항상 위협하며 종종 공황을 유발하기도 한다. 그는 이렇게 말한다. "자본이 어쩔 수 없이 추구하는 보편성은 자본 자체의 본성 안에 장애물이 있으며, 이 장애물은 자본이 일정한 발전단계에 이르면 자본 그 자체야말로 이 경향을 가로막는 가장 큰 장애물임을 인식하게 하고 따라서 그것은 자본의 지양으로 몰아갈 것이다."

이들은 총괄적으로 "축적을 위한 축적"의 맥락에서 소비와 조정을 가로막는 장애물로 간주된다. 그러나 소비는 관련된 모든 문제를 포착하기에는 너무 포괄적인 범주다. 먼저 생산적 소비(원료, 에너지, 중간생산물, 고정자본 품목 등에 대한 자본의 소비)와 최종 소비(노동자와 자본가, 그리고 "비생산적 계급"에 의한 임금재 및 사치재의 소비)를 구별하는 것이 매우 중요하나. 보다 많은 잉여가치를 창출하기 위한 잉여가치의 재투자는 끊임없이 생산적 소비를 확대한다. 그러나 제2권이 보여주듯이, 생산적 소비는 특정 상품을 생산하는 데 필요한 특수한 사용가치에 대한 수요를 만들어낸다. 이 특수한 사용가치의 성질과 양은 기술조건에 따라 끊임없이 변동한다. 기술조건은 경쟁의 강제법칙이 노동생산성의 향상(제1권에서 자세히 다룬 상대적 잉여가치의 생산)을 향해 급격히 몰아가기 때문에 끊임없이 변동한다. 동시에 새로운 욕망과 필요(예를 들어 최근의 휴대전화)는 상품 투입요소의 범위를 계속 확대하고 이 투입요소들은 언제든지 자본이 필요로 할 때 항상 대기하고 있어야 한다. 맑스가 재생산 표식의 연구를 통해 보여주었듯이 자본이 이들 물품에 대한 모든 수요를 시장 메커니즘을 통해 합리적으로 조정하기란 불가능하고, 많은 불일치를 해소하면서 균형성장이 달성될 가능성도 매우 낮기 때문에(주어진 생산과정의 필요를 충족하기 위해 필요한 사용가치가 너무 많거나 너무 적어서) 불비례에 의한 주기적인 공황의 발생은 충분히 예견된다. 그런데 균형에서 벗어나 끊임없이 진동하는 것과 하나 또는 그 이상의 원인에 의해 단조적으로 이탈하는 것은 완전히 다른 문제다.

그러나 조정이 필요한 것은 물적 사용가치의 흐름만이 아니다. 화폐(그리고 가치)의 흐름도 균형성장을 달성하기 위해 맞추어져야만 한다. 사회적 노동을 물적으로 대표하는 화폐는 사용가치의 특수성과는 전혀 관련이 없지만, 그것의 양적 흐름은 분업구조 내에서 화폐적 조정이 완전히 잘못될 가능성이 많다는 조건에서 균형을 유지해야만 한다. 맑스가 확실히 주장했듯이 화폐총량이 과제를 수행하기에 불충분하다는 게 문제는 아니다. 왜냐하면 상품교환의 증가에 보조를 맞출 화폐메커니즘(예를 들어 장부상의 화폐에 호소하는 방식)은 많기 때문이다. 문제는 복잡한 구조 내에 있는 교환의 모든 지점에서 이윤을 실현할 가능성을 방해하지 않을 정도로 (지불능력을 가진) 유효수요를 동원하는 것에 있다.

이 가운데 하나라도 잘못되면(분명히 그렇게 된다) 우리는 과잉생산 공황을 보게 되는데, (맑스가 제2권의 제4장까지에서 보여주듯이) 그 공황에서는 화폐자본, 생산설비, 상품 등이 이윤을 보장하는 가격에 판매될 수 없어서 유휴상태로 남는다. 그러면 **자본의 가치가 하락하는 위기**가 온다, 이런 위기가 얼마나 오래 지속되고 얼마나 정도가 심할지는 그때그때 경우에 따라 달라질 것이다.

그런데 생산수단을 이루는 상품과 관련된 자본가들 사이에서 일어나는 복잡한 교환은, 궁극적으로 최종 소비영역에서 상품의 실현에 달려 있다.

이 최종 소비영역에서 우리는 곧바로 가치와 그것의 화폐적 표현의 확대가 잠재적으로 무한한 데 반해 특수한 사용가치의 수요는 그렇지 않다는 사실 사이의 잠재적인 모순을 만난다. 쓸모없는 생산물은 (아무도 그것을 필요로 하지 않는다는 의미에서) 가치가 없으며 따라서 그런 상품을 생산하는 데 필요한 모든 상품은 가치가 하락한다. 자본주의는 (우리가 보기에는 아무 의미가 없이 어리석기만 한 것이라도) 온갖 종류의 욕망을 동원하여 새로운 필요를 창출해온 오랜 역사가 있지만, 인간의 소비능력은 (설사 6000켤레의 신발을 소장하고 있었다는, 필리핀 독재자 마르코스의 부인 이멜다Imelda Marcos라 할지라도) 결코 무한하지 않다. 따라서 가치의 확대에 대한 위협은 맑스가 『경제학비판 요강』(407면)에서 "소외된 소비"라고 부른 것과 만나게 되는데 이는 쉽게 극복될 수 없는 보편적인 장애물이다.

그런데 최종 소비에서는 생활필수품과 사치재를 구별할 필요가 있다. 생활필수품의 영역에 있는 한계와 장애물은 사치재의 한계 및 장애물과는 달라 보이는데 왜냐하면 전자의 경우에는 원하는 것, 필요한 것 그리고 욕망이, 더 많은 사용가치를 흡수할 수 없는 인간의 능력에 의해 제한되는 것이 아니라 (시장의 확대보다는 이윤의 증가에 초점이 맞추어진) 임금계약에 기초한 유효수요(지불능력이 있는 욕망과 필요)의 부족에 의해 제한되기 때문이다. 그래서 노동자외 입장에서는 합리적인 생활 수준에 필요한 소비재를 석절히 얻을 가능성이 엄격히 제한된다. 맑스가 여러곳에서 지적했듯이 이것은 쉽게 해결될 수 없는 주요한 모순을 만들어내고 결국 총수요에 의한 공황의 조짐이 된다.

부르주아의 소비에서는 사정이 완전히 달라지는데, 이들의 소비에는 자본가계급 자신의 소비와 함께 아무 것도 생산하지 않으면서 소비만 하는 "비생산적 계급"(맑스가 이렇게 불렀다)의 소비가 포함된다. 맑스는 일반적으로 이들 비생산적 계급을 자신의 분석에서 배제했지만 『자본』의 여러 초고에서 이들의 중요성을 분명히 인정했다. 그러나 이들 비생산적 계급을 포함하더라도 이들의 수입이 여러 수단(예를 들어 조세나 국방재원)을 통해 가치나 잉여가치 생산에서 뽑아내는 것에 의존한다는 사실은 분명하다. 그래서 결국 맑스가 제2권에서 제기한 문제, 즉 자본가계급이 유통에 투입한 수요(c+v)와 공급되는 가치(c+v+m) 간의 구조적인 불일치 문제를 어떻게 극복할지는 그대로 남는다. 궁극적으로 자본가와 비생산적 계급에 의한 잉여가치 획득이 수요를 제공할 수 있지만 이 수요의 시간적 구조는 오늘 구매하고 내일 지불하는 것(보다 강하게 말한다면 신용에 호소하는 것)을 포함한다.

우리가 지금까지 살펴본 것 가운데 회전기간(노동기간·생산기간·유통기간)의 차이가 미치는 영향에 대한 부분은 없었다. 특히 우리는 고정자본(주택 등과 같이 소비재원 가운데 내구 연한이 긴 고정적 품목들도 함께 포함)의 유통이라는 골치 아픈 문제에는 전혀 신경 쓰지 않았다. 제2권은 이 모든 유통과정이 신용제도의 개입 없이(이것이 핵심이다) 자본축적의 시공간을 어떻게 이루어내는지를 어렵게 재구성해내고 있다. 제1강에서 이야기했듯이 그 결과는 비생산적인 상태에 있는 화폐의 축장이 계속 증가하는 것이었다. 화폐는 회전기간의 격차를 메우고 주기적으로 고정자본을 갱신하기 위해 준비금으로 묶여 있을 필요가 있다. 자본주의 생산이 점차 복잡해질수록 축장되어야 할 화폐는 더욱 늘어난다. 이 축장은 축적의 확대를 가로막는 장애물이 된다. 이것은 점점 더 적절한 화폐시장과 잘 갖추어진 신용제도를 만들어내도록 요구한다. 그 결과 자본은 스스로 근본적인 변신을 이루어 "전반적인 과잉생산 공황에서 모순은 서로 다른 종류의 생산자본 사이에서가 아니라 산업자본과 대부자본—즉 생산과정에 직접 관여하는 자본과 그 외부에 존재하는 화폐로서의 자본—사이에서 발생한다".(『경제학비판 요강』 413면)

　　제2권의 분석에 통합한 제3권의 상업자본과 화폐자본 부분이 중요한 이유는 바로 이 때문이다. 그 부분을 통해 신용제도가 자립적인 힘으로 해방되는 것이 자본주의에 꼭 필요함을 이해할 수 있다. 맑스는 지대·이자·상업이윤이 결국 산업자본의 유통법칙에 종속된다는 생각으로 제3권의 연구를 시작했다. 그는 상업자본과 관련한 이런 예속된 모습이 어떻게 만들어지는지 보여주고 상당히 긴 분량으로 지대가 어떻게 해서 똑같이 예속적인 지위에 도달하는지를 보여주었지만 (내가 보기에 이것은 실패했다) 이자 낳는 자본과 화폐자본의 경우에는 전혀 해당되지 않는다는 것을 분명하게 알고 있었다. 이 자본이 자립하여 산업자본의 유통과 관련한 외적인 힘으로 등장하는 것은 지속적인 자본축적의 경로가 원활하게 그리고 순조롭게 이루어지기 위해 반드시 필요했다. 그것은 "계급의 공동자본"으로 조직된 화폐자본이 수행해야 하는 과제였다. 그리고 모기지금융에서 볼 수 있었듯이 임대료의 수취는 산업자본의 유통에 대한 예속을 위해서라기보다는 이자 낳는 화폐자본의 순환과 관련된 것이라고 보는 편이 더 맞았다. "모든 지대는 과거에 토지에 투자됐던 자본에 대한 현재의 이자 지불이다"(M3: 410)라는 말을 상기해보라. 그러나 근대 신용제도의 등장은 엄청난 양의 축장화폐를 해방해 화폐자본으로, 즉 잉여가치 생산에 능동적이고 생산적인 자본으로 변신시켰지만, 그것은 또한 토지에 대한 가공자본 유통의 사악한 힘을 풀어줌으로써 자본축적의 본원적인 담당자들(자본과 노동)을 (노동자들이 거의 직접적으로 이야기하지 않는) 산업자본과 대부자본으로 바꾸어버렸다. 그리하여 공황을 일으키는 자본의 경향은 오늘날 우리에게도 친숙해진 금융 및 상업 공황으로 바뀌었다.

이 모든 것에 대해 나는 맑스의 논의를 그가 직접 수행한 범위를 넘어서서 확대했다는 비판을 받을 수도 있다. 거기에 대해서는 화폐 및 금융에 관한 장들에는 맑스의 생각이 근본적으로 재구성되는 신호가 많이 존재한다고 말하고 싶다(만일 집필 원고 전체까지 확대해서 본다면 이런 견해에 더욱 힘이 실릴 것이다). 내가 그의 물신성 개념을 되살려 그것을 가공자본의 개념으로 바꾼 것도 바로 그런 이유에서다. 화폐자본의 환상과 가공적 성격, 즉 모든 수입의 자본화라는 환상과 그에 따른 화폐자본의 과잉 창출(IMF가 유동성 과잉이라고 부르는 것으로 이는 무한히 쌓아나갈 수 있다)에 대한 깊은 통찰을 통해 맑스는 이렇게 말한다. "만일 자본주의가 아닌 공산주의 사회라고 한다면 화폐자본은 모두 사라지고 또 화폐자본 때문에 거래를 통해 발생하는 온갖 가면들도 사라질 것이다."(M2: 316) 화폐자본의 즉각적인 폐기에 대한 이런 요구는, 그것이 임노동의 열망을 억압하면서 지속적인 축적이 이루어지던 맑스의 시기에, 즉 화폐자본이 아직 본원적인 역할을 수행하기도 전에 이미 그런 역할에 관한 이야기를 제기했다는 점에서만 의미가 있다. 그 시기에 비하면 오늘날 화폐자본의 영향력과 힘은 그 정점에 도달해 있다.

제2권과 분배에 대한 제3권 부분을 주의 깊게 그리고 비판적으로 함께 읽어보면 엄청나게 많은 생각과 정보(회전기간의 차이에서 신용제도의 변덕스러움에 이르는)를 얻을 수 있지만 오늘날의 조건에 자본의 운동법칙이 실제로 어떻게 작동하는지를 단정적인 형태로 그려내기란 여전히 매우 어렵다. 맑스기 1878년에 만들어놓은 내용을 완성하고 확대하기 위해서는, 그리고 『경제학비판 요강』을 집필한 1856~57년 시기에 구상했던 많은 작업을 통해 그가 지향한 바를 이해하기 위해서는 더 많은 작업이 이루어져야 한다. 이를 위해 여기에서 먼저 맑스의 원래 생각의 깊이와 폭을 한번 돌아보면 유용할 것 같다. 『경제학비판 요강』에서 만들어낸 여러 개요 가운데 한곳에서 그는 이렇게 쓰고 있다.

I. (1)자본의 일반 개념 — (2)자본의 특수성: 유동자본, 고정자본(생활수단, 원자재, 노동도구로서의 자본) (3)화폐로서의 자본. II. (1)자본의 양. 축적. (2)자신을 기준으로 측정된 자본. 이윤. 이자. 자본의 가치: 즉 이자와 이윤으로서의 자신과 구별되는 자본. (3)자본의 유통. (α)자본과 자본의 교환. 자본과 수입의 교환. 자본과 가격. (β)자본 간 경쟁. (γ)자본의 집중. III. 신용으로서의 자본. IV. 주식자본으로서의 자본. V. 화폐시장으로서의 자본. VI. 부의 원천으로서의 자본. 자본가. 자본 다음에는 토지소유를 다루어야 한다. 그다음에는 임노동.

세가지를 전제로, 이제는 내적 총체성 속에서 규정된 유통으로서 가격의 운동. 다른 한편 세가지 기본 형태와 유통의 전제 위에서 정립된 생산으로서의 세 계급. 그런 다음 **국가**.(국가와 부르주아 사회. ─ 조세 혹은 비생산적 계급의 존재. ─ 국채. ─ 인구. ─ 대외적 국가: 식민지, 대외무역. 환율. 국제주화로서의 화폐. ─ 마지막으로 세계시장. 국가에 대한 부르주아 사회의 간섭. 공황. 교환가치에 기초한 생산양식과 사회형태의 해체. 개인적 노동의 사회적 노동으로의 정립과 그 역의 형태). (『경제학비판 요강』264면)

이 엄청난 구상을 모두 완성하기 위해 맑스는 매우 오랫동안 살아 있어야만 했다. 이 구절과 『경제학비판 요강』의 이후 구절에 따르면 그 거대한 구상은 부르주아 사회를 하나의 유기적 총체로 묘사하는 것이었음이 분명하다.

이런 구상을 배경으로 몇가지 일반적 표지를 설정할 수 있다면 그가 제2권에서 했던 것과 하려고 한 이유를 보다 비판적이고 세부적으로 이해하는 데 도움이 될 것이다. 먼저 부인할 수 없는 사실은 그가 고전경제학의 "천박한 삼단논법"의 틀 내에서 작업을 수행했다는 점이다. 맑스는 보편성·특수성·개별성에 호소하지 않고 일반성 수준에서 축적과 실현의 동학을 재구성하는 입장을 고수했기 때문에 논의가 명료하다. 제2권은 연구를 진행하기 위해 천박한 삼단논법의 틀을 고전경제학에 적용한 가장 단적인 사례에 해당한다. 이를 통해 "순수한 상태"의 자본주의 생산양식에 대한 이론적 인식을 구축하고자 했다. 이 작업을 완수한 다음 『경제학비판 요강』에서 대략 구상된 한층 유기적인 사유방식에 자신의 발견을 집어넣었다.

맑스는 이 틀을 굳게 견지했지만 항상 보편성·특수성·개별성이 자본의 운동법칙에 직접 영향을 미치는 경우가 있음을 인정했다. 예를 들어 그는 제1권에서는 수요와 공급을 배제했지만 제2권에서는 총수요와 총공급의 격차와 그것을 메우는 문제를 다루었다. 제1권에서 소비(그리고 생산적 소비와 개인적 소비의 관계)는 언급만 되고 분석은 되지 않았는데, 제2권에서는 그것이 점점 더 중요한 분석대상으로 등장한다. 그는 제3권에서 생입자본과 시네의 역할을 생산자본의 요구에 예속시키려 한 것처럼 보이지만, 분배의 세번째 요소인 이자와 금융은 경쟁의 우연성, 화폐자본에 대한 수요와 공급의 우연성 등이 모든 것을 결정하는 예속적인 구조에서 벗어나 자본의 결합적인 형태를 통해 (사회주의를 통해서만 벗어날 수 있는) 전혀 다른 상황을 만들어낸다고 이야기했다.

그 결과 만들어진 불완전한 형태의 이론적 구조물을 통해 자본주의가 상정한 온갖 역사적·지리적 배열을 모두 일관되게 파악할 수 있었지만 순수한 자본주의 생산양식의 다양성, 흠결, 정치적 오염 등이 넘쳐나고 금융의 특수성은 물론 특이한 소비지상주의 같은 개별성이 지배하는 구체적인 현실상황을 설명하는 데는 별로 도움이 되지 않았다. 무엇보다도 상업공황 및 금융공황과 이미 정립된 자본의 모순적인 운동법칙 사이에 존재하는 관계는 아직 연구되지 않은 채로 남아 있다.

따라서 맑스의 방식으로 자본주의적 성격의 역사를 인식하려면 항상 그의 이론적 작업이 우리에게 무엇을 줄 수 있는지, 그리고 현재의 어려운 상황을 분석하기 위해 우리는 무엇을 해야 하는지에 대한 물음을 제기해야만 한다. 예를 들어 우리는 최근의 사태를 곧바로 맑스의 이론에 끼워 맞추거나, 그의 이론에서 이미 만들어져 있는 해답을 기대할 수는 없다. 그러나 맑스는 하나의 사고방식을 제공하는데, 이를 통해 물신적 형태를 띤 세상의 배후로 들어가 현재 조건에 내재하는 해방의 가능성을 찾아낼 수 있다.

물론 제1권에는 역사적 현상의 내용과 형식 사이의 관계에 대한 하나의 담론이 포함되어 있고 그것은 이론과 역사의 분리를 극복할 수 있게 한다. 절대적 잉여가치 이론을 도출하면서 우리는 노동일의 길이를 둘러싼 역사적인 투쟁의 세부적인 내용을 깊이 들여다보면서 그 배후를 이루는 훨씬 더 오랜 (계급사회의 토대를 이루는 타인의 노동과 시간에 대한 수탈로 이루어진) 전 자본주의의 역사를 함께 보았다. 상대적 잉여가치 이론을 도출하면서 우리는 이 이론의 동학적 형태를 보여주는 조직형태(협업·분업·공장제)와 신기술 변화(공작기계의 등장 → 기계에 의한 기계의 생산 → 자동화와 과학의 응용)의 전체 역사를 살펴보았다. 실업과 산업예비군의 생산을 포함하는 자본주의적 축적의 일반법칙을 이론적으로 정립하면서 맑스는 이들 산업예비군과 그들의 (농촌노동자, 이주노동자, 최종적으로 도시노동자로서의) 생활조건이 취하는 구체적인 역사적 형태를 들여다보았다.

제2권에는 이론적 논의의 뼈에 그런 역사적 살을 붙이려는 어떤 시도도 존재하지 않는다. 그에 따르는 내재적 어려움이 있기 때문인데, 생산이 아니라 유통에 초점을 맞추었기 때문이라고도 할 수 있다. 그러나 나는 그렇게 생각하지 않는다. 처음의 세개 장 — 제4장에서 총체적으로 설명하는 산업자본의 유통을 분해하여 화폐자본·생산자본·상품자본으로 다룬 — 도 훨씬 더 역사적인 방식으로 전개할 수 있었다. (상인자본과 신용제도의 역사를 다룬) 제3권의 역사적인 장들을 읽어보면 실제로 그럴 수 있었음을 금방 알 수 있다. 어떤 면에서 보면 이들 장이 수행하는 기능은 노동일의 길이를 둘러싼 투쟁을 다룬 장들과 같은데, 거기에서는 농노제와 타인의 잉여노동을 수탈하는 다른 생산양식들로 거슬러 올라가는 방식으로 논의를 전개했다. 맑스는 제2권을 집필할 당시 이미 상인자본과 신용에 대한 역사적인 장들의 집필을 마친 상태였지만 역사적인 조명을 해줄 수 있는 제3권의 이 내용들을 거의 언급하지 않았다.

제2권에 빠져 있는 부분은 역사만이 아니다. 제3권에 나오는 금융과 신용에 대한 자료를 읽어보면 우리는 『자본』에서 이 부분이 1848년과 1857년의 실제 공황에 대한 최초의 구체적인 분석임을 알 수 있다. 이 두 공황은 상업공황 및 금융공황으로, 어떤 점에서는 맑스가 다른 곳에서 다룬 보다 깊은 운동법칙의 "자립적인" 형태로 묘사되었지만, 제2권의 앞부분에서 대강 그려진 중단의 여러 가능성이 어떻게 여기에서 역사적인 사건과 현실로 구체화됐는지는 거의 설명되지 않았다.

그러나 맑스의 이론적 작업에서 빠져 있는 부분 가운데에는 특별히 중요한 몇가지가 존재한다. 『자본의 한계』의 결론에서 나는 곧바로 주의를 기울여야 하는 두개의 일반적 사안을 지적한 바 있다. 자본주의 국가의 성질과 사회적 재생산의 문제다. 흥미롭게도 제2권

강의의 마지막 부분에서 이루어진 토론에서 참석자들은 내가 전혀 유도하지 않았음에도 불구하고 거의 이 두가지 문제에만 매달렸다. 이제 여기에서 이 두가지 문제에 대한 본질과 관련된 동학의 문제를 덧붙이려 하는데, 이는 맑스가 그 일반적 중요성을 깊이 인식하고 있었음에도 불구하고 자본주의 생산양식의 일반성 내에서 충분히 자세하게 다루지 못한 부분이다. 물론 오늘날에는 이 문제를 모두 다룰 수 있는 충실한 문헌이 많이 존재한다. 하지만 1970년대에 자본주의 국가에 대한 맑스의 이론을 둘러싸고 벌어진 집약적인 논쟁 때문에 이 문제가 많이 식상해졌고, 사회적 재생산과 정치적 주체성과 관련된 사안들은 경제학 영역에서 배제되고 있으며, 많은 환경 운동이 맑스 사상에 대해 드러내는 적개심 등으로 인해 어떤 점에서 이 문제를 다루기는 시대적인 변화에도 불구하고 더욱 어려워졌다.

예를 들어 제1권에서 종종 제기된 자연과의 물질대사 관계는 제2권에서 전혀 언급되지 않았으며, 단지 부패와 "자연적" 부식의 정도, 노동기간을 가로막는 생산, 고정자본의 수명, 물리적 거리를 극복하는 비용과 시간, 시간에 의한 공간의 제거능력 등을 결정하는 물적 조건 속에 이 관계가 포함되어 있을 뿐이다. 그래서 우리는 자본의 공간과 시간의 변동에 대해 주의를 기울이지만 그것이 만들어 내는 결과(혹은 모순)와, 세계시장의 형성과 지정학적인 지배구조와 어떤 관련이 있는지에 대해서는 거의 주의를 기울이지 않고 있다. 그리고 맑스는 인구 대다수의 빈곤과 곤궁에 대한 맬서스의 "자연법칙적" 설명에 혹독한 비난을 보냈지만 자연자원의 희소성(이것은 특히 임차에 의한 채굴과 투기를 통해 더욱 악화된다)과 인구증가의 동학이 생산수단과 노동의 공급을 이루어내는 능력에 물적인 영향을 미친다는 점을 부인하지 않았다.

분석에 가볍게 들어간 이야기 가운데 몇몇은 소위 맑스의 "결정론적"이고 "목적론적"인 경향을 보여주는 것들이다. 예를 들어 "자립적"이라는 구절은 본문의 여러 핵심적인 지점에서 불쑥불쑥 등장하는데, 이는 맑스에 대한 적대적이고 잘못된 정보에 근거한 많은 비판에 사용되는 소재다. 맑스가 개인적 자율성의 중요성을 전혀 신뢰하지 않았고 모든 사람들을 통제할 수 없는 추상적인 힘에 저절로 끌려다니는 존재로 묘사했다는 것이다. 그런데 그 비판자들이 경의를 표하면서 자주 인용하는 애덤 스미스가 개인이 통제할 수 없는 시장의 숨겨진 힘이 모든 것을 결정한다는 생각에 도달한 사람임을 고려하면 이런 비판은 매우 이상하다. 맑스는 제1권 제2장에서 유토피아적인 환상에 철저히 매달려 있는 스미스의 입장을 그대로 받아들이고 있다. 자유의지론자들이 스미스의 유토피아적인 환상을 계속 포용하면서도 맑스에 대해서는 혹독하게 비판하는 것은 몹시 이상해 보인다. 그러나 물론 스미스의 모델을 맑스가 수용한 목적이 그 모델이 모두에게 이익을 안겨주는 방식으로 작동할 수 없다는 것을 보여주는 데 있음을 알게 되면 더이상 이상한 일이 아니다. 스미스의 모델은 계급의 불평등을 더욱 악화시키고 심화시켰고 바로 이 점 때문에 부르주아늘은 똑같은 이야기를 한 스미스와 맑스 가운데 스미스만을 받아들이고 있는 것이다.

물론 여기에서 중요한 것은 개인의 자립성을 부인하는 데 있는 것이 아니라 (a) 개인의 자주성이 번창할 수 있는 특수한 사회경제적 조건과 (b) 가치법칙이 궁극적으로 지배하는 곳에서 경쟁의 강제법칙과 시장의 교환이 모든 것을 매개할 경우 개인의 의도와 전체적 결과가 얼마나 달라질 수 있는지를 인식하는 데 있다.

그러나 맑스는 이 "자립성"이라는 주제를 상인자본, 이자 낳는 자본, 화폐(금융)자본의 유통에 대한 분석까지 확대한다. 나는 이를 이들 유통형태가 곧바로 그리고 기계적으로 자본의 일반적 운동법칙에 적용될 필요가 없다는 의미로 이해한다. 그러나 신용제도가 움직이는 중심축의 구조가 알려주듯이, 그리고 상업 및 금융 공황의 전개가 보여주듯이 어떤 종류의 힘이 상업 및 금융 세계의 자립적인 운동을 잉여가치의 생산과 실현의 필연성에 예속시킨다.

그러나 이런 예속적인 장치가 어떻게 작동하는지는 명확하게 제시되지 않았다. 내가 생각하기에 맑스는 이 문제에 대한 연구를 단지 시작만 했던 것 같다. 엥겔스가 금융을 다룬 부분을 제3권에서 가장 중요하다고 생각한 이유는 바로 이 때문이라고 생각한다. 물론 맑스가 언급한 몇가지 최소 원칙들은 존재한다(예를 들어 모든 자본가가 생산을 포기하고 이자에 의존해서 살아간다면 자본축적은 곧바로 멈춰선다는 것). 그리고 공황이 잉여가치 생산과 신용제도의 팽창을 일치시키는 수단을 어떻게든 만들어낸다는 생각도 할 수 있다.

이 책의 서론에서 나는 맑스의 "결정론"을 어떻게 이해할지를 이야기했다. "다양하고 특수한 분배 및 제도(정치)적 장치와 소비체제가 잉여가치 생산을 계속 확대하는 능력을 지나치게 억제하거나 파괴하지만 않는다면" 이들 제도와 체제는 특정한 역사적 시점에 세계전체를 지배할 수 있다고 주장했다. 이들이 다른 제도나 체제에 비해 더 성공적인 정도에 따라 경쟁의 압력은 시간의 경과에 따라 보다 성공적인 축적모델로 나아가도록 강제할 것이다. 우리는 이런 종류의 사태를 역사적으로 경험해왔다. 1980년대에는 서독과 일본이 바로 이런 성공적인 길을 주도했고 그다음에는 소위 워싱턴 컨센서스(Washington Consensus)가 그 역할을 수행했으며 지금은 동아시아 모델이 그러하다. 그러나 글로벌 헤게모니의 역사적 변천과정이 보여주듯이 자립적인 요소들은 결코 사라지지 않았다. 불균등한 지리적 발전은 각기 다른 시기와 장소에서 가장 성공적인 축적모델이 무엇인지를 둘러싼 물음을 계속 활발하게 제기하고 있다. 내가 보기에 바로 이것이야말로 자본이 성공적으로 재생산되는 가장 핵심적인 수단이다. 유통의 자립적인 형태와 그것이 규칙적으로 만들어내는 공황의 경우에도 그대로 해당된다. 그런 자립성이 없다면 자본은 결코 적응하지도, 재생산을 수행하며 성장하지도 못할 것이다.

이는 튼튼하고 유연한 자본이 소비의 개별성과 어떻게 관계하는지를 보여준다. 이것은 아마도 맑스의 이론적 작업 가운데 문제가 많은 측면(소비지상주의에 대한 이론적 작업은 말할 것도 없이 아예 논의조차 하지 않은 부분) 가운데 하나이기 때문에 이상하고 개인적이지만 소비의 개별성을 알려주는 결정적인 예를 하나 들어보고자 한다. 나는 지금까지도 쓴맛이 나는 영국제 마멀레이드를 몹시 좋아한다. 타고난 유전적 속성과 약간 비정상적인 문화적 감성을 가진 우리 영국인만의 특이한 취향 때문인 것 같은데, 많은 영국인은 아침식사 때 쓴맛의 음식을 먹어야만 하루를 시작할 수 있다. 나는 1990년대 초 영국으로 돌아갔을 때 (내 어머니와 할머니께서 만들어주시던 것처럼) 마멀레이드를 직접 만들어 먹는 데 익숙해졌다. 우연히 학교의 많은 동료가 나와 똑같이 그렇게 하고 있다는 사실을 알게 되고 매우 놀랐다. 그처럼 매년 1월과 2월 영국 전체 부엌에서는 마멀레이드를 만드느라 야단이다. 미국으로 다시 돌아온 후 나는 쓴 맛의 오렌지를 구할 수 없었다. 그래서 항상 1월과 2월에는 잠시 유럽으로 가서 쓴 맛의 오렌지를 구해 액상형태로 만들어 미국으로 가져와서 마멀레이드를 만들었다. 심지어 1월에 꼬르도바(Córdoba)로 초청받아 갔을 때 거대한 모스크 바로 인근에 자리 잡은 아름다운 이슬람식 정원의 땅바닥에 쓴 맛의 오렌지가 지천으로 널려 있는 것을 보았다. 나는 그 오렌지를 주워 모아 (그 지역 사람들은 깜짝 놀라며 먹을 수 없는 것이라고 계속 말했다) 내 호텔에서 액상형태로 만들었다(이 때문에 방을 치우는 직원이 독한 냄새 때문에 견딜 수 없다고 아우성쳤다). 틀림없이 내가 미쳤다고 생각했을 것이다. 이보다 더 소비의 개별성을 보여주는 예가 어디에 있겠는가?

그러나 사실 나의 특이한 소비습관과 매우 흡사한 맥락을 가진 맑스주의 스타일의 흥미로운 이야기가 또 하나 있다. 나는 19세기 켄트 지방의 홉과 과일 경작에 대한 박사학위논문을 연구하다가, 1840년대에 중부 켄트 지방의 부농들과 서인도제도의 사탕수수 플랜테이션 농장주들 사이에 기묘하고 개연성이 없어 보이는 동맹이 만들어졌다는 것을 발견했다. 두 그룹은 설탕 관세의 인하를 위해 함께 운동을 하고 있었다. 과수 농가의 입장에서 저렴한 설탕은 잼을 만드는 과일의 수요가 늘어난다는 의미다. 이 시기는 값싼 식품을 통해 노동력의 가치를 떨어뜨려 자신들이 얻을 수 있는 잉여가치를 증가시키려고 하던 맨체스터 공장주들의 주도하에 영국에서 자유무역을 위한 운동이 정점을 이룬 시기였다. 이 운동이 주로 초점을 맞춘 것은 빵 가격이었지만, 노동자들은 빵에 발라 먹을 무엇인가를 필요로 했다. 설탕에 절인 잼은 (달콤한 차와 함께) 장시간 노동에 시달리는 공장노동자들에게 일시적인 에너지의 원천이 됐다. 그래서 시드니 민츠(Sidney Mintz)가 『설탕과 권력』(*Sweetness and Power*)에서 지적했듯이 산업자본가는 그들의 노동자가 이런 일시적인 에너지 소비를 촉진하기를 바랐다(그래서 영국 노동자계급의 생활에 티 브레이크tea break는 오랫동안 중요했다). 노동력의 가치 및 노동강도와 관련한 『자본』 제1권의 무역정책을 분석한 부분("노동일"에 대한 장)은 이런 형태의 노동계급 소비 촉진의 배경에 대한 이야기다.

그러나 그것이 쓴 맛의 마멀레이드를 좋아하는 이유를 설명해주지는 못한다. 이를 위해 우리는 『자본』 제2권으로 가야만 한다. 잼 제조업자는 대개 12월경까지 신선한 과일에서 액상과즙을 뽑아냈다. 에스빠냐에서 이 못 먹는 오렌지는 모두 1~2월에 나무에서 제거됐다(에스빠냐 사람들은 오렌지 꽃은 좋아하지만 못 먹는 열매가 나무에 매달려 있는 것은 원하지 않았기 때문이다). 만일 쓴 맛의 오렌지를 에스빠냐에서 가져다 사용한다면 일년 내도록 고정자본을 빠짐없이 이용할 수 있는 기막힌 방법이었다(바로 제2권에서 다루는 문제다). 그래서 고정자본의 회전기간은 아침 식사에 사용될 쓴 맛의 마멀레이드를 이용하는 데 결정적인 역할을 했다. 설탕과 비타

민C에 중독되어 쓴 맛의 마멀레이드를 먹는 이 문화적 습관은 깊게 뿌리를 내려 오늘날까지도 영국에서 그대로 지속되고 있다.

이 특이한 개별적 문화적 습관을 결정하는 것은 아무 것도 없다. 만일 내가 원하면 나는 그 습관을 버릴 수도 있다. 그러나 자본은 얼핏 개별적으로 보이는 문화적 습관을 형성하고 지속시킬 수 있는 어떤 "가능성의 조건들"을 만들어낸다. 주택 소유와 "아메리칸 드림"도 그 또다른 예에 해당한다. 나는 이 가능성의 조건들이 무엇인지를 즐겨 밝혔고, 맑스주의적인 이론회 학업이 나의 특이한 습관과 취향이 어디에서 비롯되었는지를 이해할 수 있게 해준다는 사실을 알고는 매우 기뻤다.

얼핏 사소해 보이는 개인적 일화를 소개한 까닭은, 내가 생각하기에 맑스의 중요성은 그의 추상적인 분석을 현실에 적용해 나갈수록 더욱 커지기 때문이며, 또한 만일 그의 이론이 자본이 운동하는 추상적인 과정뿐만 아니라 (그렇게 많은 영국 사람들이 왜 쓴 맛의 마멀레이드를 좋아하는지를 포함한) 모든 사람의 일상생활을 해명할 능력이 없다면, 그 이론은 보다 평등하고 덜 폭력적인 성향의 대안적 생산양식을 건설해나갈 해방의 수단으로는 부족할 것이기 때문이다.

흥미롭게도 사회주의와 공산주의 개념은 『자본』의 다른 어디보다 제2권에서 더욱 명확하게 드러난다. 맑스는 생산과정과 보수 수준을 스스로 통제하는 결합된 노동자들의 어떤 조직이 광범위한 형태의 사회적 조직을 갖추어서, 화폐자본의 유통을 가로막는 요인들을 국제 분업체계 내에서 상품화되지 않은 재화(사용가치)의 합리적이고 협력적인 흐름으로 대체하는 체제를 생각한 것 같다. 교환가치에 기초한 사회를 폐기하는 것은 맑스가 구상하는 반자본주의적인 사회구성체의 핵심요소다. 그렇기 때문에 평등과 정의에 기초해 인간 해방에 헌신하는 사회는, 화폐가 사적 개인에 의한 착취적인 사회 권력이 되어 있고, 상품시장에서 교환의 화폐적 조정이 일차적인 사회적 관계를 이루고 그것을 통해 일상생활이 재생산되는 그런 세상에서는 결코 건설될 수 없다. 맑스가 구상한 최소한의 요건들은 전체적으로 보면 분명 불충분하고 유토피아적이다. 그러나 그것들은 갈수록 심화되는 분업체계 내에서 국제적인 협력의 문제를 부각하는데, 이 문제는 반자본주의적 좌파들이 극히 다루기 싫어하는 것이다. 그들은 반자본주의적인 대안체제로 이행하는 과정에서 국가권력에 의존하는 현상이 나타나는 것에 대해 깊이 불신하기 때문이다. 제2권에서 또 하나 밝혀주는 것은 서로 얽혀 있는 복잡한 자본순환 과정으로, 이 과정은 잉여가치의 생산과 실현이 무한히 지속될 수 있을 것처럼 구축되어 있으며 또한 자본가계급의 권력이 지속될 수 있도록 디자인되어 있다는 것이다. 맑스는 유통의 어떤 측면(예를 들어 화폐자본)도 그에 뒤이은 생산자본 및 상품자본 순환의 근본적인 변화 없이는 결코 변할 수 없음을 확실히 보여줬다.

비자본주의적 대안의 모습은 현재의 가능성들을 고려하여 (맑스는 꿈꾸지 못했던 정보통신 방식의 사회적 협력체계를 포함하여) 미래 세대의 활동가와 연구자들에 의해 결정되어야 할 것이다. 그러나 맑스가 오래전에 만들어 놓은 기초는, 자본 흐름의 모순적 성격을 사용가치의 흐름으로 전환해 지구상에 살고 있는 80억 이상의 인구에게 식량·주택·의복을 제공하여 이들을 지속적으로 부양하는 놀라운 세상의 모습을 보여준다. 우리의 과제는 세상을 이해하는 것이 아니라 변혁하는 것이라는 그 유명한 말의 당사자 치고 맑스는 지나칠 정도로 시간과 에너지를 쏟아부어 변화되어야 할 대상을 해부하고 파악하고 밝혀내려 했다. 이 거대한 작업은 아직 완수되지 못한 채 남아 있다. 항상 그래왔듯이 우리가 이 변혁의 과업에 착수하는 것은 여전히 지상 과제다. 그 까닭은 자본주의가 하나의 사회체제로서는 유통기간이 지났으며, 사회적·정치적·환경적 결과가 어떻게 되든 상관하지 않고 "소외된 소비지상주의"를 통해 기하급수로 무한히 성장하는 것이 이제 더이상 불가능하기 때문이다. 맑스는 이렇게 말한다. "오로지 자본만이 역사적 진보를 부를 늘리는 데 사용했다."

사회적 생산력의 발전과 기존 생산관계 간의 불일치가 계속 증가하는 것은 그 자체로서 이미 심각한 모순, 공황, 혼란을 나타낸다. 자본의 폭력적인 파괴가 자본 외부와의 관계에 의해 이루어지는 것이 아니라 자본 자신의 유지를 위한 하나의 조건이라는 사실은 그 자체가 바로 자본이 물러나고 보다 고도의 사회적 생산에 자리를 내주어야 한다는 것을 말해준다. (『경제학비판 요강』 749~50면)

지금 우리 모두가 귀 기울여 들어야만 하는 이야기가 틀림없다.

　『자본』을 읽어나가는 독자가 맞닥뜨리는 어려움 가운데 빠지지
않는 것이 제2권을 넘어서는 일이다. 제2권은 제1권에 비해 일반 독
자가 접근하기에는 무시할 수 없는 약점이 있다. 우선 문헌적인 문
제다. 잘 알려져 있다시피 제1권은 맑스가 출판용 원고를 완성했을
뿐만 아니라 주변의 의견을 반영하여 직접 개정까지 했다. 즉 완성
도가 매우 높다. 하지만 제2권은 『자본』 전체 가운데 시기적으로도
맑스가 가장 마지막에 집필한데다 끝까지 완성하지도 못했다. 그래
서 제1권을 읽은 나음 제2권을 접하면 독자들은 한층 힘들어 한다.
제1권 강독도 만만치 않은 일임을 고려해본다면, 제2권을 읽는 것은
이미 어려운 국면에서 한층 더 어려운 국면으로의 이행이 되는 셈이
다. 힘들여 고갯길을 올라왔는데 내리막은커녕 더 높은 고개가 눈앞

을 가로막는 형국이다.

내용 문제도 있다. 제2권은 자본주의 경제 전체 구조 분석에서 생산과 소비(분배)의 연결 고리 역할을 한다. 외견상 두번째 단계인 것 같지만 사실상 두 범주를 연결하기 위해서는 전체구조를 전제해야 하기 때문에 제1권보다 한층 넓은 시야가 요구된다. 그래서 제2권을 곧바로 만난 독자에게는 갑자기 눈앞에 생소한 시야가 펼쳐진다. 가파른 고갯길을 오르다 갑자기 시야가 트인 넓은 평지를 만날때와 비슷한 느낌이다. 이 새로운 평지 위에서는 교환이라는 양적 균형의 문제가 다뤄진다. 따라서 숫자가 많이 사용되고, 고도의 수학적 개념으로 발전할 가능성이 있는 재생산 표식까지 등장한다. 숫자나 수식에 익숙하지 않은 독자에게는 참으로 "재미없고" "골치만 아픈" 내용으로 가득한 것이다. 이 때문에 많은 독자가 제2권에서 『자본』 강독을 아예 포기한다. 제1권에 비해 제2권의 판매 부수가 현격히 낮은 것도 이를 잘 보여준다.

하지만 『자본』은 모두 네권으로 이루어져 있다.* 잉여가치론의 역사를 다룬 제4권을 잠시 제외하더라도, 최소한 세권이 모두 모여야 온전한 체계를 갖춘다. 더구나 이 세권은 서로 독립적이고 병렬적이지 않고 변증법적으로 깊게 상호 관련되어 있다. 따라서 제1권에서 강독을 멈춘다면 장님이 코끼리를 만지는 것같이 매우 불완전한 이

---

* 맑스의 『자본』은 총 네권으로 구성된다. 제1권은 1867년 독일에서 출간되었으며, 제2권과 제3권은 맑스 사후 엥겔스가 각각 1885년과 1894년에 출간했다. 마지막 초고였던 『자본』 제4권 즉 『잉여가치론』(*Theorien über den Mehrwert*)은 카를 카우츠키가 1905년 세권 분량으로 출간했고, 이로써 전체 『자본』이 완성됐다. 제4권 『잉여가치론』은 옮긴이가 현재 번역 중이다.

해에 그칠 수밖에 없다. 『자본』의 사상을 올바로 이해하기 위해서는 제1권에 이어, 제2권과 제3권을 (가능하다면 제4권까지) 모두 읽어야 한다. 하지만 그 필요성이 크더라도 금방 제2권의 문헌적·내용적 약점 때문에 이 지점에서 강독을 포기하는 독자가 속출한다. 때문에 『자본』을 안내하는 수많은 강의는 이 문제를 해결하기 위해 다양한 고민을 하고 있다.

이 점을 고려할 때 하비의 제2권 강의에는 상당한 강점이 있다. 제2권이 주로 다룬 유통영역은 원래 하비의 전공인 지리학과 깊이 관련되어 있다. 그는 자신의 전공을 최대한 살려 일반 독자들의 이해를 돕는 쉽고 재미있는 사례를 끊임없이 동원한다. 또한 지리학에서 차용한 시간과 공간 개념을 맑스의 자본주의 분석에 적용하는데, 이는 논의를 한층 풍부하게 한다. 그는 독자의 어려움을 덜기 위해 한가지 독특한 방식도 사용한다. 즉 유통영역에서 형태를 바꾼 상업자본과 대부자본을 설명하면서, 제3권에 나오는 개념들을 과감하게 차용하여 이를 제2권 강의와 연결 짓는다. 물론 이런 방식은 맑스의 전체 논의구조와 충돌이 발생하기 때문에 약간 위험해 보이기도 하지만, 분명 효과가 있다. 최종적인 평가는 독자 스스로의 몫이지만 『자본』의 안내자로서 하비는 나름의 최선을 다했다고 봐야 할 것이다.

『강의』 제2권 번역에는 5년 전 출긴한 제1권과의 연속성을 그대로 유지했다. 『자본』 원문을 인용할 때 MEW 면수를 표기한 것이 대표적인 예다. 독자들은 제2권을 단순히 제1권에서 이어진 속권으로 간주해도 무방할 것 같다. 제2권에서도 창비의 편집진, 특히 역자와 꾸준히 접촉하면서 편집을 책임져주신 이진혁 선생의 꼼꼼한 수고에 감사의 인사를 전하고 싶다. 2008년 구조적 위기 이후 세계 자본주의는 아직 출구를 찾지 못했다. 그만큼 대안 모색에 대한 갈망은 점점 더 깊어지고 있다. 『자본』은 바로 그 대안 모색의 첫번째 실마리다. 2013년 유네스코가 맑스의 『자본』 원고를 인류의 기록유산으로 선정한 것에도 그런 의미가 담겨 있을 것이다. 이번에 펴내는 하비의 『자본』 안내서가 이런 현실적 의미를 대중적으로 확산하는 밑거름이 되기를 간절히 기원한다.

2015년 겨울 초입에서
강신준

1) 제2권에 대한 연구서로는 아서/로이튼(C. Arthur/G. Reuten) eds., *The Circulation of Capital: Essays on Volume Two of Marx's Capital* (London: Macmillan 1998)을 들 수 있다.

2) K. Marx, *The Eighteenth Brumaire of Louis Bonaparte* (New York: International Publishers 1963); K. Marx and V. I. Lenin, *The Civil War in France* (New York: International Publishers 1989).

3) 이에 대한 보다 자세한 논의는 다음을 참고할 것. D. Harvey, "History versus Theory: A Commentary on Marx's Method in Capital," *Historical Materialism* 20: 2(2012), 3~38면.

4) 고전경제학자들에 대한 맑스의 주장을 맑스 자신이 주장과 혼동하기는 매우 쉽다. 예를 들어 앞서 『경제학비판 요강』에서 인용한 부분, 즉 이윤율의 하락이 "근대 경제학에서 이야기하는 가장 중요한 법칙"이라는 언급은 리카도 경제학을 지칭한 것이다. 그렇기 때문에 맑스가 이 법칙을 어느 정도까지 받아들였는지는 그의 다른 저작들을 통해서 확인되어야 할 문제로 남는다. 넓게 말해서 그는 이 법칙의 일반적 경향을 받아들이긴 했지만 그것이 작동하는 메커니즘은 근본적

으로 재구성했다.

5) P. Boccara, *Etudes sur le Capitalisme Monopoliste d'Etat, Sa Crise et Son Issue* (Paris: Éditions Sociales 1974); P. Baran and P. Sweezy, *Monopoly Capital* (New York: Monthly Review Press 1966); V. I. Lenin, "Imperialism: The Highest Stage of Capitalism," in *Selected Works*, Vol. 1 (Moscow: Progress Publishers 1963).

6) A. Negri, *Marx Beyond Marx: Lessons on the Grundrisse* (London: Pluto Press 1991); H. Cleaver, *Reding Capital Politically* (Leeds-Edinburgh: Anti/Theses/AK Press 2000).

7) David Harvey, *The Enigma of Capital: and the Crisis of Capitalism* (London: Profile 2010) 5장.

8) 제2권의 만델의 서문에 대한 비판으로는 P. Murray, "Beyond the 'Commerce and Industry' Picture of Capital," in Christopher John Arthur and Geert A. Reuten, eds., *The Circulation of Capital: Essays on Volume Two of Marx's Capital* (London: Macmillan 1998) 57~61면을 참고할 것

9) Henri Lefebvre, *The Production of Space* (Oxford: Basil Blackwell 1991); N. Smith, *Uneven Development* (Oxford: Basil Blackwell 1984); David Harvey, *Spaces of Capital: Towards a Critical Geography* (Edinburgh: Edinburgh University Press 2001)

10) W. W. Rostow, *The Stages of Economic Growth: A Non-Communist Manifesto* (London: Cambridge University Press 1960); M. M. Postan, *Medieval Trade and Finance* (Cambridge: Cambridge University Press 1973).

11) David Harvey, *The Limits to Capital* (Oxford: Basil Blackwell 1982) 8장; John E. Roemer, "Continuing Controversy on the Falling Rate of Profit: Fixed Capital and Other Issues," *Cambridge Journal of Economics* 3 (1979), 379~98면; Ian Steedman, *Marx After Sraffa* (London: Verso 1977).

12) David Harvey, *Limits to Capital*, 215면.

13) Giovanni Arrighi, *The Long Twentieth Century: Money, Power and the Origins of Our Times* (London: Verso 1994).

14) 이 문제를 파고든 저작이 Enrique Dussel, *Towards an Unknown Marx: A Commentary on the Manuscripts of 1861-3* (New York: Routledge 2001)이다. 이 저작은 좀더 깊은 연구에 도움이 될 것이다.

15) Rudolf Hilferding, *Finance Capital: A Study of the Most Recent Phase of Capitalist Development* (New York: Routledge 2006); John Atkinson Hobson, *Imperialism* (Ann Arbor, MI: University of Michigan Press 1965).

16) Adolph A. Berle and Gardiner C. Means, *The Modern Corporation and Private Property* (New York: Macmillan 1932).

17) Émile Zola, *Money*, tr. E. Vizetelly (Stroud: Alan Sutton 1991) 232면.

18) P. Drucker, *The Unseen Revolution: How Pension Fund Socialism Came to America* (New York: HarperCollins 1976); R. Blackburn, "Rudolph Meidner: A Visionary Pragmatist," *Counterpunch*, December 22, 2005.

19) Michael Piore and Charles Sable, *The Second Industrial Divide: Possibilities for Prosperity* (New York: Basic Books 1986).

20) 부동산투기는 1857년 공황에서 중요한 역할을 수행했다.

21) David Harvey, "The Geography of Capitalist Accumulation: A Reconstruction of the Marxian Theory," *Antipode* 7: 2 (1975), 9~21면; reprinted in *Spaces of Capital: Towards a Critical Geography* (Edinburgh: Edinburgh University Press 2001).

22) David Harvey, "Space as a Key Word," in *Spaces of Global Capitalism: Towards a Theory of Uneven Geographical Development* (London: Verso 2006).

23) 이것은 사람들이 쓴 맛에 익숙해지게 했는데 이 쓴 맛은 그대로 문화적인 전통으로 남아 화학적인 발효억제제가 홉을 대신하는 오늘날에도 맥주에서 유지되고 있다.

24) William Cronon, *Nature's Metropolis: Chicago and the Great West* (New York: Norton 1992).

25) Karl Marx, *The Civil War in France* (New York: International Publishers 1989).

26) Andrew Trigg, *Marxian Reproduction Schema: Money and Aggregate Demand in a Capitalist Economy* (New York: Routledge 2006) 2면.

27) 재생산 표식을 다룬 문헌은 상당히 많다. 그중 어떤 것들은 고차원적인 수학을 요구하며 맑스의 보다 엄격한 전제들을 완화하여 재생산과정의 기술적인 측면을 연구하는 데 중점을 둔다. 고전적인 저작으로는 Henryk Grossman, *The Law of Accumulation and the Breakdown of the Capitalist System: Being Also a Theory of Crisis* (London: Pluto 1992); Paul M. Sweezy, *The Theory of Capitalist Development: Principles of Marxian Political Economy* (New York: Monthly Review Press 1942)가 있다. 로자 룩셈부르크의 반론과 관련해서는 Rosa Luxemburg, *The Accumulation of Capital* (London: Routledge 1951)이 있고 조사연구로는 Meghnad Desai, *Marxian Economics* (Oxford: Blackwell 1979); Michael C. Howard and John E. King, *The Political Economy of Marx* (London: Longman 1975); Shinzaburō Koshimura, *Theory*

of Capital Reproduction and Accumulation (Kithchener, Ontario: DPG Publishers 1975)이 있다. 케인스주의 관점에서 논의를 수학적으로 발전시킨 연구로는 앞서 언급한 Trigg, *Marxian Reproduction Schema*가 있다. 표식을 신고전파의 관점에서 연구한 것으로는 Michio Morishima, *Marx's Economics: A Dual Theory of Value and Growth* (London: Cambridge University Press 1973)를 들 수 있다.

28) Piero Sraffa, *The Production of Commodities by Means of Commodities* (Cambridge: Cambridge University Press 1960). 스라파(P. Sraffa)가 보여준 것은 신고전파 경제학의 전체 틀이 동어반복에 기초해 있다는 사실이다. 그의 기법은 몇몇 맑스주의자들—가장 대표적인 것으로 이안 스티드만(Ian Steedman)의 *Marx After Sraffa* (London: Verso 1977)를 들 수 있다—에 의해서 맑스의 가치론을 (비변증법적으로) 해석한 이론들을 공격하는 데 사용됐는데 약간의 논쟁이 있고 난 다음 신고전파 경제학자들은 그의 수학적인 증명과 발견을 깡그리 무시하기로 결정했다! 신고전파가 자신들의 동어반복으로부터 벗어나는 유일한 길은 자신들의 논의를 변증법적인 방식으로 재구성하는 것이지만 그들은 이런 생각에 대해서는 전혀 감도 잡지 못하고 있다.

29) 제3권의 다음 구절을 상기하기 바란다. "자본주의적 생산은 이러한 부와 그것의 운동에 대한 이 금속적 제약[즉 물적이면서 또한 환상적이기도 한 제약]을 끊임없이 폐기하려고 노력하고, 또 끊임없이 반복해서 이 제약에 머리를 부딪치기 때문이다."(M3: 589)

데이비드 하비의 맑스『자본』강의 2

초판 1쇄 발행 / 2016년 2월 5일
초판 2쇄 발행 / 2024년 11월 15일

지은이 / 데이비드 하비
옮긴이 / 강신준
펴낸이 / 염종선
책임편집 / 이진혁
조판 / 신혜원
펴낸곳 / (주)창비
등록 / 1986년 8월 5일 제85호
주소 / 10881 경기도 파주시 회동길 184
전화 / 031-955-3333
팩시밀리 / 영업 031-955-3399 편집 031-955-3400
홈페이지 / www.changbi.com
전자우편 / human@changbi.com

한국어판 ⓒ (주)창비 2016
ISBN 978-89-364-8602-0 03300